宅门嫡女

白苏月—作品

上

北京联合出版公司
Beijing United Publishing Co.,Ltd.

目录

目录

目录

目录

楔子

阿遥第一次见到顾望之，他正站在桃夭青枝下执笔练字。

风过叶动，吹得那青衫衣摆簌簌轻飘，阿遥看得有些迷离了双眸，只觉那抹秀颀风骨称得上谪仙之姿，若是再过些年岁历练沉淀，只怕是一回眸，便会引得无数痴情女子倾心不已。

阿遥这般想着，不顾一旁正在和顾老太爷叙旧的外祖父，“咯咯”地笑了起来。

小院本就安静，阿遥这一笑，引来两位老者侧目，连不远处正要落笔的顾望之也好奇地转了视线。蘸饱墨汁的笔尖定在了如雪般的宣纸上，香墨坠滴，散开，恰似一朵怒放的桃花，浓得再也化不开。

“鬼丫头笑什么？”赵老太爷捋了捋白花花的山羊胡，轻瞪了一眼依偎在自己脚边的外孙女。

阿遥一愣，没想到自己竟笑得过头了些，偏偏礼数已失，便也无心遮掩，大方道：“阿遥素来没见过像顾家哥哥这样漂亮的人儿，一时之间不禁想，哥哥若是再长大些，想来顾爷爷家的门槛都要被媒人给踏破了吧。”

她声音稚嫩甜糯，出口的话却未见孩童稚气，反而还隐隐的有些老成之味，一时之间倒叫闻语者不知作何反应了。

赵老太爷自是知晓这个宝贝外孙女那乖张的性子的，随着顾老太爷骤然发出的爽朗笑声，赵老当下便屈指往阿遥额头上敲了一个爆栗，道："在家里闹腾也就罢了，眼下出门做客也这般不安生，便由你外祖母说的，女孩子家家就应该待在闺阁绣花抚琴才不会出事儿。"

"外祖父。"阿遥苦着小脸捂着额头，轻轻地撒了一声娇便收敛了调皮劲儿。可偷偷地，她却忍不住瞥眼往桃树下瞧去。

果不其然，那温润俊逸的翩翩少年已悄悄地红了脸颊……

那一年，木香盈盈，芍药飘香，阿遥六岁，顾望之十二岁，之后便是渐渐相熟。本就是最青涩的年纪，说不上两小无猜，可那情分却是日久不浅的。

有道是风一更，雨一更，露沾月明处，岁岁静无声。只眨眼间，八年时光细水而逝，沉了青涩，浓了心意，那竹马青梅，终究也生出了别样的思绪来……

第一章

小青衫·微雨愁辞

洪武二十一年春末夏初。

梅花开尽百花开，青梅煮酒蕊香来。

顾府的清凉阁依旧安安静静的，阿遥躲着雨点跑进来的时候却见顾望之泰然自若地坐在屋檐下，跟前放着一张矮几，茗香袅袅，浓郁袭人。只看一眼，阿遥的心就这么跟着慢慢地沉了下来。

“揽月呢？怎么就你一个人淋着雨跑进来？”顾望之见了她也不起身迎，一边问一边往杯中倒满热茶，又腾出手拿起桌上干净的帕子递给了跑进来的阿遥。

阿遥未见客气，接过帕子便拭去了衣裙上的雨滴，可落座的时候浅眉却是微蹙的。

“怎么？”顾望之的声音这才微微地听出了几分担忧。

阿遥见他莫名紧张起来，不禁柔了小脸上的神情轻语道：“揽月折回前厅拿伞了，我没耐心等，便先跑来了。”

顾望之一听，蹙眉道：“越大越没样子了，这么大的雨你跑过了流芳台，回头万一着凉生病可怎么是好！”

阿遥见他面露关切，心里存着的最后一点不悦也全化没了，便径直端起了顾望之面前的杯盏三两口就把那热茶咽下了肚，随即笑道："宸玉哥哥煮茶的手艺是越来越好了，以后我若及你一半的话也就勉强能做个有贤之女了。"

"就你这般牛饮能品出什么好坏。"顾望之一边说一边瞪了她一眼，随即起身进了屋。

不消片刻，但见他拿着一件灰鼠宽袍走了出来，不由分说地就压在了阿遥的肩头："穿好了，我这就让人给你熬一碗姜汤去，若是真染了风寒我在你外祖父面前可怎么交代。"

可顾望之还没来得及转身，便被阿遥拉住了衣袖。

他一愣，回头却见阿遥安安静静地盯着桌上的空杯，似喃喃自语地说道："宸玉哥哥，宣城来了信，说想接我回去过年。"

若无旁人，阿遥从来都是直呼顾望之的字的。她总唤宸玉、宸玉，便只有顾望之这般俊秀如仙的容貌才担当得起这两个字。

这若是换作旁人这般拿他顾望之的容貌做文章，他定是要当即翻脸的。偏偏是阿遥，顾望之心里便存了纵意，这些年一直任由她肆意直呼他的字。

"就说你藏不住事儿，来的时候便瞧出你脸上气呼呼的模样了。"顾望之闻言，本有些责问的语气便柔了许多，"好歹宣城那里就是你的家，要接你回去过年也是理所应当的，这有何可恼的？"

阿遥怔怔地看着空杯中残留的茶渍，心里不禁幽幽一叹，埋怨自己竟是越大越沉不住气了。

"若说要分别，你去宣城可还早着呢，我这儿下个月就要启程了。"沉默许久，直到外头渐大的雨声潮湿了阿遥的心，顾望之才淡淡地开了口，语气中听不出情绪。

阿遥纤细的指尖刚刚触碰到茶壶的壶沿，便如同被烫着一般缩了回来。"去幽篁寺游学吗？"这事儿早些年阿遥便略有耳闻，只是没想到会这么快。也难怪，今日外祖父说什么都要来一趟顾家，想来也是知道顾望之很快就要离府了。

大周豪门世家，除去那些乍贵新富，待到嫡子弱冠，多会送去远方游学。若是文士诗书传家，便会把孩子送去习武强身，健硕体魄，令文者矫健，娇而不弱；若是御林武将府邸，则会把孩子送去精习文史，钻研笔墨，令将者睿智，孔武有才。

这一做法虽并未成文，可效仿之人却比比皆是，多少年沿袭下来倒是繁盛了不少武门寺院和文汇私堂。这其中，便以幽篁寺和白鹭堂为首。

阿遥一边想，一边抬起了头想看清顾望之的神色，却见他浅笑不语，一时也不知道要如何续话，便落落起身道：“幽篁寺不比怀阳，都道那儿冬寒夏暑十分难耐，宸玉哥哥……可记得要多带些御寒驱蚊的物件才好……”

阿遥说罢，转身就跑出了廊檐。外头虽雨势渐止，可到底还是有些寒意的，但顾望之竟没有阻止她。

他今年刚满二十，男女之间那些事儿，他心里是清楚的。可阿遥还小，即便聪慧灵透，但到底也只有十四岁，有些事，顾望之不想操之过急。

“上回夫人还问了陆家小姐的生辰八字，三爷若是喜欢，何不……”顾望之的身后传来了一个轻快的声音，一字一句点到为止，像是询问，又带了一点点的笃定。

顾望之一回头，果不其然看见大丫鬟慧语正端着一碟子鲜果站在廊子下，眉眼带笑，举止婉约。

“这话也能信口胡诌的？”顾望之非但没有笑，反而还沉下了脸。

慧语一愣，当即便端着果盘垂了头道：“是奴婢乱嚼舌根了，任三爷责罚。”

顾望之静静地看了慧语一眼，便转身进了屋，那一脸的沉思，倒叫人看不出他真正的情绪。

夏雨如丝，飘入廊檐沾了青砖，却是送了伊人愁了良人，语不诉，谁知七窍玲珑心……

那日未时，阿遥跟着赵老太爷回府的时候正撞见千月庄的人从里头出来。阿遥留心看了一眼，是外祖母惯用的老师傅，她心里一紧，便多少明白了一些。

“去故安堂给你外祖母请个安，晚上就在那里摆膳。”赵老太爷见外孙女神色微敛，不禁微微地叹了口气。

阿遥闻言，福身点了点头。

赵太夫人的故安堂就在内院的南边，穿过翠鸣池，再踏过一座石桥，转进回廊走过小花园便到了。

阿遥进去的时候，赵太夫人正对着一大堆的亮泽绸缎左右挑着。

“外祖母。”她轻轻地喊了一声，然后接过了一旁紫鹃递上的湿帕子擦了手。

“回来了？”赵太夫人年过五旬，鬓生华发，却眉宇露神，精气神十足，瞧着身子骨便是硬朗得很。

“外祖母又要给我做衣裳了？”阿遥嘴角的笑有些虚浮，也难怪，年底去宣城过年这事儿她是打心底里舒服不起来的。

“小小年纪心思转得这样快，也不知是夸你好还是不夸你好。”赵太夫人闻言，浅叹一口气便拂了桌上那几匹上好的缎料，拉过了站在跟前的阿遥道，“可是眼尖瞧见千月庄的人了？”千月庄是怀阳小城出了名的绣庄，里头有两个老师傅是京城待了多年回来养老的，手下教出的七八个徒弟，那也都是上得了台面的。赵府上上下下的衣裳绣物，清一色全出自千月庄。

“春末的时候外祖母才给阿遥新做了四套衣裳，您和外祖父的也都添置了，没得才隔了一个多月又要千月庄置办衣物了。”阿遥的掌心贴着赵太夫人的掌心，眼底掠过一丝惆怅道，“其实外祖母，阿遥的衣裳真的够了，也无非是去过个年，出了正月便能回来了。”她后半句话说得很轻，似在同赵太夫人说，又似在同自己说。

赵太夫人目光一黯，拍了拍她的背道：“你从小在赵府长大，虽这儿上上下下只有你一个小姐，可外祖母知道你知书达理，是个聪慧的孩子。那儿……到底是你的家，你心里有什么怨气，进了门也不能显出来，再怎么，你都是陆家的嫡女，你可记住了？”

阿遥闻言，心里冷冷一笑，却终归不好驳了赵太夫人的话，只能无奈地点头道：“外祖母放心，阿遥知道。”

“若是真的有办法，外祖母也会拦在你前头的，可你父亲来信说的……唉，罢了罢了，好歹也就去一个多月，回头让你外祖父亲自去接你回来。”赵太夫人说着说着眼底就泛起了泪光。

阿遥鼻尖一酸，转过头去，只留满腔酸涩流转心头。

若说这周围，真正心疼她把她当家人看待的，也只有外祖父母了。承欢赵家二老膝下这八年来，祖孙三人的感情本就不言而喻。

赵老太爷当年是梁州总督，官至正二品，为人正直清廉，诚宪帝对他也是赞赏有加的。辞官回乡后，他在老家怀阳定了居，开了学堂设了善寺，清清悠悠地安度晚年。虽已是两耳不闻朝中事，可这些年来依然有许多赵老太爷以前的门生前来求教，其中也不乏有些声音是希望赵老太爷再度出山入世的。

正是如此睿智的老者，给阿遥取名为云筝，取“云蒸霞蔚”之音，就是希望膝下这个唯一的外孙女能活得绚烂充实。也是因为赵老太爷坚持，阿遥三岁便开始启蒙，除了女儿家必读的《女戒》《女训》之流以外，也开了课专门学了《论语》《孟子》这一类女儿家不太涉猎的。

赵家二老便是这样用心在阿遥的生活闺学上，才让阿遥十四岁便出落成了恬淡贞静、心宁不躁的姑娘，真正当得起“大家闺秀”四个字。

第二章

小青衫·故人宅院

阿遥启程去宣城的那日秋雨缠缠，但此番一路北上倒都是顺顺利利的。

阿遥本是名门闺秀，一路琐事自然有随行丫鬟妈妈左右打点。护行的武卫又都尽责尽职，大管事陈伯也是个忠心护主的，因此这一路上，阿遥除了觉得有些折腾颠簸睡不踏实之外，倒也并无别的闹心事儿。

一行马车踏上宣城官道正是正午时分，阿遥只感觉清晨那一阵碎碎的颠簸感消失了，此时此刻的路平坦顺畅，连带着马儿的速度都欢快了一些。

陆府离皇城不算近，坐落在宣城北边的广宁街，占了整条街的一半。陆老爷陆文恒年过四旬，为官二十余年，眼下稳坐通政使司副使之位，按着他的年纪来说，正是壮年有为之岁。

然，诚宪帝年岁渐高，疑心之患有增无减。这些年来，天下太平边境无扰，帝唯恐武职大臣拥兵自重，又怕外戚专权危害社稷，唯独对文官信任有加，使得整个朝堂重文轻武，倒是给了像陆老爷这种比上不足比下有余的文官很大的作为空间。

所以陆家这些年是一年比一年风光，一年比一年阔绰。单看府邸，从十几年前的三进小院子迁至现如今占了半条街的大宅，陆家的地位变化就可见一斑。

阿遥正这样断断续续地思忖着，只感觉马车渐行渐缓，片刻后便停了下来。

“小姐，到了。”揽月开了厢门，仔细地将阿遥扶下了车。

阿遥抬头望去，只见偌大的陆府灰墙高垒，瓦檐飞翘，半新不旧的朱漆大门左右齐敞，三层台阶之上，站着一排高矮不一的男男女女。

阿遥眯着眼，只觉这场面肃穆有余温情不足，与其说是开门迎女，倒不如说是恭迎贵客。

贵客？她忽然嘴角微漾，是啊，她可不就是陆府的“贵客”吗？

这样一想，阿遥便偏了头去看右手边的秦妈妈。见秦妈妈也正目不转睛地望着自己，阿遥心一松，便笑着开口道：“少不得要妈妈一一做个介绍。”

秦妈妈展眉一笑，虚扶着阿遥缓步上了陆府正门的高阶。

“老爷。”秦妈妈开口第一声便是冲着陆老爷陆文恒的。她姿态做得足，行的是半膝礼，头一直垂着，等着陆老爷发话。

“这一路颠簸的，妈妈辛苦了。”陆文恒的声音比阿遥想的要清澈，连带他的人也比阿遥想象的要年轻得多。

“父亲。”这两个字在来的路上不知被阿遥默念了多少次，如今说出口，只感觉涩味绵绵，毫无感情。

感觉到陆文恒正在打量自己，阿遥便抬头迎上了他的目光。

这个被自己称为“父亲”的男子，面如冠玉，目光温煦，可眉宇间的那抹疏离感却太过明显，令人无法忽视。

阿遥见状，面无表情地转了视线，随着秦妈妈的声音看向了陆老爷身边的女子。

“夫人。”

所谓“夫人”，其实只是陆文恒的继室罢了。

林素娘林氏，这个在她刚出生没多久就操控了她去留的女子，此时此刻正是嘴角噙笑，媚眼如丝，一身胭红色旋涡纹纱锦缎裙衫衬得她肤若初雪，盈盈动人。

阿遥不免有些错愕于她的年轻貌美，便是透了探寻之意。只是林氏的笑和陆文恒眉宇间的表情一样，疏离又漠然，冷得阿遥不免轻轻一颤。

“母亲。”但到底是大家闺秀，即便心里再不舒服，阿遥也比寻常十四岁的孩子来得沉着冷静。

林氏眼睫一颤，忙不迭笑道：“六娘子一路辛苦了，回头进了府，去瞧瞧特意给六娘子整理出来的小院可还满意。”话语间倒仿佛她同阿遥就是至亲，不过小别了个把月的光景罢了。

阿遥一时有些不适应林素娘对自己的称呼，愣了半晌才想起，自己在陆家女儿中排行第六。

可面对林氏絮叨的热情，阿遥只轻轻地一颔首，随即顺着秦妈妈转了视线。

陆老爷和林素娘的身后站着三个男孩儿，虽都是年幼青涩之貌，却也是俊俏有神的，穿着打扮也皆不俗。

“六妹回府过年，父亲和母亲不知有多高兴呢。”率先开口招呼的是大少爷陆青远，一派少年老成。

“后院的姐姐妹妹都等不及要见见六妹了。”紧接着说话的是二少爷陆青致，细声细气的语调里透着一点从容。

倒是小七少爷陆青松只是“呵呵”地憨笑，愣头愣脑的像个虎头小娃娃。

阿遥一一同三兄弟行了对礼，寒暄了几句客套话，便由秦妈妈陪着同众人一并进了陆府大宅。

一进宅子，阿遥才感觉到陆府确实比自己想的还要大。单是前头外院便有三进，过了垂花门是内院，里面还有三进。

虽说是皇城帝都，六进的大宅也不算少数，可十几年前陆老爷还只是个翰林院的小小编修，虽陆家前后倒也出过两个举人，但家底毕竟还是很薄的。也是陆老爷自己努力奋发，考上了进士，又在翰林院遇到了有知遇之恩的礼部尚书梁大人，这才有了今日这坦荡荡的亨通官运。

但这些话都是阿遥早些时候断断续续从赵太夫人口中听到的，当时她是不以为然的，可如今亲眼目睹，倒觉得陆家眼下确实称得上“家门兴旺”这四个字。

“这浅草阁本来是你父亲的小书房，前年修葺院子，你父亲就把书房搬去了前头，这里就腾出了空。”一行人浩浩荡荡地穿过垂花门直往东南角走，进了二道门方才停了步子。说话的是林氏，如今她是陆家的当家主母，内院的事儿自然有开口的资格。

“本就是坐北朝南的小院，知道你答应了回来过年，入秋的时候就命人把墙都重新粉了，窗上也糊了新的油纸。”林氏说话慢条斯理的，她声音糯，带着一点软软的娇音，听着倒不大像北方人，反而更像南方人。

“辛苦父亲母亲为我准备这些。”阿遥对着陆老爷站定的地方微微屈膝。

陆老爷小清了一下嗓子道：“行了，一路风尘仆仆的，想必你现在就是想好好地歇一歇。既然已安全到了，你就安下心。离晚膳还有一个时辰，有什么要聊要叙的用了膳再说也不迟。”

“老爷说的是。”林氏浅浅一笑，先是吩咐下人赶紧把阿遥马车上的箱笼搬进屋子，再遣了一直跟在陆老爷身后的三位少爷和围在周围的丫鬟老妈子，最后才同阿遥说道，“热水备着，银丝炭中午就烧着了，六娘子快些进去歇歇脚吧。”

两个人的话说得皆滴水不漏，旁的人不知道的，还以为阿遥从小便是在陆府长大的，竟是连半点儿生分都瞧不出。

但偏偏阿遥确实有些累了，颠簸了将近一个月，虽没有出什么岔子，可她第一次离开怀阳远行，这从头到尾她就几乎没有睡过一个安生觉。

眼下听陆文恒都发了话，自然不会再坚持那些虚礼，也没心思去陪这一家子人演戏做场面，寒暄了两句后，就带着自己的人进了浅草阁，将那一派“温情模样”统统关在了屋门外。

“小姐，洗把脸先睡一会儿吧。”一进屋子，揽月就从后头走上了前，服侍阿遥脱了斗篷绣鞋，径直上了暖炕。

阿遥闻言轻轻摇了摇头，对着屋子里站定的秦妈妈、揽月和竹韵道：“既住进了陆家，之后便要改口称我六娘子了，或喊姑娘也成。”连阿遥自己，都在心里默默将“六娘子”这三个字狠狠地默念了十来遍，方才绕过弯来。

如此，也算是当得起外祖父母所言的嫡女姿态了吧。无论如何，外祖母说得没错，宣城这儿毕竟是她正正经经的家，就算她有千百个不愿意，她也是永远姓陆的。踏入陆府，她已不能再用外祖父给自己取的乳名来自称了，她是阿遥也是陆云筝，陆家六娘子。

而秦妈妈三人闻言，不作响声，只异口同声称了是。

六娘子见了点点头，心中一片怅然，叹了口气靠着身后的丝绣软枕松了筋骨，对秦妈妈道：“妈妈也先休息休息，喝口热茶，待一会儿暖和了，就劳烦妈妈去同陈伯清点清点箱笼，该整理的也整理一下，既然要在这儿过年，便要有个过年的样子。”

陆家是三代同堂，说起六娘子的祖母陆太夫人，那来头也是有的。太夫人姓徐，当年是贵州滇县望族徐家嫡生的幺女。徐家是三代文史之家，族中虽并未出过什么大官，倒是有几个宗族子弟学问做得很大。

当年徐太夫人算是低嫁，陆老太爷一辈子也是碌碌无为，中了个举人就再也没有下文了。可虽说官运不旺，但这一路走来，夫妻俩倒是相敬如宾、平平顺顺的，陆老爷作为嫡系中的壮丁也算是争气有为，不论是读书学问，还是开枝散叶都做出了嫡子的表率，陆家也算是家和安顺了。

只是唯一遗憾的是，两年前，陆老太爷一病不起，没多久就撒手人寰了。这事儿六娘子自是知道的，当时她乍听自己的祖父病逝，脑海中第一个念头就是要赶回宣城奔丧。谁知期盼了整整两个月，陆家那儿竟半点儿动静也没有。

作为陆老爷原配生下的唯一的女儿，六娘子这个陆府嫡女竟连自己亲祖父的丧都没有奔成。这深宅府邸的弯弯绕绕，可见是有多厉害。

这样想着，六娘子已经跟着领路的丫鬟到了陶然居。

有轻盈的笑声从里头断断续续地传来，六娘子低眉，跟着领路的小丫鬟踏进了屋子。在来的时候她就知道，太夫人自从老太爷病逝以后就礼了佛，可却还是被屋子里燃着的沉香熏眯了眼。

“这可是六丫头？”突然，一个还算中气十足的声音破耳传来。

六娘子还没来得及揉眼睛，就被人推到了前面。

“这六丫头……六丫头啊，竟长得这般高了！”那话里带着隐约的哭腔，六娘子只感觉自己的肩膀被人使劲地捏了捏，不疼，却格外地突兀。

她在迷香中努力睁了眼，迎面看到的是一张圆润的脸庞和一对闪着柔光的祖母绿玉石耳坠子。

“老祖宗，六娘子这一路颠簸的，怕是还没缓过神来，您瞧，她眼圈底都还泛着青呢，不如您让她坐了喘口气，您再细细地问。”林氏的声音飘飘然地传来，“您瞧，这一屋子的人，看着您抹眼泪，大家眼眶都红了。”

“是，是，你说的是，也是我老糊涂了，六丫头从小身子骨不好就养在怀阳，如今这连路颠簸的，也够折腾了。”太夫人一边说一边差了仆妇端了张芍药粗绣锦垫的高背椅过来，“快快，扶六丫头坐好了。”

六娘子本不是身子骨弱，分明就是被这满屋子缭绕的佛香给眯了眼，若不是有机敏的小丫鬟搀着，她早分不清东南西北了。眼下既被人误会是舟车劳顿没缓过神，她也懒得解释，便顺水推舟地垂着头落了座。

只是也不知道是六娘子耳朵太尖，还是有人太肆无忌惮，她刚坐稳在锦垫上，就听到屋里响起一声尖促的冷笑。

六娘子顺声看去，冷笑的人没找到，却是才发现这陶然居里竟七七八八站了半屋子的人。

她心中无奈微荡，只好一边揉眼睛一边又站了起来，走到太夫人跟前行了个姿势到位的叩拜礼后，方才开口道："孙女适才一路走来，冷风吹得头犯了晕，多有失礼，还望祖母不要怪罪孙女骄纵才好。"

"哎哟，我的小乖乖，这会儿还难受不？"太夫人见六娘子虽然青涩稚嫩，可却俨然一派大家闺秀的姿态，心里一欢喜，便一把将她搂在了怀里。

"得祖母怜惜。"六娘子只觉太夫人真是个自来熟，却不得不顺着方才的话接口道，"孙女从小就未出过远门，见识浅薄，却不知原来宣城入了十月已是这般冷了。"眼下一屋子，除了她剩下的全是自家人，谈什么都不合适，只能谈天气了。

"今年入冬早，往年十月还是暖和的。怎么，可是这次回来没带足衣裳？不担心，祖母这儿多的是料子，回头只管让你妈妈来取。"太夫人年纪大了，又遭丧偶之殇，礼了佛以后，便爱做散财童子，喜欢和隔代打交道。虽眼前这个孙女从小就抱离了陆家，养在了怀阳，可是说到底赵家这门亲事，当年是陆老太爷亲自去求来的，新娘子也是太夫人自己亲自去药王庙看的，所以对六娘子，太夫人还是有一些情分在心中的。

不过太夫人一番自来熟的动情寒暄，倒是彻底将六娘子给煽情了个清醒。

"先头在外院已是见过两位哥哥和七弟了，可姐妹们却是现在才有精神认一认，我不懂礼数，让姐妹们笑话了。"六娘子依然被太夫人搂在怀中，可她笑颜盈盈，说的话不卑不亢且声音软糯，叫听的人不免觉得妥帖得舒服。

"六妹妹这一路过来风尘仆仆的，原该是我们做姐妹的先去看你的。眼下正巧了，在祖母这儿凑在一起了。"六娘子话音刚落，便有个身形纤细瘦长的少女站了起来。

六娘子细细看去，这少女大约十六七岁的年纪，一张圆圆的鹅蛋脸，眉眼如画，文静优雅，像一朵欲开未绽的桃花，明媚清丽，容光照人。

见六娘子面露茫然，那少女随即笑道："我是你大姐姐。"

"大姐姐好。"六娘子恍然，冲初娘子行了个随礼。

初娘子眉眼舒展地受了六娘子的礼后，便指着右手边红衣粉裙的少女道："这是你三姐姐。"

六娘子顺势看去，一下子被三娘子小小年纪的娇美惊艳住了。想着重生以前，她在花街柳巷也见过不少惊艳红颜，有些确实也是美艳无比的，可偏就少了一分气韵。

但眼前的三娘子虽小小年纪，却让六娘子第一次觉得，原来真正是有人能生得“纤尘不染”的！

三娘子比初娘子略微矮一些，小巧精致的瓜子脸，黛眉细长，眸似灿星，肤光胜雪，端的是明珠生晕，美玉莹光，像一朵含苞的出水芙蓉，玉立亭亭。

“三姐姐真漂亮。”六娘子发自肺腑地赞叹了一句，却惹得三娘子脸颊绯红，说不出一个字来，不过屋子里的气氛倒是因为六娘子的这句真心的赞美而轻松了许多。

见三娘子害羞得半天没一句整话，终究还是初娘子笑着接口道：“六妹妹真是实在得可爱，瞧把我们三娘子臊的。”

边上不少人没忍住都扑哧笑出了声。

六娘子这才尴尬地眨眼道：“便是我眼浅，打小到现在还未见过比三姐姐更漂亮的人儿呢。”

可冷不丁的，站在初娘子左手边的小姑娘却“哼”了一声，挑眉嘲讽道：“那六姐姐眼光可真是浅了，如今住回了宣城，少不得可以让你开开眼界了。”

“七妹妹说的是，少不得要七妹妹多教教我。”六娘子循声而答，似没有听出七娘子话里的讽刺。

话说来之前六娘子早就是做好了功课的，陆府有哪几口人，小辈中哪几个得势些，哪几个性子淡漠无争，她通过赵太夫人派的人侧面打听，也都是一一记在心中的。

之前初娘子已是介绍了自己同三娘子，那眼下左手边这个一派贵家小姐打扮的小姑娘自然就是林氏所出的陆家七姑娘了。

只是这个七姑娘生得虽也是娇美清秀，但那眸子里透出的盛气凌人却让人一点也喜欢不起来。

七娘子皮笑肉不笑地看了六娘子一眼：“六姐姐若是想玩儿，过年的时候我一定会尽地主之……”

“母亲，六娘子从怀阳回来，这一路颠簸想来肯定没有踏踏实实地睡上一个好觉，不如今儿早些摆膳，回头也好让六娘子早早休息。”林氏的声音突然打断了七娘子的话，她一张口，特意将“回来”二字念得格外清晰响亮。

六娘子听着林氏的话，目光却一直在七娘子身上打转。只见林氏话音刚落，七娘子脸上就青一阵白一阵的，似想强辩又似知道自己口无遮拦犯了错误，小脸上的神情在那一瞬间特别精彩。

六娘子在心中默默地叹了一口气，虽说七娘子是林氏亲生的，可明显这个女儿没有袭承到亲娘的半点精明，连“尽地主之谊”这种话她也会当着这么多人的面脱口而出，可想而知，陆家是有多不把她当成一份子来看！

如此一想，六娘子心里不禁冷了几分，连带着应酬敷衍的心思也瞬间被七娘子毫不掩饰的排斥态度给熄了个全灭。

也罢，陆家人是不稀罕她，可她也不稀罕陆家人，没得只许她放火不许陆家人点灯的。

此番来宣城过年，本就是陆家人心血来潮，这是第一次，想必也是最后一次。以后若再有，六娘子觉得自己就算是把自己折腾病了，也会赖在怀阳连闺门都不踏出半步的。

第三章

小青衫·故宅规矩

心里一抵触，那天的晚饭六娘子便吃得食不知味。

所幸一大家子人吃饭，光是桌子就摆了两大张，将山兰厅挤得满满当当，也没几个人真正注意过六娘子。

那日晚饭散了以后，倒是初娘子同她一路聊了回去。不过问的也都是些无关痛痒的话，什么宣城入冬早衣裳可带够了没，什么方才的菜合不合胃口，有没有什么特别爱吃的有没有什么特别忌口的。

六娘子笑着一一应对，既不敷衍也不刻意讨好，举止言谈间端足了婉约从容。

但六娘子这般不冷不热的态度并没有打消初娘子的热情，相反的，她还一路跟着六娘子回了浅草阁。

“这原是父亲的书房，后来闲置了，虽有些小，不过却是坐北朝南，即便是冬日的午后，采光也是极好的。”初娘子似乎对浅草阁并不陌生，一进屋便念叨了起来。

“我今儿下午着实累了，贪睡了一会儿，箱笼还没整理完，那些个茶叶小食的现在也不知塞在哪儿，只能用清水招待大姐姐了。”六娘子这说的是大实话，她入陆府统共也就几个时辰，自己睡了一会儿，又提早去见了老太太，马车上的箱笼只来得及搬进浅草阁，根本还没打开过。

初娘子闻言眼光微闪，忙笑道："妹妹别忙，原也是我这个做姐姐的失了礼不请自来的，实在是有些事儿要先一一同妹妹商量好了，妹妹毕竟是自家人，不是客人。"

初娘子的话听在六娘子心中总觉得有几分别扭，可她却不着痕迹地抹平了心事，神情自若地点头道："大姐姐说的是，不知大姐姐有何叮嘱？"六娘子说着就拉着初娘子坐在了临窗的大炕上。

初娘子初见这个戏文故事一般存在的六妹妹时，就觉得她虽年纪小却是个不卑不亢的，想来应该也是个有主见的，便干脆少了拐弯抹角，轻轻地拉着她的手道："原本这些也是父亲母亲的意思，我这个做大姐姐的就是代为转达，六妹妹且听听，有什么想法我们再议。"

六娘子无声地点了点头。

初娘子便深吸一口气道："咱们府上的姑娘每日都是要给母亲晨昏定省的。早上是卯时三刻，晚上倒是不定的，大多是用了晚饭后。府里只有太夫人和母亲那儿是有小厨房的，其他人吃喝一律是公中出，大厨房在西北角，稍微远了些，所以各处小院都会有个小灶，主要是入冬以后用来烧热水的。"

言下之意便是以后六娘子的一日三餐也走大厨房，这一点六娘子并无异议。

见六娘子点头，初娘子继续道："六妹妹此番回来，同我们姐妹几个一样，每月都能拿五两银子的月例，平日不管妹妹是打赏下人还是攒着或是买胭脂水粉的都行。母亲知六妹妹是个和顺温婉的，妹妹没有来以前，母亲就替妹妹物色了几个丫鬟妈妈和粗使婆子，却是没想到妹妹竟只从怀阳带来了两个丫鬟和一个妈妈。母亲也不知先前打点好的人手够不够，便是让妹妹明儿先挑着，若是不够就再让管事妈妈去张罗。"

初娘子话说到这儿，六娘子心中隐隐觉得有些不对，可究竟是哪儿不对，她一时半刻又说不出来，只能说了句："大姐姐，我不用这么多人服侍。"

初娘子笑道："六妹妹还真是个实诚的，咱们陆府好歹也是大户人家，哪儿有正经姑娘只有两个丫鬟一个妈妈的，更何况六妹妹还是嫡……"话没说完，初娘子的声音便戛然而止。

一时间，暖暖的屋子里落针可闻。六娘子倒还好，只是柔柔地笑，神情倒并无两样，可初娘子却一改之前的大方自若，紧紧地抿着嘴，脸颊红得仿佛能掐出血来。

“大姐姐说得有道理，原也是我想得太简单了，只是要劳烦母亲操心，我心里是过意不去的。”看着初娘子几次张嘴不语，六娘子终于叹气先打破了一室冷冷的静谧。

“六……妹妹明……明事理，母亲知道你这般替她着想，一定很欣慰。”初娘子恢复得很快，只是再说话就没了之前那般从容的长姐风范，多少变得有些缩手缩脚起来。

六娘子却并不在意这些，依旧细细地听着初娘子林林总总地说着府上要注意的规矩事项，两人促膝谈完后，六娘子还亲自将初娘子送出浅草阁，并再三言谢，客气有余。

折身回到屋中，六娘子只觉自己脸颊酸酸的，这才发现是笑得脸都僵了。正当她伸手想倒杯水润润嗓子的时候，忽闻一阵沁人心脾的清香。

“姑娘还是喝茶吧。”揽月见六娘子已经捧了杯，急急地端上了刚泡开的热茶。

六娘子失笑：“箱笼收拾出来了？”

揽月清楚六娘子话里头的意思，不免有些讪讪然道：“方才姑娘同大姑娘那么一说，我同秦妈妈就先收拾了装茶叶的箱笼。”

六娘子接过茶盏，细细地品了一口道：“还是太平猴魁好喝。”

“这是今年四月老太爷特意给姑娘留下的，也就这么六两多，全给姑娘带来了宣城。”揽月说着替六娘子脱了鞋，服侍她上了炕。

六娘子笑了笑，忽见进屋来收拾被褥的秦妈妈，便拨着茶碗盖问了一句：“秦妈妈在府上可还有认识的人？”

秦妈妈一愣，瞬间似明白了什么，压着声音道：“姑娘想打听什么？”

六娘子眼神一闪，冲揽月点了点头，揽月便心领神会地退出了屋子，而秦妈妈也已上了前，坐在了炕沿边。

“大姐姐方才说话也没避讳人，屋子的门没关，秦妈妈听见多少？”六娘子问道。

“听了几耳朵。”秦妈妈直言道，“大姑娘看着是个热心的，那些规矩也都没错，只是要辛苦姑娘了。”

“规矩不规矩的还真是难说，可妈妈不觉得奇怪吗？”六娘子蹙眉，小小的粉脸上尽露疑惑。

“姑娘指的什么？”秦妈妈见她如此郑重，下意识地挺了挺腰杆子。

“晨昏定省的确是我这个做女儿应该的，可拨丫鬟妈妈粗使婆子进我这屋，却劳师动众了些吧？我也只在这儿住两三个月，丫鬟妈妈进门熟络便要好久，等真用上手了，我就要动身回怀阳了。若说那位……是好心，可也未免太折腾了。”六娘子说着，不禁用手撑了脸颊浅思了起来。

这事儿怎么想怎么不对。

上一辈的恩怨六娘子知道的不算多，不过小的时候听到外祖父母因此争执而约莫有个印象。

现在的林氏是陆文恒的续弦，六娘子的生母赵舜华才是陆老爷的原配。想当年陆、赵两家联姻，在中间起了很大作用的据说是六娘子已逝的祖父陆老太爷。老太爷当初看中赵家是淮阴世族大家，赵舜华又乃赵家唯一的嫡女，自端得起“名门闺秀”四个字。

当年的陆家远没有现在风光，陆老太爷也只是个小小的国子监司业，六品的京官，一年到头连皇上的面儿都见不着几次。六娘子的生母当年绝对是低嫁，可是赵老太爷就是看中陆家人口简单，陆文恒朴实谦和，这才放手让唯一的女儿过了陆府的门。

想赵舜华刚过门的那几年，上孝敬公婆，下体贴丈夫，同陆老爷也是恩爱渐浓、琴瑟和鸣的。可偏偏赵舜华福薄，进门三年才怀上，怀得又艰难，整整十个月已被折腾得没了精气神，勉强生下六娘子后，没几日便撒手人寰了。

之后的事儿对六娘子来说就有些模糊了，只依稀知道一年以后林氏进门，第一个容不下的竟是在襁褓中的六娘子。

说来也奇怪，六娘子出生以前，府上已经有了陆青远、陆青致和初娘子、三娘子，林氏谁也没有瞧一眼，偏偏对着还没断奶的六娘子横竖不喜欢。

据说当年林氏出口的话也是句句带了狠的，不是说六娘子克母，就是说六娘子带煞。而当年铆足了劲要赵家嫡出的小姐进门的陆老太爷在林氏跟前竟一句声响也没有了，只眼睁睁地看着林氏将刚满周岁的六娘子连同赵舜华留下的乳娘和丫鬟一并打发去了胡同小宅。

继室刁难原配所出的嫡女，这事儿一传十十传百地就传回了怀阳，赵老太爷盛怒之下也顾不得什么，便是大手一挥，将嫡亲的外孙女直接抱回了怀阳别院。

这前因后果，虽说六娘子可能不全然清楚明白，但至少也是猜得八九不离十的。而方才初娘子的那一番话，不出意外一定是林氏让她代为转达的。

时隔十多年，林氏的反差为何这么大？从最初连襁褓中的她也容不下，到如今似贴着心地嘘寒问暖。不知为何，六娘子莫名地就想到一句话——黄鼠狼给鸡拜年！

倒也不是她小人之心，只是她在怀阳整整八年，这中间陆家人来怀阳的书信几乎用一只手就数得过来。如此薄情，令六娘子早已忘记宣城广宁街还有一个家。所以眼下这般，不能不让她疑心满满。

而细细听六娘子如此一说，秦妈妈的脸色果然难看了起来："姑娘放心，我老婆子就算用偷听的，也想法子给姑娘打听出一些来。"

"秦妈妈。"六娘子柔柔地握住了秦妈妈布满褶皱的双手，故作轻松道，"妈妈当年是伺候过我母亲的，如今我能得妈妈照顾，也是想续妈妈同母亲的情分。妈妈待我便是同自家闺女一般，我不愿意让妈妈去做那些腌臜的事儿。"

"姑娘……"秦妈妈听着，眼角就起了氤氲。想着自家姑娘从小就乖巧懂事，若是今日真的着了陆家人的道儿，她就算拼了老命也会把姑娘给送回怀阳赵府的。

"妈妈也别太担心，若是能打听到些什么自然最好，若是不行也无妨。"六娘子莞尔道，"咱们来日方长，他们若是真有心算计我，怎能不露出马脚？咱们只要兵来将挡即可，再不济，外祖父外祖母也不会看着我在陆家受委屈的不是？"

"是，是！"秦妈妈如捣蒜般点着头，"姑娘且忍忍，或许也是咱们多心了。姑娘如今大了，有主见了，哪里是旁人指着东便往东的。等这年一过，咱们就一道回怀阳。"

六娘子闻言，紧紧地握了握秦妈妈的手，重重地点了点头。

第四章

小青衫·陆三娘子

可安慰秦妈妈是一回事，担不担心被人算计了却是另外一回事。

当天晚上，六娘子很自然地失眠了。屋角有一座不大不小的自鸣钟，嘀嗒嘀嗒地晃着钟摆，其时早已过了子夜，可六娘子却依然睁着一双眼睛毫无睡意。

恍惚间，六娘子脑海中就浮现出顾望之那张清俊明朗的面容来。

这个如玉般温润的谦谦君子，用一种怎么都抹不去的方式留在了她的记忆中，顾望之，顾宸玉……也不知道他在幽篁寺到底如何了……

这一折腾，第二天六娘子就起晚了，她干脆没有用膳就径直去了林氏那儿，方才勉强赶上了请安的时辰。

晨间请安，其实不过就是听听林氏的耳提面命，六娘子听得有些犯晕，直到林氏笑眯眯地掏出了一个荷包赏给了她，方才让她回了神。

“她们姐妹几个都有贴己银子，这一份是给小六你的。”林氏笑语嫣然，可不知怎的入了六娘子的眼，却觉得刺眼得难受。

其实林氏若是真的不偏不倚毫无私心，这所谓的贴己银子大可以私下没有旁人的时候单独给。可眼下当着姨娘、姐妹还有一屋子丫鬟的面，林氏这样堂而皇之的要给她什么贴己银子，无外乎就是想做戏给旁人看，看看她这个当家主母是多把六娘子当自己闺女一般对待。

六娘子冷笑在了心底，面儿上却是诚惶诚恐地接过了林氏手中的荷包道：“多谢母亲这般替小六着想。”

见六娘子恭敬地收下了荷包，林氏满意地一笑，方才散了一屋子请安的人，众人随即齐齐福身，鱼贯而退。

出了月然居，六娘子刚想往抄手游廊走，却听后头有人喊她，声音清脆，悦耳动听：“六妹妹若是得闲，不妨去我的睦宁轩坐坐？”

三娘子笑语嫣然，在这深秋之晨倒是让六娘子心中微微一暖。

“不瞒三姐姐，我今儿起得早，怕来给母亲请安晚了，便是连早膳也没用就匆匆出来了。”以诚待人是六娘子的处世之道，她素来不爱说那些矫情的话，使得人与人之间生分了。

三娘子闻言明显一愣，然后以袖掩嘴笑了起来：“六妹妹性子爽朗，真是难得。”不过不难听出三娘子的语气中带着对六娘子的一点敬慕。

“让三姐姐笑话了。”六娘子却不觉什么，继续道，“若是姐姐不嫌弃，回头我吃了饭就去找姐姐玩。我初来乍到，对家里头的人和事儿不熟悉，少不得要让姐姐多教教。”

“好啊，那我备着茶和点心等着妹妹，妹妹可要留着点肚子来尝尝我屋里的小食。”三娘子点点头，在抄手游廊口同六娘子道了别。

浅草阁和睦宁轩刚好是两个方向，一个在南边一个在北边，六娘子目送三娘子走出了小拱石门后方才折身快步入了回廊……

三娘子的热情是六娘子没有预料到的，为了趁热打铁，她回浅草阁匆匆地用了早膳就去了睦宁轩。一入园子，六娘子就被左侧两株含苞待放的茶梅给吸引去了注意力。

眼下正是十月底，宣城地处偏北，入秋早，秋意比怀阳也更浓烈张扬些。所以这两日六娘子举目所见皆是一片枯黄的萧瑟，不免觉得秋色寒凉。所以这两株色泽艳丽的茶梅，着实让六娘子眼前一亮。

“妹妹怎么不进去？”赏花间，三娘子那如银铃般的声音随风飘来。

六娘子直了腰身抬头道：“三姐姐这两株茶梅养得可真好，想来再过半月，待花苞盛展，定是更美的。只是这茶梅最喜疏松的土质，若是土紧了怕是来年的花就开得不精神了。”

“六妹妹也精通花艺？”三娘子眼前一亮，“这花我是特意拜托了花房的张婆子养在我园子里的。本想着移去小暖房的，可眼下正是花期，就想过了花期再说。这是岭北的花种，父亲知我喜欢养这些花花草草，得了以后便送了我两株。”

六娘子闻言忙笑着摆手道：“哪里是精通，只略懂皮毛罢了。因着在怀阳的时候有位兄长精通花艺，我跟着偷师学了一些。不过这茶梅喜阴耐寒，最是好养的。”六娘子口中的兄长便是顾望之了。

“哎哟，瞧我，哪儿有这样在园子口待客的，妹妹快进屋，快进屋。”三娘子说着便拉起六娘子的手，两人并肩进了屋子。

睦宁轩不大，里屋加花厅并了左右两间耳房，最西边还有个净房，格局是一目了然的。屋里的摆设远没有林氏的月然居奢华，倒是透着一股子雅韵。

先入眼帘的便是花厅南边儿的一个小小的多宝阁架子，上头摆着几个天青汝窑瓷瓶和两个团扇绣品，正对面的粉墙上挂着一幅《墨枝红梅吐艳图》，右边是两张光泽暗沉的小靠背椅，应是有些年数的老物件了。

“我这儿简陋得很，让妹妹笑话了，咱们里屋聊。”见六娘子将花厅细细看了一遍，三娘子便礼数周全地在一旁等着，待她收了目光后方才拉着她的手进了里屋。

这简简单单的一个举动倒让六娘子对三娘子又生了一分好感。不卑不亢，大方得体，比起嫡出的七娘子，三娘子反倒更当得起“大家闺秀”四个字。

一进里屋，一股幽幽的淡香扑面而来。六娘子定睛看去，妆台上的小香炉正袅袅地散着烟，香气袭人却不腻味。

六娘子深深地吸了一口气，然后将一直拎在手中的小盒端到了三娘子的跟前道：“这是怀阳有名的山楂糕，酸甜味重，也不知姐姐吃不吃得惯。”

“妹妹真客气。”三娘子笑着收下了小盒，然后同六娘子一起坐上了炕，随后便有丫鬟端上了热茶点心，然后又悄然无息地福身而退。

六娘子将这些看在眼中，便觉得这个三姐姐实在是个妙人。庶出的身子，嫡出的做派，能不卑不亢，又能严于律己，连屋子里的丫鬟都能做足了规矩，看来是个不简单的姑娘。

“我这般唐突让妹妹来串门子，也不知妹妹有没有要紧的事儿被我耽搁了。”三娘子是主人，自然要先开话头。

六娘子忙摇头道：“三姐姐言重了，哪里有什么事儿能耽搁，我这是第一次回家，里里外外就是个大闲人，能遇着三姐姐这样热情的，我求之不得呢。”

“六妹妹这性子我喜欢。”三娘子夸道，“不瞒妹妹，妹妹没来以前，我还时时在担心能不能同妹妹处得愉快。大家毕竟是姐妹，就算住开了，可也转不出陆府这小小的内院的。”

“三姐姐为何会觉得我难相处？”六娘子啜了一口热茶，发现杯盏中泡的似是安县白茶。

“妹妹身份特殊，毕竟是嫡女出身。”三娘子说着冲窗子外头努了努嘴，压了声音道，“妹妹也不是没瞧见咱们府上嫡出小姐的做派，我头两日还真是头疼，怕又来一个同七妹妹性子相当的，那可真是要让人不得安生了。”

六娘子瞪大了眼睛，觉得三娘子说出这些话来确实挺不可思议的。毕竟，她才到陆府一天而已，难道三娘子真的就因为自己昨儿个夸了她那几句就把她陆云筝当成自己人了？

六娘子不解，看着对面眉眼如画巧笑倩兮的三娘子，六娘子第一次惊叹于内宅女子的满腹心计。

她可不相信三娘子是个没头没脑的直肠子，单看早上请安的时候她能断了七娘子的话而不惹林氏不悦，六娘子就坚信三娘子是个聪明的主儿。

而三娘子说完了话却是端起了杯盏，似真的在用心品茶。她等了半天也没有等到六娘子开口说话，不免用眼角的余光去看了一眼六娘子。

但这回轮到三娘子惊讶了，因为六娘子也在品茶，眉眼聚凝，甚是享受。

三娘子愣了愣，嘴角不禁微微地勾起了一抹弧度：“六妹妹可品出我这泡的是什么茶了吗？”

“是安县的白茶吧？”六娘子仿佛对三娘子先头编派的那些话置若罔闻，似前后只听到了关于泡茶的这一句。

三娘子心中大叹，一个没忍住竟扑哧笑了出来：“哎哟哟，在六妹妹跟前班门弄斧，倒是我这个做姐姐的露怯了。”

“我却觉得三姐姐是个妙人。”六娘子如实说道。

“哦？”三娘子挑了眉，认真地看着六娘子，“妹妹何出此言？”

“姐姐性子洒脱也敢作敢当，怕是对我这个头一次回家的妹妹心里没底，才想试探一二的，但是不知我在姐姐心目中是可深交的还是不可深交的？”

两人从进屋开始到现在，前后左右都在寒暄，你来我往的皆在打探对方的底，不过却是六娘子率先摊了牌。

倒不是六娘子心急，只是身在陆府，她是最最被动的一个。

内宅女子们的生活就像一台永远唱不完的戏，从主母到嫡女，从庶女到姨娘，再加上那数也数不清的丫鬟妈妈婆子仆妇，要收买人心谈何容易。

她在陆府不是待一日两日，闹得不好待上大半年都是极有可能的。倒不是怕有人会害她性命，可是六娘子却也不想唯唯诺诺地任人摆布。

她的底线从来都只有一条，那便是人不犯我我不犯人，所以她必须要在最短的时间内找到一个可以融入陆府的法子，而眼下这个法子似乎正在冲她招手。

六娘子话一说开，三娘子双眸一沉，敛了之前略显轻浮不谨的模样道："妹妹回府，瞧着是风平浪静一片太平，可人心隔肚皮，谁又知道旁人是怎么想的。"

"三姐姐又为何要明着同我来往？"六娘子好奇。

"我虚长你一岁，若说小时候的事儿全然记得那也是蒙你的，可母亲……"三娘子话语顿了顿，"先夫人的模样我却是真还有印象的。"

六娘子一愣，没想到三娘子主动示好竟然是因为她薄命的亲娘。

"那年一入冬的时候我染了风寒，烧了两天也不见好，姨娘急坏了，可她还没去求，先夫人就主动请了城里的老大夫来给我看病。这事儿我也是长大以后断断续续听姨娘念起过几句，眼下新人换旧人，她瞧着贤良温顺，实则是个手狠的。"三娘子轻笑道，"林家是世代的书香门第，大多都是有功名在身的，只是高些低些不等罢了。母亲从小就跟着外祖父做学问，琴棋书画样样精通，要不是当年母亲出嫁的时候大舅舅还没高升，只怕现在就算陆家人去求都未必求得到外祖父肯点头嫁女。"

六娘子一边仔细听着三娘子的话，一边细细地打量起眼前这个如花般亭亭玉立的姑娘来。

三娘子生得确实美，十五六的年纪已微微长开，螓首蛾眉齿如瓠犀，那肌肤吹弹可破，透如凝脂，恰逢豆蔻年华，端的是莞莞浅笑胜星华。

"是，能掌管内宅，谁没有些手腕。"静闻三娘子一言再言林氏种种，六娘子若是还藏着掖着不免就矫情小气了，"我从小便养在怀阳，外祖父疼，外祖母爱，若不是一封家书说得在情在理，想来我这辈子都未必会来宣城走一遭……"

"呵呵，六妹妹果然是涉世未深的。"谁知听了六娘子的话，三娘子突然笑出了声，"妹妹可定了亲？"

六娘子一怔，面色瞬间凝重了起来。

果然，正如三娘子所言，她生在宣城长在怀阳，虽过了男孩儿女孩儿应设防的年纪，可赵老太爷却不大注意这些，遇着去故友旧识家串门总是会带着她一起。赵太夫人也一样不在意，她教六娘子最多的便是女孩子要贞顺宽和，不能小气造作。至于婚嫁，似真的没有人同她说过。

看着六娘子脸色渐白，三娘子正声道："妹妹亲也未定，难道就能同陆家从此老死不相往来了？便就算妹妹以后成了亲，和陆家还有千丝万缕的联系呢。妹妹姓陆，不姓赵！"

见六娘子额际青筋尽显却抿唇不语，三娘子深吸了一口气继续道："六妹妹会觉得奇怪吧，第一次见面，我却这般对你掏心掏肺，六妹妹不会担心有诈？"三娘子一边说，一边递给六娘子一个核桃酥。

六娘子接过咬了一口，酥饼香软，入口即化，甜而不腻，她心中轻叹，到底是京城地界，这样的小零嘴儿都做得如此精致可口。

"是奇怪的，不瞒姐姐，方才进屋，我还怕姐姐会给我下套使绊子。"六娘子将剩下的核桃酥一口吃完，方才用帕子擦了擦嘴角道，"不过我一无权二无势的，与其说是这府里的主子倒不如说是客人，姐姐图我什么？"

是啊，这便是六娘子心里最大的疑惑，三娘子图什么？若说三娘子对她姐妹情深，六娘子是万万点不下这个头的。即便是听方才三娘子说及儿时，言辞间颇有对亡母的感激之情，可人都死了这么多年了，用得着这般至情至性地感念怀旧吗？六娘子不信。

可若说是无缘无故的，六娘子更不信。人非圣贤，对你好对你不好都是有原因的，那么三娘子想从自己这里得到什么呢？六娘子很好奇，不仅好奇，六娘子觉得若是三娘子提出的条件合情合理，她还很愿意同三娘子做这个人情买卖。

"图你的身份能保住我姨娘和她肚子里的孩子。"

六娘子思忖间，三娘子开了口。只是她话音刚落，六娘子入口的茶就全部咳了出来。

"姐……姐姐真爱说笑。"顾不得衣襟上的茶渍，六娘子讪讪地放下了茶杯，虽举止还算沉稳，可神色到底不像之前那般泰然自若了。

"事关妹妹的终身大事，我如何会有心情说笑，又关乎着两条人命，我又如何会拿来说笑。妹妹心里许会觉得我唐突冒失，可我却觉得时间全然不够用，也不同六妹妹说那些拐弯抹角的花言巧语。妹妹是聪明人，既问出我图你什么，那就懂得怎么做交易。"三娘子抚了抚额前的刘海，忽而抬了眼定睛看着六娘子继续道，“四姨娘是个没主见的，偏生的一副好心肠，如今她便是屋里的丫鬟妈妈也快管不住了。怀孕的事儿怕是瞒不了多久了，肚子里已经两个多月了。”

六娘子只感觉自己背上浮起一阵凉意，但紧握的手心却热得直冒汗：“我……不明白。”

“六妹妹当然不明白。”三娘子脸色微沉，却是秀而不媚，“本来府上还有个六姨娘的，是朝中权贵送给父亲的美妾，只是半年前小产，一尸两命，香消玉殒了。听妈妈说，腹中胎儿已成形，似是个男婴。”

六娘子惊得用手捂住了嘴。这些血腥的事儿她当然不知道，她在怀阳过得那可叫一个惬意自在、左右逢源。从上到下，从家里人到外人，对她谁不是千依百顺的，哪里不是逢人就夸的。

六娘子原本以为宅门生活不过如此，吃喝玩乐睡到自然醒，完全不用想着生计难为，谁知到了陆府不过短短两日，她却感觉到了无形的危机和沉沉压力。

“是意外？”六娘子胡乱想着，话就脱口而出，可说完了以后自己都觉得可笑，当然不可能是意外。

“外头人自然以为是意外，大白天的，六姨娘在院子里赏花，好好的就摔了一跤，结果小产了。”三娘子压着声音，“可事后有人发现院子里的小石子路特别滑溜，好像被人特意磨圆了一样。”

六娘子张了嘴，半晌才吐了一口气道：“这样的话以后姐姐还是少说吧。”

三娘子闻言，尴尬地转了视线，自嘲道：“到底让妹妹笑话了，我是关心则乱。实不相瞒，我身上也是带了婚约的，虽然没有同大姐姐那般下了订，可父母是很满意这门婚事的。被祖父这样一耽搁，大姐姐已是晚出阁了，母亲眼下只怕是盼着我能早点嫁，估计大姐姐出嫁以后便要轮到我了。我不走，七妹妹如何好议亲。我当时还在想，姨娘这一胎怀得真不是时候，母亲……面上看着和气，实际上心里容不下人，不然为何这么些年，七妹妹下面只有一个七弟？”

这一点六娘子倒是真的没有发现，在她看来，陆家已算得上是人口颇多家门兴旺了，可似乎对于大周任何一户高门贵府来说，一家门里五六个孩子那都是最最平常的。

“为何？”

“因为五姨娘是母亲的陪嫁丫鬟。”

六娘子恍然，因为是自己人，所以才会被默许生下孩子。在宅门里这夫为妻纲的规矩下，女子的出身好与坏真的差别很多。

“可我还是不明白，若是我并没有回府过年，又或者脾气秉性同七妹妹相差不大，那三姐你又当如何是好？”

“我总坚信办法是人想出来的。”三娘子把玩着杯盏盖，“事实上妹妹这一招棋我是赌对了。”

“三姐姐只想让我在你出嫁以后帮忙照顾四姨娘同她肚子里的孩子，可是三姐是不是弄错了，我过了年便要回怀阳的。”六娘子正色看着三娘子，心里忽然浮上一股莫名的虚气。

从三娘子开口相邀到她欣然赴约，从两人相互试探到开诚布公，这盘棋似乎都是按着三娘子所思所想在布局，聪慧如她，不可能漏算这么重要的一步的。

除非……

第五章

小青衫·不出所料

“六妹妹，你走不了的，即便是能再回怀阳，也不可能像从前那般长住了。”三娘子的话如同一道惊天闷雷炸开在六娘子的耳畔。

“姐姐不妨把话说清楚。”她惨白着脸，心跳如鼓点，一阵阵催得人晕眩不觉。

“我说了，母亲眼下最着急的便是替七妹妹准备议亲，大姐姐要嫁了，我的事儿也是八九不离十的，可七妹妹上面还有你，你不嫁，她如何议亲？”

“她嫁她的，关我何……”可偏偏六娘子说不出一句完整的话来。

七娘子要出嫁，自然关她六娘子的事儿，姐姐未出阁，妹妹怎好越过了先出嫁？

六娘子恨得眼角都渗出了怒意，却听三娘子又道：“据说人也是定好了的，本来是想说给七妹妹的，可那人……前头有个去世的先夫人，母亲自是不愿意的，这才……”

“这才巴巴地把我请回了家过年？”六娘子冷笑，只觉这事儿竟真的被她猜中了几分。也不知是自己的第六感太灵还是陆家人太会做那黄鼠狼给鸡拜年的把戏，这些上不了台面的事儿倒是叫人一眼就看得穿。

三娘子看着六娘子，忽然对她小小年纪能有这份隐忍沉稳而佩服不已，可也隐隐地生出了一丝担忧，有着这样一颗玲珑心，真的会乖乖地按着母亲的想法去做吗？

这样一想，三娘子不禁又着急了几分："我想着法子把这些告诉妹妹，无非就是想让妹妹念着我的好，这本就是个人情，与其让别人占了先机，不如我先抢来用。母亲的算盘向来算得很精，不相干的人也很难套出话。那户人家的事儿还是夏天的时候，有一次我去父亲书房给他誊家信，不小心听到一耳朵的，我谁都没有说。"

"三姐姐可真沉得住气。"六娘子心里窝火，虽没有发作，可口气到底不似之前柔和了。

三娘子却并不介意六娘子的变脸，只是笑了笑面露难色道："本来是真没往心里去，想着我与妹妹素来没有交集，同七妹妹也算不得亲，更何况我婚事已定，我嫁人的时候说不定你们的事儿连八字都还没写头一笔呢。可是……谁让四姨娘忽然就……"

"姨娘的事儿，不应该是父亲出面周全维护吗，姐姐怎么就觉得我能护得了四姨娘？"

"妹妹可知，父亲能有今日，多半靠的是母亲母家的关系，虽说父亲自己也努力，可在京为官，那努力有才干的多了去了，哪里个个都能入得了皇上的眼？"

"母亲母家……"

"如今大舅舅正是都察院右副都御史，据说深得皇上赏识。"

六娘子吊着的一口气在听到三娘子这句话以后颓然松了松，难怪陆老爷能官运亨通，原来是因为走了后门！

"所以父亲惧内。"六娘子盯着三娘子。

听闻六娘子说得这样直接，三娘子惊讶地眨了眨眼，半晌才找到自己的声音："父亲……几乎不过问内宅的事儿，母亲这些年确实将内宅打理得井井有条，无论是庄子上还是那些店铺，总之从未让父亲操心过。就是六姨娘那事儿，母亲那时候还请了净慧寺的元信师太做足了七天的水陆道场，六姨娘的坟也是在陆家祖坟边上的。"对一个姨娘而言，这已是很体面的归处了。

"可姐姐却不信那是意外。"六娘子斩钉截铁。

三娘子咬了咬下唇道："怪只怪四姨娘真的不是个聪明的，我怕……"

"姐姐同我说句实话。"六娘子现在哪里还有心思听三娘子说四姨娘的故事，“姐姐方才说的那户人家，是真的不知道其他更多的消息了吗？”

“真的不知道。”三娘子摇了摇头，“我同妹妹掏心至此，该说的不该说的全无隐瞒，又何必在那户人家的事儿上吊了妹妹的胃口？”

六娘子闻言，满脸失落地闭上了眼睛：“姐姐容我……想想吧。”

六娘子回到浅草阁，正见秦妈妈匆匆地往外头走。

“姑娘总算回来了！”秦妈妈见了六娘子，笑逐颜开地松了口气道，“夫人送来了几个丫鬟说让姑娘挑，一同来的还有夫人屋里的杨妈妈。”

六娘子看着秦妈妈，忽然觉得自己似成了那砧板上的鱼肉，这宅子里，好像谁都想往她身上砍一刀试试深浅。

真是有趣，莫不是这些年她在怀阳，人人都忘了她其实也是陆家嫡出的女儿不成？就算生母早逝继母当道，可她也不至于就要变成谁都能搓揉拿捏的面疙瘩团子。

不管是三娘子蓄意地接近交心，还是林氏的口蜜腹剑，又或者是陆老爷的为父不正，这些都成不了她自暴自弃的理由。

三娘子有一句话六娘子很赞同——办法都是人想出来的！只要她想日子过得好，那就不会太糟糕。

而且不得不说，这十几年来，赵老太爷对六娘子的教育还是很上心的，除了姑娘家必修的《女则》《女戒》之外，诗词歌赋或孔孟之礼六娘子也都有涉猎。赵老太爷倒未必是想教出一个女诸葛，可六娘子确实修身养性了不少。

这种心境最是难得，赵老太爷总是说，人，无欲则刚。六娘子忽然觉得，眼前种种若隐若现的危机，似乎刚好能用这四个字来挡一挡。

她无欲，谁也不会轻易动她，她不求，便不会卷入更混乱的风波中。

但从三娘子那里出来，六娘子也想明白了一件事儿。那就是她已过了男女设防之年，过年已是十五岁的她，不能再在外祖父母的羽翼下佯装天真地混日子了。

有些事儿该来的还是会来，既然如此，她何不带着平常心去迎一迎？

一旁的秦妈妈却不知道只短短的片刻工夫，六娘子心里已起了翻天覆地的变化，她只知六娘子眼下脸色瞧着不好，惨白得不见一丝红润，便担忧地问道：“姑娘可是哪里不舒服？”

其实秦妈妈更想问的是自家姑娘是不是同三姑娘闹了不愉快，不过眼下是在陆府，秦妈妈说话多少也忌讳了一两分。

“秦妈妈，只怕咱们以后的日子离顺坦舒心要远得很了。”

六娘子答非所问，惹得秦妈妈更是一头雾水。

“姑娘……”

“没事儿没事儿。”六娘子忽然微微一笑，嘴角漾出了漂亮的小酒窝，“杨妈妈带了多少人来？妈妈可瞧了没？有没有看着顺眼的？”

浅草阁前，六娘子拉着秦妈妈的手，渐行渐远……

那日屏着一口顺不下去的气，六娘子还是镇定自若地仔仔细细挑了三个丫鬟留在了屋子里，之后又重新给她们起了名字，分别唤作鱼安、白鹭和流萤。随即秦妈妈又张罗着腾出了后边的罩屋，将揽月、竹韵还有三个新来的丫鬟一并安置在了里面。

晚上去给林氏请安的时候，六娘子将这事儿仔细告诉了林氏，末了又说：“因那小罩房里原本堆了些旧物件，女儿也不敢随随便便处理了，只等来给母亲请安的时候讨个说法。”

林氏晚上穿了件月牙色镶金边印染褙子，梳了个坠马髻，精致之余平添了一分慵懒，显得妩媚迷人。听了六娘子的话，林氏点头道：“浅草阁整理得匆忙，也未考虑周全，原想着你住进来就去腾空那罩屋的，可我左右一忙把这事儿给忘记了。”说着又吩咐杨妈妈道，“明儿你去六小姐那儿看看，丫鬟们落了脚，少了什么就添。”

“是。”杨妈妈依言点头。

六娘子就柔声道：“辛苦母亲了，几个丫鬟都勤快听话，母亲挑人的眼光真好。”

林氏莞尔不语算是默认，随后似漫不经心地喝了一口温茶，方又开口道：“我听说早上的时候你去你三姐姐那儿串门了？”

来了！六娘子在心里默默地念了一句，只是她此时此刻正微微地垂着头，让人瞧不出脸上的神情。

“莫非母亲在家里安了耳报神？”再抬头，六娘子眼中装满惊讶，羞涩中略带一点孩子气道，“消息竟这般灵通！”

六娘子这一说，林氏眉眼一利，看她的目光就冷了几分。

屋子里顿时安静得紧，几个在一旁伺候林氏多年的丫鬟则纷纷睁大了眼睛，仿佛瞧鬼魅一般死死地盯着六娘子。

不等林氏发话，一直紧挨着她的七娘子却先冷笑了起来："六姐姐这话说得真是有趣儿，难道母亲关心你还有错了，竟这般不知好歹。"

"七妹妹这话我不明白了，我只是觉得母亲管着整个家确实辛苦，想我刚住回家，两眼一抹黑什么都不知道，母亲要管着家里的事儿还要费心照顾我，我心里是感激的，何来不知好歹的说法？"六娘子这番话说得真情实意，说罢还吸了吸鼻子，擦了擦微润的眼角，那委屈劲儿真真的，连林氏看了都愣住了。

"你……你分明……"七娘子伸手指着面前的六娘子，憋红了一张圆脸却一句话也说不完整。

七娘子是林氏唯一的女儿，生下来的时候便是集万般宠爱于一身的，养出了她骄纵傲慢的性子。不要说上面比她大的哥哥姐姐，就是比她小的松哥儿平日里都会让着她，哪里受过这般明着来的气。

见七娘子狠狠地瞪着自己，六娘子这才慢悠悠地抬了视线笑着对林氏道："昨儿晚上大姐姐来同我说规矩，因天色太晚，我也不好多留大姐姐。今儿一早我本想着再去叨扰大姐姐片刻的，却在去的路上遇着三姐姐。三姐姐热情，说大姐姐因着要出嫁在赶绣嫁妆，便让我去她那儿坐坐。我想着初来乍到哪里能空手上门的，便折回去给三姐姐带了些怀阳小点心。"这番说辞，是六娘子早就和三娘子串好的，说起来自然流畅，不见半点犹豫扭捏。

"六妹妹刚来，不知道大姐姐早安请过以后通常都在屋子里绣嫁妆的，我恰巧出门去摘枫叶，这才在园子口撞见六妹妹。"六娘子说完，三娘子宛若黄鹂轻鸣般的声音就跃然而出，"说来不怕母亲笑话，平常我们几个也是疏于礼数的，六妹妹问了许多，有些我自己还答不上来呢。"

"都问了些什么？"林氏眼波一转，面色不像之前那般难看了。

"问得可细了，问母亲平日喜欢什么花儿，有没有什么特别钟爱的颜色，还问七妹妹平日是描红刺绣多，还是抚琴奏曲儿多。"三娘子说着掩嘴笑道，"可惜我被六妹妹生生问成了个睁眼瞎，只晓得母亲偏爱茉莉，可最喜欢的颜色却答不上来了，因为我瞧着母亲穿什么颜色都是好看的。"

三娘子生得好看，一笑就更娇美了，屋子里因为她这几句奉承的话顿时气氛好了很多。只七娘子还微鼓着腮帮子，满眼的不屑。

可六娘子却并不在意七娘子那显而易见的不满，只转头看着林氏道："许是女儿方才说话不得体，明明想让母亲笑一笑的，出了口却似得罪了母亲和七妹妹了，还望母亲不要责怪女儿鲁莽才好。"

林氏嘴角微微一动，却还是笑道："也不知你这做派是哪里学来的，明明是贴心的事儿，却弄得人一头雾水。"说着她看了一眼笑颜盈盈的三娘子道，"不过你们姐妹和睦友爱，我还是很高兴的。你三姐姐是个活泼的性子，待人处事都极有分寸，你大姐姐眼下忙，你同你三姐姐多亲近亲近也没坏处。"

一旁的初娘子从刚才开始就羞得双颊通红，咬着唇低着眉一言不发，六娘子看在眼中，不愿再拿她将要出嫁的事儿做文章，便重重点头道："女儿知道了，以后少不得要多叨扰三姐姐。"

"妹妹愿意来玩儿，我高兴还来不及呢。若是七妹妹能一起，那我这睦宁轩可就要热闹咯。"三娘子捧了六娘子，又抬了七娘子，八面玲珑的交际手腕可见一斑。

林氏闻言，一扫之前心里的微怒，便又同几个姨娘说了些丫鬟仆妇间琐碎的事儿，然后就让大家各自散了。

第六章

小青衫·远方来亲

那之后的几日，六娘子的日子过得特别有规律。

卯时一刻起，简单地用了早膳以后就去月然居给林氏请安。一圈转下来回到浅草阁差不多也要一个时辰以后了。随后她便会在屋里或描红练字，或理线绣花，用过午饭后午睡起来，六娘子若不看书，便会去睦宁轩找三娘子。

这期间，六娘子收到过赵老太爷寄来的一封家书，而令她惊讶的是，家书里头还夹着顾宸玉的一封长信。

他跟随赵孟頫学习多年，洋洋洒洒两张纸，一笔一画筋骨见神，典型的四平八稳，温和典雅。

他说了自己的近况，也问了她的近况，字里行间透着满满的愉悦，看得出顾宸玉这小半年来在幽篁寺过得很充实也很自在。他说幽篁寺所处的广运虽是个山城，却四季分明，眼下还未完全入冬，漫山遍野的红枫如怒火连烧，美不胜收；他说男儿志在四方，课业结束以后他还会随先生再去别的地方走走看看。

最后落款前他写道：以前就在跟前，总觉得你还是个没长大的孩子，生气开心全写在脸上，如今回了府，可要收收那任性的脾气，切莫让关心你的人担心才好。宸玉，念。

望着最后一个字，六娘子只觉得鼻尖一酸，豆大的清泪瞬间滑下，滴落在信上，晕了残墨，透了素笺。

其实短短几日，六娘子心态已经有了巨大的转变，不是说她多无情或是多抛得开过去，有些事儿有些人只是被她刻意回避了而已。

这信定是顾宸玉先寄给赵老太爷，赵老太爷过目了之后放入家书中一并寄来宣城的。他本就是磊落君子，信定是他自己没有封口的，便是最真挚的问候，最简单的挂念而已。

捏着信，六娘子觉得心中有渐渐膨胀的委屈，如窗外那肆意蔓延的冬肃一般，一旦起了头便一发不可收拾。可当她提起舔饱了墨的笔，却是对着空白的宣纸怎么都落不下去。

究竟要写什么呢？写自己不过落脚几日，便对陆家满屋子所谓的亲人失望透顶，还是写继母看着慈善，实际却藏了一肚子的绕绕弯弯，或者写她虽是主子，却左右不是，倒不若那登门造访的贵客体面自在？

忽然，外头响起了碎碎的脚步声，紧接着鱼安轻叩门扉道：“姑娘，连州城长房大老爷一家来了，夫人请你去月然居。”

六娘子一惊，笔尖的香墨滴落纸面，溅起墨滴点点，宛若一朵怒放的浓梅，沉得诡异。

“姑娘？”外头鱼安见六娘子在屋子里头久久不出声，便又催了一句。

“来了。”六娘子慢条斯理地收拾好了炕桌上的笔墨，然后下了地，拿着手中的信又眨眼看了一遍，随后便一扬手腕，将两张薄薄的纸笺丢到了燃着的炭火盆里，然后才朗声道，“进来吧。”

“是杨妈妈亲自来的，说是让姑娘打扮得正式些。”鱼安推门而入，手上还端着一个铺着缎绒面子的托盘，上头摆着几对耳环、几支簪花和一副赤金红宝石点翠头面。

“就梳个双髻吧，衣裳也别换了，既是杨妈妈亲自来请的，那还是早些过去的好。”六娘子看了一眼托盘后便坐在了镜前，虽眼角看着还有些微红，可神色早已没有了异样。

鱼安闻言忙点了头，同进屋的竹韵一并将六娘子打扮妥帖，方才送她出了浅草阁……

因为长房大老爷一家的远道而来，陆府渐渐开始有了一些过年的气息。可是随着年味一天一天地加重，四姨娘的肚子也渐渐地瞒不住了，所以在隆冬的一个夜晚，绮翠园那里就传来了好消息，四姨娘有了，而且已经快三个月了。

那日陆老爷刚回府就知道了这事儿，便是连月然居也未去，直接抬脚进了绮翠园。

林氏知道后当即一掌就掀翻了一个白釉粉彩蝶戏牡丹盖碗，嘴角带笑，却出言阴毒："小娼妇，仗着有几分姿色尽想着怎么勾引老爷，弄些个不干不净的下作坯心思到我跟前来做文章。"

"夫人别气，气坏了身子可是自己的。"杨妈妈在一旁一边吩咐小丫鬟进来打扫地上的碎瓷片，一边轻柔地抚着林氏的背帮她顺气，"要说这个四姨娘也真不是个东西，趁着夫人您年关忙得脚不沾地儿，竟生生将这事儿给瞒了三个月。"杨妈妈说着也是眼露凶光，愤愤不已。

林氏冷冷一笑，惹得发髻上斜插着的镶珠宝鎏金银簪缀碎金流苏晃得厉害："本以为她是个人畜无害的，谁知道是只白眼狼。三个月了，才请了大夫大肆宣扬，想必是肚子捂不住了吧。她也有本事，能瞒着我这个当家主母三个月，她是当我死了不成！"

"夫人，别说是一个四姨娘，即便再来两个，您也是拿捏得住的，当务之急，您可千万别同老爷红了眼，想这事儿四姨娘可是连老爷都瞒着的，这头一开始就错了。"杨妈妈毕竟是旁观者，一点就点到了问题的症结所在。

林氏闻言，转念一想，堵在胸口的郁结之气总算稍微散了点："你说得对，我是真被这贱蹄子欺上瞒下的手段给气得晕了头了，她以为她的主意打得好，呵，我倒要看看这个家里是她一个做姨娘的说了算，还是我这个做主母的说了算。"

"夫人说的是。"杨妈妈闻言，连忙倾身凑了上去，在林氏的耳畔细细地嘀咕起来。

当天晚上，陆老爷是在绮翠园用了晚饭才回月然居的，一回屋，他便见着林氏一个人歪在窗棂前，玉臂托腮，凝神愁思，眼角微微泛红，瞧那模样像是先头哭了一场。

"这是怎么了？"四姨娘怀孕，陆老爷心情大好，方才在绮翠园还小酌了几杯，虽未醉，可却有些微醺了。谁知一回来，却见着林氏愁眉苦脸的模样，他不免觉得被人当头泼了一盆冷水，当下说出口的话就隐隐有了些不悦。

"老爷回来了。"林氏见着陆老爷，慌忙地抹了抹眼角穿鞋下了地。

她本就年轻好看，此刻这般拙藏清泪楚楚动人的模样抬头瞧着陆文恒，倒是更显了几分别有风韵的妩媚，眨眼间，陆文恒心里的火气自然消了些许。

“这是怎么了，好端端的又是和谁置气呢？”再开口，陆老爷倒是柔声细语了不少。

“老爷是从四姨娘那儿来的吧，四姨娘怎么样，身子可还好？”林氏瞧着一副强颜欢笑的模样，只是说着说着眼眶竟又红了起来。

陆老爷蹙眉：“莫不是为了四姨娘……”陆老爷话说了一半，见林氏低着头默默不语，他的声音又沉了沉，“你素来不是心眼小的，这次怎的明明是件高兴的事儿……”

林氏沉默了片刻，终于还是抬了头，带着哭腔道：“老爷，我何尝不是为了四姨娘怀了孩子而高兴，可是老爷，我除了高兴之外，还要想着您的名声，还要当起这个家，不是我心里容不下，只是四姨娘这事儿做得也太……太欠妥当了。”

“哦？”陆老爷听林氏这么一说仿佛是另有隐情的样子，便耐了性子坐在了椅子上道，“怎么欠妥当了？”

林氏拿帕子抹了抹眼泪，红着眼道：“老爷，你且想想，四姨娘怀孕三个月才唤了大夫，且那大夫来我这儿回话的时候，只当我这个当家的也是知道她怀孕的事儿的，便轻飘飘地说了句姨娘肚子里这胎怀相很好。老爷您可知道大夫同我说这话的时候，我臊得恨不得找个地缝就钻下去了。”

林氏说着用余光扫了扫，见陆老爷正看着她认真地听着，她便清了嗓子继续道：“老爷你想，四姨娘怀孕是好事，可是拖了这么久，旁的不知情的只当是我容不下家里的姨娘庶子，再往深了说，别人只当咱们家姨娘个个都是有主张的，而我是个镇不住的，若是外人再添油加醋些，存心找咱们家麻烦的，有可能都会说老爷宠妾灭妻，到时人言可畏，那才是惹祸上身的。”

陆老爷一听，猛地眉眼一敛，微怒道：“夫人说得有道理。”

林氏心中窃喜，可脸上依旧是一副忧思不散的模样，道：“我今儿下午一个人想了许久，是越想越伤心的。想我平时待姨娘们也同自家姐妹一般，嘘寒问暖从不亏待，怎么这么大的事儿四姨娘却瞒而不报。”

“她说这胎怀相好，是以自己也没注意着。”陆老爷倒也不偏袒，如实说了一句。

“老爷……”林氏在心里冷冷一笑，可声音却更柔了些，委屈地说道，“我自己也是生养过的，想我怀小七的时候怀相也是好的。可女人怀了身孕，总是会有些不同的，更何况四姨娘也是做了娘的，哪里会有了三个月都不知道的，又不是刚过门的黄花大闺女。这要是闹得不好传了出去，旁人只当咱们陆家内宅不和，那才是真正的麻烦呢。”

“这……”陆老爷脸色突然难看了起来。

而眼看陆老爷被自己说动了，林氏瞬间换了张脸，满脸想“息事宁人”的表情，转了话锋道：“不过老爷，想四姨娘素来都是安分守己性子柔绵的，有些事儿也只是妾身自己瞎想的。府上这么多年没有好消息传出来了，妾身的肚子也不争气，总想着再给老爷添个一子半女的，可偏偏……如今四姨娘有了身孕，自然是值得开心的事儿。妾身方才也是心里有委屈，同老爷说说我心里就舒服多了。”

之前听林氏忍着哭意娓娓道来，所言所述也都是为这个家着想，而眼下又这般放下了姿态柔声细语，陆老爷心里的火早已经被她那几句娇滴滴的话给压得无影无踪了。

陆老爷当下便是和颜悦色地说道：“也是我高兴了，就没往细处想。内院的事儿一直是你把持的，前前后后打点得都是妥帖仔细的，我从未操心过，自然也不会深虑这其中的弯弯绕绕，四姨娘瞒着这一胎确有不妥。”

“老爷，我当家这些年，对下人也好对姨娘们也好，那都是一碗水端平的，眼下四姨娘这般使性子，我着实难受的。”林氏软了腰身靠在陆老爷的肩头，一双手下意识地就环上了他的脖颈……

那天晚上，月然居里头是春宵良夜情意绵绵的，是以连值夜的丫鬟都在耳房沉沉地睡过了前半夜，直到后半夜才被林氏唤进了屋。

而隔天一早，是六娘子第一次见识到林氏枕边风的厉害。记忆中，那是她在陆家立足迈出的第一步。

第七章

流华里·先母梦魇

其实这天早晨六娘子早醒了，不过是用了早膳以后临时起了性子提笔画了几个花样子，所以就耽搁了。

当她一脚跨入堂屋的时候，一眼就看到林氏坐在为首的花梨木直背交椅上，正用阴冷的目光死死地盯着眼前几乎是瑟瑟发抖的四姨娘。

六娘子下意识地转头去找三娘子的身影，只见她站在初娘子的右侧，一张精致的小脸涨得通红，双拳紧握，似在咬牙忍着什么。

而一旁的七娘子则是带着一抹看戏的神情，正目不转睛地盯着端正而坐的林氏。

六娘子心头一惊，却不动声色地福身请安道："小六来晚了，还望母亲不要责怪。"

林氏余光一扫，冷冷地看了她一眼，口气不悦道："你若有心，这晨昏定省必是迟不了的，若是松散了，便是我再敲打也无用。"

"母亲说的是，小六谨记于心。"六娘子微微地垂着头，似真在虚心受教一般恭敬有加。

林氏见她温顺，即便是被自己冷言冷语了几句也依然沉得住气，当下就觉得心里不舒服了起来，再加上四姨娘一身宽松长袄打扮又尤为扎眼，林氏几乎当场就要发作了。

不过想到昨晚自己同陆文恒说的那番话，林氏又转念忍了忍，只冷笑道：“也好，正趁着人齐，我便把四姨娘的事儿说一说。不过咱们家园子统共也就这么点地儿，想必你们也应该都知道了，四姨娘有了身子，已经三个月了。”

这话一出，四姨娘的肩膀抖得便更厉害了。瞧着她几乎是一脸惨白紧紧咬着嘴唇的模样，六娘子真的担心她会一个头晕昏过去。

不过林氏的话音并未止落，六娘子只听她继续道：“府上能添丁添口都是好事儿，四姨娘以后可成了咱们府上最金贵的人儿了，你们没旁的什么事儿也千万别去闹腾她。”

众人齐齐回了“是”，不过六娘子还是很纳闷，林氏虽看着脸色难看了些，可说出来的场面话毕竟都还算是好听的，但为何之前自己进屋的时候明显感觉到三娘子眉眼间透出的怒意？

正这般想着，林氏忽然轻轻地咳嗽了一声，柔声道：“原本这些都是父母辈的事儿，也不该让你们姑娘家知道的，不过呢，我在想，先是四姨娘有了身孕值得高兴，现在府上又要新添一位姨娘，也是好事儿，便把两件事儿都凑在一起同你们一并说了。”

六娘子闻言，猛地抬起了头，这才发现四姨娘身边的连翘此时此刻是站在林氏的左侧的。她惊讶地瞪大了眼睛，视线所及是林氏冷傲的笑容、连翘局促和带着绝望的眼神，当然还有四姨娘魂不守舍脸色惨白的模样。

“新进门的七姨娘也不是外人，平日里大家都是低头不见抬头见的。”林氏说着，转头冲连翘，哦不，冲七姨娘笑了笑，然后微微地叹了口气，似有万般愁思涌上心头一般，斟酌着开了口道，“其实这事儿也不突然，你们的父亲总觉得府上阳气不够，前两日他一直睡不好，总会梦着大姨娘和二姨娘，偏生两位都是红颜薄命，你们父亲想起来便是唏嘘感叹的。我觉得这样一直下去也不是办法，没准让阴气缠了，便想着要不找个八字旺一点的姑娘家抬进门，可谁知人算不如天算，也不用费神去找，连翘的八字便是顶旺的。”

林氏说着说着便松了一口气，然后亲昵地拉过一旁拼命绞着手中绢帕的连翘道：“今日当着姑娘们和两个姨娘的面，我便喝你这杯茶，从此以后你也是正正经经的姨娘了，且要好生地服侍老爷。”

连翘愣了半天，方才结结巴巴声若蚊蚋道：“奴……我……我……是，夫人。”

林氏满意地点点头，扬声唤来了杨妈妈。

杨妈妈自是有备而入的，帘子掀开的一瞬间，六娘子便看见杨妈妈仔细地端着一个紫檀木托盘，上头放着一只茶壶和一个精致的喜上梅梢花吐蕊的官窑盖碗。

热茶是杨妈妈倒好的，茶水还未递到七姨娘的手中，侧门软帘一动，只见陆老爷踏步而出，一身蓝色祥云蝠纹长衫，腰间系着碧玉红鞓带，风流儒雅，翩翩有佳。

“趁着你们父亲今日休沐，也是个不错的日子，我便做个主，喝了七姨娘的茶，让她进门罢。”林氏自顾自演，一边冲杨妈妈点了点头，一边附在陆老爷耳畔低语了几句，惹得陆老爷欣慰一笑，舒畅快活。

两个人，一杯茶，时间还是挑在了姑娘、姨娘给林氏请安的早上。

六娘子抬头看去，只见陆老爷神色微微有些异样，但是一旁的林氏却笑靥如花，侧首看着杨妈妈仔细地给七姨娘倒茶。

这光景，与其说是将连翘由丫鬟抬成了姨娘，还不如说是赶鸭子上架逼连翘就范。思及如此，六娘子眼底的不屑又浓了几分。林氏手腕确实了得，能做出这般没皮没脸的事儿，而最难能可贵的是陆老爷竟还会配合她演这一台荒谬的戏。

只眨眼的工夫，杨妈妈已经将热茶稳稳地放入了连翘的手中。

热茶的温度烫至指尖，连翘一个惊觉，下意识地转头去看一旁的四姨娘。这事儿来得太突然，前后不过一个时辰，待她脑子转过弯来的时候，人已经穿戴整齐地被带到了月然居。

连翘是慌了，她本不是家生子，再安分地做几年活儿就能放出府了。她不知为何这突然的变故会发生在自己的身上，只能下意识地去看自己从前的主子。

可视线所及，她却看见四姨娘一脸的慌乱，两眼无神，只盯着自己的脚尖发呆，而那双手，正颤抖地抚着依旧平坦的肚子。

连翘心头微颤，过往几个月的思绪如水一般瞬间往她脑子里喷涌而来。是了，姨娘小日子来没来她这个做贴身丫鬟的最清楚不过了。姨娘瞒而不报，林氏恼羞成怒，老爷却偏偏又偏袒了娇妻，所以一触即发殃及池鱼，可是连翘万万没想到这第一个遭殃的竟然是自己。

这样一想，连翘再看向四姨娘的眼光就带了一丝阴狠！她咬着唇，眼角微颤，似要把四姨娘那可笑的模样深深地印在自己心尖儿上一般。

而四姨娘敏锐地感觉到了连翘那充满敌意的目光后，转了头，却只恍惚地眨了眨眼，又漠然地回过了头。

连翘心一冷，端着热茶的手竟忽然稳当了起来。气氛尴尬间，只听连翘那婉转轻盈的声音跃然而出："老爷请喝茶。"将茶递到陆老爷的手中后，连翘又从杨妈妈手里接过了另一杯茶，然后高高地举过了头顶，对着林氏恭敬地说道，"夫人请喝茶。"

她话音刚落，六娘子只感觉身侧一阵风过，她连忙转头去看，见三娘子紧攥着拳头身子已经倾向了前。

六娘子脑中"轰"的一声，下意识地就伸手紧紧地拉住了三娘子的袖子。三娘子感觉到了阻力，红着眼转过了头，一双美如墨画的凤眼里写满了气愤和心疼。

六娘子冲她微微地摇了摇头，可三娘子的手却一直在做用力的挣扎。六娘子见状，手中的力道瞬间加到了最大，三娘子一个向后的踉跄，慢慢地涨红了脸消停了下来。

下面的事儿六娘子看得有些心不在焉了，无非是陆老爷说了几句冠冕堂皇的话，而林氏则笑着给了七姨娘连翘一个红艳艳的荷包。

"你进门这事儿吧原也仓促，不过我瞧着你素来都是极听话懂事的。眼下是非常时期，四姨娘怀着身孕，我想着府上还是不宜大折腾，如此你便就先在绮翠园住下，四姨娘住的是右边大半，你就委屈一下先把左边的堂屋和耳房收拾出来，将就住着，丫鬟妈妈我自会帮你挑齐了……"

六娘子越听越觉得好笑，可她的脸色却越发地沉了起来。

一盏茶的工夫之后，陆老爷匆匆地出了月然居，六娘子猜他心里定是不自在的。不过即便七姨娘是林氏硬塞给他的，可端的是个净白俏丽的大姑娘，陆老爷也没有摇头拒绝的道理。而且真要说起来，陆老爷也是正值壮年，房里多几个照顾起居的人也没什么错。

一来二去，谁都不会觉得有任何的不妥，反而会一致觉得林氏宽容大度，有贤妻之范。

屋子里的气氛在陆老爷出了厅门以后瞬间诡异了起来。

连翘姨娘的身份坐了实，可偏偏要和四姨娘住在一起。大家都是明白人，即便是素来不太管事儿的三姨娘，瞧着脸色都有些不太自然了。

六娘子心中微微一动，转头看了一眼几乎快要把嘴唇咬出血的三娘子和被三姨娘架着的几乎快要昏倒的四姨娘，终于于心不忍地默默叹了一口气，然后她松开了三娘子的衣袖，对着正在和杨妈妈窃语的林氏道："母亲，父亲最近总是梦到已故的大姨娘和二姨娘吗？"

林氏一愣，随口接道："你父亲是这么说的。"她是撒谎的好手，且理由昨晚已经准备得很充分了，是以眼下还真的仿佛确有其事一般。

三娘子本是气到了极点，若不是六娘子压着，早就当着一屋子的人发了飙，就在前一刻，她一直以为六娘子是个欺软怕硬的，除了气之外，她更多的还是懊恼，懊恼自己竟识错了人，太轻易地相信了六娘子，也太高估了她……

所以三娘子是万万没想到，在事情眼看着要结束的时候，一直沉默的六娘子却突然开了口。

“都道父女连心，这事儿可真巧了。”六娘子微微地垂了眼帘，神色黯然，并不介意满屋子盯着她的目光。

“什么巧了？”林氏本来就是横竖看不惯六娘子这软绵绵的性子，你急她却不急，你不急她就更泰然自若了，当下口气就有了一丝不悦。

“连着几日，我每晚都梦到母亲。”六娘子深吸一口气，再抬头，眼眸中多了一点点寒光。

六娘子话音刚落，在座的几个人脸色皆变。

三姨娘吃惊地张了嘴，三娘子眼神一敛，脸上怒意尽退，而七娘子则是满脸的不解，四姨娘呢，也仿佛是个没听懂的，左顾右盼，依旧紧紧地咬着嘴唇，七姨娘则识趣地，干脆捂着嘴后退了一小步。

六娘子定睛去看林氏，只见她瞪着大大的眼睛，似倒吸了一口凉气。

“母亲的样子我已经不太记得了，还是依稀从外祖母收藏好的画像里瞧见过几回。可即便不记得，我却能知道那梦里来回的女子便是她。”六娘子说得哀怨，眼神无焦，似陷入了深深的回忆中，“这些年来我从未梦到过母亲，偏回了家，她便日日在我梦中徘徊，头两次我也怕得要命，但她却不似要害我的样子，温柔慈爱，只是那模样真的瞧不清……”

六娘子一边说，一边听到一旁一阵阵倒抽的冷气。

是了，没错，她口中的“母亲”，可不是高坐在众人之上的林氏，而是已故的赵舜华。

大周子民对鬼神之说向来信从，拜神拜仙拜庙，这些都是因为根深蒂固的信仰。可偏偏早些年她跟着外祖父在市井街尾见过装神弄鬼骗取银两的假道士，也不知为何，从此就再也没有信过那些鬼神了。

六娘子仿佛陷入了梦境中，絮絮叨叨、轻语不断。林氏只觉得耳边嗡嗡作响，背上不自觉地爬满了凉意。

“母亲在梦里说，很寂寞。”六娘子忽然止了声，一双大大的眼睛死死地盯着林氏。

林氏“噌”的一下从交背椅上站了起来，铁青着脸指着六娘子道：“你胡说八道什么！”

“先母无端托梦，莫非是因为七姨娘要进门的事儿？”今儿个早上，六娘子眼睁睁地看着林氏只手遮天地唱着大戏，她觉得恶心得要死，眼下便怎么也不肯再让她这般作恶下去，“我喊您一声母亲，想必我自己的生母心里定是不痛快的吧。先母的牌位如今应是妥妥地摆在祠堂的，不知母亲您可给我先母奉过茶了？”

大周礼仪，妻妾之间是有严格的上下级制度的，原配和继室之间的等级也很有讲究。原配已逝，牌位立在宗族祠堂，继室进门，虽名义上是主母夫人，可在原配的牌位面前，那却是要行妾礼的。

六娘子一开口，便如将一把铁锥直刺林氏的嗓子眼儿，四座皆惊，连一直只顾着伤心的四姨娘都被六娘子鬼魅般的说辞吓回了神。

“母亲若不介意，我觉着我日日被梦魇所扰，不如母亲让我去给先母奉一杯茶吧。啊，先母梦里还说，她想念四姨娘亲手做的梨花薄荷香料了……”六娘子忽然瞪大了眼睛，手捂着胸口艰难地喘着气，说着说着竟旁若无人地潸然泪下。

她是小辈，有些话点到为止，即便装神弄鬼也要有个分寸。她的身份容不得她胡作非为，方才种种言辞，已是大大地折了林氏的颜面，几乎可以算得上是当众甩了她一个耳光。她若底气再硬些，林氏大可以因为她的胡言乱语而伺候她一顿戒尺家法。

可眼下，六娘子这一哭，却仿佛她真的是被亡母魂魄所扰，她不得已，也不知所措，只能以下犯上地冒了大不韪，求林氏开祠堂让她奉茶给亡母以念先魂。

林氏气得整个人抖如筛糠，六娘子却是梨花带雨泣不成声……一个早晨，陆家的月然居承受了太多的混乱，结果在林氏的拍案呵斥和四姨娘的晕厥中，众人才慌乱地鱼贯而退。

当天，林氏便气病了，整个月然居闭门不见任何人，连管事的婆子仆妇要来回事或让林氏拿主意，都统统地被挡在了门外。

而三娘子却是悄悄地去了浅草阁由衷地谢了一次六娘子，惹得六娘子哭笑不得道：“母亲的做派三姐姐今日也见识过了，三姐对我的好我谨记于心，我回了府，若没有三姐在一旁时时提醒事事相告，定不会过得如眼下这般有条不紊的，可有些海口我不能夸，夸了就是害了三姐姐，也害了四姨娘。”

“其实我哪里不懂。”三娘子闻言，紧握的双拳无力地捶了捶跟前的炕几道，“也只不过是死马当活马医，逮着一个能帮忙的是一个罢了。”说着，她冲六娘子歉意地一笑，“不过妹妹早上能挺身而出，我还是心存感激的。”

六娘子见三娘子这般说得通，心里不禁也敞亮起来，便是一扫之前的为难，宽慰三娘子道：“可虽说没办法事事与她对着干，但若是四姨娘那儿有个什么风吹草动的，我想拦着劝着一二应该还是没问题的。”

“六妹妹……”三娘子有些激动，其实事已至此，她不得不承认对于四姨娘的事儿自己前几步就走错了。都道“关心则乱”，这话不假，正因为太在乎四姨娘和她这一胎，三娘子选择了隐瞒，也选择了拉六娘子下水。因为自己的一时冲动，四姨娘眼下的处境仿佛更如履薄冰了。

“早上既已撕破了脸，她便肯定知道以后若是四姨娘有什么事儿，我定是会出声的。”

只是这厢六娘子刚宽慰过三娘子，那厢便被陆老爷喊去了书房。

不过六娘子早有准备，她不怕陆老爷找，相反的，她怕他不找自己。

到了书房，陆老爷刚换上了便服，正在案桌前整理书信，见她来了，他也不抬头，只按着自己的所需继续分理成叠的信笺。

陆老爷不说话，六娘子也不说话，就这样视线微垂，盯着自己的绣花鞋尖慢慢地磨着时间。

直到天色乌沉，府邸掌灯之际，陆老爷才松口道：“你倒沉得住气，昨儿早上的劲头哪里去了？”

六娘子闻言缓缓地抬了头，仰着脖子瞧着面前颇具风采的男子，忽然觉得自己这个爹也挺有本事，他既想活得体面，又做得了低劣恶俗的事儿，说得冠冕堂皇是顾全大局，说得明白些便是为了面子可以不管不顾。

但这样的人也有一个好下手的地方，那便是若旁边无人，你和他来实的，他可能就未必会和你玩虚的。

其实相对于林氏那种花花肠子绕了满肚子的性子来说，六娘子倒更喜欢直截了当地面对陆老爷。

“若要人不知，除非己莫为，小六也只是实话实说。”六娘子声音轻，又带着一丝小姑娘特有的娇韵，虽明着没有说什么，可却让陆老爷铁青了脸。

“别以为在怀阳读了些书，就能在长辈面前咬文嚼字了。”陆老爷一甩衣袖，瞪目道，“再怎么说也是你母亲，四姨娘的事儿哪里是你一个小辈可以强出头的，长辈的事儿不可掺和，这个道理也不明白的话，你外祖父这些年都白花心思教你了。别以为口口声声说梦着你先母，你就真能这般无礼地对待你母亲了！”

“小六哪里是在帮四姨娘，小六同姨娘非亲非故，为何要铤而走险，小六只是在帮自己而已。”六娘子神色从容道，“小六回府这些日子里，偏生还有丫鬟妈妈不把小六当主子，小六便想，没娘到底没了底气，如今混得主不主仆不仆的，无端端让人看了笑话。”

“你……”陆老爷是真没想到六娘子一出口会如此直接，顿时惊讶得几乎说不出话来。

六娘子见状，继续道：“小六不才，只能想出如此拙劣的办法，毕竟，陆府才是我的家，父亲你说对不对？”

陆府三个姑娘，初娘子性子绵柔，百依百顺，三娘子八面玲珑，机敏聪慧，七娘子虽然性子娇嗔，可也是很听林氏的话的。这几年来，三个姑娘年岁渐长，却是谁也没有在言语上同府上长辈这般正面起了冲突的。

所以眼下的六娘子倒是让陆老爷颇有新奇之感：“你既也知自己是陆家人，那便是更要好好同你母亲相处才是。”

“是。”六娘子闻言，面上乖巧地点了点头。

“你是不是主子可也不是你母亲说了算的，你若行为端正，自然有丫鬟婆子把你当主子好生供着，你若……”

“老爷，三房姑奶奶的马车已经到了门口了。”

陆老爷见六娘子竟这般乖顺，难得起了心思想好好教育一番，可语重心长的话才开了一个头，外头便有小厮急急来报。

陆老爷一愣，下意识地探头去看窗棂外头的天色，随即朗声同外头的小厮道：“我马上就来，你找人去内院告诉夫人一声，让她收拾好了去垂花门候着。”

“是。”

小厮领命转头便跑远了，陆老爷随即也整了一下微皱的衣摆，然后冲六娘子点头道：“你是个伶俐的姑娘，你三姐姐每每来我这里帮我做事儿的时候都会夸你一两句，想必不用父亲多说，你也能明白你母亲的不易。”

“父亲母亲的不易我明白，小六只一点不明白。”六娘子心中微动，既已经打定了主意，她就不怕问上一问。

“什么？”陆老爷正要迈步子，听了她的话不由得停了下来，转了头狐疑地看着六娘子。

“隔了十三年，父亲才用一封家书唤我回家过年，既不祭祖又不归宗的，小六一直在想，父亲究竟有什么事儿要动用小六，以至于这般大费周章？”

第八章

流华里·凉都沈家

那天晚上，陆老爷出门前的最后一句话是："你养在怀阳十三年，我并不指望你和你姐姐妹妹这般同我贴心，不过小六，父母之命难违，你外祖父母说你是个贞顺温婉的性子，可入府这些日子来，为父瞧见的却只有牙尖嘴利的撒泼性子。你这般，如何当得起陆家嫡女的位子？"

陆老爷一句"父母之命难违"，让六娘子顿时如醍醐灌顶一般警觉了起来，身在陆府，可能真的要换个活法了……

继三姑奶奶一家之后，接下来的几日，陆家各房亲戚陆陆续续都到齐了，除了长房大老爷在宣城有一座老宅子单住开了之外，其余几房都挤在了陆宅。

人一多，堂姐妹、表姐妹几个就挤在了一个屋檐下，口舌多了难免是非多，结果有一件事儿就这样不小心入了三姑奶奶家琪姐儿的耳。

话说琪姐儿是个急性子，心里头藏不住事，第二天便寻了个借口来找了六娘子，一进浅草阁，就大大咧咧地要喝六娘子自制的花茶。

六娘子刚开始还不知她的来意，只笑着吩咐揽月道："去给琪姐姐泡壶菊花茶来，然后再拿一些小糖酥来给姐姐解馋。"

揽月得令转身走了出去，不一会儿便端着热茶点心又回了屋。

琪姐儿见了，满意地笑道："行了行了，我要和你们姑娘说些贴己话，你且到外头候着去。"

揽月涨红了脸，却见六娘子冲她微微地点了点头，便是暗自咬着牙，然后一脸不甘地转身退出，顺手放下了隔帘。

"姐姐来找我有事儿？"见琪姐儿喝了一口热茶，眉眼都舒展开了，六娘子这才问道。

琪姐儿看着她漫不经心的模样，心里一阵得意，眉宇飞扬道："原我昨儿睡得早，后来口渴了就迷迷糊糊醒了，却听到四娘子和七娘子在聊天。"

"姐姐偷听？"六娘子眨了眨眼。

"什么偷听！"琪姐儿瞪了一眼六娘子，"本我也没在意，结果听到她们在笑，然后四娘子就问七娘子，那这么说凉都沈家的那个人是个鳏夫咯。七娘子就说，是啊，还有孩子呢，据说先夫人是病死的，死的时候那人还在外头，连丧都没有奔成，回来的时候先夫人已经下葬了。"

六娘子眼皮子一跳，停下了手中挑了一半的线，定定地看着杨凤琪。

偏琪姐儿正说在兴头上，丝毫没有注意到六娘子脸上的变化，还在那儿眉飞色舞道："四娘子说，难怪你母亲不愿意你嫁过去呢，怎么看都不是户干净的好人家，可这样的人家怎么三叔又会如此中意？七娘子就说，这我哪儿知道啊，只是父亲说是门好亲事，人家身份不低，自然要嫁嫡女。四娘子就笑说，那妹妹可真是运气，亏得你们家有两个嫡女……"

琪姐儿话还没说完，六娘子已经眯着眼跪坐了起来，怔怔地问琪姐儿："姐姐只听到了凉都沈家四字吗？"

琪姐儿一愣，抬了头，却见六娘子神色俱敛，面露凝重，似在强忍着情绪，便认真地点了点头："只听到她说凉都沈家。"

凉都沈家，凉都沈家……这个称呼六娘子从未听过。要说她不紧张不慌乱那是假的，不过琪姐儿带来的算是最新消息，而且自己的事儿，琪姐儿之前是不曾知道的，既然眼下能说得这般清楚，应该不会错。

是以那日，在琪姐儿离开了浅草阁以后，六娘子便匆匆地去了三娘子的小院。

不过她一张口，就把三娘子吓住了："凉都沈家……似是洪武七年那会儿，沈大学士拼死谏言，结果触怒天颜，皇上一旨令下，沈大学士摘官入狱……"

"是……那个父子双入阁，辅佐四朝帝的沈家……"六娘子一张脸瞬间惊得惨白！

“你也听说过吧。”三娘子点了点头，“当年这事儿轰动了整个大周国，不过外头流言大多一边倒，无外乎是沈家权倾朝野，功高盖主，引了皇上的猜忌。那之后皇上收兵权为己用。到今天，这一对虎符四分之一在镇国侯手里，还有四分之一在靖南王爷手里，剩下的二分之一在皇上手里。可不论是镇国侯还是靖南王，都是年岁已高，这虎符明着分了，实际却还是只有皇上一人可调用的。”

自古君王夺政不易守政更难，诚宪帝当年即位，虽有明诏，但暗地里却死了三个王爷，平了一个簪缨世家。登基这些年，大周看似风调雨顺，实则朝中暗波汹涌。

当年“楚门政变”，受牵连的何止沈家一门，左右波及起码有过千人，赵家和顾家也是在那次政变中急流勇退的。

六娘子心有余悸，面露不安道：“听说当年沈大人是以一命抵全家的，最后沈大人是在楚门被斩的首。正因如此，此番动荡才被称为‘楚门政变’。”

三娘子点头道：“早些年我常到父亲书房帮父亲整理书信，这其中的事儿我具体也不是很清楚，只是知道近些年来父亲和沈家人走得很近。”

“沈家……要复起吗？”三九寒天，六娘子感觉自己的脊梁骨上爬满了冷汗。

三娘子轻轻地摇了摇头道：“沈家退居凉都多年，鲜有消息，所以……”

话说当年“楚门政变”，第一个发难沈家的其实并非诚宪帝，而是如今第一阁臣——封习。先帝爷还在位的时候，朝中分三大派，以沈大人为首的清肃派，以靖南王为首的激进派，还有以众言官为首的保皇派。

封习本是言官出身，因写得一手漂亮的狂草而逐渐被当年还是太子的诚宪帝重用，他为人机灵擅通变，又知天文晓地理，诚宪帝很喜欢他，登基后便破格让他入了翰林院。封习也是不负众望，一路高升，四十多岁就入了阁，已是万人之上了。

不过他为官这些年，最大的成就，除了讨诚宪帝欢心之外，另一件事儿就是一举扫平了以沈大人为首的清肃派，又削弱了靖南王的兵权，将两人手中原本握着的重权全部交给了诚宪帝。只此一举，封习便一跃成为了诚宪帝的心腹，封家势如破竹，一夜之间成为宣城豪门新贵，炙手可热，无人能及。

而当年封习正是因为担心沈家百年势力根深蒂固难以消除，所以在给沈大人定罪的时候，平白加了不少莫须有的重罪，又向诚宪帝献策严惩沈家，抄家灭族，不以复势。

诚宪帝虽后来还是念及沈家出了四朝重臣，乃百年簪缨世族，只以沈大人一命抵了沈家满门五十九口人的性命，可也下令沈家世族子弟不得赴宣城，不得见帝王天颜……

所以当听到“沈家”两个字的时候，六娘子和三娘子才会如此地惊讶。也因如此，六娘子才惊觉，眼下这门亲事，似乎已经不是门当户对男婚女嫁这么简单了。

不过六娘子万万没有想到，当天下午，她竟然就见到了沈家的人。

来陆府送年礼的这个沈家女子是礼部侍郎刘大人的夫人沈慧春，月然居中，她静静地端坐在林氏手边，肩若削成，腰如约素，云髻峨峨，修眉联娟，自有一股出尘的美感。

林氏主动引了六娘子和她认识，谈笑间，六娘子直发蒙，也不记得是为了什么和沈氏就出了宴厅，散步到了荷花亭边。

“六姑娘出了年……有十五了吧？”走着走着，沈氏忽然停下了步子。

两人是并肩而行的，速度不紧不慢，是以六娘子也停了下来，点头道：“是，我是三月生的。”

“那过不了多久便是六姑娘的生辰了呢。”沈氏眼神微闪，笑容暖暖，令人舒心。

六娘子不禁放松了一直紧绷的神经，舒展了微蹙的眉头道：“以前小时候总觉得每年三月过得好快，过完年一眨眼就过了生辰，之后便又要再盼上整整大半年了呢。”

“不论早晚，谁人过生辰不是这样的。”沈氏愉快地笑出了声，忽然，似漫不经心地说道，“等开了春，我要去一趟怀阳，你可有兴趣和我一起？”

六娘子本是想迈了步子引沈氏去亭子里小坐片刻的，可在听到沈氏的话以后，她猛地回了头，神情复杂。

思绪混乱间，六娘子只轻轻地问了一句：“所谓嫡女，其实本来也就只指我一个人是吗？”

漫天积雪间，结冰的湖面折射出七彩的光，头顶的太阳明晃晃的，温暖却遥不可及。六娘子问得清楚，可她却感觉心里有一种骤然的胀疼，仿佛被谁硬生生塞进了一根冰柱，彻骨的寒让她禁不住地颤抖。

见沈氏不开口，六娘子惨淡一笑，自嘲道：“或许夫人觉得小六自恃过高了，不过，既要小六嫁，小六就要嫁得明明白白。我与沈家……素来无亲无缘，相距千里，沈家为何会偏偏看上小六而不是小七？”

“你以为呢？”沈氏的笑有种温润的美，仿佛微风拂面，令人舒畅。

可惜六娘子的心思却全然不在沈氏的笑容上，只见她两眼木然地盯着不远处结冰的湖面，似压着内心的纷乱道：“不知道。”

六娘子是真的不知道。这一路从怀阳来到宣城，最开始她以为是入了陆老爷和林氏的局，再到现在她才惊觉是入了沈家的局，六娘子忽然很想问一问，自己究竟何德何能让沈家如此惦记。

“不瞒夫人，小六十三年未归，养在怀阳小城，看的是山明水秀，过的是质朴无奢，在这以前，我从未想过会回宣城的。”六娘子定定地看了一眼沈氏，觉得她眼眸中透出的温婉竟有种鼓励自己说下去的意味，不免深吸了一口气，又道，“来的前几日，小六只知道父亲母亲有意安排小六的亲事，不过媒妁之言父母之命，小六并未觉得这有什么不妥。只是……小六性子刚烈，同父亲母亲又多年未亲近，是以总是有些抵触的。”

“你一开始就知道是沈家？”沈氏问。

六娘子苦笑着摇了摇头：“沈家的事儿是今日一早才知道的，小六从小和外祖父母一起长大，外祖父为官的时候同沈老太爷私交甚密，偶尔回忆往事总会提及一二，小六也多少听了些，但知道的不多。可今日，母亲指明要我出来迎客，遇着夫人却毫不避讳，且夫人第一次见我，也并无太多惊讶，小六觉得……”

沈氏正听得饶有兴趣，忽闻六娘子停了下来，不禁转头道：“你觉得什么？”

“想来不是我被父亲母亲设了局，而是整个陆家都被沈家设了局吧？”六娘子声音清冷，本是略见柔和的眉眼此刻骤然变得犀利有神了起来。

沈氏抿嘴笑道：“小六聪明，竟能想到这么多。不过，这本也不是个局，只是你母亲把事儿给搞复杂了。”

六娘子眉头一皱，不解道：“小六不明白夫人的意思。”

“我们沈家求娶的本来就只有陆家六娘子一人而已。只偏之前上门同你父亲提及此事的辛大人多年外放，对宣城各家的情况不太了解，是以同你父亲说的时候只提到要求娶嫡女，可你母亲却把这嫡女误以为指的是你七妹妹。”沈氏说这番话的时候，嘴角带着一丝讥讽，这刻在她明艳动人的脸庞上，显得有些格格不入。

“可母亲不是不愿……”六娘子一边说，脑中瞬间闪过一道思绪，整个人豁然开朗。

“是啊，你母亲不愿意，所以才想到了你，不辞辛苦千里迢迢把你迎回了宣城。”

六娘子诧异地抬起了头，不禁哑然失笑：“那母亲岂不是……”

“歪打正着。”沈氏笑出了声，随即正色道，“四弟虽是庶出，可却是个傲骨铮铮的，且先不论嫡庶，嫁夫从夫，女人这一生，只有归宿好了，日子才会好，小六说是这个道理吗？”沈氏莞尔。

“夫人又怎能保证……四……四爷一定是个良人？”此时此刻，六娘子的脑海中竟不知怎的，会跃出顾宸玉那张清秀的侧颜来。

“小六也不能保证错过沈家之后，一定能找到所谓的良人吧。”沈氏抬头看了看青霁的天色，微微一笑，沁人心脾。

第九章

流华里·长姐出嫁

洪武二十二年元宵节未过，大周国却发生了两件大事儿。

头一件，便是诚宪帝晕倒在了太和殿，太医院的人闻讯个个如坐针毡，皇上连夜被抬到了养心殿，殿内众太医跪了满地，以张璜张大人为首的一派主张用药猛攻，冲郁气活血脉，而以滕泰之滕大人为首的一派则主张用草药和针灸，慢疗不急方能续气。

一时之间，太医院两派相争，在养心殿里闹了个不可开交，气得皇后娘娘生生拍断了手上四根掐丝珐琅宝花护甲套，趁机将里头几个兴风作浪的乱子给捆了起来丢进了稽查府，然后执凤印命滕大人主针，张大人辅佐，势必要以皇上龙体为重，这才将养心殿的风波给强压了下去。

第二件事，却很振奋人心。消息自关外传来，平远大将军三捷哈奴敌军，逼其退至烽火关以北，又在哈奴军死士夜袭大营时以静制动完胜，右将沈小四爷还生擒哈奴小皇子蒙笪，大挫哈奴将领士气，扬我大周之势。

不过对于陆家人而言，除了这一哀一喜的国事外，还有一件事儿是令人扼腕的，那就是四姨娘小产了。

孩子是半夜没的，当时正值团年守岁，府上的人都喝了酒，各院也都闹腾了许久才安生，是以大半夜四姨娘腹绞刺痛难忍的时候，丫鬟急匆匆地去月然居，却是好半天才敲开了落锁的门。而这大过年的，待丫鬟拿了林氏的对牌出府去寻了大夫回来，四姨娘肚子里的孩子早就掉了。

第二天，府邸上下都知道了四姨娘小产的事儿，且有绮翠园的丫鬟私下在传，听到昨晚大夫说："姨娘确是小产了，眼下气血虚弱，还要好好调养。不过……明知有身孕，便该避免食薏苡。薏苡性寒，利湿消水，容易引起滑胎，虽姨娘此次小产未必也是薏苡所致，但多少还是有些关系的。且姨娘郁气难舒忧思甚深，身子也未好好地调理，总是会对自己和胎儿不利的。"

这话自然传到了三娘子的耳中，三娘子气得红了眼，横冲直撞地就要去找林氏，好在六娘子赶来得及时，生生地把她给抱住拦了下来。

"三姐姐，你素来行事端庄，今日纵使是四姨娘出了事儿，你却也是要做那个最耐得住性子的，不然回头你这样到父亲跟前去吵，母亲轻飘飘地说几句话便能把你伤得体无完肤的。"

三娘子闻言，瞬间哭成了泪人，泣不成声道："我便是不懂，为何只是个孩子，她却……这般容不下。"

六娘子叹了气，倒了一杯温水递到了三娘子的手中："她到底年轻，如何能忍得了内院里只有一个女儿是她亲生的。"

"心胸如此，怎配当主母。"三娘子恨得眼中似能滴出血来。

六娘子无言以对，只能静静地搂着她以作慰藉。

其实……宅门里的腌臜比比皆是，林氏的这点手腕实在不足为奇。而且六娘子不信自己的父亲察觉不出这其中的蹊跷，可她也敢断言，即便知道四姨娘小产的事儿是林氏所为，父亲也只会睁一眼闭一眼，就这么算了的。

嫡妻和一个姨娘，孰轻孰重，一目了然。

因着郁结难舒，六娘子便提笔给顾望之连着写了两封信，只可惜她等了足足两个月，都没有等来顾望之的回信。

就这样，春光三月悄然而至，树抽新芽蕊抽丝，星星点点的绿意多少消融了一些冬冷的寒寂。

而一入三月，林氏就开始忙得脚不着地，恨不得生出了三头六臂来才好。

初娘子出嫁的日子定在三月十六，剩下的日子掰着一双手已经算得过来了。

吴家迎亲的队伍二月中的时候就出发了，因为大多走的水路，寒冰未消，是以在路上多耽搁了些时日，不过紧赶慢赶的，总算是在三月头到了宣城。一并来的还有陆家大姑爷，所以林氏就算心里有了微词，当着大姑爷的面却也是不好发作的。

说起来初娘子出嫁是陆府小辈里头一桩的喜事，她是庶长女，三岁开始便养在林氏跟前，虽没有记到林氏的名下，可初娘子处事谨慎举止淑睿，所以这么多年来她和林氏的母女情分还是很足的。

而这其中做媒牵线的又是陆家的大姑奶奶，是以林氏也特别重视初娘子的婚事，前后近一个多月，她打着十二万分的精神，整整三十六抬嫁妆皆是她亲力亲为，一一置办的，不可谓不辛苦。

其实临到出嫁前夕，初娘子才深觉做姑娘家的日子是最轻松惬意的，但不论她怎样期望眼前的日子能过得慢些再慢些，可三月十六却还是悄然而至了。

那日，初娘子被新袍在身胸佩红花的吴仲一迎娶出门后，就直接上了运河码头的新嫁船。陪嫁的两房下人并了六个丫鬟都伺候在她的身边，同行的还有从临安随船而来的唱和的喜娘，巧手的梳头仆妇，擅各色北边菜式的厨子……喧闹有声，喜气洋洋，把披了红绸布的新嫁船塞了个满满当当。

不过初娘子出阁嫁人，一路回临安的却不是只有一艘嫁船而已。前头开路的是一艘护卫满仓的武船，后面紧跟着的是吴家姑爷带着前来壮势的迎娶队伍，再后面的船载的是初娘子这房陪嫁的下人，最后压尾的也是一艘高高的武船。

装满了初娘子整整三十六抬嫁妆的喜船是先发了道的，而后面慢行的这几艘船因都是载人的，所以要轻很多，肯定就比装物件的船要走得快，因此估摸七八天也就能赶上一并回临安了。

而在亲力亲为地忙完了初娘子的婚事后，林氏终于可以好好地闭个眼睛喘个气，休息休息了。是以她连着整整三日都免了姨娘和小辈们的请安，把内宅琐事都交给了五姨娘代为打点，想着借此机会可以放松一下，却不知为何越躺越累，连带着胃口也一天一天地差了起来。

陆老爷本以为林氏是累着了，却见她半个多月了还是不见恢复精神，便请了同德堂的大夫来问诊，结果不问不知道，大夫一来把脉，轻飘飘的一句话却把林氏给惊得半天没了神。

“恭喜夫人有了身孕，已两个多月了，不过想必夫人之前多有操劳，按着夫人的脉象来看，多半有些伤了元气，接下来的日子夫人当以静养为主，切莫伤神伤力，以免对腹中孩儿不好。”老大夫说话一气呵成，一边说一边已经飞快地落笔写好了药方子，并嘱咐林氏道，“这味方子是宫里头安胎的老方子了，贵在温和不急，平稳求劲。可是夫人切记这只是药，并非补材，若是觉得胃口好了或者并不那么疲乏了，药就可以断了。”

林氏求这一胎求了多年，如今夙愿终偿，她喜不自胜，却也觉得整个人恍然得有些不真实，便是连老大夫说的什么都没有细听，只安静地用手捂着肚子激动得发起了抖……

而她这胎怀得无声无息，连林氏自己都不曾察觉，自然就没有时间去深藏。是以同德堂的老大夫刚走，林氏怀了身孕的消息便不胫而走，傍晚时分，已是人人皆知了。

只是对于陆家来说，四月将近，除了林氏怀孕的事儿让陆老爷高兴了一阵子以外，剩下的大事儿小事儿竟全是让人糟心的。

开了春，太子发兵西北，打着“统建大业，国无弱君”的旗号直逼皇上退位。诚宪帝吊着一口气，下诏书废太子，另立贤。朝堂上乱成了一团，有附议支持的，有抵死反对的，皇后娘娘更是哭晕在了宝华殿。一夜之间，帝后隔心，朝臣惶惶，整个宣城都弥漫着一股山雨欲来风满楼的压抑。

而就在这样举国阴郁的气氛中，赵家二老来了宣城……

第十章

豆蔻香·初夏迎喜

说起来，赵家在宣城有座多年未用的祖宅，这件事儿六娘子还真是不知道，是以当赵家二老到了宣城带她来看老宅子的时候，六娘子只觉得还有些不真实。

“外祖母和外祖父最近就住在这儿？”风和日丽的四月，日暖生光，绿树成荫，六娘子随着赵家二老出了陆府，只觉得心情大好，放松又惬意。

“老宅子咯，若不是还有下人打点，恐怕也住不下脚了。”赵太夫人笑眯眯地牵着六娘子的手进了门。

这是座普普通通的二进小院，许是多年不住人了，举目望去有些偏凉萧瑟，但却胜在整齐干净。灰瓦白墙，泛黄却不见破损的窗户油纸，还有那长满了杂草的墙根，每一处都显着它特有的岁月感，凝重而质朴。

“老太爷、老夫人、六小姐。”赵家二老一到，便有几个仆人上了前，恭敬地垂首作揖，请安问好。

六娘子冲他们微微一颔首，然后疑惑地看向了赵太夫人。

赵太夫人一边带着她缓步往园子里头走，一边道：“这宅子是你外祖太婆的陪嫁，当年赵府分家，你外祖父是最小的嫡子，这宅子就过到了他的名下。这么多年了，本只是留着几个本家的家生子守着养老用的，却没想到今儿还真就用上了，真是世事难料啊。”

六娘子一听便了然地抬了头，目光坚定地对着赵老太爷道：“父亲说，沈家的事儿您已经知道了，沈家此举意在外祖父，您多年的经营只是不曾遇到良机，我知道您心有不平。如今……既有机会大展宏图，阿遥……不会阻了外祖父的。”

赵家二老是昨日到的陆府，六娘子知道，就在外祖母来浅草阁探望她的时候，外祖父却是径直去了父亲的书房的。

“丫头……”赵老太爷闻言，薄唇微颤，眼角竟有了些湿润。

“我不能赌沈家小四爷是不是我的良人，可既然外祖父千里迢迢亲自来了宣城，那阿遥愿意助外祖父一臂之力。”

洪武二十二年的春闱开得有些仓促却大体很顺利，可是急开的春闱却没有遮挡住朝廷日益严峻的态势。

五月伊始，诚宪帝废诏即出，罢黜太子申，改立只有七岁的十五皇子为太子。五月中，申王发兵直指距离宣城只有五日之遥的漳州。漳州护军抵死拼搏，却敌不过申王手下的禁卫大军，短短三日，漳州失守，这意味着通往宣城的北路要道被申王囊入怀中。

五月底，诚宪帝再次病危，咳血不止，皇后联手党羽誓死反扑，却被太子的生母荣贵妃占得先机，以正统辅佐之名垂帘养心殿。皇后被禁坤和殿，党羽之首的户部尚书郭大人被押入皇狱，就地正法的八人，其中三人是皇后娘家的宗族亲眷……

当天夜里，多年未出的“宵禁令”从皇宫传出，朝中有乱，初夏肃沉，虽十五皇子正承诏书登太子之位，可这太子毕竟只有七岁，且荣贵妃虽母家有势，却重在对付皇后和申王，是以诚宪帝一倒下，朝中各方势力皆开始蠢蠢欲动起来。

申王虽被废太子之位，可多年身居高位，手下势力已成，皇后娘娘虽暂居下风，可皇后母家乃大周百年爵位之家——姬家，其实力本就不容小觑。这之后，五皇子祁王、六皇子肃王、八皇子靖王、十一皇子贤王皆羽翼丰满，虽单支而出不免薄势，可若是几个已封了王的皇子联手相搏，那无论是对踌躇满满志在皇位的申王而言，还是对虽为正统却位高不稳的太子而言，都是一股非常大的威胁。

话说自从赵家二老来了宣城以后，六娘子就时不时地会去赵府的老宅小住。林氏乐得清闲，陆老爷睁一眼闭一眼，六娘子住得舒坦了，索性小住成了长住，如此一来，反倒是三娘子隔三岔五地要往赵府的老宅子跑了。

“这么说三丫头的婚事是定在六月初了？”赵太夫人喜欢三娘子那活络大方的性子，一来二去却是把她当成了自己的外孙女一般宠着，平日里没事儿也会拉着她们几个小辈闲聊解闷。

“是呢，外祖母，定在了六月初八。”对赵太夫人的称呼，三娘子都随六娘子喊。

“这样着急？”六娘子口气中难掩失落。三娘子这一嫁，虽还在宣城，可到底是为人妇了，便不同现在做姐妹一般日日住在一个屋檐下想见就能见了。

三娘子无奈地苦笑了一下，叹气道：“是啊，王家前两日就已经搬来宣城了，而且现在外头不太平，父亲的意思是，既都准备好了，便早些嫁，宫中……指不定什么时候会出事儿，父亲怕我和大姐姐一样给耽搁了。”

六娘子点点头：“父亲考虑得周全，反正横竖王家都来了，以后若是姐姐不方便，我便上门去寻姐姐玩。”

三娘子瞪着眼用手指点了一下六娘子的额头道：“没个正经姑娘家的样子，哪儿有做姑娘的天天往旁的府邸跑的。”

“姐姐还不是经常来外祖母这儿找我玩。”六娘子撇了撇嘴，惹得一旁不参与她们小辈私聊的赵太夫人“呵呵”地笑了起来。

日子过得飞快，三娘子出嫁的那天，天气已经开始热了。三娘子被院子里树上的蝉闹得前半宿一直没睡好，直到转凉入了深夜，方才迷迷糊糊地睡了过去。是以第二天早上醒来的时候整个人都迷糊得没了精神。

林氏的肚子已经显怀，害喜的症状倒是比之前两个月减轻了不少。且大夫隔三岔五地都会来替她把平安脉，总和她说腹中胎儿稳健，白日没事儿还是要多缓行缓动，这样临盆之时才好生产。

林氏深以为然，所以三娘子成亲的这天她早早地就起了，忙前忙后，众人瞧她气色红润神韵饱满，也就放心地让她去张罗了。

这天，四姨娘哭花了两次妆，要不是六娘子在一旁强忍着替她抹眼泪，只怕到三娘子披上红盖头的那一刻，四姨娘的眼睛都是红肿的。

不过六娘子也没好到哪里去，一大早哭了一场，三娘子换嫁衣的时候又抹了泪，惹得三娘子绷着神经哭也不是，不哭也不是，末了才从首饰盒子里取了一块羊脂玉，递给六娘子道：“早年父亲给了我一块质地不错的璞玉，我让玉器店的师傅打了两块，今儿一块给你，我这儿留一块……”

“三姐姐干什么，又不是从此再也见不着了。”六娘子抽了帕子。

“呸呸呸！”三娘子哭笑道，“我只当自己是要长命百岁的，不过是留个念想，姐妹一场，咱们各自嫁了人以后也定不能生分了。”

六娘子闻言紧紧地握着手中的玉佩，郑重其事地点头道：“那是自然，我还指望过两年三姐姐好好教教我为人妇的要领呢。”

三娘子扑哧一声笑了出来，紧紧地抱了抱六娘子。而就在这时，外头红袖报传：“姑娘，赵太夫人派人送礼来了。”

三娘子闻言忙起身出门去迎，回来的时候她手中捧着一个精致的小红匣子，雕花繁复，她自是喜上眉梢。

“外祖母怎么没来？”三娘子回屋坐下，有些狐疑地问六娘子，“却是派了方妈妈过来的。”方妈妈是伺候赵太夫人多年的妈妈，这次来宣城，她也一并从怀阳跟了过来。府上一般的小事儿是劳不到方妈妈大驾的，今儿方妈妈能来给三娘子送这份贺礼，瞧得出赵太夫人对三娘子出嫁这件事儿的重视。

“到底还有祖母、母亲在，外祖母说免得见面尴尬，也就作罢了。”六娘子叹了口气，忙转了话锋道，“姐姐且打开看看，我缠着外祖母多日了，外祖母都捂着这礼物瞧都不让我瞧一眼。”

三娘子闻言，笑着打开了红匣子，两人探头看去，只见里面静静地躺着一只小巧的玉镯，一支雕工别致精细的玉嵌珠翠玉簪，还有一对水滴形的耳坠子。三样东西材质一样，看得出是出自一块玉身的，玉色明润，盈盈粉清，煞是可爱。

三娘子见了，心中喜欢，不禁弯了眉眼道：“赶明儿我定要好好去谢谢外祖母。”

“那是。”六娘子打趣她道，“不仅要谢谢外祖母，等我成亲了姐姐还要再备一份礼物给我，不然我可不依的。”

“你个狭促鬼，等你做新娘子了，还怕少东西吗，只怕到时候我送的你都未必看得上了呢。”

“姐姐屋里都是好东西。”六娘子佯装着张望道，“我瞧着那酸枝木多宝阁架子就挺好的，做工精致不说，且上头还有个罩纱的架子，不会落灰，看着就是高档货。”

“得得得，你且看中什么都拿走，只要你屋子里放得下，我就送。”三娘子被六娘子逗得笑出了声，拍着她的肩膀，惹得发髻上的凤冠喜珠乱颤……

三娘子这一嫁，陆府内宅中顿时就显得冷清了许多，六娘子便愈发地爱待在赵府了。

刚开始的时候，她还是会每隔一个月给顾望之写一封信，可是久而久之，便是连这样的无谓等待也疏懒了。

这日闲暇之余，六娘子觉得无趣，便想着偷偷跑去赵老太爷的书房顺一本书过来打发时间，却在走到窗棂边的时候，听到屋子里传出了一个沉稳温润的笑声："聿白这次亲自去怀阳找您，可不是我出的主意。"

"没九爷的口谕，他一个毛头小子又怎敢在我面前横冲直撞的。"

"老师嘴上这么说，心里却是笃定的。且不说沈家之前同老师的交情，单说这些年聿白单凭一己之力就有了如此作为，老师就一定会对他刮目相看的。"

"阿遥养在我跟前，骄纵乖张，若是到时候和沈家小四爷合不来，我心疼外孙女，定会帮亲不帮理的，回头九爷可切莫给老朽甩脸色看。"

"哈哈，老师还是一如当年那般风趣，本王还记得五岁那年第一次遇见老师，老师就给本王来了好大一个下马威呢。"

"九爷……"

六娘子心如鼓震，听到这里只觉得耳鸣不止，呼吸困难，便转了步子跑出了赵老太爷书房的小院。

当六娘子回到赵太夫人的屋子时，老太太已经起了身。六娘子不禁有些诧异道："外祖母怎么不多睡一会儿？"

赵太夫人笑着道："年纪大了没这么贪睡了，眯一会儿就醒了。"

六娘子点了点头，冲方妈妈道："妈妈且去休息休息，这儿有我伺候外祖母就好。"

方妈妈眼神一闪，笑着退了出去。赵太夫人见状，冲六娘子招了招手，然后拉着她上了床榻，轻声问道："外祖母瞧着小丫头心情不好，这是怎么了，谁给你气受了？"

"外祖母。"六娘子轻轻地问道，"沈家小四爷是叫沈聿白吗？"

赵太夫人捏着六娘子的手一紧，忙问道："你外祖父同你说的？"

六娘子轻轻地摇了摇头，坦言道："我方才想去外祖父的书房拿两本书看，没想到有客人在里头，便不小心听到了几句。"

赵太夫人闻言不禁微怒道："你越大越不懂规矩了，当心你外祖父知道了以后你手掌心又要挨板子了。"

"一顿板子换他的名字，倒也值得。"六娘子不以为意。

"怎么，之前不是你自己点头说与其惦记别人不如被人惦记，现在又觉得不妥了？”赵太夫人眄着眼，细细地看着六娘子。

在赵太夫人的记忆中，六娘子一直是那个扎着两个小包鬏儿，仰着红扑扑的小脸蛋冲她闹着吵着要糖吃的小丫头。可不知不觉，小丫头长大了，出落得水灵大方，明眸善睐，再过两年，小丫头也要为人妻为人母了，她会知道世事艰难，有时候需放任不羁，有的时候则要分分较真。如果可以，赵太夫人多期望六娘子永远是她的小丫头，永远躲在她的羽翼之下，不用经历外面那些纷扰的风雨。

可人，总是要长大的，总是要面对世界的，总是要走她自己的路的。想到这里，赵太夫人不禁悲从心起，看着六娘子的眼神就多了一丝不舍和担忧。

屋子里摆着小座的冰山，散出的凉气让六娘子觉得舒服到有些昏昏欲睡。忽然，赵太夫人用手指了指外头道：“你知那是什么花吧。”

六娘子顺着她的手势看去，未合的窗棂外有一株枝干茂盛花叶高扬的绿树，树皮微灰，小叶生对，黄绿色的花瓣和花萼上长着细长的粉色花丝。微风拂过，生出摇曳缥缈的姿态，仿佛一只只展翅欲飞的蝶，灵动而好看。

“合欢花。”六娘子道。

这花在怀阳甚是常见，之前赵府的内院门口就长着几株特别好的合欢花，一到入夏的时节，成片成片的花丝在半空中飘摇的景象曾是六娘子最爱看的风景。

“是了，合欢。”赵太夫人转过了头，冲六娘子微微一笑，闭着眼睛回忆道，“当年，毓妃娘娘才八岁，和你外祖父是青梅竹马两小无猜的，谁人都道‘怀阳曾家女，唯系赵家郎’。”

六娘子本有些浅浅的睡意袭来，在突然听到赵太夫人这样的话后，她整个人都惊醒了。

“赵家有心，你外祖父到了十八岁的时候都没有说亲，可曾家……志在凌云，不甘让名动整个怀阳的女儿就这样默默地嫁了，所以怀阳曾家女后来嫁给了启王，启王登基后，她就成了毓妃娘娘。”

“外祖母……”六娘子愣愣地看着赵太夫人，她有些不解，似又有些隐隐地感觉到了什么。

“据说你外祖父知道了这件事儿以后外出游学了两年，回来以后就和我成了亲。”赵太夫人淡淡地笑了笑，布满皱纹的脸上闪着一种浅浅的疏离感。

六娘子忙握住了她的手，轻轻地摇了摇头道：“外祖母，不要说了，是阿遥不好，不该问这些。”

“毓妃娘娘是真的美，传言当时皇上为了博她一笑，不惜花重金在宫里头打造了和怀阳曾家一模一样的一座老宅子，引来朝中许多文官谏言上书，直道毓妃红颜祸国。只可惜，那宅子也没让毓妃娘娘笑一笑。”

“为何？”六娘子小心翼翼地问道。

赵太夫人摇了摇头：“有人说，她是因为不能和你外祖父终成眷属而日日郁郁寡欢，又有人说，这是她迷惑皇上的一种手段，只有让皇上得不到，才能让皇上忘不掉……后来毓妃娘娘怀了身孕，生了九皇子，本以为那些流言会多少消停些，可谁知不减反增，连带着刚出生的九皇子，都被那些兴风作浪的人给当成了恶言谩骂的对象。”

六娘子默默地垂了头，心中无尽感慨。

“那一阵子，那些腌臜的话不停地从宫里头传出来，可你外祖父却无动于衷，每日上朝回府，面上竟瞧不见半点担忧和不悦。我心里头好奇，便随口问了一句，你外祖父只轻轻地说了一句话——清者自清。”赵太夫人说着微微地叹了口气，“那之后，我生了你母亲，你外祖父有志不得，动了辞官的念头。可这么多年为官为臣，他如何能说走就走？这一来一回便又是好几年，九皇子长大了，是你外祖父启的蒙，但这些年你外祖父从未见过毓妃娘娘，直到她病重垂危，要托孤儿，你外祖父这才去了她的寝宫。”

见六娘子黛眉微蹙，神色忧虑，赵太夫人继续道：“当时皇上皇后都在，你外祖父也早已是半只脚在野不问政事多年了，毓妃娘娘只求皇上能善待九皇子，让你外祖父做个证，只要九皇子能平平安安地在皇宫别院长大，那她就能死得瞑目了。随即她也求你外祖父，男儿有志可在四方，只求你外祖父能教导九皇子，让他能读会写，能算会画，哪怕一辈子没有功名利禄也无妨，只要九皇子安闲此生，那就不枉她辛辛苦苦生下了他。”

“九皇子……”

“朝中这么多的皇子，只有九皇子从小是养在津州避暑别院的。他性子孤僻不耐与人周旋，但对你外祖父倒是特别尊敬的。你外祖父教了他三年，后来因为你母亲要出嫁了，你外祖父想回怀阳了，这才渐渐减少了和九皇子的联系。”

“那这沈家……”

“如今皇上病危，先太子谋权，小皇子被立，各方势力也是虎视眈眈的。你外祖父曾说过，九皇子天资聪颖乃大周奇才，他若要御龙，只需有谋相助，势必如虎添翼，心想事成。如今，九皇子看中了蛰伏已久的沈家，又看中了顾家，自然也不会放过你外祖父这些年经营的人脉。沈家这步棋，九皇子不知是从何时开始下的，但单凭之前和毓妃娘娘那点年少之情，对于沈家，你外祖父也会点头的。”

“顾家？”六娘子惊呼了起来，“外祖母，那宸玉哥哥……”

“顾家三郎游学幽篁寺，其实正是九皇子的意思。”赵太夫人知话已至此，就没有再瞒着六娘子的意义了，便和盘托出道，“沈家、顾家原是世交，两位太老太爷是一起辅佐元帝开疆破土的大功臣。后来朝中动荡，皇上忌惮两家势力，唯恐功高盖主，又有奸臣小人在旁蒙蛊帝心导致冤案迭出。沈家元气大伤退到了凉都，顾家急流勇退回到了怀阳。可丫头，你顾爷爷是什么人？现在朝中新臣辈出，可但凡提及‘顾连方’三个字，还是会有人点头称是的。顾家三郎年轻有为，学富五车，你顾爷爷为何不让他去考功名，为何不让他来宣城正统地跟着先生上学，那都是为了九皇子。”

六娘子只觉得周遭一阵彻骨的寒意袭来，她觉得自己千算万算都躲不过高位权贵布下的这个巨大的棋局，不禁心有微怒道：“外祖母，这些年您难道从未怨过吗？”

“怨你外祖父？”赵太夫人的思绪被六娘子的话给拉了回来。

六娘子摇了摇头：“怨这吃人的世道，怨您的父母知道了外祖父心里有人，却还要把您嫁进赵家，怨毓妃娘娘用自己的死来束缚了外祖父那一心想安然在野的心，怨九皇子明知这是一条不归路，却还要这样把外祖父卷进去。”

“丫头……”赵太夫人愣住了。

“夺嫡是条不归路，外祖父怎会不知道？若他真有心无争在野不问世事，那且不论九皇子如何……”

“朝堂乱则天下乱，朝平则民安，阿遥，你以为外祖父会因为一段前尘往事而随随便便地赌上亲人的性命吗？”

六娘子是背对着门的，是以赵老太爷走进来的时候她根本就看不到。赵太夫人倒是看到了，她本想出口打断六娘子的话的，结果她还未张嘴，就看见门口的赵老太爷无声地摇了摇头，赵太夫人便按下了话头。而赵老太爷的话无异于平地一声惊雷，吓得六娘子差点从床上滚了下来。

“外……外祖父。”六娘子急得唇齿相磕，差点没吃痛喊了出来。

赵老太爷狠狠地瞪了她一眼，然后清了清嗓子道：“我就知你说的和做的根本不是一套，嘴上说得好听，心里却是千百个不愿意的。”

六娘子不同意赵老太爷的说辞，便下了床榻站直了身子道：“外祖父知我素来是个爱打破砂锅问到底的性子。且不说心里愿不愿意，其实对阿遥来说，无论是宸玉哥哥还是沈家小四爷，那都没太大区别。眼下听了外祖母的话，阿遥更是觉得，既要攀高枝，那就要对这棵树有些了解，如今阿遥不过想问问沈家小四爷的全名罢了，何来不愿意之说。”

见六娘子似真的有些怨意了，赵老太爷竟笑着软了语调道：“既然如此，大大方方地问就是了，为何要偷听？”

“谁偷听了。”六娘子红了脸小声道，“只是不小心听到罢了。”

“你可知，方才屋子里的便正是九皇子。”

六娘子微微地点了点头：“听外祖母这么一说，我就猜到了。”

“你个小丫头胆子也真大。”赵老太爷叹了口气，“便也都是我和你外祖母平日里惯出来的。罢了，你外祖母瞧着身子也好多了，今儿没事你就回陆府去住些日子，之后往来的宾客只会多不会少的，你一个未出阁的姑娘本就多有不便，就不要待在这儿凑热闹了。”

六娘子闻言撇了撇嘴，没想到自己竟然被赵老太爷下了逐客令，不免愤愤道：“就他‘沈聿白’三个字最值钱，偏生我只听到这一句，就要被外祖父赶回去了。”

赵老太爷闻言哭笑不得：“他这三个字值钱不值钱我是不知道，我只知道我们家的丫头是千方百计地想在成亲前见一见他沈家小四爷的。”

“谁稀罕！”六娘子一跺脚，一张小脸涨得通红，“外祖父切莫胡说，我对他一点也不好奇的。”说罢，六娘子只觉得脸颊火烧一般热，便匆匆地跑出了赵太夫人的屋子。

第十一章

豆蔻香·江波船行

话说六娘子回到陆府的时候正好是傍晚时分，天边的火烧云漫无边际地散开，映衬着归巢的倦鸟，倒是生出了如画般的美景来。六娘子看得欢喜，脚步一转，就绕去了清雨池。

入夏池清，波光粼粼，平静的湖面上铺着大大小小的碧色荷叶，偶有几株已经冒了头的荷花骨朵笔直高立，引来薄翅蜻蜓流连嬉闹。微风拂过，六娘子只觉得闷热散尽，心旷神怡，便想走去荷花亭小憩片刻再回浅草阁，却不料迎面遇到了散步的林氏。

“母亲。”见无处可退，六娘子只能大方地迎了上去。

林氏只由杨妈妈一人陪着，步子走得缓慢，大腹便便的模样倒是有了几分以前没有的祥和来。见了六娘子，她轻轻地点了点头道：“刚从你外祖父那儿回来吧？”

六娘子笑了笑。

林氏不免微微地蹙了眉：“到底是未出阁的姑娘家，我知你同你外祖父母感情深，不过……”可说到一半，她却自嘲地笑了笑，随即抬头眺望着湖面的荷景道，“也罢，从前我说的话你都是爱听的就听两句，不爱听的就左耳进右耳出的，我也懒得惹你嫌。”

“小六今日也被外祖父说了，看来最近要乖巧些待在家里了。”不知怎么，似乎是从林氏怀孕开始，六娘子觉得人前人后林氏都变得好相处多了，且毕竟是长辈，毕竟要喊她一声“母亲”，六娘子觉得两人若是能和平相处，那自然是再好不过了。

林氏一愣，随即附议道：“家里也什么都不缺，你若有时间，多指点指点小七写字，之前听闻卫先生夸你的字写得好。”

“我可不敢去指点七妹妹，回头她指不定要怎么闹呢。”六娘子连连摇头。

林氏的手微微地抚上了隆起的肚子道：“其实小七性子骄躁，我也知道，只是……这些年就她一个，大家都宠着她让着她，现在想想，她见的人情世故太少，也未必是好事。”林氏说着不禁看向了面前的六娘子，那一袭粉色古纹双蝶俏纱裙衬得她形如花枝腰若细柳，虽没有三娘子那般艳丽照人，却胜在清雅温婉，秀而不媚，假以时日，定会生得楚楚动人，观之可亲的。

如此一看六娘子，林氏又想起七娘子的毛躁不耐，心里不免生出了一丝怅然。若是当初她不要这么一意孤行地把六娘子送出府去养，或许今日七娘子的性子也就多少会有些隐忍顾忌了吧。

“我常听外祖父说，我小的时候也是调皮乖张的，只是后来长大了，多少懂了些事儿，知道长辈不能用羽翼保护自己一辈子的。七妹妹生在了最好的时候，不愁吃穿不知疾苦，性子也总是会娇蛮些。若是往好听了说，我一定会告诉母亲，七妹妹如此率直随性，也是可爱的。若是同母亲说实话，那我想说，按着父亲的政绩，若是能以正为官，定有机会再往上升的，陆家只会越来越好，母亲如果真的要替七妹妹着想，那便要让她学会敛一敛自己的性子。”

这一番肺腑之言说完，六娘子便看见林氏和一旁的杨妈妈都瞪着大大的眼睛盯着自己，她不免苦笑了一下，解释道：“母亲也别觉得我是没安好心，七妹妹将来体面不体面，和小六也是有些关系的，不只七妹妹，即便是大姐姐或者三姐姐，大家都一样。我们同是陆家女儿，以后即便嫁人了各顶一片天，可全都是打断了骨头连着筋的，七妹妹要是能把日子过舒坦了，那于小六也是有百利而无一害的，指不定以后小六还要靠着七妹妹帮衬呢。”

而原本有些诧异的林氏在听了六娘子这几句话之后，了然地笑道：“说不定将来还是小七靠着你呢。”

“那更应该让七妹妹敛敛性子了。”六娘子耸了耸肩，“不瞒母亲，我是瞧不得妹妹那般模样的，仿佛旁人让着她、迁就她就是应该的了。这姐妹之间倒也好说，回头若是她嫁了人，这样的胸襟，如何做当家主母？”

六娘子话一说完，就隐约觉得自己说得过了些，可没等她改口，林氏就已经笑了出来。

六娘子一愣，却听林氏道：“小七之前有提过，说你说起道理来头头是道老气横秋的，今日可算是让我见识到了。”

夕阳下，林氏和六娘子面对而立，这是六娘子回陆府半年多以来两人最平和的一次谈话，林氏笑语嫣然，六娘子娉婷纤纤……直到多年后，六娘子才不得不承认，继室难为，其实林氏已经做得很好了。

然，洪武二十二年注定是不太平的一年。

七月初三，诚宪帝驾崩朝阳殿，据说当时诏书未成，诚宪帝是死不瞑目的。

七月初十，先帝头七刚过，一品清阁太师、殿阁大学士、吏部尚书封习封大人出朝宣读诏书，传先帝口谕，将皇位传于十五皇子，皇叔睿王和宁王任摄政王，辅佐新帝驾臣治国。

七月十二日，先帝丧仪有条不紊地开始进行，宫中敕谕天下，凡有爵之家和七品以上官宦人家一年不得宴饮作乐，一年不得婚嫁，百姓半年停缀，凡诰命等皆随朝按班守制。

七月十三日，朝中拟定了先皇谥号为“德”，随即新皇封典，册封皇后为仁孝皇太后，荣贵妃为仁贤皇太后，其余一众后宫嫔妃按品级封赏，遂举国哀伤。

不过新帝登基，虽有遗诏，却依然引来八方猜忌。且不说先帝驾崩那日，满朝文武大臣有一大半都是跪在朝阳殿的，那么多双眼睛看着瞧着，那诏书上是写全了的还是只写了一半又或者根本是空着的，在先帝崩逝的那一刻起就已经众说纷纭了。

再者，无论是新皇还是仁贤皇太后，又或者是两位被封为摄政王的皇叔，皆和封习私交甚密。而仁孝皇太后此刻还被软禁在宝华殿，五皇子被调离了军机处，八皇子被派去了皇陵，处理先皇墓葬的事宜，十一皇子被一纸调令派去了漳州同申王和谈。

转眼间，偌大的皇宫只剩六皇子一人敢出言质疑诏书的真实性。不过可惜，即便贵为皇子，他也是抵不过先帝多年重用的朝臣的。

前有申王蠢蠢欲动，后有封习只手遮天，可怜的新帝还是个孩子，坐在金灿灿的龙椅上，简直就如同一个摆设。

大周国，在先帝驾崩的那一刻开始，陷入了暗波汹涌的飘摇中……

不过不管如何朝荡国乱，老百姓的日子还是要过的。

寒冬渐深，林氏心想事成，生了个大胖小子。整个陆家都高兴坏了，老太太喊着要沐浴斋戒，说她在林氏生产以前请了菩萨的愿，眼下既如愿以偿了，便要诚心吃斋还愿。陆老爷则想了整整一天，终于定了小哥儿的名字，青栩，寓意栩栩生韵，希望小哥儿安康平顺。因为国丧未出，所以不能大肆设宴庆祝，但当天晚上陆老爷还是和老夫人一起小酌了两杯。

但就在全家都因为小哥儿的到来而开心不已的时候，也有人是不那么开心的，那个人就是七娘子。

连着两日，七娘子都赖在六娘子的屋子里，横在榻上，也不描红也不刺绣，也不和六娘子吵架，也不无故挑刺，只这样静静地躺着，半死不活地使唤着六娘子屋里的丫鬟给她端茶递水。

到了第三天，六娘子终于看不下去了，将手中的笔一丢，下了炕，站到了软榻边，居高临下地睨着躺在上面吃橘子的七娘子道："你要是再在我屋子里赖下去，我就要问妹妹你收银子了！"

见七娘子一愣，六娘子瞥了她一下继续道："成天在我这里白吃白喝的，我若不问你要银子，岂不是要把自己的月例都倒贴进去了！"

七娘子看了六娘子一眼，吧唧了一下嘴道："为何你这儿的橘子比我那儿的甜？"

六娘子翻了个白眼："都是你那儿挑剩下的才送来我这儿的，原来妹妹现在金贵的东西都看不上眼了？"

"现在哪儿轮得到我金贵，好东西都送去栩哥儿那里了。"七娘子忽然一顿，半晌才幽幽地开了口。

六娘子笑了出来："你有没有出息，这么大个人了还吃一个奶娃娃的醋，真是羞也羞死了。"

七娘子"噌"的一下从软榻上坐了起来，拿起桌上托盘里的橘子皮就往六娘子的身上扔："谁吃醋了，谁吃醋了！你才吃醋呢！"

六娘子冷冷一笑："当然，咱们七姑娘从小就是这陆府的香饽饽，打从生下来开始，别人捧在手里怕摔了，含在嘴里怕化了，谁不是让着你，谁不是宠着你的，便是松哥儿，虽喊你一声姐姐，却也不能在你跟前太矫情。现在可好了，咱们七姑娘也终于有了个名正言顺的胞弟了，旁人原本紧张你，如今要开始紧张栩哥儿了，旁人对你原本好十分，眼下要分出五分给栩哥儿了。咱们七姑娘心里不舒坦了，却无奈那是嫡亲的胞弟，发作不得吵闹不得，便日日躲在我这儿撒泼耍赖，外头的事儿便是一概理都不理半分。”

“陆云筝！”七娘子被六娘子一脚踩在了痛处，红着眼忍着泪愤愤地喊道，“像是多了不起似的，不就吃了你几个破橘子么，不就是几个橘子么……”七娘子说着说着，竟忽然蹲在地上捂着脸旁若无人地哭了起来。

六娘子没想到她竟真的这般孩子气，不免喊来了揽月道：“去打一盆热水来。”

揽月一直在外候着，只知这两日脸色特别难看的七娘子总是往自己姑娘屋里跑，之前又听到两人在里头大声地争执，不免担心地看向了六娘子。

六娘子淡淡地笑了笑，宽慰她道：“没事儿，你且去打热水来，七姑娘要好好地洗把脸。”

揽月应声退了出去，片刻后便端着一个腾着热气的铜盆小心翼翼地走了进来。

六娘子接过铜盆，便遣了揽月，然后亲自给七娘子绞了帕子，塞到她的手中道：“就这么大点事儿，有什么好哭鼻子的，说出去也不怕旁人笑话。”

“要你管！”七娘子正在气头上，便一把推开了六娘子递上来的热帕子。

谁知六娘子笑眯眯的，竟也不恼，只轻飘飘地转了话题道：“咱们去临安玩吧……”

“去临安？”刚生产完的林氏还有些虚弱，不过她生栩哥儿生得很顺利，前后几乎没费什么劲，眼下虽还有些有气无力，但脸色已经可见红润光泽了。

“是啊。”六娘子一边逗着躺在摇篮里睁着一双大眼睛的栩哥儿，一边回头同林氏说道，“去临安水路畅通，只要坐十来日的船即可，等到了码头再坐半日的马车也就到大姐姐家了。”

临安和宣城之间有漕运相通，虽路途上也相距千里，甚至似乎比怀阳还要再远一些，可临安胜在靠近码头，比在山川内陆的怀阳要方便得多。

“你们……”林氏不解地看着六娘子道，“你们这不是胡闹吗，眼下都已经十一月了，你们是不准备在家过年了是不是？”

“就是去大姐姐那儿过年啊。”六娘子笑眯眯地用手指点了点栩哥儿肉肉的手掌心，然后起身到了床榻边，将昨儿同七娘子的那番吵闹掐头去尾地告诉了林氏。

林氏一开始脸色还算正常，可听到后来，眼中竟微微地露出了一丝不安。

“七娘子……”当六娘子说完的时候，林氏深深地吸了一口气，竟有些语不成句。

六娘子留了一些时间让林氏平复了一下情绪，方才浅笑道：“母亲刚生了小哥儿，七妹妹转眼也快十岁了，母亲把她当成大人看待也是对的。偏生七妹妹是个孩子脾气，跟在母亲的身边，只怕永远是长不大的。”

“所以要去临安吗？”林氏有些心动了。

“大姐姐来信说家里安顿好了，看母亲什么时候方便就带我们过去玩。只是母亲现在这样，只怕一时半刻也走不开。那不如我和七妹妹去好了，来回都有家丁、丫鬟、妈妈们照顾着，母亲若是不放心，多带两个护卫就是了。”六娘子从小就跟着赵老太爷走东家闯西家的，是以并不觉得单独出远门有何不妥，更何况当初她还不是小小年纪就只身一人来了宣城。

“小六，为何要帮你七妹妹？”林氏闻言，半晌没有说话，再开口，却问了一个一针见血的问题，“你虽喊我一声母亲，我却从未奢望过你能真的敬我如母。同样的，你虽喊小七一声妹妹，可我却知你并没有多喜欢她。所以，为何要帮她？”

六娘子眨了眨眼，轻叹道：“我只是不想待在宣城过年罢了。”

因为她从赵老太爷那里知道，顾望之从幽篁寺回来了，也知道，顾家已经开始整理洒扫宣城的老宅，准备回来过年了……

五日后，陆府家船驶离漕运码头，船上载着六娘子、七娘子并了丫鬟、妈妈、家丁和护卫，前前后后也有近三十人，算是阵势不小了。

冬江冰封，虽不似春夏那般郁郁青葱，倒也有别样的冰凌之美。七娘子是第一次出远门，也是第一次坐船，从离了码头开始，她就一改之前在陆老爷跟前拿姿作态的端庄模样，开始叽叽喳喳了起来。

看见一只白色的鸟，她就兴奋得拍手；看见几尾肥大的江鱼破水而入，她就兴奋得跺脚；看见江边成片泛黄枯萎的芦苇丛，她也能兴奋得尖叫上半天。

六娘子颇受不了她，自觉地拉开了和七娘子之间的距离，没想到七娘子兴奋了还不到一个时辰，竟开始晕起船来。先是说难受想喝水，后来喝水喝不下，变成了想吐，结果吐了几次以后，七娘子整个人就站不稳了，脸色发白肚子难受，吓得六娘子立刻喊了秦妈妈和小杜鹃，她两人七手八脚地把七娘子抱进了船舱，然后又喂了她一服晕船药，又给她多少喝了些清淡的小米粥，才勉强地稳住了七娘子翻江倒海般的难受。

这样一折腾，船已经驶离宣城码头好远了，等六娘子从七娘子的船舱出来的时候，早已经过了饭点。

揽月见了她，忙上前将她扶稳道：“姑娘饿了吧，我让厨娘给你去下碗素面吧。”一年前来宣城也是这样，六娘子虽不晕船，可船行摇晃颠簸，她的胃口就不见好，倒是就着蘑菇酱和咸菜能吃下几口素面。

六娘子先前倒是不觉得，被揽月这样一说，竟才感觉到实在饿了，刚想点头，船身忽然剧烈地倾斜了起来，紧接着一个猛的晃动，大起大落间，六娘子一个没有站稳，就直直地往后摔去。

“姑娘！”揽月急得顾不得自己站不站得稳，马上眼疾手快地去拉六娘子，结果却是和六娘子一起跌坐在了船沿。

眼底是滚滚的江水，冒着寒气，深不见底，幸好船沿的护栏高、间隔密，生生地拦住了六娘子和揽月，不然只怕如此剧烈的摇晃下，只稍一个重心不稳，就很有可能直接摔到江里去。

六娘子脸色有些发白，感觉船身稳了下来后，她害怕得往后挪了挪，然后艰难地爬了起来，扶正了慌乱中险些掉落的钗环道：“快，快去看看七娘子有没有事儿。”

揽月忙点了点头，然后喊了一句：“姑娘您自己当心。”说着她就踉跄着爬了起来，然后往船舱跑去。

而就在这个时候，前面有慌慌张张的小厮不顾礼节地跑了过来，结结巴巴地道：“姑……姑娘……咱们的船……被……被……被别人的船给撞了。”

六娘子脸色一沉，站直了腰身道：“且去看看怎么回事，是谁家的船，责任在谁，咱们的船有没有被撞坏，还能不能动。”

“是……”小厮得了令转身要跑。

六娘子却厉声喊了一句道：“好好走，慌慌张张的，像什么样子。”

小厮一怔，哭丧着脸笑了笑，到底是缓了步子。

片刻后，六娘子已经整了衣衫，稳稳地端坐在了船中央的敞厅里，热茶压惊后，她总算觉得是没有之前那般后怕了。

揽月和秦妈妈在左右服侍，揽月说七娘子没事儿，晕船晕得云里雾里的，她根本没感觉到船被人撞了。秦妈妈则细细将船头的情况告诉了六娘子，末了不免有些气愤道："那家船也不知是怎么开的，河道这么宽这么大，竟还会生生地往咱们的船上撞，所幸船没什么大事儿，只是磕掉了一些木漆，有两处小的破损，不然这大冷天的，可怎么办！"

"可问清楚那船上是否有人受伤？"

"姑娘倒是菩萨心肠，他们撞的咱们，受伤不受伤都是他们自找的。"揽月跺了跺脚。

六娘子尴尬道："算了，人没事儿才是万……"

可话还没说完，外头就有小厮跑了进来喘着气道："姑娘，那边船上有人过来了，说要赔咱们银子。"

六娘子一愣，忙对揽月道："你去喊了陈伯过来，对面要来人，也总是要有个人去应付的。"

揽月点点头，转身出了敞厅，六娘子见状，便用手抵着额头对秦妈妈道："妈妈去让厨娘给我下碗面吧。"本就过了饭点，后又受了惊吓，眼下六娘子已是饿得前胸贴后背了。

秦妈妈点点头，一边搀着六娘子出了敞厅往船舱走，一边轻声道："姑娘先回去歇歇，下面很快的，一会儿就有的吃了。"

六娘子微微地松了一口气，然后和秦妈妈一同低头进了船舱。

六娘子本以为这事儿就能这么过去了，两艘船似乎都没有太大的问题，对方又愿意主动前来赔偿损失，虽自家的船上无人受伤船未大损，但六娘子觉得对方的态度不错，这点多少让她舒服了许多。

可偏偏一碗热腾腾香喷喷的香菇焖肉面还没有吃完，陈伯就急匆匆地敲开了六娘子舱房的门。

"姑娘！"素来沉稳的陈伯此刻看起来有些激动。

六娘子搁了筷子，抹了抹嘴道："怎么，出什么事儿了？"

陈伯摇了摇头，深吸一口气，压低了声音道："姑娘，那是顾家的船。"

"顾家？"六娘子一时半刻没反应过来，还在想宣城哪个顾家是她认识的，结果脑海中一下子炸开了，整个人的神经瞬间紧绷了起来，"顾家！"

陈伯知六娘子听懂了自己的话，连忙垂了头道："三少爷在船上，此番是要去宣城的。"

六娘子一个碎步往后退了退，顺着船身的起伏，她一下子跌坐在了身后的长背双柄四方木椅上，脸上的神情凝重而古怪。

所以这才是怕什么来什么吗？顾宸玉，也不过一年光景，六娘子却觉得和他已是越走越远了。没有了往日的欢喜，没有了往日的亲近，如今面对顾家三郎，六娘子竟想不出该用怎样的姿态去迎接他的出现，又或者，她现在到底应不应该私下再见顾家三郎。

恍惚间，三娘子只觉得头晕目眩，胃里一阵翻腾，紧接着她竟半刻也忍不得，“哇”的一下，将之前吃下去的面全部吐了出来。

一时之间，六娘子的舱房乱作了一团，有忙着打扫的，有忙着给她倒茶漱口的，有扶着她往床榻边带的……不过混乱中，六娘子却仿佛看到了一抹熟悉的身影，温润如玉、翩翩有神，那模样，竟如她六岁那年第一次见顾宸玉时一模一样。

第十二章

豆蔻香·回首又见

直到看到顾宸玉的那一刻，六娘子还有些恍惚，仿佛置身梦中，似醒非醒的，极不真实。

记忆中的顾宸玉一如眼前这般，仿佛这一年以来他丝毫没有变化。一袭简单的素色长锦衫，衣襟上绣着繁复的暗银花纹，袖口的那一圈灰鼠皮毛亮而不油，成色极好，腰佩玉带，绣穗长落，一身的风流韵致似是从骨子里透出一般，清雅至极。

可仔细看他的眉眼，六娘子发现顾宸玉还是不一样了。没了往日的略略青涩，没了之前的浅笑默默，眼前的顾宸玉，已经是一个挺秀高颀的翩翩公子了，那高贵清华的风韵让六娘子感觉到了一丝从未有过的疏离。

“阿遥……”两人对视良久良久，终究是顾宸玉先开了口。

六娘子深深地吸了一口气，扬起了嘴角道：“宸玉哥哥。”

其实，若按着大周礼俗来说，六娘子眼下已到了要男女设防的年纪了。可明知不可为，六娘子却还是想在私下见一见顾宸玉。

说来可笑，原本她千方百计地想离开宣城，是为了顾宸玉，而如今她这般不管不顾地出来相见，还是为了顾宸玉。

“你……没事吧？”顾宸玉上下打量了一番六娘子，眼露关切地问道。

六娘子心一沉，点头道：“船上的人都没事儿，不过，顾家的船怎么会撞上来的？”

顾宸玉脸色一黯，带着歉意道：“掌舵的人打了个小盹，等看到的时候已经来不及了。”

六娘子不禁哑然：“幸好我们两艘船的速度都不快，不然今儿肯定是要出事的。哥哥出门在外，用的人也当仔细调教过，不论是我船上还是哥哥船上，若是今天闹出了人命，总是棘手的。”

六娘子话音刚落，却见顾宸玉正微低着头怔怔地看着自己，她不免伸手摸了摸自己的脸颊道：“我脸上有东西吗？”

顾宸玉摇了摇头道：“总觉得你似长大了，说话做事都是这般张弛有度的了。”

六娘子轻轻地笑道：“这一年……发生了不少事儿。”

“是啊，信里你有说过。”顾宸玉故作轻松道。

六娘子抬头，将面前的顾宸玉看了个仔细，然后沉了声音道：“原来你有收到过我的信。”

见顾宸玉脸上瞬间闪过一抹尴尬之色，六娘子不由得淡笑道：“不过我信中提及的不过万一。”她一边说，一边缓缓地落了座，然后替自己和顾宸玉各倒了一杯热茶。

两人是在敞厅见面的，这是六娘子的安排，既能说上话，又能因为这宽敞明亮窗门全开的地方而避了嫌。眼下船是靠着河岸暂时落锚停着的，所以那河浪拍打的声音就源源不断地传入了六娘子的耳中，听得久了，竟能听出长短的韵律来。

面前站着的顾宸玉迟迟不开口，六娘子也不催他，听着水浪声小口地喝着茶，狠狠地将心中那呼之欲出的质问给压了下去。

半晌，顾宸玉才开口道：“这一年，你过得好吗？”

六娘子点点头：“好，不愁吃穿、姐妹和睦，自然不错。那宸玉哥哥在幽篁寺游学可有收获？”

“见识颇多。”顾宸玉脸上闪过一抹尴尬，随即又闭了嘴。

六娘子见状，不免在心中微微地叹了口气。难怪俗话说得好，“江山易改本性难移”，顾宸玉原本就有这习惯，但凡是他没有想好的话，他便是死也不会说出口的，不管你在一旁着急不着急，他依旧保持着自己的处事风格，丝毫不会在意你心里舒服不舒服。这种性子说得好听是细致周全，可说得难听些其实就是自我主义。

“所幸虽然有些小意外，不过船没事儿。”六娘子不愿再这样没完没了地和顾宸玉对视下去，不由自主地开口道，“我这次是和七妹妹一起去临安大姐姐家过年的，宸玉哥哥这是要去宣城吧？”

顾宸玉微微地点了点头道：“你怎么知道？”

“外祖父说的。”六娘子说着说着，心就渐渐冷了下来，不由得话锋一转道，“那既然大家都没事儿，我瞧着银子什么的，也就不用赔了，回头若是父亲问起，我便同他实话实说，父亲也定是会同意我这么做的。我瞧着天色也渐渐要暗了，想来码头那儿应该早有人候着哥哥了，不如哥哥这就请回吧，也能早些启程，免得让来接你的人担心着急了。”六娘子说着搁下茶碗，站起了身，做出了送客的姿态。

“阿遥……”顾宸玉有些疑惑，眼前的六娘子和他记忆中的六娘子相差甚远，远得不禁让他怀疑面前这娇小的小姑娘究竟是不是他所相识相知的陆云筝了。

“宸玉哥哥还有什么要说的？”六娘子忽然来了脾气，只觉得心里堵得慌，又觉得委屈难耐，更多的还是想问又问不出口的难受，“你瞧，天底下就是有这般巧的事儿，我要去临安，你要来宣城，半道在运河中间，你的船还能撞上我的船。虽有一年多不见，可那几年的情分总不是假的，本应是男女设了防的，我也不忌讳，大大方方地同你见了面，宸玉哥哥倒好，来来回回只说两句无关痛痒的话，既如此，何不早些散了让我能赶路？”

其实六娘子也不知自己到底在气什么。她认识顾宸玉的时候早已不是小女孩儿的心态了，她知道门当户对的重要性，也知道所谓的两情相悦，也是要长辈的点头默许的，不然即便是再刻骨铭心，只要父母之命一来，那就注定只能是棒打鸳鸯的份儿。

可她以为自己能分得清，到头来却是一团糊涂。事到如今，她竟在见到顾宸玉的时候看出了端倪，原来，自己是想他的，是思念他的，是怨他为何知道自己要另嫁他人而无动于衷的。

这是小女孩儿的心态，得不到和被得不到，都有浓浓的不舍和不依，其实要说六娘子有多喜欢顾宸玉，那倒也不是，但终归是青梅竹马，这些年的情分是真真切切存在的。

“沈家小四爷……我见过。”六娘子掷地有声的一番话引得顾宸玉惊了惊，再开口，俨然就找到了症结的重点。

六娘子正在同自己较着劲，一听他的话，不免猛地抬头道："你说什么？"

顾宸玉轻轻地苦笑了一下，终于稍稍恢复了一些平时惯见的从容，道："我也是去了幽篁寺才知道的，原来这一切都是九爷的意思，而九爷有意要娶宁卿，那顾家和赵家就……"

"宁卿……"六娘子微微地退了一步，忽然觉得内心有酸楚正在一点一点地往上涌，直淹得她喘不过气来，"所以，你们布的局，就无所谓牺不牺牲我们？九爷一句话，便是让我嫁谁我就要嫁谁？你们究竟有没有问过宁卿愿意不愿意，我陆云筝愿意不愿意！"

顾宁卿是顾宸玉的胞妹，堂堂的顾府嫡女。以前六娘子和顾宸玉走得近的时候，宁卿也会时不时地和他们两个玩在一起。她比六娘子大了两岁，正是如花的年纪。

不过她性子稳重，更多的时候不爱喧闹玩乐，只爱静静地捧着书卷坐在回廊的栏杆处且听云起云落。偏那时候正是六娘子特别贪玩的时候，是以记忆中她和顾宁卿两人对话独处的次数真的不多。

"阿遥。"见六娘子有些激动，顾宸玉伸出了手想像以前那般上前安抚，谁知却被六娘子毫不留情面地一把推开了。

"宸玉哥哥，今日能在这种情况下与你见上一面实属老天眷顾。这一年以来阿遥见了很多，也懂了很多。朝廷中的事儿阿遥不知道，阿遥只知道不管将来面对的是谁，这日子阿遥是要想尽办法地过下去的。我不愿成为你们随意摆放的棋子，我要按照自己的法子把这盘棋给下活了。所以，若是以后阿遥再见到哥哥，只怕就不能如幼时这般喊你一声'宸玉哥哥'了。"

见顾宸玉眼中闪过一抹伤楚，六娘子继续道："且先不说人人都夸沈家小四爷是铮铮男儿名震四方，就单说外祖父想入世，我便要想着法子让他老人家顺当。眼下承蒙九皇子看得上我，也承蒙沈家小四爷看得上我，我便要好好地让看得上我的人不用多操心，毕竟事关赵家，也关乎顾家，更关乎那朝堂之上。"

"你……"顾宸玉瞪大了眼睛看了六娘子一眼，随即自嘲地笑道，"到头来，我竟还没有你看得透彻。"

"顾少爷早就看透了不是吗？不然这一年以来，顾少爷的信中为何只谈山水，不谈人情？"再开口，六娘子已生生地换了称呼。

见顾宸玉失落地摇了摇头，六娘子便是樱唇一咬，横了心道："既话都已经说开了，那顾少爷便请回吧。一会儿若是吵醒了我七妹妹，只怕更是要多生事端了。”

顾宸玉闻言，紧紧地抿着薄唇，只匆忙地作了个揖，然后转了身，头也不回地就出了敞厅。

不是他害怕七娘子会醒来，而是他觉得话已至此，自己已没有什么资格再在六娘子面前说些冠冕堂皇的贴己话了。而且也正因六娘子什么都明白，所以他更觉得在她的面前无地自容了。

原本在知道偏巧撞上了陆家的船，又知六娘子也在船上的时候，顾宸玉就一心想要和她见一面。虽然在踏上船板的那一刻他也不知道究竟要和六娘子说些什么，可一年了，哪怕看一眼也是好的。但结果却让顾宸玉很失落，早知如此，他便应该就这样扬长而去的，即便是留个模糊的念想给六娘子，也好过她眼下这般视自己为陌生人。

而六娘子呢，则在顾宸玉那抹翩然清雅的身影消失在视线中以后，重重地跌坐在了椅子上。

原来所谓的青梅竹马，终究没有敌过权位的诱惑，纵使她不愿意承认，可也不得不嘲笑自己的自作多情。

她口口声声唤的“宸玉哥哥”，其实早在置身幽篁寺的时候，就已经变心了……

第十三章

豆蔻香·朝局不稳

洪武二十二年的年节，六娘子和七娘子是在临安吴家过的。

吴家过年讲究的是热闹，虽早已经分了家，但除夕夜各家各房还是会齐聚在一起的。二十九祭祖，三十就是团年，今年因为初娘子怀着身孕，是以除夕夜三十几号人就全部聚在了吴宅。

围炉烤饼吃茶，擀面皮包饺子，放烟花走河灯……六娘子和七娘子跟着吴家的几个小娘子从除夕这天的早上一直折腾到了子夜，直到哈欠连连地守了岁，吃了热气腾腾的鲜肉饺子后，方才睡下。

第二天大年初一，一众小辈又在竹林子里疯玩了一整日，这年也算是开开心心地过去了。

大周年俗有循，大年初一，按例是族里的亲眷互相拜年的日子；大年初二，是姑奶奶回娘家拜年；大年初三，就是同僚、故旧、亲朋好友上门的日子了，而六娘子和七娘子则定在了大年初三启程回宣。

话说本是新年伊始，各处所见所闻皆是欢声笑语，按理来说，高庙朝堂之上也应该是和乐融融的一派景象。

谁知，从大年初一开始，便有众多文官一齐上书，直斥一品清阁太师、殿阁大学士、吏部尚书封刁九大罪状，书文无他，只要求弹劾封刁，清肃朝纲。

其实这事儿的起因说来很是荒唐，去年七月先帝驾崩，幼帝登基，封刁所用朝纲之制全部沿袭旧制，结果竟然连年号都一并沿袭了去。眼下这除夕一过，分明该是新的元年，结果上奏的折子里有封刁的朱笔批阅，落款处竟跟着洪武二十三年的字样。

折子一出，朝臣一片哗然，讨伐声一浪高过一浪。新帝继位不改年号这事儿放眼整个大周国百余年的历史都是不曾有过的。封刁这把柄被朝中文官一捏，当场几乎就要被众文官的唾沫星子给淹个半死。

而就在这个时候，正月十五还未过，蛰伏在漳州的申王又趁机攻城，带兵直指宣城以北的汝州，沉浸在新年欢愉气氛中的汝州城被打了个措手不及，城中百姓夜不能寐日不能出，接连十日城寂如死，惊恐的气氛吞噬了新年的喜悦。

不过，就在朝臣对封刁一片骂声的时候，素来在人前无影无声的九皇子忽然挺身而出。那之后，二月初，新帝昭告天下，改年号为昌和，遂今年为昌和元年。三月，沈家小四爷进宫领旨，封刁宣旨封其为骁骑护军参领，又命其率领御林军一万、精兵五千奔赴汝州，志在击退反军活捉申王。

自古以来，朝变而民动，朝中轶事皆为民心所好。朝廷的这些动荡在宣城的大街小巷首尾相传，不出两日就成了百姓茶余饭后的低语谈资，且版本众多，五花八门，好的坏的参差不齐，令人真假难辨。

不过不管是哪一种说辞，其中有一句话却是真的，那便是如今的大周国，幼帝羸弱，太师独大。那看似太平的盛世之下，其实藏着岌岌可危的火引，不碰则已，一触即天下大变！

入了七月，一夜墨绿，忽而转炎夏。昌和元年的暑天来得特别猛，七月刚到，屋子里不放小冰山就已经睡不着了。

六娘子怕热贪凉，一见日头就不爱出门，整天躲在屋子里打着扇子靠着冰山避暑，连赵府那里都是要天色转暗的傍晚才姗姗而去的。

赵老太爷见状笑她整个人好像就是冰块做的一般，一点儿也见不得热，六娘子却嘟着嘴道："从不知北方热起来是这个样子的，今年夏天竟然一点风都见不着。"

赵老太爷被六娘子佯装孩子气的性子惹得哭笑不得，隔天竟然送了整整三大座的冰山去了陆府，气得陆老爷指着六娘子的鼻子笑骂道："你且怕热就说，不过是怕你冻坏了，哪儿有你这样还跑到你外祖父那儿去讨冰山的，府上地窖里头多的是。”

六娘子却置若罔闻地“嘿嘿”笑了笑，然后一座留给了自己，一座让人搬到了七娘子的屋子里，一座就送去了陆老太太的陶然居。随即她又对林氏道：“母亲可别恼我偏心，分明是父亲说家里冰山多，便让父亲给母亲送两座来。”

林氏看着六娘子小女儿般撒娇的姿态，不免笑道：“胡闹的丫头，以后可切莫让你父亲这般丢面子了，几座冰山而已，咱们家哪里用不起。”

“不过是外祖父疼我，母亲也别太放在心上。”六娘子了然地点点头，可打这以后到底没有再在赵家二老面前说过一句陆家的不是了。

八月的时候，天气已经热得不像样了，而就在这个时候，红袖却悄悄地来了陆府，径直到了浅草阁。

当时六娘子正在描花样子，却见揽月神色异样地走了进来，她便问道：“怎么了？”

揽月犹豫了一下，然后凑到六娘子身侧轻声道：“姑娘，江二全家的来了。”

“江二全？”六娘子纳闷地眨了眨眼睛，脑子一时没转过弯来。

揽月轻轻地解释道：“是红袖。”

六娘子这才恍然大悟。红袖在三娘子嫁去王府没多久就由三娘子做主许了人家，江二全是三娘子陪嫁铺子上的管事，人虽粗了些，却是个老实巴交的。两人成亲没多久便生了个儿子，养在了小庄胡同江家。那之后，红袖便又进了王府，正正经经地做了三娘子房里的管事妈妈。是以现在人人见着她，都要改了称呼喊她一声江二全家的。

“快请她进来。”六娘子趿鞋下了软榻，然后又命鱼安上了热茶点心。

江二全家的进来的时候，眼睛微微地有些红，六娘子招呼她入了座，便柔声道：“也不知道你要来，我这儿乱得很。”

“姑娘别忙，原是我没分寸不懂规矩，一个消息都没有就生生地往姑娘这里跑。实在是……实在是……”江二全家的说着说着竟默默地抹起了泪。

“你别哭，有什么事儿你说出来大家一起商量商量。”原先三娘子还没出嫁的时候，江二全家的和揽月走得也很近，所以六娘子也是把她当自己人看的。

江二全家的闻言，吸了吸鼻子清了嗓子道：“我也不瞒着姑娘，我们家奶奶最近这日子是越过越不顺心，虽左右有爷宠着疼着，可老太太、太太那儿眼睛都盯着，一个月，爷能陪着奶奶的日子真不多。奶奶是个嘴紧的，每次姑娘去，奶奶都是拣最好听的说给姑娘听，但我却瞧不得奶奶什么苦水都往肚子里咽，这才……这才斗胆来找姑娘的。”

六娘子闻言眉眼凝重地叹气道：“三姐姐……肚子里还是没消息？”

她这话一出，江二全家的眼泪就开始止不住地往下掉：“可不是，用了多少法子了，那些药，苦得我老远闻到了就想捏鼻子，奶奶就是那样眼睛都不眨地一口便能喝完了。可就这样……却还是一点动静都没有。”

六娘子也沉默了，不止沉默，她心里更是万般不好受。

说起来，三娘子也只是比初娘子晚了几个月成亲，可如今初娘子的儿子都能爬会笑了，但三娘子的肚子却依然是静悄悄的。

宅门妻妾有别，妻是正室，名分地位那都是一个做妾的远不可及的。一般说来，嫡妻掌家主持家事，她在内院的地位是完全等同于丈夫在外院的地位的。而男人大多不理内宅之事，是以虽然女子有训，大门不出二门不迈，但她们的权力还是非常大的，一言九鼎一语成规，宅门里的嫡妻，若是手腕了得，那绝对是个人物。

可妇有七出，“无子”之罪赫然排在了第二。一般新妇进门，头一年就只要负责把两件事情给做足了，那便是孝顺父母和传宗接代。

前者还好说，后者若是长时间没有消息，那即便丈夫一心不二不愿收通房小妾，家里的长辈也会不停地拿各种由头往正屋塞人的。

偏不巧，三娘子就遇到了这样糟心恼乱让人郁闷不堪的破事儿。

第十四章

豆蔻香·出谋划策

六娘子去王府的时候刚好遇着大了肚子的薛姨娘在外头赏花。夏花怒艳，娇景夺目，人衬花花映人，倒也是一幅美景。

只是……

六娘子下意识地将头探出了油纸伞外，看了看那毒辣的日头，心中不免冷冷地一笑，然后她便停了步子，嘴角微扬地眼见着薛姨娘朝自己缓缓而来。

“六姑娘。”挺着大大的肚子，薛姨娘拿腔作调地冲六娘子随意地福了个身。

“薛姨娘。”六娘子笑容可掬，一副人畜无害的温润神情。

说起来六娘子也算是王府的常客，而薛姨娘又是在三娘子之后就进的府，是以彼此都也算是熟悉的。

“要说姐姐可真是好福气呢。”薛姨娘的手微微地拢着圆滚滚的肚子道，“姑娘可是亲姐姐亲得紧的，三天两头的，就往咱们府里跑。”

这话暗语很是难听，一旁的流萤“呲”了一声刚想开口骂出去，却听六娘子幽怨地叹了一口气道：“姨娘这话说得有些偏差，是我福气好，有这样一个八面玲珑的姐姐。不瞒姨娘，今年我屋子里两个贴身伺候的丫鬟都到了出府的年纪，她们平日尽心尽责，我念着她们的好，便不愿耽搁委屈了她们。但我到底也只是个姑娘家，见的世面、见的人都没有姐姐多，便想来求求姐姐帮我物色物色，看看有没有家门好的人家，好让我放心地把两个丫头各自许配了过去。”

说着六娘子用余光扫了一眼薛姨娘，继续道：“其实我也没什么念想，不过是不愿意她们过去做小。家底薄一些没关系，她们都还年轻，努力几年总是会有出头之日的，但给人做了妾，那可就永远出不了头了……”

六娘子话音未落，薛姨娘那张脸已经变了色，神情忽明忽暗的，显得特别复杂。

六娘子见状，嘴角微微一勾，却是眼露歉意佯装慌乱地摆手道：“哟，姨娘瞧我，素来在家也不太出门，这一说话就口无遮拦的。方才我那几句话姨娘千万别往心里去，像姨娘这样体面的自然是少的，我护短，不过就是怕身边的丫鬟们受委屈罢了。”

“呵……”薛姨娘干干地笑了笑，强忍着没有当场发作，只能面无表情地附和道，“在姑娘房里做丫鬟，可真是她们上辈子修来的福气呢。”

六娘子笑而不语，冲薛姨娘微微地一颔首，刚想往三娘子的园子里头走，却忽然地又止了步子，转头道：“姨娘怀着身孕，这大夏天的日头毒，姨娘还是少在外面走动，免得动了胎气，又伤了姨娘的元气。毕竟姨娘万一有些什么事儿，最后费心费力的还是我姐姐。姨娘别忘了，只有我姐姐体面了，姨娘才能真正地体面起来。”说罢，六娘子便独留下气得鼻子差点儿冒了烟的薛姨娘，径自带着抿嘴哑笑的流萤扬长而去。

进了屋，三娘子正衣整妆净地噙着一抹笑意看着她。

六娘子脸一红，吐了吐舌头，然后作乖巧状地缓缓落了座。

三娘子见她坐定，便是叹了口气，冲一旁的小丫鬟微微地点了点头。小丫鬟心领神会地上前给六娘子倒了热茶，随后便带着垂首立在一旁的流萤退了出去。

待屋子里没了旁人后，三娘子才开口道：“你何苦同她去计较，她胸无点墨的，只怕你多绕两圈她就听不懂你说的话了。”

三娘子神色淡淡的，但那深锁的眉头却看得六娘子心里一阵抽疼。

“姐姐都听见了？”六娘子问道。

三娘子伸手指了指一旁用木枝支开的窗棂道：“敞得这么大，哪儿听不见。”

六娘子冷笑道：“这么热的天，她挺着个大肚子在你园子前晃悠，无非就是想让姐姐你堵得慌，她既敢做，就不怕我酸她。”

三娘子闻言，沉默了一会儿，忽然幽幽地开口道："本红袖……江二全家的私底下去找了你，我是有些恼的，不过你来了，我心里也是舒服的。六妹妹……我，我有些怕！"

六娘子一愣，忽然不明白三娘子此言何意："姐姐怕什么？姐姐别怕，即便她生了庶长子，可姐姐还这么年轻，只是时候不对，再过些日子一定能怀……"

"我不是怕这个。"谁知六娘子话还没有说完，三娘子却轻轻地摇头打断了她，"我怕……我会变成和母亲一样的人。"

六娘子看着面前的三娘子，一下子明白了她话里的意思。

"三姐姐……"六娘子有些语不成句，她怔怔地看着面前的三娘子，总觉得近两年来三娘子真的变了许多。

从前的三娘子是明艳的，是张扬的，是热情四溢的。因为陆老爷偏爱她，是以她启蒙得也早，识字多，看的书也就多，虽不至于博古通今学富五车，可六娘子知道，三娘子明事理，懂进退，能审时度势。

可现在再看她，明明还是那张娇艳的脸庞，但三娘子的眼眸中少了一丝灵动，多了一丝戾气，她整个人也不像从前姑娘时那般活泼明亮了，每每六娘子同她相见，都只能在她的身上嗅到一股死气沉沉的味道。

"你知道吗？"见六娘子只是静静地看着自己，三娘子便轻轻地抓住了她的手道，"原先，我总觉得母亲待姨娘苛刻，不知为何母亲就是容不下姨娘肚子里的孩子，我日夜怨恨她，总觉她身上背负着罪孽，本就不配我喊她一声母亲。可妹妹，今天我自己坐在了这个位置上，竟……竟有时候会恍惚觉得母亲的做法没有错……姨娘就是姨娘，我肚子里都没有消息，她凭什么……"

"三姐姐！"见三娘子眼露寒光，六娘子忽然重声打断了她道，"姐姐想这些的时候，可曾想过当年四姨娘辛辛苦苦怀了你生下你，是怎样的心情？"

三娘子一震，听六娘子又道："姐姐如今只是心气不顺，难免就容易想偏，其实姐姐如今主持家事，肯定会觉得母亲不易，便是连大姐姐也同我说过一样的话。可姐姐为何不想想，解决事情总不单只有一个法子，若是内宅的每件事情都一定要闹出性命来，那姐姐往后的日子还怎么过？"

三娘子听着听着不免就捂着脸哭了出来："我知道，我都知道，可是六妹妹，我心里难受，太难受了，你说我整天喝那苦得我都想吐的药有什么用，婆婆瞧我肚子不争气，拼了命地往我屋子里塞人，一个，两个，三个……我都只能咬着牙笑着收下，可我巴不得她们都统统地滚出去才好！"

“姐姐的心思用错了。”六娘子虽还没有成亲，可到底旁观者清，是以也算是能一下子抓住重点，“姐姐现在的心思不应该放在姨娘们的身上，在我看，姐姐应该连宅子里的事儿都一并推了出去才好。”

“什么？”三娘子不解，吸了一下鼻子，抹掉了挂在脸颊上的泪后疑惑地看着六娘子。

六娘子见状，先是起了身走到窗边，抽掉了木枝关上了窗，然后又绕到前面关上了屋门，方才折身回来坐下继续道：“姐姐如今只要一心一意扑在姐夫身上就好，再过两日，便找个借口把内宅的事儿也一并丢回太太屋里，那时候姐姐心宽了，看事看人也就不一样了。”

“为何？”三娘子依然一头雾水。

六娘子便耐着性子道：“太太往姐姐屋里塞人，不管是做了通房还是抬了姨娘，姐姐的日子总是少的。暂且不说别的，单是内宅这些琐碎的事儿，就要耗去姐姐一大半的精力，人没了精力就伤了元气，我瞧着姐姐哪怕喝再多药都是无济于事的。”

三娘子听着听着觉得有些道理，可又觉得有些不妥道：“若是把事情都交出去了，以后只怕再要掌家就难了。”

“难不成太太还能管一辈子家？”六娘子笑三娘子当局者迷，“王家是分了家的，这儿前后左右只姐夫一个嫡出，难道太太还会昏了头，把偌大的府邸交给一个姨娘去打理？即便太太愿意，姐姐的公爹也是不会点头的。”

见三娘子若有所思地微垂着头，六娘子继续道：“姐姐当务之急便是怀了孩子，且不管薛姨娘会不会生下庶长子，至少她这么大的肚子已经是事实了，姐姐又何必绕在这个死胡同里出不来？姨娘也是人，难不成姐姐就真的不给姨娘们活路了？如今太太为何能在姐姐跟前趾高气扬的，还不是因为姐姐迟迟没能怀上，不只太太这儿，连个姨娘都敢在姐姐跟前作威作福了呢。”

“那……若是这般折腾，还是没能怀上呢？”三娘子有些心动了。

“找大夫瞧，只要姐姐身子好，姐夫又愿意把心思花在姐姐身上，姐姐怎么会怀不上孩子！”六娘子言之凿凿，眼神烁烁。

“你……”三娘子有些惊讶，半晌才眯着眼道，“你说你一个姑娘家的，为何说起新妇屋子里的事儿来竟头头是道的？”

六娘子心中一惊，脑子转得飞快，连连解释道：“去年过年的时候在大姐姐家住了快三个月，可以听的不可以听的也都听过了，要说大姐姐虽嫁得一般，可在掌家管事上却真是要比姐姐轻松许多的。大姐姐也常说，心宽了日子才会过得顺，日子顺了周围的那些人和事儿也就不那么糟心了。我觉得，大姐姐这么快就生了个儿子，主要还是因为心宽。姐姐也不瞧瞧，这半年多来，我真是看着姐姐的心思重起来的，有时连我瞧了都觉得有些不敢亲近，又何况是姐夫。”

三娘子闻言，皱着眉点了点头道：“妹妹旁观者清，连我自己都觉得自己的心思重，每每和你姐夫说不到几句话就要吵起来，现在想想，我嫁进王府的这一年多来，脾气真的坏了很多。”

“姐姐是聪明的，很多事儿不用旁人点明，姐姐也能参透，既能想明白，可就真的不能再钻牛角尖了。”

见三娘子笑着点了点头，六娘子便畅快地松了一口气。

第十五章

豆蔻香·改朝换代

而就在三娘子和整个王府的人开始斗智斗勇的时候，东宫仁孝皇太后造反了！

那只不过是九月最平常的一个子夜，整个陆府已静得只闻虫鸣叶簌声了。忽然，有人骤叩朱门铜环，记记重响，声声催命……

内宅里自然是听不见的，便是连那值夜的小厮也是在半晌过后才磨磨叽叽、睡眼惺忪地缓缓拉开了门。

小厮揉着眼睛打了个哈欠，刚想问一声来者何人，却见眼前一个铁甲士兵手提染血大刀迎面而来！

陆宅几十年上下皆出文官，便是连家中小厮沾染的也都是儒气，几时见过这种阵势？那值夜的小厮见了门口站的兵士，吓得腿一软，直接一屁股坐在了地上，惊恐得嘴直哆嗦手脚并颤。

“你……你……你来找……”小厮面无血色语不成调，只感觉一颗心扑通扑通的，好似就要跳出嗓子眼儿一样了。

而来的人倒是稳健沉着的，只见他先是侧身进了门，然后反手将大门关了个紧，并扣上了门闩，随即问道：“陆大人可在？”

“我们老爷……在……”小厮点头如捣蒜，却还不忘记结结巴巴地问一句，“不知这位军大爷……找……找我们老爷……”

“军中机密，速速带路。”军士不耐小厮的啰啰唆唆，怒眉一瞪直接打断了他的话。

小厮被他眼露寒光瞪得一哆嗦，手脚并用地爬了起来，然后一把抓过了旁边的灯笼便颤颤巍巍地带着那人往内院走去。

半个时辰以后，月然居的灯亮了起来，明晃晃的，直射四院。

说来也巧，浅草阁六娘子床头的半扇窗刚好正对着月然居的大门，两处虽相距得远，那嘈杂的声音是传不到浅草阁的，可那亮光却是一丝不漏地全部照在了浅草阁的窗子上。

六娘子本就浅眠，被这通明的亮光一照，便没了睡意，半梦半醒地折腾到早晨，天才刚见露白，她便一脸困倦地起了身。

“姑娘，再睡一会儿吧。”值夜的鱼安听见里屋的动静走了进来，见六娘子眼底泛青，不住地揉着眼睛，便出言劝了一句。

“今儿要让人来给我在这窗户上再糊两层纸，免得外头一点光也遮不住。”六娘子摇了摇头，便下床进了净房。

六娘子本估摸着昨儿晚上大概是林氏和陆老爷闹了小性子，是以两人大半夜的不睡觉挑灯在那儿唱擂台。结果辰时她去林氏那儿请安的时候，才知道原来宫里头出事儿了。

“申王三日前就已经进了宣城，仁孝皇太后从旁相助，两人一心还想着那把龙椅，九爷带着人在宫里与东宫的人周旋，若是沈小四爷再不赶到，只怕宫里头要乱了……”陆老爷一边任由丫鬟服侍穿着朝服，一边也不避讳六娘子和七娘子，径自和林氏说着话。

林氏满脸的紧张，一手死死地抱着依偎在她肩头打盹的栩哥儿，一手拉着松哥儿，然后深吸一口气道：“老爷，那您进宫……万事要……”

可林氏话还没说完，外头就有人跑来传报：“老爷、夫人，两位少爷回来了！”

陆老爷闻言，似松了一口气，对林氏道：“宫里太乱了，我连夜让人把远哥儿和致哥儿从习闻堂带回来了，这两日只怕要宵禁，姐儿哥儿都不准给我踏出府邸半步！”

林氏点了点头，却见陆老爷看了一旁的六娘子一眼道：“夜里是你外祖父派了人来给我们传消息的，他老人家如今人在宫里……”

六娘子一听，本是平静的脸上忽然泛起了不自然的铁青色：“父亲！”她顾不得礼节，上前一步径直拉住了陆文恒的衣摆道，“外祖父……”

陆老爷微微地摇了摇头：“没事，你别担心，九爷也在宫里头，而且沈小四爷的兵马已从漳州城赶过来了。”

“老爷！”林氏也上前了一步，带着隐隐的哭腔道，“您……这不是明知而涉险吗……”

“是不是险要看封阁老的态度了，他是要继续挟天子以令诸侯向着西宫，还是已经倒戈偏了东宫，抑或他只为大周黎民苍生，便是取决于他封习一念之间的。”陆老爷说着皱了皱眉，然后视线凝重地扫了一眼屋子里的每一个人，随即跨门而出。

就在陆老爷前脚刚走出没多久的时候，陆青远和陆青致便灰头土脸精神恹恹地齐齐来了月然居。

“母亲！”见了林氏，两人神色皆有些激动，整齐地下了跪，给林氏磕了头。

林氏抹着泪吩咐一旁的杨妈妈道：“快，快把哥儿们给扶起来！”

一时半刻，屋子里乱糟糟的有些闹，还有些懵懂的松哥儿不明事态，却是害怕得不愿意放开林氏的手，而栩哥儿则是因为被闹醒了，在林氏的怀里大哭，六娘子很想上前问一问致哥儿知不知道宫里头什么情况，可七娘子却在那儿自作主张地吩咐屋子里的丫鬟快些去找奶娘来……

这般前后一折腾，等屋子里安静下来以后，林氏已经累得头都有些晕了。

“母亲坐一会儿吧。”六娘子见状，拉着七娘子一起搀扶着林氏入了座，然后有小丫鬟自觉地上来倒了热茶放在了林氏的手心中。

林氏深吸了一口气，揭了茶盖滤了茶沫子喝了一口热茶，总算略略地压了惊，这才有些气力开口问远哥儿和致哥儿道：“你们两个从上个月起就住在了书院，这来回总是能遇着翰林院的人，可知宫里头的情况到底如何了？”

陆青远和陆青致面面相觑了一番，然后陆青远开口道：“其实前两日就有些不对劲了，先是翰林院的齐大人接连三日没有来书院，接着史大人也出了事儿，不过先生们大多都还在，是以大家都没特别警惕。直到昨儿夜里，连连冲进来几十号的官兵，抓了书院里的好些先生，大伙儿才私下议论是不是宫里头出事儿了。”

“你们呢？你们有没有事儿？”林氏慌张地问道。

陆青远摇了摇头道：“那些官兵倒是没有为难我们做学生的，只是一整个晚上没让睡觉，第二天一早他们也就撤走了。书院里自然乱了，我和致哥儿正在研究要不要赶紧回来，就看到父亲派来的徐伯了。”陆青远声音很是沙哑，听得出来一夜未眠的疲倦。

林氏闻言多少放心了些，随即又道：“是如你父亲说的，东宫、申王里应外合造反了吗？”

陆青致点头道：“是。来抓人的似乎是皇上的人，据说宫里头出了奸细，所以太后娘娘才能和申王内外勾结。又道现在申王的兵队蛰伏在宣城，按兵不发就是为了等宫里头的指示，不过眼下传言满城，七七八八的，也不知道哪个消息是准的。”

“那……那为何昨儿那兵士来找你父亲的时候，寒刀上都是带着血的？宫里头没有打起来吗？”林氏心有余悸，只觉眼前星星点点晕眩直冒。

陆青致皱眉道：“这儿子就不清楚了。”

林氏一愣，却也失笑道：“是了是了，母亲也是着急糊涂了，你们也不是在宫里头的，怎么会知道这些。快，杨妈妈，快带两个哥儿去洗漱干净了，然后带他们去睡一觉，瞧他们两个眼圈都黑了。”

“唉。”杨妈妈应声带着陆青远和陆青致出了屋。

林氏又冲七娘子和六娘子道：“你们两个也下去吧，这两日怕是整个宣城又要乱了，你们……没事儿也不要出屋子了。”

“是。”六娘子和七娘子乖巧地福了身，然后无声地退了出去。

走到回廊处后，七娘子一把拉住六娘子的手道：“你说……会不会出事儿？”她问得笼统，却眼神紧张，樱唇轻颤，看得出还是很害怕的。

六娘子停了步子，反握住她的手道：“若是有事儿，早打进城了不是吗？”不知为何，此时此刻，六娘子忽然没来由地信任起那素未谋面的沈家小四爷来。

他，若如旁人传得这般神乎其神，一定能让整个宣城化险为夷的吧。

而九爷，蛰伏多年，若真志在皇位，无论如何也一定不会放过申王造反这个机会的。

不过隐隐的，六娘子总觉得整件事都有些不对劲儿。纵使现在大周是幼帝在位朝臣专权，可不管怎么说，台面上还是有个皇上在的，不论大小，他都是一国之君。所以，不管是申王还是九爷，只要在这个时候动一动抢龙椅的念头，那都是谋反，一个不小心就会万劫不复、株连九族，永世不得翻身的。

纵观前朝帝王史，但凡谋反夺位的几乎没有什么好下场，最有名的安史之乱，安禄山和史思明最后都是惨死的。对于这整件事情的评价，司马光的《资治通鉴》中只留了一句“由是祸乱继起，兵革不息，民坠涂炭，无所控诉，凡二百余年”的痛笔。

想到这里，六娘子不禁打了个寒战，她忽然觉得，赵老太爷是聪明人，聪明人只看得上聪明人，若是众人口中的九爷是个急功近利的，那自己的外祖父一定不会愿意由野进朝二度出山的。可如果九爷真的这么运筹帷幄，那他也绝对不会如此明晃晃地打着一个造反的旗号来和申王抢王位的。

那么……他如果利用申王的这次谋反，旗号便会由“造反”变成了“清君侧”！而九爷到底如何算得出申王这次造反是个机会呢？看着陆老爷的姿态，他虽口口声声说皇宫里很乱，可远哥儿和致哥儿还能毫发无伤地回来。再看看赵老太爷，一把年纪地折腾在皇宫，若是他这把老骨头朝夕不保的话，自己前两日去赵府，从外祖母的口中也能多少听出些眉目的。可眼下，申王的叛军蛰伏在皇城，但整个皇城还能如此的太平安闲，连个宵禁令都没有，若这是叛军造反的前奏，那未免也太安静了些……

六娘子想到这里，看了一眼惴惴不安的七娘子，脑海里顿时划过一道火花，当下便紧紧地握住了七娘子的手，整个人都莫名地激动了起来。

莫非……九王爷是请申王入瓮！

后面的事儿发生得有些出人意料地快。

第三日，沈聿白率精兵三万破城而入！大营扎寨铜雀门前，其中一万精兵留街搜人，铲除余孽叛党，其余两万则全部随帅将直闯皇宫。

当日城头有护城兵亲眼目睹三万精兵入城的盛况，称其：骁骑凛凛军飒如风，整齐划一气势如虹。

沈爷亲帅，九王爷如虎添翼。第四日，西宫联手九王爷，封阁老俯首称臣，三力联合，一举歼灭申王叛军，申王被活擒，八王爷靖王在太和殿当场被乱箭射死。直到那一刻，皇宫里的人才彻底明白，原来靖王一直都是申王在宫里的眼线，靖王和申王本想联合东宫仁孝皇太后来个里应外合的，谁知竟大意中了九王爷的计。

第五日，仁孝皇太后在东宫正殿悬梁自缢。

第六日，幼帝退位让贤，封阁老辞官让权，新诏随出，承九王爷为大统之君，九王爷李晋顺利继位。

次月，肃宫完毕，新帝谕诏：改年号为明承，兹定来年为明承元年，宜谨始于承祧，用涣恩而及物，可大赦天下，云云恭念先朝之治，必循五圣之谋，思祗率于旧章，用答扬于先训，尚赖中外列辟，左右忠贤，文武合虑，以辅予治，布告遐迩，咸使闻知。

其实九爷，哦，不对，是明承帝登基对大多数人来说都是松了一口气的事儿，这其中包括十五皇子，也包括前西宫的那位仁贤皇太后。

欲戴皇冠，必受其重。无论是对十五皇子还是对仁贤皇太后来说，那把龙椅还是太大太重了一些。

且先不谈治国富民，就先说权臣叛军。当时十五皇子等于是半道捡了件龙袍来穿，他被封为太子，被众人推上皇位，首要解决的就是两件事，或者可以说是两个人——权臣封习和叛军申王。

当时小皇帝，或者说一下子尊贵万分越级被封的仁贤皇太后所设想的法子是用封习去牵制住申王，最后再将他们两个一网打尽。可是仁贤皇太后忘了一件事儿，那便是封习有封习的私心，申王有申王的手段，纵使狭路相逢勇者胜，可剩下无论是谁，都不会这么轻易地任人摆布的。

所以，当时的九爷很聪明地站了出来。或者正如六娘子所猜想的那样，九王爷一直在等一个最好的时机，于他而言，早已经等了十几二十年之久，这漫长的岁月中，他早已把整个大周的繁盛蓝图给描绘、润色了一遍又一遍，所以他不在乎多等这十几二十天。

或者说，睿智如他，看中的并不单单是一把龙椅、一件龙袍和一块大方印，他志在宏图，多年的蛰伏，满心的抱负，又岂是这几件俗物能随意抵消的……不过这些都是帝王心、帝王事，也都是后话了！

申王政变前后历时十九天，大周国也在这十九天中迎来了全新的希望。

明承帝登基，普赦天下，百业待兴，百官待考。十月底，圣旨下谕，加开恩科。十二月，圣旨有谕，轻徭薄赋。明承元年一月，帝下令停止圈地，放宽垦荒地的免税年限。二月，帝彻考三品以上官员，下令严惩贪官污吏，皇族世家子孙犯法与庶民同罪。四月，帝亲自巡视黄河河道，督察河工，并下令整修平远河河道……

不过这些都是于公的，明承帝治国有方，赢得百姓一片赞誉；而于私，明承帝赏罚分明，这其中受益最大的有三人：沈聿白、封长渊和顾望之。

不得不说，沉寂了二十多年的沈家因为明承帝的上台而再次被众人推到了权臣浪潮的尖儿上。明承元年三月，沈聿白被帝钦封为煜宁侯，成了大周国开国百余年来第三个外臣拜侯之人。且这是恩封的爵位，是以可以子承父位，虽辈辈有降，但若是子孙大器有成，便一样可以为帝重用光宗耀祖的。

同月，帝又赐煜宁侯良田千亩，广宅一座，外加的绫罗绸缎、珠宝玉器自也是数不胜数的。朝臣碎言颇多，文官频频上奏，唯恐沈家变成第二个封家，可明承帝出言一句：众爱卿只看到煜宁侯风光无限受赏无边，却没有看到煜宁侯为国冲锋陷阵舍命杀敌。一句话，看似漫不经心，却将满朝文武的闲言碎语压下了一半。

四月，明承帝传召封长渊和顾望之，君臣三人欢悦而谈。翌日，封长渊被封为通政使司通政使，官拜正三品，协习闻堂师讲，顾望之被封为督察院右佥都御史，官拜正四品，赐府宅一座。帝君此言一出，朝臣又是满堂哗然，原因无他，只因封长渊和顾望之都还太年轻，如此圣恩，难免会引人妒忌。

不过众臣哗然归哗然，可是明面上却没有一个敢站出来指着皇上的鼻子说皇上偏心的。

为何？

先说长渊。近两年宣城有云——城有双子，文长渊、武管奕，少年有才，名动大周。不过撇去这些虚名，就单说他是两朝权臣封习的嫡孙，便不容让旁人小觑了去。眼下封阁老虽半退在野，但封家历代为官，在宫中关系盘根交错，有些人有些事儿并不是封阁老说撂下就能撂下的。这个道理封家知道，明承帝心里更是门儿清。如今孙承祖业，也算情理之中。

再说顾望之。三岁习字五岁作诗，七岁已是博古通今学富五车。顾家因帝而落因帝而起，和封家之间有着说不清道不明的关系。没有人能揣测出圣意究竟是惜才，还是为了让对封家有怨有恨的顾家牵制住封习盘亘在朝中的旧势，才重用顾望之的。但不管怎么说，顾望之的才能有目共睹，放眼满朝文官，和他年岁相仿的若是和他比肚子里的墨水，还真没有几个是有胜算的。

再说帝心偏宠，这事儿本就是几家欢喜几家愁的，除了沈、顾、封三家之外，旁人不得帝心，除了眼红也只有默默埋头勤政的份儿。

但令众人没有想到的是，对于沈家，明承帝还真的是万分上心的，不仅高官爵位眼睛都不眨一下地封了出去，珠宝良田大把大把地赏赐出去，连婚都直接由帝君亲赐了！

结果就在街头巷尾谈论沈、顾、封三家风光无限的时候，略有些名不见经传的陆家也被民言推到了风口浪尖上。

“我和你说，听说那个煜宁侯长得特别丑，而且打仗的时候还会长出三头六臂！”冬日暖阳斜照，六娘子正在给七娘子打络子，七娘子在一旁描花样子，忽然搁了笔就没头没脑地来了一句。

她说这话的时候六娘子刚好顺手端了茶碗在喝水，结果一呛，整口水就全喷到了七娘子笔下的浆纸上。

“你……”七娘子“哗啦”一下站了起来，闹了脾气道，“你赔我花样子。”

“谁让你说话没个准数，偏挑了我喝水的时候。”六娘子白了她一眼道，“还三头六臂呢，怎么不传他能上天遁地啊，一点靠谱的都没有。”

“外头就是这么说的嘛。”七娘子跺了跺脚，分明听出了六娘子口气里的揶揄。

“哪儿有这么夸张，不就是多打了几场仗，多赢了几次，多冲锋陷阵了几回罢了。且他左右还有大周国的第一少年武将管奕护着呢，为何不传管奕？我听闻他才是英姿凛凛威震四方的呢。”

“你……真的不怕？”七娘子见状，忽然小心翼翼地问了一句。

六娘子一愣：“这有什么好怕的？活生生的人，怎么会有三头六臂。”

七娘子古怪地看了看她道：“三头六臂当然是假的，可外头真有传那煜宁侯杀人无数，连鬼魅都不近身的，又说他脾气火爆，长得凶神恶煞的……”

沈聿白长得不好看这点，六娘子倒是有些愿意认同的。想一个带兵打仗的将领，若是遇着战事，便是天天在外头风餐露宿的，自然不能同那些文质彬彬的风雅墨客相提并论。所以关于沈聿白长相的问题，六娘子是真的有想过必须要直接忽略不计的。

“那怎么办？偏生我和他是皇帝亲口指了婚的，若想不嫁，除非我死了。”六娘子挑了挑眉，语气中有些无奈，可更多的还是平淡。

陆家和沈家的这桩婚事，从最开始无人所知的口头婚约变成了眼下整个宣城都津津乐道的圣上赐婚，六娘子不知道这当中到底是沈聿白的“功劳”大还是赵老太爷的“面子”大。

但其实六娘子现在是有些害怕的，可是却不是害怕沈聿白长得到底好看不好看，或者他的脾气到底是温润还是暴躁，六娘子怕的是，沈家这突如其来泼了天的富贵，自己要用什么姿态去接。

是诚惶诚恐呢还是干脆视而不见，是无欲则刚呢还是干脆欣然接受。

六娘子有六娘子的纠结，婚期在即，她忽然发现，自己真的要嫁给一个素未谋面的男人，需要克服的事情还是很多的。

其实对于所谓的夫君，她不苛求，她要的不过是举案齐眉相敬如宾，可对于将来的生活，六娘子却是有要求的。

日子怎么过，内宅怎么安排，只要是轮到她当家，六娘子觉得，自己定不会随随便便任人摆布的。

想到这里，她不禁看了一眼对面的七娘子，不免在心中微微地叹了一口气。原来离出嫁越近，才能越发感受得到做姑娘时的那种幸福和无忧无虑。

第十六章

豆蔻香·嫡女花嫁

六娘子的婚期定在了六月初六。

林氏本觉得太仓促了些，怕来不及准备，便想往后再挪半个月或者一个月的。结果六娘子却使劲摇头道："母亲可化繁为简的，但千万不要在大热天啊。"

林氏一个没忍住，笑了出来道："知道你的是懂你怕热经不起折腾，这不知道的还以为你是怕嫁不出去想越早过门越好呢。"

六娘子闻言，脸刷地涨了个通红，又见七娘子在一旁已是笑得直不起腰来了，六娘子心里不免嘀咕起来，原先百般地不愿意踏入陆府半步，只觉这一整座宅子里的人和自己都是形同陌路的。可如今住了两年多，摸清了门道，看清了每个人的脾气秉性，倒也生出了感情，便是连对林氏说话，都能这般毫无算计不藏着掖着了……

不过所幸前面有初娘子和三娘子的经验在手，林氏置办起姑娘的嫁妆来也不生疏，便笑着同六娘子允诺道："成了，咱们小六怕热，想在六月嫁就六月嫁吧，六月初六，六六大顺，也是吉利如意的好日子。"

结果那天出了月然居，七娘子却是足足笑了六娘子一整个早上。直到中午两人在浅草阁摆桌用膳的时候，六娘子二话不说地径自将七娘子最爱吃的那盘肚丝三鲜片“啪”的一声端到了自己跟前，七娘子才闷声不响地止了笑意。

但饭还没吃多少，七娘子就一脸闷闷不乐地搁下了碗，然后叹了口气道：“今天是四月初三，回头一过六月，这宅子里就只剩我一个人了，真是没劲。”

六娘子一愣，失笑道：“你怎么翻脸比翻书还快的，哪儿是你一个人？松哥儿、栩哥儿、丫鬟、妈妈的，七七八八挤得你满眼，只有你不清静的时候，哪儿会没劲。”

“他们哪儿一样！”七娘子似乎真的不开心了，当下摔了筷子，“哗啦”一下站了起来道，“陆云筝，就你没心没肺的，白眼狼！”说罢，她便不管一旁的小杜鹃如何劝，直接踢了凳子就跑出了浅草阁的花厅。

“六姑娘……”小杜鹃见状也傻了眼，尴尬地站在桌边，走也不是不走也不是。

六娘子冲她浅浅地笑了笑，然后转头吩咐鱼安重新装了一碗米饭和一大碗冬瓜排骨汤，又并了那一碟子自己未动过一筷子的肚丝三鲜片和其他两个小菜一起放入了食盒中后，对小杜鹃道：“你们姑娘闹脾气，回去晚些你把这些热一热，她定会吃的。”

“哎。”小杜鹃笑着应了一声，福了福身，然后便提着食盒出了浅草阁。

而这天夜里月然居里头，林氏也同陆老爷嘀咕起六娘子的婚事来了。

“小六这事儿是要抓紧的，不过我瞧着小七头上，老爷干脆要不要一并也置办了？”生了栩哥儿以后，林氏丰满了一些，虽不似之前那般柳腰纤细盈盈俏丽，但却生出了新妇没有的婀娜韵味来。

不过林氏的话刚说出口，陆老爷就乐得笑了起来：“你是两个姑娘两个姑娘嫁得来了精神啊，小七的事儿还不算有谱呢，你现在置办个什么劲！”

林氏脸一红，支支吾吾地说道：“新帝新政，虽也有些人家倒了霉，可老爷你也说了，张家严严谨谨的，新帝也很是欣赏的，想来张大人在永清巡抚的位子上，也还能再稳坐好几年。既如此，小七的事儿自也是八九不离十的。我想着小六的嫁妆就随了初娘子、三娘子的份，最多再添几抬物件首饰，田地庄子也挑两处收成好的，便也就可以了。可小七是我亲生的，我总想着要仔仔细细给她置办置办的。”

去年的时候，陆老爷就看中了张家的小儿子，想着要找个人做媒，撮合他和七娘子，这事儿也是和张家人通过气的，只是两家都还未把此事提上议程罢了。

“这哪儿成？”虽确有此事，可一听林氏的话，陆老爷的眉头就紧了起来，

“你可知小六嫁妆的第一抬，皇上是指了让皇后娘娘御赐的，皇上钦点的婚事，你如何能同初娘子和三娘子相提并论？”

林氏一愣，显得有些吃味道：“不就是皇后娘娘吗，有什么了不起的……”

陆老爷与她成亲多年，自是知道林氏的脾气的，便佯装漫不经心地说道：“夫人也别瞧现在小六面上风光，可你想，前朝初定，皇上自己都忙得脚不着地。北边的胡、苗，南边的鞑蛮，眼下都不是安分守己的。只长白山附近的两个州，从年节开始就已经被鞑蛮扰了四五次了。折子一道一道呈上来，之前那位小的是想管而根本没这个能力，现在这位哪里会坐视不理？要出兵，肯定又要动到沈家小四爷，你当小六嫁过去就能享清福了？”

听陆老爷这么一说，林氏方才嗓子眼儿冒出的酸劲又瞬间下去了许多。作为一个已经生儿育女的宅门嫡妻来说，她深知，嫁妆的多少和体不体面，同日子的好坏和幸不幸福，那是完全不沾边儿的。

想当初，在陆家还没有弄清楚沈家求娶的真正用意时，林氏就坚决不愿意让七娘子嫁过去。因为凭她多方打听和陆老爷的口头阐述，林氏知道沈家其实就是个坑爹的无底洞。且不说当时沈家还没有眼下的这般风光无限，就先说沈小四爷前头是娶过一个嫡妻的，如今膝下也已是有庶子庶女的，林氏便不愿意让不算精明的小七走自己的老路。

如今，沈家虽风光了，可风光底下的这些问题却还是存在的，再加上陆老爷在一旁煽风点火了一阵，林氏心里便瞬间一片敞亮，连带着脸上最后一点不满都烟消云散了：“如此说来这沈小四爷是不是……隔不了多久就又要带兵行军打仗去了？”

“打不打仗这要皇上说了算，可武将的妻，哪儿是这么好做的。”陆老爷一脸严肃地说道，“其实小六和小七都是我的女儿，小六虽不是你亲生的，但这一年多来，夫人也不得不说，小七和她在一起，性子脾气都收敛了不少。说句实话，若是今儿真要小七嫁去沈家，我还有诸多个不放心呢，可小六，倒是个让人心安的。”

林氏闻言撇了撇嘴，扬眉道：“老爷只管挑了听话的喜欢，可怜我们小七是个直性子，每次老爷见了她都是吹胡子瞪眼的，她见了老爷也如耗子见了猫一样，你们父女俩可真是一对冤家。”

陆老爷“哈哈”地笑了起来，不过笑声渐止后，他却眼露失落道：“唉……这一转眼，满院的丫头们就都要嫁了，其实我倒是想再留小七两年的，她的嫁妆，夫人也不用操之过急，等过两年我自不会委屈了她，风风光光的，肯定不比小六差。”

“老爷说的是。”林氏闻言心里如同被灌了蜜一样甜滋滋的，便笑颜展露道，“其实女儿们嫁得各有各的福气，且再等一些日子，园子里也会再热闹起来的。远的不说，就单说远哥儿，也到了应该娶媳妇的年纪了呢。”

陆老爷闻言嘴角弯了弯道：“夫人一语中的，说起来这事儿我也有些眉目了，待小六的事儿忙完了，我找个时间同夫人细说。”

林氏笑着点了点头，然后顺势依偎在了陆文恒宽厚的怀中……

六月六，桐花馥，菡萏为莲，茉莉来宾，一片繁花似锦娇艳还羞。

一大清早，天还未放亮，初娘子就随着喜娘一并进了浅草阁。

话说初娘子是五月的时候到的宣城，之前定好的年节之行，因帝都动乱而暂时搁置了。结果四月的时候，初娘子在临安收到林氏的家书，书信中提及了六娘子六月要出嫁的事儿，初娘子便同夫家商量，在四月底的时候从临安启程，经十来日的水路之行后，终于在出嫁以后第一次回了宣城娘家。当然，一并跟来的，还有已经快两岁的大哥儿。

不过还未进屋，初娘子便细心地听到里头有哭哭啼啼的声音。她步子一顿，冲身侧的喜娘微微地摇了摇头，然后转身去了耳房。

耳房里果然坐着揽月、竹韵、鱼安和流萤，却唯独不见白鹭，初娘子见状，心下一片了然，只笑着同她们打了招呼道：“今儿你们可都是要随六妹妹一同去沈府新宅的，鱼安，你穿得这般素净可不好，到底是你们姑娘的大喜日子，一会儿我且让妆娘也给你们上些淡妆，人瞧着精神，你们姑娘自然也高兴。”

本来揽月看到初娘子来了还有些局促，可见初娘子却是什么都没问只自顾自地同她们几个闲聊起来，便松了一口气，忙招呼着初娘子落了座，又张罗着上了热茶点心，方才同她说起了话。

而内屋中，白鹭正跪在六娘子的跟前，满眼清泪娇娇滴滴地吸着鼻子道：“姑娘唯独就留下了我一个，若是……若是旁人不知道的，还当我是平日里惹恼了姑娘什么，同姑娘分了心……”

六娘子无奈地在心中叹了口气，耐着性子道：“我是新妇，嫁过去也只带两个大丫鬟两个二等丫鬟，并了妈妈粗使婆子，这都是有人头可查的，不是你想跟着就能跟着的。”

“那……那姑娘为何独独不带我。”白鹭哭得泪眼汪汪。

六娘子一时语塞，也有些说不出个所以然来。

其实按照年纪，白鹭也不是最大的，反倒是流萤，眼下已是二九年华，照理跟着六娘子嫁去沈家，若不是有心想抬了她做姨娘，便也应该要张罗起她的婚事了。这样一来其实很麻烦，反倒不如直接把流萤留在陆府带了白鹭过去省事。

可偏偏早些年六娘子和林氏还没有眼下这么母慈女孝的时候，白鹭是横在两人之中的眼线，六娘子一度恼了她这种身份，便打发她去了外院，做起了粗使活儿，倒没想到她也这样做下来了。

但人心都是长偏的，六娘子自觉自己其实有些小心眼，一旦不相信一个人了，便就不会再考虑重用她。即便眼下她和林氏的关系已经缓和到一种特别融洽的地步了，可对于白鹭，六娘子还是有些不愿轻信。因此前几日要定随她一起去沈府的丫鬟时，白鹭就自然而然地被剔除在外了。

想到这里，六娘子不免也觉得自己有些小家子气，忍不住叹气道：“你也别哭，你瞧我今儿大喜的日子，你这哭哭啼啼的像什么样子。你之前也是在母亲屋里做过的，回头我会和大姑奶奶或者七姑娘说一声，让她们安排你再回月然居伺候吧。”

“姑娘……”白鹭愣愣地看着六娘子。

六娘子无力地摆了摆手道：“如此也算是好的，沈家那儿便是一座深潭，连我都不知道那里头的深浅，还不如你这般安安静静地待在陆府来得踏实些。”她说着，便听见了门口碎碎而来的脚步声，随即冲白鹭笑道，“你先下去吧，只怕外头大姑奶奶已经要等着急了呢。”

初娘子进屋的时候，六娘子已经在妆镜前坐定了。

见了初娘子，六娘子莞尔道：“让大姐姐起早了。”

初娘子闻言叹气，笑道：“生了大哥儿以后虽有奶娘带着，可也够折腾我的，素日里也都是起得早的。”

六娘子点了点头，刚想说什么，就见喜娘、妆娘并了揽月、竹韵四人一拥而入。

“新娘子不能再耽搁了，再耽搁下去就要错过吉时了。”喜娘笑着上了前，扳过了六娘子的柔肩，然后冲妆娘微微地一点头。

六娘子只能对初娘子歉意地一笑，然后任由妆娘拿着粉棉、炭笔什么的在自己的脸上拾掇起来。

“少……涂些粉吧。”六娘子闭着眼睛，只感觉妆娘拿着粉棉一个劲地往自己脸上猛按，不免开口讨了饶。

妆娘闻言笑着点了头，巧手翻飞，几下的工夫就将六娘子整个人变得精神又妩媚了起来，紧接着，妆娘便帮六娘子梳起了新娘头。

新娘头远比新娘妆要复杂得多，从编发到盘头，妆娘的技术好不好一目了然。

今日的六娘子梳的是同心髻，因为她的头发够长够多，所以妆娘并没有用假髻，因此盘发拉高做髻全看妆娘一双手巧不巧。

也难怪在大周国，梳头是一门难学的手艺，梳得好、梳得漂亮花样子繁多那是要靠学手艺的人自己日积月累的，而非一朝一夕就能出师赚了名气的。

当六娘子头梳好的时候，门口七娘子正探头探脑地走了进来。

六娘子正要换喜服，见了七娘子，便指了指一旁的初娘子道：“你同大姐姐等一会儿，我一早让揽月熬了一大锅小米粥，一会儿咱们三个一起吃一点。”她说罢，便被喜娘一个巧劲推到了屏风后头。

一阵窸窸窣窣的锦缎摩擦声之后，六娘子便在喜娘的搀扶下从屏风后头走了出来。

屋子里的人循声看去，正是凤冠霞帔豆蔻俏，红妆墨眉喜迎娇。其实论姿色，六娘子是绝对比不过已出嫁的三娘子的，但是六娘子气质却真的不输三娘子。一举手一投足间，小小的六娘子总是有一种旁人学也学不像的从容和优雅，楚楚动人得宛若一汪凝而不动的泉，深泽幽静，令人遐想无边。尤其是眼下，一身繁复喜服在身的她，整个人就如同一抹艳丽的朱红铺洒而开，显得尤为亭亭玉立、华彩流溢，让人不禁啧啧称赞。

“到底是今天做了新娘子了，六妹妹这一打扮，漂亮得我都快认不出来了。”初娘子笑着迎了上去，目光中难掩惊艳之色。

“大姐姐就笑话我吧。”六娘子走了两步，却只觉自己全身上下特别沉。

初娘子是过来人，眼见六娘子皱眉提裙，便将她扶到了软榻边，然后道：“这身喜服很沉吧？”

大周国的婚嫁礼服做得极为考究，但凡有些脸面的大户人家给出阁的姑娘定做喜服，通常是三件成套的，最里头一件衬里，外加一件收腰身的中衫，最外头才是正儿八经的喜服花裙，六娘子自然也是不例外的。

六月的天已经开始有些热了，再加上喜服为了有一定的精致效果，大多不会有太软太贴身的绸缎料子，是以还没开始折腾，六娘子就感觉背上已经隐隐地生出了薄汗。

“沉倒还好，就是太热了。”六娘子说着便忍不住伸手去解开了最上边顶着嗓子眼的那颗盘扣。

揽月见状，忙四下寻了一把团扇过来轻轻地给六娘子打了起来。小风徐徐，六娘子顿时觉得舒服了不少，这才整了神色对一旁的竹韵道：“去把小米粥和小菜端来，我同大姐姐和七妹妹一起用早膳。”

竹韵点头而出，不一会儿便和鱼安端着一大碗小米粥和十二碟精致的小菜走了进来，又整齐地摆好了桌，方才带着喜娘、妆娘等一并出了屋子，把小小的静谧空间留给了陆家三姐妹。

“今儿这是怎么了，平日里叽叽喳喳的小麻雀今儿打从进屋开始就没说过几句话。”见六娘子想起身舀粥，初娘子从她手上接过了碗。

七娘子撇了撇嘴，没精打采地看了初娘子和六娘子一眼，然后叹气道：“回头一眨眼就剩我一个了，你们一个个都嫁了！”

“谁让你是最小的一个。”初娘子笑道，“别着急，我昨儿和母亲聊天，母亲说父亲有心想多留你两年的，只怕七妹妹还能再闲散好些时候呢。”

“谁……着急了！”七娘子结结巴巴道，“只是觉得家里以后便没人陪我玩了……”

“哟，七妹妹这是舍不得我们六娘子出嫁呢。”忽然，本是半掩的门扉被人轻巧地推开来，然后一抹艳丽的明蓝便闪在了众人的眼前。

“三姐姐！”

“三妹妹！”

六娘子和初娘子见了来人，异口同声。

“来晚了来晚了。”三娘子笑靥如花，弯弯的眼角有着藏也藏不住的喜色。

“我刚才还在想，虽今儿六妹妹是主角，可怎么能少了你。不行，回头中午你可得要好好地自罚一杯。”

“大姐姐生了大哥儿倒是豪迈了不少，从前也不见大姐姐这样讨酒喝的。”三娘子抿嘴笑了起来，屋子里那本因着七娘子的小情绪而生的淡淡的伤怀之气，顿时就被冲得无影无踪了。

六娘子见状，只觉喜从心来，百感交集，却偏偏不知道要说些什么，只能静静地拉着七娘子的手，紧紧的，有些颤抖。

“陆云筝……”七娘子感觉到了六娘子的紧张，下意识地回头去看她，却见六娘子正捏着帕子在那儿擦眼角。

“哭什么，妆都花了！”七娘子本都被三娘子这一折腾给调整好了情绪，忽见六娘子反倒在她前头哭了起来，竟下意识地就觉得鼻子酸了酸。

初娘子和三娘子还隔着桌子在斗嘴，忽听七娘子这么一喊，都齐刷刷地往六娘子看去。

“哟，新娘子哭什么，怪不吉利的！”三娘子上了前，抽了袖中的帕子便轻轻地替六娘子拭起了泪。

六娘子深深地吸了一口气道：“只是高兴的！没想到今儿个姐姐妹妹都到齐了，我本想着大姐姐嫁得远，未必能来，三姐姐家事儿多，也未必抽得开身。七妹妹……整天和我不对盘，可今儿个却是最舍不得我的那一个……”

“谁……谁谁舍不得你了！”七娘子闻言喊了起来，涨红着脸，哭也不是恼也不是。

“是是，是我舍不得你好了吧。”六娘子扑哧一声笑了出来，吸了吸鼻子道，“小六今儿出嫁，能得姐姐妹妹如此真心，小六觉得特别开心。回头等小六在沈府安顿好了，大姐姐你就带着大哥儿过来玩，三姐姐也来，七妹妹也不能落下。”

“是了，你不请我我也是要去的。”三娘子眼见着七娘子的眼泪又要哗啦啦地往下掉了，调侃道，“我听说你这一嫁过去，住的就是皇上赐给煜宁侯的新宅子，整整六进的宅子呢，前带大花园后带活水池的，据说那是前朝孝远帝为了最宠爱的哲妃娘娘斥重金打造的避暑园子，里面可是大有逛头的呢！”

“真的？”七娘子一听，果然被吸引去了注意力。

“当然！”三娘子说得头头是道，“外头都传了个遍，只叹咱们六妹妹好福气呢。”

六娘子嘴角微微地一抽，看了一眼七娘子道：“三姐姐没听闻，外头还传煜宁侯生气的时候会生出三头六臂，杀人不眨眼，刀剑血中过呢……”

“哈哈哈，还有这个说法？”三娘子一愣，笑道，“那六妹妹今儿晚上可要睁大眼睛看看了，回头你来告诉我们，那煜宁侯到底有没有三头六臂。”

六娘子一愣，下意识地就把手中的帕子往三娘子的脸上扔了过去：“姐姐嫁了人就没了正形，什么荤段子都往桌上搬！”

“哎哟，我瞧着你们还是别闹腾了，让六妹妹勉强喝几口粥垫垫肚子，回头可真是要饿一路的！”一片大笑中，只有初娘子还有些节制，看了一眼自鸣钟后便将已经放凉了的粥端到了六娘子的跟前。

六娘子笑着接过了粥碗，三娘子也并了七娘子和初娘子一起坐下。清粥香糯，小菜鲜爽，衬着外头断断续续传来的清脆鸟鸣，六娘子只觉得六月六，天公还算作美，或许真的是个出嫁的好日子。

忽然，她只感觉身边的三娘子猛地凑了过来，眨眼间，六娘子听到耳畔传来了一句特别轻、特别柔的话语。

“承妹妹想了个不错的法子，我有了。”

眼前是一片艳丽夺目的红，耳边的爆竹声声炸开，那声音落入六娘子的耳中总觉得近在咫尺却远在天边。

就在刚才，她由喜娘搀扶着，在陆府南正厅跪别了陆老爷和林氏，也跪别了陆老夫人、赵老太爷和赵太夫人。

想着刚才赵老太爷和赵太夫人红了的眼眶，六娘子只感觉心里一阵一阵地抽疼。可当她的余光扫到众人之后正冲她微微而笑的三娘子时，六娘子就恨不得冲上去抓了三娘子好好地问一问她现在的情况。

方才吃小米粥的时候，三娘子只没头没尾悄悄地说了一句“我有了”之后，便是不给六娘子任何问话的余地，结果害得她直到出了浅草阁都没机会抓了她私底下聊上一聊。

正胡乱想着，六娘子忽闻喜娘脆声唱吟道：“吉时到，新娘上花轿！”

紧接着，大红的盖头从她的发髻上落下，瞬间，满目的景象都被那红盖头给遮得一干二净了……

接下来，六娘子觉得自己完全成了一个受人摆布的布娃娃，一旁的喜娘说什么她便小心翼翼地做什么。

踏着爆竹声，她被喜娘搀扶上了花轿，花轿颠簸摇晃一路而行，六娘子坐在里头却是大气不敢多喘，生生地憋出了一脊背的热汗。

也不知这样晃了多久，只是当六娘子觉得自己的头顶着的凤冠似就要被这左右摇晃的节奏给震下来的时候，花轿忽然上下一摆，然后猛地停了下来！

随后喜娘掀开了轿帘，握住了六娘子的手，将她小心地扶出了轿子，然后带着她跨门槛，过小径，穿过了垂花门，最后将她带到了一间感觉上应该很是宽敞的屋子里。

其实睁着眼睛却看不见的状态，六娘子非常不喜欢，也是今天，六娘子才真切地感觉到，为何盲人会这么没有安全感。

就好比现在，六娘子分明感觉到了身边有一股陌生的气息在逼近，惹得她恨不得一手扯下头上的红盖头，可偏偏喜娘还在那儿唱吉词，重重的宣腔六娘子是真的有听没有懂。

忽然，六娘子只感觉手一紧，紧接着她被一只很是粗糙的大手牵着带到了红毯上。

沈聿白！

六娘子整个人的神经都如同被带刺的仙人掌扎了一般紧绷了起来。恍惚间，她只断断续续地听到一旁的喜娘高声道："一拜天地！"

六娘子僵硬地拜了天地。

"二拜高堂！"

六娘子被人牵着转了身，又是弯腰一拜。

"夫妻对拜。"

六娘子低了头，视线所及是一挂黑缎衣摆。

"送入洞房！"

她只能任由那沉稳有力的步子将自己带入了另一个宽敞的屋子里。

接下来，又是一些乱七八糟的繁文缛节，正当六娘子觉得自己的耐性已经快要达到一个临界点的时候，喜娘忽然道："新郎可以掀新娘的红盖头了，祝愿两位长长久久称心如意。"

视线清晰的那一刻，六娘子最先看到了一双炯炯有神的眼睛。在之后很多个日子里，六娘子对沈聿白最深最重的记忆，便是这双能将人心魂都摄去的双眸。

随后，那大名鼎鼎威震四方、助帝登基位高权重的煜宁侯——沈聿白就这样清晰地出现在了六娘子的视线中。

一件亮墨色镶红金边新婚喜袍在身，衬得他丰姿奇秀神韵独超，褐色的肌肤，冠束的乌发，薄唇紧闭，剑眉微挑，即便只是静静地坐在那里，也给人一种无形的压迫感，强烈得让人很难忽视他的存在。

其实在这以前，六娘子恍惚出神的时候是有偷偷幻想过沈聿白的容貌的。

她猜他可能生得高大威武却是其貌不扬，也猜他可能根本就是矮小不修却睿智过人。可偏偏，六娘子真的没有想到，沈聿白，威风凛凛的煜宁侯，传说中战无不胜的大将军，竟是俊秀斐然的，正是遥遥若高山之独立，朗朗如日月之入怀。

不知为何，六娘子在心中忽然大大地松了一口气……

好吧，她真的要承认，长得好看些总是比长得其貌不扬要更让人容易接受，虽然，她也并非倾国倾城。

思绪翻飞之际，沈聿白忽然端过了一杯酒，放入了六娘子的掌心。

六娘子一愣，却听喜娘又道："合卺酒落，合二为一！"

六娘子脸一红，撇过了头伸出手和沈聿白的手臂相绕，然后勉强地将杯中酒一饮而尽。

"礼成！"喜娘似乎也悄悄地松了一口气，笑眯眯地上前恭喜了二位新人之后，便是急匆匆地退了出去。

六娘子看着喜娘的身影消失在门扉后，背上的汗不自觉地又冒了出来！

这……就剩她和他了吗？这还是大白天呢，这……是要……

六娘子脑子乱成了一锅粥，可面上却只能佯装镇定地微微垂着头扯着嘴角干干地笑着，等着沈聿白发话。

而沈聿白却也在打量着六娘子。

小小的人，身形还未全部长开，香肩柔柔，肤若凝脂，修眉联娟，眸似水杏，虽不曾听她说过一句话做过一件事儿，可隐隐的，沈聿白只感觉面前的人儿有一副温柔可亲的好性子。

"你……"

"外头有宴……"

静默许久，可闻针落。六娘子心里紧张得都快沸腾了，却觉得若是两个人再这样面对面一声不吭地坐下去的话，自己藏在袖子里的手就要把中衣的窄袖给揉烂了，便深吸了一口气，刚想开口，不曾想竟和沈聿白来了个异口同声。

"外面可是有宴席？"虽他只说了四个字，可六娘子很快便猜到了他的意思，"那侯爷先去应酬客人，我……若是侯爷方便，可否帮我把我的丫鬟唤进来？"

虽是第一次见面，可不管怎么说，两人已成夫妻，这是个不争的事实。

六娘子觉得在这个情况下，自己再矫情再做作，那都是和自己过不去，所以当务之急，她要卸妆，要拆了头上的凤冠发髻，要换身轻便的衣裳，还有，必须要洗个澡。

在大周，过门新妇只要留在内屋就好，外头的宴席自有新郎官去周旋。

沈聿白本就是武将出身，性子里少见扭捏，听了六娘子的话，便速速起了身，然后冲她微微地一颔首，算是应了六娘子的要求，随即便大踏步地推门而出。

看着他宽阔硬挺的背影，六娘子终于疲惫地一软腰，径直倒在了床榻上，心中只觉得这半天下来，千言万语只有一个字——累！

·

话说揽月和竹韵蹑手蹑脚走进来的时候，六娘子已经眯着眼睛小憩了好一会儿。

听了声音，六娘子有些恍惚，只感觉迷迷蒙蒙的，不太真实，却在睁眼的时候见着揽月那熟悉的笑容，重重地松了一口气。

“你们可吃了？”最寻常的一句问话，也是最暖人的关心。

揽月和竹韵皆有些激动地点了点头，虽也只有短短的半日未见，可不知为何，两人总觉得好像很久没有看到六娘子一般。

“姑娘饿了吗？鱼安给姑娘下三鲜面去了！”竹韵说着上前轻轻地扶起六娘子，然后缓着声音道，“姑娘是没瞧见，咱们这个院子应该是个主院，后头不远有一个好大的厨房，咱们以后再也不用大老远地去厨房讨东西了，要吃什么都……”

“竹韵！”揽月适时打断了竹韵的喋喋不休，然后瞪了她一眼道，“什么时候了，你还在这儿说这些有的没的，你没瞧见姑娘累得眼皮子都快合上了吗，还不快去烧些热水让姑娘泡个澡解乏。”

竹韵一愣，拍了一下自己的小脑袋道：“姑娘瞧我……一高兴竟也不挑时候了。”

“喊夫人吧。”六娘子犹豫了一会儿，觉得丫鬟们的称呼还是应该改一改。

揽月和竹韵齐齐福身称了是，然后揽月伺候六娘子卸妆拆髻宽衣，竹韵则快步地出了屋子去给六娘子准备热水。

不一会儿，六娘子便舒舒坦坦地躺在了加满热水的木桶里，长发散尽，香肩毕露，虽不能立竿见影地解了乏，可到底让她觉得舒坦了许多。

“外头是不是很多人？”正如三娘子说的，沈家新府是座六进的大宅子，垂花门在中间，前三进后三进，六娘子进来的时候是盖着红盖头的，隐约只觉得自己走了很长的路，现在身处的院子仿佛是在大宅的深处。

“我们也没出去过，我们比夫人早一个时辰进的宅子，进来了以后，就被一个妈妈带到了这儿。夫人……这宅子完全是新修葺的，这院子，我瞧着连一块屋匾都没有的。”揽月回道。

“是吗？”六娘子懒懒地靠着桶沿，只觉得小腹有一些微微的难受，像是饿了，又像是肚子疼。

“偌大的园子我和揽月还有流萤走了小半圈，也没瞧见几个人，不知是本就没有几个人，还是全到前头宴席去帮忙了。”竹韵也嘟囔了一声。

六娘子淡淡地笑了笑，总觉得现在操心这些为之过早，便冲揽月道：“把衣裳拿来吧，我觉得有些饿了，总是恹恹的，提不起精神，还是先吃些东西要紧，要再泡下去怕要晕了。”

揽月闻言，转身从木架上取了衣裳过来，然后拥着六娘子把她从热水中扶了起来。

骤热转冷，让六娘子忍不住打了一个寒战，裹着长长的衣服，她刚想跨出木桶，却只觉下身一股温热涌出，紧接着，还冒着热气的水面上竟星星点点地散开了一朵一朵鲜艳的血花……

第十七章

豆蔻香·初为新妇

半个时辰以后，当六娘子拢着薄被斜斜地靠在贵妃椅上，看着揽月和竹韵忙进忙出地帮她收拾残局时，她自己真的有些哭笑不得了。

新婚第一天，洞房花烛前，她竟来了癸水，来得特别巧，也来得特别不是时候。

"姑……夫人……我，要不要去喊了秦妈妈来？"面对六娘子第一次来癸水，而且还是成亲的当天，揽月也有些傻眼了。

六娘子笑道："这有什么，都收拾好了，不用惊动秦妈妈。"

"那……我现在去端面，夫人好歹吃一些。"竹韵道。

六娘子点了点头，却觉得这癸水下来了以后，人倒是没有之前那般恹恹不济了，肚子也不难受了，反而精神了些。

不一会儿，竹韵便端着热腾腾的三鲜面走了进来，六娘子食欲大振，一口气吃掉了大半碗，又喝了一碗鱼头豆腐汤，方才心满意足地道："我睡一会儿，半个时辰以后叫醒我。"

揽月和竹韵齐齐地点了点头，然后收拾完桌上的碗筷，便蹑手蹑脚地退了出去。

床榻上摆着艳红的锦缎喜被，铺着的也是大红色的双喜绣花床单。六娘子和衣躺下，闻到一股新鲜的细棉味，软软松松的很是舒服，像小的时候赵太夫人给她新弹的棉花被，干净清爽，总能给人一种很安心的感觉。

许是她真的累了，也许是初来癸水太耗精力了，总之六娘子头沾了枕就沉沉地睡了过去。这一睡，竟足足睡了两个时辰，直到屋子里有了动静，她才迷迷糊糊地睁开眼，却瞬间对上了一双精锐有神的眼眸。

六娘子心一震，猛地坐了起来，却因为没有目测好两人之间的距离而和沈聿白的额头撞在了一起。

"嗞……"六娘子龇牙咧嘴地捂着额头吃痛地喊了出来，而对面的人却仿佛只是迎面撞上了一只软枕一般，竟双眼未眨面色未改。

"我……太困了。"六娘子深深地吸了一口气，却发现整个人似被沈聿白禁锢在了床头，他的双手隔着薄被压在她的腰身两侧，六娘子想动一动起身，却发现他力道大得出奇，自己竟完全动弹不得。

"嗯。"沈聿白闻言，淡淡地回了一个字，一股醇厚的酒香从他的唇齿间溢出，浓郁得令闻者浅醺。

六娘子转过了头，屏气问道："前头的宴席散了？"

沈聿白终于抽了手站起身，一边解着交襟上的盘扣一边道："本还要接着闹的，不过我称乏了大家便也散了。"

简单的一句话，却让六娘子听出了煜宁侯的赫赫威严。

"那侯爷现在是要休息一会儿还是……"六娘子抽了一旁的外衫披上了身，然后穿戴整齐后趿鞋下了床。

她完全不知道他的生活习惯和作息，瞧他的样子也不像是个喜欢多解释的，所以六娘子觉得一切的一切都要从头开始摸索。

"先弄点吃的吧。"沈聿白看了她一眼，只觉得那一抹纯纯的素白是淡眉如秋水，玉肌伴轻风般的纤细袅袅。

六娘子忙点了点头，刚想去厨房准备亲自动手下一碗面，却忽然步子一滞，红着脸转头冲身形修长的沈聿白诺诺地说道："那个，侯爷……我……来癸水了……"

"什么？"六娘子声若蚊蚋，小得沈聿白根本没有听清楚。

可六娘子却被他这敛眉一吼而惊了一下，后退着道："我……我说……我来癸水了！今天刚来的！"

这次，六娘子几乎是用喊的，结果她话音刚落，就看到沈聿白的嘴角微微地抽笑了一下。

六娘子的脸一下子被烧了个通红，便转了头逃一般夺门而出。

六娘子端着托盘小心翼翼地重新回到院子里的时候，却见沈聿白正神清气爽地只穿着一件墨青色的窄袖长衫和一条宽大的束腿裤在小院子里打拳。

六娘子静静地站在一旁看了一会儿，直到沈聿白敏锐地察觉到了背后有人而转了头，她才弯了弯嘴角道："侯爷若是练完了，就来吃面吧。"说罢，她便轻巧地转身进了屋。

不知为何，那一瞬间，沈聿白总觉得这个自己刚刚娶过门的小媳妇，很像他儿时在小后院养的小兔子，一脸的人畜无害，满眼的水灵盈盈，竟就这么轻巧无端地让他心里生起了一股小小的保护欲。

是以，看着六娘子的背影，沈聿白很自然地就顺着她的步子进了屋。

面香四溢，汤浓汁鲜。直到吃到了那一口筋道的面条后，沈聿白才觉得自己是真的有些饿了。

"再好的宴席大多都吃不饱，我瞧着这个理到了侯爷这里也是受用的。"看着沈聿白连连动筷，六娘子托着腮帮子在一旁特别有成就感。

沈聿白抬起了头，怔怔地看着六娘子，心里却泛起了点点涟漪。

原本费劲求娶陆家六娘子，是因为九爷，哦，不对，是因为皇上看中了赵老太爷背后那些纵横复杂的关系。可对于他沈聿白而言，其实娶谁都是一样的，不过若是有挑选的余地，他自然是喜欢听话不娇嗔，懂事有担当的女子的。

但是对于当时的六娘子，沈聿白却根本没有正儿八经地将她放在眼中过，因为对于他来说，当时的六娘子实在是有点小！

可今日在掀起红盖头的那一刹那，沈聿白承认，他真的有些意外。

陆家六娘子，并不惊艳，但那娇小玲珑的模样却绰约有致，竟很是入他的眼。

是了，纵使他觉得她小，可他自己却是个货真价实的男人，而她是他新过门的媳妇，他看六娘子的眼光自然就带了一丝不同。

而眼见沈聿白就这样目不转睛地看着自己，六娘子忽然局促地挪了挪腰身，然后收起了之前那刻意高扬的假笑，装起了矜持。

沈聿白是不是不太喜欢在饭桌上讲话？六娘子心想，嗯，这是个不错的习惯，她必须要尊重他的。

可正当六娘子紧绷着背，绞尽脑汁地研究着自己到底是应该留他沈聿白一人在这里吃独食呢，还是应该继续坐着赔笑的时候，沈聿白忽然端起了面碗道："你的丫鬟下面的手艺不错。"

六娘子一愣，忽而露齿笑道："承蒙侯爷夸奖妾身的手艺。"

这回轮到沈聿白愣了愣，随即他便低头看了看已经见底的面碗疑惑地问道："这面是你做的？"

六娘子点点头："外祖父偏爱面食，我就偷学了几招厨娘的绝活儿。"

沈聿白挑了挑眉，然后道："明天早上会有圣旨到，皇上封了你一品诰命夫人。"

"嗯，辰时前起来得及吗？"六娘子偏头认真地问道。

沈聿白好奇地看着她，只觉六娘子神情淡淡的，似这一品诰命夫人的头衔她受得理所当然一般。

他觉得有趣，不动声色地不答反问道："你不觉得紧张或者高兴吗？"十来岁的一品诰命夫人，搁在百余年的大周国那都是凤毛麟角，极为少见的。

六娘子眨了眨眼道："这个是皇上给侯爷的体面，今儿只是我运气好嫁给了侯爷，才有幸领了皇上御赐的这份恩典。若今儿不是我过门，这恩典也落不到我的头上，便早换成别人去领了。"言下之意，对于这个一品诰命加身的事儿，六娘子似乎真的不紧张，也不见得有多高兴。

沈聿白闻言，嘴角扬了扬，忽然转了话题道："你今儿是第一次来癸水？"

本好好地讨论着诰命夫人的问题，六娘子还觉得自己在大将军面前说得也算是合情合理头头是道的，偏沈聿白不按常理出牌，打了六娘子一个措手不及，便是害她差点儿咬到了自己的舌头。

"啊？嗯……对……"

沈聿白忽然笑出了声，犹如日透阴云晴开天霁一般令六娘子没来由地觉得心情都舒畅了起来。

"淡泊名利是好，可明儿在公公面前还是要诚惶诚恐些，方能显出对皇家的敬意。"

"是。"六娘子低了头，佯装受了教。

可忽然地，她只感觉下巴一紧，却见沈聿白不知何时已倾身到了她的跟前。几乎是眨眼的工夫，六娘子只觉得自己唇间一暖，她本能地张了嘴要惊呼，却正好被沈聿白封住了所有的声音……

那是一种游荡在侵略和温柔之间的吻，有些试探又有些强行，六娘子只觉得自己被一股凌厉的气息所包围着，她不禁软了腰身，要不是沈聿白伸手搂住了她整个人，六娘子觉得自己很有可能直接从椅子上滑坐到地上。

恍惚间，她感觉到耳际轻飘飘地传来一句话："今儿既然夫人有诸多不便，那不碍我先收些利息吧。”

那一刻六娘子承认她真的愣住了！眼前的沈聿白，哪里有一点威风凛凛的将军模样，哪里有一点侯爷的尊者之气，分明就是个痞子调调，那嘴角噙着的一抹笑意，让六娘子忍不住都有上前踩他脚的冲动了！

那之后，沈聿白是笑着出的屋子，但六娘子嘴角的那一抹暖暖的笑意却在沈聿白的身影消失在视线后渐渐地冷了下来！

这个沈家……太乱了。

方才她趁着给沈聿白下面的空当，绕着所在的院子走了大半圈，还真如先前揽月所言，左右几乎没有看到半个人影。

若说今儿是她和沈聿白大喜的日子，前院设了宴席，内宅的丫鬟仆妇要出去帮忙迎客，可也不能一个都不留全带去了前院。如今这空空荡荡的内宅，只能让六娘子心里涌上一股不安。恐怕，这宅子新到只来得及修葺做婚房吧，整个院子空得只有主人，却没有下人。

不仅如此，六娘子还想到了刚才她盖着红盖头和沈聿白在别的厅拜堂的场景。虽当时她视线有遮，只能看到一片红，但六娘子觉得如果自己没有感觉错的话，那厅里应该是既没有亲戚妯娌，也没有所谓的高堂的。

只怕，自己只是进了宅门，得了一个煜宁侯夫人的“尊贵”身份，可沈家“门”，她是真的没有踏进半步的。

这是为何？

六娘子心里有些没有底了。

若是对人，六娘子觉得自己有足够的耐性能去应酬去周旋，若说对事，六娘子觉得自己也有足够的时间去解决去消化，可眼下人没有人，事儿又没有事儿，难不成，要让她一个人守着这样一座空空的宅子不成？

想到这里，六娘子不禁冷笑了一声，或许她在过门前期许的那一场相敬如宾，到底还是太奢望了吧……

日光偏冷，天际的火烧云大把大把地压了下来，对着窗子发呆的六娘子只觉得心里沉闷沉闷的，似被什么东西压着一样喘不过气来。

其实她真的特别不喜欢这种感觉，就如同那时她好好地待在怀阳，却被陆家一纸书信拉回了宣城一样，她不喜欢这种没有底线的交涉，既然已成夫妻，六娘子觉得，自己似乎应该有这个资格可以和夫君煜宁侯好好地谈一谈！

如此一念，六娘子心里便更是烦躁了起来，当下就有些坐不住了，提了裙摆便往屋外走。

外头的耳房有细碎的声音，六娘子出了里屋，绕过去一看，却见流萤和鱼安在布置耳房。

“秦妈妈呢？”六娘子随口问道。

流萤忙回：“秦妈妈带着揽月和竹韵出院子去了，说要出去瞧瞧是个什么情况。”

什么样的姑娘带出什么样的丫鬟仆妇，六娘子心里不禁泛起一阵苦笑，看来秦妈妈和自己是一个心念，面对没底的事儿总是想要快些摸清楚门道的。

“回头这儿布置完了你们就休息一下，今儿应该是谁值夜的？”六娘子压着隐隐的头疼问道。

“今儿应该是揽月姐姐。”鱼安脆声道，“不过我瞧着揽月姐姐今儿也忙乱了一天，晚上我替姐姐一宿吧。”

六娘子宽慰地笑道：“刚刚到了一个新的地方，很多事儿很多人都要慢慢适应，你们且放心，屋子里不会只有你们几个伺候的。回头等人多起来了，你们也能松一口气歇一歇，这两日便先辛苦些吧。”

“夫人言重了。”流萤忙道，“这些都是我们分内的事儿。”

六娘子点了点头，心里不禁感激地想着好在自己带来的这几个丫鬟还算是得体麻利的，多少也能让她省些心。

见流萤和鱼安乖巧地点头齐齐称了是，六娘子便笑着转身出了耳房，却不曾想，竟在院子门口迎面撞上了不知从哪儿折回身的沈聿白。

“侯爷！”只不过是片刻未见，可前后六娘子的心境却相去甚远！

她和他本是利益联姻，不谈情感只谈共处，六娘子觉得她和沈聿白都要把两个人在这场婚姻中的位置给摆正了，才能让生活看似波澜不惊地过下去。

她从不指望他身边只有她一个女子，可她却必须要让沈聿白知道，眼下她陆云筝才是侯府能说上话的女人。

“这么火急火燎的干什么？”相比六娘子的急躁，眼前的沈聿白却是一派云淡风轻的。

“侯爷，妾身有话想同侯爷谈一谈。”或许是因为方才沈聿白那突如其来的一吻，让六娘子一下子惊觉了自己眼下的身份。她有权问他关于内宅的一切事儿！

“嗯。”沈聿白点了点头，越过了她的肩头进了屋。

六娘子无奈地瞪了他一眼，然后紧紧地跟着一并小跑着也进了屋。

谁知，还未等她站定，就见沈聿白往桌上搁了七八张银票，然后自顾自地说道：“你且先听我吩咐一些事儿，我说完了你再同我谈。”见六娘子静立不语，沈聿白嘴角微扬道，“这宅子的来历想必你也听过一二，其实七七八八传得也差不多了，这确实是皇上登基之后赏赐给我的府宅。当时因为赶着要成亲，我只来得及命人找了工匠，勉强地修葺好了前院和内宅的正院，其他有些角角落落的地方都还来不及太细致地归整。还有，这宅子太大，我先头一直落脚在宫里，帮皇上处理边患政务，是以宅子里头的下人也都没有到位，不过我之前已经托了人找了靠谱的人牙子，这两日若是得了信，我便告诉你。人头买卖的事儿你看着办，不过记住，那些花花肠子、爱在肚子里做文章的还是免了，就找些家世干净清白、做事麻利的就好，回头生了家生子也能接着在府上做。”

六娘子好奇地探头往桌上看了看，发现最上面的一张银票票面竟然是……两千两！

吃惊之际，她却听沈聿白又道：“这新宅子太空了，许多人许多事儿都要置办，我恐你一个人刚刚来也不够打点，所以凉都老宅那里的人我也暂时没有让他们过来的打算，一切等过了年再说吧。”

“可是去年的时候我还在护国寺遇着英娘……”六娘子一个动心说漏了嘴，收声已是来不及了。

当时在护国寺遇见沈家英娘纯属意外，六娘子本是不认识英娘的，不过是从林氏口中得知，那擦肩而过的女子便是沈家姑娘，待她想多看两眼的时候，英娘已经下了石阶上了轿。

果不其然，沈聿白闻言一声闷笑道：“英娘没过年的时候就回了凉都，当时城里太乱了，谁输谁赢都没有个定数。万一……也只我一个赔了性命就够了。”笑意渐冷，此刻的沈聿白看上去才有了一些一夫当关，万夫莫开的气魄。

可是，明显的，六娘子却很不认同他的这个论调，不免开口小声反驳道：“侯爷这话说得简单，可在侯爷决定站在皇上这一边的时候，不管输赢，不管远近，沈家一门同支就已经被您一把拎在了战线上，若是输了，侯爷又怎能保证他们一定逃得掉？”

沈聿白本没有想到六娘子会说出这样一番颇深的见解来，不免眯着眼低头细细地打量了自己的小娘子一番，然后才正色道：“既没得选，那夫人以后可愿意同为夫站在一条战线上？”

六娘子挑眉抬了头，眼眸中烁烁光华璀璨如星，嘴角的浅浅笑意如花流碎：

“侯爷扬名常胜将军，小六贪生怕死，若是侯爷不能保小六这条命，小六定是会撇了侯爷先逃一步的。”

“皇上之前还夸了海口说赵大人的外孙女是性格端柔、刚毅有节的，眼下看来，也不过如此。”沈聿白当然知道六娘子这句只是玩笑话，不过调侃过后他却忽然敛了神色道，“其实外人都道的常胜将军，也不过是拿命搏回来的。”

忽然听着他略略消沉的语气，六娘子一愣，却听沈聿白又道：“我知你刚刚嫁进门，总是会有些无从下手的地方，老宅的那些事儿我现在也没工夫一一同你说清楚。不过我娶你以前是有过一房嫡妻的，这你可知道？”

六娘子轻轻地点了点头。

沈聿白又道：“说我有儿有女也不假，不过大姑娘福薄，没过周岁的时候一场风寒就没了，眼下长子和二姐儿都四岁，凉都那地界当时乱得很，沈家也有多年未近皇城，直到大姐嫁进了刘家，沈家才多少有了一些动静。不过眼下，长房、二房和三房都是住在一起的，还未分家。”

短短的几句话，虽也没有说得很清楚，不过却让六娘子对地处遥远的沈家有了一个大概的了解。

大周国的大家族分家是有讲究的，一般大户人家若是和和气气的，三代四代三房四房一并住在一个大宅院里的那都是常见的。大周子民尤重“孝”，一般坐镇的大家长若是精神奕奕还管得过来，也不太主张会让儿子们分家。

但凡牵扯到分家，很大一个原因是利益不均。比如说，儿子中总有有出息的没出息的，出息的想往上发展，不出息的却分明扯了后腿。这个时候内部矛盾激化，儿子又各自成家立业，儿生子子生孙的，人一多事儿就多，大家长管不过来以后，通常的下场就是喊两个字——分家！

早分早了，早分早安静！

是以，像沈家这样的，六娘子还真的能够理解！凉都地远，当时沈家可谓是一大家子人在那儿抱团度乱的，所以绝对不可以分家。而如今，沈家复势圣恩重得，这其中唯一的功臣只有沈聿白一个人，偏他是庶出，上有嫡母下有嫡兄，分家这个词也绝对不可能由他来说，所以沈家现在还是一大家子的人一并住在一起。

六娘子静静地听完沈聿白的话，然后在心里粗粗地分析了一下后便问道：“那不知道，侯爷接下来是否有打算把老家的人都接来宣城？若是侯爷有打算，妾身毕竟人微言轻，便不能太擅自做主。”六娘子不是怕人多，她只是怕未知的麻烦。

没有分家有没有分家的好处，没有分家，上有嫡婆，左右有嫡兄妯娌，那这个家还真轮不到她来主持家事。如此一来，六娘子自然也能乐得清闲，她便是只要守着自己的一亩三分地，把自己小院里的日子过好就好了。

“皇上御赐宅匾‘煜宁侯府’四个大字，内宅里你不做主难不成我来做？”谁知沈聿白看了她一眼，轻飘飘的一句话就断了六娘子所有的空欢喜，“不过眼下你只要先打理好这宅子即可，待我回来，再细细和你说如何安置老家各房的事儿。”

“回来？”六娘子微微地抬了头，好奇地问道，“侯爷要去哪儿？”

“鞑蛮。”沈聿白深幽的眼神落在了六娘子的脸上，“三日后启程，皇上下令，让我平了鞑蛮再归……”

第十八章

豆蔻香·一品诰命

那天晚上六娘子没有睡好，前半夜的时候她是一直在床上翻来覆去频频睁眼的。

可能是因为下午那一觉补眠质量太上乘，以至于自鸣钟敲过了十二下，她绵羊数到了一千三百五十七只的时候，依然没有看到周公的衣摆。

不过六娘子心里有数，她久久无法入眠，更多的还是因为沈聿白傍晚时说的那句话。

她记得小的时候她常常摸进赵老太爷的书房去找书看，有一次在一本《列国志》中，她有看到过很长一篇关于鞑蛮的记载。

鞑蛮是游牧民族，顺青稻河而居，性凶擅斗，天生身材魁梧健硕，马术超群。而因为是少数民族，所以鞑蛮和汉族积怨颇深，若要追溯，只怕要往前推个将近两三百年。

其实大周国以前，各朝皇帝为了彰显政绩，都会时不时地把鞑蛮的事儿拎出来议一议。多年来，不论是武力镇压还是物质诱降又或者是和亲朝贡，只要是搬得上台面的办法帝君们都用过了。

不过或许鞑蛮人骨子里就流淌着侵略喜战的血液，是以每每安稳不了多久，不甘俯首称臣的鞑蛮人就又会跨马揭兵起义一番，闹得边境各州苦不堪言，皇帝心烦意乱。

所以六娘子理解明承帝的心切，他是新帝登基，外忧内患夹击来袭，他这一国之君自然不能熟视无睹。

而民乃国之根本，让沈聿白出战力平鞑蛮，其实可见明承帝的用心良苦。

但理解归理解，若是换成别人迎战平乱，六娘子一定会为明承帝此举拍手称好，可为何偏偏要沈聿白？

微见月色的黄花梨月洞式满雕榴绽百子架子床上，大红的俏纱帐迎着流光，透着极为柔和的色泽。六娘子蜷缩在靠里的床边，紧紧地拢着艳红的百子戏春绣花夹被，只觉得脑子里乱哄哄的，就是静不下来。

忽然，她只感觉腰身一紧，整个人就连着夹被被人捞到了床中间。

贴上沈聿白胸膛的那一刻，六娘子如临大敌，连气都不敢随意地喘一下！那一瞬间，六娘子发誓，要是这个男人起了心想对流着癸水的她做出半点逾越的事儿，那她就一定会……会……

可是还没等六娘子在脑海中想出一个成形的自保方案，头顶忽然响起一阵哀叹："我十三岁就开始行军打仗，这些年早就养成了习惯，但凡一点动静就会醒，你这样连着唉声叹气的，是准备带着我一起不睡觉陪你出去数星星吗？"

六娘子一愣，听闻沈聿白那闲聊般清淡的语调后，忽然放松了下来，半晌只闷闷地问了一句："鞑蛮……侯爷要去多久？"

"怎么，我人还没走你就开始思念为夫了？"沈聿白轻笑了起来。

黑暗中，明知他看不见，可六娘子却依然大大地白了他一眼，然后道："只是觉得新宅虽空，但上上下下却有很多事儿要打理，若是侯爷能告诉我一个大概的归期，我也能有所计划打算。"

"归期无时。"沈聿白紧了紧搂着六娘子腰身的手道，"我只能和你说，少则一年，多则……"话断在这儿，沈聿白没有再往下说。

分明也只是和他见了一天还未到，明明谈建立感情什么都是扯淡，但不知为何，听到沈聿白的这句话，六娘子却莫名地揪心了。

"侯爷……"

"说起来你可有闺名？"可沈聿白却似乎不愿给她伤感的机会，忽然轻松地转了话题，"我知你在陆府排行第六。"

"云筝。"六娘子很知趣地配合了起来。

“哪两个字？”

“云霞的云，风筝的筝，取“云蒸霞蔚”的音。”

“云筝。”沈聿白细细地念了一念道，“是个大气好意的名字。”

“那是外祖父给我取的。”

“赵老博学，令人钦佩。”

“不过在怀阳的时候，外祖父和外祖母多喊我阿遥。”六娘子也不知道自己怎么了，竟会鬼使神差地同沈聿白说起这个鲜少有人知道的乳名。

“阿遥。”沈聿白觉得有趣，“何意？”

“外祖父说，是茕茕伶俜，遥遥相顾的遥……”

那晚，六娘子就这样在和沈聿白有一句没一句的碎聊中沉沉地睡了过去，一夜好眠，无梦迎晨。

第二天早上，六娘子起来时，沈聿白已经在外面打了半套拳了。

六娘子在床沿坐了一会儿醒了醒神，然后由鱼安伺候着进了净房。洗脸敷面后，六娘子整个人清醒了不少，便亲自去了厨房张罗了早膳。

当她和鱼安端着早膳回到屋内的时候，沈聿白正着一身清爽的白衫长褂从屏风后头踱步而出。

“我瞧着这主屋上头还少一块屋匾，侯爷有没有什么好的提议？”两人用膳，总不能就这样干干地对坐着吃，也不太利于消化，六娘子便耐着性子找起了话头。

“你有什么好的提议？”沈聿白咬了一口包子，漫不经心地把球踢回了六娘子这里。

六娘子睨了他一眼道：“不如就叫暖香坞？以前我在怀阳的时候，自己的院子就叫这个名字。”

“那便叫暖香坞了。”沈聿白点了点头。

六娘子诧异地看了他一眼，然后又道：“昨儿侯爷给我的银票，我点了一下，一共是七千两，回头我想着差了人去同顺钱庄把票面给换成小一些的，办起事儿来也方便。”

“好。”沈聿白点了点头，拿了桌上六娘子事先放着的干净帕子抹了抹嘴道，“过两日我便要走了，府上的事儿其实你不用事事都想着要得我首肯。内院是你们女人的事儿，趁着一家子的人还没有来，你能把人和事理成让自己顺心的样子便是再好不过的。”

见六娘子拿着筷子静静地看着自己，沈聿白下意识地放慢了语速道：“凉都老家一共四房人，前前后后几代加起来少说也有三十来口人。你若管不住了，以后我可不帮你收拾烂摊子。”

“侯爷不怕我把这家给搅浑了吗？”六娘子失笑道，“侯爷昨儿才同妾身成的亲，还没好好了解妾身的为人，便给了妾身这么大的权力这么多的银子，侯爷厚爱，不怕错付？”

“阿遥，我是信你，才会娶你。”沈聿白定睛看着六娘子，忽然莫名地喊了她的乳名，六娘子的心顿时漏了一拍，又听他道，“行军带队讲究知人善用，用人不疑，疑人不用，这个理放在你身上也一样。凉都以前是……母亲当家，可现在这儿是侯府，若是你事事都要旁人做决定，最开始的威信就弱了好几分。”

六娘子点头，待沈聿白话音渐落，她才抬起了头，睁着闪亮亮的眼睛问道：“那若是按着我的规矩有人不服又该如何？”毕竟自己半大不小，也才十六岁而已，六娘子这点自知之明还是有的。

“不服便要做到让他心服口服为止。”沈聿白偏头看着六娘子眼中闪过的那抹期待，忽然又调侃道，“莫非你还指望我来内宅给你撑腰不成？”

六娘子一听，道：“妾身不稀罕！”说罢，便愤愤地低头喝起了碗里的小米粥。

巳时整，宫里头就来了人，穿着黑色金绣朝服，礼帽正襟，步伐碎碎。沈聿白携了六娘子出门恭敬相迎，董公公受了礼遇，尖着嗓子笑道：“煜宁侯太客气了，这位就是小夫人吧，瞧着真是青葱水灵标致俊俏的呢。”

六娘子闻言，大气都不敢多喘，只是微微地弓着背垂着首，安安静静地站在沈聿白的身侧。

董公公见状，微微地笑了笑，然后冲沈聿白道：“那侯爷和夫人便来接旨吧。”

两人闻言，忙直腰下跪，俯身叩首。

“奉天诰命，皇帝制曰。国家思始创业之盛，当崇报功之典。人臣建辅国之绩，宜施锡爵之恩。此激劝之宏规，诚古今通义。煜宁侯沈聿白护国有功，忠心益励，允称弼亮之才，不负亲贤之选，今朕钦点煜宁侯赴南平鞑，特加封镇南大将军，原配章氏，宜家著范，相夫克谐，追封宜贞侯夫人。继妻陆氏，性敏柔嘉，秉睿良德，心存恪慎，封一品夫人……”阉人的声音有一种不自然的尖细，乍一听，总让人觉得是吊着嗓子在那儿小喊。

六娘子静静地伏在地上，心想这个册封算是合情合礼的，不仅风光了侯府，皇上自己还顺势留了一手。

其实正如六娘子昨儿和沈聿白说的那样，皇上给她的这个一品诰命夫人的头衔，只不过是为了抬沈聿白的。这前头，肯定有对沈聿白的加封，也有对他已逝亡妻的追封，最后才会轮到自己这个继室，这便是合礼。

而本来，六娘子还以为皇上这次加封沈聿白，至少会有个实名的职位头衔，结果却封了个镇南大将军，不过这也对，沈聿白将名在外，远的不说，就拿鞑蛮这件事儿，皇上就肯定是要再重用他的。国安定不确，谁又能保证鞑蛮过后不会再起战乱，若是现在将沈聿白加封至顶，一是他年纪也略轻，二是一旦再有战事，沈聿白就不能再领兵打仗了，三则是，之前有一个封家，如今沈家这泼天的富贵一旦满满地砸下来，难免不会让皇上起了疑心。

开国夺位，九爷需要沈聿白，可是定国安邦，皇上却未必非沈聿白不可。功高盖主这四个字，读起来简单，可是一旦触及皇上的底线，那抄家连坐也真不是闹着玩的……

想到这里，六娘子不免长长地舒了一口气，沈聿白此番去鞑蛮，其实是坏事，也是好事！

第十九章

豆蔻香·孤身回门

本来六娘子还是计划得挺好的，因为沈聿白告诉她后日才启程，却也未说是一大清早还是过了晌午，但后天其实是六娘子出嫁回门的日子，是以她还想着能不能早上的时候和沈聿白先回一趟陆府，再绕去赵家二老那儿转转，然后她再安安心心地送沈聿白出征鞑蛮。

结果真是应了那句话，计划赶不上变化。就在董公公来宣读圣旨的这天下午，沈聿白被匆匆地唤进了宫，然后傍晚回府的时候，他二话不说直入正题："皇上让我晚上就带兵启程。"

当时六娘子正在给他夹菜，听了他的话，她差点连筷子都握不稳了："这么快？"六娘子觉得自己的声音听上去应该很颤抖，至少她都能听出那被自己拉得摇摇颤颤的尾音了。

"赫连州战事告急，皇上已经压了两日，只等我完婚，不能再耽搁了。"话虽如此，可沈聿白却依然一派镇定，云淡风轻得仿佛是在和六娘子讨论天气一般。

六娘子却是急从心来，虽然她知道内宅的事儿问了沈聿白他也未必能说出个所以然来，但是其实这整个府邸还是有很多地方是需要他亲力亲为的。现在好了，偌大的侯府，侯爷本尊不在了，让她一个刚过门的新妇要如何施展拳脚？

“害怕了？”就在六娘子思路混乱的时候，沈聿白的气息突然袭了过来。

六娘子一怔，抬了眼帘看去，发现这个精神奕奕的男人正似笑非笑地看着她，神情烁烁，眼眸中还闪着戏谑的光芒。

六娘子心里忽然来了气，便佯装镇定道：“侯爷，妾身真的怕，妾身怕年纪轻轻的就守了寡，您可千万要凯旋。”

“陆云筝！”这下轮到沈聿白咬牙切齿了。

其实沈聿白知道自己早已过了愣头青的年纪，可是不知为何，和六娘子在一起，他就是会没来由地想要逗着她，看她那伪装得好好的表情之下泛起波澜的样子，其实特别大快人心。不过他也要承认，六娘子特别会拿腔作调，所以有的时候他也会引火上身。

但斗嘴归斗嘴，待两人心情还算不错地用完了晚膳以后，六娘子还是认认真真地替沈聿白收拾起行装来。

“侯爷此番前去，定是要小心万分的，我以前从书里看到过，鞑蛮人性野恋战，还力大无穷呢！”不过要替沈聿白收拾些什么六娘子还真的没什么经验，所以眼下是沈聿白指挥，六娘子动手，不一会儿就整理好了两个大包裹。

“再厉害也都是血肉之躯，没坊间传得这么夸张。”见她打包完毕，沈聿白上前一手一个拎起来掂了掂分量，然后点头道，“我一路南下，途经驿站可能只是过宿也可能是小住，但凡来得及，我便会给你写信，不过你就不用回了。”

见六娘子点了点头，沈聿白下意识地就伸手去揉她的额头：“后天你自己回一趟家，帮我和泰山大人说句抱歉，军令在身，不得违抗，等我回来了定会亲自去拜会他的，还有赵老。”

“好……”六娘子觉得心里有些闷闷的，并非恋恋不舍，却总是觉得有一股难以言喻的气积压在了胸口。

“府里的事儿你别太着急，这么大一个家，你要事无巨细那还了得？先买些能干的家仆回来，一个一个把事儿分下去。”

“不知侯爷之前说的人牙子，我要如何同他联系？”

“哦对。”沈聿白点了点头笑道，“你不说我差点忘记了，这事儿有眉目的，不过前头都是大姐在张罗，我也想和你说，过两日没事儿你且去大姐那儿走动走动，很多事儿她一定能帮你出出主意的。”沈聿白口中的“大姐”指的就是沈慧春。

一直听到这里，六娘子才轻轻地松了一口气："有侯爷这句话，妾身就踏实许多了。"

沈聿白莞尔道："行了，那我走了，你……"临别在即，面对才和自己新婚了两日甚至还没有洞房的六娘子，沈聿白忽然词穷了。

太贴心的话说不出口，可若是不说些话又总觉得少了什么。

其实此番去鞑蛮，沈聿白自己也不是胜券在握的，主要是对鞑蛮，皇上的意思还是希望能降服，而并非用武力镇压。是以出于皇意的考虑，沈聿白这手就下得不能太轻，更不能太重。

一个将军，打仗冲锋被人束了手，结果是可想而知的。所以危险不危险的倒是其次，关键是沈聿白担心和鞑蛮一战，时间会拉得很长。

而六娘子也有六娘子的小心思。

她本就不是那种会把甜言蜜语挂在嘴边的性子，更何况眼下她和沈聿白的感情，六娘子觉得充其量也只算得上是一场"形婚"。是以她也没有想好用什么姿态去面对沈聿白的离开。但，太冷漠肯定不对，可太恋恋不舍她又完全做不到。

所以最后的状态就是，两人微笑着不发一言，一个出了府门便跃马而去，而另一个则是目送那一人一马踏蹄绝尘，直到身影渐散……

送走了沈聿白，六娘子为养精蓄锐，睡了一觉。第二天一早，她仔仔细细地打扮了一番以后就回门去了陆府。

但其实新娘子一个人回门，不论打扮得多漂亮光鲜，都显得不大体面。可沈聿白领了皇命南征平鞑蛮的事儿大家都是心知肚明的，是以当天整个陆府的人也都聪明地对沈聿白未陪同一事儿避而不谈。

尤其是林氏，见着六娘子一人回门，她脸上的笑意倒是更舒心了几分。

其实要是细究起来，林氏对六娘子的情感还是很复杂的。

最开始，她是容不下六娘子的。继母年轻无出，嫡女还在襁褓，林氏为了自己的将来，只能对六娘子下狠手。后来为了七娘子，她又不得不把六娘子恭恭敬敬地迎进府，可六娘子回来以后，对她不是明着不搭理，就是暗着使绊子，尤其在四姨娘的事儿上，与其说是她拿捏住了四姨娘，倒不如说也一并拿捏住了六娘子。

但后来林氏怀了身孕，生了栩哥儿，又加之初娘子、三娘子出了嫁，七娘子和六娘子走得近了，林氏的态度就又变了，变得对六娘子体贴关怀了，也渐渐地生出了所谓的“母亲”的感情。

可林氏对六娘子好，却不代表她喜欢六娘子，而六娘子也不喜欢林氏，但她却还是觉得林氏身上是有闪光点值得她学习的，一是大方，二是擅做表面功夫。

其实妻妾成群的大宅院里，小心眼的嫡妻让小妾的日子苦不堪言的例子多的是。可在林氏这儿，至少六娘子还不曾见过她有什么克扣姨娘们的月例银子的事儿。平日里，林氏若是得了什么东西，也总会按人头赏赐到姨娘们的屋子里，均分手松绝不含糊，这是其一。

其二，林氏惯做表面功夫，喜欢不喜欢，她能压在心里很久很久，讨厌你了却在看着你的时候还能笑得一派和颜悦色，宽慰贴己的话也是一句一句地往外冒。六娘子自觉没这个能耐，便暗暗下定了决心要好好地偷一下林氏的师。

话说到了月然居，林氏和陆老爷，还有初娘子并了七娘子都在，六娘子先是恭敬地对着林氏和陆老爷二人行了回门礼，然后陆老爷便同她说了些无关痛痒的场面话，又叮嘱了她一些什么要贤顺贞恪、德孝为先之类的话语，便先一步出了屋子。

待陆老爷走了以后，林氏才笑着让六娘子入了座，随即问道：“新婚头几天，可有什么不适应的？”

“让母亲牵挂了，小六都好。”六娘子说着莞尔道，“不过有一事小六还真是想求一求母亲的。”

“哦？你说说看。”林氏闻言搁下了茶。

说实话，虽然林氏向来对沈家或者说对沈聿白的身份有些微词，但在看到沈家突然强劲复势之后，林氏心里还是有些酸味的。想着本来若安排得好，今儿这侯府女主人和那一品诰命夫人的头衔都有可能会是小七的，哪里轮得到她六娘子。可眼下看到六娘子独自一人撑着门面回门，林氏心里又好受了些。她毕竟是过来人，怎会不知再富贵的家宅都不如贴心暖人的丈夫来得可靠。

是以，眼下林氏看六娘子是怎么看怎么觉得顺眼，倒也有心想帮衬她一把。

而六娘子惯看人脸色的，如今瞧去，只见林氏眼角弯弯和颜悦色的，便知她心情还算不错，随即不客气地开口道：“母亲也知沈府新宅虽大犹空，里头别说是像样的丫鬟仆妇，便是连人都不够用。侯爷外头本也已经打点好人牙子了，说要买些丫鬟小厮进府，可这事儿还未开始办，侯爷就匆匆地带兵走了……不瞒母亲，空留这么大一个宅子，小六真是……无从下手了。”

六娘子知道林氏的心结，只有她越露短，林氏心里头才会越舒服，而露短扮可怜对六娘子来说本也不难。所以两人一个演一个看，末了林氏也不细问，直接大方地把屋子里几个得力的老妈妈和大丫鬟给了六娘子，然后道：“我这儿也不缺人，崔妈妈她们你想用多少时候就用着，回头等把侯府上下都安排妥帖了再把人送回来也不迟。”

六娘子闻言看了一旁的初娘子一眼，然后用帕子拭去了眼角的泪花道：“母亲心疼小六，小六都不知要说什么了。当着大姐姐的面，小六本也是不好意思开这个口的，大姐姐和三姐姐嫁人的时候，可都是自己费力打点的，哪儿用母亲这般操心了。”

“你们做姐妹的，打断了骨头都还连着筋，虽然各自嫁人了，可也不用这么生分，你现在有难处，你大姐姐和三姐姐自也会体谅你的，哪里会和你计较这些。”林氏不免笑六娘子有些傻气。

初娘子闻言道：“是啊是啊，我还等着妹妹把府上安顿好了，请我和七妹妹过去玩呢。”

“大姐姐什么时候回临安？”六娘子闻言抬头问道。

“想等入了秋。”初娘子眉眼浅描，脸色润红，瞧着精神很是不错，“难得回来，我自己也想多住些日子，更何况带着大哥儿，也不太合适在夏天来回奔波。”

“那等过些日子，我就请大姐姐和七妹妹去侯府玩，母亲也一并来。”六娘子道。

“我就算了。”林氏忙摆手，“你们姑娘家的玩在一起，我可没你们这么精神。”

“哟，夫人也忘记改口了，如今要称六姑娘叫六姑奶奶了，可不能再喊姑娘咯。”杨妈妈在一旁适时地插了一句嘴，惹得一屋子的人哄堂大笑，六娘子的脸颊瞬间就红了个透。

那天，六娘子因为还要赶着去一趟赵府，所以就没有在林氏这里用午膳，不过巧的是，她到赵府的时候，赵太夫人的屋子里丫鬟正准备摆饭。

见了六娘子，赵太夫人笑道：“你倒是算得准，踩着饭点来的。”

六娘子今日梳着漂亮的垂云髻，一件粉色花卉镶边粉色软绸交领长衫下面衬了一条浅雪青长裙，宽缎束腰，窄袖素素，发髻上的梅花步摇簪顺着六娘子的步子摇摇晃晃，应韵而颤，衬得六娘子肤若初雪、凝脂倩倩。

赵太夫人见她拾掇得体面大方，虽还是那张稚嫩青涩的面孔，可在神态上却似成熟了一些，不免心中一动，将六娘子拉进了里屋，问了几句贴己的话。

不过最开始赵太夫人问得含糊，哼唧了半天，六娘子才反应过来她老人家到底在问什么，便红着脸小声道："外祖母，我来了癸水……就……就没有……"

赵太夫人闻言一愣，随即便板着面孔道："既是大姑娘，那以后你自己的事儿就更要放在心上了。侯爷毕竟比你大了十岁，眼下你还能再清净些日子，可是等侯爷回来了，凉都老宅的人都回来了，你且要算好了日子，却也不能让侯爷日日在你屋子里胡闹。"

见六娘子重重地点了点头，赵太夫人才领着她去了外厅，祖孙俩对桌而坐，将面前的四菜一汤吃了个精光。

其实赵太夫人是知道六娘子要来的，是以上桌的酸辣白菜、鸡汁木耳汤、酥炸鲫鱼等几道菜都是按着六娘子的口味做的。六娘子吃得满足，饱腹之后又赖在赵太夫人的贵妃软榻上睡了一个足足的午觉，方才觉得把前两天伤了的气力都给补了回来。

"说吧，有什么要外祖母帮忙的？"从小把六娘子拉扯大，小丫头肚子里有没有文章赵太夫人一眼就能看出来。

六娘子闻言，"嘿嘿"地笑了一笑，然后倒了一杯温茶递到赵太夫人的手中，道："外祖母，我屋里有两个丫鬟年纪差不多到了，先头因为我自己要成亲，左右一忙就缓了她们的事儿，可如今我人都嫁了，侯爷又远赴南边，我便想，趁着凉都的人还没有来宣城，先把她们的事儿给定下来。"

"一个是揽月吧？我记着她也快十七了。"

"过了年都要十八了。"六娘子纠正后继续道，"还有一个是流萤，若是外祖母有适合的人选，她的卖身契我会去同母亲要的。"

赵太夫人点点头问道："你想把人放到庄子上，还是成了亲生了娃以后再让她们回来做管事妈妈？"

"揽月忠心机灵，做事够沉稳也本分，我是想让她再回来的。流萤也是忠心的，不过性子却有些温吞，以后若是做了管事妈妈，只怕会管不住机灵的小丫鬟，若是外祖母能替她寻一户好人家，以后哪怕是在庄子上，也是体面的。"

听了六娘子的话，赵太夫人欣慰地笑道："你心里都有打算就好，这以后，你手上的事儿只会多不会少，若是事事都要找别人来参谋，没个主见，早晚要吃亏的。"

六娘子点头道："主要还是阿遥认识的人家少，一来二去总想不到合适的人去配揽月和流萤。说起来揽月从小跟着我，成亲是大事，阿遥又岂能马虎。流萤虽是陆府的人，可这两年多来却也是尽心服侍阿遥的，阿遥也不愿委屈了她。"

"你若是想让流萤待在庄子上，倒还真是有个合适的人选，不过揽月这个却是要好好推敲一下了……"

祖孙两人说着便凑到了一起，嘀嘀咕咕了一个多时辰，六娘子方才起了身同赵太夫人告了辞。

当天晚上过了戌时，崔妈妈并了四个丫鬟就到了侯府。

六娘子特意让揽月和流萤出垂花门去迎的，待她们鱼贯而入后，六娘子又高兴地赐了座，吩咐竹韵上了茶，方才慢条斯理地说道："之前在月然居的时候，我总听闻母亲左右夸你们的好，眼下我厚着脸皮把你们从母亲这儿讨了过来，就是希望你们能帮衬我一把的。"

"哟，六姑奶奶太客气了，能入六姑奶奶的眼，是咱们几个的福气。"崔妈妈素来能说会道，在六娘子跟前也不觉生分。

六娘子闻言笑着点了点头继续道："妈妈也瞧见了，侯府虽大却空得紧，这两日丫鬟、小厮都还没有到齐全，是以妈妈这两日就替我帮着秦妈妈四处巡视巡视，看看哪些屋子适合住人，怎么分配，回头我给妈妈一张名单，妈妈且帮我好好打点一下。"

"是。"崔妈妈忙应下。

六娘子又转了视线看向了珍珠、珍巧等四个丫鬟道："之前流萤和鱼安是一直在陆府的，你们哪怕不算熟悉，至少也都是认识的。我这儿没这么多的讲究，却也是有规矩的，回头我让流萤同你们说说，过两日等新来的小丫鬟入了府，可都要你们帮衬着一个一个仔细教呢。"

"六姑奶奶尽管吩咐。"珍珠笑盈盈地上前点了头。

六娘子满意地笑了笑，然后冲一旁的秦妈妈使了个眼色，秦妈妈立刻上了前，分了崔妈妈她们五个一人一份小荷包。

崔妈妈见状，惊呼道："哟，六姑奶奶这可使不得，之前来的时候夫人就吩咐咱们了，虽是在六姑奶奶府上帮着做活儿，可是月例却还是和之前一样在陆府拿的。"

"这是给妈妈和几个姐姐的辛苦钱，和母亲给你们的月例可不相干。"六娘子心里一直主张"与人恩惠"的道理，虽她不担心崔妈妈几个不卖力，可说实话，她们跨府来帮她，看的到底还是林氏的面子，她们做得好或者不好，她都不能到林氏跟前去诉苦。是以给崔妈妈她们一些辛苦费，崔妈妈她们念了她陆云筝的好，回头办起事来才会更麻利。

而崔妈妈几个也都是陆府的老人了，平日里若是额外地帮着主子做活儿，拿的好处也不少，所以推辞了两句后也就欣然收下了。

第二天上午，六娘子让秦妈妈带着东西跑了一趟陆府，自己则是妆容齐整地由鱼安陪着去了王府。

三娘子见了她很是高兴，忙出来相迎。六娘子见了，不免感觉背上一阵凉意，绷着一张小脸虚扶着她道："先头是不知道三姐姐怀了身孕，眼下知道了，我哪儿能瞧着你这样跑进跑出的。"

"这有什么。"三娘子是人逢喜事精神爽，眉梢挂俏，眼眸含笑，朱唇皓齿的烟霞妆将她的神色衬得越发地清丽脱俗，"大夫日日有来把平安脉的，都说我这胎怀相极好。"

那日，姐妹俩心情都甚好，凑在一起咬了许久的耳朵，三娘子本是想留着六娘子用午膳的，但六娘子想着这会儿秦妈妈应该差不多要回来了，便借口家中有事，婉谢而离了。

回了门，又抽了一天去看了一趟三娘子，顺带还让秦妈妈跑腿送了东西还了林氏借人的人情，六娘子的私事算是清了。接下来，她便准备打起十二万分的精神来对付整个侯府上下的公事儿了。

这头一桩顶重要的事，便是登门拜访沈慧春。

但偏生今儿天公不作美，六娘子刚刚出府，就下起了雨，等她坐着青毡小轿到了刘府的时候，雨势已经很大了。

到了刘府，等了传报，六娘子便由小丫鬟领着进了内宅。刚至二进院门，远远地她就瞧见沈慧春穿着一身华服依伞而立，笑语嫣然、娉婷有姿。

"六月的天孩儿的脸，瞧这天气，一会儿就该雨停了。"见了六娘子，沈慧春一边忙着亲自替她擦拭身上沾着的雨水，一边张罗着丫鬟上茶上点心。

六娘子舒心地笑道："不瞒姐姐，其实我这次来，是有事求姐姐相助的。"

"弟妹可是为了府上置办下人的事儿？"沈慧春心领神会地屏退了下人，又让自己的贴身大丫鬟带着鱼安去了耳房歇息，方才细细地同六娘子道，"其实侯爷这一走，弟妹心里一定是没谱的，不过弟妹别着急，置办下人的事儿已经有眉目了，三日后我会让人牙子带着人去侯府的。据说这次前后是找了小厮二十人，丫鬟妈妈共三十五人。”

“这么多？”六娘子有些咂舌，不过想到那空空如也的六进的大宅子，六娘子立刻又讪笑道，“不过侯府确实……空了些。”

“弟妹别着急，一下子涌进这么多人，开头是难了些，若是弟妹手上腾不出人手，等人牙子去的那天，我也到侯府去给弟妹打个下手。”

“打下手可不敢当。”六娘子摇头摆手道，“不过若是那天姐姐能去帮忙，小六确是求之不得的。”

第二十章

满庭芳·置办新宅

沈慧春闻言点点头，温言道：“俗话都说万事开头难，不过新的下人，虽调教起来有些困难，需要时日，但新的有新的好处。没了那些根基，没了那些左右牵连，大家都是从头开始的，好管，也干净清楚。”

六娘子附和道：“侯爷也正是这个意思，按着侯爷的话说，若是鞑蛮那儿的事顺利，等今年过了年，他便打算把凉都老家的人一并接过府了。到时候人一多，难免事儿杂，还不如眼下空出这些时日，让我把人调教好了方便。”

“侯爷这是让你掌家了。”沈慧春笑眯眯地点了点头。

六娘子心一紧，忙道：“小六不才，不敢担此大任的。”

“你是侯爷嫡妻，整个侯府你不管谁还有资格管。”沈慧春这话说得直接，既给了六娘子台阶下，又适时地抬举了她一把。

但其实不管是沈聿白还是沈慧春，六娘子都清楚他们为什么对让自己主持家事这件事儿这么的毫不犹豫。其实原因很简单，因为上到沈慧春，下到沈聿白，全都是妾生的，而非嫡母所生。

这在沈家其实是很尴尬的一件事儿，妾生子有这么大的能耐，分明就直接压住了嫡子嫡女，而偏偏沈聿白是皇上钦点的，是皇上愿意抬举的，即便沈家嫡母有满肚子的不愿和牢骚，也不能无视皇上的礼遇厚爱。

而沈聿白也是这样，侯位是皇上封的，宅子是皇上赐的，皇恩大过天，更何况一个小小的嫡母。就算沈聿白孝心再大，可他生母健在，嫡母膝下又有嫡子嫡女，这内宅让谁来管都显得特别奇怪。只有六娘子，名正言顺的侯府夫人，名正言顺的一品诰命夫人，让六娘子上位，既能顾了皇家颜面，也能压下沈宅的悠悠之口。

所以六娘子主持家事完全是顺理成章的，哪怕内宅有人不满，沈聿白随随便便一句大道理都能把不满的人压下头去，因此六娘子是真觉得她自己嫁得逢时。

但六娘子也知道，当家主母的位置真的不是这么好坐的，能不能坐上是一码事，坐不坐得稳又是另外一码事。你能坐得下，可别人未必愿意听你的，而一旦府上有一个人不听你的，那后面就会冒出来一群。所以如何以德服人，六娘子觉得这是她要潜心规划的第一课。

再者，她一直觉得，光听沈聿白的那些颇具传奇色彩的故事，便能知道他这些年从一个默默无闻的庶子走到今天是有多么不容易，何况当年先帝还在的时候，沈家能不能复势都难说，他年纪轻轻却要忍辱负重，六娘子敬他是条好汉。所以于情于理，六娘子都想帮他、帮自己打点好整个侯府，这绝对关乎她和沈聿白两人的颜面，六娘子觉得这完全是一场硬仗。

想到这里，她便迫不及待地又开口道："其实小厮丫鬟的事儿还是其次，小六这次来，主要是想细细问一问大姐姐，凉都老宅各房都有多少人，性子如何，喜欢什么……若是大姐姐愿意同小六说说，小六便是感激不尽的。"

"你……"沈慧春有些诧异，可诧异之余，她的眼中却是难言的欣喜。

六娘子没有看到沈慧春那溢于言表的情绪，只微微地叹气道："其实要说下人们的事儿那都是小的，我先头也厚着脸皮回家问母亲和外祖母讨了几个经验老到的妈妈丫鬟，想着人多力量大，回头那么多人一起进了府，规矩什么都可以从头一件一件教起，这来回两个月吧，也能有模有样了。但凉都老家的事儿我确是一窍不通的，那些人情世故，若是不事先问问姐姐，我心里真的没底。"

"弟妹能有这份心，就一定能办成事儿，你别担心，今儿大姐就算是说到天黑，也一定帮你把老家的那些事儿给理清楚了。"沈慧春说着轻轻拍了拍六娘子肩头道，"更何况，过了夏天，英娘要先从凉都过来，说起来也肯定是要落脚侯府的。若是到时候你心里还没有底，也有英娘能再同你说说。"

"英娘要来宣城？"六娘子吃了一惊，眨眼问道，"这……侯爷不曾同我说过啊。”

“啊？”沈慧春也有些吃惊，“侯爷没有和你说？你瞧瞧他这传声筒，这么重要的事儿都给忘记了。英娘要来是敲定的事儿，初定九月初，因为娘娘说选秀的日子定在十一月，虽冷了些，可好歹要在年前把选秀的事儿给办了。”

“选……”六娘子大吃一惊，捏着帕子的手不禁微微地颤了颤，“大姐，你是说……英娘要进宫？”

沈慧春默默地点了点头：“皇上点的人，侯爷最开始不愿意的，不过……”

六娘子黛眉紧蹙，只觉心上似有一座大山压着，沉得喘不过气来。

沈慧英和沈聿白、沈慧春一母同胞，都是妾生，本沈聿白被尊封为煜宁侯，六娘子觉得这已是泼天的皇恩浩荡了，可眼下沈慧英竟要入宫为妃了，既是皇上钦点，虽不能越过了皇后，可她的起步就远比旁的秀女要高了。如此一来，六娘子真的要好好地考虑一下，对于那素未谋面的妾侍婆婆，自己要拿什么姿态去面对了！

那天，六娘子在刘府待了许久，沈慧春帮着六娘子仔仔细细地罗列出了沈家即将回宣的三房人，然后六娘子又装订了一个名册，将哪房人、谁谁谁、住在什么院子里安排了个妥当，方才由沈慧春的贴身丫鬟送出了刘府。

一路往回，走的是宣城的主街长安道，街两边还有三三两两的小贩，推着宽大的板车，就着长杆上吊着的大油纸灯笼在那儿卖力地吆喝着。六娘子隔着轿帘，听得恍恍惚惚，视线所及，是被她好生拿着的一叠不算薄的册子，这都是方才在沈慧春的屋子里，她一笔一画按着沈慧春所言记下的。

也正是因为拿着这叠还隐约散着墨香的宣纸，六娘子觉得肩上的担子似有千斤重。

软轿摇晃，六娘子的思绪腾空致远。在和沈慧春这番彻谈之前，六娘子其实是有将侯府以后的格局规划过的。记忆中，赵太夫人掌家，无外乎就是把几个领头妈妈的事儿给管住了即可。

本来六娘子就是准备沿袭赵太夫人这一套的，可是和沈慧春聊完了之后，六娘子却深深地觉得，责任到位分工明确固然重要，可对于沈家各户的人来说，投其所好也很重要。

想到这里，她不禁长长地叹了一口气，而就在这个时候，软轿上下一颠簸，便缓缓地落了地……

那之后又过了几日，两个人牙子终于带着一大溜的人寻上了门。

六娘子虽是一直心心念念着这件事儿的，可是他们突然上门，还是闹了六娘子个措手不及。

三十几号人，一起站在侯府门口，虽壮观但也够折腾的，六娘子便一声令下，让陈伯和秦妈妈分了男女将一众人带去了前院的南花厅，而让揽月带着两个人牙子进了内宅。

那是两个年约三十几岁的妇人，穿戴整齐面色和悦，看上去倒像是老实本分的。但无奸不商，市井里所谓的三姑六婆中，牙婆占首，见的人也是最杂的，所以六娘子倒也不指望她们心思单纯。

这样一想，她开口的时候不免拿起了一些侯府夫人的腔调："两位妈妈也都是见过世面的，宣城公卿之家数不胜数，不过如侯爷这般新立府邸的倒不常见，是以一下子置办了这么多下人，倒是让两位妈妈费心了。"

"哟，瞧夫人说的，不费心不费心，这不是咱们分内的事儿嘛。"听六娘子这么一说，两个牙婆面面相觑了一番，其中一个穿灰麻对襟窄袖衫的便搭了腔。

"不过拿人钱财与人办事，两位既收了侯爷的银子，想来也应该是要把侯爷吩咐的事儿给办好的。"左手一颗糖，右手一记板子，六娘子左右不偏，既不扬，也不抑，"大宅门里头，一下子进来这么多的下人，说没有要求是假的，不过我心念二位的辛苦，旁的就不计较了，只一点，人一定要干净。"

"那是……那是一定干净的，夫人！"见六娘子小小年纪却神色凌然不怒而威，两个牙婆心里不免有些没底了。

"三十几号人呢，哪儿能由着你们两张嘴说干净就是干净的？"六娘子淡淡地笑了笑，慢条斯理地端起了茶碗轻啜了一口热茶，然后眯着眼又道，"我呢，也不为难两位妈妈，今儿这些人我便全收下了，妈妈却也别着急走，去前厅歇个脚喝杯茶用个膳，回头中意的我自然就留下了，不中意的我便还是要退给二位的。"

两个人牙子不免讪讪而笑，随即那个灰麻衣衫的牙婆扯着嘴角道："夫人心思通透，咱们怎么有胆子在夫人跟前糊弄作假呢。"

"二位妈妈也别担心，我并非挑剔，只不过想着，与其时隔多日再找两位妈妈退人，还不如早些把人定下来。"六娘子见两个妇人那略微有些不自然的神情，便知送过府的这一帮子家仆中间多少是有些水分的。

"夫人尽管定夺，那我们且等着夫人的消息。"两个牙婆子忙点头称是，然后又主动地将那些下人们的卖身契交给了六娘子，方才跟着揽月去了前厅。

待仔仔细细花了一整天的工夫挑完人，沈慧春来了。

当时六娘子正在重新誊家仆的名册和归整卖身契，听人传报，她忙下炕趿鞋想出去迎，却不料沈慧春走得特别快，眨眼的工夫就已经进了暖香坞。

一见她，沈慧春便哭笑不得地骂道："我也拿捏不准妹妹了，你是太把我当外人了还是太不把我当外人了，昨儿晚上你差了丫鬟来说人牙子把家仆带来了，今儿我赶早来，妹妹却已经把人牙子给打发了。"

六娘子笑着将沈慧春迎进了屋，连忙解释道："我自己管了这两天的事儿，还不算是掌家呢，这就忙得脚不着地儿了，连午觉都睡不上，便知姐姐定是忙的，又怎么再好意思去叨扰姐姐。不过是挑了一日的人，左右就是费了些眼神力气，其实也不算是难事儿。"

"这是？"沈慧春一边听她说着，一边伸手翻了翻六娘子手边的名册问道。

"一下子进府的人实在太多了，我想着，光有卖身契也不顶用，还是要整理一份名册，以后谁是谁，改了什么名字，即便一下子说不上来，但总是记录在册的。"

"你这个法子好！"沈慧春眼前一亮，随手拿起了一份名册细细看了看，然后惊讶道，"弟妹一手字写得可真是漂亮。"

六娘子闻言谦逊道："不过是外祖父以前日日逼着我做功课而已，这两年疏于笔墨，也已经生疏了。"

沈慧春欣慰地笑了笑，将名册递还给六娘子后问道："这几日，可有收到侯爷的平安信？"

六娘子轻轻地摇了摇头："侯爷在外，书信往来多有不便，他说过，一旦到了驿站，若是方便了就会写信报平安的，回头得了信，我就差人告诉长姐。"

"好好。"沈慧春拉着六娘子的手道，"俗话说万事开头难，我寻思着你若少个可以商量的人，不如咱们就早些把英娘接来宣城给你做伴？"

六娘子是新妇，还未等回门，沈聿白就领了皇命远赴关外。沈慧春自己是过来人，知道六娘子即便看着懂事聪慧，可说到底也只有十六岁，若是有个好说话的姐妹妯娌在身旁，平日也能多打发些闲暇，便会觉得日子过得快一些了。

六娘子一听果然雀跃了起来："可以让英娘早些来吗？"其实六娘子对沈慧英的印象不错，知她明理开朗率真而得体，若是有她做伴，自然再好不过了。

见六娘子高兴，沈慧春温柔地一点头，嘴角的笑意也深了深，轻语道："既你也觉得妥当，一会儿回了府我就给母亲写信去。"

第二十一章

满庭芳·家仆进府

第二天六娘子起了个大早，用了膳扮了妆后，她便带着揽月等四个大丫鬟去了前院的南花厅。

今日的六娘子打扮得庄重大方。整齐的乌蛮髻梳得别致仔细，三翅莺羽的珠钗衬得发丝乌黑发亮，光泽奕奕。

一袭绢纱料子的牡丹彩蝶纹浣花锦衫外头罩了一件明艳的月白兰花刺绣交领褙子，下面衬了一条浅绿色的立式水纹八宝立水裙，衣裙颜色相撞，非但不见俗气，反而让六娘子整个人看起来如一朵含苞待放的出水芙蓉般，清泽丽形，姿态楚楚。

南花厅里，陈伯和秦妈妈一早就聚齐了昨日留在府上的那些家仆，只等着六娘子今天来教规矩。

所以当六娘子缓步迈入厅内的时候，忽闻本是碎语不断的大厅里竟一下子变得安静了。

她一边觉得满意，一边又不太愿意府里的家仆这般恪守陈规，死板不通，便尽量放开嗓子亮了声音道："侯爷立府新规，若要细细说来，只怕能说上一天。你们也刚刚入府，并不指望你们能事事到位，可是有没有心思隔几日便能一目了然。新地方新规矩，大家都要慢慢适应，更何况各屋各处的规矩多有不同，那些繁文细节我也不一一赘言了，回头你们归了哪个管事哪个妈妈，就由着他们来教，不过这府上的大规矩，我今日还是要费舌说一说的。”

六娘子说完顿了顿，抬眼轻轻一扫，只见面前三十几个家仆皆噤若寒蝉，似连大气也不敢多喘一下，当下还是有些满意的。

其实并不是六娘子刻意要乔张做致装出一派高高在上的姿态，只是眼下她身处侯府，这里头的讲究还是要到位一些的。

主子就是主子，下人就是下人！六娘子这么做，不是主张上下的等级制度，也不是存心想给这些新进的家仆来个什么下马威，只是她觉得，作为主子，待人宽和是必须的，但是却要让这些下人知道，待你宽和，是希望你能尽忠职守地给侯府卖力干活儿，而不是把你请回来当爷当小姐的。

立威有则，有规可依，这是六娘子对待家仆的原则，不盲目不桀骜，她觉得只有在刚开始的时候双方都摆正了姿态，以后才能将这种好的作风沿袭下去。

想到这里，六娘子顺手喝了两口凉茶，润了嗓子又继续道：“不私下拉帮结派，不攀比，不嚼舌根，不越级，不私下变卖主家财物，不仗势欺人……”

这边六娘子说着，那边揽月记着，一笔一画全都归整进了六娘子早上刚装订好的小册子里。

六娘子注意着揽月落笔的进度，然后又道：“府上赏罚分明，你们进了府，就只当这儿是自己的家。我亲自挑的你们，自然是想把你们当作正正经经的家仆来看的。以后谁到了适龄年纪要成亲，府上也会给你们体面的。若是生了家生子，几代几代地传下去，日子也是会越来越好的。”

六娘子说着，手微微地一伸，一旁的竹韵就递上了一块小小的青白玉牌。

玉的水头是一般的，不过打磨圆润，顶上串着红锦绳，下面缀着个小巧的五蝠流苏络子，简单却雅致，看着像是腰坠之类的饰品。

六娘子见站在前排的几个胆子微微有些大的小姑娘已经抬起了头悄悄地打量起了自己手上的玉牌，不禁微微地笑道：“今儿就是给你们瞧个样子，这玉牌我已经让石缘楼的师傅去定做了，每人都有一块，做的时候我会让师傅刻上你们的新名字。既进了府，咱们就一切从头开始，改了名字就是新的生活。你们一下子这么多人，我就是敢夸自己记性好，却也会保不齐把你们谁和谁的名字给记岔的。挂个名牌在腰间，好看不说，还能让旁人一眼看见名字，不至于喊错，我觉得还是方便的。”

六娘子话音刚落，下面已经响起了窃窃声。

“啊……那玉的水头看着很好呢……”

“夫人出手阔绰。”

“公卿侯府之家呢，石缘楼可是宣城最大的一家玉器店。”

六娘子听了两句，不免觉得有些汗颜。

其实这事儿真不是她要刻意显富充阔绰的，这些玉牌是她让陈伯去石缘楼选的边角料，要说玉料的水头有多好那是没有的，不过就是看着漂亮罢了。刻名牌的事儿，六娘子是早已经想好的，可是用玉料却是临时决定的。她本想用木料或者绣面的，结果这事儿同赵太夫人一说，老夫人就笑她小气，说谁家丫鬟小厮没事儿别块木头在腰间的。她想想也对，又恰巧瞧着石缘楼的这批玉料边角也便宜，她就花了几十两银子全部买下来了。不过事后想想也是有些奢侈的，因为料子花了几十两，但是师傅的手工费也花了几十两，前后也有将近五十两花销了……

这样一思忖，六娘子就觉得，当务之急，她手上除了要做家仆和主宅那儿的名册之外，似乎还要仔细地做个账本出来。沈聿白走的时候给了她七千两，如今她左右花掉了将近一百两，虽不算多，可若是以后沈聿白随口问起，时间一长她也未必说得清个子丑寅卯。好记性不如烂笔头，一一记在案总不会有错。

如此一想，六娘子又觉得掌家实属不易，不禁在心中微微地叹了一口气。再看向眼前那些略陌生的面孔时，她的目光就柔了几分：“我知道这世道不易，你们也都是娘生爹养长大的，谁家但凡容易些，都不会把孩子送出来为仆的。不过只要你们本本分分地做好了，以后若是约满出了府回了家，那也都是体面的。且你们尽心尽责，我也会体恤你们，府上都是有轮班做休的安排的，逢年过节的时候，我也会让你们轮着休息，方便出府探亲。所以，说穿了就一句话，你们尽心伺候好主子，认真办好事情，侯府定不会亏待了你们。”

左右半个多时辰，六娘子麻利地将正事吩咐完了之后，又和众人聊了两句闲散的贴己话，便让鱼安陪着回了暖香坞，留了秦妈妈、陈伯还有揽月她们一一分配丫鬟小厮们的职务所属。

午膳过后，六娘子睡了一个足足的午觉，下午刚起，鱼安就传报，赵府的方妈妈来了。

六娘子命人将她迎了进来。

方妈妈火眼金睛，一下子就瞧出了六娘子屋子里多了几张稚嫩的生面孔，几个丫鬟虽看着年纪还小，做事儿也略显生疏不妥，不过倒都是安安静静很本分的样子，方妈妈心里就松了一口气。

“大热天的，妈妈一路过来一定渴了，这是秦妈妈煮的酸梅汤，妈妈尝了解解渴。”六娘子笑着亲自替方妈妈倒了一碗冰镇的酸梅汤。

方妈妈有些受宠若惊，倾身上前双手捧碗道：“夫人且慢且慢，老奴自己来。”

六娘子见状不再坚持，笑着直了腰身道：“不知妈妈来所为何事？”

“老夫人惦记着夫人所托，揽月的事儿老夫人一直上着心呢。”方妈妈喝了一口凉凉的酸梅汤，只觉汁水入喉，生津解渴，通体舒畅，人也精神了些。

六娘子一眨眼，忙问道：“是吗？不知外祖母替揽月寻的是哪家。”前些日子，六娘子开口请了赵太夫人给揽月做媒，她没想到这事儿这么快便有了消息。

“是老夫人本家庄子上严管事的小儿子严久祐。”

六娘子一愣，想了想后有些为难地道：“严管事的小儿子……但是，妈妈，揽月我还是想重用的，回头她成了亲，我还想让她回来做管事妈妈的。严管事在庄子上素有威严，回头若是揽月嫁了过去又转身回了侯府，严家会不会有微词？”

“老夫人自然是帮夫人考虑到的。不瞒夫人，严管事有两个儿子，大儿子是个聪明能干的，娶的媳妇也是能说会道的，现在家里基本上都是大儿子、大儿媳两双手罩着的。这小儿子今年刚满二十，说好听呢，是规矩乖巧，说得不好听的，就是有些木讷。人是不傻的，只是性子慢，又有大儿子在前面比较着，小儿子就没这么出挑了。是以老夫人说起揽月，严管事是连连点头的，直谢谢老夫人心里念着他呢。”

听方妈妈这么一番解释，六娘子便一扫之前的忧虑，眉开眼笑道：“外祖母挑的人我如何会不放心，既大家都说开了，那以后也是没什么不和气的。若是方便，妈妈可否让我私下见一见那严久祐。妈妈也知道，揽月从进了赵府以后就跟在我左右，我们虽是主仆，不过情分毕竟不同，她的事儿，我不愿敷衍。”

“哟，所以说夫人是个菩萨心肠玲珑心的，那些个小妮子跟在夫人身旁啊，以后可是有的享福了呢。”方妈妈一拍大腿，点头道，“夫人要见见严家小儿子那还不简单，赶明儿我就带了人来侯府让夫人瞧瞧。”

六娘子闻言，宽了心，临着方妈妈走的时候便给了一小篮惠锡水蜜桃让她尝鲜。

第二十二章

满庭芳·一叶知秋

七月初，沈聿白在遂山的驿站寄来了第一封家书，白纸黑字六个大字：一切安好，勿念。

七月末，六娘子定了揽月和严久祐的婚事，准备让他们九月成亲，一并定下来的还有流萤的婚事。六娘子当着流萤的面烧了她的卖身契，允她早两年出府嫁人。流萤感激地给六娘子磕了三个响头，也允诺六娘子，待她成亲了以后就和丈夫去庄子上帮六娘子打理庶务。

八月初，六娘子又从赵府和陆府的庄子上选了一些人入府做家仆，陆陆续续地，整个侯府的下人也几乎全部到了位。

八月中，七娘子的婚事定了下来，陆、张两家互换了庚帖，日子定在了来年的五月十八。

八月末，南邑战报，煜宁侯两平鞑蛮寨匪，擒获东蛮首领库尔茨，东蛮有意归降大周。

九月初，六娘子忙碌着开始张罗揽月和流萤的婚事，待她顺顺利利地将两人的终身大事办完之后，沈慧英从凉都来了宣城。

宣城处北，夏末开始，入了夜就已经有些凉意了，一入九月，气温骤降，枫树红的时候，早晚就已经要穿厚一些的褙子了。

沈慧英要来宣城这件事儿是早就定下来的，不过六娘子本以为她八月就应该到的，谁知一耽搁竟耽搁了一个多月。

是以这天晚上在暖香坞的小膳厅替沈慧英接风洗尘的时候，六娘子便自然而然地问及了缘由。

“四嫂应该知道，我这次来宣城是为了选秀的事儿，母亲说等我入了宫，便不是自由身了，所以我就自己拿主意在家里又多待了一个月，也能尽尽孝道。”沈慧英说这番话的时候，虽嘴角含笑，可却是目光深沉言不由衷的。

说起来六娘子和她也算是有过一面之缘的，只是今日再看，六娘子真觉得沈慧英的脸上少了往日的洒脱和飞扬，她变得有些刻意，尤为端庄，虽清丽有加的美貌不减，可却少了一丝韵动的灵气。

六娘子知道原因何在，可又不能当面点破揭穿，只能避重就轻地转了话题道：“妹妹也知道，侯爷走的时候，这整座侯府都是空空的，如今可好了，我总算是盼来妹妹同我做伴了。”沈慧英今年刚满十七，虽虚长六娘子一岁，可按着辈分六娘子却还是大过了她。

“新宅事多烦琐，可我来了大半日，却只觉丫鬟们做事儿说话都是有条不紊的，可见四嫂打点得好。等些时日待四哥回来了，定是会吃惊不小的！”英娘这话说得真挚有感，丝毫没有奉承吹捧的意思。

想她是中午时分到的侯府，一进门，视线所及的小厮丫鬟妈妈们皆是穿戴整齐的，且人人腰间都坠着一枚别致的水玉名牌，叫什么名字，当下便是一目了然。

入了内宅，见的丫鬟多了，却不见有那散漫无事的，行礼规矩也都是妥妥当当的，轻声细语的讨人欢喜。

再入六娘子的暖香坞，两个大丫鬟竹韵和鱼安自不用多说，其余的四个二等丫鬟妙琴、香巧、染画、寻音虽不见极为貌美的，可瞧着都是清丽单纯的，举手投足间虽还有些拘涩，但待人接物都是落落大方的。

而后头跟着的半夏、紫苏、茜草、泽兰四个粗使丫鬟，年龄虽都还小些，不过做事说话也都是井井有条的，看着便知是旁人用心调教过的。

是以只大致看了几眼暖香坞里头的下人，沈慧英就对六娘子心生了不小的敬意。

高宅府邸里的下人有的时候更像是一面一面的镜子，像侯府这样，虽是新府新立，可只要沈聿白一日不倒，那就势必是要走公卿之路的。主子好不好，有无德馨，往往下人们的一举一动就可见一斑。

这也难怪只短短的几眼工夫，沈慧英就对六娘子刮目相看了。

不过六娘子对沈慧英的赞声却显得有些受之有愧："让妹妹笑话了，我不过是拾人牙慧罢了。最开始侯爷已找好了牙婆子，之后大姐姐又细心地帮我一路打点着，教下人们规矩的是我母亲和外祖母屋里得力的仆妇们，我不过是讨了个坐享其成的便宜。"

"四嫂太过自谦了。"沈慧英笑了笑，忽然又略带伤感道，"不过哥哥能娶到嫂嫂这样心思巧妙的，想来只等他回了宣城，这日子也能过得舒坦些。"

她说着搁下了手中的汤碗，见六娘子正有些好奇地看着自己，不禁继续道："四哥并非嫡出，早些年日子过得尤为清苦。先嫂嫂虽也是世家出身，不过性子却有些孤傲。四哥那时候一心走武将寒门的苦路，先嫂嫂不理解，两人见了面谈及这些便是吵，吵到后来四哥索性就睡在了武馆。为了这事儿，母亲和姨……姨娘就没少操过心。"

这番话，从未有人和六娘子提及，便是连沈聿白的先夫人姓章，六娘子还是那时公公宣读加封诏书的时候才知道的。

所以眼下难得听知情人说起，六娘子自然是想多听一些的，不免顺着沈慧英的话茬道："先夫人是怎么去的？"

"难产。"沈慧英并无隐瞒，见六娘子诧异地瞪了眼睛，她轻轻失笑道，"先嫂嫂的事儿在沈家本来就不是什么秘密，今儿就算我瞒着不说，以后等凉都那一大家子的人涌进侯府，七嘴八舌的人多了，嫂嫂也能知道，倒不如我今儿直接说了干净。"

见六娘子静静地听着，沈慧英便继续道："胥口章家再早几年也是望族，后来虽家道中落了，但在胥口还是有些名望的。嫂嫂的爹爹原先是父亲的门生，只不过后来沈家也是泥菩萨过江自身难保的，两家的联系便渐渐疏少了。但当时母亲还是咬着牙想要再振沈家门楣的，所以便千方百计地和章家定下了四哥这门亲。可成亲以后，四哥屋里就没有消停过，先嫂嫂脾气拗直，四哥又是个不懂怜香惜玉的，两人一言不合就吵，这才会先有了庶子庶女的。后来先嫂嫂好不容易怀上了，结果却小产了，孩子没了不说，大人也跟着折损了元气，一个月没到就去了。"

自古女子生产便是要绕鬼门关一大圈的，这点六娘子深以为戒！不过除了这点觉悟之外，六娘子更多的还是感慨。

对于沈聿白，六娘子从来都没有指望过两人会营造出两情相悦爱慕至深的生活来。先撇开各自的性格喜好、生活习惯等等不谈，就光说妾侍成群这个问题，六娘子就是接受不了的。

但不知为何，刚才英娘那几句简单的回忆，竟让六娘子对沈聿白生出了别样的情绪来，说不清道不明，连六娘子自己都不知道为何她会突然有了一丝隐隐的心疼。

或许是因为她和沈聿白成亲已成事实，不管她接不接受，沈聿白以后都会时时刻刻地出现在自己的生活中，六娘子忽然发现，其实对他好一些，就是对自己好一些。

这样一想，六娘子不免有些迷惘了：“或许那时候，侯爷和先夫人都太年轻了，也不知要如何体谅对方。”毕竟逝者已逝，章氏死了这么多年，再记她的好坏并无意义，更何况六娘子也不觉得拿章氏来做比较有什么大用，所以话到嘴边，还是留了大半在心里，只微微地感叹了一句。

但沈慧英闻言，却是眼中闪过一抹碎光道：“论年纪，四嫂比我还小一岁呢，可我瞧着四嫂却是个通情达理的。”

六娘子一愣，红着脸别过了头，佯装没有听见似的，吩咐鱼安把烛火挑得再旺一些。

那之后，六娘子和英娘还小酌了几杯，两人从最开始的尴尬对坐到后来的侃侃而谈，晚膳用完的时候周遭的气氛已经很融洽了。

其实六娘子和英娘年纪本也相仿，在之前相识的两次中，彼此留下的印象都还算不错。最重要的是，六娘子现在嫁给了沈聿白，而英娘则是沈聿白唯一的胞妹，是以不管从利益出发还是从情感出发，两人都没有暗中较劲的道理。

晚膳结束后，六娘子亲自带着沈慧英去了下榻的小院。

“园子里有两株垂柳特别有生气，现在天黑了瞧不太清楚，明儿你起来看看，绿梢垂坠，看着总觉得夏天还没有过完似的。”六娘子一边带路，一边笑语。

“让四嫂费心了。”英娘晚上多喝了几杯，虽不至醉，可脚步到底有些虚了。六娘子扶了她一把，两人并肩进了垂柳居。

第二十三章

满庭芳·边疆告捷

十月十五下元节，六娘子意外地收到了沈聿白的家书，信的内容依然言简意赅，但却真的令人振奋。

据沈聿白所言，因为鞑蛮内部有乱，而东蛮有意归降，是以竟联合了沈聿白的兵士倾轧西蛮，西蛮被打了个措手不及，结果可想而知。所以沈聿白在信上预测，鞑蛮之乱或许在入冬以前就能一举平息了。

收到这样的书信，六娘子自然是高兴的，急忙差了人将消息告诉了沈慧春，又同英娘举杯小庆了一番，方才静下了心思。

赵太夫人这两日微染风寒身体抱恙，六娘子便抽空去了一趟赵府，赵太夫人见她带了大包小包的药材，一边咳嗽一边笑道："你这是要开药材铺子呢，我这把老骨头我自己心里清楚，这点风寒还要不了我的命。"

六娘子听了，连连"呸"了两声，然后认真地看着赵太夫人喝了汤药以后，方才道："老祖宗可千万别轻小病而伤元气，风寒可大可小，过秋入冬的时候，最容易寒风侵体，您不能太大意了。"

"是是！"看着六娘子一本正经的模样，赵太夫人也不好拂了她的面子，便点头应了一声后连忙转了话题道，"听你外祖父说，侯爷出师大捷，估计也快要班师回朝了？”

六娘子点点头：“侯爷月头的时候来过一封家书，信里头也是这么说的。”

“那你侯府上下可打点好了？”赵太夫人眯着眼问道。

六娘子一愣，瞪眼道：“打点什么？”

赵太夫人喝了一口温水道：“侯爷要回来，凉都的人也就要全部来宣城了。你成亲这些日子，是一个人散漫惯了，你以为我不知道，虽家里你是像模像样地端着架子在打点的，可没人就没事儿，前后能有些什么大事要你操心的？”

六娘子闻言，脸一红，双手揪着衣摆干笑道：“外祖母也不能这么说，我……也有尽心打点的。”

“秋物可都换上了？床褥被套可都有让浆洗房的婆子们洗晒过了？旁的不说，便就是屋子里的家具摆设，你可都有细细去看一看？”赵太夫人说着伸手点了点六娘子的额头道，“虽以后这些事儿也不在你要用心打点的范围内，可这头一遭，你是不是要做到不落人口舌？”

“外祖母教训的是。”六娘子垂了眼帘，只觉沈聿白能安全无恙地平定鞑蛮是好事儿，可他要班师回朝坐镇侯府，这对她陆云筝来说却似乎不算是太好的消息。

“你是我从小养大的，你肚子里做什么文章我会不清楚？那些冠冕堂皇的表面功夫你做惯了，可回头要迎的是谁？光是婆婆你就有两个，别说那一家子的三姑六婆叔伯舅公了，这是你能随便糊弄过去的？”

见赵太夫人说着说着激动得咳嗽了几下，六娘子连忙上前轻轻地拍了拍她的背，然后态度端正地认错道：“外祖母，您别操心，我知道错了，侯府的事儿我会打点好的，您千万别为了我这点事儿气着了身子。”

赵太夫人见六娘子眼眶红红的，口气便一下子软了几分，搂过她拍了两下道：“你这亲成得说难也不难。如今侯爷是皇上跟前的红人，之前沈家还未复势，你算是低嫁，可眼下若要细算，你绝对是高嫁。要说日子是肯定不难过的，巧妇难为无米之炊，可你这儿却不怕侯府会断了粮。但是要说难，你以后的路也是够折腾的。且不说别的，光是要伺候的婆婆，名义上一个，实际上还有一个，沈家人不说，你也要用自己的眼睛去看。侯爷的生母，虽只是个妾，可膝下三个孩子都越过了府里的嫡子，你道她会是个简单的？”

赵太夫人说着顿了顿，不免叹气道：“按理说，沈家同我们赵家是亲家，我在你面前说这些也不好。可你且要记住了，宅门的事儿，有时候不是你想大事化了就能办得成的，你不闹腾，自有人会想办法让你闹腾，能不能拿住大局，还要看你能不能让侯爷点头高兴。”

“我又不是卖笑的。”听了这最后一句话，六娘子颇有微词。

赵太夫人这儿正说得头头是道的，乍一听六娘子的话，便是一伸手就打了她一个爆栗子：“你真是越大越拧巴了，有你这么给我下套的吗？”老太太有些哭笑不得地又道，“罢了罢了，我说的话你也听不进去，你还是早些回了侯府去，我这儿也能眼不见为净。”

六娘子闻言撇了撇嘴，虽知道赵太夫人这不过是句玩笑话，却也细心地看出了她老人家眼底蕴着的倦意，便顺杆而下地念叨了几句让她多休息的贴己话，然后退出了屋子。

但那日祖孙俩的一席话到底还是起了作用的。隔天一大早，各处管事妈妈来暖香坞回话的时候，六娘子便破天荒地问了很多的事儿，大到各园的归整摆设，小到软榻迎枕所用的秋料，事无巨细，连带着让几个牵头的管事妈妈也跟着诚惶诚恐起来。

那之后，六娘子是结结实实地忙了小半个月，而她也不得不佩服赵太夫人的先见之明，因为十一月初的时候，沈聿白竟毫无征兆地回了宣城。

其实那天不过是十一月最寻常的一天，早上的时候六娘子简单地处理了一些庶务，然后被她派去揽月住的庄子上的竹韵回了府。

一进门，竹韵就笑眯眯地附在六娘子的耳畔道：“夫人，揽月有了。”

六娘子眼前一亮，忙笑着拉过竹韵细细问道：“真的，几个月了？你去那儿瞧得仔细没？他们住得好不好？”

竹韵抿嘴笑了片刻，方才正色道：“夫人这次真是歪打正着了，本您是让我给姐姐送银子去的，顺便瞧瞧她成亲这两个月日子过得如何，偏我到庄子上的时候正瞧见姐姐在炕头抱着痰盂猛吐呢。”

“怀相不好吗？”六娘子闻言有些担心。

竹韵忙摇头道：“没有没有，姐姐不过是害喜有些厉害，我瞧着她精神好着呢。而且严家的姐夫对姐姐那叫一个好，姐姐要吃什么要用什么，那严久祜是统统亲自端到跟前的。”

见竹韵说着说着眼露艳羡之色，六娘子便打趣她道：“你且放心，回头等你到了成亲的年纪，我也会给你物色个体贴入微的，绝不会让你吃苦的。”

竹韵闻言，脸一红，一边跺脚一边娇嗔道："夫人说什么呢，我……我……"

见竹韵支支吾吾地"我"了半天也没个下文，六娘子笑得合不拢嘴，捂着肚子转了话题道："那十两银子揽月可收下了？"

竹韵忙回道："揽月姐姐自然是死活都不肯收的，不过我走的时候，悄悄地藏在枕头底下了。"说着她便细细地回忆了一下后又道，"其实夫人不必多挂怀，严家的人对姐姐都很好，我瞧那庄子上的房子虽有些老旧，但里外都是干净整齐的，成套的茶具新的被褥，虽肯定是不能和侯府里头比了，但左右都透着一股子居家气，揽月姐姐日子过得一点也不委屈。"

六娘子闻言松了一口气，笑逐颜开道："那就好，那就好！"

揽月和竹韵都是赵府的家生子，老子和娘都是赵家怀阳庄子上得力的管事。六娘子唯恐揽月嫁得委屈，又知她是个隐忍寡言的性子，这才起了心意给了竹韵三日的假，让她去了揽月现在住的庄子上瞧个究竟，谁知竟探出了一桩喜事来。

结果那天，六娘子心情很好，不仅中午的时候多吃了半碗米饭，下午还心血来潮地自己动手腌了一小坛青梅。到了晚上，她又禁不住英娘闹腾，两人趁着侯府无主，起了酒劲，饭桌上竟干掉了半坛子的女儿红。

秋凉夜深，英娘直接醉得被丫鬟搀回了垂柳居，而酒量一向还算可以的六娘子因为空腹被英娘灌了好几杯，也有些醉得站不稳步子了。

如今近身伺候六娘子的几个丫鬟中，就属鱼安平日里的话最少，可这天晚上她却黑着一张脸念叨了六娘子许久。

"夫人这般没了规矩，回头若是让外院的仆妇瞧见了可怎么得了？"鱼安一边用热帕子给六娘子捂脸擦身，一边碎碎念地数落着六娘子的不是。

女儿红甘洌清甜，可后劲十足，此刻酒意上了头，六娘子只觉浑身热得要命，酥酥软软，提不起劲。可好在她脑子还算清醒，鱼安同她说什么她也都能听得进反应得了，便"咯咯"地摆手笑道："无妨无妨，你瞧……整个府上不也只有我和英娘两个……"

见六娘子一边说一边直直地往黄花梨雕喜上梅梢架子床上倒了下去，鱼安便扑上去想要拉她。

结果六娘子头一沾软枕，困意就顷刻席卷而来，便慵懒地一把扯了珠钗散了发髻挪了个舒服的姿势裹着被子眯眼道："不用忙了，你且出去候着，我先睡了，等明儿一早早些起来再洗漱吧。"说罢她便翻了个身，卷着醉意浅浅地闭了眼。

第二十四章

满庭芳·洞房花烛

六娘子是被渴醒的，蒙蒙眬眬间，她只觉得自己被厚重的被褥压得有些喘不过气来，寒意渐浓的深秋，她竟觉得有些出奇的闷热。

“鱼……”六娘子张了张嘴，想唤鱼安进来给自己倒碗温茶解渴，可出了声她才发现自己嗓子眼儿烧得难受。直到这一刻，那不听使唤的身子搭着还算清楚的思绪，让六娘子顿时特别后悔空腹喝了那么多杯的女儿红。

可忽然，六娘子只感觉自己腰间一紧，胸口一凉，一股陌生的气息顿时在自己四周蔓延开来。她直觉地想惊呼尖叫，却忽闻一阵略微有些急促的喘气声从耳际传来。

“让你一个人待在家里，偏偏不学好，临睡前还沾得一身酒气……”

六娘子闻声猛地抬头，只感觉眼前一亮，借着窗外洒进的碎碎月光，她的眼对上了一双深幽如黑玉一般的眸子。

“沈……”

只一瞬间，她溢出嘴角的惊呼就被人悉数封住，六娘子只觉得自己的身子越来越软，本是有规律的呼吸被人带得断断续续的。她不由自主地想要逃，可整个人却被那强劲有力的一双手紧紧地锁在了床榻上……

这真的不能算是一次好的体验，六娘子觉得这迟了整整半年的洞房花烛夜只能用“糟糕”两个字来形容。

其实对于男女之事，她虽毫无经验，可却不能说是全然不知的。但眼下这具身子毕竟才只有十六岁，身形未开骨架未齐，这圆房之事来得又实属突然，她被酒迷了神志，欲拒还迎的媚态让浅尝她青涩滋味的沈聿白差点儿把持不住，便狠狠地闹了一次。

所以翌日卯时三刻，当竹韵和鱼安像往常那般端着热水、拿着帕子铜盆进来伺候六娘子起床的时候，六娘子身上那青一块紫一块的印记将两个未经人事的小丫鬟当场就吓傻了。

“夫……夫人……”鱼安都差点端不稳手中那半满的铜盆了。

看着眼底泛青神情恹恹又寸缕未扎的六娘子，鱼安赶紧放下了手中的铜盆，然后一把扯过架子上挂着的长衫披在了六娘子的肩头，却不知要说些什么。

而一旁的竹韵已经气急了，一边跺脚一边带着哭腔道：“侯爷这是要做什么，第一天回府，就把夫人您折腾成这样……”

六娘子只觉得身子既像是散了架一般，又像是被马车碾过一般，浑身上下酸痛得难受，实在无力应付两个对男女之事完全不懂的小丫鬟，只吩咐鱼安道：“去烧了热水，然后喊秦妈妈来给我净身。”

见六娘子黛眉紧蹙，鱼安不敢多做耽搁，福身退了出去。

六娘子见状，拢了拢滑落肩头的素衣，伸手揉着隐隐作痛的额际，问一旁红着眼的竹韵道：“侯爷……昨儿什么时候回来的？”

“侯爷回来的时候已经过了子夜了。”竹韵语气中依然带着一股子微怒，“夫人您也知道，大半年了，侯府都没有过这样的事儿，且侯爷回来的时候是由随行小厮伺候着的，是以直到侯爷入了暖香坞，我们才知道的。”

“昨儿是谁值夜的？”

“是鱼安。她怕夫人酒醒了要沐浴，所以就睡在了耳房，还吩咐半夏和紫苏晚上千万轮流着看住炉子上的热水。结果没想到这水您没用上，倒是便宜了……倒是让侯爷用了。”见六娘子睨了自己一眼，竹韵连忙改了口。

“没大没小！”六娘子有些哭笑不得，“平日里是太惯着你们了，但在我跟前想怎么说都成，可以后这屋子进进出出的还有侯爷，你这话说出去别人只会说我不会教丫鬟。”

“是，奴婢知道错了。”竹韵闷闷地低了头。

六娘子知竹韵也是因为心疼自己才闹了情绪的，不免微微叹了一口气，柔了声音问道：“那侯爷现在人呢？”

“侯爷寅时就起来了，鱼安听到动静从耳房出来的时候，侯爷人都已经到门口了，说是要进宫去见皇上，让鱼安晚些喊您起床。”竹韵顿了顿，面色绯红地又道，“可……可我和鱼安哪里知道夫人……便想着您也从来不赖床的，且昨儿又是吃了酒没有沐浴，今儿一早您肯定是要早起的，便……便……”

六娘子闻言淡淡地笑了笑，挪了挪有些发酸的双腿，找了个舒服的姿势垫着迎枕靠在了床头，一边想着竹韵方才说的话，一边出了神。

其实对于昨天晚上沈聿白这突如其来的求欢，六娘子虽然不喜欢，却觉得并没有什么可生气的。

因为他们是夫妻，名正言顺的，无论六娘子有多不喜欢床笫之事，都不代表她能理直气壮地和沈聿白说“不行”。

虽然不愿意，但是六娘子也必须承认赵太夫人说过的一句话，那就是她能不能在侯府站稳脚跟，很大程度上是要看沈聿白会不会支持自己，而这种支持，有一部分其实是建立在和谐的男女之事上的。

想到这里，门口忽然有了声响，六娘子睁了眼看去，却见秦妈妈正一脸担忧地掀帘而入。

“妈妈，今儿要劳烦你伺候我沐浴了。”六娘子松了一口气，然后任由秦妈妈和竹韵仔细地搀扶着自己进了净房……

水汽氤氲，温水消倦……半人高的木桶里，六娘子浸没在水中，闭着眼任由秦妈妈替自己捏着肩膀松着筋骨。

“夫人，您身子还未完全长开，若是由侯爷这样闹，怀了子嗣肯定是艰难的。”秦妈妈一边拿捏着手中的力道，一边轻轻地附在六娘子的耳畔道，“侯爷这次回来，夫人也要想想，不管是妾侍还是通房，该安排的还是要安排下去。这不光是嫡妻之责，也是为了夫人的身子着想，夫人还年轻着呢，养好了身子，以后不怕没有子嗣的……”

六娘子静静地听着，理智上虽知道秦妈妈说得没有半点错，可不知为何，她心里却紧得要命。她能理解宅门男子的三妻四妾，也能客观地去面对陆老爷那成群的妻妾儿女，她能接受林氏这样的继母，也能敞开心扉接纳七娘子这样同父异母的妹妹。但是一旦这些事儿要真真切切地发生在自己身上的时候，六娘子心里就不好受了。

纵使没有感情可言，可沈聿白是她的夫君，她凭什么一定要和另外一群女人去分享一个男人？

想到这里，六娘子便憋了气，一言不发地缩了腰身，整个人沉入了水底。

耳畔有“嗡嗡”的声音，隔着起伏的水面，六娘子怔怔地看着屋顶上那弯弯曲曲的横梁，一时之间她忽然觉得自己有些可笑的矫情。

其实谁家不是这样过来的？所谓夫妇，两人之间说穿了不过是一场互相利用的“联姻”而已。沈聿白为了固势，想借取赵老太爷的人脉和实力，而她为了能过上自己掌权的生活，才点头同意嫁进沈家。

既各有所需，她为何还要天真地奢望沈聿白只尊重陪伴她一个女人？

退一万步想，即便沈聿白对妻妾的态度真的如她所愿，可偌大的侯府，六娘子并不觉得光靠自己的开枝散叶就能撑满六进的门庭。而府邸的簪缨之势，也并不是光靠她和沈聿白两个人就能办到的……

这样一念，六娘子心里便豁然开朗，当她墨发尽湿浮出水面的时候，神色已恢复了之前的泰然自若……

因为不确定沈聿白的行踪，所以六娘子干脆就没有把他回府当作一件正事儿来看。早膳过后，她照旧在小花厅一一地和管事妈妈们对着庶务，派遣的事儿也和之前并无太大的差别，不过在遣了妈妈们以后，六娘子却单独喊来了陈伯。

“侯爷回府，其实也并不是什么了不得的大事儿，前院的事儿你打点得也算井井有条，等侯爷有空了之后，你只需把手头上的账册一一交给他过目即可。”六娘子一边吩咐着，一边正想着还有什么落下的事儿没。

陈伯忙点头道：“夫人，那侯爷的书房是否要找人洒扫一下？”

“要的。”六娘子点头道，“眼下书房里的书架上全是空的，也不知侯爷要如何归整，先让丫鬟打扫干净了，还有，你决定了书房里留哪个小厮伺候没有？”

“老奴瞧着明路不错，腿脚快话又不多，脑子机灵，有什么事儿吩咐一次他就能办得妥妥的。”陈伯回道。

“明路。”六娘子对这个小厮有点印象，因为陈伯最近有些事儿都是交给他来办的，是以他时不时地也会往内院跑，便说道，“既陈伯你瞧着好，那便让明路专门在书房那儿伺候着，若是回头侯爷也点头了，他的月例你就给添一添。”

“是。”陈伯恭声应了，见六娘子并无别的吩咐了，便恭敬地作揖而退。

打发了人，六娘子一下子松了肩靠在了黄花梨交背椅上，累得连眼皮子都不想多抬一下了。

这样不行！六娘子心里苦想道，关于夫妻间的那些事儿，她决定回头还是要按着秦妈妈早上说的那些话去实行。别的且不说，就光说沈聿白正是龙虎精壮的年纪，若是让她一个人这样夜夜承欢的话，她就算不累死，隔天也肯定分不出多余的精力来管家理事儿了。

不过歇在花厅也不是个事儿，六娘子便狠狠地揉着酸疼的细腰，由鱼安搀扶着进了里屋。靠上美人榻的时候，六娘子正在犹豫今天中午要不要干脆不吃饭先睡一觉再说。

可正当她想吩咐鱼安先不要摆饭的时候，妙琴跑了进来，神色慌张道：“夫……夫人……侯……侯爷下朝了……”

第二十五章

满庭芳·君臣之道

六娘子本已有些昏昏欲睡了，听了妙琴的话，她下意识一个挺身就从美人榻上坐直了身子，然后一边任由鱼安替自己整着钗环衣衫，一边问道：“午膳备好了吗？”

“项妈妈备好了，正在问夫人要不要摆饭。”侯府的厨房眼下是由项妈妈专职打点的，她烧得一手好菜，尤擅淮扬菜和闽系菜，很合六娘子的口味。

“快，快摆饭。”六娘子一边吩咐了一声，一边趿拉鞋拉挺了衣摆就出了里屋。

六娘子走出正厅，刚刚在廊子下站定，便见沈聿白大步流星地进了暖香坞。

眨眼间，六娘子将目光锁在了他的身上细细地打量了一番。眼前的沈聿白身着一件藏蓝色绣银丝点素团纹的交领长衣，腰束一条雕花白玉腰带，一头鸦羽般的乌发用玉冠松松扣住，这最平常的居家打扮，让他此刻看上去少了一丝威严，多了一点儒雅之气。

不过到底也有大半年没见了，这第一眼，六娘子忽然觉得沈聿白的容貌在她的脑海中竟已经有些模糊了。

“侯爷。”思忖间，沈聿白已经提摆蹬步上了台阶，六娘子携一众的丫鬟在门口一溜排开恭敬地向他福身请了安。

沈聿白低头看了六娘子一眼，然后问道："用膳了吗？"

"正等着侯爷呢。"六娘子微微地低着头，眼帘轻垂，一副以夫为天的小媳妇模样。

沈聿白有些受用，想着她昨晚散着酒香在自己身下承欢的姿态，眉眼不免一紧，有些不自然地道："那先用膳吧。"说罢便越过六娘子先进了屋。

屋里燃着不知名的香料，醒神不腻，沈聿白觉得清雅好闻。一旁有衣着整齐长相清秀的小丫鬟上前颤颤巍巍地引自己往净房走去，沈聿白一心二用，一边好奇地看着屋子里的陈设，一边想着六娘子方才在门口那恭谦有加的姿态，不免觉得有些意思。

其实他这次提前回宣城，连皇上都是吓了一跳的。

但鞑蛮归降的事儿比他预期得还要顺利，因此他足足提早了一个月从东蛮启程，快马加鞭未作停歇，终于在入冬以前赶了回来。而他能如此轻松地一路飞马，是因为沈聿白将军营大队交给了副将带领，而自己则带了一路轻骑兵行官道而归的。

当然，沈聿白之所以这么快要赶回宣城，是因为他要在鞑蛮议和使节入宫以前，先和皇上碰上头。因为鞑蛮东、西两族政意相左，和谈的条件里有很多细节上的重点是需要沈聿白口述给皇上听的，再加上战事全歇，祸乱平定，沈聿白自然也能放心而归了。

不过昨天晚上和六娘子的这一桩，却是完完全全在沈聿白的意料之外的。

其实这些年来，他并不贪恋男女之事，想他十六岁起就跟兵扎营边塞了，偌大的军营，他什么没有见过。听荤段子就和茶馆听书一样，那些事儿，光是在只铺了干草的马厩里他就撞见过十来回。也不是说沈聿白定力特别好，只是那时候他的心思不在男欢女爱上，他满脑子想的是如何光耀门楣，如何成就天下，是以从来不会主动索求些什么。

可昨晚明显有些失控！

他回府本来只是想小眯一会儿，养养精神换身干净的衣裳，等第二天一早就进宫面圣的。但结果却发现六娘子喝醉了，崭新的架子床上，她就如同一朵含苞待放的花骨朵一样嵌在薄被里，衣衫半褪间，沈聿白甚至能看到六娘子贴身穿的那件红绣兜肚。

艳丽的红，衬得她肤若凝脂白如初雪，只这一下子，竟就轻而易举地勾起了他的心思。

之后的事儿他也未曾料到，明知她太过娇小，可念头一上来，沈聿白便有些把持不住自己了，迎着六娘子嘤嘤的浅哭声，他竟连着要了她两次方才罢休。

这种纵情，在沈聿白的记忆力，还真是从未有过的。

想到这里，他不免扬了扬嘴角，只觉小小的六娘子承欢在他身下的时候，可怜兮兮得如同一只被侵的小兽，无助又可爱，让人爱不释手。

当沈聿白换了一身宽服从净房出来的时候，桌上已经摆好了午膳。

他探身看了一眼，四菜一汤，清炖狮子头、翡翠豆腐、鸡汁烫干丝、玉蒜拍黄瓜和一大碗管大骨董汤。

"淮扬菜？"沈聿白眉眼一扬，落了座。

六娘子见状，慢条斯理地也坐下了身，然后莞尔道："厨房的项妈妈最拿手的是淮扬菜，闽系菜也做得很地道。今儿侯爷回来得突然，妾身事先也没个准备，项妈妈便是按着以前妾身午膳的口味做的，侯爷若是不喜欢，明儿我就改菜单。"

想他和她半年未见，如今面对面坐下吃着这第一顿午膳，六娘子竟仿佛他从未带兵出过远门一般，言辞间丝毫不见陌生慌乱，沈聿白不禁有些诧异，便动了一筷子吃了一口狮子头，道："无妨，淮扬菜清淡入味，午膳上桌最好不过了。"

见沈聿白并不排斥，六娘子便暗暗地松了一口气。

说实话，沈聿白这一回来，六娘子是很忐忑的，除了开始要迁就他，努力接受和他睡在一张床上、住在一个屋檐下以外，很多原先定好的规矩似乎都要按照沈聿白的喜好而改上一改，这其实是件很费神的事儿。

而眼下，对于吃饭这件大事，沈聿白似并无太多的异议，这让六娘子觉得很满足。

时隔半年之久，再与沈聿白对坐吃饭，六娘子依然有些小小的紧张。不过也主要是因为太累了没有胃口，是以她吃得有些心不在焉，并不像对面的沈聿白那样大快朵颐食欲满满。

席间，六娘子见缝插针，不是给沈聿白夹菜就是给沈聿白端汤，举手投足间翩翩优雅，做足了贤妻的姿态。

沈聿白一边吃，一边眯着眼细细地打量着对面的六娘子，只见她肤光胜雪的清秀面孔上一双入鬓的远山长眉显得格外地引人注目。豆沙红素面交领夹衫衬出了她的沉稳大方，而浅粉色缠枝花的镶边又透着几分灵气活泼，乌黑的头发很简单地绾成了一个偏垂髻束在左耳畔边，小巧的耳朵上戴了对赤金粉玉兰花的耳环，小小的玉坠随着六娘子的动作摇摇晃晃，格外地别致。

不过当沈聿白将视线移到六娘子的笑颜上时，却还是看到了她眼角泛出的浅浅青色，下意识地便挖了一大勺的狮子头塞到了她的碗中道："多吃点，你太小了……"

六娘子正在喝汤，听了他这句一语双关的话，羞得将入口的清汤全部咳了出来。随即她涨红了脸颊、瞪着双目直视着沈聿白道："妾身觉得食不言寝不语有助消化，侯爷觉得呢？"

其实沈聿白本也没有别的意思，可六娘子的话一出，他瞬间就知道这个看似一本正经的小妮子想歪了，便起了心思逗她道："你瞧，眼下还未过年，你满打满算也才十六岁，我今年已经二十二了，论年纪，你比我小了快要一整轮，为夫觉得说你小，并没有什么不妥的。"

六娘子张了张嘴，脸上的神情称得上是"丰富多彩"的，半晌才暗暗地咬紧了牙关，从齿缝间硬生生地蹦出了一句道："侯爷……说的是。"

沈聿白微笑着点了点头，深幽的黑眸中透出了一丝狡黠，便搁下了竹箸抹了抹嘴道："前院现在管事的是谁？"

六娘子闻言也搁下了碗，回道："是一路从怀阳跟着妾身来宣城的陈伯，他原先在怀阳的时候就是一直帮外祖父处理一些宅府庶务的。六月的时候，侯爷走得匆忙，也没有仔细吩咐一声，别的人我也不放心，就让陈伯先管着，若是侯爷……"

"不。"沈聿白未等六娘子说完就接了她的话头道，"外院的事儿我还没有心思细管，只这两日来看陈伯打点得都极为妥帖，就先这样让他打理着吧。"

"侯爷……这次回府是短住还是不走了？"这个疑惑在六娘子心里搁了半天了，眼下看着沈聿白有心同自己聊聊，六娘子自然是要抓紧机会问问的。

沈聿白道："鞑蛮那儿已经没什么事儿了，下个月会有使节来宣议和签文，扎营在边塞的驻军在月底也差不多要抽身准备回城了。我今日一早进宫面圣，除了告诉万岁爷关于议和的事宜之外，主要还是告病请归的。"

"告病？"六娘子一惊，连忙站了起来，走到沈聿白的跟前，将他上下打量了一番以后疑惑地问道，"侯爷受伤了？"可瞧着他那神采奕奕的模样，并不像是有病有伤啊。

“下元节过了没多久，皇上就收到了弹劾我的折子，礼部刘文统拟的文，折子在龙案上还未等到万岁爷朱笔点批，言官的论调就已经起来了。蒋阁老、谭阁老，连着定国侯世子彭坤，前后十来个人，矛头全部指在了我的身上。”沈聿白淡淡地笑着，可眼底却凉意一片，目露杀气，不怒而威，令人战栗。

沈聿白话落语止后，六娘子便安静了下来。

其实沈聿白能这么说，六娘子除了惊讶，更多的还是宽慰。

眼下两人虽是夫妻，可相处时间甚短，六娘子觉得自己并不怕沈聿白身上带着的那一股隐藏得很好的戾气，她更怕以后两人的相处中，沈聿白什么都不和自己说，不同自己商量。

六娘子觉得，比起拳脚相向的家庭暴力，冷暴力反而更能消磨夫妻间的耐性。

不过看到她的安静，沈聿白不禁下意识地问道：“你怕了？”

六娘子一愣，后退了一步道：“怕什么？”不过刚说完她就反应了过来，连忙又道，“哦，侯爷说弹劾的事儿啊？”

“你不怕？”听着六娘子那云淡风轻的语调，沈聿白忽然有了一丝探究的心。

其实沈聿白自认阅历不浅，他的起点比一般簪缨贵胄世子要低，庶出的身份带给了他很多的不便，更何况军营里鱼龙混杂，本就是个遇人说人话遇鬼说鬼话的地方，是以沈聿白不敢说自己看人完全准，可多半也是八九不离十的。

但偏偏这六娘，他有些不懂了。

按理说她小小年纪，又是从小养在深闺，不管是怀阳还是宣城，总之她的出生就注定了她金枝玉叶的成长之路。可在她的身上，沈聿白却不太看得到官家小姐那惯有的羸弱和胆小，有的反而尽是独立、有主见、洒脱和随性。

别的不说，就拿他离府半年这件事儿来讲，其实他自己也知道当时走得有多匆忙，偌大的一个侯府，又是皇上御赐的翻新宅，光是要安排下人仆役到位就是件很不容易的事儿了。

说实话，沈聿白本来并没有指望在回府的时候，能看到一个井井有条的宅子的，可结果却令他大吃一惊。

就在方才，他下朝回府，一路从外院走到内宅上房，沿途所见都是规规矩矩各自忙碌的小厮丫鬟，偶有一两个趁着闲时偷会儿懒的，也在远远看到他的时候纷纷散开了。

而府邸的下人们，人人腰间都吊着一块名牌，叫什么走近一看一目了然，沈聿白也猜到，这肯定是六娘子的主意。

虽别处他还真来不及细看，但仅这两处，就让他对六娘子刮目相看了。

但沈聿白在惊讶之余又有些好奇，他行军打仗多年，最喜探人底细，眼下这个兴趣竟然这样被六娘子轻而易举地勾了起来。

沈聿白想知道，看起来娇小玲珑的六娘子，除了是理家的一把好手之外，还是不是个有胆色的。所以，刘文统拟了弹劾他的折子一事儿，就这样被沈聿白轻松地说出了口。

而六娘子见沈聿白看着自己一言不发，心里也开始犯起了嘀咕。

弹劾之事其实可大可小，她觉得自己在沈聿白心目中的地位，并没有重要到可以和他分享政治意见的程度。所以在最开始的欣慰退去之后，六娘子前后想了想，便不太难猜出这话应该是沈聿白对自己的试探。

可是试探她什么呢？胆子？还是她背后的赵老太爷？又或者是别的她还没有考虑到的关系？

不过很快的，六娘子就决定不管沈聿白要试探自己什么，她都无意在他面前藏拙。因为只要不和离，他们两人注定是要绑在一起一辈子的，这么长的时间中，如果从一开始就隐瞒了自己，那六娘子觉得后面的路只会越走越窄。

思及这些，她便轻轻地吸了一口气，然后先是吩咐了竹韵进来收了碗筷，又亲自去泡了一壶消食茶进来，随即才重新坐在了沈聿白的对面道："我当年养在怀阳，长大一些以后，外祖父就亲自给我启了蒙。当时我只觉外祖父学富五车博古通今，门生弟子随便挑一个出来都是名望煊赫的，只想着为何如外祖父这样的人才皇上竟不放在眼中。"

见沈聿白端着茶碗看着自己，六娘子下意识地偏了头继续道："后来我才知道，皇上不是不把外祖父放在眼中，只是君臣之道讲究一个度，过了度，皇上就会开始忌惮你了。"

沈聿白闻言，眼皮一跳，嘴角溢出一丝轻笑道："这些是赵老告诉你的？"

六娘子觉得他未免有些太小看了自己，便回敬道："前朝之例比比，大明首臣张居正，倾心尽力辅佐幼帝，使国力达至鼎盛，可他病死以后第二年，却被追夺一切官阶，转年又被抄家，神宗皇帝口称其'有十年辅理之功'，转眼却恩将仇报，一切功名皆化为罪状，还有西汉的霍光，死后也是株连十多家。凡事张弛有度，过犹不及，这个道理无须外祖父告诉，妾身也是明白的。"

"你也觉得我功高震主了？"沈聿白挑了眉，嘴角噙着的那抹笑意已散于无形之中。

六娘子看着他那双甚是好看的双眸道："功高震主这四个字从来都是旁人给权臣定的，而这权臣有没有功高震主，最终还是要看万岁爷的意思。旁的不说，就单说沈家，从权臣沦为流族，又复势而起，侯爷可知，不只那礼部刘文统，您背后有多少双煞红了的眼睛在盯着您，日盼夜盼就指望着您出一点可以让人捏住把柄的差错。偏侯爷官运太好，皇恩盛宠，沈家的庶子，超一品的煜宁侯，那些只看到侯爷泼了天的富贵的人又怎知侯爷为这锦绣前程付出了什么？"

其实最开始的时候，六娘子本是想借这次谈话讨好一下沈聿白的，但说着说着她却吐露了肺腑："不过被安了功高震主名头的权臣又何止侯爷一个？不过是侯爷在这么短的时间内平定了边乱又惹得旁人眼红罢了。"

"你真的不怕？"沈聿白有些纳闷了，"刘文统的折子皇上是批了的，朱笔落纸，洋洋洒洒写了百来字，不管最终刘文统他们能不能成功地弹劾我，可那折子皇上是真真实实看了的，能看进去多少也只有皇上自己知道。"

六娘子闻言却不以为然道："侯爷历尽千辛万苦才走到今天这一步，最后难道会被一句'功高震主'给打压了不成？"六娘子轻讽一笑，"皇上龙椅还没有坐稳，侯爷背后有赵家，外祖父和顾家交好，如今顾望之也正得皇上重用，若是皇上真想借着这股弹劾之风罢了侯爷的位，岂不是要一锅端走？"

其实有一句话六娘子没有说，因为觉得多少有些无视天颜，那便是明承帝也好不容易坐上了皇位，根基未稳之际，他也不会蠢到做这种过河拆桥吃力不讨好的事儿来。

在某些特定的时候，兵权其实就等同于皇权，而真正的兵权却不单单是几块分裂的虎符凑在一起这么简单的。要找一个能统帅三军、一言震威，又能带兵打仗的人，其实有的时候比选太子更难……

"不过，我告病请归这事儿皇上是准了的。"沈聿白眯着眼，等待着六娘子的反应。

六娘子笑道："侯爷辛苦了大半年，告病请归理所当然。本来若侯爷没有这个打算，妾身也是要让您去同万岁爷说说的，俗话有云'齐家治国平天下'，侯爷眼下连家都没有归整齐全，又有什么资格去平天下。"

沈聿白一错愕，却见六娘子正色道："妾身这大半年来忙里忙外，虽不敢向侯爷邀功，可自认也将侯府打理得还算井然有序。可再有序也只是个空宅子，沈府一大家子的人都还挤在凉都，妾身觉得，若是侯爷能安排好，在年底前将他们接回宣城，大家伙儿也能围在一起过个好好的新年。还有外院，陈伯能打点的也无非是一些庶务琐事，许多事自然也是要侯爷拿主意的，侯爷莫非以为回了家就真的能做个闲散贵人了不成？”

如果沈聿白真的有这样的心思，六娘子发誓，她一定会折腾出些莫须有的事儿让他忙到脚不沾地的。

果不其然，六娘子话音刚落，沈聿白那原本一脸看好戏的神情立刻变得有些讪讪然了，他确实没想到，本只是想试探一下六娘子的胆色如何，结果却轻松地被她反将了一军，不禁问道：“若是一般的深闺女子，听到弹劾两字，只怕脸色都会变一变，可你倒是笃定的，却不想想伴君如伴虎的道理？”

“那什么礼部的刘文统，此人的名讳我是闻所未闻的，想来也不是什么有名的人物，再说，侯爷刚才提到的蒋阁老、谭阁老和定国侯世子彭坤，如果我记得没有错的话，定国侯夫人是已故靖王妃的堂妹，两人都是詹氏之女，这么显而易见的关系，连我都看得明白，万岁爷自然不会犯糊涂。”

当时，靖王死在了太和殿之乱上，隔天靖王妃就带着一家老小十二口全部服毒而亡了。明承帝登基以后大赦天下，对亲自参与叛乱的靖王也持怀柔之态，虽靖王府上下十二口无一生还，但明承帝也下令这件事到此为止不予深究了。是以，原本因为靖王的死而战战兢兢的定国侯在时隔了半年之后再一次地跳了出来。

不过在六娘子看来，这个定国侯府上似乎没有什么可用的幕僚和军师，因为弹劾沈聿白这个点子用在当下，其实是烂到不能再烂了。

虽这想法没错，“功高震主”确实最容易让皇上起了疑心，可这才多久？明承帝自己屁股底下这把龙椅都还没有坐热呢，又怎么会在这个时候弃了沈聿白？

便是先帝爷，也是在晚年才听信封习谗言，开始对那些位高权重的朝臣公侯发难的，很显然，明承帝眼下还没到这个火候。

君臣，君臣，有的时候其实是拴在一条绳上的蚂蚱，更何况明承帝还是默默无闻名不见经传的九王爷的时候，沈聿白就选择了站在他的身边。六娘子坚信，有这样的一层关系做铺垫，小小的一份弹劾的折子，其实根本动摇不了沈聿白此时此刻的地位。

第二十六章

满庭芳·二度回门

两人谈到这里，显然已经没有什么继续的必要了，因为不管是从客观的出发点去分析，还是光看沈聿白那一副事不关己的口述模样，六娘子都能笃定所谓的“弹劾”，最终可能会变成一场可笑的闹剧。

但是，沈聿白归沈聿白，他要如何同那些看他不顺眼的权臣周旋那是他的事儿，六娘子关心的却另有其人。

“但眼下侯爷身处风口浪尖，那英娘……侯爷还执意要让她进宫吗？”想起那抹纤细窈窕的娉婷身影，六娘子眼里就溢出了真切的关心。

“英娘……还是要入宫的，皇上说，等过两日皇后娘娘命人把绯岚殿归整一下，英娘就可以准备动身了。”沈聿白道。

不知为何，听了这话，六娘子只感觉有一抹淡淡的惆怅在心尖蔓延开来，她知道自己其实没有什么资格去评论沈家人对尊位之路的选择，可是让她这样眼睁睁地看着英娘将大好的青春付于那森严寒意的宫墙之内，六娘子就觉得有满心的不平。

“那过两日，我想去护国寺上香祈福，不如让英娘随我一道吧。”六娘子说着站起了身，难得居高临下地看着沈聿白道，“侯爷刚回府，若是没什么事儿，便去看看英娘，回头等她入了宫，也是正经的妃子，不是说见就能见的了。”

沈聿白一愣，见六娘子那一本正经的模样，不免笑道：“你当我卖妹求荣？”

六娘子撇了撇嘴道：“英娘今年才十七，沈家如何舍得她。”

“皇上……对英娘倒是一片真心的。”

“啊……”这下轮到六娘子愣住了。

不过正当她准备追问的时候，沈聿白却缓缓地起了身，开口道：“明日我先陪你走一趟陆府，上次匆忙领命，让你只身一人回门，于情于理我都是要向泰山大人请罪的。”见六娘子脸色微微地发了红，沈聿白一抹笑意漾在了心里，却不动声色继续道，“护国寺那儿我来打点一下，若是这两日天气好，你带着英娘去散散心也不错，法元阁那儿的斋菜还是很不错的。”

六娘子不愿示弱，便看了一眼沈聿白道：“也未曾听说侯爷以前久居宣城，却不知为何对宣城之事倒是了解颇多的。”

见她这故意要气自己的模样，沈聿白下意识地就伸手捏了捏她的耳垂道：“我随皇上暗探宣城来回的次数早已数不胜数，你一个深闺里的女子，又知道些什么。”

他那亲昵的举动惊得六娘子急急地往后退了退，尴尬之色顿时浮上了脸颊，连忙转了话题道：“侯……侯爷可去看过妾……妾身替侯爷准备的书房，那书房还没有挂屋匾，侯爷若是得空便想想取个什么名字……”

“就叫葳蕤轩吧。”看着六娘子结巴的模样，沈聿白顿时心情大好，便跨步越过了她道，“赶紧去睡一会儿，一个时辰以后我来找你逛园子。”说着留了呆若木鸡的六娘子，一个人大步流星地出了暖香坞，往垂柳居走去。

第二天，沈聿白陪六娘子回了一趟陆府。陆老爷很是高兴，留了沈聿白在书房里说了将近一个半时辰的话，直把六娘子等得如坐针毡。

因为比起上一次的孤身回门，此番六娘子和沈聿白来陆府，可谓是风风光光的。宽敞的黑漆平顶齐头的马车，前后一共四个仆役，沈聿白华服着身，气宇轩昂威严赫赫，而六娘子则一副小鸟依人的纤纤姿态，坠马髻上插着镶宝双层花蝶鎏金银簪，耳朵上缀着的两颗南珠滚圆精致色泽明亮，身上的那件云霏妆花缎织彩百花飞蝶锦衣只怕光是那西蜀特产的料子就要二十几两银子一匹，更别说那繁复的绣花做工了。再看那双藏在裙摆里的绣花鞋的鞋面，用的竟是宫缎锦料，浅浅的樱红色隐约能看出亮闪闪的金丝，奢华靡靡可见一斑。

就这么一个碧玉华丽的六娘子往林氏跟前一站，明眼人都看得出林氏的脸色立刻就不太好了。六娘子也在心中微微地感叹了一番，她和她到底隔着亲疏，只怕这辈子彼此都难以欢喜起来了吧。

但六娘子对林氏的黑脸还真是不以为意的，她不可能因为林氏会妒忌，而特意选择低调随性的打扮，相反地，她今儿这身衣裳确实是精挑细选过的，发髻上的那支簪子平时没事儿也从未戴过，一切不过是为了给沈聿白长脸罢了。想他们夫妻俩一同过府，她好歹也是个正经的侯爷夫人，又怎能碍于林氏的脸面而丢了沈聿白的尊贵？

不过好在屋子里还有个没心没肺的七娘子，便也多少让六娘子自在了许多。

茶过三烫，六娘子搁下了碗盖，看了林氏一眼以后对上了七娘子道："过两日我要和英娘去护国寺吃斋菜，你要不要一起来？"

七娘子最近正被林氏捉着在学新妇规矩，每日早起晚睡不说，连平日里的玩闹消闲都统统被林氏罢了，是以听了六娘子的话，她立刻眼放金光，却碍于林氏坐在东首，不得不装腔作势地挺着脊梁骨微微用帕子捂着嘴轻笑道："护国寺的斋菜很是有名，若能跟着姐姐去尝一尝，那便是再好不过了。"

六娘子一下子被七娘子逗乐了，便扑哧一声笑了出来，连连摆手道："行了行了，回头我差了竹韵来告诉你时间。"

而坐在酸枝木七翁寿桃高背椅上的林氏见了她们姐妹俩一唱一和的，心里立刻涌上了一股说不出的滋味。可正当她想开口替七娘子拒了六娘子的时候，却感觉自己胳膊一紧，随即屋子里便响起了杨妈妈那有些刻意的笑声。

"哟，都说姐妹连心，老奴瞧着不假，看咱们六姑奶奶，虽然出嫁了，可心心念念的还是七姑娘。甭管什么好的稀罕的，也总是会想着我们七姑娘，难怪前阵子七姑娘受了委屈，头一个就想到了六姑奶奶呢。"

林氏抬头看了杨妈妈一眼，却见她正猛朝自己使着眼色。她心里一个激灵，压下了心头的不满，干笑着道："你们姐妹之间多有走动也是好的。"说着她定睛看向了七娘子，敛了神色道，"只是你姐姐如今身份不同了，同你们一道去的还有英娘，你虽是最小的一个，可切莫没了规矩。若是回头你姐姐来同我说一句你的不是，当心我禁你的足。"

"知道了母亲！"七娘子见林氏首肯了，便笑着福身道，"母亲放心，我一定会听六姐姐的话的。"

"母亲可是听见了，她还从未这样认认真真喊过我一声六姐姐呢，如今知道我要带她出去玩了，才这样殷勤地凑上来。”难得屋子里的气氛被杨妈妈和七娘子调了起来，六娘子便也开始插科打诨了。

林氏被她们一言一语的给逗得心情好了一半，便笑着顺了六娘子的话头道：“小七最是顽劣，这些年也多亏了你在旁指点，想她明年也要嫁了，你若能再指点她一些为人处世的道理，我也能轻松一些。”

“母亲言重了，七妹妹率真随性，这份心境难能可贵。”

林氏听了，心里如同煨了一碗热汤，从上到下舒服了个通透，便和她们又聊了一些早年的往事，这才等到前院有小厮来报，说侯爷已经在垂花门候着六娘子了……

送走了六娘子，又打发了七娘子回屋做针黹女红，林氏整个人瞬间如泄了气一般靠在了贵妃榻上。

杨妈妈见状便悄悄地遣了边上伺候的小丫鬟们，然后一边给林氏捏着腿，一边语重心长地道：“夫人也别怪老奴多嘴，六姑奶奶如今是个什么身份，夫人即便是要端嫡母的架子，可也不能这样甩了脸色。”

林氏一怔，睁开了半眯着的眼睛，叹了口气道：“我其实也是气糊涂了，看她这次来，穿的戴的哪样不是上品，若是当初我能坚持让小七嫁过去，今日风光的不就是小七了！”

“夫人心里这坎儿什么时候能越过去？”杨妈妈直言不讳道，“老奴是一步一步看着夫人成亲生子，好不容易支撑起陆家门庭来的，夫人性子刚烈不服输，可有的时候却也太直了。家家有本难念的经，六姑奶奶如今风光体面，那是因为偌大一个侯府还空着呢，等人都住齐了，有六姑奶奶愁眉苦脸的时候。”见林氏并没有因为她这几句僭越的话而恼了心，杨妈妈便深吸了一口气继续道，“再者，远的不说，就说七姑娘开了年也马上要嫁人了，俗话都说嫁女看娘家，七姑娘以后能不能在张家站稳脚跟，要看夫人，自然也要看六姑奶奶。”

“这……”林氏无言以驳。

杨妈妈见状趁热打铁：“按着现在来看，六姑奶奶还真是把七姑娘当成亲妹妹看的。”

“现在连妈妈也帮着她陆云筝说话了。”林氏心里明白杨妈妈的话都在理，可那股子冒上来的酸味一时半刻就是下不去。

杨妈妈不免憨笑道：“夫人这话又错了，六姑奶奶对于老奴那算什么？最多也只能算是小半个主子，老奴不靠她吃不靠她穿的，想那会儿她刚住进来的时候，也没少折腾老奴。老奴这么说六姑奶奶的好，无非是不想看到夫人同自己较劲过不去。且夫人现在又有了嫡亲的栩哥儿，其他三个哥儿也都是争气的，夫人有子万事足，和六姑奶奶较什么劲呢。”

“唉，我也知道，如今不只是小七要仰仗她的鼻息，就连老爷也要多少看侯爷的脸色为官，咱们可真是……就这样生生地矮了人侯府一大截。”林氏有些懊恼，却也知命有不同，无谓强求。

“高门有高门的愁苦，照夫人所言，沈家那个英娘回头还要进宫伺候皇上呢，按着身份可比六姑奶奶要尊贵多了，那不是更好？”

林氏闻言，脸上终于闪过了一抹欣慰的笑意，随即冷眼道：“哼，这等卖女求荣的事儿，咱们陆家可不屑做。好端端的姑娘，进了皇宫，能不能富贵都是两说，那吃人不吐骨头的地方，再多荣华富贵又算什么。”

“老奴就说夫人是个通透的，没什么想不明白。”杨妈妈点了点头，由衷地祈祷林氏下次不要再这么鲁莽冲动了。就她所知，其实六娘子也是个睚眦必报的性子，若是真的惹恼了她，以她现在的身份地位，还指不定会做出什么让林氏或者七娘子难堪的事儿来呢。

所以杨妈妈觉得，自己是旁观者清，有这个义务要时时刻刻地点一点林氏才好。

第二十七章

满庭芳·中馈银两

入了十二月，天气一下子冷了起来。就在六娘子带着英娘和七娘子去护国寺吃斋菜的那一天，沈聿白给凉都去了一封信，大致的内容是让老宅阖家可以启程来宣了。

这天傍晚，六娘子在净房帮沈聿白洗头，她手势力道拿捏得恰到好处，轻重适宜又不缓不急，沈聿白很是享受……冲了皂水将他的头发擦得半干，六娘子洗净了手和沈聿白一起出了净房。

初冬深夜寒气逼人，六娘子畏寒，前两日就让竹韵烧起了地龙，所以一出净房，沈聿白只感觉一股暖意迎面袭来。

他不由得长叹一口气，只觉已经有大半年没有过过这么舒坦的晚上了，便脱鞋上了床，然后靠着迎枕随意地和正在妆镜前涂玫瑰油的六娘子道："晚上屋里不要留人了，大半夜的我没让人伺候的习惯，你身边的丫鬟，就都睡在耳房吧。"

六娘子一愣，想着难怪这十几日来他都睡得不算踏实，六娘子眠浅，半夜总是会被沈聿白的翻身惊醒。现在听他这样一说，不免抿嘴笑道："侯爷的规矩我不太懂，侯爷以后若是觉得有什么不便的，就同我说，万事有个商量才能睡得舒坦。"六娘子说着一笑，娇媚姿态尽显。

沈聿白看了她一眼笑道："也不过是不想惯着你那金贵的毛病，半夜起来想喝两口水罢了，还要生生地折腾丫鬟，手一伸不就拿到了？"

他说这话的时候，屋子里还有竹韵和香巧伺候着，一个正在暖茶，一个正在替六娘子烘头发，听了这话，不免都不安地低下了头。

六娘子见状，瞪了沈聿白一眼，然后笑着让两人退了下去，方才正色对沈聿白道："府上的下人我瞧着大多都是极有规矩分寸的，侯爷是自由散漫惯了，瞧不得这些扭扭捏捏的事儿，可侯爷不想想，下人们拿月例，就是要好好干活儿的，这对他们来说是工作也是生计。侯爷现在罢了他们的活儿，不等于皇上革了朝臣的职，这多让人心寒？"

沈聿白一愣，细细品了品六娘子的话，这才觉得似真的有那么一点道理，便清了嗓子道："我也没那个意思，不过是觉得大晚上的，喝两口水还要劳烦人，不免让伺候的丫鬟也睡不好，实在没有必要。"

六娘子心一暖，起身亲自替沈聿白斟了一杯茶，递到他手中道："我知侯爷是好意。"

沈聿白吸气一闻，还未喝就轻声道："六安瓜片？"

"对啊。"六娘子笑出了声，道，"说起这茶，还是七妹妹从父亲的案桌上顺来的，因我带她出去放了一次风，她倒也记得我的好了。"

"七妹妹许的是永清张巡抚家的小哥儿吧？"沈聿白喝了一口茶，问道。

"是啊，听父亲的意思，张大人有意把大儿子外放，小儿子则想让他来宣城谋个一官半职的。不过张家二公子今年也才十五岁，父亲说，怎么着也要再历练两年，才能在宣城站稳脚跟。"

"我十五岁那时候都已经上阵杀敌了。"沈聿白不以为然道。

六娘子顺势在他的对面落了座，然后抱着一个金绣牡丹绒缎大迎枕道："儒家士子，又怎能和侯爷相比。"

沈聿白知她是呛自己的，便随意地笑了笑，又道："上次陪你回门，泰山大人和我说了很多事儿，其中倒是有提到青远大舅兄的婚事。"

"大哥？"六娘子愣了愣。

沈聿白点头道："听你父亲的意思，这事儿目前也只是他一厢情愿而已，所以也是拿了人选来同我商量的。"

沈聿白话一出，六娘子有些惊讶了。陆家找媳妇，为什么要和沈聿白商量？就算他现在名声赫赫龙恩正盛，宣城达官显贵、皇亲国戚的大圈子里也偶尔能见着他的身影，可他毕竟只是陆家的女婿，父亲和他商量陆青远的婚事，似乎不成规矩。

见六娘子沉声不语，沈聿白就知道她想多了，便笑道："你别以为我只懂行军布阵不懂人情世故，什么事儿可以管什么事儿不能沾边我还是知道的。泰山不过是想向我打听打听孙家罢了。青远大舅兄毕竟是陆家头一个娶媳妇的，虽然不是嫡出，可泰山还是非常看重的。"

"孙家？"六娘子想了想，忽然瞪了眼道，"沛县孙家？"

沈聿白本有些慵懒的眼神微微一亮，问道："你知道孙家？"

"孙阁老是两榜进士，学问渊博，为官清廉，外祖父和他早年多有书信往来，后来孙阁老生了一场大病，联系就断了。"

"孙阁老那次病得不轻，染了伤寒邪风侵体，毕竟年纪大了经不起折腾，据说太医也不敢下太烈的药，这就落下了病根子，几年前开始赋闲在家了。"沈聿白接了六娘子半句话。

六娘子看了他一眼，心里腹诽道：其实谁都知道孙明道孙阁老是因为和先帝爷政见不和才辞官赋闲的，如今又重新出来蹦跶，无外乎是因为改朝换代新主上位罢了。

不过想归这样想，对于这件事情本身，六娘子觉得还是可行的。陆家门风严谨，肃穆有威，陆老爷虽如今也并非官拜入阁权倾一方，可六娘子觉得自己这个在私生活上略微不靠谱的父亲，在为官之道上，其实走得还是非常稳扎稳打、用心仔细的。

而空顶了一个阁老头衔的孙明道，虽名望还在，可地位其实早已大不如前了，所以来回一扯，陆家倒是也能平视孙家。如果两家的事儿真的能成，那对陆青远来说，也算是娶回了一个贤内助。

想到这里，六娘子便迫不及待地问道："不知父亲问侯爷的是孙家哪一位姑娘？"

"孙二爷庶出的大女儿。"

六娘子闻言，嘴角微微一扬道："若是能成事，倒也是门当户对的。"

沈聿白点了点头，搁下了手中的茶碗后，才发现矮几上放着几叠书册。他好奇地拿起来看了看，发现里头密密麻麻地用黑笔和朱笔写了好多数字，便好奇地问道："这是……"

六娘子道："哦，这是濮家庄上个月送来的账本。"因为账目不平，所以想到这事儿，六娘子心里不免也有些乱，“让侯爷见笑了，这个是妾身自己记账的方法，侯爷瞧着是不是很像鬼画符？”六娘子学不来账房先生那一套，前些日子沈聿白还没有回来的时候，她并没有现在这般操心，倒是琢磨出了自己能看得懂的一套记账的法子来。

而沈聿白自然也是看不明白的，便合了账本道：“其实你能早点把家事主持起来也好，侯府以后人多事杂，很多事情容易出岔子，这头一桩就是银子要乱。”

这点六娘子倒很是赞同，见沈聿白说起，她不禁起了心思想仔细地问一问，连忙道：“既侯爷说起了，那我有几件事也想同侯爷问个清楚。”

“你问。”

“侯爷的休沐是怎么轮的，平日若是正常入宫，都是几刻起几刻回府？”

沈聿白道：“我十天沐一天，寅时起床酉时下衙，遇着当值的时候可能要歇在宫中，若是那时你寻我有事的话，便差了明路来宫里给韩韬递个信就好。”韩韬是沈聿白的贴身副将，也是他一手提携起来的好兄弟。说到这儿，沈聿白又加了一句，“不过眼下皇上准了我告病请归，这些规矩也就统统作罢了。”

六娘子睨了他一眼，不予理会，却是把方才沈聿白的话仔细地记在了心里。其实煜宁侯是个虚位，听着显赫威风，却不是正经官职。可沈聿白除了是侯爷是镇南大将军之外，他还管着皇宫里御林军和教武场的事，因此平日里也是有公务要处理的。

想到这里，六娘子便又问了一个她最关心的问题：“那不知侯爷是否方便告诉妾身，等凉都老宅的人全都住进了侯府以后，妾身每个月……在家务上可支出的银子有多少？”

沈聿白一愣，一下子没有想到六娘子会问得这样直接。

而六娘子见状，不免干笑了两声，却依然迎着他那双璀璨如星的眸子等着下文。

沈聿白大笑道：“怎么，缺钱花了？”

六娘子脸一红，伸手从矮几的暗格里取出了一本册子，递到沈聿白的跟前道：“这是当时侯爷走后留下的银子所支出的账目，每一笔银子是什么时候用的，用在了什么地方，妾身都记得很清楚，请侯爷过目。”

这下轮到沈聿白不自然了：“我……也不是这个意思……”

可六娘子却认真地说道：“侯爷信得过我，让我主持家事，但我毕竟人微言轻，和侯爷又是刚成亲，银子的事儿可大可小，我想要换取侯爷的全部信任，便也是要拿出条件的。这账本，就是我可以给侯爷的唯一条件。”

见沈聿白饶有兴趣地盯着自己，六娘子偏了偏头继续道：“俗语道，巧妇难为无米之炊，侯爷也别笑话妾身见识短薄，等老宅的人都住进了侯府，上上下下三十几口人，吃穿住用全是开销，妾身最关心的自然就是银子问题。”

“五千两够不够？”沈聿白突然放大的声音吓了六娘子一跳，“五千两用作家事银子，我私下再给你一千两的贴己银子。”见六娘子惊讶地张了嘴，沈聿白忙解释道，“母亲当年主持家中庶务的时候定下了规矩，各房开销各房自用，这么多年来，沈家的人倒也没有因为银子的事儿红过脸。”

可沈聿白明显理解错了六娘子惊讶的原因，六娘子闻言连连摇头，只小心翼翼地问了一句：“每月六千两……银子……侯……侯爷哪里来的这么多钱？”该不会这些年随着皇上走南闯北彪悍惯了，也落下了贪劣之性吧！

谁知沈聿白却很是平静地回道：“为何没有？每个月除了朝廷发的俸禄之外，我还有封地食邑啊。”

六娘子惊得差点儿从床头摔了下去。

沈聿白竟然是个有封地的侯爷！她若是记得没错，大周朝百余年的权臣更迭中，还从来没有出现过一个有封地的外姓侯爷，而且还是庶出。

封地食邑，这都可以和亲王相提并论了，六娘子突然如坐针毡起来！

第二十八章

满庭芳·疏浚运河

接下来的几日，六娘子心里一直被沈聿白是个有封地食邑的侯爷这件事儿所困扰着。她其实很想问一问沈聿白，当年他和还是王爷的明承帝之间到底发生了什么，以至于明承帝登基以后会如此如此地重用他。

可每每话到了嘴边，打了个转儿又都会被六娘子咽进肚子里去。问或者不问，都不太合适，因为很显然，当时新帝登基，大肆封赏，沈聿白一跃成侯，那之后的下文似乎就很少有人问津了。

就食邑这件事儿，六娘子未曾听陆老爷说过，也未曾听赵老太爷说过，那究竟是沈聿白刻意低调还是皇上意不宣扬？可又不对，煜宁侯有没有封地有没有食邑在皇上的臣册中那是记录在案的，这又怎么可能瞒得过众人，不成了天大的笑话？

“四嫂想什么呢，都出神了。”再过三日，英娘就要进宫了，因为怕她初到陌生的环境心情会有起伏，所以这两日六娘子只要一有时间就会陪着她。眼下两人正在月牙湖边垂钓。

“唉……只怪天气太冷，鱼儿都不似之前那般灵敏了，我等着等着都等困了。”六娘子一怔，很快地敛了神色，调侃了一句便将话题圆了过去。

英娘见她略微带着疲惫的神情，不免有些歉意，道：“四嫂这么忙，还要抽空陪我，四哥回头知道，又要念叨我小姐脾气了。”

“我们英娘本就是金枝玉叶。”六娘子认真地看着她道，“你四哥只懂行军打仗，却不知道深闺里的那些道理。你且记住，你觉得自己是个金贵的人，旁人自然也就重你三分，若是连你自己都看轻自己了，那别的人又怎么会重视你？”

英娘闻言侧目看了六娘子一眼，心中忽然涌起了阵阵的感动，松开了鱼竿，轻轻地握了握六娘子微凉的手，动了薄唇却不知道要说些什么。

可突然，六娘子激动地指着英娘面前轻颤的鱼竿道：“上钩了上钩了……”

英娘猛地回头，下意识就去提鱼竿，却没想到鱼竿太沉，牵得她差点脚底打滑坐在了地上。六娘子见状，唤了边上的丫鬟一起来帮忙，众人合力提起了鱼竿，发现钩子上挂着一条鱼尾猛甩的白条，少说也有一斤多……

“看来这月牙湖的水很养鱼。”六娘子满意地看着入桶的白条道，“等明年春天，我要让陈伯去买点鱼苗放下去，回头若是想吃鱼，就拿鱼竿往这儿一坐就成。”

英娘被逗得抿嘴直笑：“那四嫂以后吃鱼可要好好计划计划了，就咱们在这儿坐了大半个时辰才钓上来这么一条，还不如去鱼市买了方便呢。”

“那不一样。”六娘子摇头道，“自己钓的特别有成就感。”说着她大手一挥，让丫鬟们收拾鱼竿木桶，然后指了指那白条对英娘道，“晚上我们加菜，头尾烧个豆腐汤，鱼身葱油红烧。”

“好啊。”英娘笑着附和，两人一扫方才有些微愁的气氛，有说有笑地一起去了暖香坞。

虽说沈聿白这些日子确是赋闲在家的，但本该是个闲散贵人的他却忙得早出晚归的，若是六娘子不提前约，恐怕当天要想见一见沈聿白还会扑个空。

不过就算再忙，每日晚膳前沈聿白必定都回府来，加上六娘子和沈慧英，三人也能高高兴兴地吃一顿晚饭。

宅子太大人太少，整个侯府就显得空空荡荡的，眼下正值初冬，入了夜，空空的宅子还会生出些萧瑟鬼魅的味道来。

是以六娘子就格外地重视每天的晚膳，三人同食，四菜一汤加一个点心，连着整整七天，菜都没有重过样，这不免让沈聿白暗暗惊讶，更觉六娘子心细有加，是理家的一把好手。

这天晚上，用了晚膳后，沈聿白留了沈慧英在暖香坞的小书房说话，六娘子便先回了里屋。

一盏茶的工夫后沈聿白回了屋，见六娘子头发湿漉漉地从净房出来，他不免皱眉道："见过爱干净的，没见过你这么爱干净的，入了冬还成天洗头，当心着凉。"

"侯爷不会舍不得家里这些水吧？"平日私底下，六娘子都不太会和沈聿白一板一眼地说话，因为她发现面对沈聿白，如果自己一板一眼，他会更一板一眼的。六娘子觉得自己嫁的是一个男人一个丈夫，而不是一个领导一个上司。

果不其然，沈聿白笑出了声："就你这点头发能用多少水，不过是怕你折腾反而着凉罢了。"

"多谢侯爷关心。"六娘子微微地垂了头，然后让竹韵烘了烘头发，便打发丫鬟们退下了。

鱼安出屋子的时候，特意将暖着茶壶的木桶放在了床边显眼的地方，然后对六娘子轻轻地说道："夫人，今儿泡的是菊花茉莉，竹韵说屋子里太干燥了，让您喝点菊花清清火。"

六娘子点点头，鱼安便福身退了出去。

待丫鬟们鱼贯而出后，沈聿白才开口道："今日收到母亲从驿站寄出的信，他们可能月底就能到了，不过物件箱笼应该比人走得快，因为中间走了水运，只怕过两日就该到码头了。"

六娘子一边梳头一边问道："很多东西吗？"

"少说也有二十几个大樟木箱子吧。"沈聿白在心里粗粗算了一下，"来了三房人，只四叔留在了凉都，其实也没什么特别值钱的，当年凉都太苦了，母亲变卖了很多东西，如今手头这些，也是各屋的压箱宝了，所以应该也不会太多。"

"那也要好好归整一下的。"六娘子将半干的头发编成了麻花辫，随意地搭在左肩上，然后踱步坐上了床。

沈聿白定睛朝她看去，只见她眉眼含笑，顾盼流转，乌黑的发髻宛如一条缎绒丝带一般绕在她消瘦的肩头，一袭淡粉长衫松松垮垮的，隐约衬出了胸前微微的隆起。这身居家随意的打扮，哪里有半点为人妻的模样，分明就是朵含苞待放的娇艳鲜花，柔情绰态，媚于语言。

沈聿白起了心思，伸手一拉，六娘子便一声惊呼，眨眼的工夫就坐在了沈聿白的怀中。

"侯爷！"她的发髻上散着淡淡的梨花香，隔着棉料中衣贴着沈聿白胸膛的脸微微地发着烫。

但沈聿白却是不为所动，只附在她耳畔道："等箱笼到了码头，自有人会来侯府传报，这事儿我交代了陈伯和观言，你不用操心。等物件抬回了府，是谁家的就搁在谁家落脚的院子里，回头让他们自己来打理。"

"那是自然。"六娘子笑着，刚想顺势从沈聿白的怀中坐起来，却不曾想他搂住她腰间的手力道竟加重了几分。

六娘子皱着眉抬头看去，只见沈聿白正嘴角微扬轻笑着，如冰雪消融，露出青山叠翠的灵秀俊姿，看得六娘子微微一怔。

这个男人，其实笑起来很好看，少了平日的冷峻和威严，多了洒脱和温润。

错愕间，六娘子只听沈聿白又道："其实还有一件事儿，我想拉了你外祖父一起，你要不要听一听？"

六娘子闻言，心中一紧，马上挣脱了他的怀抱，谨慎地问道："什么事儿？"

沈聿白道："不要紧张，不过是皇上近日准备要疏浚运河，我接了浙苏、江宁和徐州的那一段路，我想问问赵老太爷有没有兴趣入一股。"

六娘子一下子愣住了，饶是她自认有些见识，可在听到沈聿白这云淡风轻的几句话以后也吓得不轻。

疏浚运河这样的差事，群臣中有几个人有能耐可以接上一段的，而沈聿白竟然接了三段！别的不说，就单说浙苏和江宁，那就是富得流油的地方，这……这不只是要投进去很多银子，一来二去的能赚的可能更多。

这分明就是变相敛财啊！

六娘子深深地吸了一口气，道："外祖父清廉一世，只怕拿不出多少银子来和侯爷入股。"

"你心动不心动？"沈聿白淡淡地笑了笑，"你若心动，算在赵老的头上也是一样的。"

六娘子的脸瞬间涨了个通红，却怒目道："原来之前我同侯爷推心置腹地聊府邸账目的事儿，便是让侯爷捏住我的小辫子了，如今侯爷竟这般来消遣妾身？"

"我如何消遣你？"沈聿白见六娘子真的生气了，便知今儿这玩笑开得有些过了，重新拉了不安分的她入了怀中，连哄带骗道，"疏浚运河这种事情，皇上下了令，户部会拨款，徭役还能算上一部分，剩下的其实真花不了多少银子。"

"那外祖父这么大年纪了，莫非侯爷是觉得他老人家不够折腾的，还要巴巴儿地跑去河道监工？"

沈聿白闻言“哈哈”地笑了起来：“左右派个得力的管事就行了，揽活儿的谁会自己跑去河道监工？”

“这……不是天上掉馅饼吗？”六娘子其实很是心动，因为是沈聿白牵的头，所以她觉得这事儿肯定砸不了，“再说了，大冬天的，皇上这是开哪门子闲心，要这个时候疏浚运河？”

沈聿白点了点六娘子的鼻尖道：“绕了一圈总算是问到点子上了。”

六娘子一怔，却听沈聿白继续道：“内阁这两日吵得不可开交，窦阁老一派主张皇上先修缮皇陵，江阁老一派日夜上书让皇上千万以社稷为重。如今国库不算充盈，有限的银子应该用在更要紧的地方，所以江阁老的意思是让皇上先修官道……”

沈聿白一说，六娘子就扑哧一声笑了出来：“江阁老从未在工部任职过吧，他不知道修官道要比修葺皇陵花更多的银子？”

沈聿白跟着她笑了笑，然后叹气道：“皇上被他们闹得夜不能寐，可也不能当着朝臣的面拂了几位内阁大臣的面子，便大笔一挥，说先疏浚运河。”

“可大冬天的……”六娘子觉得皇上只怕也是气急了，才会想出这么不合时宜的点子。

“户部要凑银子，徭役要拢人，工部要出周详的工图纸，等真的能动工，也要年后开春了，其实刚刚好。”

“一朝天子难为，皇上……”六娘子闻言刚要感叹一句，却忽然觉得有些不对，抬头问道，“侯爷不是说皇上准了你告病请归的吗？那怎么疏浚运河的事儿侯爷还能连接三段……”

“你小日子结束了没？”谁知沈聿白直接无视了六娘子的问话，倾身欺上了她喋喋不休的唇，不等羞红了脸的六娘子回答，便悉数将她的轻语封在了口中……

第二十九章

满庭芳·家女入宫

十二月初十，是英娘入宫的日子。

这天，六娘子特意早起了半个时辰，她本是想轻声轻脚地不惊了沈聿白的，可她睡在高脚架子床的里侧，即便已是各种小心，却还是把沈聿白给吵醒了。

“侯爷再睡一会儿吧，天还没有亮呢。”屋北角的高架上摆着一颗成人拳头大小的东海夜明珠，这是沈聿白为了六娘子半夜起身想喝水而特意放的。此刻窗外漆黑一片，夜明珠发出的光柔和而细绵，照得屋子一角盈盈碎亮，隐约能将黑暗笼罩的屋子瞧个大概。

“这么早起来做什么？英娘要巳时才进宫呢。”沈聿白揉了揉眼睛，支起身子以后脸上已瞧不见半点睡意了。

“我想陪英娘吃个早饭。”六娘子一边拿过床头架子上挂着的夹棉披肩一边道，“昨儿我吩咐了项妈妈，不过英娘早上吃得清淡，我怕项妈妈下面重油，还是亲自去盯一盯才放心。”

沈聿白闻言，沉默了一会儿，随即道：“不然回头你和我一起送她去宣武门吧。”

六娘子回头诧异地问道：“可以吗？”

沈聿白笑道：“这有什么不可以的，不过是送她到宣武门罢了，又没什么不合规矩的。”

“好。”六娘子闻言灿烂一笑，惹得沈聿白心口直发颤。

待六娘子和项妈妈在厨房忙完后，天空已经放亮了。项妈妈亲自端着食盒跟着六娘子去了垂柳居，一路穿过抄手游廊的时候，项妈妈不禁抬头看了看天色道：“夫人，今儿是个好天气。”

六娘子笑道：“咱们家姑娘要进宫了，老天爷也是作美的。”

项妈妈闻言，低头看了看手中的红漆雕花食盒，里头装了一碗清炒虾仁鸡蛋面，一大碗糯米小粥，两笼广式点心和几碟佐饭小菜。面是六娘子一大早起来亲自到厨房擀起来的，糯米小粥是她看着火候炖的，佐菜是她亲自下锅煸炒的，瞧她那娴熟的手法，项妈妈就不禁对六娘子心生了几分敬意。

宅门里的那些大家闺秀，虽说也有能下得厨房的，可做面食是个精细活儿，没个三五年的功夫可擀不出这么粗细一致的面条来。由此可见，六娘子对厨房之事并不陌生，这不由让项妈妈心里警觉了起来，看来以后厨房账面的事儿，她得弄得一溜儿清水才行！

项妈妈正深思着，忽见六娘子停了脚步，她抬头一看，垂柳居到了。

六娘子来陪自己用早膳，英娘很是意外，可更多的却还是觉得心头温暖。

两人对坐无言，可素来少食的英娘却吃了整整一碗的虾仁面和两个小素包，让六娘子很高兴。

“侯爷说宫里都已经帮你打点好了，说有个什么嬷嬷会引你去住的地方。”见英娘吃得差不多了，六娘子便让丫鬟撤了碗碟，换上了山楂肉煮的消食茶给英娘解腻。

英娘点头道：“是柳嬷嬷。”

六娘子笑道：“其实不用太担心，我听闻皇后娘娘心宽仁慈，是个极好的性子，你又是个善解人意的，想来入了宫，别人喜欢都来不及呢。”

“我哪儿有四嫂夸得这么好。”英娘略见害羞地低下了头，眼中到底还是闪过了一抹担忧。

六娘子知在这个节骨眼儿上，其实说再多都没有用，便伸手轻轻地拉住了英娘的手道：“有什么事儿就给侯爷带个信，我瞧着侯爷天天在我跟前自夸，想来若是亲胞妹在宫里受了委屈他一定不会依的。”

“嫂……嫂！”英娘感动地点了点头，默默地转过了头，悄悄地擦了擦眼角溢出的清泪，然后笑道，“等嫂嫂忙过我这阵，便是要迎凉都的亲眷了，可惜我和他们还是错开了几天。”

“无妨啊，你多给我写信，我也多给你写，不过是家书而已，宫里头还是能往来的。”

“是！是！”英娘笑了笑，如光风霁月，娇媚动人。

煜宁侯府其实离皇宫很近，前后只隔了两条街，是以侯府送沈慧英进宫的马车是辰时三刻出发的，仅半盏茶的工夫便到了宣武门。

六娘子在车里和沈慧英话了别，今日的英娘，素白的貂袄披风里头是一袭蓝色的翠烟衫，下面穿了条散花水雾绿草百褶裙，肩若削成，腰若约素，肌若凝脂，气若幽兰，墨黑的羽发盘成了高髻，露出了光洁无瑕的脖颈，一支玫瑰晶并蒂莲海棠的修翅玉鸾步摇簪大气婉约，更是衬得她整个人如飘飘谪仙一般纤尘不染，素如芙蓉怒展，美艳惊人。

此时，沈聿白已经跃身下了马车，车厢内，六娘子和英娘却还有些依依不舍。不过森严雄壮的宫门就在眼前，家女进宫，毕竟是喜事儿，不是悲情之别，是以六娘子还是尽量用宽慰的口吻道：“早些进宫去，切莫让柳嬷嬷等着急了。”

英娘微微一笑，冲六娘子恭敬地福了福身，道：“这些日子多劳烦嫂嫂操劳了，嫂嫂也要保重身体。”

六娘子点点头，然后目送英娘下了马车。

不过正当她掀着车帘，看着沈聿白和英娘往宫门处走的时候，余光一扫，却见不远处正缓缓地驶来一辆藏蓝色的平头马车。

六娘子刚想避嫌放了帘子，却不期然地看到了马车的锦帘上绣着一个浅银色的“顾”字。

那是……顾家的马车！

六娘子一愣，却见那马车已在宫门前停下来，有人掀开了车帘，一娉婷纤秀的女子和一颀长俊逸的男子一前一后地踩着脚凳下了马车。

六娘子定睛一看，正是顾望之和顾宁卿！

六娘子抓着帘子的手有些迟疑，记忆中，她已经很久没有看到过顾望之了，而对于顾宁卿的记忆则更是遥远了。

刹那间，就着冬日折射成彩的暖阳，六娘子脑海中奔腾涌现出了儿时的片段……

桃木做的秋千架，索绳上缠满了顾望之心血来潮摘来的牵牛花的花枝藤蔓，她和宁卿都喜秋千，一个荡的时候一个就在后头卖力地推，小小的院落弥漫着栀子花那浓郁芳香的味道，那时的春天是无忧的、是烂漫的、是少年不知愁滋味的。

可不知为何，她和顾望之，和顾家的一切，后来竟会变得如此形同陌路。刚刚嫁进沈家的那阵子，一个人守着这么大一座空空的府宅，六娘子常常会想，如果当时顾望之不那么优柔寡断，而自己又再坚持一点，决绝一点的话，后面发生的事情是不是就不会这样了？

可想到当日她去临安的时候，两人在船上那场不欢而散的深谈，六娘子又觉得自己当初的决定其实没有错。

就算沈聿白并非良人，可就相处的这些日子来看，六娘子能感觉到他对自己的重视和信任，两人彼此间的这种关系令六娘子觉得安心和踏实。

或许，这才是居家过日子。

想到这里，她手一松，厚重的车帘“哗啦”一下应声而落。远处的一对人影瞬间消失在了她的视线中，六娘子深吸一口气，有些无力地往后一靠，只觉得十二月的宣城似冷得要命。

不一会儿，马车外头有了动静，紧接着，沈聿白便掀开了车帘，大跨步地走了进来，落了座。

见他的肩头有些未消的冰凌，六娘子瞪着眼睛诧异地问道：“下雪了？”

沈聿白点头道：“刚下起来。”

感觉到马车一颠，六娘子便掀了小窗的遮帘去看，外头果然飘起了雪花，势头虽弱却是细密不疏。

“还有着太阳呢。”马车缓缓地前进着，很快就驶过了顾家停着的那辆车。

“瑞雪丰年么。”沈聿白搓了搓手，见六娘子怔怔地看着窗外出了神，便凑过去问道，“看什么呢？”

“那是顾家的马车。”六娘子平静地回答，不像是发问，而是陈述。

“是啊，你同顾家人应该很熟悉了。”

六娘子猛地回了头，却见沈聿白正双手环胸，嘴角带笑，可眼神中却弥漫着说不出的凝重。她心一沉，放下帘子开口道：“侯爷若要知道，大方问我即可，何必这样转弯抹角。”

“我也没说什么。”沈聿白随意地抚了抚微皱的衣摆，让人猜不透他此时此刻的情绪。

六娘子心里本憋着一股子无名火，可看了沈聿白的样子又觉得有些好笑，便抿嘴道：“顾家老宅就在怀阳，和外祖父的宅子隔了不过一条街罢了，外祖父与顾家爷爷常对弈品酒，我同顾宸玉和顾宁卿也是自小相熟的。”

沈聿白眯着眼盯着六娘子道：“这么说便是青梅竹马咯？”

六娘子一愣，心中涌出了一种奇怪的想法，却下意识地摇头道：“侯爷这若是句玩笑话，妾身听听也就过了，我同顾家兄妹只可说是两小无猜……”

可她刚想继续再说些什么好让沈聿白不要无端猜忌的时候，却听沈聿白打断了她的话道：“今儿既然出来，就绕道去玲珑阁用了午膳再回去吧。”

“啊？”六娘子愣了愣，没有跟上沈聿白跳跃的思绪。

“你还没尝过玲珑阁的脆皮三鸭吧，今儿便去尝个鲜。”说着他掀帘冲驾车的马夫吩咐了一声，然后便坐正了身子，靠着软枕闭目养神了起来……

第三十章

满庭芳·亲族回府

那之后，沈聿白还真的认认真真忙起了疏浚运河的事儿来，六娘子不明白，为何这大冷天的，他还能如此有模有样地把心思全花在运河上。不过她自己也在为田庄上的事儿犯着愁，便也没有多余的精力去细问沈聿白的公务了。

秋收过后，和流萤一起住到庄子上的高进就送来了账本，不过账房先生那种记账的法子不仅复杂冗长，而且还不易看懂，是以六娘子闲暇之余将账册整理了一下后，等到她再让人去把高进喊来府上问话，已是两个月以后的事儿了。

高进和她并非第一次见，却是第一次这样仔细地交谈。六娘子很重视，特意将他带去了暖香坞的小书房，又赐了椅子给他。让头次在六娘子跟前回话的高进有些坐立不安。

“其实早就想喊你来一趟了，不过濮家庄说近不近说远不远的，流萤又有了身孕，你来回一趟也麻烦，便干脆等到了农闲的时候。”十月初流萤有了身孕，六娘子很高兴，赏了银子，又送了些杭绸缎料，吩咐她务必好好安胎。

高进闻言，起身作了深揖道：“夫人宽厚心慈，今日小的来，内人千叮咛万嘱咐，让小的一定要好好地谢过夫人的体恤。”

六娘子温柔地笑了笑，然后道：“都是自己人，你不用如此客气，先坐吧。”说完便吩咐鱼安上了茶，又让竹韵去取她之前整理好的账册来，随即屏退了一旁伺候的丫鬟。

“你送来的账册我看了，也不是说做得不好，你做的东西我放心，不过却不方便查看，我重新按着时间整理了，不过只整理了今年六月开始的。”竹韵拿了账册，从偏厅走了进来，六娘子示意她把账册给高进。

高进有些诚惶诚恐地接过了账册，在六娘子的示意下小心翼翼地翻开了带着墨香的册子。他是个粗人，从小跟着爹娘在老家的庄子上干活，之前庄子的老庄头瞧着他人本分老实，便多少教了他几个常用的字和一些记账的法子。原本大小也是门手艺，可到了六娘子这儿却不够看了。

所以当高进看到六娘子重新整理的账本后，便赶忙跪了下来道：“夫……夫人，小的不才，小的以前在庄子上就是那么记账的，若……若是不合夫人的规矩，那小的……小的回去就从头去学……”这大冷天的，高进却觉得背上生生地捂出了一股子闷汗来。

六娘子一愣，失笑道：“你且起来，我要同你说的不是账本的事儿。”

高进微微地抬了头，见六娘子笑容可掬并不做作，便知道她说得诚心，这才稍微放了放心，弓着腰缓缓地站了起来，却是退到了一旁，不敢再坐了。

六娘子见状也不坚持，又怕他多心胡思乱想，便理了理思绪，开口直接问道：“十月的时候你来侯府，正巧遇着我有事儿，因而也没见着，你只同陈伯简单地说了两句，说庄子上的账目有问题，是吗？”

高进忙不迭地点了点头。

六娘子又道：“这两个月我理了账册，发现有几笔大的支出，名头都是一样的，你说的可是这个问题？”

高进擦了擦额头渗出的汗珠，然后点头道：“夫人，按理说春播秋收，撒种多少，只要没有旱涝之灾，没有虫难，那来年收成多少，老庄户人都是有数的。一斤种子三斤米，去三碾四留两斤，庄头的童谣也都是这么唱出来的。可……可濮家庄的账目，为何一斤种子却能生出四斤米来？”

六娘子不经农事，可光这样听高进分析分析，便觉得中间有了猫腻，于是很认真地请教道：“这些我还真的不太明白，你能说清楚一些吗？”

高进从六娘子的眼中看到了诚恳的神色，便直了直腰身，继续道：“小的以为，这四斤米是有的，不过却被人以次充好了。用两斤好米去换了四斤劣质的差米，左右相参，账面就能做齐了，但其中也能取了几分的利好。”

六娘子微微一算，不禁有些诧异道："那濮家庄一个秋天有多少收成？"

"以往小的不知道，不过今年秋天小的算过，前后少说也有两千两的账面银子，这若是每份里头抽一些，一个秋收也能敛不少油水了。"自从娶了流萤得了六娘子的提拔赏识，高进便把濮家庄的事儿看成了自己的事儿。无奈这上有庄头左右有庄户的，他一个外姓人夹在中间总显得有些力不从心。且六娘子不亲自问，他也不能嚼舌根去说，是以事情拖到了今日。

但其实六娘子有六娘子的顾忌。

都道新官上任三把火，一把连着一把烧，往往有两个结果，一个是完全地揽权，累得半死，一个是完全地被架空，惨得要死。

这濮家庄是陆家给自己的陪嫁，庄子是一般的庄子，算不上收成特别好，却也是块不错的肥田。这之前，林氏对于打点庄子的事儿，都是由固定的人每年春、秋去巡庄两次便完事儿了，反正每年庄子上上缴了多少银子都是固定的，只要没有大灾，林氏也从不过问庄子上的事儿。

所以这一做法便顺延到了六娘子这里。

六娘子觉得，要让人安心踏实勤奋卖力地替你干活儿，你让人半点油水也捞不到那也不太可能，但凡事都要有个度，不能过，这一直是六娘子为人处世的宗旨。可很显然，这账册做得太水，让文化程度不算很高的高进一眼识破，那六娘子不免要想，到底是贪的人太没有水平做账不漂亮呢，还是贪得太大这账都做不平了？

所以六娘子心里有些微微的不悦了，她睁一眼闭一眼，不代表下面的人就可以如此放肆。是以仔细地想了想，六娘子便对高进说："庄子上的事儿不能急，急在一时容易鱼死网破，濮家庄少说也有三十几口人，一下子压得太狠了对侯府也无益。你现在首要的任务，就是陪着流萤好好地把这一胎养好，再拿着我的账本回去好好琢磨一下。我不敢说这账本做得有多漂亮，但起码简单易懂，你自己翻看起来也方便。等以后接管了庄子的账务后，你就能知道这账册的好用之处了。"

六娘子说得头头是道，听得高进一愣一愣的，来不及细想，只能抱着手中的账册频频点头。

六娘子见状淡淡地笑了笑，又让他带了小半篮子淮新蜜橘回去给流萤尝鲜，便让他退了下去。

送走了高进，六娘子忙不迭地去了小花厅。

虽离过年还有一个多月的时间，但再过二十几天凉都的人就要到了，所以趁着眼下稍得空，六娘子就陆陆续续地开始给管事妈妈们吩咐年忙的一些琐事了。

可当她刚和项妈妈闲聊了几句话，还没说上正题的时候，外院的观言忽然神色匆匆地跑了进来。

见了满屋子的管事婆子，他先是一愣，然后不紧不慢地打了个千儿，随即起身笑着冲六娘子道："夫人，侯爷让我来和您说一声，老夫人他们都已经下船了，这会儿都落脚在了码头的月明客栈。"

六娘子惊讶地眨了眨眼，一时之间以为自己听错了。

而在一旁的项妈妈又是何等精明，闻言，不等六娘子开口，便爽朗地笑道："哟，夫人现下忙得脚不着地的，若是您信得过咱们几个老婆子，年忙的事儿，等咱们理出个三五头绪了，再过来和夫人讨说法吧。"

六娘子心里直打鼓，面儿上却是云淡风轻地笑道："今年过的是团圆大年，侯爷很是重视，也是几位妈妈大显身手的好机会。妈妈们要事无巨细，若是做得不好，可别怪我不留半分主仆情面。"

"是。"几个管事妈妈闻言，皆谨慎地福了身，然后鱼贯退出了暖香坞。

待她们走远了以后，六娘子忙站起了身，整了衣衫裙摆，然后拢紧了发髻珠钗，匆忙地随着观言去了外院。

"侯爷呢？"天寒地冻，薄冰敷地，亏得有观言眼尖地在一旁虚搀着，不然步子快而碎的六娘子就险些在回廊台阶处滑了一跤。

"侯爷带着明路快马去了码头。"观言回忆道，"今儿一早码头有人来报，说凉都老宅的那些箱笼要靠岸了。侯爷当时在书房写信，便吩咐了陈伯和明路去打点，结果一个时辰以后，明路跑了回来，说老宅的人也在船上。侯爷当时也愣住了，便吩咐我来同夫人说一声，免得回头夫人被吓着。"

六娘子苦苦一笑，心里却翻江倒海似的不是个滋味。

想沈聿白之前还收到沈老夫人从驿站寄来的书信，说得清清楚楚，箱笼走水运，人走官道。当时六娘子就觉得有些奇怪，水运和官道肯定是船行得快车走得慢，这一大家子人，为何要选择官道？

结果沈聿白和她说，凉都到宣城经泽城水道，水湍流急，若是遇着天气恶劣，其实反而没有陆路快，而且还不安全。

六娘子一听，这才恍然大悟，想凉都来宣的一大家子里，虽大多都是年轻的，可几位长辈都是年近五旬的，若是再不小心晕个船什么的，只怕等靠了岸，命都要被折腾去半条了，既然不赶时间，自然是陆路更妥帖的。

但眼下为何……一家子几十人，都跟着箱笼下了船？

若说没有出什么事儿，六娘子是万万不信的。这样一想，她便是步子一紧，停了下来对观言道："前头就是垂花门，我自己去前院，眼下有几件事儿我吩咐给你，你记下了以后就去暖香坞找秦妈妈和鱼安，也别声张，只你们几个悄悄地去办了就好，别没事儿回头自己吓自己，侯爷知道了该不高兴了。"

观言见六娘子面色凝重，虽有些不太明白她话里的意思，却还是郑重地点头道："小的知道，夫人请吩咐。"

当沈聿白骑着高头骏马回到侯府的时候，远远地就看到站在朱漆铜环宅门前的那一抹鹅黄色的身影。

冬日高照，朗风徐徐，六娘子身穿鹅黄镂金百蝶穿花云锦袄，下罩月牙色的垂苏软裙。万缕青丝用别致的七色琉璃步摇绾紧，不施粉黛，却娇媚动人。

大老远的，沈聿白就已经纵身跃下赤马，六娘子忙提了裙摆下了台阶去迎。

"人呢？"她眼中难掩着急和焦虑。其实沈家的人到了宣城这件事儿，就如同阁楼上掉下的第一只靴子，可他们为何不如信中所写走陆路，而是意外地择道改成了险峻的水路，这就如同那迟迟没有掉下来的第二只靴子一样，让六娘子心里七上八下，说不出的难受。

"就在后面。"沈聿白是快马加鞭地先赶回来的，此刻的他发鬓上还沾着一层薄薄的雪，鼻子也被冻得通红。

六娘子抬头见他眉头深锁，便问道："忽然改了水路，可是出了什么事儿？"

沈聿白闻言努了努嘴，可就是这副欲说还休的样子当下就惹恼了六娘子。

"侯爷办事儿素来都知道轻重，妾身也是！妾身为了恭迎母亲他们，前后也不知是费了多少的心思，侯爷只当妾身是个爱足了面子的，不愿意大意失荆州老马失前蹄。若有什么事儿，侯爷不如直接告诉妾身，也能让妾身在母亲叔伯嫂嫂姐妹和孩子的面前落个好。"

沈聿白心里本是有些急的，可见了六娘子这副大义凛然的模样，不禁扑哧一声笑了出来，道："连大意失荆州都搬出来了，可见你对这事儿的重视。"

"沈聿白！"听出了沈聿白语气中的调侃，六娘子是真的有些火了。

"是媛姐儿不知怎么的，在快到泽城的时候发了水痘。"沈聿白微微地叹了一口气道，"当时明路回来报说人也在船上，我就觉得事儿不太对，可没想到是媛姐儿病了……”

“咚”的一声，六娘子只感觉脑海中，阁楼上另外那一只靴子终于掉了下来，她瞬间如释重负。

有事儿不怕，怕就怕在不知道什么事儿。

所以深深地吸了一口气以后，六娘子从容地道：“我之前已经让秦妈妈把各屋的地龙烧起来了，热水也已经备足了，眼下刚到巳时，只是不知水路颠簸，母亲他们是否有胃口吃东西。但是厨房里我让项妈妈候着了，随时可以下锅做菜；还有，我让观言去同德堂请大夫了，今儿是方大夫坐馆，这会儿估计也快到了。”

沈聿白一愣，刚想问六娘子是怎么知道媛姐儿病了的，却听后头响起了一阵阵急促的马蹄声，便顾不得心中的疑惑，拉着六娘子迎了上去。

沈家三房人，前后一共有六辆黑色平头马车，待马车缓缓停稳，车加人加马往侯府门口那么一站，六娘子顿时觉得清冷了大半年之久的侯府，似乎终于要“热闹”起来了。

果不其然，这打头的第一辆车刚停下，车帘就被人重重地掀开了，紧接着，一个抱着孩子哭得梨花带雨的年轻女子就慌张费力地下了马车，在视线绕了一圈以后，她怔怔地锁住了沈聿白站的方向，只眨眼的工夫就径直冲了过来。

六娘子眼明手快，大声喊了门口当值的小厮过来，道：“拦在侯爷前面！快！”

那小厮不明所以，却见六娘子已经大步地迎了上去，巧妙地挡在了那惊慌失措的女子和小厮以及沈聿白的中间，还算客气地笑道：“这抱着的是媛姐儿吧，出痘可大可小，千万别让侯爷过了病气。”

沈聿白微怔，这一刻低头看着六娘子的眼神却是出奇的柔和。

而那女子一愣，沾着清泪的脸上瞬间露出了一丝叫人不易察觉的阴狠，可下一刻，她却扑通一声，抱着喘着粗气的媛姐儿号哭了起来：“夫人，夫人！求您救救媛姐儿，救救媛姐儿！”

单看这个架势，六娘子心里便有些知道了，这年轻貌美的女子多半是媛姐儿的生母，沈聿白的小妾梅氏。

可正当她想开口让梅氏先起来的时候，马车里已陆陆续续地下来了不少人。

瞧着她站着而梅氏哭哭啼啼跪着的场景，有人眼露惊讶，有人事不关己转过了头，有人眉头深锁，有人心急如焚，更甚者，六娘子在一个翠衫女子的脸上看到了一抹浅浅的笑意。

六娘子不禁冷笑在了心里。

想她原来设想好的端庄大方的迎门礼仪，这一刻统统都没有用上。眼下，既没有人给她一一引见，混个脸熟，又没有人主动示好，打破僵局，便是连当事人之一的沈聿白都只冷着一张俊脸站在一边，眼中难掩愠怒之色。

六娘子见状，冷笑之余不免无奈地叹了一口气，她自认没有伟大到可以让一个小妾随随便便地踩在自己的头上，可除了面子之外，她倒是更关心梅氏怀中那一脸苦样满头大汗的媛姐儿。

而就在这时，不远处忽然传来了观言的喊声："夫人，夫人，方大夫来了！"

六娘子回头一看，冲气喘吁吁的观言点了点头，然后迎上了沈聿白那略带怒意的目光道："之前各个院落妾身都已经安排好了，眼下每处都有两个小丫鬟在屋前候着，妾身初来乍到，连谁是谁都分不清楚，不如媛姐儿这里就交给妾身，各房落脚的事儿交给侯爷？"

说罢，她却不等沈聿白点头，便径自转了身，蹲了下来，从错愕的梅氏怀中小心翼翼地抱过了瘦小的媛姐儿。

耳边传来了阵阵窃语，而直到这一刻沈聿白才似发现了六娘子是认真得不同一般，不免吼了一声道："胡闹，媛姐儿出了水痘呢，过给你了怎么办？"

六娘子轻飘飘地看了一眼围在门口的众人，又看了一眼心急如焚的沈聿白，心里竟生出了笑意来："侯爷这会儿才担心会不会有些晚了？"

"你……"

"侯爷自己小心些就好，我出过水痘了，可一家子人里面谁和媛姐儿接触过，谁是出过痘的谁又没有出过痘，侯爷一会儿还要细细问清楚，我也会让方大夫写个消毒的方子出来，这两日大家进出饮食也都稍微注意些。"

六娘子六岁的时候已经奉过痘疹娘娘了，因为当时她已经记事了，所以对那次出水痘她是记忆犹新的，虽说不上有多痛苦，不过却是急坏了赵家二老。

因为出水痘这事儿是可大可小的，好在她出水痘的时候是冬天，不出汗不沾水，又整天被赵太夫人放在摇床里哄着惯着，所以整个过程并没有她想的那么难受，不过倒是后来结痂的时候痒了好几天，但她为了不留疤，硬生生地忍住了，这痘疹娘娘也就算这么供奉过了。

想到这里，六娘子只觉得手腕处有些沉了，便急急地招呼了一旁还在猛擦汗的方大夫道："让您见笑了，您这会儿就跟我进府吧。"

可谁知她刚迈了步子，却感觉裙摆被人用力一扯，重心一个后仰，整个人差点抱着媛姐儿摔了一跤。

紧接着梅氏的哭声就断断续续地传了过来："夫……夫人……人慈悲心肠……"

"我瞧着梅姨娘这些年是自由散漫惯了，没人教你做规矩，你连起码的规矩都不知道了。"六娘子是真的火了，转头就对观言道，"还不快把梅姨娘给我拉开？如今是媛姐儿病了，侯府的千金小姐，岂是你们随随便便哪个人都能怠慢的？"

观言点头，一个箭步上前就把哭哭啼啼的梅氏拉到了一边。

六娘子随即深吸一口气，低头对着梅氏道："我且当姨娘今日是爱女心切没了分寸，可姨娘这般三番四次地拦着我带媛姐儿进府，回头若是媛姐儿真有个什么好歹，姨娘是不是要拿了自己的性命来抵呢？"

梅氏闻言，一张脸瞬间变得煞白，支支吾吾的，说不出个所以然，只能无言地摇着头。

六娘子冷笑一声道："我瞧梅姨娘是有些糊涂了，不如在祠堂外跪上两个时辰再回屋吧。"说着，她便冲观言微微地使了个眼色，然后又环顾了一下宅子门口那一张张错愕的脸，最后，六娘子的目光定在了沈聿白那双闪着锐光的眸子上。可下一刻，她却见沈聿白如释重负般冲自己点了点头，嘴角竟扬起了一抹欣慰的浅笑。

六娘子脑海中顿时闪过一个想法……从他最开始的漠视冷峻到中间一度的真切关心，到眼前的颔首而笑，六娘子忽然发现自己错怪了沈聿白。原本她以为他和沈家其他人一样，站在一旁不插手，只是为了看一场她被一个妾压制一筹的好戏，可这一刻，六娘子却明白了，沈聿白不是在看好戏，他是在给自己足够的时间去立威！

她是侯爷夫人，虽年轻，却是沈家唯一一个可以与他比肩的女子！可即便如此，他的威严却不等于她的威严，如何才能在众人面前摆出一个侯爷夫人的姿态，这第一面真的尤为重要。六娘子承认，这一刻她心里有翻腾的感动，感动沈聿白无条件的信任，也感动他无条件的支持！

第三十一章

满庭芳·痘疹娘娘

虽然媛姐儿偏瘦小，但六娘子一路抱着她直到暖香坞，手臂承重过久，也实在够呛。

一入暖香坞，将媛姐儿小心翼翼地摆在了暖炕上，六娘子便匆匆地去洗了一把手，然后喊来了屋子里的几个丫鬟，简单地说了媛姐儿的事儿以后，她便直接问道："所以你们现在赶紧告诉我，谁是出过水痘的，谁没有出过？"

结果，鱼安、紫苏和染画三人是供奉过痘疹娘娘的，竹韵等人都是从未出过水痘的。

六娘子当机立断，将鱼安三人留在了屋里，而把竹韵她们统统赶去了小罩屋，并命令道："没有特别的事儿，就不要靠近主屋，若是过了水痘可不是闹着玩的。"

几人皆谨慎地福身称了是，然后一言不发地退了出去。

六娘子见状，满意地叹了口气，然后关上了屋门折回了里屋。

暖炕边，方大夫已经在给媛姐儿把脉了，六娘子小心地踱步至他的身边，探头问道："您可出过水痘？"

方大夫当时正捋着山羊小胡须眯着眼在切脉，听了六娘子略带孩子气的问话，他不禁笑出了声，道："医者父母，若是没出过水痘，老朽难不成还能拂袖而去？"

六娘子脸一红，连忙摆手道："您老别拿我开涮，您若是没出过，自是要格外谨慎的。"

方大夫与赵老太爷算得上是旧识，当年方大夫年轻有为，刚坐镇同德堂，赵老太爷也还未衣锦还乡，方大夫便是赵府的家行医。如今十几年过去了，两人再次在宣城聚首，虽多年未见，可情分依旧，是以六娘子也在方大夫面前混了个脸熟。

"放心，老朽为医，岂会拿自己开玩笑，我早就出过水痘了。"

六娘子闻言长舒一口气，却瞪着方大夫那张不算老的脸庞发了一会儿呆。这方一行明明今年也才三十有九，却偏偏总喊自己"老朽"，好像不把自己喊老了他心里头不乐意似的。

不过就在六娘子开小差的时候，方大夫已经把好了媛姐儿的脉，缓缓地站起了身。

"如何？"六娘子一敛神色，连忙迎了上去。

"瞧姐儿现在这个样子，从出痘到现在前后起码也有半个月了，她现在发热，身上有丘疹疱疹。"方大夫一边说，一边掀开了媛姐儿的衣领指给六娘子看，"你瞧，都出脓了，可见一路来是没有好好用药的。所幸这孩子也是有点福根的，身上发这么多，脸上却只有零星几颗，不然一个小女孩儿家的，以后留了痘疤还怎么嫁人。"

六娘子闻言，心一沉，却连忙道："那您赶紧给开个方子吧。"

"这就给你写个药方子，一日三顿，趁热喝，喝不进就灌，量一定不能少。"方大夫一边说一边走到桌边，打开了随身带着的药箱，然后取出笔墨摊了张宣纸就写了起来："这是治水痘的方子，这是退烧的方子，若是到了晚上还高烧不退，就熬这个药给姐儿服下。"

六娘子一一接过，然后细心地记了下来。

方大夫随即又落笔写了一个方子，交给六娘子道："这是夫人要的消毒的方子。"

六娘子脸一红，道："有劳您了。"

方大夫"呵呵"地笑道："姐儿出痘这两日切记一定要给她多喝水，吃些新鲜的瓜果蔬菜，清热利湿的。"见六娘子点了点头，他又继续道，"所有姐儿用过的东西若是不用了一定要烧掉，若是还要用，就要经沸水煮过。夫人虽出过水痘，可平日里照顾姐儿也不能大意，来回一定要记得用皂角洗手，勤换衣物。屋子要通风，可也要注意避寒。”

“那若是回头结痂了姐儿痒了要去挠怎么办？”六娘子时时刻刻担心着媛姐儿的皮肤问题。

方大夫道：“等姐儿水痘结痂了，夫人就差了小厮来同德堂找我，我上门看过姐儿以后，会给夫人开药方子的。”

六娘子闻言，如释重负地松了一口气，然后笑道：“那回头我让丫鬟跟着您去堂里抓药。”

方大夫点点头，随即又嘱咐了六娘子几件要多加注意的事儿，方才净了手擦了脸，然后由鱼安送着出了暖香坞。

送走了方一行之后，六娘子就和染画两人合力将媛姐儿身上的衣服换了下来。小姑娘还烧着，有些昏昏沉沉半睡不醒的，可是衣料摩擦间，她却几次吃疼地喊了出来。

六娘子见她浑身上下都是红红肿肿的水痘泡，有些都破了流水流脓的，不免心里一阵抽疼，气得手都有些微微颤抖了。

“夫人，您先去洗个手歇一会儿，奴婢给姐儿用帕子擦个身，再给她换身干净的衣裳，姐儿兴许就能舒服些了。”染画虽不知道六娘子在气什么，却瞧得出她神色微愠，便轻轻地抽走了六娘子手上拿着的媛姐儿的外套，随即又道，“这衣裳，奴婢瞧着，最好还是烧了吧，只怕就算沸水煮过了，以后也没法子穿了。”

六娘子点点头，刚说了一句“那你就多辛苦一些先照顾着”，外头就响起了传报声：“夫人，侯爷来了。”

“怎么样了？”沈聿白一进屋子就走到了暖炕边，可却被六娘子眼明手快地给拦下了。

“方大夫看了，也开了药方子，这会儿先让染画给姐儿换身干净的衣裳，侯爷还是避一下吧，一身的水泡，我瞧着都……”六娘子说着不忍心中的怒意，便直直地抬头看着沈聿白，厉声道，“从前侯爷屋子里的事儿我是不知道的，可今儿在我眼皮子底下发生这种情况，侯爷若是要拦着我，我定是要和侯爷好好理论理论的！”

沈聿白一愣，片刻才明白六娘子说的是梅姨娘的事，便轻笑道："若是要拦着你，何故要在门口那么辛苦地演那一场戏。"

六娘子闻言，忽然如泄了气的鼓风囊一般，低低地说道："侯爷……也没事先和妾身说一下。"

"那样你才能真情流露。"沈聿白上前轻轻地拥了拥六娘子道，"不过也真没想到你会发火。"

六娘子是个特别能一码归一码的性子，沈聿白这样抬高自己给自己脸面，她自然是感动在了心里的，可是梅氏的事儿她也真是恼在了心里的。

当下，六娘子便将沈聿白拉至了正对着里屋的小书房，然后扣上了门扉，方才振振有词地说道："不管是嫡出还是庶出，终归是侯爷的女儿，是侯府正正经经的小姐，侯爷可看到梅姨娘那在门口三番四次想拦着妾身的样子了？妾身不免真的要问一问，梅姨娘有没有把媛姐儿这个亲生女儿的安危放在心上。再者，一大家子的人，即便要说事儿，哪里轮得到她一个姨娘来冲我抹眼泪装可怜的……"

可说着说着，六娘子却嚼出了些不太对劲的味道，连带着方才中气十足的声音都渐渐地小了下去。

是啊，宅门里夫妻分工有责，男主外女主内，内院的事儿，她其实不用斤斤计较地都和沈聿白说，也没有道理把对梅姨娘的火撒在沈聿白的身上。想着方才他在宅门口明着冷峻暗着支持的姿态，六娘子心头一暖，再开口连声音都柔了好几分："妾身……让侯爷见笑了，妾身真是气坏了，从来都是见的对亲生儿女呵护有加的，却没见过梅姨娘这般竟还有工夫在我跟前做戏干哭的。想那时候我去临安大姐姐家玩儿，大哥儿刚出生，调皮起来两个丫鬟都抱不住。有一次不小心磕着了头，大姐姐都暗自抹了一个晚上的泪，可梅姨娘却……"

"虽说男人不管内宅的事儿，可有些事儿也怪我没来得及和你说，谁知道好好的计划会突然全乱了。"沈聿白知六娘子现在肯定是心急如焚的，这边要想着如何照顾出水痘的媛姐儿，可落了脚的一家子人也等着她一一去认识去打点，便拉着她在高脚椅上落了座，然后细心地说道，"那时候章氏刚过门，她性子刚烈，不够圆滑，我那时也多少有些轻狂，且也已跟着皇上去过一次陕北和甘岭，见识过疆土之阔匪寇之狠，总想着要光耀门楣齐国平天下，所以心思就从来没有放在过家里。那时我常年随军在外，难得回去也总是和章氏不对付，一个不小心就会吵起来，这才先后有了钟氏和梅氏，后来又抬了章氏的陪嫁大丫鬟康氏，所以……”

“康姨娘就是景哥儿的生母？”关于沈聿白屋里的那些女人们，她之前在去找沈慧春探口风的时候已经问了个大概。而沈慧春喜欢她，生怕她小小年纪不够善解人意，和沈聿白因为这些已经在了的姨娘和庶子庶女们的事儿而生分了，便一个对一个地把每个人的性格和关系给她理了个清楚。

沈聿白点点头：“钟氏是大姐儿的生母，只可惜大姐儿福薄，还未过周岁就夭折了。”父送幼女，沈聿白每每说起都多少有些唏嘘。

不过看着六娘子正目露担忧地抬头望着自己，沈聿白忽然心一柔，伸手轻刮了一下她小巧的鼻尖道：“但再过几年，我们会有我们自己的孩子的，来日方长。”

六娘子本是想了满肚子要安慰人的话的，却被沈聿白这样神来一笔地一搅和，当下脑子里就乱成了一团糨糊，只能傻愣愣地问了一句：“侯爷，您出过水痘了吗……”

第三十二章

满庭芳·座上婆婆

确认过沈聿白小的时候也是供奉过痘疹娘娘了以后，六娘子便多少安心了些，却也不允许沈聿白进内室太靠近嫒姐儿。

若是旁的不打紧的病，兴许六娘子还真的会让沈聿白来搭把手，可眼下沈家三房宗族回了府，多少双眼睛盯着瞧着，她便不愿意再做出格的事，深觉还是墨守成规些来得妥当。

因要照顾嫒姐儿，所以晚上的接风家宴六娘子就没有入席，但少了她却没有影响小宴本身的出彩程度。

菜单是十一月的时候六娘子就和项妈妈定好的，开了三桌，上桌的酒是天香阁的玉酿十里香，八道开胃菜、四个小甜品、四味冷食、十六道热菜并了一甜一咸两个羹，最后还有两道点心，圆桌子上面清爽整齐，荤素匀称，冷菜里一道醋渍小黄瓜和一道万字麻辣肚丝令人胃口大开，热菜中一个羊肉火锅和一道五彩牛肉几乎都光了盘子，最后上的点心里有一道扬州虾籽饺面让所有人都饱了口福。

这顿接风的晚宴，六娘子虽没有出现，却隐隐已在沈家每个人的心里落下了一个能干的好印象。

不过六娘子虽没有和大家一起用膳，却算好了时间踩着点儿，出了暖香坞去了清懿阁。

该来的躲不掉，六娘子觉得，她做了大半年的散漫新妇，上无公婆下无子女，中间连丈夫都是远行在外的，如今婆婆回来了，庶子庶女也有了，小妾也都凑齐了，沈聿白也日日坐镇府邸了，若是兴趣起来了，还真是能凑一桌叶子牌了。若是这个时候她还不把规矩做起来，只怕以后就要看人脸色过日子了。

话说从暖香坞到清懿阁，其实并不远，穿过一个小花园，再过一个不长的抄手游廊，走到尽头便到了。当初选择把这个院子留给沈老夫人，主要也是因为这儿坐北朝南，屋子宽敞，还有就是离暖香坞最近。

虽自己已过世的公爹在沈家宗族里行二，但是不管怎么说这儿是侯府，是沈聿白的宅邸，分不分家是沈聿白的事儿。既然大家如今都要仰仗沈聿白过日子，那自然是要把行二的沈老夫人放在首位的。

眼下陪着六娘子过园子的是做事谨慎的香巧，见前面就是清懿阁，六娘子有些不放心，还是在门口细细地叮嘱了香巧两句话，方才带着她一并入了园。

门口站着一个面生的丫鬟，方脸浓眉，瞧着不大不小的年纪。见了六娘子，她先是一愣，然后连忙道："四夫人且等等，我去禀了老夫人。"

六娘子点了点头，然后看着丫鬟碎步地掀帘进了屋。

沈家这些随主的丫鬟小厮都是一路跟着从凉都来宣城的，当时跟着主子们一起下船的有一批，随后傍晚时分到的又有一批。

沈聿白说，当时有一批家仆是先一步走的，行的是官道，这样一比，六娘子才发现，原来水路真的要比陆路快很多。

而就在这个时候，屋里有了动静，六娘子循声看去，却见刚才那个守门的丫鬟神色匆忙地跑了出来。

六娘子黛眉一扬，只听那丫鬟哆哆嗦嗦地说道："四……四夫人，您这边请。"

六娘子狐疑地看了她一眼，便掀帘入了堂。

宽敞的清懿阁里弥漫着淡淡的檀木香，香韵有神，令人通体舒畅。

不过沈老夫人到底还只是刚落了脚，是以进门的正堂屋此刻看上去还是空空荡荡的，只有六娘子先前从库房里拨出来搁在南窗边的一个九格黄花梨木雕八仙过海的多宝阁最为夺眼，显得多少有了些生气。

忽然，内屋传来了几阵轻笑，六娘子一怔，连忙朝香巧使了个眼色，然后由那方脸浓眉的丫鬟带着往里走去。

一进屋，六娘子只感觉一股暖意迎面袭来，她定睛看去，屋里或站或坐的竟有四五个人，且老少不一，穿着打扮也各有特色，一时之间，六娘子还真分不出谁是谁来。

不过六娘子敢肯定，暖炕上坐在矮几边的那个看着年过四旬头发夹白的老者，肯定是沈聿白的嫡母，沈家行二的老夫人翟氏。

说起这位沈老夫人翟氏，那也是个有好几箱故事的主儿。

阜宁翟家前后一共出过三个进士，到了沈老夫人这代，她却成了翟家一代单传的独苗，可偏是个女儿身。翟老太爷觉得天理不可违，想着女儿就女儿吧，翟家不愁吃穿，养活几口人还是没什么问题的，大不了以后招赘个上门女婿就好了。是以沈老夫人从小是被当成男儿来养的，什么琴棋书画倒是学了个一知半解，但是打算盘走账是门儿清的，且也是从小就启了蒙上了家学的，只不过到后来看的都是男儿念的《四书》《五经》一类的，活脱脱被养成了一个外干中强的女汉子。

可是人算不如天算，不曾想，就是这样一个女儿身男儿命的沈老夫人，后来会对沈家二老爷一见倾心。当时这事儿在阜宁那个小地方闹得还挺大，人人都知道翟家女非沈家二郎不嫁。翟老太爷女婿承家的希望破灭了，自然是被气得不轻，频频怪翟太夫人为何没事儿要带着女儿去宣城的亲戚家长住，可翟太夫人却觉得这是一桩美事，便私下同沈太夫人通了书信。

结果一来二去，翟家女如愿地嫁进了沈家门，正是满腹经纶咽下肚，素白纤指做羹汤。

这些当然都是后来沈慧春同六娘子说的。不过六娘子听完以后也颇为感叹，她觉得沈老夫人的事儿正是说明了冥冥之中一切皆天注定。因为如果当时沈家二老爷娶的不是从小被当成男儿养大的翟家女，那或许在这浮华乱世中，沈家就不只是隐退凉都这么简单了，更别说如今沈聿白的光耀门楣和沈家的复势了。

因为当年的一场楚门政变，沈聿白的父亲沈二老爷以一命抵全家，六娘子深信，凭自己这个已经仙逝的公爹的足智多谋，他一定早已经想好了万全的对策，才会如此甘心献命示诚的。或许这万全的对策中，正是有他对沈老夫人的信任和肯定……

经过如此一番短短的思忖，六娘子便暗暗地挺直了背脊，连带着脚下的步子也变得端庄而谨慎了起来。

“来，过来给母亲看看。”沈老夫人一开口，满屋子顿时鸦雀无声。

六娘子迈着碎步，呼吸间，她甚至能听到自己发髻上插着的那支云脚珍珠卷须簪须动轻颤的声音。

“母亲。”到了沈老夫人面前，六娘子恭恭敬敬地冲老人家行了个三叩九拜的大礼。

“好，好，好孩子，这些日子辛苦你了。”沈老夫人笑眯眯地受了她的礼，然后道，“来，走近些。”

六娘子依言起身上了前，在沈老夫人打量她的同时，她也飞快地看了沈老夫人一眼。这是个年近五旬却精神奕奕的老妇，羽发见白，夹着一缕一缕的银丝，略见方阔的脸盘上带着浅浅的和煦的笑意，一双炯炯有神的眸子将自己的影子照得清清楚楚。不过凉都水土没有宣城养人，沈老夫人的皮肤已见黝黑，脸上条条的皱纹好像一波三折的酸苦往事。

“母亲您看，四弟妹可真是个俊俏的美人坯子！”正当六娘子和沈老夫人在互相打量的时候，一旁忽然传来了一阵银铃般的笑声，如黄鹂轻啼，悦耳婉转。

六娘子好奇地顺声望去，只见沈老夫人的身侧站着两个碧玉一般的女子，一个一身粉紫对襟交领褙子，梳着一个翻叠圆鬟髻，一支秋蝶无笙琪霜簪衬得她肌肤如玉，美若绢画人儿。而另一个身形稍娇小玲珑一些的女子则穿着一件水红撒虞美人花亮缎斜襟袄子，年纪看上去也要略小一些，梳的是弯月髻，化的是云烟妆，浅浅的粉色胭脂将她的气质衬托得更婉约动人。

六娘子自认“美女”二字从来和自己没有多大的关系，是以当众被一个美女夸自己长得俊俏，她就算脸皮再厚也有些经不住了，便红着脸直摆手。

“哟，母亲，四弟妹不仅是个俊俏灵透的，而且还是个薄脸皮子。”

这一次六娘子看清楚了，说话的是那个穿粉紫色褙子的高挑女子。

老太太“呵呵”地笑了笑，然后拉过了她身旁的两个女子给六娘子介绍道：“这个嘴巴厉害不饶人的，是你大嫂，你五弟妹就安静多了，素日里话不多。”

六娘子这才恍然大悟，这粉紫衣衫的女子是沈家大爷沈聿齐的嫡妻周氏，而那笑颜盈盈的红衫女子则是沈家五爷沈聿天的嫡妻安氏。捋清了关系后，六娘子连忙福身道：“见过大嫂，见过五弟妹。”

周氏和安氏也立刻向六娘子回了礼，然后周氏便笑道：“母亲这会儿有四弟妹陪着说话，那我和五弟妹就先回屋了，一地的箱笼摊在那儿，别人不知的，还当我和大爷在那儿摆地摊呢。”

沈老夫人笑眯眯地拍了拍周氏的手道：“你便是嫌我老婆子无聊，罢了罢了，你们也早些回去，这一路颠簸的，够折腾了，明儿一早也别来请安了，让我也睡个安生觉。”

周氏和安氏闻言，点头福身退了出去。

不过在侧身越过六娘子的时候，周氏却偏了头在六娘子的耳畔留了一句道：“多谢四弟妹，那澄瑞园清新雅致，大爷和我都很喜欢。”

六娘子一怔，抬头的时候却见周氏已和安氏说笑着跨出了门槛。

六娘子心里不禁感叹道，这个周氏，也够八面玲珑的……

“你大嫂是个热心的，家里的事儿，以后你若是有什么不明白的，便问问她，不会错。”待周氏和安氏出了门，沈老夫人便微微地松了松肩膀，然后笑着让丫鬟给六娘子搬了椅子。

“媳妇人微言轻，还有很多事儿是要和妯娌多学习的。”六娘子垂着头，做足了恭敬状。

沈老夫人闻言，眼神一闪，然后问道：“媛姐儿如何？”

“同德堂的方大夫已留了药方子，晚膳的时候也给媛姐儿喝了药，我来的时候她刚退了烧。”说到媛姐儿，六娘子就有些欲言又止，因她和沈老夫人两人今日也只是丑媳妇刚见了公婆，若太自来熟似乎也不好。

不过就在她踌躇间，沈老夫人已经开口道：“老四虽不是我亲生的，可这些年沈家和从前不能比，一家人要共渡难关，只能紧紧地抱作一团，我对他们几个子女，也都是一视同仁的。我也是半只脚踩在棺材里的人了，如今能看着沈家复势，回头到了底下，我见着他父亲，也总算是有个像样子的交代了……”

“母亲……”

见六娘子急着打断了自己的话，沈老夫人便抬手止了她的声音，继续道：“本我在凉都的时候，多少还是有些担心的，你是赵老的外孙女，涵养品性那是肯定没的说的，可毕竟年纪小了些，且又是金枝玉叶的，只怕这偌大的一个家，你打理不好。不过只看今日几件事儿，我便知道我是多虑了，你虽年轻，可进退有度、得体大方，为人处世又懂分轻重缓急，是个耐心有德的好孩子。”

能得沈老夫人如此高的称赞，对六娘子而言是始料未及的。

想当初，她是从沈慧春和沈慧英两姐妹的口中探过沈老夫人的为人习性的，知她虽看着好说话，总是一副笑呵呵的样子，可骨子里却是个说一不二、眼中不揉沙子的果断刚毅的男儿性子。是以六娘子真的没有想到，在第一次面对自己的时候，沈老夫人竟会摆出这样一副慈蔼的姿态来。

“母亲……谬赞了，我没有母亲说的这么好。”初次见面，若是不咸不淡、不冷不热的，六娘子还能想办法周旋过去，可这般一下子如掉进蜜罐里一样的开场白，让她不免觉得有些诚惶诚恐了。

沈老夫人看了她一眼，然后道：“这儿毕竟是侯府，我来的时候就和老四说好了，家里的事儿我不管，往后我也只管含饴弄孙。你们若高兴，就来我这里多走动走动，若是不高兴，毕竟还隔着好几个屋檐，不常来也没事儿。这次来宣城，咱们和四房分了家，可就算这样，来的三房人加起来也不少。你两个叔父这儿是有自己的想法，可以后到底分不分，也要看他们两家的意思。一笔写不出两个沈字，沈家这些年不容易，不能好不容易把苦挨过去了，临到要享福了，家里人却起了内讧。”

六娘子闻言，只觉背上传来阵阵凉意。是了，这才应该是沈老夫人对自己的姿态，先灌好话，再告诉她将来当家主母要注意的分寸。

六娘子觉得，兴许沈老夫人已经预计到自己将来正经开始主持家事的时候会遇到的种种问题了，不过很显然，对于那些鸡毛蒜皮无伤大雅的小事儿，老太太是不放在心上的，可是若要破坏了沈家眼下的“团结”，那老太太肯定是第一个不依的。

想一个宅邸，三户人家，虽左右都是亲宗，可不掌家不知道柴米贵，不理财不知道亲疏重，所以六娘子也觉得，自己在主持家事这条路上简直是任重而道远的。

这样一分析沈老夫人话里的意思，六娘子忽然整个人都警觉了起来。

其实，或许连沈老夫人自己都没有察觉，她这番话，多少透着一丝放权盯人的意思。而六娘子也不太相信，这么大的一个侯府，回头若是闹出了什么分歧，老太太真能做到睁一眼闭一眼什么都不管的。

不过，这样的方式，六娘子却是不太喜欢的。这就好比皇上让你去管一个省，明言放权，可偏偏把你抬高了架空了，结果反而你事事都要向皇上请示汇报而没了实权。不过六娘子也暗暗发誓，回头如果真出现这样的情况，那她要么就双手一摊什么都不管了，要么就肯定要据理力争到底的。

想到这里，六娘子便深吸一口气道：“只怕媳妇拙笨，学不来母亲的半点睿智。想外祖父和父亲当时就担心我过门之后会露怯，成亲以前，便是由着外祖母和母亲手把手地教了很多主持家事上的细致活儿，不过到底也都是纸上谈兵，回头若是要操办什么大事儿，还是要母亲把关才是。”

给对方台阶下，是六娘子的拿手活。想那会儿住在陆家，她和林氏虽暗着不对盘，可明面上两人一来一往的却没少给对方丢台阶。

只是……面对沈老夫人，六娘子却希望她们彼此最开始就是诚心诚意的。

因为她是沈聿白的妻，而沈老夫人则是沈聿白的嫡母，两人打断骨头连着筋，若是在一开始就较起了劲，六娘子觉得真是没有意思……

因媛姐儿还病着，且沈老夫人也折腾了一路刚落脚，所以两人头一回的切磋便点到为止，只由沈老夫人开了一场，便匆匆地结束了。走的时候，六娘子留下了按照方大夫开的药方子配制的消毒粉末，并让沈老夫人一定要注意勤洗手勤消毒后，方才出了清懿阁。

沈老夫人看着六娘子那娇小的背影消失在门扉后，便冲一旁之前那个守门的方脸浓眉的丫鬟使了个眼色。

丫鬟心领神会，立刻碎步出了屋子。半盏茶的工夫，那丫鬟便拢了夹袄披风回了清懿阁的里屋。

沈老夫人当时已经脱了鞋袜棉裤上了架子床，却还没有睡，只披着夹袄靠着床头正在那儿和邱妈妈闲聊。

听到了门口碎碎的脚步声，两人皆抬头看去，然后邱妈妈道：“哟，立冬回来啦，快来，老太太要睡了。”

立冬闻言，自不敢怠慢，忙脱去了披风，碎步走到了床榻边，顺着榻沿半坐下了身，然后笑着同邱妈妈道：“妈妈辛苦了，今儿我来值夜，妈妈早些睡吧。”

邱妈妈自然知道老太太的心思，便笑着起了身，也无赘言，福身后就出了屋子。

沈老夫人这时才轻轻地叹了一口气道：“如何，去了吗？”

立冬神色有些凝重道：“如您说的，去了景华苑。”

景华苑，就是六娘子安排给三姨娘住的地方，二房的三姨娘萧氏就是沈聿白的生母！

沈老夫人闻言，忽然嗤鼻一笑道：“我就说这个丫头不简单，你瞧，之前让你守在门口，你偏还不知天高地厚地要甩她一脸子。”

立冬惊得连半坐也顾不得了，便扑通一声跪了下来道：“老太太，奴婢当时是糊涂了，要不……奴婢明儿亲自去给四夫人赔个不是？”

沈老夫人瞪了立冬一眼："你跟在我身边也不是一日两日了，怎的回了宣城就这么毛躁了起来？暖香坞如今是你随随便便能去的？眼下媛姐儿睡在她屋子里不说，即便没有媛姐儿出水痘这一茬，那暖香坞可是上房正厅，你去赔不是，算什么！"

立冬闻言，鼻子一酸，红了眼眶道："奴婢当时只是想，她虽是正经的四夫人，可在老太太跟前也是要守规矩的，有些规矩，头一次不做，那往后再做不就显累赘了，奴婢……奴婢真是……"话未说完，她便哭哭啼啼地抹起了眼角。

沈老夫人叹气道："起来起来，又是哭又是跪的，我也没说你做过了，不过……唉，罢了，回来的时候她治梅氏那一手你也瞧见了，小小年纪，脑子清楚，转得又快，不过最难的是，老四竟然就由着她在一家子三大房的面前立这个威。"沈老夫人说着，眉头微蹙，脑海中翻腾的全是之前门口的那一幕。

沈聿白虽不是她亲手带大的，可沈家小四爷年纪轻轻便是威名在外，当年就是因为他性子太过刚烈，才会和章氏闹得这么个下场。可这个陆氏，前后也不过和四儿子才处了一个多月，竟就这样拿捏住了风火个性的沈聿白？

沈老夫人有些不解，又不太相信，可凭她多年阅人的经历，却又不太看得懂其中的缘由。新媳妇见婆婆头一天，这个小小的陆氏就带给她很多的惊讶。

从府邸的打理，到各屋各房的分置，再到对媛姐儿供奉痘疹娘娘这件事儿的揽权，还有对梅氏的处置，每一件事情都处理得干净利索，而沈老夫人相信，这些绝对不是沈聿白事先教她的。

赵家的外孙女，陆家正正经经的嫡女，可不是说从小就没了亲娘，和继母关系又不甚和睦吗？但为何看上去这个陆氏对宅门庶务却一点也不陌生呢？

沈老夫人正这样想着，忽闻立冬轻轻地问了一句："老夫人，您真的准备让四夫人主持家事吗？"

"凉都这几年我管够了，你是嫌我还不够累是不是？"沈老夫人忽然笑了起来，可神色里却暗藏着浅浅的悲凉。

原来人活一世，大抵也就是如此了！看看沈家，再看看她翟宁和萧秀沁，其实因缘际会都是天注定的。

想当年，她非沈纵不嫁，小小的阜宁被她的婚事闹得沸沸扬扬，她以为沈纵是她此生的良人，谁知抢来的姻缘其实注定就是三个人的无奈。

沈家觉得她翟宁出身官宦，阜宁翟门，一门三进士，门当户对，佳人才子。原本她也是这样认为的，可成亲头一个月，等待她的不是新婚燕尔的甜蜜，而是一个自称沈家表妹的女子。

多么老套的戏码，她觉得，当时沈纵和萧秀沁一对璧人站在一起，她仿佛看到的就是一幅美得灼目的画卷，她不敢看，也不敢想。可人被带到了跟前，也是正正经经、清清白白的大姑娘，她不愿意就这样点头，却不得不点头。

可她不甘心，要抬萧秀沁进门做姨娘也可以，但却不能让她成为自己眼前的第一个姨娘。所以，在萧秀沁之前才有了方氏和徐氏，可……这又能如何？人在不在和心在不在，其实真的不一样。

可惜，那些年，她刚成亲，也刚破灭了所有的幸福和幻想，所以有些简单的道理，她花了很多年才悟懂，才看透，而当她明白过来的时候，却已是沈家一门大限将至的时候了。

那一晚，直到多年以后的今天，她还记得清清楚楚。那似乎是这些年来沈纵和她最推心置腹的一次长谈了。他说，谢谢上苍当时让他娶了她，他能以己命换全家人的命，可沈家的将来，却要靠她翟宁了。

她当时气得不轻，几乎在沈纵说完这句话的时候就抬手甩了他一个巴掌。

沈纵偏过了头，却只轻轻地说了一句："夫妻情分，只相敬如宾最好，如此，即便我死了，你也能好好地继续下半辈子的生活。"

当时她的心疼得要命，她觉得她看错了沈纵，他应心怀天下，无为私情的，可她又觉得她没有看错沈纵，他就是个坦率真性情的傲骨男子。

只是，她翟宁万万没有想到，她不仅不懂沈纵，也从来没有看懂过萧秀沁。

她记忆中的萧秀沁，是个若水似仙、不食烟火的贞柔女子，有的是如画江南般的娉婷纤纤，一举手一投足皆是一派婉约姿色，优雅似云。

可就在沈纵死后的第三天，这个如云烟一般的女子却忽然变得刚烈了起来，三房妾室中，唯她站出来支持自己退居凉都，也唯她揽下了安抚子女的活儿，将几个惊慌失措的孩子全都聚在了一起，吃的喝的读书写字样样不落。

她也记得，那晚所有人都整装待发准备第二天天一亮就举家迁去凉都的时候，萧秀沁站在门口和自己说的那番话。

"我不求夫人能将我看成姐妹、亲人，可作为一个母亲，我只想把沈家的孩子好好地带大。因为我死后，见到老爷的时候，我要同老爷交差的，我……没有辜负他当年冒大不韪将我抬进门的期许。"

所以当一切浮华皆成云烟之后，其实留下的只有责任和生活。所谓爱和恨，早就随着那个入土为安的男人而消散殆尽了，所谓嫡出和庶出，其实在一族没落失权之后，也没有什么区分的意义了。

只是她真的没有想到，最后让沈家走出低谷再次得势的，竟然是萧秀沁的儿子！

话说其实六娘子在去清懿阁之前就已经决定之后要绕去景华苑了，所以见过沈老夫人以后，她并没有犹豫地就转向了南边。

虽现在刚到酉时末，但想着一家子人舟车劳顿一路都不容易，所以六娘子还是刻意加快了脚下的步子。到景华苑的时候，屋子外头没有守门的丫鬟，六娘子踌躇了片刻，便径自挑帘进了屋。

屋子里安安静静的，只里屋有几句轻语传出。

“这箱都是夏天的衣裳，先归置在一旁，等过两日有空了再理吧……”

“姨娘，这两盒子首饰都散了，你看……”忽然，小丫鬟的声音戛然而止。

当时的六娘子正站在敞着屋门的门口，见有小丫鬟闻声转头看到了她，她才笑眯眯地进了屋。

萧氏见了她，惊得忙站起了身，结果放在腿上的一叠整齐的衣裳就这样“哗啦”散了一地。

六娘子见状，忙不迭地上前帮着去捡，一时之间，本是安静的屋子变得有些乱糟糟的。

“扰了姨娘清净了，我是来给姨娘送大夫开方子制的消毒粉的。”六娘子笑起来的时候有一种很自然的亲和力，仿佛晴天浮动的一朵轻云一般，柔柔绵绵的，令人心情愉悦。

可即便是这样的笑容，也打消不了萧氏的惊慌失措。她左吩咐丫鬟赶紧去泡茶，右亲自去给六娘子搬了椅子，中间还要应付着和六娘子说话，真是慌乱得没了章法。

六娘子将一切看在了眼中，心里闪过一阵伤感，便屏退了一屋子的丫鬟，然后上前一步，握住了萧氏略微冰凉的手，道：“姨娘别忙了，媳妇坐一下就走。”

一声“媳妇”，让萧氏瞬间就安静了下来。

可正当六娘子想拉着她坐上暖炕的时候，忽然只觉手背传来一丝温湿，六娘子疑惑地低头一看，发现自己白皙的手背上竟晃动着两颗豆大的清泪。

“姨娘……”六娘子慌忙地扯了帕子去帮萧氏擦眼泪，可萧氏却闪躲得厉害。

“不敢不敢，夫人……”

“姨娘，不管您觉得道理上说不说得通，可事实上，您是侯爷的亲娘，便是我陆云筝的婆婆，可如今我却只能喊您一声姨娘。您若是再觉得受之有愧的话，只怕到头来难过伤心的只能是侯爷和我了。”

大周的礼教就是这么的情理不容。论辈分年纪，萧氏都是六娘子的长辈，可是按地位身份来说，六娘子却是侯府夫人，而萧氏只是个妾，她远不及六娘子尊贵，甚至都比不上府上庶出的哥儿姐儿。

六娘子当时就很头疼，对于这个婆婆，自己该拿什么姿态去面对。可在见到萧氏的那一刻，六娘子却觉得萧氏给人的感觉就只有四个字——温顺贞柔。只那一瞬间，六娘子心里便是情感大于理智了。

而听了六娘子的这一番肺腑之言后，萧氏则温柔地反握住了她的手道：“夫人有这份心思，对我来说便足矣。侯府之大，悠悠众口，夫人还需谨慎，这是侯爷的体面，也是全家人的体面。”这一句话，萧氏说得真切又不卑不亢，眼中的慌张也被镇定所代替。

六娘子心中一动容，便就着屋里明晃的烛火，细细地打量了一番眼前的女子。萧姨娘的年纪其实应该和沈老夫人所差无几，但可能是身形的原因，娇小温婉的萧氏看上去要更年轻些，若没有她眼角那几丝显而易见的细纹，六娘子或许会觉得她还未到不惑之年。

不过，即便如此，也不损她翩然的风韵。

有些女子美在外表，在姿色最盛时，或许会令人惊叹，但这种美却如夏花一般，怒放之后便是衰弛，那原本的惊艳之色也会慢慢地从脸上流失，最终只剩下枯槁。

可有些女子却美在风韵气质，这是一种沉淀和历练的积累，这种美就如同那窖藏的佳酿一般，历久弥香，不论何时细品，都会令人留恋难忘。很显然，萧姨娘就是后者。

不知为何，六娘子一看到萧氏就会想到英娘。其实论姿色，英娘不及三娘子，可六娘子却觉得英娘的美是从骨子里透出来的一种怡然的风韵，或许，这正是吸引皇上的地方？

脑子里这样一想，六娘子便很自然地将话题转到了英娘的身上。

“进宫的时候，是我和侯爷送的，三日后便被封为了嫔，皇上还亲赐了封号‘蕙’，如今连侯爷也要称英娘妹妹一声蕙嫔娘娘了。”

萧氏静静地听着，待六娘子说完以后，方才微微地点头道："宫中不比家里，我也不能给她什么体面，有些话，还望夫人在给蕙嫔娘娘写信的时候多多提点她。让她切莫骄躁，一定要尽心地服侍皇上和皇后娘娘。"

感觉到萧氏握着她的手微微地颤了一下，六娘子便忙笑道："姨娘放心，毕竟是侯爷的亲妹妹，侯爷一定不会让英娘受委屈的。"

萧氏看了她一眼，轻轻地点了点头，忽然用非常低的声音似自言自语地说道："其实我这辈子也没什么奢求的了，只盼着你们都好。你们都好了，回头我到了地底下，也能和老爷有个交代了……"

六娘子一愣，忽然想到，就在方才，沈老夫人也说过类似的话。她不由得反驳道："姨娘可是要长命百岁的，眼下既已经住回了家，您在这儿且放宽心吧，侯爷千方百计地接姨娘回来，是希望您来享福的，您若心里一直藏着苦，侯爷怎能安心……"

第三十三章

满庭芳·晨昏定省

话说也不知是方大夫开的药方子特别灵，还是媛姐儿福泽绵厚，总之，在六娘子的悉心照料下，第二日傍晚的时候，媛姐儿的烧就退了。第六日开始，她身上的那些水痘就陆陆续续地结了痂。

六娘子心中谨记方大夫第一次来问诊时留的话，是以她看到媛姐儿的水痘开始结痂了，便赶紧遣人去同德堂请了方大夫。

方大夫来得很快，入了暖香坞看了媛姐儿的情况以后，就重新提笔开了药方子。

"两个方子，一个是药堂里捣好的草药膏，每晚给姐儿擦干净涂身子，还有一个是汤汁，一日两顿，去疤印。"方大夫仔细地看过了媛姐儿身上水痘结痂的地方，然后吩咐六娘子道，"切记，这半年内，不要给姐儿吃有酱汁的东西，一切以清淡为主。"

"会留疤吗？"六娘子一直很关心这个问题。

"这不是在喝药吗？"方大夫失笑道，"夫人是个心急的，可要去痘疤却没办法心急。你瞧，姐儿还小，过两年长开了皮肤就能恢复得更好些了。只是一点，千万不能抓，抓破了可就真的要留疤了。"

六娘子点头如捣蒜，又细细地问了一些问题，方才让鱼安送方大夫出了门。

当她再折身回屋的时候，媛姐儿已经醒了。小小的人儿，闪着一双警惕的大眼睛，乌溜溜的，像只没有安全感的小兽一样，抱着一个小枕安静地靠在床头，任由秦妈妈给她喂水。

其实早在退烧的那日，六娘子就和醒来的媛姐儿独处过了，但她发现这个孩子特别安静，话很少，以至于最开始的时候，六娘子一度很担心她是不是高烧烧坏了脑子。

后来还是因为她喝了药又被丫鬟灌了很多的温水，要小解上净房了，不得已开了口，只听咬字清楚，说话也很有条理，六娘子才放了心，也就不再逼她开口说话了。

不过即便是这样，六娘子每天还是会抽空陪醒来以后的媛姐儿片刻，有时她穿线打络子，媛姐儿就会好奇地趴在床头看着她，有时她整理账册，媛姐儿就会乖乖地玩沈聿白拿来给她解闷的九连环。刚开始的时候，六娘子会觉得她很听话很好带，可是过了两日，六娘子却觉得媛姐儿有点过分内向了。

想到这里，六娘子便轻轻地走到床榻边，对着喝完了水的媛姐儿道："大夫的话你可听见了，千万不能抓。姑娘家的，若是脸上身上留了疤，以后可就不好看了。"

媛姐儿闻言，乖巧地点了点头，半晌才眨了眨眼，似犹豫地问道："母亲……姨娘，您别罚她了吧。"

六娘子刚要直腰起身，听了媛姐儿的话，不禁微微一愣，蹙眉道："谁和你说我在罚你姨娘的？"对于梅氏，六娘子也只不过是在回来的当天盛怒之下罚了她去跪了一会儿空着的祠堂而已。那之后，梅姨娘倒是来过暖香坞几次求着要见她，可六娘子都找了借口推托不便，让梅姨娘吃了闭门羹。

可，媛姐儿又是怎么知道这件事儿的？

"是大岚来告诉我的，说母亲您责罚了姨娘，让姨娘跪祠堂。"四岁的媛姐儿说话已经很清楚了，条理清晰，层次分明。

六娘子眼睛一眯，看得一旁的秦妈妈只感觉背后闪过一阵薄薄的寒意。

不过碍着孩子的面儿，她到底没有当场发作，只温柔地笑道："母亲也只是在你们来的第一天罚你姨娘跪了祠堂，你可知道母亲为何要责罚她？"

媛姐儿咬着有些发白的小嘴唇，轻轻地摇了摇头，可忽然又重重地点了头道："姨娘做错了事儿，母亲罚她，就像姨娘罚我一样。"

六娘子闻言，眼神更冷了几分，却依然笑道："大家生活在一起，宅子里都是有规矩的，谁守了规矩就应当要表扬，可谁若是没有守规矩就应当责罚，姐儿说是不是这个道理？”

媛姐儿有些纳闷地看着六娘子道：“姨娘是不是不听母亲的话了？”

六娘子一愣，摇头道：“姨娘不听母亲的话没关系，可是姨娘没有把媛姐儿带好，让媛姐儿生了病，母亲就要责罚她了。”

那天晚膳过后，趁着沈聿白在葳蕤轩和回事处的两个管事在商量事情，六娘子便把屋子里所有的丫鬟都叫到了小书房，只留秦妈妈一人在内屋哄媛姐儿玩沙包。

因为怕沈聿白会突然回来，六娘子也就没有赘言，直接将媛姐儿同自己说的话重复了一遍给几个丫鬟听，末了才板着脸道：“今日我只查是谁让梅姨娘那里的大岚进了暖香坞，至于你是因为疏忽，还是因为收了人什么好处，我且统统地不……”

“夫人！”谁知她话还没有说完，站在靠门侧的紫苏就哭着扑通一声跪了下来道，“夫人明察，奴婢那日真的是因为想着要给姐儿去看炉子上的药，这才走开了一……一会儿……”紫苏说着说着就泣不成声起来。

六娘子厉声道：“既只是走开了一会儿，你又如何知道那人就是梅姨娘屋子里的大岚？”

紫苏哭着道：“奴婢……奴婢回来的时候看到一个面生的丫鬟正匆匆地从屋子里出来。奴婢手上还端着熬好的药，当时也真是不知道要如何去拦，只能喊出了声让她站住，问了她是谁。那丫鬟也很慌张，只说自己叫大岚，以前在凉都是一直服侍姐儿的，这两日也不知道姐儿怎么样了，就过来看看……”

“你糊涂啊！”竹韵在一旁听了，气得不得了，当下就伸手猛拍了一下紫苏的背道，“姐儿得的是水痘，见风就传染，那丫鬟若是真的关心姐儿，大可直接来问夫人，这般鬼鬼祟祟偷偷摸摸进暖香坞，怎么看都是心怀不轨的。”

“姐姐教训的是！”紫苏抹了抹眼泪道，“那天晚上我想了想就觉得不太对劲，可……可……可到底是我自己疏忽了，我怕夫人……责罚，总觉得不过是个丫鬟来看看姐儿……”

“罚你两个月的月例，这两个月先在园子外头负责洒扫吧，你可服气？”该知道的六娘子已经听了个大概，当下就懒得再让几个丫鬟围着她闹哄哄地哭吵个没完，便直接打断了紫苏的话。

紫苏闻言，连连磕头道：“谢夫人，谢夫人！”

六娘子无奈地叹了口气，然后又正了神色道：“我知这些日子你们几个轮流照顾媛姐儿辛苦了，你们之中有些是有经验的，有些也是第一次做丫鬟，那些不妥的地方我也只当没看到，之后慢慢地有了经验就都会好的。暖香坞里头，不怕做事慢的，只怕不勤快和心思大的，我平日里也不计较你们的好坏，可你们到底有没有用心干活儿，我心里却是清楚的，你们自己也要清楚。”

丫鬟们闻言，皆低着头称了“是”，随即六娘子便独留下了鱼安，然后遣了其他人各自下去干活儿了。

等人都走完了，六娘子便松了一口气，揉了揉有些酸的眼睛道：“一会儿你去趟流芳阁和玉枝楼，告诉姨娘们，明儿辰时一刻，让她们都到我这里来请安。”流芳阁里住着钟氏和康氏，玉枝楼是六娘子给梅氏腾的两屋小院。

鱼安一愣，轻声问道：“夫人，您这两日晚睡早起的，中午忙起来连午觉也顾不得，姨娘们的晨昏定省，不如再拖两日？”

算起来，鱼安在六娘子身边也待了三年多了，最开始六娘子挑中了她，便是看她谨慎少言，性子温绵。可是那时候六娘子身边左有揽月右有竹韵，前面还有年长的流萤在帮着打下手，更何况那时候陆家人少事少，六娘子在小院子里一人独大，最多也就是七娘子时不时地去找一下她的碴儿，所以当时鱼安在六娘子跟前只是个默默无闻的粗使小丫鬟而已。六娘子想用她，却苦于总是没有什么合适的机会。

不过自从嫁进沈家，少了揽月和流萤帮衬的六娘子便渐渐地将鱼安和竹韵当成了左右手。一般的事儿只要她们盯着，六娘子也能放心地不去管，是以进了沈家以后，鱼安懂事了很多，也学到了很多，做事说话也利索能干了起来，在六娘子跟前也渐渐地能放开胆子同她说一些主仆间的贴己话了。

六娘子闻言，思索了片刻道：“本也不想这么着急给她们做规矩的，这两日媛姐儿虽有些好了，屋子里外也无人传染水痘，可马上就是年关了，我事儿多，总不愿多和她们打什么交道。”她说着顿了顿，下一刻便神色稍敛道，“只我素日里最恨别人这样偷偷摸摸探我的事儿，她若真关心媛姐儿，大可大大方方地差了人或自己亲自来问，我也不会赶了她走，这样找个莫名其妙的丫鬟来挑拨，说些无中生有的话儿，我瞧着她是太闲了！”

六娘子说着说着，便冷冷地笑了笑，她就不信了，以她的身份，还会让一个姨娘先声夺人了去。梅氏既没有把她放在眼里，那她也不用太给几个姨娘体面客气。

想这两日沈聿白都是歇在暖香坞的，临近年关，夫妻俩琐事都很多，她一直没时间好好地细问沈聿白关于妻妾轮着服侍的事儿。不过既然梅姨娘这般毛毛躁躁地想触她的底线，那六娘子也不介意先亮两张底牌给她瞧一瞧！

第二天早上，六娘子起来的时候，沈聿白正好打完了一套养生拳刚进屋。

大冷的冬天，他只穿了一件薄薄的杭绸暗绣白衫，下面着了条黑色的宽腿窄口拳裤，薄汗沾身，衬出了他精瘦匀称的好身材，若是盯着瞧，绝对能看到他那隐隐凸显的腹肌！

是以六娘子只抬头看了他一眼，视线就下意识地聚在了沈聿白的腹部，那打了一半的哈欠就这样被她生生地咽回了肚子里。

而沈聿白本想直接去净房洗个澡换身干净的衣裳，再出来和六娘子一起用膳的，结果却看到六娘子正红着脸盯着自己的上半身猛瞧。他一怔，低头看了看，再抬头的时候，嘴角竟勾出了一抹摄魂的笑意。

六娘子看着他神色的变化，心中顿时叫苦连天，连忙拉了鱼安道："我……快，先去洗脸……"

鱼安正在给六娘子扣中衣的盘扣，闻言不明所以地抬头道："夫人，您一般不是先梳头的吗？"

"都下去吧，我和夫人说两句话。"就在这个时候，沈聿白一本正经地开了口，那姿态那口气，仿佛真有什么特别要紧的事儿要关上门和六娘子详谈一样。

六娘子只感觉头皮一阵发麻，偏看着鱼安和秦妈妈无声地退出了屋子，却一点儿也不能反驳。

门扉被合上的那一刹那，六娘子只觉得鼻尖呼吸一沉，紧接着，沈聿白的黑影便罩了下来……

他双手撑在她的两侧，将娇小的她整个圈在了怀中，一个居高临下，一个抬头仰望，沈聿白能直接闻到六娘子身上淡淡的茉莉花香。

"刚才在想什么？"他凑到她的耳边，声音沙哑，营造出一片暧昧的气氛，让六娘子的心顿时跳得厉害。

"我……咳，只在想侯爷大冷天的，穿得如此单薄会不会着……"

剩下的话，悉数被沈聿白用唇封住了。

屋子里地龙烧得正盛，可沈聿白的吻却像一个一个的小火星，蹿在了六娘子的身上，简直像是要将她的衣物全部点燃一般，让她热得连连惊呼，却瞬间被掠池夺城，毫无招架之力。

衣衫半褪间，六娘子只觉得腰身一紧，沈聿白已经伸手将她抱起，他刚毅的灼热顶着她柔软的小腹，似乎只差一步，就能将她死死守着的底线冲破。可就在这个时候，六娘子却不知哪里来的力气，猛地一用力，将正要欺上来的沈聿白一把推到了床尾。

两人皆大口大口地喘着粗气，六娘子心跳如鼓点震动，见沈聿白眼中蕴着浓浓的情欲，还有些不依不饶的，她连忙翻身下了床，然后都顾不得穿鞋，光着脚扯过了架子上的夹袄将自己从上到下裹了个严实后，红着脸正经地说道："侯爷，我今儿一早让姨娘们来晨省的，这会儿已经快到点了。"六娘子一边说一边指了指墙角的自鸣钟。

沈聿白一愣，忽然长长地叹了一口气道："这么着急？等媛姐儿好了再给她们立规矩也不晚。"这么说着，他的神色已经慢慢地自然了起来。

六娘子松了一口气，笑着走到床边，一边帮沈聿白穿鞋一边道："年关了我也忙，可姨娘们回来了也不能让她们这么在屋子里干待着，我也要同她们认识认识的，若谁心灵手巧的，我也能让她们帮点忙。还有景哥儿，这两日光顾着照顾媛姐儿，倒是把景哥儿给忽略了，他心里别怨我才好。"

沈聿白笑了笑，弯腰将六娘子坠落胸前的发丝给勾到了耳后，然后道："内宅的事儿你看着办，这两日皇上催着要把疏浚运河的事儿定下来，我虽不用监工，可也不能马马虎虎挑个人就完事儿了。一会儿我要去趟三弦胡同，中午就不要给我留饭了，我和你外祖父喝两杯再回来。"赵家二老的宅子就在三弦胡同。

六娘子点了点头，刚想就这样和沈聿白各自分开去净房，忽然她心思一动，半开玩笑地就从嘴里蹦出了一句话："姨娘们既回来了，我在想，要不要把侯爷的日子分一分。"

沈聿白本一身的汗，刚才又和六娘子闹了一番，眼下真是难受得不得了，而且这会儿他下半身还是紧得要命，正在想要不要干脆直接冲一把冷水降火，所以猛地听了一耳朵六娘子的话，沈聿白哭笑不得地直接就掐了一把六娘子水嫩的脸蛋，道："你想做贤妻良母，也要看我愿不愿意成全。"

其实问话前，六娘子就一直在想，若是沈聿白理所当然地回她一个"好"字，她自己挖的这个坑自己要如何平。可她没想到……竟是这样的回答！

再抬头，六娘子一扫方才的忧心忡忡，忽闪着一双亮晶晶的眸子，浅笑犹花，不闻花香却见媚态地直言道："其实妾身也不怎么想做贤妻良母。"

沈聿白见状，心里一欢喜，伸手拉过了她，凑在她的耳边道："今儿晚上可不准逃！"

这一次六娘子没有躲，大大方方地将樱唇轻轻地抵在了沈聿白的嘴角，引得沈聿白一阵错愕。

是啊，她为何要做贤妻良母？他有妾已是不争的事实，那些女子她赶不走也躲不开，可沈聿白却是她可以掌控的。她不怕背上善妒的骂名，如果要和自己的心过不去，那以后这么长的日子，她是要过还是不要过了……

辰时一刻，六娘子便一身轻装出了里屋到了小书房。其实平日里只要没有特别重要的事儿，六娘子的装扮都是偏素雅清淡的，犹如今天，简单的垂髻落肩，松松地用了一支玛瑙簪固定，一件藕色缎织掐花对襟外裳里头衬了一件玫红色的高领束衣，一条浅绿色的散花百褶裙掐出了她盈盈一握的小蛮腰，红绿的撞色，将她映衬得更加楚楚动人，风韵尤佳。

而说起这个小书房，六娘子还要谢谢沈聿白的贴心。其实这个书房本来是六娘子留给他处理琐事用的，书房不大，偌大的窗边简单地摆了一张黄花梨嵌螺钿牙石花鸟长方书桌，笔墨砚台一应俱全，左右两边分别摆了两张红木扶手椅，便没有多余的摆设了。

本来沈聿白也在这里处理过一段时间的庶务的，但后来他看六娘子早上总要和管事妈妈们聊很久，觉得这样一堆人杵在小花厅里也不是个事儿，便把小书房让了出来，而自己则专门待在了葳蕤轩办公。这让六娘子一下子方便了很多，因为小书房毕竟私密性更好，所以六娘子处理起事情来也更觉得心应手了。

话说沈聿白在凉都的时候，屋子里有三房姨娘，还有一个通房，名唤惜燕。她之前是沈聿白的贴身大丫鬟，在章氏还没进门的时候，惜燕就已经在伺候沈聿白了，不过这些年却一直是这样不尴不尬的身份，既没有抬成正经的姨娘，也没有个明确的说法，就这样不清不楚地一直在沈家待着。所以比起另外三个姨娘，六娘子当下更想好好和惜燕聊一聊。

不过正当六娘子端着热茶出神的时候，竹韵忽然掀帘而入道："夫人，姨娘们到了。"

六娘子回了神，化着精致桃花妆的面容上露出了一丝淡淡的笑意："让她们进来吧。"

康氏、梅氏、钟氏并了惜燕，一行四人前后轻入，每个人的神态都不一样，可却都微微地低着头，看上去倒很是恭敬。

待人都进了屋，六娘子便笑着让她们依次落了座，然后开口道："今日也算是我第一次和姨娘们见面，这头一回，咱们便正式些，我也向侯爷讨了这小书房借用借用，也不烦姨娘们站着听我唠叨。"

六娘子这和颜悦色的开场白，让几人多少松了一口气，先是面面相觑了一番，然后康氏便说道："我们到夫人跟前晨昏定省，那是应该的。"

康氏瞧着约莫二十出头的样子，一张月盘脸，少了一丝精致的美韵，却多了一些福气之态。不过她身上那件暗花细丝褶缎交领褙子却让康氏整个人显得有些刻板平庸，但一想到她之前是章氏的陪嫁大丫鬟，后来是因为章氏和沈聿白赌气才抬起来做了姨娘的，六娘子却又觉得康氏这样的姿色也是符合她的身份的。

因为一般新妇带过门的陪嫁丫鬟分两种，一种是新妇自己想留在身边培养的，眼下是丫鬟，以后嫁了人还可以做屋里体面的管事妈妈，这样的丫鬟一般长得都不会太出挑，可是大多能干、精明、有一颗玲珑心。还有一种就是带过来专门给姑爷做通房，为了笼络姑爷的心和人的，这样的丫鬟往往是姿形秀丽、容光照人的。

而显然，从当时事情的发展因果来看，康氏应该是章氏身边管事干活的丫鬟，再加上她是沈聿白庶长子景哥儿的生母，是以六娘子对她多少还是有一丝好感的，闻言便点头道："也没什么应该不应该的，不过既然大家都住在一个屋檐下了，那有些我的规矩、侯爷的规矩，便也是要同你们说一说的，免得到时候大家都犯糊涂。"

"不知姐姐有什么吩咐？"六娘子话音刚落，一个轻盈悦耳的声音就响了起来。

六娘子顺势看去，却见身着一袭浅紫色苏绣月华锦衫的钟氏正眼眸含笑地望着自己。

钟氏长得很漂亮，年纪大约和康氏相仿，小家碧玉的清容娉婷秀雅，杏眼樱唇，修眉联娟，紧致的身材纤细均匀，笑语盈盈观之可亲。

六娘子饶有兴趣地打量了她一番，细细地嚼了嚼她方才的那句话，就觉得这几个姨娘个个都是心里打着一盘门儿清的好算盘。

刚才康姨娘喊她"夫人"，是因为不论大小，她是丫鬟抬起来的姨娘，不管有没有生养过孩子，她最初的身份是没办法改变的，所以在六娘子跟前，这一声"夫人"她喊得恭敬谦卑，这没有错。

而眼下，钟姨娘喊她"姐姐"，这也没有错。因为钟霈晗是沈家下聘以后用花轿正经抬进门的姨娘，当年也是给章氏敬了茶的，她的起点本来就比丫鬟出身的康氏和梅氏要高，但不论年纪，她又低了六娘子一等，所以即便比六娘子大好几岁，她对着六娘子还是要低眉顺眼地喊一声"姐姐"。

想到这里，六娘子不禁在心里轻笑了一下，脸上却敛着神色，开口道：“这两日媛姐儿好多了，可屋前屋后大家也都不能马虎，方大夫说，眼下靠近媛姐儿还会有过了水痘的可能。”她说着抬了抬手道，“你们瞧，我这一天也要洗好几次的手，换好几身的衣裳，你们虽也没有近身照顾媛姐儿，可这个消毒的工作却也不能马虎大意。”

四人闻言，皆点头称了“是”。

六娘子便扫了一眼站在康氏边上的梅姨娘道：“前两日，梅姨娘屋里的大岚来暖香坞探望过媛姐儿，主仆情深，她一个丫鬟心系主子这是好事儿，可是……”说到这里，六娘子的眼神冷了一冷，声音就放重了一些道，“不管是谁，想来探媛姐儿，这般前没有通报后没有招呼的，贸贸然旁若无人地偷摸着进来，你们当暖香坞是什么地方？”

梅氏一听，猛地抬了头，眼中恨意乍现，却在看到六娘子那清冷无惧的目光后又被生生地压下了怒意，颤着声音道：“夫……人，妾身只是……只是关心媛姐儿……”

“既关心，大可大大方方地差了丫鬟来问，你们母女连心这是天意，可梅姨娘，你若仗着从前是在侯爷跟前服侍过的就想借此拿了大，我却要想想该如何让你在侯府里头守守规矩了。”

本这样教训一个姨娘，六娘子是大可关上了屋门一对一地谈的，但今天她却这样把梅姨娘的事儿拿到了台面上，当着康氏、钟氏和惜燕的面，如此毫不留情面地斥了梅心容，其实无非是想以儆效尤。

“妾身……”梅姨娘气得有些发抖，瞪着一双大大的几乎不见光泽的眼睛狠狠地盯着六娘子，却一句话也说不出口。

事情不应该是这个样子的，不是吗？

想她这些年，一个人守着女儿，苦苦地等在凉都，等的就是能再见四爷一面。为了这个，她对媛姐儿向来都是严格的，逼着她学女红针凿，想尽了法子让她跟着教景哥儿的先生读书写字，逼着她跟着老妈妈们学规矩。媛姐儿小小年纪，她下得了狠心打骂责罚，为的就是在回宣城的这一天，让四爷看看这个女儿她有好好地在带，她没有辜负四爷的期许，她……要让四爷知道这些年她心心念念的全是他沈聿白。

原本，先夫人死的时候，她觉得自己的机会来了。她从小服侍四爷，知道他的秉性和喜好，她能做到让四爷舒心，不会像和先夫人在的时候那样屋子里永远充斥着争执和吵闹。康氏是先夫人的丫鬟，原本四爷就不待见她，能生下景哥儿那是她运气好，那之后四爷几乎就没有碰过她。而钟霈晗呢，是个有傲骨的，虽做了个妾，却永远学不会在四爷跟前低头，不像她，能低眉顺眼，让爷开心。

可凉都那时候太乱了，一家子人，每个人都怀着不一样的心思，因为定了要回宣城，人人都在忙着打点箱笼，忙着自己手头的那些琐事，她一个没注意，媛姐儿就偷偷和二丫家的妹妹玩在了一起，结果上路的第七天，就开始高烧不止了。

她害怕！她害怕他们会丢下她和姐儿不管，会就这样为了大局着想而觉得她和姐儿拖累了大家。所以她死命地瞒着，不管姐儿怎么难受，她都要死命地瞒着，她要见到爷，只要见到了爷，一切都会好的……一切……

可为什么，会出现一个继夫人，豆蔻年华，明眸善睐，举手投足间散发着她从未见过的优雅和娇柔，这样碧玉一般的人，往爷身旁一站，她就发现爷的眼神不对了。

可爷以前看着她就会笑的，爷说她笑起来很好看，浅浅的两个梨涡很讨喜。她在凉都就天天对着铜镜练笑，她要笑一个最漂亮的给爷看，可为何，四爷不看她了，连带着她抱着的媛姐儿也不看了！媛姐儿是他的亲生骨肉啊，为什么四爷连看都不看一眼！

而看着梅姨娘的怒目之色，六娘子心里却平静如水，丝毫没有波澜起伏，只端着茶浅啜了一口后，道："你们可能不清楚暖香坞的规矩，今儿这头一天的晨昏定省，我就同姨娘们说说。其实我本也不喜欢那么多的条条框框，把人折腾得没了精神，以后姨娘们每隔三日来我这儿晨昏定省一次，辰时一刻和申时末，每月初一十五，和我一起去母亲跟前请个安。平日里，你们若是愿意，多去母亲和太夫人那儿走动走动也是好的，太夫人年纪大了，喜欢热闹，只要不扰了她清净，你们什么时候去，我想她都是高兴的。逢年过节的，家里有个大小家宴，我也会提前告诉了你们，你们要愿意呢，就来帮我打个下手，我求之不得，你们要嫌乏，到时候只高高兴兴地出来走个场过个节，也就皆大欢喜了。"

"那爷每日歇在……"六娘子话音刚落，梅姨娘就着急地喊了出来，惹得众人皆侧目去看。

她随即一愣，缩了缩脚，连忙不自在地干笑道："妾身的意思是……夫人一个人服侍四爷也辛苦，夫人不如……"

"以后在宅子里，要喊侯爷！"六娘子冷声打断了梅姨娘的话，"还有，侯爷每晚要留在哪儿歇，这要看侯爷自己的意思，便是连我都不敢多过问一句，梅姨娘是要越过了我去安排侯爷的日常起居吗？”把这种事情揽在自己身上，很显然是引火自焚的愚蠢行为，早在来小书房的时候六娘子就想好了，既要说这样的话，就干脆把责任全部推到沈聿白的身上一了百了。反正这个家他最大，谁也不敢挑战他的权威。

果然，六娘子话一说完，梅氏就噤了声。

看着她紧紧地捏着拳头瑟瑟发抖的模样，六娘子心里忽然闪过一丝悲鸣。其实，她懂的，梅心容只是个女人，如果不是因为她和梅心容有利益上的牵扯冲突，她还是很愿意平心静气地开导开导她的。但偏偏作为一个妾，梅心容挑战了自己好几次的底线，娘亲不像娘亲，姨娘又没个姨娘的样子，那种偷偷摸摸的习惯是六娘子最不喜欢的。所以，先拿她开刀，六娘子是犹豫都没有犹豫过半分的。

深吸一口气以后，六娘子觉得今日自己狠话放得有些突然了，便缓和了语气道：“侯爷心里记着你们这些年的辛苦，只是一大家子的人才刚回来，临近年关，侯爷自己也有很多的琐事，往往是宫里外头多处奔波。你们若不想让侯爷操心，便安安心心地在屋子里待着，有空的时候帮侯爷做几双鞋袜，见物如见人，侯爷知道你们心里记挂他，肯定是高兴的。”

说着，她转了头，问垂着眼帘似在沉思的康姨娘道：“景哥儿这两日可还好？刚回府就遇着媛姐儿生病，我也没来得及关心关心哥儿，吃的住的他可都习惯？”

康姨娘闻言，额头不禁渗出了丝丝的薄汗，便连忙点头回道：“劳烦夫人牵挂，景……景哥儿都好，都好的，吃的也好住的也好……”

六娘子放心地点了点头道：“侯爷的意思是，让景哥儿再熟悉一些日子，等过了年，就请个先生过府给景哥儿继续上课。”

“哎……哎。”康姨娘紧张得要命，回两个字都是结结巴巴的。

六娘子多少知道她在紧张什么，便笑着道：“之前在凉都就是姨娘你自己带着哥儿的，如今回了府也一样，母子连心，我同侯爷商量过，只怕没有什么人比姨娘你自己带哥儿更贴心仔细的了。”

康姨娘闻言，果然大大地松了一口气，脸上的笑容也舒展了许多：“谢夫人，妾身一定会好好带哥儿的，让哥儿以后在夫人跟前好好尽孝道。”

六娘子见状，也悄悄地放了心，然后又转头看着梅氏道：“媛姐儿这儿，侯爷想让她在暖香坞多待两日，回头等她好彻底了，再看侯爷的意思吧。”

“媛……”梅姨娘眼里露出了惶恐，如果没有媛姐儿，四爷……会不会永远想不到要来看一看她了？

第三十四章

满庭芳·年节琐事

又过了月余，媛姐儿身上的痘疤已经淡得只剩下浅浅的一圈粉色淡印了。其间方大夫又来看过两次，直夸六娘子心细照顾得好，倒是把六娘子夸得有些不好意思了。最后一次方大夫来的时候是六娘子亲自送他出的垂花门，还送了他一坛佳酿。

“知道您好这个，这酒不上头，马上过年了，给您尝个鲜。”见方大夫有些推辞，六娘子便笑着道，“也不是什么值钱的，不过味道有些特别罢了。”

方大夫闻言，这才不再坚持地收下了酒，随即道：“那涂抹的药膏夫人记着一定要继续给姐儿用，好在眼下隆冬天寒，正是敷药的好时机。”

六娘子郑重地点了点头，然后目送方大夫出了垂花门外的抄手游廊。

折回身的时候，六娘子经过月牙湖，遇到了正在湖边散步的钟氏和惜燕，两人见了她皆微微一愣，随即冲她福身请了安。

待六娘子笑着让她们起身后，钟氏便道：“连着阴了几日，感觉待在屋子里都要发霉了，难得见了太阳，便出来走走，夫人这是从哪儿回来？”

经过这小半个月的相处，六娘子发现钟姨娘是个很有趣的人。很多事其实她都是拎得很清楚的，但她看在了眼中却能当作没有看到似的。她不愿说的时候，只会淡淡地看着你，浅浅地笑，笑不达心，可嘴角却勾得恰到好处，多一分则腻，少一分则假。而纵使她笑得多么的不由衷，却还是能给人一种愉悦感。但只要她心情好了，愿意开口了，便又会变成一个很健谈的人，天南地北的，让人听几句便能知道她小的时候也是有先生给启过蒙也是有读过书的。

所以有好几次，六娘子都很想用一用钟氏，不过总也凑不好时间，便这样耽搁了。

想到这里，六娘子便笑道："刚让方大夫来给媛姐儿瞧瞧身上的痘疤。"

"姐儿如何？"一旁的惜燕闻言问道。

"姐儿恢复得不错，再过两日就可出屋子了。"六娘子因为得了方大夫的赞赏，心情颇为不错，笑的时候便如那绽放的白莲一般，清雅明艳，令人眼前一亮。

"夫人劳心劳力，辛苦了。"惜燕闻言，恭敬地回了一句。

六娘子轻轻地摇了摇头道："那你们接着逛，我还有些事儿。"说着便笑着越过了两人，带着竹韵往暖香坞而去。

看着她那娇小玲珑的远去背影，钟氏出了片刻的神，半晌才转头问惜燕道："那第一日的晨昏定省散了以后，夫人单独留下了你，真就是同你那么说的？"

在凉都的那几年，从一开始的时候，钟氏便是独来独往的，不管是怀了身孕，生了大姐儿还是后来大姐儿夭折，她似从不黏着沈聿白，也不刻意亲近宅子里的任何人，那些伴随着她韶华岁月的开心和痛苦，全都只由她一人默默地承担着。

能和惜燕亲近，刚开始纯属一个意外。那时候大姐儿刚夭折没多久，她心里实在难受得紧，白天人多的时候她不敢哭，入了夜总是会在内宅后墙的南角一边哭一边绕着那棵似永远也结不了果的梨树踱步，就这样撞见过几次也喜欢在树下蹲着想家的惜燕。两人默契得从不开口问对方发生了什么，却就这样生出了一份惺惺相惜的感情来。

惜燕闻言，眼中闪过一抹无措，便一边回忆一边点头道："夫人是这么问我的，她说，侯爷不准备再在屋子里放通房了，若是勉强抬了姨娘，我每月也肯定是要喝避子汤的，那与其这样在宅子里一个人孤孤单单地熬日子，还不如放出去找户老实的人家嫁了，下半辈子也能换个活法。"

钟氏听了，嘴角弯了弯，看了看六娘子消失的方向道："还真是瞧不出，她小小年纪有这份心思，也不知道这真是侯爷的意思，还是她自己的意思。如果早些年先夫人能有她一半的大气聪明，只怕……咱们现在的日子也不会这么难挨了。"

"妹妹……什么意思？"惜燕有些不明白。

“唉，其实咱们的日子都成了定数，也没什么可说的，倒是你。”钟氏将视线转回了惜燕的身上道，“过了今年你也二十有三了吧？”见惜燕轻轻地点了点头，钟氏又道，“想那时候你和梅姨娘一样，都是侯爷的通房，不过是后来家里太乱，先夫人只管着和侯爷吵架，都没心思管我们，这才让梅姨娘得了运气怀了身孕。可抬了她，你就被压下来了，这一压，就压到了现在。”见惜燕闻言，神色有些怅然，钟氏继续道，“可你想想，即便今儿侯爷点头要抬了你，做了姨娘又如何？”

“我……”

“前有这么聪明能干的一个夫人，年纪轻轻，娇容如花，不说别的，就单说子嗣这件事儿，她不生，我们谁都别想越过了她去生。等她能生了，不用防着我们了，可那时候你还有多少时间能把握？”

惜燕忽然明白了，可明白了却不代表她能下定决心，“但……不瞒妹妹，我八岁进的府，如今一转眼在沈家伺候侯爷已经十几年了。这会儿说要打发了我出去嫁人，我……我也不知道要嫁给谁啊。”

“找夫人啊。”钟氏笑道，“既是夫人先开的话头，这事儿自然应该她来操办。不管她真的是只想眼不见为净地打发你，还是真的想给你找个好归宿，你找了夫人，她自然是会有办法让你风风光光地嫁出去的。”

“妹妹为何这么肯定？”即便是听钟氏这么说，惜燕心里依然没有底。

“因为说到底你毕竟是侯爷的通房，你若真要出府嫁人，夫人看在侯爷的面上，也会帮你办得漂漂亮亮的！”

话说六娘子回到暖香坞的时候，却见屋子里聚着好几个人。

正坐在窗边和媛姐儿玩翻花绳的沈慧蓉，带着彤姐儿吃点心的周氏，还有凑在暖炕边和沈慧湘闲聊的安氏……这许多人让素来很是清冷安静的暖香坞一下子热闹了起来，不禁愣得六娘子一时半刻有些适应不过来了。

“哟，四弟妹回来了啊。”飞扬的笑声中，还是周氏先看到了站在门口的六娘子，便站起了身，擦了擦手，然后迎了上来道，“我瞧着难得天气好，便拉着人来你这儿坐坐聊聊，却没想到扑了个空，这不请自来的，四弟妹不要见怪才好啊。”

六娘子觉得周氏有一种很好的本事——自来熟。打从他们住进侯府开始，在六娘子的印象中，她们之间的对话几乎全是周氏主动挑起和引导的。这样的人，六娘子很是佩服，却也暗暗地觉得有些不想和她有过多交集。

其实六娘子的性子属于慢热，对于熟的人，她会掏心掏肺，笑得真切，关怀备至，但对于不熟悉的人，尤其是像周氏这样会主动来笼络示好的，六娘子便会习惯性地保持一定的距离。

可其实比起那种性子阴郁不定的，像周氏这样活泼开朗的，六娘子却还是很喜欢的，便不由得顺着她的步子入了屋道："不知道大嫂要带妹妹孩子们过来玩，我这儿也没什么准备，若是大家不嫌弃，不如今儿中午留在暖香坞吃了午饭再走吧。"

周氏一愣，随即立刻爽快道："哟，既然四弟妹开口了，那咱们恭敬不如从命了。"

谁知她话音刚落，一旁的沈慧湘便轻笑道："大嫂嫂今儿在四嫂嫂这儿可赚到了，今儿大哥外头有局子，大嫂方才还在愁，一会儿中午是带着彤姐儿吃面好呢，还是蒸两个馒头随便喝点粥好。这下可好，面也不用了粥也不用了，还能美美吃一顿。"

周氏闻言，佯装微怒地上前拧住了湘娘的小胳膊，眯着眼笑骂道："你个没良心的促狭鬼，以前嘴馋的时候哪次不是跑到我屋子里来尝这尝那地解馋的，如今到了宣城，知道你四嫂嫂屋里有好吃的了，就把我这个大嫂的好给忘得一干二净了。"

湘娘怕疼，躲到了安氏的背后举手讨饶，一屋子的人见状便哄堂大笑了起来。六娘子则顺势拉过了一旁的染画道："去和项妈妈说一声，中午加四个热菜，两个凉拌，再做个甜羹。"

染画应声出了屋子，六娘子又在心里数了数屋子里的人，随即转头细细吩咐了妙琴一会儿小花厅里摆桌放椅和布置碗筷的讲究，待一切安排妥当了，她才安心地落了座。

而众人闹了一番以后，也渐渐地安静了下来，安氏这才笑眯眯地坐到了六娘子的身旁道："其实今儿来找四嫂，本也不是来蹭饭的，这不却歪打正着了。"

"哦？"见一旁周氏的大女儿彤姐儿正好奇地盯着自己手上的珠串猛瞧，六娘子便摘了下来套在了彤姐儿的手腕上任她把玩。

彤姐儿得了珠串，开心地跑到炕头找媛姐儿炫耀去了。周氏见状，狠狠地瞪了小姑娘一眼，然后坐在安氏的左手边笑中带着些许的不好意思，道："之前我听母亲说，过年的时候，弟妹要请金麟班的人来唱戏，这事儿可定了？"

六娘子一愣，却没想到她们这些妯娌姑嫂侄女的兴师动众地挤到自己的暖香坞竟只是为了金麟班来唱戏这件事儿。

见六娘子有些诧异，周氏忙不迭地继续道："不瞒弟妹，以前在凉都，就常听母亲说起这宣城的金麟班，日子久了，大伙儿光闻其声未见其影，难免心痒痒。"说着，她叹了口气道，"凉都那儿的日子，着实清苦了些，别说是听戏了，便是连寻常的玩乐消遣也不多见。这不，听说过年弟妹准备请金麟班，大嫂我啊，就来凑热闹了，你可千万别嫌弃大嫂我是个土包子没见过世面啊。"

周氏这番自谦的话六娘子倒觉得说得在理，便笑道："大嫂您千万别这么说，宣城毕竟是皇都，天子脚下，那有些什么本事的，一传十十传百地也都放大了。不过金麟班是有几个不错的角儿，若是没听过金麟班唱戏的，确也应该瞧一瞧的。"

"哟，要不怎么说弟妹会说话呢。"六娘子几句话说得周氏很舒心，连带着脸上的笑容也自在了许多。

六娘子见状，继续道："其实若是大嫂和几位妹妹爱听戏，那今年过年我便准备准备，让小梨园也来一个班子，给大家伙儿过过戏瘾。"

见安氏等人闻言面露疑惑之色，六娘子忙解释道："宣城之大，三个戏班子打着擂台，南边的九云台擅京腔，不过大多是爷儿哥儿爱看的曲目；北边的金麟班是五花八门皆囊括其中的，所以但凡谁家府邸有宴请，头一个想到的便是金麟班；可那小梨园，里头的角儿唱的一出《牡丹亭》，却是连先帝爷都频频称赞的呢，若是错过了也可惜。"

六娘子这一解疑，众人便是恍然大悟，连带着对小梨园也充满了好奇，便都怂恿六娘子干脆两个班子都喊来唱他个一整天，让大家伙儿趁着年节也都高兴高兴。

六娘子一一允了下来，众人随后又嘻嘻哈哈地闲聊了片刻，染画便进屋来说，小花厅已经摆好了午膳。

六娘子带着大家说笑着移步小花厅，席间吃得高兴，也不知是谁起了头，竟就这样在白日里喝起了酒。

但本都是家中女眷，今儿也不会有什么重要的客人上门，是以六娘子也就睁一眼闭一眼了。结果却没想到，周氏光有酒品没有酒量，而安氏几乎是一杯倒，闹到最后只剩下素爱小酌的湘娘和滴酒不沾的蓉娘在一桌子菜吃得差不多的时候还清醒着。

六娘子觉得有些过意不去，便马上唤了秦妈妈带着几个仔细的丫鬟，将周氏和彤姐儿还有安氏好生地送回了各自的园子，然后才回来对也准备起身要走的湘娘和蓉娘道："且不要说你们大白日的在我这儿吃了酒，不然回头母亲定要不高兴了。”

其实六娘子倒真不是怕沈老夫人会念叨什么，只不过这些天下来，六娘子始终觉得，她和沈家人之间有着一种莫名的疏离感。尤其是这些内宅女眷，她们敬她，无非是因为她是沈聿白的续弦，是这个侯府的当家主母，可除此之外，似乎没有别的更自然和亲切的情感维系了。

六娘子觉得，本来各自管好自己门前的一亩三分地，这是没错的，可大家同在一个屋檐下，虽她也有些吃不消太过热情的周氏，可也不能整得大家好像陌生人一般，这才有了眼下这番看似俏皮的话。

因为有的时候，想要拉近你与别人之间的距离，一起守住一个只有彼此才知道的小秘密，也不失为一个小捷径。

果不其然，两人闻言都偏头笑了笑，然后湘娘道：“四嫂这会儿可有把柄捏在咱们手里了，回头过年的时候四嫂可要让我先点戏。”沈慧湘是沈家嫡女，虽身份娇贵，可她却是从小在凉都长大的，所以身上没有宣城贵府里那种千金大小姐的做派和习性，倒是随和自然得很。

而一旁的蓉娘，闻言只是悄悄地转头抿着嘴轻笑。她是庶出，虽比湘娘要大一岁，却是个内向的，平日里话很少，总是端着一副一本正经的小大人模样，让六娘子很容易想到和自己初见面时的初娘子。

见两人因为一顿午膳多少和自己亲近了点，六娘子很是高兴，闻言便道：“放心，既然妹妹都开口了，那回头等过年看戏的时候，母亲点完了戏，我就让妹妹接上。”

湘娘点头，三人随即又聊了几句，六娘子便差了鱼安亲自送两人出了暖香坞。

可正当六娘子准备去净房洗个脸换身干净的衣裳赶紧睡个午觉的时候，茜草跑进来道：“夫人，侯爷回来了。”

六娘子一愣，还没来得及反应，就见沈聿白已经大跨步地进了屋。

而闻到一阵酒香的沈聿白凑近了六娘子，随即失笑道：“这年还没过呢，你们大白天就吃起了酒，怎么弄得和爷们儿下馆子一样。”

六娘子本有些微醺，红红的脸蛋衬了双水漾清眸，正是眉黛春山秀，横波剪秋水，看得沈聿白哭笑不得，心里却是一阵欢喜。

而被他盯着瞧的六娘子却感觉到了浑身不自在，想到这两天沈聿白晚上缠着自己的劲，她便佯装咳嗽道：“那个……大家本是在说过年请戏班子的事儿，也不知是谁起了头就开了酒，大嫂来劲了，拉着我喝，结果她自己反倒是个没酒量的。”

“大嫂和五弟妹酒量都不太好。”看着六娘子紧紧地拢着衣领躲他躲得远远的，沈聿白笑出了声，“去去，赶紧去洗把脸换了衣裳，大白天的喝酒像什么样子。”

六娘子自知理亏，匆忙地福了身后便带着丫鬟进了净房。

等她出来的时候，沈聿白正坐在炕头和媛姐儿玩九连环。听到了脚步声，他转了头吩咐一旁的秦妈妈道：“带姐儿下去午睡吧。”

秦妈妈笑着抱起了媛姐儿，然后福身退了出去。

六娘子看他眉头微蹙，似有心事，便挥手屏退了周围的丫鬟，然后脱鞋上了炕，伸手从玉雕兰花的白瓷果盘里拿过了一个蜜橘，一边剥皮一边问道：“侯爷今儿不是去了校武场看操练么，怎么回来却是一脸心事重重的样子？”

六娘子其实很少过问沈聿白的公事，不过相处的这些日子，六娘子发现沈聿白是个特别公私分明的人。一般外头的事儿，不管好坏，他很少把情绪带回家。很多时候，六娘子看到他都是带着一抹淡淡的笑意跨进门的，所以见着眼前有些一筹莫展的沈聿白，六娘子便生出了一丝下意识的关心之情。

而沈聿白看了她一眼，也不回避，开口就道：“回来的时候我去了一趟……母亲那儿，刚好看到梅氏也在。”

六娘子一愣，眉眼微挑，一记轻笑就敲在了心里：“梅姨娘这两日似是日日到母亲跟前请安的。”

沈聿白抬头瞪了瞪她道：“便是不爱你们这种小肚鸡肠的心思，有什么念头大大方方摆在台面上不好吗？她要把媛姐儿接回自己屋里照顾，本也没什么，可这点事儿，闹到母亲那儿……”

“侯爷不想吧。”六娘子笑眯眯地看着沈聿白，突然因为自己能一下子看穿沈聿白的那点小心思而沾沾自喜了起来。

沈聿白正在那儿演着戏呢，闻言，敛了神色失笑道：“难怪皇上说我天生就是个不能求人的命。”

“那是侯爷傲骨铮铮不屈不卑。”六娘子将剥好的橘子递到了沈聿白的面前。

沈聿白也不客气，拿过来对半分开来，然后掰了几片丢到嘴里，咽下后道：“你怎么知道是我不想让梅氏带媛姐儿？”

“侯爷不是这种斤斤计较的性子。”六娘子擦了擦手道，“这几个月来，我打理内宅的事儿，侯爷从未插手过半分，我决定的，侯爷就点头，也从没有怀疑过我的决定，哪儿有像您今天这样火急火燎的。”

“那既然你和我也心照不宣了，媛姐儿就养在你屋里吧。”沈聿白语出惊人。

六娘子吓了一大跳，挺直了腰身道：“这话侯爷怎能说得这么轻松，媛姐儿又不是猫儿狗儿的，她生母又还在，无缘无故的，为何要养在我的名下。”在大周，庶女要养在嫡母名下，那绝对不是一句话就能带过的事儿，这里头的讲究大了去了。先不说要开祠堂把这庶女的名字记在嫡母的名下，就说未来出嫁，那她也是顶了嫡女的名号，和正正经经的侯府嫡出小姐没有区别的。

六娘子现在还年轻，几年以后肯定是会有自己的孩子的，现在是瞧不出来，但以后等六娘子的孩子一出生，媛姐儿这庶过嫡女的身份就会尴尬了。

“真是瞧她没有一点点做娘的样子。”六娘子这一说，沈聿白的气就蹿了上来，“你知道媛姐儿上路没多久就开始发烧了，小孩子哪里会装病，说难受就是难受的，可梅氏……梅氏她瞒着不说，就这样硬生生拖到了母亲看出了端倪，这才改了水路的……”

六娘子闻言，不能说不惊讶，不过这个真相虽今天才听说，但凭之前方大夫给媛姐儿诊断的病情来看，她也多少猜出了一些，便只能无奈地安慰沈聿白道：“侯爷，梅姨娘是太记挂侯爷了，才做出了这样糊涂的决定，您也多少消消气。”

“她是想害我再送一个女儿走吗？好好的一个孩子，路上病了你说一声，该等的就等，该请大夫的就请大夫，像她这样瞒着，回头若是真的出点什么事儿，谁能……”沈聿白说着说着就重重地叹了一口气，难掩眼中的失望之情。

六娘子忽然明白了，沈聿白有气，却不全是因为梅氏拖着瞒着媛姐儿的病情，还因为早些年，他已经失去了庶长女，这个痛，一直深埋在他的心里，这些年，虽不曾被人提及，但沈聿白却从来没有忘记过。

他虽还年轻，可看着小小的孩子夭折而无回天之力，六娘子只要想想，就能体会出沈聿白的心境。如今媛姐儿又在鬼门关前绕了一绕，沈聿白明着虽也没有表现出多少的关心，可只有六娘子知道，每回方大夫来问诊，沈聿白都记得，都会向六娘子细细地询问方大夫说了什么，每天早上出门晚上回来，他进屋洗了手换了衣裳就会去内间看一看媛姐儿。沈聿白的这份父爱，藏在心里，从不轻易表露，却浓重得让亲眼所见的人无法忽视。

想到这些，六娘子就软了心，却依然带着最后的一丝冷静道：“侯爷的意思妾身明白了，可侯爷即便是一家之主，却也不能这样随随便便定了媛姐儿的未来。这事儿若是侯爷信得过妾身，便交由妾身来办吧。”

第三十五章

满庭芳·阖府过年

不过在处理媛姐儿的事之前，六娘子还是把全部的心思都放在了过年上。

今年过年不同往年，首先今年是她主持家事过的第一个年，再则，这也是沈家复势后阖家齐聚宣城过的第一个年。六娘子的主张是隆重不奢，温情不冷。

因为忙碌，所以六娘子觉得年前的这些日子过得特别的快，一转眼，便已是腊月二十九了。

按照惯例，腊月二十九这天是祭祖日。其实当时六娘子刚过门在归整空宅的时候，就把后院北面的那个祠堂小楼给打扫干净了。后来沈家人全回来了，一同带回来的还有沈家列祖列宗的那些牌位和画像。

当时请牌位的事儿是沈老夫人亲自吩咐人操办的，六娘子不过是在一旁打了个下手。不过对于这件事儿，她并无异议，因为不论身份地位，请祖宗这件事儿六娘子都觉得自己还不够格。而沈老夫人显然非常重视这件事儿，左右也未曾让人插过手，前后一共请了三天的祖宗牌位，之后沈聿白还特意去慈安寺请了住持方丈来新祠堂做了一整天的法事定魂安灵。便是这样的一番准备，才让沈家人在腊月二十九的这天能在新祠堂好好地恭拜祖宗。

而过了二十九，三十就是团年了。按理各屋姨娘们是没有资格祭祖的，但是可以出门坐宴来吃团圆饭，所以年三十这天沈家格外热闹，六娘子也把戏班上台唱戏的日子定在了大年三十。

这天来的是金麟班的台柱子花姑子和小梨园的当家花旦姚瑶仙，戏班一大早就入了园，巳时整是花姑子先亮嗓开的腔，鼓点一打起来，坐在正中的沈老夫人竟突然默默地开始垂起了泪。

老太太这一哭，自然吓坏了左右围着她坐的女眷们。周氏是第一个站起来的，可还未等她开口，一旁的长房老夫人金氏就猛地拉住了她。

周氏有些莫名其妙。

却见金氏安抚地拍了拍她的手背道："齐哥儿他媳妇，你母亲那是高兴，你且让她高兴高兴，这些年你母亲还不辛苦吗，这下连听个戏都要由得你们几个小辈去吵。"

周氏闻言，脸一红，唯唯诺诺地坐下了身，嘟囔道："我也不知母亲是高兴……"

金氏笑眯眯地看着她，一双略浑浊的眼睛中也隐隐地闪着碎碎的泪光。

"还是老姐姐懂我啊。"忽然，沈老夫人有些沙哑又有些轻快的声音传了过来。

众人循声望去，却见沈老夫人的目光锁在台上那一身华服锦衣的花姑子身上，慢悠悠地道："那时候金麟班的台柱子是张默生，一开嗓，能把人的魂儿都给唱进去。可当时总觉得戏班子什么时候都能请，戏文也什么时候都能听，不觉稀奇，也生不出留恋。可后来在凉都，逢年过节的时候就会想得厉害，越想就越觉得金贵。这一晃十几年了，没想到回来了以后还能再听到金麟班唱戏……"

"母亲，花姑子就是张先生的徒弟。"沈老夫人正说着，就见六娘子拿着一叠红纸册姗姗走来，"今儿开场，母亲先点戏。"

"台上的是张默生的徒弟吗？"沈老夫人有些意外，眯着眼就着和煦的冬日暖阳定定地往台上看了看。

六娘子点头道："如今金麟班都是张先生在打理，能上得了台的几个角儿都是张先生的弟子。"

"好，好！"沈老夫人开心地点了点头道，"那就点一出《锁麟囊》，当时张默生就是凭这一出唱红整个宣城的。"

六娘子点了点头，笑着吩咐了下去。

好戏开锣！只听叮叮咚咚有节奏的鼓点一亮，悦耳高扬的声音就如珠落玉盘一般砸在了每个人的心上……

“想当年我出嫁之日，受尽世态炎凉，在春秋亭上得遇薛娘子，蒙她慷慨赠我锁麟囊，我虽璧还珠宝，但深感义重情长，知己之谊，时刻难忘……”

抑扬顿挫的曲调很快吸引了所有女眷的注意力，在座的有些还是第一次听金麟班的戏，高潮一起，角儿们花枪一打开，几乎所有人都跟着曲调入了戏，一颗心跟着戏文里的唱词起起伏伏的，揪得紧，恨不得连眼皮子都不要眨一下。

六娘子见状，悄悄地松了一口气，便借口要去净房而先退了出来。

门口，鱼安正候着她，见着六娘子匆匆而来，她连忙撑着伞迎了上去道：“夫人且慢些，雪天路滑。”

宣城已经连着下了十来日的薄雪了，从腊月二十七的时候六娘子就吩咐家仆们一定要各自扫干净门前的积雪。可无奈天寒地冷的，即便是把雪扫得再干净，过了夜，也总会重新积起来。六娘子怕家里老的小的来回走动跌了摔了的，便命人在主要的一些小径上铺上了干草块，多少让滑石小路变得好走了些。

话说听了鱼安的关心，六娘子冲她笑了笑，然后问道：“崔妈妈那里都安排好了吗？”

鱼安点头道：“安排好了，晚上咱们会在南罩屋摆一桌，菜单已经给项妈妈了。”

“别都吃了酒，留两个晚上守夜。”

“留了香巧和泽兰，夫人屋里今儿竹韵会看着的。”鱼安细细地回道。

六娘子闻言，不禁回头看了一眼鱼安，却见她眉眼如水神色从容，这些年的历练，让她多少有了一些担当和见识，再加上她本就性子沉稳少言谨慎，这半年来，六娘子很放心她替自己办事儿。

想到这里，六娘子便道：“本也没想着会留了崔妈妈和珍珠她们在侯府过年的，不过年底事儿多，她们也少在我跟前走动，多半都是在司房那儿替我打点的，要不是你提醒，只怕这年都要怠慢她们了。”

“夫人事儿多，这些小事都是奴婢分内之责。”鱼安微微地笑了笑，不卑不亢的。

六娘子浅眉微柔道：“你去和项妈妈说，晚上你们团年小聚，再加一个佛跳墙和一个葱爆牛柳，这两个是项妈妈的拿手菜，让她烧了你们也尝尝，银子从府里出。”

鱼安闻言，忙笑着欠了欠身道：“谢夫人体恤。”

六娘子伸手点了点她的眉心，笑道："假模假样的。今晚你好好陪陪崔妈妈她们，大年初一不出门，初二我和侯爷回娘家的时候，刚好让她们和我一起回去。走的时候你别忘了提醒我给崔妈妈她们准备好吉利红包。"其实说是新年的吉利红包，说穿了不过是犒赏崔妈妈和珍珠她们这几个月来的辛苦帮衬而已。

"那样妈妈和姐姐们就会更体面了。"鱼安说着，侧身跟着六娘子进了回廊，然后收了伞和她一道往暖香坞的方向而去。

虽说今儿已是大年三十了，可团年饭还没有开桌，六娘子是半点也不敢马虎的。今儿晚上的团年饭是正经地摆在花厅的，男女不分厅，不过中间六娘子让人放了两扇碧纱屏风，将男女桌巧妙地隔开来。

而眼下，她匆匆忙忙地回暖香坞，正是要同项妈妈和管库房的石妈妈商量团年饭的事儿的。

所以一路六娘子走得不慢，当她回到暖香坞的时候，两位妈妈刚巧也才到了不久。

"让两位妈妈久等了。"六娘子的客气一直是挂在嘴边的。

"没有没有，咱们也才刚到。"面对六娘子的客气，久和她打交道的两位妈妈也已经有些习惯了，但却也因此更尊敬六娘子了。

六娘子点点头，落座后不多赘言，直接进了正题道："早上的时候菜单我已经和侯爷对好了，侯爷的意思是，那道宫保兔丁还是改成八宝野鸭吧，侯爷怕兔子肉不够嫩，老人家吃不出滋味。"

项妈妈点点头道："好，那别的就按菜单走？"

六娘子道："对，妈妈今儿要多辛苦了，厨房里您多盯着，等过了年初三我给您放个假。"

"哟，可不敢当。"项妈妈连连摆手道，"夫人若是觉得我这把老骨头还能使得上用场，便尽管吩咐，我啊，是个闲不住的。"

六娘子闻言，轻轻地抿嘴笑了笑，然后转头问一旁也在偷笑的石妈妈道："妈妈之前说那套青釉仰莲纹瓷碗是破了还是缺了的？"

"是缺了。"石妈妈忙敛了笑，正色道，"这套青釉仰莲纹瓷碗一共才十五只，入席上桌的可不止十五人呢。"

"我记得库房里是不是还有一套整的白釉纹瓣粉莲瓷碗？"六娘子想了想问道。

石妈妈一愣，只感觉额间冒出了一层细汗，可她也不敢在六娘子跟前打马虎眼，便连忙躬身道："夫人说的这套碗老奴却没有见着，库房里东西不少，有些箱笼都一只一只压着未曾打开过，是以……"

"妈妈既接手了库房，里面但凡是一块布料一只碗碟，妈妈都要仔仔细细记录在案的。"六娘子并未不悦，不过脸上却少了方才那一直展露着的浅浅笑容。

"夫人恕罪，夫人恕罪，老奴……这会儿就去点一点库房……"石妈妈一听，忙跪了下来。

六娘子却是目不斜视地盯着她继续道："事有轻重缓急，妈妈眼下当务之急是晚上的团年饭，今儿这事儿我不同妈妈计较，可若是下回再有我问妈妈库房东西妈妈却记得不清楚的，那……"

"不会有下次了！"不等六娘子说完，石妈妈已经表了决心。

六娘子呼了一口气，不由得想到当时她刚嫁进侯府的时候，整个府邸虽空空如也，可那库房里却是满满当当的，全是未开的箱笼。

当时六娘子正忙着往里头塞自己的嫁妆，便好奇随意伸手打开了几个箱子，结果看到的不是胡乱塞在一起的绫罗绸缎，就是七七八八被打乱不成套的碟碗瓶罐。

六娘子只看了几眼，就觉得一个头两个大，便想找个勤快一点的妈妈来打点库房。可后来事儿多她也没有再想起，如今到了要用东西的时候，六娘子却发现原来这些日子以来，石妈妈都没有仔仔细细地归整过库房里的东西。

如此一思忖，六娘子心里便立刻长了心眼，待石妈妈重言表了决心后，她还是下了命令道："等出了年，我让鱼安和竹韵去给妈妈打个下手，七天内，妈妈务必给我整出个清清楚楚的库房册子来。"

石妈妈闻言连连称是，可顿时就觉得肩上那无形的担子压得她直不起腰来了。想鱼安和竹韵那可是暖香坞一等一的两个大丫鬟，让她们两个来给自己打下手，石妈妈觉得自己是一偷懒成千古恨，也不知回头把库房册子的事儿办妥后，能不能多少挽回些她在六娘子心目中留下的不太好的印象。

第三十六章

满庭芳·团年守岁

大周人家，日子兴旺不兴旺，全看守岁的人数了。

团年饭开桌的时候，沈家的三房老人看着同桌吃饭的三十几口人，心里都是暖乎乎的，长房大老太爷举杯的时候，声音就有些抑制不住地哽咽了。

“如今小四出息了，我那老弟弟泉下有知，也该欣慰了。”大老太爷说着，举杯冲沈聿白颔了颔首，隔桌遥指着他道，“且好好为官，你父亲在世的时候，一根脊梁骨挺得直直的，哪怕被人戳烂了，他连声儿都不吭一下，我就是佩服你父亲这一股子傲气，爷们，有种！”

大老太爷为官那会儿是外放的，做了八年利州的父母官，也就只有从五品。不过那些年大老太爷在利州的口碑还是不错的。当时沈老太爷就想动一动大哥的位置，觉得把他上调回宣城，兄弟俩也能有个照应。可谁知事儿还没办，沈老太爷就被弹劾了，大老太爷知道后，就借口身体不适提前告老还乡而辞了官。

当时六娘子听沈聿白说这些的时候，她觉得这个大伯能进能退，也懂得审时度势，算是个贤能之人。可惜生不逢时，朝廷白白浪费了他一个事事为民、体恤百姓的父母官了。

而沈聿白也举杯站起了身，听了他的话，便认真地回道：“大伯的教诲，子延谨记于心……”子延，沈聿白的字，六娘子还是第一次听到，那之后沈聿白说了什么，她就听得不太清楚了。

因为男女分桌，中间隔着碧纱屏风，再加上侯府的这个膳厅其实并不小，高悬的屋梁足有三丈之高，所以只要稍有推杯换盏或者是轻语低叹什么的声音响起来，屏风那头说的话就不那么容易分辨了。

但相对于男人们那一桌的郑重其事，女眷这一桌则要显得温情脉脉得多。席间，众人轮着给几个长辈倒茶倒酒，沈老夫人开心，连着喝了三杯。六娘子怕老太太不胜酒力晚上上了头会难受，剩下的便全部挡了回去。

结果她这一挡酒，倒一下子成了众人敬酒的对象，三巡下来，六娘子差不多喝了半坛的凤仙酿，直喝得她连连摆手讨饶，借口去了净房便隔了好久方才出来。

就这样，大家伙儿开开心心地闹了一个团年饭。守岁至子夜的时候，六娘子还领着周氏、安氏和长房的三夫人方氏一起去了厨房，下了整整两大锅的菜肉饺子给大家当消夜垫饥。交子吃饺子，六娘子就是想在新年伊始讨个吉利。

但本六娘子以为这么多的饺子会剩下不少的，谁知两个大盘刚端上桌，大家伙儿便是你一筷子我一勺子地将热气腾腾的薄皮饺子给分得所剩无几了。

六娘子和周氏见状，面面相觑了一番，周氏便轻轻地凑到她耳根边道：“只怕一个个刚才都是吃酒吃饱的，现在酒醒了才发现肚子还空着呢。”

六娘子被周氏逗得笑了出来，忙伸手用勺子拨了几只皮薄馅儿鼓的饺子入碗，然后端给周氏道：“大嫂赶紧趁热吃，瞧这个样子，只怕一会儿就要空盘了……”

结果她话音刚落，却听一声特别响亮的“哎哟”声从男桌那边传来。

这会儿因为守岁，中间的屏风已经被六娘子给提前撤了，是以众人循声望去，只见三老太爷正愁眉苦脸地从嘴巴里吐出一枚小铜钱来。

六娘子心里一惊，暗暗叫了一声“糟糕”，急忙站了起来，跑到三老太爷身旁赔笑道：“三叔，今年的好运气可要跟着您了，祝您岁岁平安福寿安康。”六娘子看了一眼三老太爷手中闪亮亮的铜钱片儿，最后又补了一句道，“财源广进。”

三老太爷闻言，有些哭笑不得地掂了掂手中轻轻的铜钱片儿，道：“老四媳妇，你下饺子的时候没做个记号吗？这幸亏我老头子是牙口好，不然猛地吃到个铜钱片儿，可不得把我的牙给崩了哟。”

六娘子“嘻嘻”地装着无辜道：“那财神爷非要跟着您我也没办法啊，想我当时包的这两大盘的饺子里面，只塞了这一个铜钱片儿，偏让您给嚼了去，您运气好，谁都挡不住啊。”

“老四，老四！”三老太爷笑呵呵地招呼了沈聿白过来道，“老四，你娶的这个媳妇好，黑的白的让她一张嘴全说成了吉利话。得嘞，三叔再给你个压岁红包，明年丫头你可别忘了再把铜钱片留给三叔我。”

众人闻言哄堂大笑，六娘子却红了脸死都不肯收三老太爷递上的红包。

最后还是沈聿白笑着接了红包道：“三叔知道福财要消，财源更进的道理，这红包你拿着。”说着便将红包塞到了六娘子的怀中，惹得三老太爷连声笑沈聿白敛财护短。

这一笑闹，等大家伙儿陆陆续续从膳厅散了，各自回屋歇下的时候，已经快过丑时一刻了……

大年初一，按例是族里的亲眷互相拜年的日子。不过沈家才刚回宣城一个多月，且三房又都是住在一起的，所以没什么亲眷要走动的，因此忙了好几天的六娘子终于在大年初一这天早晨稍稍地多眯了一个时辰。

可起来的时候，她依旧是睡眼惺忪的，闭着眼睛任由竹韵替自己穿衣提鞋。

“若是困了就再睡一会儿，年初一家里也没什么事儿。”打完拳进屋的沈聿白见了六娘子一副如不倒翁一般左摇右晃的姿态，失笑地冲屋里伺候的丫鬟道，“夫人天天睡不醒，你们每天还不忘给自鸣钟上发条。”

沈聿白一般是难得笑着说话的，可他笑着说话的时候，却比板着脸一本正经的时候更让人觉得害怕，是以此刻一屋子的丫鬟全都噤若寒蝉，一个一个地低着头屏着呼吸，大气都不敢多喘一下。

六娘子把眼睛睁开一道细细的缝，凝神看着身材修长的沈聿白，闷闷不乐地顶了一句道：“不关她们的事儿，每次姨娘要来我这儿晨昏定省，之后还有管事的妈妈要来回话……”若不是每天晚上你沈聿白时不时地要来闹腾一番，她也不至于总是这样恶性循环地睡也睡不醒。

不过这后半句，六娘子可没胆子当众说，只愤愤地在心里默默地骂了一声，然后将话悉数咽回了肚子里。

沈聿白好气又好笑地瞪了她一眼，然后便吩咐丫鬟摆早饭。

六娘子一边喝着银耳粥一边问道：“侯爷休沐到几时？”自从上次有弹劾沈聿白的折子呈到了皇上的手中后，沈聿白似就没有正正经经地穿过朝服上过朝，不过六娘子却知道，他隔三岔五地便会微服进宫。

沈聿白擦了擦嘴道："过了正月十五，我可能要去一趟东郊皇陵。"

"东郊皇陵？"六娘子愣了愣，"侯爷被发配去守灵了吗？"

这句玩笑话惹得沈聿白一口热茶差点全部喷了出来，气得一边咳嗽一边道："皇上想修葺皇陵，调遣了一部分御林军，负责总调度的是管奕，他年前的时候刚升了右翼前锋营统领，皇上怕他刚开始不熟悉公务，让我去帮着看一看。"

六娘子微微地张了嘴，半晌才道："是那个宣城双子的管奕吗？"

"这老百姓瞎编的顺口溜你也知道？"

"文长渊，武管奕，少年有才，名动大周，这句话只怕整个宣城无人不知吧。"六娘子说这话的时候悄悄地用余光飞快地扫了一眼沈聿白。毕竟封家和沈家，算着自己公爹的事儿，那也称得上是宿敌了。如今封习隐退，嫡孙出马，六娘子不知道皇上打的是什么算盘，但她却想知道沈聿白是如何看待现在的封家的。

可沈聿白听了，却不为所动，只"哈哈"地笑了笑道："想当年管奕那小子跟在我身后打仗的时候，第一次冲出去连马都不知道怎么骑了，还是我顺手帮他拉住的缰绳，如今一晃眼，倒成了名动大周的少年俊才了。"

"管统领多大？"六娘子好奇地问道。

"今年十七还是十八。"沈聿白手抵下颚想了想，有些不敢确定。

"那是咯，侯爷和管统领差了近十岁，我和侯爷还隔着辈呢，若是搁在以前，按着我的年纪，见了侯爷还要喊一声叔叔呢。"六娘子佯装为难地蹙了眉，娇柔的媚态惹得沈聿白一阵燥热。

"叔叔？"他隔着桌子将六娘子如拎小兽一般径直拉到了自己怀中，然后用鼻尖抵着六娘子小巧坚挺的鼻子沉了声音道，"是啊，便说你小，盈盈不可一握，应该多喂你吃点东西的。"沈聿白说着，略感粗糙的手已经探入了六娘子微敞的衣襟中。

六娘子小日子快来了，这两天敏感得不得了，每天晚上，只要被沈聿白稍微地撩拨几下，整个人就能如同蜷着的明虾一般，浑身发抖不能自已。沈聿白要得狠，她就哭得厉害，结果她越是哭越是能激发沈聿白的兴致，有两次，她几乎都不知道沈聿白是什么时候放过她的，只感觉身上一阵一阵地热，朦朦胧胧地就到了天亮。这也是最近这几日六娘子总是睡眠不足的原因。

是以，眼下见了沈聿白眼中那浓得化不开的欲望时，六娘子挣扎着跳了起来，然后一边慌忙地穿鞋下了炕一边笑着道："好叔叔，您一把年纪了，且安安分分地把早膳给用了，回头才能有力气处理庶务呢。”

“陆云筝……”沈聿白“嘶”了一声，刚要下炕去追，却见六娘子已经“咯咯”地笑着轻巧地闪进了媛姐儿的屋子。

望着六娘子消失在门扉的那抹俏丽的背影，沈聿白的嘴角不自觉地就扬起了一抹浅浅的笑意。原本成亲，在他的记忆中，是两看两相厌和无止境的争执。他以为，所谓妻子，都会如章氏那样，对他的决定左右干涉，想以己之念操控他的生活。

最开始看中六娘子的原因，什么知书达理什么娴静贞顺都是假的。沈聿白觉得自己要的很简单，一个是因为赵老太爷的关系，还有便是因为六娘子年纪小，学不会拿乔做张的那一套。

可她进门以后，沈聿白却发现，自己这个小娘子虽然年纪小，却是个有主见有想法的，做事说话有条不紊的，更难得的是，她不会以自己的意愿来左右他的想法和生活，这让沈聿白觉得很有趣，自然也就多了一丝偏袒和喜欢的心思。

第三十七章

满庭芳·回门拜年

第二天是大年初二，是姑奶奶回娘家拜年的日子。

早上的时候，六娘子特意起了个大早，略做梳妆打扮后，便和沈聿白一道出了门。侯府和陆府隔得不远，平头马车缓缓驶去，前后也不过一盏茶的工夫。

车上，沈聿白细细地看了看六娘子今儿的一身装扮，然后若有所思地单手托腮，靠在车窗边慢条斯理地说道："是不是手紧了？成亲到现在，也不见你置办过什么像样的首饰衣裳的，今日也是，回门拜年，穿得这般素。"

六娘子今儿个穿了一件银貂披肩，里面是一件粉色缎织掐花对襟外裳，下面衬了条宝蓝色的绣花百蝶裙，乌髻盘绕，斜斜地坠在左耳畔，用了一支宝蓝点翠珠钗固定，耳垂上戴了一对精致的蓝宝石耳环，整个人看上去清雅恬淡，明艳大方。

闻言，六娘子眨了眨眼道："今儿侯爷一身蓝装束腰，我才不要穿得花花绿绿的像个唱戏的一样站在侯爷身旁呢。"

沈聿白听了以后才发现，六娘子穿的裙子和自己衣服的颜色刚好相近，她头上的首饰和耳坠子，也都是蓝宝石的。两人站在一起，衣着统一，相映有韵，倒能让瞧见的人一眼就看出了搭配的心思。沈聿白不禁心思微动，却不着痕迹地问道："我记得你偏爱桃红色的衣裳。"

"人靠衣装马靠鞍，我身架子挺拔，穿什么都好看。"

六娘子的自褒惹得沈聿白一个没绷住笑出了声，车厢里气氛顿时活跃了起来，直到下车的时候，沈聿白的脸上还带着一丝浅笑，看得门口早早出来相迎的陆老爷一头的雾水。

入了陆府，陆老爷就把沈聿白引去了前院的书房，而六娘子则熟门熟路地带着竹韵去了月然居。

一进屋，只见不小的月然居里头乌压压地坐了好些人。三娘子、七娘子并了几房姨娘，还有已经拔高了个子的栩哥儿……一张张熟悉的脸，让六娘子恍然有种昨日如梦的感觉。

"哟，六妹妹来了啊。"三娘子最先看到她，才刚开口，人就已经迎了上来。

六娘子笑着拉住了她的手，却见三娘子脸色有些憔悴，眼底泛着淡淡的青，整个人恹恹的，似没什么精神。

可当六娘子视线一低，看到三娘子高高隆起的肚子时，便心中了然地关切问道："大夫有估算过姐姐什么时候生吗？"

"总也要等开了春呢。"三娘子笑着和六娘子上了前，然后等六娘子向林氏行了叩拜大礼后，两人便一同落了座。

林氏见状笑着道："你们父亲今年考绩评了个优，皇上赏了不少的嘉陵绸缎，不过那些颜色太艳了，我给你们七妹妹留了一匹，剩下的，回头你们姐妹俩挑一挑，再帮你们大姐姐挑一匹，我出了年给她寄去临安。"

"母亲还同没出嫁以前一样惯着咱们呢。"三娘子闻言接了口，她的笑声悦耳，透着风携银铃般的轻透，"所以人家都说，嫁得好不如有个好娘家，回头得了母亲的这匹嘉陵绸缎，我可得好好地做身春装，让妯娌们羡慕羡慕。"

"你个嘴贫的。"林氏被三娘子一逗，笑得眼泪都出来了，连带着发髻上的那支朝凤簪的流苏坠子一个劲地在那儿摇晃不止，看得六娘子很想上前帮她扶扶正。

不过多月未见，六娘子却觉得林氏富态了些，尤其是那日渐丰腴的腰身，已没了自己初见她时的那种纤细和蛮巧了。但这却不损她娇媚的风韵，反而更添了一丝珠圆玉润之感。

"夫人这两日张罗过年的事儿忙得不轻，难得咱们三姑奶奶回来了，逗夫人乐一乐，我瞧着两位姑奶奶应该多回来走走才好呢。"林氏身旁是五姨娘在端茶服侍的，说话间，她已帮林氏把冷茶撤了，换了一杯新泡的太平猴魁。

“姨娘这话说的，不还有咱们七妹妹吗？”三娘子淡淡地看了一眼五姨娘，然后笑着问林氏道，“我算了时间，七妹妹出嫁，我正好坐完了月子，便也是能来凑一凑热闹呢。”

林氏目前心里最大的事儿便是七娘子的婚事，闻言先是叹了口气，目光在三娘子和六娘子身上来回晃了晃，然后才道：“你这是头一胎，最好还是坐足了双月子。小七的婚事是早就定好的，时间冲突了的话，你心意到了就好。那天，小六若是抽得开身，来我这儿帮帮忙吧。”

林氏开了口，六娘子岂有拒绝之理，便连连点头，说了些“这是小六应该的”之类的冠冕堂皇的话，让林氏很是满意。

那之后，众人移步小南屋，一桌人气氛热络地吃了一顿午膳。席间，六娘子找了个空当，悄悄地和林氏说了已经让崔妈妈和珍珠她们回府的事儿，还郑重地谢过了林氏，恭敬谦逊的姿态让林氏很是受用，六娘子见状，心里也微微地松了一口气。

午膳用完后，不等丫鬟上茶，三娘子就提出要和六娘子去染了风寒未出园子的四姨娘那儿坐坐。

毕竟是两个已经出嫁了的姑奶奶，林氏也不能太拘束她们，便笑着点了头。可谁知，三娘子和六娘子刚站起身，七娘子也站了起来道：“母亲，我也去看看四姨娘。”

林氏当场就黑了脸，却压着火没有发作地笑道：“你两个姐姐去姨娘那儿坐坐就来，你今儿描红描完了吗？”临近七娘子出嫁，她平日的课业林氏就盯得特别紧。

“可今儿个是年初二。”七娘子闷得不行，偏生不得发火。

“年初二就不用描红了吗？”林氏就是气七娘子不上进的心思。

见两人大有吵起来的架势，六娘子无奈地上了前，然后拉住七娘子道：“一会儿我就去找你，大过年的你和母亲吵起来，当心父亲又要骂你了。”

七娘子特别怕陆文恒，闻言便是微微地缩了缩脖子，瞬间熄了火没了声音。

出了月然居，三娘子回头看了看已经落下的厚重门帘，无奈地笑道：“也只有你镇得住她。”

“不过是顺着她的心思罢了。我听说最近她被母亲盯得太紧了，琴弦紧了还会断呢，更何况是人。”

三娘子闻言，敛了神色和六娘子一并下了台阶，然后不紧不慢地朝绮翠园走去。

视线所及，皆是一片熟悉的冬景。陆府的西南角，两株古松长得特别的好，针叶浓绿，枝干挺拔，即便不走近，只要站在高处，远远的也能看到。再加上前两日接连地下了薄雪，此刻针叶覆雪，冰莹的积雪折射着冬日的暖阳，隐约能看到彩色的光，在绿枝的衬托下，显得格外生机勃勃。

两人走至抄手游廊的高处，六娘子见了那两株茂盛的古松，不免叹道：“真是年年岁岁景相似，岁岁年年人不同呢。”

三娘子顺着她的视线看去，忽然没来由地问了一句：“侯爷……在你屋里歇得多还是在姨娘的屋里歇得多？”

六娘子没想到三娘子会问得这么直接，惊得差点脚下一个踉跄，待她站稳以后，转头才看到三娘子脸上一闪而过的那抹愁思。

“三姐姐……”六娘子第一次不知要如何回答三娘子的问题，只模棱两可地含糊道，“侯爷其实很忙，有时回来都是半夜了，几乎歇在外院的时间比较多。”

其实她说谎了，沈聿白虽然真的很忙，但是每天晚上戌时末的时候他一定会回府的，前前后后，一般都歇在暖香坞。但这话要她如何说出口？听三娘子的这番问话，就算六娘子再不解风情，多少也能明白一二，这个时候若是再说沈聿白夜夜都在她屋子里下榻，不等于往三娘子的胸口猛地扎一针吗？

“忙点儿也好，男人一忙就分心，便不会再想那些乱七八糟的事儿了。”三娘子冷笑了一声，眼中难掩戾气。

六娘子只觉得心里一阵难受，连忙拉过了三娘子的手，然后放慢了步子道：“姐姐以前可不这样，姐姐以前活得洒脱，笑就是笑，哭就是哭的，哪儿会和现在这般说话酸溜溜的，左右不着调。”

“我……”三娘子苦笑了一下叹气道，“薛姨娘生了庶长子。”

六娘子一怔，方才恍然道：“姐姐为这个和王家姐夫闹别扭了？”

三娘子脸上闪过一抹愧色道：“也不是闹别扭，不过是我见不得薛氏那有子万事足的姿态罢了。她年前刚出了双月子，便是拿着孩子当借口，日日都占着爷……”三娘子说着说着，忽然自己也觉得有失礼数，便连连摆手道，“唉……你瞧，大过年的，我同妹妹说这些扫兴的话，真是该罚的。”

六娘子闻言却轻柔地笑道："姐姐是个聪明的，如今怀了身孕，心思难免细腻。可姐姐不能忘记了，王家嫡妻只你一个，薛姨娘再如何兴风作浪，她也只是个姨娘。姐姐若是要和一个姨娘过不去，那……和母亲当年对四姨娘又有什么区别呢？"

三娘子听完，肩头猛地一颤，牵着六娘子的手瞬间紧了好些力道。

六娘子知她听进去了自己的这句话，便点到为止地转了话题道："一会儿姐姐进了绮翠园，便好好同四姨娘聊聊天。大过年的，姨娘这一病，难免觉得冷清，姐姐来了，刚好陪陪她。"

三娘子无声地点了点头，看着六娘子的时候眼中闪过了一抹感激之色。

六娘子见了，微微地一颔首，两人便心照不宣地出了抄手游廊，往绮翠园的方向走去。

到了绮翠园，六娘子自然而然地在廊子下止了步。三娘子正要掀帘，见她停了下来，不免道："和我一起进去吧。"

六娘子摇了摇头："咱们做姑奶奶的，回门本就时间有限，姐姐还是自己和姨娘多说说贴己话，我在这儿等姐姐。"

三娘子眼神一温，无声地点了点头，然后跨步走了进去。

六娘子见她进了屋，本想要不要找个能歇脚的地方坐一坐，可还未等她动身，门帘又再度被人掀了起来。六娘子定睛一看，出来的是一身绿衫一脸浅妆的七姨娘。

"六姑奶奶若是不嫌弃，去我屋里取取暖吧。"七姨娘一边说一边已经引了路。

六娘子见她虽身形未变，可行动迟缓，且手还一直微微地拢着平坦的小腹，又想到方才在席间她胃口不佳，只吃了两口羹汤后便再也没有进食，末了还早早地退了席，不禁有些浮想，脱口就问道："姨娘你……"

七姨娘闻言转了身，浅笑道："也知瞒不过六姑奶奶，我肚子里已经两个多月了。"

六娘子轻轻地点了点头，便跟着七姨娘入了她的小屋。

屋子里烧着火热的地龙，厚重的门帘隔开了屋外的寒冬，暖意袭来，六娘子下意识地打了个战。七姨娘见状，忙吩咐丫鬟递茶递捂子，忙了一阵儿，两人才对桌坐了下来。

“栩哥儿开了年就要启蒙了，还有七娘子的婚事也就在五月，夫人最近心情不错，上上下下又忙得不可开交的，老爷……就都歇在我这儿。”七姨娘开口，声如清泉滴石，灵动好听，婉转悦耳，仿佛一首古谣，言辞中的内容也丝毫不夹陌生之意，六娘子听了以后既不觉得见外又很舒服，当下就抬眼微微地笑了笑。

“姨娘这胎怀得正是时候。”六娘子顺了顺自己手腕上的两只浅色玉镯，然后端茶喝了一口道，“不论是弟弟还是妹妹，我觉得都好。”

七姨娘点点头道：“有了孩子就有个念想，往后的日子也就不孤单寂寞了，六姑奶奶是这个意思吗？”

“七姨娘是聪明人，之后的日子只会越来越好的。”六娘子眼中露出一丝欣赏。

放眼整个陆府的这几个姨娘中，六娘子其实是很喜欢七姨娘的，因为六娘子觉得，只有耐得住寂寞，才能守得住繁华。

“远哥儿开了年也要和孙家的小姐互换庚帖了，老爷说，等远哥儿的事办好了以后，他要好好地给致哥儿选一选媳妇。”听了六娘子的浅赞，七姨娘却不为所动，出口的话仿佛有些自言自语，可说的却全是六娘子有兴趣知道的琐事儿。

“是定了孙家的庶女孙若雪吗？”六娘子嘴角微微一扬，饶有兴趣地追问道。

七姨娘放在桌沿下的一双手紧张地捏成了拳，面儿上却依旧神情不变道：“是，六姑奶奶也知道，远哥儿学业不如致哥儿，老爷的意思是，若是远哥儿无心念书，不如早些出来打理铺子，以后也能帮着栩哥儿打个下手。”

“那青致哥哥就要走仕途了。”六娘子细细琢磨着。

“那也要看致哥儿自己的造化了。”

六娘子飞快地看了一眼七姨娘平坦的小腹，道：“我是希望姨娘生个女儿的，可再好的女儿终归是要出嫁的，这样一想，还不如生个儿子，陆家子嗣到底单薄了些。”

“一切看天定，不过不管是男孩儿还是女孩儿，我终归是没有帮衬的本事了，若是这个孩子有七娘子一半的福气，那这辈子我也能知足了。”七姨娘微微地笑了笑。

六娘子随即落落站起了身，一边止了七姨娘想要相送的步子，一边道：“姨娘的意思我明白了，姨娘没事儿就多差了银锁到侯府来找竹韵聊聊天，从前我还在浅草阁的时候，就记得银锁和竹韵是很聊得来的。”

七姨娘偏头看了一眼身旁一直低着头的贴身丫鬟，嘴角的笑意就显得更赏心悦目了些。

六娘子见状，深深地呼了一口气，然后道："我瞧着天色不早了，一会儿麻烦姨娘同三姐姐说一声，我方才答应了七娘子过去的，这会儿就不等她了，让她和四姨娘聊完后直接去母亲那儿吧。"

"好。"七姨娘点点头，然后亲自将六娘子送出了绮翠园。

折回身的时候，一直陪在她身旁的银锁按捺不住心中满满的疑惑，便小声地问道："姨娘……六姑奶奶都是出嫁的人了，哪儿还能管得着你屋子里的事儿？"

七姨娘抬头，看了看青霁的云卷碧空道："我当时知道她能嫁得好，却没想到她能嫁得这么好。如今她虽出嫁了，可陆府说到底是她的娘家，即便她生母早逝，和夫人又不算和睦，可一荣俱荣的道理六姑奶奶太清楚了。眼下夫人是因为七娘子和栩哥儿的事儿分了神，等她空下来了，保不齐要朝我发发难。能讨老爷欢心是一条路，能让六姑奶奶觉得我是个可用之人那又是一条路。不管我肚子里的是男孩儿还是女孩儿，将来终归是要成家立业的，老爷这里有夫人看着，以后这孩子也未免体面，可六姑奶奶那儿却不一样，她能给这个孩子的风光是陆家给不了的……"选择站在六娘子的身后，她不后悔！

因为时间不早了，所以六娘子到了七娘子屋里没坐多久，小厮就来传，说侯爷要准备回去了。

七娘子撇了撇嘴道："莫不是嫌陆家的饭菜不好吃？我当你们要用了晚膳再走呢。"

六娘子瞪了她一眼道："难怪母亲日日夜夜给你念紧箍咒，到了现在你还口无遮拦的。"

七娘子觉得无趣，重重地搁下了茶碗道："左右是做不出你们这种大家闺秀的样子，不妨破罐破摔，免得人家失望！"

"可能人家就喜欢你这样的性子呢。"六娘子打趣了一句，却没想到惹得素来大大咧咧的七娘子红了脸。

出了七娘子的抚韵阁，外头候着的小厮上前告诉六娘子说："侯爷已经在大门口了，让您慢慢来。"六娘子微微地点点头，可是脚下的步子却不由得加快了几分。

夕阳轻落的晚霞将平头马车旁沈聿白的身影拉得斜斜长长的，让素来看着严肃不亲的沈聿白变得柔和温暖了许多。六娘子跨出陆府大门的时候，就看到沈聿白正双手交叉环抱胸前，脸上没有一丝的不耐，这不免让她心中微动，便小跑了几步，到了沈聿白的身边，喘着气问道：“侯爷等久了吧，我去了七妹妹那儿一趟，她最近被母亲抓着学规矩，难得遇着我回去，便聊得忘了时间。”

“上车吧。”沈聿白笑着转了话题道，“这会儿回府还早，路过天顺阁，买只脆皮乳猪，晚上加菜。”

“侯爷请客吗？”六娘子眼中一亮，“一直听说宣城天顺阁的师傅是以前皇上御用的，今儿借侯爷的光，妾身也能尝一尝御厨的手艺。”

沈聿白刮了一下六娘子的鼻子道：“自然是我请你。”两人说笑着便上了马车。

骏马嘶鸣，车子眨眼就稳稳地驶离了陆府。

车厢内，六娘子闻着沈聿白身上未散的酒气，道：“父亲被戏称三杯倒，今儿看侯爷到这会儿还沾着酒气，想必中午是王家姐夫陪着侯爷喝的吧？”

“王述这个人有点意思，没喝酒的时候倒是一本正经的，喝了酒以后就豪迈了，没酒量，但酒品还可以的。”沈聿白看了一眼六娘子道，“我出来的时候，他还趴在岳父大人的摇椅上呼呼大睡呢。”

六娘子抿嘴笑道：“那三姐姐可要为难了，说不定要留在母亲屋里用膳了呢。”

“以后不妨和你三姐多走动走动，王大人再过两年就到了要退的年纪了，等他一退，王家若是有人想走仕途，倒是可以动一动。”

六娘子心里一紧，忽然才嚼出了一些味道。原来，其实七姨娘真的是看得明白的，也原来，其实裙带关系是可以这么名正言顺的。以今天沈聿白的身份地位，要抬王家的人那简直是易如反掌的。这样一想，六娘子总算明白为何自己回门，林氏时不时地会冒出一两句酸溜溜的话来了。

敢情……就是在妒忌她嫁得好啊！

可，本来沈聿白这个夫婿，却是林氏自己先看不上的啊！唉……难怪谚语有云，三十年河东三十年河西呢。

第三十八章

满庭芳·权贵女眷

大周朝以农业立国，农业讲究时令气节，春种、夏长、秋收、冬藏，一概以时令为转移。

大周明承二年，立春来得很早，二月末，东风解冻，蛰虫始振，鱼陟负冰，这一年的春天就这样悄然而至了。

早在年前的时候，六娘子就准备寻个空闲的时间去一趟濮家庄，眼下刚过了立春，农耕还没开始，六娘子觉得正是巡庄的好时候。

不过在动身去濮家庄之前，她却意外地收到了一张帖子，帖子的主人是忠毅侯夫人蒋氏，帖子的抬头便是"云筝妹妹敬启"六个娟秀漂亮的字，通篇的簪花小楷，字里行间透着一股子妯娌般的亲切。这张莫名其妙的请帖六娘子反反复复看了很多次，也深深地纳闷了很久。

其实，说穿了六娘子到底也只是个闺阁小女子，对宣城的那些个权贵圈，她但凡耳熟的，那都是听赵老太爷闲聊时谈及的，若要让她细数一二，那六娘子可就真是两眼一抹黑了。

是以，沈聿白一身灰狐毛大氅沾露而归的时候，见了六娘子那一筹莫展的模样，着实笑了好些时候。

可六娘子却不为所动，认真地本着“不耻下问”的精神，拿着帖子问沈聿白道：“这个忠毅侯，我早些年听外祖父说起过，说他是陈家枪法的创始人，一手银头枪耍得出神入化。早些年先帝爷刚即位不久，派了他去攻克北突厥，结果少年武将一战成名，先帝爷御赐了他一个世袭罔替的爵位。可……我记得忠毅侯的夫人是楚县人，姓楚啊？”

“这么些年了，朝廷里都换了几拨人了，你脑子里却还只记得老侯爷的那些事儿。”

六娘子闻言“哦”了一声，方才恍然大悟道：“忠毅侯府已经子承父业了啊？”

“什么子承父业。”沈聿白曲了右手食指，用指节猛地打了一下六娘子的头道，“忠毅侯袭爵也好些年了，前年我听说老侯爷想落叶归根，带着夫人回了老家涉县，便很少过问世事了。”

“可这无缘无故的，为何会给我寄帖子？”六娘子还是有些不解。

沈聿白闻言，拿过了六娘子一直晃在自己跟前的大红请帖，然后粗粗地扫了一眼道：“唉，便是些宣城公卿官家女眷惯折腾的事儿，不是赏花宴，就是品茶会，你若不愿意去就推了吧。”

六娘子一听，忽然愣住了。

对！难怪她之前总觉得自己这个煜宁侯夫人做得有些闲，但偏生也没人来告诉她个子丑寅卯的。而沈聿白又是远在边疆书信不畅的，她纵使想找人聊一聊关于“如何成为一个合格的侯爷夫人”的话题，也苦于找不到倾诉的对象。

本来沈慧春倒是一个不错的选择，可六娘子觉得自己虽然成了亲，对男女之事也不用太过设防，可成天往人家府邸跑也不是个事儿，是以，这如何当好侯爷夫人的学习就被她耽搁了下来。

可眼下这张看似莫名的帖子一来，六娘子顿时就知道之前问题出在什么地方了。

是少了一个圈子！

有人的地方就有圈子。想她小的时候，在怀阳，圈子虽小，可和顾家兄妹加在一起也能算是一个。来到了宣城，虽男女未设防，但大门不出二门不迈的，所以她的圈子里有自家亲姐妹、同族的堂姐妹，还有外姓的表姐妹，这就是她生活的一部分。

而忠毅侯夫人蒋氏的这张春宴小帖，似乎是要隐隐地将她带入另外一个她未知的圈子。

可自知之明六娘子还是有的，她觉得，如果那个圈子里的权贵女眷认同了她，应该完全是看在了沈聿白的分儿上，可不管她能打入圈子的契机是什么，她觉得自己都务必要把握好这个和外界接触的机会。

其实并非六娘子想攀附权贵，她只是觉得，光一个人在家闭门造车，那是万万行不通的。

旁的不说，就单说以后挑什么样的儿媳妇和女婿，若是在刚开始的时候可选择的就不多，那最后剩下可看的质量想必也一般。

如此一念及，六娘子忽然莫名地有些激动了起来，便从沈聿白的手中拿过了请帖道："既然忠毅侯夫人相邀，我若是摆了架子不去也不成规矩。"

沈聿白单手托腮地看着她道："我也不过是前两日和晖生吃了一顿饭，没想到今儿他夫人就送了帖子过来。但既是晖生的夫人相邀，你就算出去散散心也是好的。"他说这话的时候，慢条斯理的，眯着眼挑了嘴角，浑身散发着一股子慵懒劲，令人只看一眼就能沉醉在他的气息中。

"晖生……是忠毅侯？"六娘子小心着措辞。

沈聿白深深地吸了一口气，然后伸了个懒腰道："皇城脚下，其实没几个像样子的世子爷，晖生算是争气的，顶着世子的头衔，从小也是在军营里摸爬滚打过来的。你可知文官为何总喜欢弹劾公卿？"

六娘子见沈聿白难得有心和自己聊这个话题，便正襟危坐道："是因为瞧不起那一人得道鸡犬升天的荫庇之制？"

沈聿白本有些迷离的眼神微微一闪，忽露赞赏地点了点头道："在很多士大夫眼中，外戚和公卿之所以能享受朝廷恩养，那是因为他们头一辈大多是开疆破土的立国功勋之贤。仕途子弟对功臣尊敬，可对那些跟着得道之人升天的鸡犬却没有尊崇的必要了。在当朝的士大夫眼中，他们那些没了祖先铮铮傲骨的纨绔子弟，多半不值得人正眼相看。"

"但世袭制度摆在那儿，即便没有罔替，承爵递降，至少也能保住三代的荣华了。"六娘子细细琢磨着沈聿白的话。

沈聿白闻言轻笑道："所以富不过三代啊。你知那些朝廷为官的士大夫都气在哪儿，他们就是气这些公卿世子，明明大多是扶不起的阿斗，可偏偏却比寒窗苦读考取功名的他们要尊贵，要官大，而且还能享受更多的特权，换成是谁，心里都会不舒坦的。"

"所以寒窗苦读不重要，重要的是有一个能干的爹。"六娘子下意识地脱口而出，惹得沈聿白愣了半天，方才大笑出了声。

"谁同你说的这种话？"沈聿白弯着眉眼的样子六娘子很喜欢，总觉得这样的他少了一丝戾气，多了一点柔和。

"总结侯爷方才的一番长篇大论，就是我这个意思。"六娘子小心翼翼地将忠毅侯夫人的请帖放到了炕桌的小抽屉中，然后说道，"其实，原本我也有些纳闷，为何我嫁给侯爷这么久了，却没有什么女眷请帖送上门的，今儿我倒也看懂了一二。"

"哦？"沈聿白饶有兴趣地伸手捏住了六娘子垂落在左肩的一把乌发道，"你看出了什么？"

"权贵之交，多为势利。"六娘子无意藏拙，她说这话的时候，一双闪亮的眸子紧紧地盯着沈聿白那俊朗的面容，她不想错过他神情上的任何一丝变化。

果不其然，沈聿白在听完了六娘子的话后，眉头先是微微地蹙了蹙，然后才渐渐舒展开道："夫人何意？"

"不管什么时候，但凡深交，都是要先付出才会有回报的。或许，不只朝廷那些文武百官在观望侯爷，便是连权贵女眷也是在观望我的。最开始，侯爷领命远赴鞑蛮，凶险万分生死未卜，她们有心结交我，却不知是否应该花这个心思。后来侯爷回来了，可刘文统的一道折子又让她们犹豫了，毕竟，若是侯爷被钉上了功高震主的牌子，但凡皇上有个什么发落，那都是吃不了兜着走的下场。"

"可眼下为何这帖子会到你的手上？"

"年都过了，侯爷依然大大咧咧地出入宣城各处，即便是微服入宫，可若是没了皇上的首肯，侯爷入宫又能去哪里？明眼人一看就知，我估摸着以后这样的帖子我还能收到不少。"六娘子眉宇间有一丝得意，仿佛是吃到了糖的小孩儿，餍足地仰着头，整个人神采奕奕的，如一朵明媚娇艳的兰花。

"这么说，晖生的夫人，你觉得她也是个势利的？"沈聿白看得心中一阵一阵地发紧，一边说话一边已经下了炕，眨眼间就把六娘子横抱入了怀。

六娘子一阵惊呼，挣扎间险些从沈聿白的怀中掉下去，吓得她赶紧伸出手环抱住了他的脖子。

不过惊吓过后，六娘子却不忘回答沈聿白的问题道："忠毅侯夫人这不是势利，是向我示好。若不是侯爷有意无意地向忠毅侯提醒着，人家夫人又怎么知道我这号人，连我的闺名都写得一个字不差的。"

其实这一点她早在看到帖子的时候就想到了，只是当时她有些不懂，为何沈聿白要这样费心插手她的社交，而眼下六娘子却隐约有些明白了沈聿白的一番苦心。

有些时候，人只有站在一定的位置才能看得更高走得更好，以忠毅侯夫人为跳板，她若能就这样顺顺坦坦地走进那些权贵女眷中，不管是对于六娘子自己还是沈聿白更甚至是整个侯府，都是有利可图的事儿。

因为活在当下，闭门无客那根本不现实，既要有人际交往，那就要先从那些品格优良的人接触起，而忠毅侯夫人，应该是能让沈聿白放心和满意的一个指路人吧……

第三十九章

满庭芳·通房惜燕

六娘子对于一些大事情一般是说一不二的，忠毅侯夫人来帖邀约，既是沈聿白从中牵的线，又是利于自己的好事儿，六娘子当晚就决定要去赴这个什么赏春小宴。是以第二天，她在忙完了以后，就郑重其事地给蒋氏回了一封信，随信还附上了自己调的花露。

说到六娘子调香这件事儿，也有些来头。当时其实是英娘喜欢摆弄这些花花草草的，那时候侯府前后总共也就她们两个人日夜为伴，偏北园里有一块很好的花圃，英娘闲来无事就撒了很多花种，什么月季、茉莉、兰花的，无非是想打发些日子。

后来六娘子就专门找了两个婆子供养花房。去年入冬的时候，还得了沈聿白的首肯，把花房弄成了暖室，这一来二去的，倒也养出了些经验。所以从去年十月开始，侯府就没断过鲜花。

花儿多了，六娘子闲暇就倒腾开了，陆陆续续也做了不少花露，有些味道一般，有些还确实蛮好闻的。那些好闻的，六娘子都留了方子，然后又让陈伯去香粉店里买了不少精致漂亮的琉璃浮花小瓶子，装了花露以后倒也显得精致有趣。

其实六娘子也知道，自己调的花露比不上宫廷御用的金贵，但胜在心意独特，便也会时不时地拿来送一送人，反响都还算可以。

话说就在六娘子把写好的信和花露交给竹韵让她送去前院陈伯那儿的时候，妙琴进来道：“夫人，惜燕姑娘来了。”

六娘子搁下笔道：“请她进来吧，再沏一壶茉莉花茶来。”

妙琴应声退了下去，不一会儿，惜燕便踩着碎步小心翼翼地走了进来。

她进来的时候，刚好碰到沈聿白从里屋出来，惜燕脸一红，忙冲沈聿白行了一个福身大礼，结结巴巴地喊了一声“侯爷”。

沈聿白淡淡地点了点头，算是应付了，然后又转头对六娘子道：“今儿方际维在别院设了局，我去坐半程，你等着我一块儿用晚膳。”

“好，侯爷慢走。”六娘子笑着将沈聿白送出了门。

而听着两人对话的惜燕却暗中紧张得捏住了半新不旧的衣摆，遥想翩翩，思绪远飞……以前在凉都，她也在沈聿白的屋子里服侍过，那时候，四……哦不对，是侯爷，和先夫人就从来没有这样和颜悦色地对话过。即便是先夫人追问，侯爷也从不向她交代自己的去向，可为何到了新夫人这儿，侯爷的性子仿佛就完全变了！

惜燕有些不明白，再抬头看六娘子的时候眼中就充满了疑惑。

折回身的六娘子不知道她在想什么，只笑着道：“也不是晨昏定省的，没那么多规矩。”说着便让寻音端了锦绣缎面的小杌子进来，让惜燕落了座。

惜燕坐得有些战战兢兢的，一旁的寻音给她递茶的时候，她只双手接了过来捧在手心暖着，却不曾打开碗盖喝上一口。

六娘子见状，也不勉强，便是在心里微微地叹了一口气后，方才问道：“你今日找我，可有什么事儿？”

“夫人……”惜燕有些慌乱地抬了头，局促间差点儿洒了手中的茶，“我很小的时候就进了沈家，十岁的时候，太夫人看我做事还算勤快，便把我放到了四爷，哦不是，把我放到了侯爷的屋子里。我……我这辈子也只知道怎么伺候人，您若是……若是要赶我出府，我真不知道自己可以去什么地方啊夫人！”惜燕说着说着，匆匆地搁下了茶碗，然后起身就跪了下来。

六娘子蹙了眉，对一旁的寻音道：“把她扶起来。”

寻音闻言，笑着上前道：“姑娘这是做什么，人家知道的是明白姑娘心急如焚，不知道的还当姑娘在咱们暖香坞受了夫人什么委屈呢，倒让有心人瞧了笑话去。”

六娘子眨了眼看着寻音，突然发现这丫头的机灵自己以前仿佛忽略了。

思忖间，惜燕已经被寻音重新扶回了杌子上，六娘子这才淡然地开了口道：“第一次我让姨娘们来晨昏定省的时候，也喊了你来，就是想让你听听姨娘们的规矩。走的时候我私下问过你，若是就这样碌碌无为地待在侯府你可愿意。我让你不要着急回我，这前后少说也有一个月了，你品出了生活的滋味没？”

“我……我……”惜燕涨红着脸，睁着一双略显慌张的眼睛，手足无措地绞着衣摆，“我”了半天却说不出个所以然来。

“没事儿做吧？”六娘子替她接了下半句，“姨娘们好歹还有个正式的名分，可你呢，丫鬟不是丫鬟主子不是主子的，若是侯爷有心，他会来同我说，不管是抬了姨娘还是别的什么都好。可侯爷没有和我说过一个字，而我这儿呢，也没有打算要给侯爷设通房。”

内宅的那些通房其实是很低下的存在，像权贵公卿这样正经人家的男子一般都不会有太多的通房，但凡有，也都是主子年少的时候那些贴身的丫鬟抬起来的，为的不过是让主子早开荤戒，不要去那些乌七八糟的地方沾染女色。但那之后若是有了子嗣的，则会被抬成姨娘，若是没有子嗣的，一般都会以丫鬟的身份继续在屋里伺候着。

可讲究门第的大户人家，通常都不会在娶媳妇之前让通房怀上子嗣的，如果是这样，那这家的主子也会沦为笑话的，而有些女主人进了府，若是一个瞧不顺眼，就会找个由头把通房给放出府去。但这些通房女子都已不是处子身了，即便再嫁人，也不会有什么特别体面的归宿。所以六娘子还真是有仔细考虑过惜燕的去留的，但最终还是要看她自己愿不愿意了。

不过听了六娘子的话，惜燕确实愣住了，半晌才微微地垂了头，紧紧地咬着唇，一言不发。

六娘子看在眼中，摇头道：“其实若是侯爷心里有你，不管如何，你早在凉都就出了头了。但眼下，你若执意要留在府中，我也不拦着，只就这样无滋无味地过着，你若觉得踏实，我也无话可说。”

“那夫人说，我该怎么办？”惜燕听了，有些害怕，她今年才刚满二十岁，十几年最好的芳华她全都给了沈家，给了沈聿白。这接下来的几十年，难道她真的要这样行如行尸走肉一般在侯府默默无闻一辈子吗？

恍惚间，她透过六娘子的背，看向了敞开的窗外，视线所及是一排红砖高墙，惜燕不禁微微地缩了缩脚，没有了侯爷的正眼相看，难道她真的要被这几块红砖绿瓦给困在这方寸的天地中吗？

六娘子见她自己也有些糊涂了，不免轻声道："我定了过两日要去一趟城郊的庄子，你若觉得好，我便带着你一起去住两日，等从庄子上回来了我们再谈？"

"夫人……"惜燕疑惑地抬起了头，眼角沾泪地望着六娘子。

六娘子淡淡地笑了笑，然后便打发寻音送她出了暖香坞。

寻音回来的时候，见六娘子正在整理桌上的笔墨，她碎步跑了上来，接过了六娘子手中整理好的一叠信笺道："夫人摆着吧，您这身衣裳还是新的，回头沾了墨，又要一番折腾了。"

六娘子被她逗得轻笑道："衣裳倒是比人还金贵了。"

寻音正色道："可不是，秦妈妈再三吩咐了，夫人新做的这几身春装都是顶好的料子，那描边的刺绣，全是乾湘楼的绣娘们一针一线绣的，让我们格外小心呢。"

"三日后我要去濮家庄住上几日，你要不要随我一起？"六娘子突然发现寻音性子活脱直接且不矫揉造作，若是好好栽培，再过几年也是个可用之材，便有了心思想锻炼她一二。

寻音闻言，双眸一亮道："那夫人可要算上我的，回头我就找秦妈妈换值去。"不过高兴过后，她却有些不解地又问道，"夫人为何要这般费心地替惜燕姑娘周全？"

"周全吗？"六娘子靠在窗棂边看着忙碌的寻音道，"我这般做，你不觉得我是在赶她出门？"

"我姐姐也在大户人家府上做过爷屋子里的丫鬟，姐姐当时就说，她只要熬着日子就好，死都不能做通房。"寻音认真地说道，"姐姐说，姑娘家的，做了通房，通常也没什么好下场，落得个仆不仆主不主的身份，横竖吊在那儿半口气，死活也没人来管一下。"

"若有了子嗣就能抬成姨娘了啊。"六娘子觉得惜燕心里也应该是这么期盼的。

"那也要能生了再说。"寻音不以为然道，"我便也只要安安分分地伺候好夫人，等日子一满，回了老家，也能风光体面地做一回新娘子。"

望着寻音那神色飞扬的模样，六娘子由衷地笑道："就冲着你这份待嫁的心思，回头我一定给你挑一户好人家。"

寻音这才察觉到自己这话说得有些露骨了，便连连跺脚道："我同夫人说笑呢，夫人也能当真！"说着便抱起那堆笔墨纸砚，红着脸慌慌张张地跑了下去。

跑到门口的时候，竹韵刚好从外头掀帘而入，两人面对面撞在了一起，皆是“哎哟”了一声。

“这是怎么了，慌慌张张的。”竹韵揉着额头，皱眉看着面前同样吃痛的寻音，一头的雾水。

寻音则是看了一眼笑出了声的六娘子，然后对着竹韵苦笑道：“姐姐莫怪，回头晚上我给姐姐好好揉揉。”说罢便急忙地掀开了门帘跑了出去。

竹韵被闹得丈二和尚摸不到头脑，疑惑地看了六娘子一眼，刚想问屋子里发生了什么事儿的时候，却听六娘子先问道：“姨太太午睡起了吗？”

惜燕来以前，六娘子差了竹韵去景华苑看看萧姨娘是不是午睡起身了，竹韵这会儿刚从那儿回来。

“起了，姨太太说在屋里候着夫人。”

凉都三房的人回府以后，六娘子就告诉整个暖香坞的下人，要统一尊称萧姨娘一声姨太太。她觉得暖香坞外头的人她管不住，可自己院子里的人，她还是有资格约束约束的。

听了竹韵的话，六娘子便趿鞋下了炕，然后道：“嗯，那帮我梳个头，我们先去一趟清懿阁，再去景华苑。”

第四十章

满庭芳·立春巡庄

“去城郊的庄子住两日？”

六娘子到清懿阁的时候，康氏正带着景哥儿在清懿阁陪沈老夫人聊天。听了六娘子的话，老太太不免蹙眉道：“怎么好端端的，要跑去庄子上过夜？”

而康氏也是个会看颜色的，在听出了沈老夫人口气中微微的不悦后，她便借口景哥儿有课业还未做完，就先带着景哥儿起了身。

越过六娘子的时候，康氏还停了步子，特意让景哥儿喊了六娘子一声“母亲”，六娘子受之无愧，微微地点头笑了笑，然后目送着他们母子出了清懿阁的东稍间。

待康氏走了以后，六娘子方才转头对沈老夫人道：“本过年前，我派去打理庄子的人就交了账册上来，说账目有些问题，我当时就想去的，苦于抽不开身。眼下刚好立春，还没开始耕种，我便想趁着农闲的时候去转转。不瞒母亲，城郊的那处庄子算是我陪嫁里最近也是收成比较好的一处，有些实在远的，我也鞭长莫及。只这一处，我却想好好地打理打理，总觉得还是要去看一看才放心。”

见沈老夫人静静地听着她的絮叨，六娘子继续道：“再者，我想把惜燕带去庄子上看看，若是她觉得好，我就想把她留在庄子上。”

“惜燕？”沈老夫人本是有些半眯的眼睛忽然瞪得有些大，“她不是老四屋里的人吗？”

“若是侯爷想纳妾，那正正经经能抬进门的姨娘多的是，按着侯爷如今的体面，屋里留了通房，与其日日夜夜灌着避子汤不得抬正，不如……让她出了府，早日有个归宿也好。”六娘子这话说得很是模棱两可，既没有说这是自己的想法，也没有说这是沈聿白的主意，让沈老夫人听了好一阵乱猜。

但其实让惜燕出府的事儿，沈聿白是知道的，但他没有反驳六娘子的意见。六娘子觉得，作为一个女子，与其在侯府虚度下半生的韶光年华，还不如趁着年轻，替自己打算打算的好。

通房虽难嫁，但只要心态平肯干活够勤快，往后的日子起码也是能衣食无忧万事足的。

显然，沈老夫人对六娘子的这个决定是有些微微的不满的。但她一个长辈，如今既不主持家事，又不是住在自己的宅子上，所以很明显的，老太太是有微火无处撒，最后只能无力地干笑道：“既你同老四都已经决定了，那就按着你的意思办吧，不过是个通房罢了，能出府住在你娘家的庄子上，有主家庇护着，也算是个不错的归宿。”

“母亲宅心仁厚，我就知道母亲一定会赞同的。”六娘子见好就收，马上给沈老夫人戴了高帽子，然后便笑着福身告了退。

不过待她走了之后，沈老夫人脸上的笑意就一寸一寸地凉了下来。

一旁的邱妈妈眼尖，见了老太太神色不悦后，忙屏退了边上的丫鬟，然后轻轻地对沈老夫人道：“夫人不过是想处置个通房罢了，这点事儿您有什么好恼的？”

“之前你说老四几乎是日日都睡在暖香坞的？”沈老夫人略有所思地问道。

邱妈妈愣了愣，忽而笑道：“哟，您老也是知道的，新婚小夫妻，那都是蜜里调了油一般的，更何况夫人又是这般水葱娇羞的灵气模样，侯爷见了怎能不喜欢。”

“可惜燕……也伺候老四好些年了。”沈老夫人语气中难掩惋惜，“我原本以为回了宣城，老四一定会提出将她抬成姨娘的。”

这旁的人家只怕小辈不争气，娶了媳妇不喜欢，就会天天地在外头胡闹，对着府上的小妾好似正经的太太夫人，对着新媳妇却反而笑不出来了，大有宠妾灭妻的苗头。可沈聿白却刚好例外，不管是惜燕还是康氏她们几个姨娘，沈聿白似都没有在她们的屋里留过夜。这就让沈老夫人很是纳闷，不知六娘子到底是使了什么法子，能把沈聿白这样对儿女情长满不在乎的人给魅得五迷三道的。

但不管她怎么好奇，眼下似乎都不太有资格过问暖香坞的事儿。是以当下，老太太心里边堵了一口气，连带着整个下午的脸色都有些不太好了，倒是苦了屋里近身伺候她的那些个丫鬟们。

话说出了清懿阁的六娘子并未耽搁，转了身就去了不远处的景华苑。

听了她的来意，萧氏同样惊讶得很，便连连摆手道："不行不行，我是什么身份，老夫人都没有去你的庄子，我哪儿有资格同你一起去巡庄子？"

六娘子这两日和萧氏打的交道不少，便知道了她最看重的就是目前在沈家的身份。六娘子觉得，若说以前萧姨娘在宅子里这般战战兢兢地度日，那是为了一双女儿和一个儿子，可如今她这般事事小心谨慎的姿态，却多少是因为岁月磨平了她的棱角，她已经习惯了这种对人对事的态度。

不过之前在清懿阁，六娘子没有明着说，是因为要顾着沈聿白的体面，所以她多少也有把惜燕的事儿揽在自己肩头的意思。可到了萧氏跟前，六娘子便掏心直言道："不瞒姨娘，此番去庄子也不止一件事儿，不过让您去，却是侯爷说的。"

"他……"萧氏闻言，微微地抬了抬头。

六娘子柔柔笑道："还有就是惜燕，我想带她去庄子转转，若是她愿意，就让她在庄子上常住。"

"可是……她哪儿惹得你不开心了？"萧氏有些诧异，但又觉得似理所当然。

六娘子摇头道："姨娘说我不够大度也好，说我不够圆滑也罢，可侯爷跟前，我却不愿意再放通房了。"六娘子说着，轻轻地拉住了萧氏的手道，"且不说侯爷自己也没这样的念头，便是对惜燕这样的姑娘来说，也多少是不公的。她为何要放着大好的年华不挥霍，却要生生地锁在侯府这方寸的天地中寂寞度日？"

见萧氏有些微微地晃神，六娘子也收了声，婆媳二人就这样面对面地在炕沿对坐着，半晌，六娘子才听到一声浅长的叹息。

"在屋子里闷久了，出去转转也好，只要不给你添麻烦就行了。"

六娘子闻言，笑逐颜开道："怎么会，姨娘只管放心地去，庄子上我都让人安排好了，虽比不上家里讲究，但肯定也是舒舒服服的。"

萧氏闻言，点点头，两人又聊了一会儿天，六娘子便起身告了辞。

三日后，几人辰时末启程，是沈聿白亲自骑马开道相送的。

当两辆平头马车出了城门口后，沈聿白才跃身下马，嘱咐下车和他告别的六娘子道："到了庄子就让观言给我来封信，这两日祁王回宣述职，我只怕抽不开身，你遇着事儿切莫着急，心急吃不了热豆腐。何况偌大的一个庄子，哪儿是你三天两头能收拾好的。"沈聿白知道六娘子此番去濮家庄，首要的目的就是去查账的，是以才这般赘言叮咛。

六娘子虽心里笑他啰唆，不过面儿上却似将他的话一字不落地听进了耳朵且记在了脑子里。但听完后她却好奇地问道："祁王好像是第一次回宣述职啊？"

沈聿白点头回忆道："说起来，祁王去番禺属地前后也三年多了，那时候先帝爷还在，后来皇上登基了，祁王连奔丧都是最后一个回来的。番禺甚远，皇上也没说要把他调回来，他心里有气，也能理解。"

"那这次是皇上主动的还是祁王自己要回来的？"六娘子眼神烁烁，仰着头等着沈聿白的回答。

谁知沈聿白却瞪了她一眼道："你小小的心思，哪里装得下这么多的事儿，且把你庄子上的账册理清楚了再说吧。"

六娘子撇了撇嘴，这才不太情愿地和沈聿白告了别，然后转身回了马车。

其实，濮家庄虽说是在城郊，但实际也并非那么近，光是路上就要费掉整整一天的时间。好在走的都是官道，沈聿白不仅留下了观言，还一并留下了八个身强力壮的护卫，且六娘子她们又不赶时间，是以一路行去虽觉得有些远，却是悠闲有余乐在其中的。中途，一行人还在路边的凉茶铺子里吃了顿素面充饥，不过这一耽搁，等马车驶到濮家庄的时候，天已经全黑了。

"夫人！"

远远的，六娘子就看到庄子路口有三三两两的人正高举着熊熊燃烧的火把。待她下车走近了几步后，便听到一个熟悉的声音郑重其事地喊了她一声。

是高进！

六娘子闻声笑着迎了上去，却因天黑不熟路而差点摔了一跤，所幸一旁有眼尖的寻音急忙扶了她一把，这才稳住了她的重心。

"夫人慢些！"就在这个时候，一个急急的声音从前方传来。

六娘子抬头看去，却见小腹微隆的流萤正背着火光稳步走来。她脸上的神情露着激动，也透着谨慎，更多的还是怕她崴了脚的紧张和担忧。

六娘子心头一暖，拉着寻音的手就迎了上去……

几句寒暄以后，一行人就入了庄。

舟车劳顿，六娘子怕萧氏累了没有胃口，便吩咐流萤晚上熬些粥，再拌几个可口的小菜蒸些馒头即可。流萤应声吩咐了下去，半个时辰以后，一桌子人围坐在一起热热闹闹地吃了一顿乡味十足的晚膳。然后，六娘子亲自服侍萧氏歇下，方才回到了流萤早就替她安排好的内厢房中。

“夫人喝口热茶。”流萤还在屋子里等她，见了六娘子进来，便端着茶迎了上去，“这茶不比侯府的金贵，不过却是农家自己种的山楂，去年晒成的干，用来泡茶，消食解渴，新鲜着呢。”

“你别忙你别忙！”六娘子见她挺着肚子还忙进忙出的，吓得一阵薄汗浮上了背，连忙让寻音去给流萤搬了椅子过来，自己则接过了流萤手上的热茶，然后将她带到了一边。

入了座后，六娘子笑盈盈地拉着流萤道：“其实我早想来庄子上看看了，不过一阵一阵的事儿就没停过。”见流萤慌忙地摆着手，六娘子又道，“本这次是想让鱼安跟着我来的，你们姐妹两个这么久没见了，她也很想你。但是留在屋子里的都是刚进府没多久的丫鬟，我怕她们没个管束不知深浅，不放心，就还是把鱼安留在了家。”

“从前在陆府的时候，我就瞧出鱼安妹妹是个心细稳重的，便想着，若是夫人身旁缺了人手，肯定会用得上她的，如今看来她能得夫人重用，也是她的福气。”流萤微笑着低下了头。

“你们都是有福气的。”六娘子见状，侧了身，细细地问起了流萤婚后的生活，流萤都一一回答，眉宇间洋溢着小小的甜蜜和幸福，让六娘子看了也不由得替她高兴。

第二天，没了姨娘们的晨昏定省，没了管事妈妈的例行回事，六娘子十足地睡了个懒觉，当她睁开眼的时候，已经是日上三竿了。

乡下房子都没有太大的格局讲究，就拿六娘子下榻的内厢房来说，不过是个南北宽敞的通间。靠南的墙边摆的是她睡觉用的架子床，十步之外是一个大大的绢纱屏风做的隔断，再外头，摆放了一张圆桌和几把椅子，东南角落了个多宝阁的架子，不过上头空空如也的，什么都没有，但却被人擦得干干净净的，不见一丝粉尘。

这样的一间屋子，六娘子有些什么动静，外头的人闻声即知。是以，六娘子起身没多久，寻音就笑眯眯地端着一盆热水走了进来。

“夫人睡得可好？”寻音的笑有一种迷人的魅力，像喝饱了牛奶的猫咪，一副餍足的样子，六娘子每次看到，就觉得生活本该如寻音的笑一样这么美好和幸福的。

“你就可劲儿笑吧。”出了侯府入了田庄，六娘子就没想过要再端着主子的架子，便同寻音打趣道，“我既想好了偷两天的懒，就不怕你笑话。”

寻音闻言，抿嘴道：“夫人都破罐破摔了，回头我也不能拿夫人赖床的事儿做把柄了。”

六娘子睨了她一眼，主仆二人便这样轻快地收拾好了妆容，然后一并出了厢房。

外头，流萤正陪着萧氏聊天，六娘子见了，不免觉得有些不好意思，便俏皮地吐了吐舌头，迎上去道：“没想到姨娘昨儿累了一天，今儿还起得这么早。”

一屋子在旁伺候的丫鬟闻言都转过了头，笑了起来，萧氏热络地拉过了六娘子，让她坐了下来道：“你啊，现在正是长身体的时候，贪睡也是难免的，若是睡不好，回头个子也长不高。想我那会儿和你这般大的时候，成天都是被母亲从床上拎起来的呢。”

六娘子深有同感道：“姨娘且让我这几日偷偷懒，回去的时候若是侯爷问起，姨娘可不能告诉侯爷我到了庄子就天天赖床的。”

众人闻言，皆不给面子地哄堂大笑了起来，连带着用早膳的时候气氛都是愉快的。

吃完了早饭，萧氏主动提出想让惜燕作陪，在庄子里头随便转转，散散步。六娘子刚送了两人出门，高进就带着两本厚厚的账册走了进来。

六娘子见状，便屏退了众人，只留了寻音在一旁打下手。

高进见了六娘子，先是恭敬地福了身，然后递上账册道：“这几个月，小的按着夫人之前给的账册重新做了账目。刚开始的时候，小的觉得还是很别扭的，可后来做多了，却觉得夫人这法子简单，清楚好记，而且便于翻阅查找，着实是个好法子。”

六娘子笑着接过账册，翻了翻，然后道：“每个人的法子不一样，我这记账的方法虽不能说是最好的，可总是要比你们之前那样简单些，你上了手，就能知道它的便捷了。”

“正是。”高进点了点头。

六娘子继续道：“这两个月，老庄头还是不让你接触庄子上的事务吗？”

“我虽是夫人派来的，可毕竟是外姓……”高进说得有些委婉，却也正面地回答了六娘子的问题。

六娘子细细琢磨了一番道：“若是我把庄子交给你打理，你可有信心把庄子的田务给做好了？”

高进瞪大了眼睛抬起了头，有些吃惊地看着六娘子，久久回不上一句话来。

六娘子不禁笑道：“你若没把握，我就是再给你台阶上也没用，你若是有把握，即便老庄头再反对，我也能让他点了这个头。”

“夫人……小的何德何能……”高进有些诚惶诚恐。

六娘子便坦言道：“都说新官上任三把火，你知这庄子是母家给我的陪嫁庄子，如今既过到了我的名下，我便要好好打理打理。如果濮家庄之前账目上没有问题，又或者没有被你看出来，那对于我这个一窍不通的人来说，可能也就睁一眼闭一眼地过去了，可眼下既然出了问题，我又岂能当不知道？”

“夫人想好计策了？”高进蹙眉问道。

六娘子如实道：“没有。”

高进“啊”了一声，随即两人便异口同声地笑了出来。

止了笑声后，六娘子继续道：“濮家庄是陆府太祖奶奶的陪嫁庄子。我还有两个陪嫁的庄子，一个在盂县一个在孟州。不过那两处都是我母亲当年的陪嫁庄子，用的也都是自家的庄仆，是以总没有这儿这么见外，我也放心很多。但濮家庄连年的收成都算不错，离得我又近，所以我想着，还是要用心打理打理的。”

“是，是……”高进连连点头，却见六娘子陷入了沉思。

其实方才那番话是明面上的话，还有深一层的意思，六娘子不好当着高进的面说。那就是，在出嫁以前，林氏就给过六娘子一份濮家庄的账目，上面清清楚楚地写着每个月的盈利收入。六娘子当时有算过，庄子的盈利每个月均分下来少说也有六百两，那一年就是七千二百两。这钱说多不多说少也不算少，而且这只是盈利，若是加上一庄人一年的口粮，那濮家庄一年的收入也肯定是过万两的。

当时六娘子就有些纳闷，收成这么好的一个庄子，林氏竟舍得就这样白白地放给自己？而且就她所知，当时陆老爷是没有参与自己嫁妆的事儿的，只叮嘱了一句要把她母亲赵氏从前的陪嫁全部归到六娘子的嫁妆之列，所以六娘子当时就觉得，这个濮家庄肯定是有问题的。

想到这里，六娘子看着高进道：“我来的时候就在想，既也想不出什么好的法子让他们把以前贪敛的银子都吐出来，又或者是让他们对等赔了，那干脆以前的账就一笔勾销了。”既然林氏都没有办法把这烫手山芋解决了，反而要丢到自己手上，那六娘子觉得，她也不用干那吃力不讨好的事儿了，与其折腾半天还是治标不治本，干脆就连本带利地都不要了。

“这……”高进听了有些心动，这对他来说无疑是一个不错的提议，可在主子面前，他却不能立刻点头，不免犹豫道，“这样一来夫人损失未免大了些。”

“账都已经被做平了，而且这么多年过去了，那些经手人说不定有些都出了庄子，有些都换了地方，更何况，你说把庄稼以次充好也只是你自己的猜测，没凭没据的，现在再来查，又能查出些什么？”

“夫人说的是。”见六娘子如此坚持，高进不免大大地松了一口气。

六娘子见状，继续和他商量道：“明天下午，你帮我请了老庄头过来一趟，我要把你正式引见给他，贸贸然地让你代替了他的位置也不可取。他当这个庄头少说也有二十几年了，且不说他是姓濮的，就说这些年在庄子上笼络的人脉关系，光你去梳理就够你费神的了。你也别着急揽权，他给不给你事儿做不重要，重要的是我会和他说，从下个月开始，庄子上的所有账册都要由你亲手来做。”

高进一愣，却瞬间一个激灵反应了过来，然后郑重地冲六娘子作了个揖道：“夫人请放心，小的定不辱夫人之命！”

第四十一章

满庭芳·清理庄务

生活特别悠闲自在，和高进谈完事儿以后，六娘子便和寻音一起出了门，本想去找萧氏和惜燕的，结果转了一圈也没看到人，六娘子索性就带着寻音往南边的空田走去。

时入二月末，玉兰解紫荆繁，杏花娇梨花溶，放眼望去，冬气未结，春意悄临，确是别有一番意境的。六娘子很久没有在这样空旷无际的地方漫无目的地走了，来了兴致，便提着裙摆轻跑了起来。

她今儿早上特意让寻音只给自己绾了个简单的盘髻，留了少许的碎发披肩，乌髻上插了简单的珍珠小针簪，清爽而大方，也不觉累赘，所以也不妨碍她大幅度地活动。

可是穿越这些年，她毕竟做惯了正经的千金小姐，衣来伸手饭来张口的，是以只跑了片刻的工夫，六娘子就猛地站住，开始大口大口地喘起了气。

寻音见状，追上来笑道："夫人还是走吧，别回头跑得岔气了。"

六娘子深深地吸了一口气道："到底是乡下空气好，若是没事儿，真想在这儿多待几日。"

寻音抿嘴笑着陪在她的身侧，一言不发地跟六娘子顺着田埂绕了一圈，然后回了庄子。

第二天中午，午睡过后，高进就来了，可六娘子见了他，不免好奇道：“老庄头怎么没和你一起，你昨儿没同他说了要来我这儿的事儿吗？”

高进闻言，面露难色，道：“老……老庄头在……在那个……”

流萤本在一旁陪六娘子闲聊的，见是高进进来她便没回避。眼下见了自己男人在六娘子跟前如此结结巴巴的，心里不免有些着急，便是跺脚道：“夫人问什么你就说什么，遮遮掩掩的夫人最不喜欢了。”

高进和六娘子也算是打过几次交道，大概也摸清楚了她的脾气，知她喜欢性格直率坦诚的，又知六娘子是有心想提拔自己给自己体面的，便深吸一口气挺直了腰正色道：“昨儿从夫人这里出去，我就去了一趟老庄头那里。听了我的来意，老庄头开口就推了，说今儿约好了同庄里的几户田长一起喝酒，所以……”

他话还没说完，一旁的流萤就“呸”了一声，笑骂道：“喊他一声庄头，他还真当自己是个主子了，不要脸的老东西，竟还端了架子给夫人脸色看。”

高进闻言道：“我当时就翻脸了，说他没把夫人这个主子放在眼里，老庄头就笑说，夫人又不姓濮，不过是个小姑娘家家的，还真敢当自己是大人……”

流萤闻言，气得人都抖了起来，可一旁的六娘子却笑着拢住了她的手，轻轻地拍了几下后对高进道：“我之前知道，把你这样突然地安插在庄子上是为难你了，濮家庄濮家庄，你一个外姓，融不进去是正常的。不过我却没想到，他们这么不把我的人放在眼里。”六娘子说着说着，浅浅的笑意就从脸上消失殆尽了。

六娘子是护短的，这种护短的方式有时还有些偏执。

这在之前不是没有过，就好比揽月和竹韵，好比很得她眼缘的鱼安，还有虽然总是和她作对可心思不坏的七娘子，还有和她素来很和的三娘子……这些人，都是六娘子想从心底里袒护的人。所以听了高进的话，除了让她有了一丝的内疚之外，更多地却是激发起了她不小的斗志。

而高进听了以后，却连连摇头道：“夫人，其实……也没您想的这么严重，大多的庄户都还是很质朴和气的。你也知道，乡下人，其实没这么多的讲究，濮家庄也有很多外姓人，有些人家里娶的媳妇嫁的女婿都是外乡外县的。不过……正如夫人所言，老庄头是本庄人，又干了二十几年了，所以难免有些脾气。”

“驴也有脾气，黑布罩了头不照样要哼哧哼哧地磨磨。”六娘子冷笑地说了一句。

一旁的寻音闻言，轻笑出了声，然后上前问六娘子道：“夫人可要我去喊了观言来？”

六娘子抬头看了寻音一眼，越发觉得这个丫头是个聪慧伶俐的，便点头道：“去吧。”

寻音应声退了下去，不一会儿便和观言两人一前一后地回来了。

“夫人。”观言这两日也过得极为轻松，吃了睡睡了吃，闲暇之日在村口和十几个孩子玩成了堆，倒是倒回去过了一把无忧的童年，是以见了谁都是笑眯眯的，没有半点在侯府时的严谨样。

六娘子见了，不免笑道：“一会儿要你去砸场子，你这副嬉皮笑脸的模样可怎么成。”

观言闻言，立刻敛了神色，似换了一张皮囊道：“夫人尽管吩咐，小的一定给夫人办得妥妥的。”

六娘子摆了摆手道：“你一会儿带两个护卫，和高进一起，去帮我把老庄头请来。”

观言听了，俏皮地眨眼道：“夫人，您让请得温柔些还是霸气些？”

六娘子咳嗽了一声道：“让他难忘些就成了。”

“得嘞，夫人且等等，咱们这会儿就去。”

六娘子端起了茶，冲他点点头，然后看着他和高进一起出了门。

约莫半盏茶的工夫，门口就有了动静，六娘子当时正在和寻音、流萤聊天，闻声便道：“你们都下去吧，毕竟是老资格的庄头了，再怎么着，面子总是要给人家留一些的。”

两人闻言，便福身从侧门退了下去，而就在这个时候，观言便推着老庄头走了进来。

六娘子先闻到的是一股熏天的酒气，随即一个声音就嚷嚷了起来：“小姑娘家……家家的……巡庄就巡庄，哪儿……来的这么多的事儿，扰了别人的酒局。”老庄头一边说一边还打着响亮的酒嗝儿，见了六娘子既不请安又不作揖的，丝毫没有规矩可言。

六娘子冷冷地看着满脸通红、目光浑浊的他，清声道：“想之前太祖奶奶看中您，让您做了这濮家庄一把手的时候，看中的无非是您老是个实在肯干对主子忠心的人。可如今，您混出了资历混出了名堂，别的没学会，倒是学会了不把主子放在眼里了？”

老庄头闻言，这才正眼看了一眼六娘子，然后干笑道：“哟……小姑奶奶，您瞧您瞧，今儿我和人喝了两盅酒，这会儿还晕着呢，却没看到您在上头坐着呢。”

“您老这会儿既在兴头上，那我这会儿也就长话短说。”六娘子本就对这种老赖皮没什么耐性，更不要说和他客套地周旋了，便开门见山道，“高进您老也是认识的，打从明儿开始，我想让他全权负责庄子上的账目。”

“呵呵……”老庄头闻言，笑出了声道，“小姑奶奶，您这才多大啊，之前可打理过庄子上的事儿？您别当打理庄子就和您小时候玩过家家一样，这账目，一笔一画出了问题，那牵扯可大了，我身为庄头，怎么着也要为整个庄子里的人的生计筹谋筹谋的。”

“您是老人，资历深，见识广，您且听我把话说完。”六娘子冷笑着打断了老庄头的话，“侯爷新府刚成，眼下刚好缺些人手，您老在庄子上干了一辈子，再干也就是个庄头，不如此番您跟着我一起回宣城，我让侯爷给您谋个体面的差事，也不枉您在这儿任劳任怨二十几年。”

老庄头闻言，瞪大了眼睛，刚刚溢出嘴角的笑却一下子凝固在了脸上。不对，这事儿有诈！乍一听，这是六娘子让他高升，可细细一想，他即便资历再老，到了宣城，那也是单枪匹马的，再被侯府的爷一管着，保管是一个叫天天不应叫地地不灵的处境。不可不可，这就是个鸿门宴啊！

他思及这些，一个激灵连忙弯腰作揖，赔笑道：“哟，小姑奶奶，瞧您，也不是说我一把年纪不识抬举，不过我在庄子待了一辈子，您突然让我去侯府，我这些粗使伎俩，哪儿能入得了侯爷的眼啊。”

“既您老也觉得自己能力不足，那不如就提前退了，在家安享晚年吧。”六娘子一边说，一边端起了茶，细细地吹开了茶水上的茶叶沫子，然后小小地啜了一口。

老庄头一愣，这才感觉到了背上的一阵凉意，当下便恼羞成怒道：“你个小娃娃，你当年在吃奶的时候老子就……”可他话还没说完，一旁的观言就一个箭步上前，抬手就给了老庄头一个响亮的巴掌，瞬间就把他打蒙了。

六娘子借机冷着嗓子道：“这庄子追溯到开头便是太祖奶奶的陪嫁，太祖奶奶姓濮，这就叫濮家庄。你们祖祖辈辈都认了濮家的主子，这无可厚非。可太祖奶奶过世以后，这庄子不论是地契还是人契，就都在了陆府，父亲从不过问女眷陪嫁，这庄子的事宜自然而然地就落在了母亲的头上。但我不知你们是怎么做到欺上瞒下的，母亲是个不爱惹事儿的，你们每年交租，是多少她就收多少，因交的也不算少，且所有的庶务都是在你手里攥着的，是以她就算有心查，也查不出什么。”六娘子说着，从手边抄起了两本账册狠狠地扔到了老庄头的跟前道，

"但这账，不用我找专门的账房先生查，也能看出这里头的门道。濮家庄的收成不算差，不管你用什么法子，以次充好也罢，克扣佃户租子也罢，只要你想，油水是肯定少不了的。不过庄头抽油水，也不是什么稀奇的事儿，但我容不得的却是你这目中无主子的态度。"

"你……"老庄头气得抬起了手直指着六娘子，却突然感觉膝盖吃疼，一个踉跄就跪了下来，原来是一旁的观言重重地往他膝盖上踹了一脚。

六娘子无视他的怒指，盯着他继续道："今日你若敬我大小是个主子，我也能给你你要的体面，可你既这般不要脸面，那大家就撕破了脸面说话。我的庄子，我的人，我要怎么打理就怎么打理，从今儿起，你这庄头的职位，就给高进吧。"

"哈哈……主子……"老庄头看着小小的跟棵没长开的葱儿似的六娘子就笑了出来，"分明是个娃娃还要拿大，你且去别的庄子打听打听，若是上一个庄头不把庶务交接清楚，这新任的庄头只怕连春耕都撒不下去。"

"无妨。"六娘子淡淡地说道，"我宁可赔两年的收成，也要把庄子里的毒瘤给拔了，不过是几万两银子罢了，我赔得起！"

老庄头闻言，倒吸了一口凉气，怔怔地看着面带戾色的六娘子，竟被她无所谓的姿态堵得说不出一句话来。

可到底也是在庄子上干了二十几年的老人了，虽一下子被六娘子唬住了，但当天晚上，反应过来的老庄头就带着几个心腹在庄子里闹开了。十几号人，全都是身强力壮的男人，大半夜的，高举着火把，把六娘子住的院子围了个水泄不通。

整个庄子都骚动了起来，可是周围大多是淳朴的庄民，即便是看在眼中，也是议论的多，出声的少。大家都在等，这场戏，究竟六娘子是会一唱而响还是她强龙难压地头蛇。

院子门口，老庄头带着人叫嚣得特别大声，院子的木门被人拍得震天响，老庄头带着人在喊："还我庄子，还我庄子！"见六娘子闭门不出，做足了缩头乌龟的姿态，前来闹事的庄户就更起劲了。

而屋子里，六娘子则端着一杯山楂消食茶，正同被惊扰到的萧氏解释着外头的情况。

"姨娘别担心，这事儿我会处理好的。"六娘子的神色淡然，似丝毫没有受外头吵闹声的影响。

萧氏闻言道："这么大一个侯府你也打理过来了，这事儿你能把握好。不过那些庄户都是无辜的，你若是真的要发火，对准了人就是了。”

六娘子心里一暖，忙点头道：“姨娘先回屋吧，您放心，他们要什么我知道，他们闹不起来的。明儿我陪姨娘到庄子前的小湖边去转转，听流萤说，那儿的景色好，让人看了就喜欢呢。”

萧氏拉了她的手，轻轻地捏了捏，然后便由寻音搀着回了厢房。

仔细地送走了萧氏以后，六娘子的笑便冷了下来，喊了一声“观言”。结果观言没看到，跑进来的却是高进。

六娘子也没在意，只当观言在外头同闹事的人周旋，便转头问高进道：“外面几个人？”

“老庄头带的头，一共十二个人，左右都是他平日里惯用的手下。”

“还老庄头？”六娘子冷笑一声，平静地说道，“他如今既这样来拆我的台，那我就让他连濮家庄也待不下去！”

高进心里一抖，见六娘子迈了步子就要往外走，忙碎步跟了上去。

抬了闩推开了门，恍如白昼的亮光瞬间将六娘子全身上下照了个通亮。

面前，是十几个凶神恶煞的男人，几乎人手一个燃得正旺的火把，见她优雅地走了出来，那些闹事的人情绪就被煽动了起来。

老庄头见状，偏头使了个眼色，人群中就有人开口喊道：“夫人，您既为庄子的主人，怎能将这么大一个田庄交给什么都不懂的一个外姓人打理？咱们这么大一个庄子，前前后后少说也有四五十口人，都指望着庄子一年的收成，您倒是气派的，脱口就说两年的收成不要了，您不打算种庄稼，难不成让四五十口人接下来都喝西北风吗？”

“是啊，是啊……”

“说的是。”

“唉，造孽啊！”

那人话音刚落，周围便响起一阵细碎的赞同声，不管是闹事的还是看热闹的，听了这番合情合理的话，只要有些常识判断的，都会觉得六娘子的决定特别草率和儿戏。

老庄头看了，不免在心里轻轻地笑开了，可他却学聪明了，面上竟露出了对六娘子的一分敬意，上前一步道：“下午的时候小的是喝了酒上了头昏了神志，夫人您千万别往心里去。但夫人您可得公私分明，您气我一人便是气，可搭上整个庄子人的生计却万万使不得啊。”

下面又是一片此起彼伏的点头赞同声。

六娘子站在台阶上，微微低了头，看老庄头自编自导地演完了戏，然后道："今儿你们来闹，求的是什么？求的是让濮冬生继续当濮家庄的老庄头呢，还是求你们大家伙儿的生计？"老庄头的名字叫濮冬生。

这话一出，闹事的、看热闹的皆面面相觑了起来，接下来的声音就有些不同了。有的说"老庄头当得好好的，夫人为何要罢了他的职"，有的则说"自然是为了咱们的生计"……大家七嘴八舌的，听得濮冬生觉得此事有些不太妙。

六娘子淡淡地扫了一眼心里慌乱了的濮冬生，然后深吸一口气道："庄务之事我是没有在场的各位清楚，我从小生在宅门，说句不怕大家伙儿笑话的，可能到现在我连小麦和稻子都分不清楚，但是说到选人，各位一定不及我。"说着，她看了冲身拦在她前面的高进一眼道，"高进虽是外姓人，但他从小也是在自己家的庄子上长大的，吃的是五谷杂粮，学的是账房先生的手艺，一手账目记得干净清楚，一目了然。你们都没有让他做过一天的庄头，又岂能轻言我挑的人就一定会让你们饿肚子？"

借着摇曳的火光，六娘子看到有些围观的庄民闻言都默默地点了点头，便继续道："再者，我既为整个庄子的主子，就一定会对大家的生计负责。高进是我力荐的庄头，如果他管了庄务的事儿，却没有拿出可观的盈利，导致大家连饭都吃不饱，日子也过不开了，那你们的生计我负责！按着侯府的规定，普通的家仆每月有一两月例，按着这样的规矩，若是大家日子真揭不开锅了，我会每月给每户人家三两银子……"

她话还没说完，面前就响起了一片哗然。

濮冬生微微地后退了一步，不可置信地看着面前的六娘子，为庄头的二十年中，他也见过不少主子，可却从来没有看到过像六娘子这样的。

濮冬生心里慌了，他没想到六娘子小小年纪，看着雪娃娃一般很是好拿捏，可骨子里却是个这样说一不二甚至宁为玉碎不为瓦全的性子！他也有些后悔了，早知道是这样，他当初就应该好好地把这个小姑奶奶当菩萨一样供起来的，就好比林氏，就好比林氏之前的赵氏……

可他心里的嘀咕还没泛完，就听六娘子又道："当然，我做主子的，相信自己挑人的本事，若是濮冬生愿意好好地将庄子上的事务交接给高进，我敢保证，濮冬生能担保大家的生计，高进一样可以！"

舆论的导向瞬间就偏了。其实庄户们要的很简单，无非是一年四季风调雨顺，吃得上热饭盖得上暖被，不管是濮冬生还是高进，这就好比这庄子的主子一样，换了谁做其实都是一样的，铁打的营盘流水的兵，谁当家不都一样？

六娘子见状，心里稍稍地松了一口气，没人知道，在说话的时候，她藏在袖子里的手是攥得紧紧的！

开玩笑，她一个目前身高都不足一米六的小姑娘，面对十几个拿着火把凶神恶煞的粗壮大汉，当然会怕，即便前面有高进奋力拦着，左右有沈聿白留给她的护卫保着，可若是真的推搡打闹起来，寡不敌众，六娘子很难保证这中间的输赢，再加上屋子里还有一个萧氏，她心里就更没有底了。

可没有底也要上啊，事儿是她挑起的，人是她激怒的，面对着满院子闹事围观的人，她一个主子只能迎难而上，别无他路。

“侯爷来了！”

就在这个时候，远处传来了一阵高喊，六娘子一愣，才恍然听出了那喊叫的声音仿佛有些耳熟。

她一个眼神看向了高进，高进则缩了缩脖子，有些为难地说道：“观……观言看人太多了，怕出事儿，就……就快马回去了……”

六娘子觉得又好气又好笑，当下只觉得脑子嗡嗡作响，周围似叽叽喳喳地闹成了茶话会堂。

暮色中，沈聿白踏夜而来，迎着煦煦高燃的火光，他如谪仙一般，身披墨篷，脚踏马靴，冷冽微凝的神色不怒而威，看到的人皆下意识地就会往后退缩几步。

“我倒不知道，现在你们做庄户的连主子的意见都敢反驳了！”在众人的注目下，沈聿白稳步走到了六娘子的身侧，敞开了披风将娇小玲珑的她紧紧地罩在了怀中，有力的臂膀就这样温柔地拢住了六娘子的肩。

不知为何，那一刻，六娘子竟感觉到了前所未有的安心，仿佛之前的紧张焦虑和担心害怕都在瞬间化为了乌有。也是这一刻，她才忽然发现，难怪那么多的女人喜欢享受小鸟依人的感觉，原来……真的很好。

她不由得向沈聿白身上靠了靠，却听他轻轻地附在自己耳畔用略无奈的口吻道：“走的时候我和你怎么说的，让你不要心急，你也点头答应我的。”他说着顿了顿，竟无比亲昵地伸手屈指敲了敲六娘子光洁的额头道，“这就是你答应我的后果？差点儿让人把院子给点了。”

六娘子一愣，只能仰着头迎着他的脸道：“这个……我也没想到。”

沈聿白瞪了她一眼，问道：“娘呢？”私底下，沈聿白都会喊萧姨娘一声“娘”。

“在屋子里。”六娘子心里有些愧疚，说话的时候声音不自觉地就轻柔了许多。

沈聿白点头道：“进去吧，这儿我来善后，你去给我泡壶茶。”

第四十二章

满庭芳·小别新欢

一切的嚣闹纷繁都被沈聿白一人冷峻拦下，六娘子回屋的时候，留心一把拉住了观言，将他顺势也带了进去。

进了屋以后，观言顺势关上了门，然后转身就冲着六娘子开始傻笑。

六娘子也冲他微微地一笑，然后瞪了眼睛道："长进了。"

观言忙冲她打个了千儿道："这不是我瞧着人太多了，若是出了事儿，回头侯爷追责起来，小的可是要吃不了兜着走啊。"

"到底也不是我名正言顺的人，便是没把我当主子看。"六娘子转了身，忍住了笑意，装着万般失望的样子。

观言吓了一跳，忙扑通一声跪了下来道："夫人，您瞧，小的这是打心眼儿里把您看成主子的，这才……"

"自己没本事，还要把错怪在下人的头上。"谁知观言话还没说完，门就被人推开了，六娘子抬头看去，只见沈聿白正跨门而入。

六娘子这才绷不住笑出了声，观言见状便长长地舒了一口气，然后赶紧溜了下去。

"娘在哪个厢房？"不大的厅堂没有过多的摆设，一目了然得让沈聿白有些左右无措。

“侯爷往这儿走。”六娘子连忙引他去了萧氏下榻的屋子，然后目送他进了屋，自己则乖巧地在门外候着。

屋子里静得很，在沈聿白进去没多久后，这两日一直伺候萧氏的惜燕则碎步退了出来。

看到门口的六娘子，她先是一愣，然后才福身道：“夫人……您这会儿得空吗？奴婢……想和您说两句话。”

六娘子眨眼，看了看她道：“去外头堂屋吧。”

谁知惜燕却轻轻地摇了摇头，笑道：“奴婢不过几句话，若是夫人得空，就在这儿说吧。一会儿等侯爷出来了，奴婢还要伺候姨太太入寝呢。”

六娘子一挑眉，侧身微微地后退了一步，然后无声地点了点头。

惜燕见状，微微地转头看了看身边的窗子道：“奴婢跟着侯爷这么多年了，从来没见过侯爷在哪个女子身上真正地留过心思。早些年，侯爷一颗心扑在军营中，一随军就是一年半载的，咱们这些通房还有姨娘的，搁在屋子里不过是个摆设……先夫人心里有气，给我们的脸色就不太好看，可是凉都那时候日子实在太清苦了，先夫人上头还有老夫人要伺候，对我们倒也是不大用心的。”

见六娘子但闻不语，惜燕继续道：“方才外头那么乱，我却看得真切，侯爷……搂着夫人的时候，眼里透出的，是奴婢从来没有看到过的关心和爱护……”

六娘子心里泛起了波澜，其实惜燕眼下的这番话，她也不是第一次听到了，虽并非一字不差，可内容都是差不多的。无外乎是以前沈聿白不太怜香惜玉，但是现在仿佛变成了性情中人，又或者沈聿白以前对女色看得太清，而如今却似被她迷住了一般，日日流连。

但……六娘子真的很想说，沈聿白的这些转变，真的不是自己的功劳，那些以为是她改变了沈聿白性子的人实在是太高估她了，她只不过是在最对的时间遇到了沈聿白而已。

想到这里，六娘子摇头笑道：“其实，即便是女子，又怎可依附男人一辈子。”

惜燕一愣，忽然仿佛看懂了一些六娘子，接口道：“所以夫人，我愿意留在庄子上。”

六娘子认真地问道：“你想清楚了？”

惜燕点点头，有些晃神道：“其实，萧姨奶奶和老太爷的事儿，府上谁不知道？可即便老太爷再护着萧姨奶奶，姨奶奶这辈子也终究要过得这般战战兢兢的……”

惜燕话说了一半，便没有再往下说，可六娘子却听明白了。

萧氏生了子嗣，得人庇护，却还是处处被沈老夫人压了一筹，更何况是她惜燕这般小小的无依无靠的通房。

“能想清楚便是你自己的造化，往后的日子，哪怕寡淡，但却终究是为自己活的。”六娘子笑着轻轻拍了拍惜燕消瘦的肩，又道，“你放心，你的事儿我会交给流萤，她跟了我几年，办事有轻重，你在庄子上一定不会受委屈的。”

惜燕点点头：“夫人不必多说，其实……奴婢知夫人这么做也是为了奴婢好，不过我毕竟在沈家待了这么多年，如今要走……别人虽不觉得什么，可奴婢自己还是有些不舍的。”

“以后你若想，也能跟着流萤来侯府看看，她如今跟着高进帮我打理庄子，你若有心，也能帮她分担些。说实话，这庄子里头我自己的人毕竟少了些，得你们用心帮助，总是聊胜于无的。”

惜燕眼神微微一亮，随即视线一转，就看到沈聿白出了萧氏的屋子。她便匆匆地向二人福了身，然后坦然地越过了沈聿白，稳步地进了萧氏的厢房。

带着沈聿白回了自己落宿的厢房，六娘子便让正在屋里铺床收拾的寻音先退了下去。

沈聿白转了一圈问道：“茶呢？”

六娘子正在给沈聿白绞帕子，闻言一愣道：“侯爷真的要喝茶？”

沈聿白失笑道：“你以为我和你说客气话呢？观言一路快马回来，什么都不说拉着我就往外头跑，庄子里的情况还是他在路上向我吼清楚的，你瞧着踏墨没有，赶到庄子的时候，气喘得直摇头，那可是西域汗血良驹。”踏墨是沈聿白的专用坐骑，六娘子知道一般没什么事儿，他都是把踏墨供养在马厩里的，而且还是单独分开饲养的。

闻言，她便手忙脚乱地将绞干的热帕子塞到了沈聿白的手中，然后匆匆地说了一句“侯爷先擦把脸”，便小跑着出了厢房，不一会儿才端着一壶香气四溢的热茶小心翼翼地走了进来。

“庄子上没有什么好茶，侯爷将就……”

谁知六娘子刚把茶托仔细地放在桌上，整个人就被沈聿白重重地扯入了怀中。

“从前你也这样做事只会往前冲，都不顾自己的安危的？”呼吸间，他低头，凉凉的额头抵着她的，一股沉香瞬间蹿入了六娘子的鼻息中。

两人都早已有了夫妻之实，可大多的时候，沈聿白都是理性冷静的，六娘子也不是撒娇矫情的。所以每一次，当沈聿白突如其来地用少见的热情将她俘获的时候，六娘子都会感觉自己的心仿佛要跳出嗓子眼儿了。

有些男人，偶露的性感，总是会要人的性命。

“侯爷说什么，妾……身不懂。”六娘子干干地笑着，觉得自己的舌尖有点哆嗦。

沈聿白眯着眼，看着怀中分明有些颤抖但却极力维持着镇定的六娘子，头一低，一个吻就这样索了下去。

话说六娘子走的那一天，他就进了宫，祁王回宫述职，脾气却大得要命。其实皇上这次是有心将他留在身边重用的。偏祁王不领这份情，兄弟两个闹得有点僵，硬生生把他这个局外人搅在了中间变成了传声筒，折腾得沈聿白这两日来王府和皇宫两处奔波，苦不堪言。

也正因为这样，他发现，自己竟开始有些想六娘子了。

平日里她在身旁倒不觉得，可这两天，每每回去，更深露重，偌大的暖香坞静得没有一点生气，这整个园子，仿佛少了六娘子就少了全部的欢声笑语。想着以前他回来的时候，她总是安安静静地靠在窗边，不是在看书就是在记账，不是在记账就是在做针凿女红的活儿。见了他回来，六娘子总是会笑脸盈盈地迎上来，开口聊的也不过只是夫妻间能聊的最最寻常的话题，可却莫名的让沈聿白觉得暖心。

想到这儿，他略带探索意味的手就着急了些，抱着六娘子就往架子床边走。

六娘子被他这突如其来的吻吻得有些缺了氧，待她反应过来的时候，胸口已经铺洒上了一片凉意。

“侯……爷……”她有些慌了，记忆中，沈聿白没有这么强势过。

“阿遥，乖……”沈聿白手腕一转，让六娘子跪坐着背对了自己，下一刻，他的吻就顺着她光洁的背一寸一寸地开始往下。

“沈聿……”即便不是初经人事，但六娘子小小的年纪，哪里受得了这样强烈的感官挑逗，碎碎的低喊溢出唇齿间的时候，她的膝盖一软，整个人就跌入了沈聿白滚烫的怀中。

其实，男女之事她不是不懂，套一句俗话，即便是没吃过猪肉那也是看到过猪跑的。但是直到和沈聿白有了夫妻之实后，六娘子才深深地体会到，其实理论和实际，这中间相差得何止十万八千里。

而且，六娘子觉得就沈聿白来说，他起了性子折腾她的时候，让六娘子很难将情欲中的他和白天那一本正经的模样联系起来。

“小东西，你还分心？”

灼热间，六娘子只感觉到自己耳边一热，沈聿白的一个挺身瞬间就拉回了她所有远飘的思绪，也打开了她所有的欲望感官。

六娘子的手下意识地紧紧掐住了沈聿白的背，一声难掩的餍足娇喘就这样在沈聿白的耳边扩散蔓延开来。随着一阵一阵的律动，沈聿白觉得这样的补偿似乎不枉他奔马疾驰连夜赶来。看着身下眼神有些迷离的六娘子，他满足地笑了笑，搂着她那渗出薄汗的腰身的手不自觉的便更紧了几分……

第四十三章

满庭芳·庶女幼教

第二天早上六娘子醒来的时候，床上只剩她一人了。

她慢慢地起了身，只觉得整个人如被马车碾过一般，所有的骨头都似散架重装了一遍，即便是抬个手都酸疼得要命。

而当她看到满床的凌乱，闻到那在空气中隔了一个晚上还没有散去的欢爱气味时，六娘子整张脸都涨得血红血红的，心里不禁狠狠地骂了沈聿白千百遍。

结果那一整个早上，六娘子都没有在众人面前露过面，直到用完了午膳后，她才步伐缓缓地从厢房里走了出来。

一旁伺候的人都很有默契地装作没有看到她衣领未遮的脖颈上那显而易见的青紫吻痕，只像往常一般，该伺候的伺候着，该陪聊的陪聊着，一切照旧。

六娘子早上从寻音那儿已经知道了沈聿白卯时一刻就离庄的事儿了，不过昨晚沈聿白折腾她折腾得太厉害了，以至于她根本忘了要问一问他后来是怎么处置昨儿闹事的那些人的。

是以这会儿六娘子想起来以后，便喊来了观言。

观言听了六娘子的问话后，如实道："其实当时夫人的那一番话就已经说服了很多人，所以侯爷到了以后，只问了那濮冬生一句，是要准备在庄子上养老呢，还是准备晚节不保？”

“濮冬生吓着了？”六娘子听得津津有味，后悔自己乖乖地听了沈聿白的话进了屋，没有留下来看后戏。

观言点头，比画了一下自己的脸道：“爷那张脸一冷下来，谁看了不抖三抖啊，想那濮老头儿以前是没遇到过厉害的主子，如今见了爷，那不照样得服服帖帖的。今儿一早，爷刚走，那濮老头就把自己手里的账册加了七七八八的一些东西全部给了高进，高进这会儿正在屋子里埋头苦干呢，忙得连喝水的时间都没有。”

六娘子闻言，松了一口气，然后又问了观言一些琐事，便让他退了下去。

三日后，六娘子将惜燕留在了庄子上，吩咐了流萤要好生照顾，又嘱咐高进让他每个月都来侯府见自己一次，方才带着萧姨娘和一行人出了庄子回了宣城。

到侯府的时候，刚好是摆晚膳的点儿，六娘子见沈聿白还没有回来，便留了萧姨娘在屋里一起用了饭。席间，六娘子便假装不经意地同萧姨娘谈起了媛姐儿的事儿。

“你……想把媛姐儿放在我的屋子里？”萧氏听了六娘子的话，很是吃惊，忙搁下喝了一半的汤，嘴都忘了擦一下。

六娘子点头道：“这事儿我琢磨了很久，想来想去还是娘这儿最妥帖。”

“这……不合规矩。”萧氏很犹豫，总觉得这样做不太好，“你瞧，媛姐儿虽是梅姨娘生的，但毕竟要喊你一声母亲，你要打理她的生活起居也是在理的。可她上面还有正经的祖母，我……名不正言不顺的，带着她算是怎么回事儿。”

“您也是她祖母啊！”六娘子也笑着搁了筷，“母亲那儿有景哥儿常走动，且不过是暂时地带些时日，我想着，还是不要劳烦她老人家才好。”

六娘子这话当然是好听的官腔，说了出去即便沈老夫人心里不乐意，也拿不住她什么把柄，毕竟她也是顾及沈老夫人年纪大了，亲身带媛姐儿这样半大不小的孩子容易受累，怎么听都是媳妇体恤婆婆的做法。

“可……”

“再说，这也是侯爷的意思。”一大家子人日子过得越长，六娘子就越发觉得但凡遇着难事儿，只要搬出沈聿白，基本都能大事化小的。

“真的？”萧氏闻言，果然愣了愣。

六娘子点头道：“不瞒娘，侯爷觉得梅姨娘在媛姐儿身上不够用心，四五岁的孩子，若是教不好便就此定了性。媛姐儿虽是庶出，又排行第二，可大姐儿福薄，早早地没了，媛姐儿现在也算是侯府的庶长女了。她以后长大了，是要给弟弟妹妹们做榜样的，若是现在就教不好，那以后还怎么管下头的弟妹？”

萧姨娘闻言，略有所思地抿嘴想了想，方才认同道：“梅姨娘是丫鬟出身，论涵养，确是有些欠缺。”

“侯爷原本的意思是把媛姐儿养在我屋子里，可即便梅姨娘再怎么不好，也终归是媛姐儿的亲娘，这过继的说法总不好，说出去也让人笑话。”见萧氏重重地点了点头，六娘子又道，“是以，我想着，就让媛姐儿住到您屋里去。一来呢，给您做个伴，二来呢，早上的时候我事儿多，让她跟着您学些规矩，午睡后您让人把她送来暖香坞，我教她些描红针黹什么的，至于姐儿要不要启蒙，那要看侯爷的意思了。”

听六娘子这么一说，萧氏便有些心动，道：“按说我也没什么规矩可以教姐儿的，不过帮你看着一早上还是没问题的。”

“娘您过谦了。”六娘子知道萧姨娘也是出身书香门第的，不过当年因为她执意要给沈老太爷过门做妾，所以和娘家闹僵了。是以这几十年来她和娘家亲眷之间一直鲜有来往，因此六娘子也只是点到为止，并没有将话说破。

但一来二去的，这事儿便也这么定了下来，萧氏走的时候，六娘子送她到了抄手游廊，然后一个往前回了自己的景华苑，六娘子则折道去了清懿阁请安。

没想到入了清懿阁，六娘子又碰到了带着景哥儿在沈老夫人跟前尽孝的康姨娘。

见了她，康姨娘的神色也有些不太自然了，便局促地拉过了正在和丫鬟玩弹珠的景哥儿，让景哥儿喊人。

同是五岁的孩子，景哥儿则比媛姐儿要大方自然得多，听康姨娘一说，景哥儿便小大人似的冲六娘子作了一个揖，然后稚嫩地喊了一声“母亲”。

六娘子柔柔地笑了笑，然后蹲了下来，与他平视道：“景哥儿乖，今儿晚上吃了什么？”

景哥儿闻言，一一做了回答，流畅通顺，这孩子一向聪明得很。

六娘子看着喜欢，便拉着他陪了沈老夫人说了好一会儿的话，也挑了些庄子上的趣事儿绘声绘色地讲了讲，逗得沈老夫人捧腹大笑，连连让她接着说。六娘子见老太太难得这么高兴地和自己聊天，便一口气说了好些，却只字不提打算将媛姐儿放到萧氏屋里养的事儿。

这一聊，六娘子在清懿阁就待到了戌时末，当她匆匆赶回暖香坞的时候，沈聿白已经沐了浴换了一身宽敞的长袍，正靠在贵妃榻上看书。

推门而入的那一刻，六娘子的步子就顿住了。不知为何，当她看到沈聿白的时候，刹那间涌入脑海的竟会是那天晚上两人在濮家庄厢房中那冶艳的画面。

她当下心里又羞又恼的，便匆匆地进了屋，打算跑过沈聿白直接进净房，谁知却还是被他一把抓住，逮了个正着。

“这是怎么了，当没看见我？”沈聿白见六娘子涨红着小脸却瞪着眼睛，便隐约感觉到了她微微的不悦，不禁蹙眉道，“莫不是庄子上又有什么事儿了？”

六娘子闻言，心里似打翻了调料架子一般五味杂陈的，不知该笑好还是该继续生气好，便只能深吸一口气，硬生生地转了话题道：“侯爷，妾身打算把媛姐儿养在娘的景华苑。”

沈聿白一愣，松开了她的手问道：“你这唱的是哪一出？”

六娘子见状，忙细细地分析了其中的利弊给沈聿白听，末了才道：“侯爷既不准备让梅姨娘继续带媛姐儿，且我这儿早上实在也有些脱不开身，那以后每天早上，便让媛姐儿跟着娘学规矩吧。娘屋子里冷清了些，媛姐儿也不算闹腾，且那么多丫鬟伺候着，娘也累不着。”说着，她又轻轻嘀咕了一句，“毕竟大家在一个屋檐下，侯爷想尽孝，却也要看看母亲的脸色，再说了，侯爷毕竟是忙多闲少的，有了媛姐儿做伴，娘的日子多少也能充实些。”

六娘子说完以后，松了一口气，只耐心地等着沈聿白的回答。

不过，她垂头等了很久，也不闻沈聿白开口，六娘子不免心里泛了紧张，就微微地抬了抬眼皮，想借着余光看看沈聿白的反应。谁知突然地，沈聿白的吻就这样不按常理地落了下来。

“想不想我……”

拖长了尾音的四个字让六娘子好不容易压下的娇羞又冒上了头，当下她便红着脸后退了两步道：“沈聿白，我在和你说正事儿呢，你休想和上次庄子里一样再闹我！”

她话音刚落，沈聿白的大笑声便紧随其后。

“哈哈，我当你这是怎么了，没头没脑的连个招呼都没有，就这么贸贸然地和我说媛姐儿的事儿，无端端的，脸还涨得这么红。”

看着沈聿白得了便宜还卖乖的样子，六娘子心里烧起了一阵无名火，气得随手拿起了炕上放着的缎绣迎枕就扔了过去：“笑什么笑！”

沈聿白轻松地将迎枕单手拿住，眯眼看着六娘子娇嗔成怒的模样，心里喜欢得紧，便伸手一揽，将她抱入了怀中，然后压下了她拼命抵住他胸口的双手，俯在她耳边道：“媛姐儿的事儿就依着你的法子去办。”

六娘子一愣，没想到沈聿白会在笑过以后还能和自己谈正经事儿，刚想再顺着这个话题说些什么的时候，却感觉樱唇一热，紧接着，她耳畔就响起了一句话……

“我想你了！”

宅门嫡女

白苏月——作品

下

北京联合出版公司
Beijing United Publishing Co.,Ltd.

目录

目录

目录

目录

第四十四章

竹风引·入春琐事

整个二月，沈聿白因为皇上和祁王的事儿，几乎天天往外头跑，还时不时地会在皇宫留宿。少了他，六娘子便专心地和高进还有陈伯对付起濮家庄的事儿来。仔细盯了一个多月，濮家庄的春播顺利完成后，六娘子可谓是大大地松了一口气。

农庄是看天吃饭的，这没错，可春播好不好却也直接影响庄稼的收成。看着因为首担重任而事事尽心瘦了一圈的高进，六娘子笑道："回去让流萤杀只鸡给你补补身子。"

高进红了脸，质朴地结巴道："让……让……夫人见笑了，其实我饭量大，却不知道为啥看着还瘦了。"

"有了心事，睡得就不踏实了。"六娘子亲自给他斟了热茶，然后问道，"这几日，庄子上还有闹情绪的人吗？"那次闹事虽被沈聿白和她压了下来，可除了濮冬生以外，庄子上也总是有那么一两个唯恐天下不乱的庄民，在高进刚开始接手庄子事宜的时候暗中给他使绊子。

高进连摇头道："没有了没有了。其实夫人，庄户人老实，一个月下来，大家伙儿发现日子还是和以前一样的，情绪便也稳定许多了。"

"那就好。"六娘子点头笑了笑，犹豫了片刻后，还是问道，"惜燕这一个月好吗？"

"好！"高进道，"其实她来了，也刚好给流萤做个伴。流萤最近肚子大了很多，反倒比刚开始的时候更容易累了。多亏了有惜燕姑娘在一旁细心照顾着，我最近也忙着庄子上的事儿……总是会顾此失彼一些。"

"她也是个苦出身，你等庄子的事儿上了手，帮她留意留意，有没有好一点的不嫌弃她的人家，给她指个媒。"

"啊？"高进有些诧异，却在看到六娘子认真的神情时，才喃喃低语道，"我当夫人没这个想法的。"

六娘子却叹气道："终归还年轻的，这样一个人过日子，往后会越来越难的。"

"是是！"高进闻言，应下了六娘子的话，"夫人放心，这事儿我让流萤也帮着上心。"

六娘子笑了笑，然后便让竹韵送他出了暖香坞。

这一忙庄子上的事儿，二月便悄然而逝，眨眼的工夫，便到了三月。

三月三的时候，沈老夫人请了府上众女眷在清懿阁用午膳，张罗这事儿的是老太太身边的邱妈妈。六娘子乐得清闲，只在回事妈妈们早上来请安的时候特意吩咐道，若是邱妈妈有什么私下的要求，大家便先尽量地满足，事后再来报也是一样的。几个管事的妈妈皆一一点头称了"是"。

不过三月一到，六娘子心里便放了一件事儿，那就是忠毅侯夫人蒋氏即将要办的定在三月十八日的赏春小宴。

按着理，女眷小宴，受邀的人是可以携带家属的。因为这种聚会，其实有两层意思，其中一层就是同阶级层面的女眷们多走动走动，互通感情，交流多了，自然也能加入属于自己的圈子了。

在大周国，步入五十已是知天命之年了，寿命一短，所有的事儿都要提前了。因此，像六娘子现在，其实正是仔细挑挑媳妇女婿的好时机。

但媛姐儿和景哥儿显然太小了，即便六娘子有心现在替他们考虑未来的终身大事，可是孩子的夭折率还是很高的，养着养着指不定哪天孩子就没了，因此若是看到了中意的公子小姐，以后也未必就能成有缘分的两家人。所以，六娘子便想到了沈慧湘和沈慧蓉，是以，三月三日这天午宴，六娘子便把这个想法在席间同沈老夫人提了提。

当时沈老夫人的身旁坐着蓉姐儿的生母龚姨娘，徐娘半老的她看着比萧姨娘要老成些。她是当年沈老夫人的陪嫁，虽现在年纪大了，总是深居简出，不太在老太太跟前服侍了，但遇着老太太宴请的场面，她还是会有规有矩地伺候在沈老夫人的身旁。

听了六娘子的话，她不由得微微看了看抿着嘴的沈老夫人，挺了挺腰身以后又畏然地垂了头。

六娘子当没有看到，只笑着同沈老夫人继续道："媳妇瞧着这是个不错的机会，媛姐儿太小了，若是带去，总显得有些刻意。更何况，这才是头一次，带着个半大不小的孩子也总是有些不便。若是湘娘和蓉娘能跟着媳妇一起去，也刚好可以给媳妇壮壮胆。"

沈老夫人抬头看了六娘子一眼，有些犹豫道："忠毅侯……和咱们素来也没什么交往。"

"那是以前。"六娘子道，"如今母亲既回了宣城，也不能总是闷在屋子里不见客。等今年过了夏天，媳妇还想在侯府办个赏菊宴。若是母亲也不支持，媳妇又怎么能体面得起来。"六娘子的官腔打得很漂亮，明面儿上全是给沈老夫人在做铺垫。

老太太看着她的眼睛不禁微微地眯了眯，心里就琢磨开了。其实六娘子的提议不错，沈家在凉都这些年，耽误的小辈的婚事又何止湘娘和蓉娘这两个姑娘。包括春娘，包括沈聿白之前和章氏的那一段，沈老夫人都不是那么满意的。在回宣城之前，她就暗暗地想，只要有机会，她一定会给下面几个未娶媳妇未出阁的小辈寻个体面的亲家。而如今，六娘子这个主意，不是正好吗？

想到这里，老太太深吸一口气道："人家相邀是好事儿，你若不嫌麻烦，带着湘娘和蓉娘去见见世面也是好的。"沈老夫人话音刚落，一旁一直揪着心的龚氏终于长长地舒了一口气，脸上也微微地展开了笑容。

而一旁长房的梁姨娘侧耳听了这事儿，便趁着大家伙儿七嘴八舌闲聊的时候，站起了身，走到六娘子身旁，笑道："四奶奶往后这种大宴小宴的想必是多了去了，若是下回四奶奶得空，还请带着咱们慧琴也和姐姐妹妹们去见见世面。"

沈慧琴是长房庶出的小姐，其实今年也已经一十有五了，但却还没有说婆家，梁姨娘着急也是情有可原的，可当着这么多人的面贸贸然地来和她说这个，六娘子却觉得梁姨娘有些操之过急了。

果不其然，梁姨娘话音刚落，金氏的脸就黑了一半，而一旁一直默默坐着，鲜少有话的琴娘也“噌”的一下站了起来，涨红着脸跺着脚，愤愤地冲讪笑着的梁姨娘瞪了几眼，然后飞快地跑出了膳厅。

金氏见状，冷笑道：“梁姨娘这话说的，咱们长房姑娘的事儿，什么时候需要劳烦二房之手了？”

梁姨娘站起了身，看着金氏道：“夫人别恼我，我不过是想让四奶奶以后也多多照顾咱们琴娘罢了……”

六娘子知长房老太太金氏是个烈性子，脾气被挑起来便是说一不二的，却没想到梁姨娘也是个一根筋的，和金氏冲撞起来那也是毫不嘴软的，当下便觉得自己说的这个话题似有些不合时宜，随即干笑着起身，冲金氏福身道：“大伯母言重了，其实咱们一家人，哪里分你的我的？不过我此番赴宴也是头一回，若是带多了妹妹们总怕闹了笑话。那自己屋子里的，回头我也好贿赂妹妹们帮我留点口德呢。”

六娘子这话一出，一旁的湘娘便笑着站起来，替六娘子圆场道：“大伯母可别以为四嫂在说笑呢，你们都道四嫂看着是个精明能干的，可有时候她却容易犯迷糊。上次我和蓉娘去暖香坞串门，四嫂正在给媛姐儿梳头，和我们讲了两句话后，四嫂便拿着梳子到处在找梳子，可把我们乐坏了。”

湘娘说这番话的时候，眉飞色舞的，仿佛一个人演了一台戏，把大家逗得乐不可支的，连一直绷着一张长脸的金氏都笑了出来，屋子里的气氛一下子就活跃开了。

六娘子感激地看了沈慧湘一眼，然后笑着同身旁有些不自然的梁姨娘轻声道：“姨娘是好心，可也要顾着妹妹的面子。琴妹妹是个脸皮薄的，姨娘今儿这样当众一说，只怕妹妹又要有好几日不出门了。这样内向，以后便是我带着出去，她自己也吃不开。”

梁姨娘自知理亏，便讪讪地笑了笑，然后退回了自己的位置上。

六娘子见状，这才转了身，刚想吃一口已经放凉了的酒酿小糯圆，忽然听沈老夫人问道：“听说你把媛姐儿放在了景华苑？”

六娘子拿着汤匙的手一顿，然后笑着转头道：“从哪儿传到母亲耳朵里的话，都荒腔走板得没了样子。不过是我每天早上事儿太多，怕媛姐儿一个人太寂寞，便让萧姨娘帮着带一个早上。母亲不知吗？媛姐儿每个下午都在我屋里跟着我描红呢。”

“哦？”沈老夫人一挑眉，好奇道，“听老四说你写得一手好字？”

六娘子谦虚道：“哪儿啊，多年不写早生疏了，趁着教媛姐儿的空当，刚好自己也练几笔。”六娘子云淡风轻地将话题给带了过去，反正沈孝媛跟着萧氏这事儿也不需要什么成文的规矩，她本意是想让萧姨娘的景华苑热闹些，却不是想给她添麻烦的，便也刻意地没有再就这件事儿多解释什么了。

第四十五章

竹风引·赏春小宴

三月十八，天公作美，海棠睡，绣球落，确是赏花好时节。

这天一早，六娘子便起了身，趁着沈聿白还在睡，她进净房沐了浴。她发沾暖雾脸色红润地从净房出来的时候，却见沈聿白正准备去园子里打拳。

“回头要派了马车去接你们吗？”见她缓步落座镜台前，沈聿白便单手倚在门框边，斜着身子低头看着正准备上妆的六娘子问道。

六娘子一开始是摇了摇头的，忽而又点头道：“侯爷今天若是出门的话，下午不妨来忠毅侯府绕一圈？”

“我今儿和晖生一起去祁王那儿。”沈聿白嘴角噙着一抹似有似无的笑，衬着没有束紧的一头墨发，竟显得格外性感迷人。

六娘子看了他一眼，转了头，将视线挪回了铜镜前，心里却是一暖，道：“也不知是不是妾身自作多情了。”

沈聿白一愣，不自在地咳嗽了一声道：“不过是忠毅侯约了祁王喝酒，今儿才得空罢了。”

六娘子闻言，心情却更是大好了几分，认真道：“侯爷下午和忠毅侯既是顺路回来的，那便劳驾侯爷来接一下妾身和妹妹们吧。”

沈聿白瞪了她一眼，然后一言不发地出了屋子，而六娘子却在他放下门帘的瞬间笑出了声。

后面帮她梳头的竹韵不解地看着莫名发笑的六娘子问道："夫人笑什么？"

六娘子摆手道："没什么没什么。"说罢便是坐正了身子道，"今儿梳个双宝髻吧，第一次赴宴，总是要郑重些的。"

竹韵点点头，又开口道："上次夫人有问起梳头婆子的事儿。"

"有眉目了吗？"六娘子以前做姑娘的时候，穿衣打扮是没这么讲究的，小女孩子家家的，梳头也不复杂，不是双鬟儿就是桃花髻，扎个缎带或缀个花簪，就漂漂亮亮的了。可如今她成了亲掌了家做了姑奶奶，这发髻就不能这么随便了，所以竹韵的那些手艺就有些不够看了。

"是景哥儿乳娘的妹妹，她之前在大户人家里面是给夫人太太梳头的，后来年纪满了放出了府，前年刚嫁了人，生了孩子，今年便想再出来做些轻松的活儿，贴补贴补家用。"

"她是宣城人？"六娘子问道。

竹韵道："不是，是覃州尉县人，不过年底的时候来了宣城，是来投靠景哥儿的乳娘的。"

六娘子挑着眉问道："景哥儿的乳娘，是怎么知道我要找个梳头婆子的？"

竹韵拿着梳子的手微微一颤，那把通透的牛角梳就顺着六娘子乌黑的发髻一落而下，"咚"的一声掉在了地上。

听出了六娘子声音中的一丝凉意，竹韵连忙跪了下来眼露慌张道："夫……夫人……您别多心，不过……不过是上个月夫人提及这事儿，奴婢就在犯愁，闲聊的时候就说起了，也不知是谁听了一耳朵，过了两日景哥儿的乳娘就找到了奴婢。"

见六娘子散着长发转头看着自己，却并没有要让自己起身的意思，竹韵心里就泛起了一阵委屈，眼泪便吧嗒吧嗒地掉了下来，哭哭啼啼地继续道："奴婢当时也觉得有些不妥，可后来想想，不过是个梳头的婆子，便想着能不能入夫人的眼也是两说，这才……这才斗胆向夫人提及的。"

"起来吧。"六娘子叹了口气，拉着她道，"说实话，侯府眼下的富贵，便是连我都没有看到过，又何况是你们？世界上的人，最爱拜高踩低，会无缘无故捧着你的，有多少是会和你交心的？以前在怀阳的时候，日子简单，没这么多的钩心斗角，你们也就少了一丝防人的念头，如今，可真的要瞪大眼睛看看了。"

说到这里，六娘子不免在心里嘀咕了一下康姨娘，看着倒是个温润如水的，可没想到一双手倒是伸得挺长。

“那，奴婢一会儿就去回了孟回九家的。”竹韵见六娘子不是真的恼了她，而是借这件事儿在告诉她为人的道理后，便是大大地松了一口气。

“孟回九家的就是景哥儿乳娘的妹妹？”见竹韵抹着眼泪点了点头，六娘子便笑道，“回她做什么，过两日找个有空的时间，让她来府上给我瞧瞧手艺。”

竹韵纳闷地看了看六娘子，却聪明地不再多问，只点头称了“是”。

辰时末，忠毅侯夫人派的丫鬟到了暖香坞，六娘子让人赏了她一两碎银子当辛苦费，然后便带着沈慧湘和沈慧蓉二人出了侯府。

今日的六娘子穿着一件宝蓝色的交领镶花遍地洒金宽袖窄腰褙子，里面衬了件玫红色的旋涡纹绣并蒂莲缎裙，裙摆有褶，高束得六娘子腰如约素，瑰姿艳逸。而那一头墨发则盘成了双宝髻，缀着鎏金花簪，长长的流苏顺着发髻而下，随着六娘子的步伐轻晃而摇，漾出漂亮的弧度，令人眼花缭乱，正是绰约多逸态，轻盈不自持。

而她的身旁，侯府的两个小娘子也打扮得尤为俏丽卓群。沈慧湘一身鹅黄色蝶戏水仙裙衫，外面穿了件浅紫鸡心领绣梅花褙子，梳的是姑娘家惯见的垂云小髻，戴着镶宝双层花蝶鎏金银簪，化的桃花妆让她整个人看上去如轻云出岫一般楚楚动人。而一旁的沈慧蓉则是一件浅绿色的古烟纹碧霞罗衣，衬了一件白色粉绿绣竹叶梅花领褙子，梳的也是垂云小髻，戴的也是镶宝双层花蝶鎏金银簪，安安静静地站在湘娘的身旁，少了一分跃动，多了一分恬淡娟秀，优雅大方，丝毫不比湘娘逊色。

六娘子满意地看了看她们两个，很喜欢她们这种出门在外不刻意争奇斗艳一比高下的性子，便笑道：“其实今儿那忠毅侯府我也是第一次去，同你们一样，见的也都是陌生人，咱们三个出门在外，互相壮壮胆，权当是去开开眼界。”

两个姑娘笑着点了头，三人便在丫鬟的搀扶下一并上了六娘子事先就备好的马车。

其实宣城说大不大说小不小，若是以皇宫为中心点往外扩散，朝廷那几个数得过来的权臣的宅子其实都相距不算远。

是以才晃悠了没多久，匀速的马车就停了下来，忠毅侯府来煜宁侯府带路的丫鬟就恭敬地从外头掀开了门帘道："夫人，小姐，到了。"

踩着脚凳，扶着丫鬟的手，六娘子和湘娘、蓉娘就依次下了车。

还未等她站定，府邸门前就响起了一阵寒暄声："哟，妹妹可来了！"

六娘子抬头看去，只见高高的台阶上，一个身形姿秀的女子正笑容可掬地快步迎了下来。

她身着一件粉夹艳红的乳云蜀锦对襟衣衫，下面穿了条绣花百蝶裙，长摆翩翩，若蝶展翅，远远地看去灵动而美妙，看得出料子上的刺绣手艺极为精湛。

不过正当六娘子分神看着那女子裙摆上的绣工时，那抹娇艳的身影已经闪到了六娘子的眼前，六娘子吃了一惊，连忙定气敛神地笑迎了上去道："让蒋姐姐久等了。"

按着位分，其实沈聿白比冯晖生这个世袭的忠毅侯还要高上半级，是以虽六娘子比蒋氏要小很多岁，但她也只要称蒋氏一声姐姐即可。

"瞧妹妹客气的，你今儿可是咱们侯府的贵客，妹妹能来，真是咱们侯府的荣幸呢。"蒋氏的笑容中带着真挚的热情，多少缓解了六娘子初见陌生人的紧张感。

"蒋姐姐别这么说，倒是让我无地自容了。"不过六娘子到底不习惯旁人总是把注意力摆在自己的身上，便一边和蒋氏寒暄着，一边把身旁的湘娘和蓉娘介绍给了她。

蒋氏细细地打量了一番沈家的两个姑娘后，道："到底是侯爷的亲妹妹，这样标致的模样，只怕再过两年，煜宁侯府的门槛都要被踏破了。"

蒋氏已经是生了孩子做了母亲的人，二十出头的她在自己的府邸门口说话多少有些豪爽，可却羞得湘娘和蓉娘的脸红得都似要掐出血水来了。

六娘子见状，便笑着点头应酬了两句后，直接转了话题。而蒋氏因为要站在门口亲自迎客，便同她细聊了几句后，方让贴身的丫鬟带着六娘子一行人进了府。

一踏入门槛，六娘子才发现，其实忠毅侯府整个布局和煜宁侯府是差不多的，且女眷入了府邸，直接走的是连着垂花门的隐偏小径，为的就是绕开外院，避免和主人家的男宾冲撞了。

垂花门旁，早就站了三四个穿着水青色中衣小袄儿和靛蓝色比甲的仆妇，一看就是专门在此候着前来的宾客的。

几人见了六娘子，前后地迎了上来，那领路的丫鬟便介绍道："这是煜宁侯夫人。"

几个仆妇皆一惊，连忙福身行了礼，六娘子笑着让她们起了身，然后转头对那领路的丫鬟道："有劳姐姐带路了。"她说话的时候，身旁跟着的鱼安已经拿了昨儿就准备好的荷包出来打赏了。

那丫鬟笑眯眯地接过了荷包，然后将六娘子引见给了其中一个身形略微圆润且看着四旬出头的妇人道："这是咱们夫人身边的姚妈妈，今儿专门负责迎客往来，一会儿她会给夫人带路的。"

六娘子微微地点了头，然后带着一行人跟着姚妈妈入了垂花门。

寒暄过后，六娘子就被姚妈妈带着进了垂花门。

走的是一条两边皆是苍松翠柏的青砖甬道。一路望去，冬消春始，满目皆是星星点点的葱郁，倒让人看出了几番勃勃生机来。大约走了半盏茶的工夫，姚妈妈引着六娘子一行人向右一拐弯，径直上了雕梁的抄手游廊。从低处往前看，两侧是高高的砖墙，遮挡住了原有的美景，让人有种没有尽头的错觉。

"本来夫人的意思是让准备青帷小油车来接客人进内院的，但侯爷开了偏门，离内堂就近了许多，且今儿天色好，夫人便想着，让几位贵客参观参观府邸。"姚妈妈笑着陪站在六娘子身旁，时不时地会轻语几句。一来是打发时间，免得六娘子走久了觉得乏味，二来也是借机宣传一下忠毅侯府。

六娘子点头道："你们夫人心思缜密，说起来，我还是第一次过府做客，自也是想多看看的。"

"哎，夫人瞧，那儿就到了。"姚妈妈笑着伸手一指，借势吸引了六娘子的目光。

六娘子顺着看去，只见抄手游廊的尽处是一道砌着青砖台阶的拱形石雕门，半人高的石狮子正活灵活现憨态可掬地立在两侧，不远处，能看到园子里人头攒动，瞧着已是很热闹了。

"都来了些什么人？"六娘子见状，缓缓地停下了脚步，然后笑眯眯地看着姚妈妈。

姚妈妈一愣，却连忙在心中细细数了一番，正色道："今儿请的有广陵侯夫人小周氏，镇北侯夫人韩氏，奉国将军夫人陈氏，还有兵部侍郎夫人胡氏，荣国公夫人曹氏，江宁伯夫人金氏……哦对了，还有祁王妃。"姚妈妈在最后补了一句。

六娘子一愣，有些惊讶道：“祁王妃也来了？”

姚妈妈点头道：“是啊，而且一早就到了。”

六娘子抿嘴眨了眨眼，心里琢磨着，忠毅侯夫人的这次赏春小宴，可是把宣城公卿之家的主妇几乎都请齐了，堂官权臣家的女眷却只有兵部侍郎夫人胡氏一人。

如此想着，六娘子就跟着姚妈妈下了抄手游廊，穿过石雕拱门，入了园子进了穿堂。

穿堂的东厅摆着长案、高背椅、黄花梨镂雕茶几等几件最常见的家具，用了一张四面开的双面绣屏风隔开，布置成了一个待客处。正中间的南墙上挂了一幅《迎春白蝶雀鸟图》，西边只孤单地落了一个多宝阁的架子，上面摆了几件供赏的甜白釉物件。

出了穿堂，一行人便进了正房。这会儿六娘子才感觉到了几分热闹，不仅来来往往的丫鬟仆妇多了起来，放眼看去，从衣着上分辨，也能看出众人中落座了几位贵客。

六娘子笑着冲一直陪在一旁的姚妈妈点了点头，鱼安便又眼明手快地拿出了一个荷包塞到了姚妈妈的手中。

姚妈妈“哎哟”连声地推了两下，然后悄悄地收入了怀中，站在门口小心翼翼地虚指着正房里的几个人道：“夫人看，那个坐在门边正端着茶的是镇北侯夫人，边上和她说笑的是广陵侯夫人小周氏。”说着她顿了顿，又压低了一些声音道，“如今的广陵侯夫人是续弦，先夫人正是小周氏嫡亲的姐姐。”

“姐妹俩都是嫡出？”六娘子转头道。

姚妈妈摇了摇头：“小周氏不过是过继在嫡母名下的。”

六娘子微微地笑了笑。

姐姐过世，妹妹过门做续弦嫁给姐夫，这种事儿在大周国是大家族中联姻的常态。第一个女儿嫁出去以后，意外早逝，若是两家利益牵扯过密，最好的办法就是娘家再嫁一个女儿过去做续弦。

“那个坐在中间正和丫鬟说话的是？”六娘子拉回了思绪，问姚妈妈道。

“那就是祁王妃。”

六娘子进去的时候门口是有丫鬟传报的，她自然也就吸引了众人的目光。

"陆妹妹过来坐。"先站起来的是镇北侯夫人，她身形有些圆润，因为保养得很好，所以看着也不过是三十出头的模样，但六娘子知道，镇北侯今年已经到了知天命之年，且世子爷还没有承爵位，所以镇北侯夫人的年纪应该也不会很年轻。

"韩姐姐好。"六娘子甜甜地笑了笑，然后带着湘娘和蓉娘上了前，一并给在座的几个主妇行了礼。

"哟，妹妹才刚来，可把咱们的底细给摸了个透呢。"小周氏也笑着起身回了礼，然后命丫鬟搬了椅子过来。

六娘子坦然地冲小周氏点了点头，随即将沈慧湘和沈慧蓉推到了前面介绍了一番，也借机和显得有些不太合群的祁王妃打了个招呼。屋里几个随行赴宴的小辈见状，皆乖巧地退到了一边，其中一个漂亮水灵的粉衫小娘子还主动地将沈慧湘和沈慧蓉也带离了六娘子的身侧。

六娘子见状，默默地冲有些紧张的湘娘点了点头，然后一边和小周氏等寒暄着，一边侧着耳朵仔细听了听，方才知道，那个粉衫小娘子正是镇北侯家的小姐。

就在这时，门外又有了动静，陆陆续续地，奉国将军夫人陈氏、兵部侍郎夫人胡氏、荣国公夫人曹氏和江宁伯夫人金氏也都到齐了。

六娘子是第一次参加这样的聚会，人一多，她就有些脸盲，便忙喊过了一旁的寻音帮她一起记人，寻音笑着点了点头，正主儿忠毅侯夫人就登了场。

"不过是寻常的家宴，但今儿倒是请到了王妃大驾光临。昨儿晚上周妹妹还一直夸我运气好呢。"只一面之缘，六娘子就看出了忠毅侯夫人的性子很大气活泼，主持这种场面一般很吃得开。

六娘子端坐在屋角，捧着一杯清茶静静地听着，同时也不难发现，在座的几个人私交都不错，只有她和祁王妃算是新客初临。

那边，忠毅侯夫人三两句开场白后，周遭就热闹开了。闲聊的也无非是些家长里短的话，不外乎是谁谁家的儿子和谁谁家的女儿今年年初下了小定，回头可以喝喜酒了，又或者是谁谁家的老爷又纳了个妾，把正牌夫人给气得半死。

忽然，六娘子只感觉到身边一阵香气袭来，紧接着，便有一个声音道："陆妹妹陪我出去看看园子里的迎春花吧。"

六娘子抬头站了起来，见祁王妃正笑着看着自己。她心下一惊，忙去寻湘娘和蓉娘的身影，却见她们两个正和镇北侯家的小姐聊得热火朝天的，便福身道：

“王妃先请。”

和热闹的里屋相比，园子外头这会儿就冷清了许多，只三三两两有几个下人匆忙穿梭着，瞧那样子，像是忙着在布置膳厅。

走了几步以后，六娘子只听祁王妃道：“多年不回宣城了，蜀地那儿四季没有宣城这么分明，到了春天，根本瞧不见这黄灿灿的迎春花。”

六娘子道：“我听闻蜀地的水果特别甜，想来也是因为日照长了，所以就变得格外好吃。”

祁王妃转头看了一眼六娘子，浅浅的笑意深入了眼底：“没想到陆妹妹还是个百事通。”

六娘子忙摇头道：“以前在家的时候总是爱看闲书，天天被外祖父说教呢。”

“赵大人是吧？”祁王妃微微地想了想，问道。

“王妃好记性。”六娘子随着祁王妃的步子下了台阶，走到了园子里。

日光正好，暖意融融，照得迎风的花朵似翩翩起舞一般摇曳生姿，美不胜收。六娘子看得有些出神，却忽闻祁王妃问道：“煜宁侯的妹妹可定了亲？”

六娘子一愣，不假思索道：“都还没有。”

“那不如，我亲自出马给犬子做个媒人，讨陆妹妹一句话？”祁王妃顿了步子，站在花丛边，舒展开的神情让她此刻看上去眉目如画、仪态万千。不过蜀地水土毕竟不似宣城这般养人，在那儿待了几年的祁王妃总让人觉得少了一丝娇艳，略被晒黑的肌肤上已经能看出不少细细的皱纹了。

但感慨之余，六娘子此刻却是吃惊不小，迎着祁王妃那直白的问题，她突然一句话噎在嗓子眼儿，半晌才干笑着道：“王妃……这毕竟是妹妹们的终身大事，我一个嫂嫂，也未必能做主。”

祁王妃看了她一眼，不知为何，心里竟生出了一丝羡慕。

想那会儿，她也是正值豆蔻年华的时候嫁给祁王的，那时整个家族都以她为荣，祁王政途坦荡，前程似锦，虽不像太子那般出身显赫，却很得先帝爷的赏识。她当时就想，这辈子，她终于可以扬眉吐气一番，让族里的人仰仗着她的鼻息过日子了。

可一朝政变，满盘皆输。皇上登基后铁腕政策毫不手软，说一不二地把几个参与或者有心参与的皇子都一一置办了。她那时自然就跟着祁王留在了蜀地，想着宣城皇宫里的腥风血雨，她不断地安慰自己，苦一点也好，不管如何，都是留住了性命的。

但这次回来，她的心态变了。

皇上的心思分明不一样了，王爷和皇上闹着别扭，但是她这个局外人却看得清楚明白。她不要下半辈子还在那个磨人的地方待到老死，她也不要自己的孩子空顶着一个听着很是尊贵的头衔，却一辈子都远离着皇权。

王爷现在只是在气头上，但她不是，她必须现在就开始筹谋，替自己筹谋，替孩子们筹谋，只要能留在宣城，她就要想尽一切法子再振祁王府！

六娘子自然是不知道祁王妃心里头的想法的，可是被祁王妃这样问，她却也不能立刻点头答应下来。虽她最开始带湘娘和蓉娘来的目的就在此，但是当这事儿真的直接来的时候，六娘子却有些招架不住了。

而祁王妃也看出了她的为难，便轻笑道："妹妹别嫌我唐突，不过真是瞧着两个姑娘水灵娇柔得讨人欢喜，这才起了心思。按理说，咱们两家若是真能成事儿，也不算委屈侯爷的妹妹，犬子今年刚满二十，不瞒妹妹，我这个当母亲的也是操心劳碌的，便是不准备让他好好的一个孩子再留在蜀地那样的地方了。"

祁王妃动之以情，这番话说出口，也算得上是掏心掏肺了。六娘子听了，不免有些动容道："王妃的意思小六明白，这事儿不如容小六回去同侯爷还有母亲商量商量？"六娘子有些拿捏不好自己在祁王妃面前的措辞，犹豫了一会儿便自称了一声"小六"。

祁王妃果然有些好奇了，笑着问道："你在娘家排行第六？"

六娘子点点头，两人便又聊了一会儿天，方才有丫鬟来传："王妃，夫人，烦请移步云月厅……"

刚入了云月厅，六娘子就听到小周氏打趣着道："我刚绕去了姐姐内堂的多宝阁架子前转了转，这才知道原先韩姐姐和我说的，蒋姐姐家一点也不藏富，光那几个铜珐琅嵌青玉摆件和那个万寿长春白石盆景，就让人看了眼红呢。"

"又不是多金贵的东西。"忠毅侯夫人睨了小周氏一眼，笑骂道，"妹妹家没有吗？妹妹屋子里那个如意千娇玉枕，听说还是前南朝皇妃御用的呢，便是有万两银子都拿不来的。"

六娘子还未落座，便听得额间细汗直冒。回想起刚归整侯府的那会儿，有几日，崔妈妈和秦妈妈就日日在她的暖香坞捣鼓摆设，挂的是联三聚五羊角宫灯，墙上落的是一幅《观音踏云图》，案头中间摆的是掐丝珐琅三足镶金边香炉，左边是足一尺高的紫檀木座羊脂玉佛手，右边是一个定窑天青蓝釉面的瓷梅瓶。六娘子当时见了就觉得是不是有些太过奢华了，却还被崔妈妈笑了好一阵子。眼下和忠毅侯府这一相比，六娘子觉得到底是自己眼界过浅了。

晃神间，在座的几个人已经把视线集在了六娘子和祁王妃的身上。

有眼尖的丫鬟已经给两人带了路，服侍她们落了座，忠毅侯夫人这才笑问道："王妃和陆妹妹倒是一见如故的，咱们聊着聊着，一转身却不见您和陆妹妹了。"

"这儿也就我和煜宁侯夫人是初来乍到的，咱们两个怯场了，还不让出去转转？"一转方才有些忧愁无奈的姿态，此刻的祁王妃正是仪态翩翩，笑语嫣然，浑身上下端足了皇家的风范。

六娘子一愣，没想到祁王妃换脸换得这么快，却隐隐又觉是在情理之中的，便聪明地但笑不语，将此事翻了篇儿。

谁知酒过三巡，一桌子的女眷七七八八聊了个相熟，奉国将军夫人陈氏便借机凑到了六娘子的身旁，和她挤在了一张椅子上，亲昵地拉着她的手问道："妹妹，湘娘可定了人家？"

六娘子一怔，下意识地就去看正在和荣国公夫人闲聊的祁王妃，却不知应该点头好还是应该摇头好。

而陈氏显然也是做媒老手了，见状便笑着道："哟，妹妹别紧张，我呢，不过随便问问，犬子今年十七了还未说亲，也怪我之前拗不过他，他虽有世袭之位，可也总说子承父业未必有出息。老爷顺着他，这一耽搁两耽搁地就耽误了下来。说起来，侯爷还带过犬子半年呢，回头妹妹回去同侯爷说说，侯爷当时对他很是满意呢。"

"陆妹妹今儿带湘娘来可是带对了，陈姐姐眼界多高的一个人啊，倒没想到今儿亲自和妹妹开这口了，连中间的媒人钱都省了呢。"一旁的江宁伯夫人听到了两人的对话，笑着凑了上来，一句话就说得陈氏黑了半边脸。

在大周，两户人家说媒那是有讲究的，像今日的祁王妃还有奉国将军夫人这样直接地和六娘子开口，那统统不算合规矩的。真正认真地说亲，有意的男方是要郑重地去找一个有身份的保山或者媒人上门去介绍家里情况和婉述自己要求的。那之后，若是女方父母同意了，可由男方到女方家或女方到男方家去相亲，但必须是父母代劳的。若是彼此对对方的条件家世都比较满意的话，则会互赠订婚信物，喝过了茶，这门婚事才算是答应下来了。

而像祁王妃和奉国将军夫人这样贸然直言的，则显得非常草率，并不是高门大户人家说亲的做派。因此一旁的江宁伯夫人这样一说，陈氏的脸面自然挂不住了。

六娘子见状，笑着道："陈姐姐如今看湘娘，就好似我第一次见到她一样，只觉这么通透可爱的一个姑娘家，性子好脾气好，若是我身旁有适龄的兄弟，我也想跑上去和母亲说说媒呢。"这话虽圆得有些生硬，但到底给了陈氏一个台阶下，一旁的江宁伯夫人听了，不免讪讪地笑了笑，然后自知没趣地缩回了身子。

陈氏看了江宁伯夫人的表情，在桌子底下轻轻地捏了捏六娘子的手，然后笑道："是我太着急，让妹妹见笑了，不过正如妹妹说的，湘娘小小年纪，身上却没有寻常千金闺阁女子的那种娇气，让人无端地欢喜，我这才起了心思的。不过也是，你一个做嫂嫂的，毕竟也不好回我这话。"

六娘子笑着点了头，还不忘借机让沈老夫人出一次场，便顺口道："湘娘的乖巧，都是母亲教得好。"

午宴过后，本和大家不太熟络的六娘子也在众人面前混了个脸熟。她性子绵柔，待人处事又和和气气的，而且年纪还是几个夫人中最小的，大家伙儿自然也喜欢和她闲聊。再加上这一年来沈聿白那风生水起的势头，六娘子即便不是众人巴结的对象，也绝对算得上是话题的中心人物了。

不过今儿在座的非富即贵，上面还有一个祁王妃，是以六娘子聪明地选择了不喧宾夺主，只在适当的时候插一两句话而已，一来二去的，倒是让活泼大方的湘娘出尽了风头。不过席间倒是有一件事儿，让大家又把目光转向了六娘子，那就是忠毅侯夫人无意间提到了六娘子送的香露。

"味道淡雅好闻，我第一次用的时候，连侯爷都说香气清幽呢。"忠毅侯夫人光说还不够，一边还命丫鬟去里稍间的妆盒里取了香露瓶子出来给大家看。

六娘子不自在地挪了挪腿，然后笑道："不过是我寻常闲暇的时候瞎摆弄的，原本是英……是蕙嫔娘娘喜欢花草，我便在侯府的园子里辟了一方花圃，后来养花多了就让人改造成了暖房，这才开始鼓捣起香露来的。"

"说起来，蕙嫔在宫里头很是得宠。"这句话以前，祁王妃一直鲜少参与众人的讨论，六娘子不知她是融不进宣城权妇的圈子，还是骨子里太过清高，可说到蕙嫔，她话却接得很快。

六娘子一愣，转头道："您在宫里见到过蕙嫔娘娘？"

祁王妃点点头："王爷回宣述职，头一天进宫，皇上设了家宴。席间，也就皇后娘娘、蕙嫔还有丽嫔三人作陪左右。"

"丽嫔？"祁王妃话音刚落，马上就有好奇的人问了一声。

"顾家女。"祁王妃淡淡地看了一眼六娘子，神色中有些探究的意味。

六娘子迎着她的目光，心中说不出是什么滋味，却从容道："蕙嫔娘娘得皇上盛宠，是沈家的福气。侯爷常说，恩泽绵延有因，娘娘在宫中伺候皇上，沈家一门与有荣焉，可却更要恪尽职守，本本分分的才好。"

"妹妹明理聪颖，正是这个道理。"祁王妃一边说，一边挪开了视线。

而就在这个时候，忠毅侯夫人忽然失笑出声道："哟！瞧这话题被王妃给转的，我原本是想夸夸妹妹的香露的，顺带还想从妹妹这儿再讨几瓶过来的，也不知道陆妹妹有没有这个时间帮我调两瓶。"

她话音刚落，镇北侯夫人韩氏、广陵侯夫人小周氏还有荣国公夫人曹氏也好奇了起来，纷纷向六娘子开了口。

六娘子细心地将每个人的气质打扮记在了心里，然后道："几位姐姐也别嫌我调香调得慢，实在是现在暖房还有很多花没有开盛，也心急不得。几位姐姐若是能等，过了五月，我就把新的香露送到蒋姐姐这儿，姐姐们再过来取，也能借个由头再小聚一番。"

"瞧，我说陆妹妹是个细心的吧，便是连咱们下次小聚的由头都提前定下了呢。"蒋氏一拍手，笑着赞同了起来。

众人闻言，皆不约而同地点起了头……

第四十六章

竹风引·小宴感悟

过了申时，广陵侯夫人小周氏最先站起来告了辞，紧接着，奉国将军夫人陈氏和兵部侍郎夫人胡氏也准备结伴而退。

不过当忠毅侯夫人起了身想亲自送客的时候，外头忽然有个小丫鬟跑了进来道：“夫人，煜宁侯爷来了，说要接煜宁侯夫人回府。”

小丫鬟刚说完，一道道羡慕又嫉妒的目光就投向了刚站起身的六娘子，将她盯得浑身不自在。一旁的湘娘和蓉娘见了，也偏头抿嘴笑了起来。

六娘子皱眉瞪了一眼，然后忙向蒋氏解释道：“侯爷今儿和忠毅侯一起去了祁王那儿，姐姐不知道吗？”

蒋氏暧昧地笑道：“即便是顺路，可整个宣城放眼看去，有哪个爷能做到煜宁侯这样贴心的，妹妹是个有福气的呢。”

她这话一出，六娘子只感觉有些无地自容了，便干笑着向众人福了身，然后匆匆地带着湘娘和蓉娘一并出了里屋。

外头起了风，六娘子一脚刚踏出园子，一阵凉风袭来，瞬间就把她混沌的脑子吹了个八分醒。

其实不论在什么时候，太特立独行都未必是件好事儿。六娘子暗暗下决心，以后要是再遇着这样的权贵女眷之宴，打死她也不会再让沈聿白来接人了，不管他是“顺道”还是“绕道”，她都不会点这个头的。

六娘子一边走一边想着，只觉得脸烧得灼热，不禁有些懊恼，亏她装模作样地绷了一天的闺秀姿态，没想到竟在最后被沈聿白给闹得功亏一篑了。

忽然，六娘子听到身后有人在喊她。她回头一看，却见蒋氏正匆匆地从屋子里快步地追了出来。

“妹妹不会是恼了吧？”眨眼的工夫，蒋氏已经到了她的身边，看着六娘子不太自然的神情，她不免道，“我和几个姐姐都是老交情了，私下里大家都没什么架子，处得也很融洽，几个姐姐都是心直口快的，方才那事儿若是惹得妹妹不高兴了，妹妹可千万别往心里去。”

蒋氏这样一说，六娘子就更窘了，连连摆手道：“姐姐哪儿的话，我是脸皮薄的，经不得臊，这也是头一回，却也不知道侯爷这顺道一接，还闹了个大笑话。”

“哪儿是什么笑话啊，大家伙儿都羡慕你们夫妻恩爱呢。”蒋氏抿嘴笑了笑，然后似松了一口气道，“既没有惹得妹妹不高兴，那我也就放心了。我这会儿准备回去送祁王妃，有煜宁侯亲自来接，妹妹这儿我就怠慢一回。反正过了今儿，妹妹也和咱们都熟悉了，以后若是没事儿，妹妹就多来姐姐这儿坐坐，打发打发时间也好。”

六娘子闻言，点了点头，然后便郑重地向蒋氏又告了一次别，一行人方由带路的小丫鬟领着出了石雕拱门……

沈聿白是骑马来的忠毅侯府，在门口迎到了六娘子几人后，他便让女眷并了随行的丫鬟们一同上了平顶齐头马车，然后放下了卷起的湘妃竹帘，自己则驾马在前面开道。

片刻后，马儿一鸣，马车就稳稳地驶离了忠毅侯府。

直到落座在了自家马车上，六娘子才大大地松了一口气，然后对坐在她对面的沈慧湘和沈慧蓉道：“今儿累吗？”

两人眼中皆透着小小的兴奋，纷纷摇头道：“不累。”

六娘子笑道：“这才是头一次，以后若是你们有了不少的闺中好友，便也可以和忠毅侯夫人一样设局宴请的。”

“真的吗？”湘娘好奇地瞪大了眼睛道，“咱们在侯府也能设宴？”

“自然可以。”六娘子点点头，“今儿你们同镇北侯家的小姐和荣国公家的小姐都聊了很久。我瞧着镇北侯家的小姐年纪不大，定是在你们两人之下的，可言谈举止却是落落大方婉约天成的，嫂嫂觉得你们也一定可以的。”

湘娘听了有些蠢蠢欲动，接口道：“怡秀说，等过了中秋，镇北侯夫人就会让她开始跟着学习设宴，到时若是她派了帖子邀请我们去，嫂嫂可要在母亲面前替我和蓉娘说说好话。”

“那是自然。”六娘子笑了笑，“能多有社交是好事儿，反正请的都是姑娘家，也不用考虑男女设防，你们两个性子都沉稳，定也不会做出什么出格的事儿。宣城不是凉都，如今沈家也算是熬出了头，但咱们也切莫做出眼高于顶的事儿来。我一直觉得，女子要开阔眼界，才能更好地在家中立足，多结交些门当户对的闺中好友，对你们其实都是有好处的。且大家也都是年纪相仿的，一来二去的，话题自然就多了。”

两人闻言，不免都有些兴奋，当下就一左一右地拉过了六娘子的手高兴得快要坐不住了。

六娘子也自然明白她们的心思，眼下沈慧湘和沈慧蓉正是活泼外向好奇的年纪，以前在凉都那是条件有限才结交不到权贵女眷，如今回了宣城，各方条件都很成熟了，若是再一味地闷在家里做大家闺秀，不免会被从小在宣城长大的那些官宦权贵家的小姐们给比下去的。

人，只有站得高，才能看得远，“门当户对”这四个字，六娘子觉得，不仅适用于婚姻，同样也适用于友谊。而她不希望两个姑娘变得唯利是图，也不希望她们永远矮人一等，是以适当的交际肯定是必要的，这也是女儿家“富养”的必修课之一。

回了府，几人先去了清懿阁沈老夫人那儿请了安，老夫人看着湘娘和蓉娘开心的模样，终于松了一口气，随即问了六娘子一些话，便让沈聿白和六娘子先回了，单留了沈慧湘和沈慧蓉在清懿阁用晚膳。

回到暖香坞，六娘子唤了竹韵来给自己拆髻宽衣，当盘了一天的发髻被竹韵放下来的时候，六娘子觉得整个人都舒坦了不少。

沈聿白见状，笑道：“既这么辛苦，下次就别去了。”

六娘子拿过了竹韵递上的帕子，擦了擦脸，瞪了沈聿白一眼道：“侯爷下次别这么兴师动众地去接我了，今儿让几个姐姐笑话得可以。”

沈聿白冷哼一声道：“就看你们小女人的心思最难猜。”不过，紧接着他便正色地想了想，然后换了话题道，“今年三月春闱，你两个哥哥可要下场？”

六娘子一愣，这才道：“哦，去年年头是加开恩科，我还在想今年怎么又考了。”见沈聿白正单手托腮地笑看着自己，六娘子微微地红了红脸，然后佯装思索道，“哥哥们要不要下场我不清楚，之前听父亲的意思，是比较看好青致哥哥，去年他的成绩也好。至于青远哥哥，父亲可能会想让他今年成亲掌管府门庶务吧。”

“总算有个栩哥儿在的，你父亲也算是后继有人了。”官场上虽不计嫡庶，但对于沈家来说，有栩哥儿和没有栩哥儿相差得却很大。

六娘子闻言，低头道：“其实青致哥哥很努力，也是读书的料子，若是就此止步仕途，未免可惜。他若有心，将来哪怕谋个外放的职位，也好过在家里一辈子碌碌无为。”

沈聿白听了以后若有所思，随即道：“若是有能力，外放几年回来也没什么意思。”见六娘子有些不解地看着自己，他继续道，“你今儿去的那个赏春小宴，到的都是些什么人？”

六娘子一愣，忙道：“祁王妃、荣国公夫人，还有镇北侯夫人、广陵侯夫人和江宁伯夫人，哦，对，还有奉国将军夫人和兵部侍郎夫人。”六娘子细细地罗列了一遍给沈聿白听。

沈聿白道：“几乎都是公卿之家的女眷吧，那兵部侍郎的夫人，是忠毅侯夫人的表妹，可暂且不论。”

六娘子无声地点了点头，隐约有些知道沈聿白想表达的意思了。

沈聿白挑眉道：“大周开国至今，不管是清流还是权臣堂官，虽也有和权贵之族通婚的，但到底还是界限分明的，为什么？”

六娘子一听，想到了上次和沈聿白深谈的关于世袭承爵的话题，便像是回答先生问题的学生一般正襟危坐道：“权贵弟子大多靠着皇上赏识和荫袭为官，总是为清流权臣所不齿的。”

沈聿白满意地点了点头，接口道：“读书人走的都是文官科举的路子，从童生开始一路上去，秀才、进士，成绩好的就能进翰林院，成绩一般的外放或者在六部熬资历。如此积累品级，十几年或者几十年以后，要么高位谋权，要么回家赋闲做个乡绅。但其实，皇上看中的是什么人？恰恰正是那些品级低的翰林学士，尤其是里面的那些庶吉士，从先帝爷那会儿开始，朝廷就有了规矩，非进士不入翰林院，非翰林不入内阁。”

“所以庶吉士又被称为储相！”六娘子一语道破。

沈聿白凝神看着她，一字一句地说道：“为官不论嫡庶，陆青致若有心仕途，外放这条路就别选了。要想出头，就让他进翰林院。庶吉士为何会得皇上青睐？无外乎是因为他们出身偏低，看尽百姓疾苦，他们是皇上在民间的眼睛，在最开始的时候也有一颗够赤诚的心来为官从政。皇上要的是先天下之忧而忧的好官，轻松的路子，上去容易，但到底还是会辜负满腔的抱负的。”

第四十七章

竹风引·忽闻噩耗

六娘子安静地听完了沈聿白的一番话，然后认真地点头道："侯爷的话我记下了，这两日侯爷若是有时间，不妨给父亲写一封信，妾身到底人微言轻，这通篇的大道理，即便说出去，父亲也未必会听得进。"

"你也给青致写一封信，和他说说这其中的利弊，让他自己好好地想清楚，做个选择。"沈聿白的言外之意六娘子明白，一旦走庶吉士的路，开头势必艰难辛苦，即便有沈聿白从旁帮助，也并非就能平步青云的。

六娘子认同道："这关乎哥哥的一辈子，我会和他说清楚的。"

六娘子一直记得几年前自己初见陆青致时的模样。其实人都是有感情的，在陆府的这几年，即便她和陆青致没有太多的交集，可那份兄妹情却是真的。如果陆青致本身并没有走寒窗苦读的路子的想法，那她可能也就不会这么用心地帮他铺路了，但是但凡陆青致愿意，六娘子觉得她一定会帮他到底的。

思及这些，六娘子忽然想到祁王妃和奉国将军夫人对自己提的湘娘的事儿，便把这前后的两段话全部复述给了沈聿白听。说完后她喘了口气，又道："按说我只是个做嫂嫂的，湘娘的事儿是轮不到我插手的，可祁王妃看中了湘娘，我吃不准是不是之前和侯爷商量好的。"

“祁王妃看中了湘娘？”

沈聿白的诧异让六娘子瞬间明白了这事儿不过是祁王妃的一时兴起。她有些犹豫了，见沈聿白也沉默不语，便先问道：“皇上准备让祁王来管什么差事？”

“内务府。”

六娘子一惊，脱口道：“那是肥差啊。”

见沈聿白一个眼神飘了过来，她连忙佯装咳嗽了一下，道：“妾身的意思是，皇上很器重祁王。”

沈聿白被她那假模假样的神情逗笑了，摇头道：“平日里看你和回事妈妈说话的时候都是一本正经的，在几个姨娘面前也能端得住架子，怎的偏生到了我跟前就容易露怯。”

“侯爷不一样啊。”六娘子半开玩笑半当真地顶了沈聿白一句，唬得沈聿白一愣一愣的，半天没反应过来。

六娘子便借机屏退了边上的丫鬟，然后道：“湘娘的事儿，侯爷还是要先去探一探祁王的意思的。祁王若是不领皇上的情，那祁王妃这儿咱们也不用再张罗了。不管对方是王爷还是老百姓，我觉得，母亲之前千方百计地把大家带离了凉都，眼下便是怎么都不会再把湘娘送去蜀地那种地方的。”

沈聿白道：“那若是祁王领了皇上的情呢？”

“那侯爷更要仔细斟酌一下这件事儿了。”六娘子黛眉微蹙地将祁王妃提过的皇上设家宴的事儿告诉了沈聿白，然后道，“按英娘在宫里头受宠的势头来看，只怕大家伙儿都紧紧地盯着咱们沈家呢。祁王回宣本是好事儿，他和皇上是亲手足，皇上想把内务府交给他，势必就是看中了祁王之才，内务府的油水到底多不多，侯爷比我还清楚。祁王看似揽了个偏职，可手上可操控的事儿却多了去了。若是这个时候再把湘娘和世子爷的事儿定下来，沈家不被人背后念叨死才怪呢！”

沈聿白笑眯眯地看着她，点头道：“夫人言之有理。”

六娘子见他一副敷衍了事的模样，又加了一句：“还有，湘娘的事儿侯爷记得去和母亲说一声。”她希望沈家的几个姑娘都嫁得好，却不愿意蹚这趟浑水。

沈聿白又怎会不知道她的心思，一边答应着，一边又问道：“去那儿一遭倒是看出了湘娘的抢手，便没有人问一问蓉娘的？”

六娘子眼神微微地暗了暗，叹了口气，笑道：“毕竟都是身份尊贵的，说的不是世子爷就是嫡子的，又有谁不在意身份呢？”

沈聿白闻言也沉默了，半晌才道：“走吧，先摆饭吧，折腾了大半天也累了，今天早些休息。”说着便揽着六娘子，两人一并出了稍间去了偏厅。

一入夜，外面就下起了雨，刚开始的时候还是淅淅沥沥的，只不过半盏茶的工夫，雨势就大了起来，豆大的雨点落在屋瓦上，滴滴答答的，让人很难不去在意。

六娘子今儿是真的有些乏了，便没有等到沈聿白从葳蕤轩回来就先净身上了床。本时间还早，她想先看一会儿书再睡的，结果听着阵阵的雨声，她竟就这样捧着书靠在床头迷迷糊糊地睡了过去。

也不知到底睡了多久，六娘子只记得自己是被连着的几声响雷给惊醒的。

她吓得坐起身的时候，屋子里只亮着两颗夜明珠，周遭静悄悄的，外头的雨声就显得更大了些，盖掉了屋里自鸣钟的摇摆声。

“怎么了？”沈聿白本就警醒，六娘子这般动静，他一个挺身也坐了起来，下意识地就伸手去抱她，却感觉到六娘子一身的汗，发髻微湿，粘在脖颈间，整个人有些无措的慌乱。

“子延……”六娘子怔怔地转头看着沈聿白，可一双眸子大而无光，不知焦点落在了哪里。

而她这一声“子延”却喊得沈聿白有些错愕。六娘子是知道他的字的，可却从来没有这样喊过。他当下也有些慌乱了，紧紧地搂过六娘子，轻声问道：“阿遥，是不是吓到了？”

朦胧间，六娘子只莫名地感觉有一丝心慌，可是在感受到沈聿白掌心的温度后，她却慢慢地平静了下来，连带着双眸都渐渐地染上了生气，半晌才呼气自嘲道：“我从前不知道自己还怕打雷。”

“这是春雷，惊蛰的雷声本来就大些。”沈聿白温柔地拍了拍她的背，然后体贴地越过她，倒了一杯温茶放入了六娘子的手中道，“可能白天你确实累了，晚上就睡得不踏实，来，喝口水压压惊。”

六娘子依言喝了一杯温茶，感觉顺气了些，道：“也没这么娇贵，今儿可让侯爷看笑话了。”

“我觉得你方才唤我的字……很好。”晚上他处理了一些事儿，从葳蕤轩回来的时候六娘子已经睡了。这会儿两人皆只穿着一层薄薄的中衣，六娘子又是一身的香汗沾了肌肤，拥在一起，即便没什么心思，也能生出几分暧昧来。

六娘子本绷着紧张的神经的，结果被沈聿白这样一逗，她忽然轻笑着倾身搂住了沈聿白的脖子道："侯爷说的是子延吗……"

沈聿白只觉得自己的心漏跳了一拍，刚想用力搂住六娘子的腰不让她在自己身上随意动弹的时候，外面忽然响起了一阵急促的拍门声。

床上的两人皆愣了愣，沈聿白便快了一步给六娘子盖好了被子，然后拿了床头的披风匆匆地系上道："你且等等，我去看看出了什么事儿。"

六娘子皱着眉点了点头，不知为何心里总觉得笼罩着一片挥之不去的阴霾。

但是，六娘子千算万算也没有算到，出事儿的竟然会是三娘子！

话说大半夜冒雨敲开侯府大门的是江二全家的，也就是红袖。当她叩响侯府朱门铜环的时候，值夜的小厮说什么也不让她进去。结果一来二去的，惊动了当值的陈伯，江二全家的扑通就跪了下来，哭闹了半天，陈伯一思量六娘子和三娘子之间几年的姐妹情分，便放手让她进了府。

到暖香坞的时候，江二全家的浑身已经湿透了，寒雨侵体，她跪在六娘子跟前的时候整个人都在发抖。

见六娘子已经有些按捺不住要往门口冲了，沈聿白一把按下了她的肩头道："先听听是什么情况。"

六娘子狠狠地咬了咬自己的嘴唇，然后用冰若寒霜的声音问道："姐姐难产，王家的人不管吗？"

江二全家的哭着抬起了头，满脸泪痕地说道："六姑奶奶，王家现在太乱了，夫人自从不管事儿了以后，大小的庶务都不过夫人的手了。夫人下午的时候羊水就破了，屋子里的丫鬟让去找产婆，可下着大雨，那些狗奴才一拖再拖，第一次，收了银子还不肯……"

"没人管！"不等江二全家的把话说完，六娘子随手抄了一个杯子就往墙角砸了过去，随即便冷笑着站起了身道，"王家人的日子是过得太安逸了，不把三姐放在眼里，也不把陆家放在眼里了！"

"阿遥……"沈聿白是第一次看到六娘子这么发火，当下也吓了一跳，刚想上前安抚，却见六娘子猛地站起了身。

"侯爷，这是陆家的事儿，侯爷不用掺和进来，可三姐难产，侯爷若是今儿拦着我去王府，我这辈子都会恨侯爷的。"六娘子紧紧地攥着双手，咬着牙根吊着一口气。

她不信的，上个月的时候她还和三娘子通了信，两人还在商量着要在七娘子成亲的时候合着送一份什么礼，怎么这会儿就……性命垂危了呢！

想到这里，六娘子不敢再做任何耽搁，便是不等沈聿白回神，匆匆地带着在一旁也吓到了的鱼安和竹韵一并冒雨出了暖香坞。

第四十八章

竹风引·夜入王府

可是，她人才走到暖香坞的院门口，整个人就被沈聿白拉了回去。

“都退下去！”沈聿白压着声音，不怒而威，看得边上的丫鬟们个个噤若寒蝉。鱼安见状，连忙上前一把捂住了江二全家的嘴，然后附在她耳畔轻声说了两句后，便将一屋子的人给带去了耳房。

六娘子红了眼，怒目抬头瞪着沈聿白冷笑道：“真没想到侯爷也是个怕事儿的！”

沈聿白低头看着她，神情淡然道：“方才那仆妇说的话你是一句都没有听进去是不是？”

“我只知三姐难产，危在旦夕。”六娘子心急如焚，并不打算在这儿和沈聿白讨论这些没有意义的话题，便甩开了他拉着自己的手，转身就准备往屋子外头走。

谁知她刚迈了步子，却听沈聿白冷然道：“大夫呢，产婆呢？你是会把脉开方子呢还是会接生救孩子呢？”

六娘子一愣，紧紧地拽着窄袖，脚下的步子到底缓了下来。

沈聿白上了前，将她安安静静地拥在了怀中，低头却看到她的贝齿正狠狠地咬着自己的唇，隐忍的样子像是明知犯了错却怎么都不肯承认的孩子，让沈聿白的心不禁一软，再开口，声音都柔了几分。

“也不是拦着你，姐姐出了事儿，不管怎么样肯定是要去看一看的，可那仆妇的做法也不对，你父亲母亲怕是现在都还不知道这事儿的，贸贸然地先来找你，这算什么？如果我们再贸贸然地去王家，身份倒是可以压得住，可却不在理啊。”

六娘子依然不语，沈聿白叹气道：“现在还没到子夜，先去找产婆，再去请个大夫，我让观言先去陆府，把这事儿告诉你父亲和母亲，若是真的有什么乱子，陆家有长辈在场总好过我们两个用身份去压……”

不过他话还没说完，却感觉胸襟前一片温热，沈聿白一惊，低头去看六娘子，只见她满脸泪痕，整个人都在发抖。

“阿遥……”

“我是害怕……我上个月还和三姐姐通信的，我们还在聊七娘子成亲了我们要送什么，怎么就……怎么就难产了……”

不管在哪个朝代，女人生产都是大事儿，一个不好，直接丧命。这种死，过个一年半载的就会被人遗忘。这是三娘子的头一胎，如果……六娘子不敢多想，如果三娘子没了，而孩子留了下来，那没了生母，往后这孩子的日子一定艰难如自己当时那样。但如果是孩子没了，而三娘子保住了性命，六娘子却不知道这失子的伤害会给三娘子带来多大的影响。

六娘子因为这些未知而吓得抑制不住地发起了抖，忽然，她拔了腿就往耳房走去，见了聚在耳房里的鱼安她们几个，六娘子沉着地一个一个吩咐道：“鱼安，你现在去找个产婆来，竹韵，你去同德堂找大夫，江二全家的，你去陆家，若是父亲不方便出面，你就想法子让母亲来王府。”

江二全家的跪下磕了个头道：“谢六姑奶奶，谢六姑奶奶……”

六娘子心酸地看了她一眼，随即转身同跟着她进耳房的沈聿白道：“妾身虽没什么底，可侯爷放心，妾身不会乱来……”

“我和你一起去。”谁知沈聿白竟打断了六娘子的话，然后看了她一眼道，“要去就快，生孩子人命关天，要吩咐的就吩咐下去，然后赶紧走。”

六娘子闻言，心微微地一颤，然后轻轻地转过了脸，擦了擦眼角的泪痕后便跟着沈聿白稳步出了园子。

一行人冒雨驾车来到王府，已过了子夜。

王家府邸是个新宅子，在铜门胡同口，离侯府和陆家都不算近，不过来的路上是沈聿白亲自驾的马车，六娘子坐在里面颠簸得厉害，便多少能猜出沈聿白马车驶得有多快。

到王府的时候，大门是紧闭着的，高悬在屋檐的两盏迎客灯被风吹得东倒西歪的，湿了半边，只留依稀微弱的烛光能勉强照清台阶。

沈聿白给六娘子打了伞，然后两人快步地走到了铜环朱门前，沈聿白道："你若等不及娘家的人，那我们就先敲门进去。"

六娘子重重地点了点头，就见沈聿白上前一步叩响了铜环。随着一声一声的敲击声，六娘子只感觉一颗心被人用刀尖抵着，疼得紧，她直直地盯着王家偌大的门扉，可等了很久，却不见有任何的动静。

六娘子和沈聿白两人面面相觑了一番，沈聿白便皱了眉又拉住了铜环想继续叩门，而就在这个时候，门口有了响声，紧接着，昏暗的烛光下，高耸的朱门被人缓缓地拉开了一条门缝。

"谁啊？"值夜的小厮睡眼惺忪，连眼皮子都还没有完全地睁开，眯着眼打着哈欠，满脸的不耐烦，便是连问句话都听得出他的恼怒劲。

沈聿白冷笑一声，便抬脚就狠狠地往门上一踹，然后道："不知你们家主子有没有工夫出来见一见我这个煜宁侯！"

小厮被门撞得往后一歪，戴在头上的斗笠就"啪嗒"一声掉在了地上。雨势狠猛，顺着肆虐的风吹到了他的脸上，立刻就把他给浇了个半醒。

"煜……煜宁……"被沈聿白这样一吼，小厮吓得一把扶住了前后摇晃的门扉，就着昏暗摇曳的烛光，他定睛看了看玉身立在大门外的沈聿白，一眼就看到了他腰间刻着"煜"字的那枚皇家玉佩。

这玉佩是当时皇上封赏的时候御赐的，六娘子是从来没有看到沈聿白佩戴过的，可方才出府的时候六娘子却见沈聿白是特意折身回屋去取的。

"还不带路让我去见见你们主子？"沈聿白居高临下地看着吓得有些站不住的小厮，一双手却紧紧地拽着六娘子的柔荑。

六娘子在心里苦笑了一下，反手也轻轻地捏了捏沈聿白的手，算是给了他一个无声的承诺。她知道他是怕她冲动，会不管不顾地乱跑。可这大半夜的，又风大雨大，这半大不小的宅子，除非是有人带路，不然六娘子觉得，凭她自己要找到三娘子的住处，只怕很难。

可偏偏这个时候，小断还在和沈聿白磨磨叽叽没完没了，六娘子越听越没有耐心，当下急得额头上细汗直冒，恨不得拉过了那小断给他两耳刮子让他带着自己进内院才好。

就在这个时候，后面响起了一声呼喊，隔着碎碎的雨帘，听得有些不太真实。

六娘子一度以为是自己的错觉，直到江二全家的戴着斗笠从大雨中跑了过来，气喘吁吁地站在了六娘子的跟前，六娘子才感觉自己松了一口气。

"怎么还不进去？"

但是，没等六娘子开口，被墨空笼罩的黑夜中就又走出了几个身影。开口问话的人虽语气缓缓，却还是能让人听出一丝紧张的。六娘子侧头看去，惊讶地发现江二全家的身后站着的竟是林氏和陆文恒，还有七娘子！

"母……亲……"六娘子很吃惊，她没想到林氏竟然这么快就来了，而且还带了个七娘子，便是连陆文恒会出现在此，六娘子都觉得有些似梦似幻的。

"贤婿，你和我去正堂等王述，内堂的事儿我们男人不插手，不过有些话我要好好地问问王述。"看得出陆老爷出门很仓促，像是睡得正香的时候被人硬生生从被窝里拽出来的，连中衣的衣摆都忘记塞到裤腰里去了，歪斜的衣领让他此刻看起来有些颓废。

沈聿白闻言，连忙点了点头，然后转身一伸手，轻轻松松地拎起了那看门的小断，便和陆文恒两人先一步跨入了王府的大门。

紧接着，江二全家的便跑到前头道："夫人、六姑奶奶、七姑娘，您几个当心脚下，奴婢这就带路！"说着，她不等几人回话，便急急忙忙地也跟着沈聿白他们跨过了门槛。

六娘子她们三人互相看了看，然后六娘子才对一路跟着她和沈聿白来的寻音道："你先跟着我们进去认个路，鱼安和竹韵她们估计一会儿就要到了，你一会儿绕回来候着她们，千万别耽搁了大事儿。"

寻音闻言，点点头，随即一脸紧张地跟在了六娘子的身后一起进了府。

夜路本就难走，再加上下雨，众人的步子虽迈得急，却很小很碎，所以走得自然就慢了许多。一行人，江二全家的带路走在最前面，后面是寻音，跟着就是林氏，六娘子和七娘子则并肩走在了最后面。

六娘子虽一直心系着不知情况如何的三娘子，但是看到七娘子，她还是满腹的疑问，在穿过了垂花门后，她不免轻轻地拉了一下七娘子的手问道："你怎么来了？”

三娘子是生孩子难产，今儿陆文恒和林氏来了是理所当然的，但七娘子还是个未出阁的大姑娘，来这儿不免有凑热闹的嫌疑。

谁知七娘子却瞪了她一眼道：“三姐姐出了事儿，我能不来看看吗？”

六娘子心里一阵心虚，刚想夸七娘子一句“到底长大了，知道姐妹情深了”，却见七娘子一把拉住了她，强迫她停下了步子道：“我怕母亲借机闹事，跟来看看，一会儿若是母亲发了火，你可多少要和我一起拦着啊。”

第四十九章

竹风引·一尸两命

还没来得及细细品七娘子话里的意思，六娘子的注意力就被不远处的宅院给吸引住了。

江二全家的步子一顿，然后指了指前面在风雨中显得有些鬼魅的昏暗小院道：“夫人、六姑奶奶、七姑娘，到了！”

六娘子连忙敛了神色，回头对上了看着她的寻音点了点头，然后说了一句“小心些”，便目送着寻音折身原路返回了。

林氏看了六娘子一眼，然后一言不发地跟着江二全家的进了园子，六娘子见状，也连忙拉起了七娘子的手，然后飞快地迈开了步子。

可不知为何，六娘子总觉得三娘子这伏苍园静得有些吓人。照理说产妇难产，生不下孩子，不管是丫鬟还是家人，又或者是能力不够的产婆，多少总会发出些声音。可这伏苍园，门是虚掩着的，里头暗暗的，也瞧不出有什么人，整个园子从外头看沉寂得可怕。

“红袖，三姐真的在里面吗？”情急之下，六娘子喊了她的名字。

江二全家的重重地点了点头，随即去推门，却不小心和迎面出来的一个端着铜盆的婆子撞在了一起，“咣当”一声，铜盆应声而落，一团黑漆漆的血块从盆里掉了出来，紧接着，一股浓稠的血腥味夹杂着雨土气就在众人的鼻尖蔓延开来。

“哪个不长眼的……”那婆子还没弄清楚状况，没抬头就骂开了嘴，结果却在看到江二全家的脸时，下意识地倒吸了一口凉气，然后噤了声。

“张妈妈。”江二全家的冷笑了一声，然后一把推开了有些呆若木鸡的张妈妈道，“张妈妈不是应该伺候在净房里的吗？”

“你……江二……二全家的……你……”张妈妈慌张地想弯腰去捡铜盆，却见江二全家的直直地就要往里头闯。

张妈妈一惊，伸了手就去拦，众人忽听七娘子一声大喊：“煜宁侯夫人在此，谁敢拦着！”

六娘子一愣，偏了头去看怒目的七娘子，却感觉七娘子轻轻地推了她一把，然后飞快地说了一句：“快去找三姐！”

六娘子拔腿就进了屋，将后头张妈妈的胡乱呼喊悉数地抛在了脑后。

可这伏苍园的里屋却是静得让人嗅出了一丝隐隐的不安，明晃晃的屋子里，竟只有六娘子一人，她有些慌了神，却听后头紧随她进屋的江二全家的喊道：“六姑奶奶，往这儿走！”

六娘子微微地后退了一步，跟着江二全家的入了西稍间，却立刻闻到一股扑面而来的浓香。

“这是什么味道？”身后，林氏诧异地问出了口，六娘子这才听出林氏的声音有些嘶哑。

旁的几人闻言，皆面面相觑了一番，江二全家的正准备说话，西稍间南口的门扉忽然被人从里面拉开了。紧接着，面色有些凝重的王老夫人和两个手上沾着血的婆子从里面走了出来，再后面，还跟着眉眼淡然的薛姨娘。

两拨人在西稍间撞了个正着，王老夫人震惊得后退了两步，随即便指着六娘子身旁的江二全家的破口骂道：“你个狗奴才，吃里爬外的东西，舔着我们王家的口粮，却还念着旧主子，你夫人难产，你死哪儿去了？这会儿竟还喊来了人，怎么，你是想把我们王家给拆了不成？”

“亲家母这话说的，可把我们都骂成不相干的人了。”林氏说这话的时候，嘴角还带着一抹讥讽的笑，眼底透出的薄凉寒意映衬在她那张保养得很好的脸上，竟让人有种优雅的错觉。

王老夫人一听，愣了愣，随即赔笑着上了前，然后试图将林氏拉出西稍间，一边挽着她的手一边往门口道：“亲家母这话说的，我不过是教训一下媳妇屋子里的奴才，您这大下雨天的……”

“三娘子难产，我来看看，亲家母莫不是想拦着？”可林氏哪里是这么好糊弄的，当初乱糟糟的一个陆家硬是被她一把手抓了个干净利索，连陆文恒的小尾巴六娘子都被年轻的她摘得一干二净的。六娘子一直坚信，林氏是头猛兽，醒不醒就单看她自己愿意不愿意了。

王老夫人好不容易挤出的笑容瞬间凝固在了脸上，听了林氏的话，她不免沉着声音道：“产房到底不干净了些，亲家母不如在外头等……”

可她话还没说完，七娘子和六娘子就一个箭步冲了上去，一把推开了拦在门口的薛姨娘，然后闯入了西稍间的净房。

紧接着，“啊……”的一声刺耳的尖叫从净房传出，林氏心里一惊，猛地甩开了死死拉着她的王老夫人的手，刚迈开步子想跑进去看看里面的情况，却在门口被从里面冲出来的七娘子抱了个满怀。

“母亲……母亲！三姐姐……”七娘子是真的吓哭了，泣不成声，瑟瑟发抖，额头豆大豆大的汗滴就这样晃晃而落。

林氏也吓坏了，忙安抚了她几下，然后让她在门口的椅子上先坐下压惊，自己则连忙进了净房……

关于三娘子的难产，六娘子想过很多种结局，但是她没有想到，三娘子没有等到她，而是……死在了血泊中！

那是一幅有着太强冲击力的画面，三娘子披头散发，身上的衣裳已经全被鲜血浸染了，她脸色苍白，双眼紧闭，右手无力地垂落在产床边，下体还摆着生孩子时的样子，已经凝结变黑的血从她的大腿根部一直覆盖到了她的小腿，她的手腕处能明显地看到还未隐消的青筋，六娘子觉得，她甚至能感觉到三娘子生孩子时难挨的痛苦。

“小六……”

林氏看到眼前的画面，也吓得愣住了，可当她看到六娘子正双眼无神地往床边走的时候，她终究还是深吸了一口气，紧紧地拉住了六娘子发凉的手。

“母亲……”六娘子喃喃地喊着，“三姐最爱漂亮了，咱们要给她擦干净了，擦干净！”

“小六！”

林氏没想到看上去整个魂都吓得出窍了的六娘子会突然发起了狠，只见她径直冲到产床边，从床边装着清水的木盆里拿出了一块早已经被冷水泡了很久的白布，然后，她颤抖着绞干了布，仔仔细细地理顺了三娘子散乱的长发，帮她擦起了脸。

触手可及的是早已凉透的肌肤，六娘子心一惊，大颗大颗的泪水就这样滴在了三娘子冰凉的脸颊上。她想知道，三娘子死了多久，她也想知道，三娘子肚子里的孩子在哪里。

按三娘子怀孕的时间来看，三娘子足月生产的日子应该在四月初，这会儿才三月三，若是孩子真的落了地，那就是实打实的早产儿。

虽然早产儿夭折的可能性很大。可活要见人死要见尸，六娘子一个激灵，拿着湿冷的帕子直起了腰身，然后问林氏道："孩子呢？"

林氏一怔，反身就往门外走。外头，江二全家的正死死地拉着眼神慌张闪躲的王老夫人，林氏见状，冷着眼问道："孩子呢？"

王老夫人吓得一哆嗦，结结巴巴地道："孩……孩子……"

"今日我姐姐惨死屋内，怎么，你们王家人还以为能让我们睁着眼睛当没有看到？"六娘子从屋子里冲了出来，用沾满血水的手一把拉住了瞪着眼睛的王老夫人，然后不顾长幼之序，使了劲将她半拖半拽地拉进了净房，直接推到了产床边，指着三娘子道，"她是你王家的媳妇，你来告诉我，这之前到底发生了什么，为何她会丧了命，为何她浑身是血，产婆呢？大夫呢？你们究竟有没有把我三姐姐当成正正经经的产妇？"

王老夫人被六娘子猛力推了个踉跄，腿一软，差点跪在了产床边。不过她毕竟年长，虽然慌乱，但还是没有被六娘子的狠劲给唬住，只艰难地站直了身子道："陆夫人就是这样教女儿的？目无尊……"

"呸！你个老东西，你别在那儿乱诋毁我母亲的名声，我三姐姐都死了，她的孩子呢？我问你那孩子呢？我告诉你，你别得意，我六姐姐可是看得到鬼的，我三姐死得这么惨，你觉得她能咽得下这口气吗？她若是变成了厉鬼，第一个便不会放过夺了她孩子的人！"

屋子里王老夫人刚要发作，谁知七娘子却突然冲了进来，看她那喊得中气十足的样子，八成已经是缓过了神。当时这种情况，相信不论是陆家的任何一个人在看到三娘子衣衫不整地惨死在满是血迹的产床上时，只怕都会气得气血倒流的，再加上七娘子本来就是个一点就着的暴脾气，会骂出这样一通话来，林氏和六娘子都不觉得奇怪。

不过，王老夫人显然被七娘子的话给惊到了，只捂着衣襟干笑道："亲家七姑娘说什么呢，什么厉鬼不厉鬼……"

“小六看得见三娘子的，不信你问问她。”就在众人都错愕的时候，林氏忽然幽幽地开了口，只见她一步一步地靠近了产床，一边问六娘子道，“方才我和你两个人在屋子里的时候，你说你看见三娘子坐在哪儿了？”林氏临危不乱，顺着那婆子的话就给六娘子递眼色。

“在王家太太的背后。”六娘子立刻明白了林氏话里的意思，然后冷冷地看着王老夫人，一边说嘴角还一边勾起了阴阴的笑。

王老夫人吓得几乎跳了起来，连忙往后面看了看，却只看到脸色苍白的薛姨娘和那两个一直跟着自己的婆子。

“你……你不要乱说！”她心里直打鼓，脑海中不禁浮过傍晚的时候，三娘子含恨怒目瞪着自己的眼神。

她有没有说，她不会放过自己的？到底有没有，有没有？可不是她要她死的，分明是她自己和述哥儿吵了架，冲撞间不小心打到了肚子小产的……王老夫人脑子里乱哄哄的，只觉得浑身冷得想发抖。

“我三姐姐在问，孩子在哪里！”六娘子不信，借着鬼神，她逼不出王老夫人没有说出口的话！

三娘子死得蹊跷，腹中胎儿下落不明，王家人不管不顾的姿态，有哪一件事儿是合情理的？陆家需要一个交代，已故的三娘子也需要一个交代，如果人来问问不出个所以然来，那她就让鬼来问！

“什么你三姐姐……她人已经死……”

“三姐说，你害死了她，她一定不会放过你的。”六娘子一边说，一边冲紧紧皱着眉的七娘子使了个眼色。

七娘子连忙悄悄地后退了一步，然后在无人注意的情况下，按着六娘子给自己暗中打的手势，猛地伸手拉了一下王老夫人。

“啊！不要……不要不要！”王老夫人这次是真的跳了起来，用手抱着头道，“你冤有头债有主，分明是你自己和述哥儿吵架的，孩子早没了，你断了气以后孩子就出来了，是个死胎，是个死胎啊！”

“为何不找产婆？为何不找大夫？”六娘子阴狠地问道。

“你说你要把述哥儿的事儿告知天下人，你自己不好，你自己不好的！”王家老太太抱着头，瑟瑟发抖地直往后退。暗中，七娘子又伸手掐了她的腰好几下，吓得她整个人都快蹲下来了，若不是一旁佯装镇定的薛姨娘扶着，只怕王老夫人这会儿都已经要晕过去了。

六娘子飞快地看了林氏一眼，只见林氏正抿着嘴在沉思着什么，她便冲面前的七娘子轻轻地摇了摇头，然后对王老夫人道："我三姐说，她不会放过王家人的。"

王家老太太慌乱地摇头摆手，一旁的薛姨娘便勉强地润了润唇瓣开口道："从来嫁出去的女儿泼出去的水，煜宁侯夫人仗着身份，未免也管得……"

"你不过是个小小的姨娘，抬高了你便把你当个主子看一看，但其实你不过是个奴才，这儿何时轮得到你来说话了？"不等薛姨娘把话说完，六娘子眼含厉光一扫而过，对着薛姨娘就是一顿冷嘲热讽。

薛姨娘涨红了脸，却听六娘子又道："按我说，薛姨娘你还是乖乖地不要多说，我姐姐……正看着你呢。"

"我和夫人……无冤无仇的，你……胡说……"薛姨娘下意识地缩了缩肩，却还是聪明地闭上了嘴。

而就在这个时候，寻音终于带着一行人冲了进来，看到了同德堂的大夫，六娘子便一把拉住了他道："您能看出我三姐是什么时候去的吗？"

她不能让三娘子死得这么难看，也死得这么不明不白的，她一定要查，要查出原因，要查得水落石出。

老大夫是个生面孔，胡子花白，看着年过五旬的样子，可身子骨却硬朗得很。等六娘子话音轻落，他便接口道："这里里外外的，撒了这么多的麝香粉，你们还问我产妇是怎么死的？"

王家老太太闻言一惊，这次真的吓得一屁股直接坐在了地上。

六娘子恨得眼中几乎能喷出火来了，闻言便是一个步子上了前，拎起了王家老太太的衣领扬手就想打下去，却听那老大夫叹气道："小夫人稍安，产妇已经死了快两个时辰了，先把这儿弄弄干净，让这位夫人安息吧。"

六娘子一愣，只觉得浑身力气似被抽完了一样，眼前一阵晕眩。紧接着，她觉得自己仿佛真的看到了三娘子，她在产床上尖叫着、哭着、骂着……六娘子心里一阵抽疼，她觉得，三娘子那时候一定很希望有人能帮她一把，可惜……至亲的人全不在她的身边！

忽然，她觉得耳畔传来一阵阵模糊的呼喊声，紧接着，她整个人头一重，便直直地栽倒在了地上，晕了过去……

六娘子觉得自己做了一个特别长的梦，梦的开始，是三娘子那眉目明艳如画的笑容，那娇柔的姿色美得令人挪不开视线，正是媚眼含羞合，丹唇逐笑开。可忽然，一团一团的云雾袭来，六娘子想伸手去抓住三娘子的衣袖，可她的指尖从三娘子的锦缎华服掠过，却只来得及触碰到那柔软的发梢。

那之后，六娘子听到了三娘子的尖叫、怒骂还有不尽的哭喊！她想去帮她一把，可却生生地被浓密到伸手不见五指的大雾困在了原地。

“三姐，三姐！”

六娘子挣扎着尖叫了一声，然后猛地睁开了眼睛，刺目的日光从窗棂倾洒进了屋子，折射在她的眉宇间，让她下意识地就偏转过了头。

“陆云筝，你可算醒了？”

整个大周，只有一个人会这么连名带姓地喊她，还喊得这么自然。

六娘子没有去看七娘子，只觉得眼角莫名地就渗出了泪，不知是被太阳刺到了眼睛，还是心里太难受了，六娘子觉得自己现在无力得连话都不想说了。

“要不要喝点水？”可七娘子却不依不饶的，见她睁开了眼，就强迫着把她扶坐了起来。

见六娘子默默地摇了摇头，七娘子眯着眼道：“你不想知道三姐的事儿了？”

六娘子猛地一回头，这才开口重声问道：“三姐什么事儿？”

七娘子被她轻吼得愣了愣，然后才微微地低下了头，刻意地抑制住了自己的害怕道：“昨天晚上你在王家晕过去以后，母亲就……让丫鬟把你和我一起带出了净房。我不知道后来发生了什么，因为母亲后来先是把我们送上了马车，然后她自己去了王家的前院，再然后我们就回来了。”

“这儿是……”六娘子缓缓地抬了头，这才发现自己竟身处七娘子的抚韵阁，“我在陆府？”

七娘子微微地点了点头：“大夫说你惊吓过度，不宜太折腾颠簸，母亲就和侯爷说，让你在这儿住一晚。”

“侯爷呢？”

“侯爷……和父亲在书房审了王述一夜。”

“王述被带回来了？”六娘子一惊，隐隐觉得三娘子的事儿是不是应该有些眉目了，便连忙问道，“那现在呢？现在到底知道不知道三姐姐是怎么死的？”

七娘子闻言，苦笑了一下，然后抿了抿嘴道："你要谢谢我，昨天晚上我回来以后实在太害怕了，而且……而且你还说你在王家看到了三姐姐……我……我只要闭上眼睛就会看到三姐姐浑身是血地躺在净房里……"七娘子说着说着，整个人就微微地抖了一抖。

六娘子见状，连忙去握她的手，这才发现七娘子的手冷得如元月的寒冰一般，冻如硬石。

她心里一软，勉强地扯了一个笑容道："我没有看到三姐姐，那是骗王家人的，我一个普普通通的人，又怎么会看到鬼。"

七娘子狐疑地看了她一眼，便深吸了一口气，跳过了这个话题道："我因为睡不着，就想着不知道母亲和父亲还有侯爷到底审王述审出了结果没，就拉着小杜鹃跑去了父亲的书房，结果你猜怎么着？"

"怎么？"六娘子的一颗心因为七娘子的一句话而吊在了嗓子眼儿。

"我先问你，昨天晚上我和父亲母亲赶到王府的时候你有没有觉得有什么不对的？"谁知七娘子竟然在紧要关头卖起了关子。

六娘子心里有些恼了，当下就沉了脸道："我没觉得。"

七娘子不理她，继续道："你不觉得奇怪？最近我被母亲看得这么严，可三姐姐出了事儿，当时还不知道是生是死，母亲竟然会让我也跟来凑热闹，还有父亲，你没觉得父亲衣衫不整，看着特别仓促吗？"

六娘子眯着眼看了看七娘子，心里忽然有些明白地问道："难道家里昨儿也发生了什么和三姐有关的？"

"和三姐无关，是和王家有关，王家前两日送了个女子给父亲。"七娘子一语惊得六娘子直接挺直了腰身。

"你说什么？"六娘子惊呼。

七娘子点了点头道："对，就是个女子，明着说是妾，实际上就是个雅妓，偏还很得父亲的喜欢，父亲这两日都是让那女子陪着在外书房过的夜。母亲昨儿晚上就是从外书房把父亲拉起来的，因为江二全家的来了以后说了三姐的情况，母亲就和父亲吵得特别凶，所以父亲才会显得这么狼狈。"

"等等，等等！"六娘子打断了七娘子的话道，"我怎么越听越糊涂了？"

七娘子轻哧了一声道："对啊，刚开始我也很糊涂，其实连母亲都很糊涂，因为母亲气得要命，所以我才能借机跟着她一起去了王府的。但昨儿晚上我溜到父亲外书房偷听了他们是怎么审王述的以后，就觉得这事儿不糊涂，王家人太不要脸了！”

六娘子这才将七娘子说的话前后串了起来，惊呼道：“难道王家送父亲这个雅妓，是为了堵住父亲的嘴？父亲知道三姐难产的事儿？”可话一说出口，六娘子又立刻摇了摇头道，“不对不对……时间不对！”

七娘子见状，深吸一口气道：“即便你再聪明，我打赌你也猜不到！我和你说，这事儿还要从几天前说起的，因为有一天，三姐姐觉得整日闷在屋子里没劲，想去姐夫……呸，什么姐夫，想去王述的书房转转寻本书打发时间，结果姐姐去的时候没有找人通报，就硬生生撞到了王述……竟和个大男人滚在一张床上。”

六娘子瞪大了眼睛，微微地张开了嘴，吃惊道：“王述好男风？”

七娘子闻言，脸一红，有些不自在地道：“我当时在外头听王述说自己不过是好奇……可后来还是侯爷聪明，昨儿晚上连夜就找到了那个男的，竟是小梨园的一个戏子！”

“是头牌？”六娘子眯着眼问道。

七娘子摇了摇头：“不是，是个生面孔，看着年纪不大。”

“你……看到了？”六娘子很吃惊，忽然很好奇七娘子到底是站在哪儿偷听的，看到了人不说，还没有引起屋里几个人的察觉。要知道林氏、陆老爷那还不足为奇，可沈聿白却是练家子出身的，外头一点点风吹草动的他都能警觉到，何况是素来总是一惊一乍大大咧咧的七娘子。

七娘子道：“父亲书房的屋檐下有个大缸，那缸里其实没有水的，我昨晚和小杜鹃两个人就躲在里头。”她说的时候有些得意，又有些小心翼翼。

六娘子无奈地看了她一眼，然后道：“你听到那戏子说什么了吗？”

七娘子闻言，瞬间转了脸色道：“都是不要脸的，我瞧着原先大家伙儿都被那王述给蒙过去了，结果戏子一来，被侯爷一吼就全招了。那戏子说，王述包养他已经有两年了！”

六娘子眼底的寒意也渐渐地浓了起来。不管王述是在两年前才开始好男风的，还是时间更久，但可以肯定的是，他在和三娘子成亲的时候，就已经在外头养着一个男戏子了。这样的事儿，被三娘子遇到了，以三娘子那种眼睛里揉不得沙子的性子来说，两人必定是当场就吵得不可开交的。

其实六娘子一直觉得，三娘子成亲这些年心思太直，远没有当姑娘那会儿会转弯了。她因为是姨娘生的，所以从骨子里就特别同情那些做妾的，可偏偏她嫁了人以后就成了嫡妻，身份一变立场就变了，特别是薛姨娘的存在，让她忽然转变了对姨娘的看法，整个人也变得有些偏激了。

但是在六娘子看来，这其中王述这个做丈夫的也是有很大一部分原因的。至少在王述的屋子里，肯定是妻没有妻权，妾没有妾样的，这才让六娘子深深地觉得，三娘子这两年其实过得特别不容易。

而且就六娘子所知，玩相公在大周兴过一阵子，那是因为大周的第二任皇帝弘旸帝偏好男风。据说那时候，弘旸帝的后宫是分为南宫和北宫的，南宫里是女妃子，而北宫里则清一色全是男妃子。也就是从那个时候开始，宣城贵族圈里就开始有了一个不成文的规矩，那就是玩相公是一种雅兴，且越是位高权重的，相公就养得越多越漂亮。但弘旸帝的儿子武清帝却不认同这种变态的规矩，是以，他一登基，便下令整个大周禁止豢养相公。

这些虽是六娘子小的时候从野史上看来的，但她始终觉得野史也是有据可考的，或有夸张和臆想的成分，但本质应该不会有太大的出入。

且就目前整个大周的国风看来，养相公的确不是一件体面的事儿，是以，若是真有男子好男风，且传出去了，对整个家族来说便是莫大的耻辱，整个家族也可能因为这一个人而抬不起头来。

想到这里，六娘子才突然明白，为何昨晚王老夫人会语无伦次地说到三娘子扬言要把王述的事儿告知天下。

因为当时大家的心思都在别的事儿上，所以王老夫人的这句话很容易被忽略掉。但今天，她再结合七娘子的话一想，就觉得整件事情的脉络其实已经很清楚了。

是以，她便轻轻地苦笑了一下，然后对七娘子道：“所以，三姐姐知道了这件事儿以后，王家怕父亲母亲替三姐出头，这才送了一个雅妓来想堵住父亲的口。可这事儿三姐压根就没有告诉过父亲，所以父亲不知其中的利害关系，也就欣然接受了那女子。母亲即便有气，但碍着嫡妻的面子，却没办法下手发作。而三姐却因为这事儿日日和王述争吵，终于一个不小心而打闹到小产。那……不给三姐请产婆和大夫，是谁的主意？”

“王述说，当时三姐羊水破了，抱着肚子还不忘说要把他好男风的事儿给说出去，让大家评评理，王家老太太就一直把请产婆和大夫的事儿往后拖，最后还是他们家的薛姨娘给了丫鬟一锭银子，让丫鬟从偏门去请的产婆。不过那时候已经快半夜了，风大雨急的，小丫鬟又不熟悉外头的路，到底还是耽搁了。”

“薛……姨娘。”六娘子吃了一惊，没有想到最后竟然会是薛姨娘临危帮了三娘子一把，虽也没有帮在点儿上。“那事情闹成这样，三姐一尸两命，王家有什么说法？父亲这儿又准备怎么办？”六娘子顿了顿，追问道。

七娘子道：“父亲自知理亏，这事儿就全权交给了母亲来办，不过昨儿他们也只说要把王述先押在客房里，母亲似也还没想好要怎么办。”

六娘子闻言，抿了抿嘴后问道：“母亲现在人呢？”

“在屋子里，昨儿母亲一宿没睡。”

“那三姐姐呢？”

“三姐的尸身还在王家……”七娘子说着便有些唏嘘。

六娘子道：“我们一起去月然居，先去母亲那儿看看。”七娘子点点头，然后和六娘子一并微微整理了一下妆容后就去了月然居。

两人到了月然居的时候，却见陆老夫人也在。见了六娘子，老太太不禁一愣，随即听林氏道：“昨儿太晚了，小六又受了惊吓，我就把她和小七一起带回来了。”说着，她又转头和六娘子道，“侯爷去办事儿了，说回头就来接你。”

六娘子微微地点了点头，见陆老夫人冲她招了招手，她便乖巧地走了过去。

“三丫头的事儿我……听你母亲说了，你们……也都节哀。”老太太说着说着，便吸了吸鼻子，然后转头擦了擦眼角的泪。

六娘子心里一阵难受，轻轻地点头道：“您也别太难过，三姐姐以前最孝敬您了，知道您为了她哭，她怎么都不会踏实的。”

陆老夫人闻言，眼眶里蓄着的泪掉得就更猛了：“最悲莫过于白发人送黑发人，偏三丫头还是……一尸两命的，真是造孽，造孽啊！”

见老夫人一下子泣不成声起来，六娘子鼻尖一酸，也哭了出来。一时间，整个月然居都弥漫着一股子浓浓的哀伤，连一旁伺候的几个小丫鬟见了，都难受地默默垂了泪，抽泣的声音不免让人很容易陷入伤感之中而无法自拔。

过了好一会儿，林氏先止住了泪，然后让丫鬟打了清水拿了帕子，让人伺候了老太太和六娘子还有七娘子洗了脸，方才道：“母亲先回吧，您昨儿晚上也折腾了大半夜，眼下这事儿老爷还没拿定主意，您且回去歇着，等老爷那儿一有消息了我就差人来同您说。”

六娘子闻言，看了林氏一眼，只见她微微地垂着眼帘，眼角闪闪，可伤不沾情，说这番话的时候，她嘴角甚至还挂着一抹讥讽的笑。六娘子知道，这一次，父亲可是被林氏死死地捏住了好大一个把柄，若是林氏拿捏得好，只怕在未来很长的一段时间内，父亲都不用想着再收通房或者纳妾了。

而对于实情一知半解的陆老夫人闻言，便也没有推辞地站起了身，点头对林氏道："年纪大了经不起熬，你自己也别太累了，回头让两个丫头先回去。这种事儿，六丫头即便已经嫁人了，但到底也还是个新妇，七丫头也还只是个姑娘家，本本分分的就好。"

"是。"林氏闻言，认真地点了头，然后亲自并了六娘子和七娘子一起将陆老夫人送出了月然居，三人方才折身回了里屋。

待林氏一落座，六娘子便上前一步直接问道："母亲，三姐的事儿您作何打算？"

林氏愣了愣道："你三姐……自然是要准备她的后事。"

六娘子眯着眼道："母亲心里有何打算，小六不知道，但小六知道，我不会轻易放过王家的。"说着，她便不管七娘子在一旁如何地冲自己使眼色，直截了当地道："王述的事儿，我和七妹妹都已经知道了，如此不要脸不要皮的一家人，母亲还想和他们继续做亲家吗？他们可是连父亲的主意都打上了！"

第五十章

竹风引·和离之议

林氏闻言，眉眼一冷，立刻就猜到了七八分，便瞪了七娘子一眼道："你这丫头又偷听了？"

六娘子没想到七娘子还有前科，不禁轻轻地拉住了七娘子的手道："母亲，小七如此用心，总比漠视三姐无端丧命来得好，不过母亲，三姐姐的事儿不能就这么放过了王家人！"

林氏一愣，无力地摇了摇手道："罢了罢了，这事儿我还没想好，还要看看你们父亲的意思，侯爷那里……"

"父亲做出这般糊涂的事儿，母亲于情于理是该帮父亲一把的，但王家的人未免欺人太甚，母亲也要姑息吗？"六娘子怎会听不出林氏的这番话无非是随口打发她和七娘子的，但她今儿要的是一个实实在在的决定，而不是随意的敷衍。

林氏一惊，皱了眉看着七娘子道："你到底偷听了多少？"

六娘子把七娘子护在了身后道："这事儿让七妹妹知道有益无害，也能让她看看，以后若是嫁了人，还能不能像在家里这般横冲直撞的，这般聪明的三姐都……"六娘子说着说着，心里涌上了一阵难过，便只顺着身后的椅子缓缓地落了座，凝了神，再没有说过一句话。

三娘子的死虽已成事实，但六娘子觉得这件事儿还没有完。王家既想一味地遮掩王述的事儿而殃及了三娘子和她腹中福薄早产的孩子，那陆家就一定要想法子让王家付出代价。

但是三娘子的丧事就在眼前，这事儿要怎么闹，还是有讲究的。

而林氏心里也有气，先不说她虽一直不太待见四姨娘，可对于从小聪慧懂事的三娘子她还是很喜欢的，如今三娘子才成亲两年多就这样枉死了，她如何能睁一眼闭一眼地把这事儿揭过去？再说王家这门亲事本就是陆文恒一手牵的线，她既没有事先和王家人有过接触，也没有提前见到过王述。

但她觉得亲家公好歹是礼部王大人的堂弟，礼部的王大人和陆家走得很近，和陆文恒是同窗同僚，林氏当时就觉得三娘子的婚事即便自己不把关也没多大的问题。可谁知临了竟真的出了事儿，而且更可笑的是王家竟还想堵住陆家的嘴，莫名其妙地送了个雅妓上门，结果陆文恒还就真的中了招。

林氏想到这里，又觉得既然七娘子和六娘子都已经把该知道的和不该知道的都了解了个透，那她也没什么可遮遮掩掩的了，便冷笑道：“你们父亲前两日是被那小清倌迷昏了头，我当时也纳闷，王家这是起了什么念头，竟往我们陆家塞起了人。眼下闹出了三娘子的人命，若是要放过他们也未免太便宜了，可是……”

“母亲，和离吧。”

谁知六娘子语出惊人，短短一句话，惊得林氏噤了声，一旁的七娘子则张大了嘴巴。

“你说……什么？”林氏以为自己耳背了。

“和离啊，王家做出了这么过分的事儿，难道母亲还要让三姐的牌位摆在王家的祠堂上吗？那不成了一个天大的笑话。”六娘子咬着牙，冷静地分析道，“今儿我若是三姐，难产而亡，腹中孩子又早产夭折，夫君是个好男风的，为了男人和我争执而活生生闹得我早产，公爹公婆知道了，非但没有想着如何帮我渡过难关，反而千方百计地想着如何堵住我的口，堵住陆家的口，甚至为了蛊惑父亲，还送了一个清倌入府。母亲，这一件一件的事儿连在一起，您难道觉得还不够荒唐吗？我不知道大周有没有活人和已故的妻子和离的，但是我却知道，我们随随便便拿王家做的任何一件事儿去报官，那他们整个王家都不会有什么好下场的。”

林氏细细地听着，竟忽然有了一些感触，下意识地就点了点头道：“其实不瞒你说，你这法子我昨儿晚上就想过了，但总觉得……无论如何，三娘子人都已经不在了，和离也没有多大的意义了。”这件事儿，林氏和六娘子是站在一个立场上的，即便她们的出发点不太一样，但是最后期望的都差不多，所以林氏也非常难得的认同了六娘子一回。

“母亲，现在还是考虑意义的时候吗？”六娘子淡淡地看了林氏一眼道，“如今陆家是整个儿被王家的人给耍了，王家的人但凡有讲究一点点体面的，都不会做出这么不要脸的事儿来。三姐姐难产，王家的人弃她于不顾，那告到官府就是草菅人命的大案子。天子脚下，这种事儿难道父母官不管吗？再说，母亲以为王家往父亲园子里塞人这事儿就真的办得密不透风了吗？若是被人告发，言官一个本子参到皇上御案前，父亲的官途还要不要继续往下走了？”

六娘子说得其实并不夸张，整个大周言官盛行，从弹劾到参本上书，一旦哪个当官的真的被言官盯上了，那即使是皇上有心想保，估计没个三五年也不用想翻案了。这也就是为什么，即便沈聿白当时在皇上跟前红成那样，在刘文统弹劾的折子一出来以后也多少会收敛了习性，甚至在侯府安安静静地待了十来日。说到底，那些言官都是一群打着清君侧、正朝纲的旗号唯恐天下不乱的官阶不高却言论自由的朝臣。要说大周百余年来在他们手上折了的官也真的不少，所以为官的都很怕和言官打交道，有的时候便是连皇上也辩不过他们，又何况眼下一个小小的陆文恒。

林氏听着听着，脸色果然慢慢沉了下来。当六娘子说完以后，她才冷笑道：“其实按我说，这事儿让你父亲自己去善后最好，他不是很喜欢那个小清倌吗？三娘子没出事的时候，他还想着把那个小清倌给抬成姨娘呢。”

七娘子闻言，抿着嘴看了看六娘子，眼里透着一丝慌张的茫然。六娘子轻轻地拍了拍她的手，然后站了起来挪步到了林氏的身旁，郑重其事地说道：“母亲方才的那番气话，小六便过耳即忘了，可是母亲，小六说的和离之策您不妨再仔细想一想。我想，以三姐的性子，只怕即便是做了鬼，也不会安心在王家的祠堂长眠的。您难道以为经过这样可怕的事儿，咱们陆家还能和王家继续做亲家吗？”

“当然不可能！”林氏斩钉截铁地说道，“我们陆家没有这么不要脸的亲家，可……万一他们不肯呢？”死人和活人和离这种事儿，放眼整个大周都是少见的，林氏怕没有这样的先例，即便到时大家开了祠堂对簿公堂，陆家既得不到什么体面，又办不成事儿，落得个得不偿失的下场岂不是白费了功夫。

“母亲怕什么？”谁知七娘子忽然大声地反驳道，“这会儿害怕的应该是他们王家才对，他们害得我三姐姐一尸两命，还对父亲做出这种上不了台面的事儿，他们被咱们陆家捏着的小辫子才多着呢，更何况咱们还有侯爷撑腰，小小一个王家算什么！三姐姐和他们和离，他们还能分三姐姐一半的嫁妆，只怕这会儿都该偷笑了！”

大周规矩，男方若是要休妻，则必定是妻子犯了七出中的一条，那女方被休以后，男方是有资格留下女方陪嫁过来的所有嫁妆的。但如果双方是和离，女方的嫁妆则是一人一半的，不过至于这一半的嫁妆到底怎么分，里面可做的文章却大了去了。

七娘子说完，林氏和六娘子都侧目看着她，眼中带着微微的不可置信的神情。七娘子见状，挺直了腰身道：“你们……别当我是小孩子，我……”

见七娘子说到后来支支吾吾了起来，林氏忽然温柔地笑道：“我们小七长大了。”

七娘子不自在地捏了捏衣摆道：“回头如果母亲操办三姐姐的丧事，我也是要帮忙的。”

六娘子飞快地看了一眼林氏，然后连忙拉着七娘子道：“你五月就要做新娘子了，红白冲撞这种事儿能避就避开，三姐姐的丧事母亲肯定是有打算的。你有心，回头我帮你多烧些纸钱，三姐姐地下有知，肯定会体谅你的。”

能说动林氏提出和王家和离，是因为陆老爷收了王家送的小清倌。利益相同的时候，林氏自然会觉得六娘子的话比较顺耳。但如果拿三娘子的丧事和七娘子的婚事比，那又是另外一番计较了。

对于林氏来说，目前几个月中，自然没有什么比她嫁亲女儿更重要的了，今儿若是三娘子也是她十月怀胎生的，那七娘子的话可能还能引来林氏的一阵唏嘘和伤心，但三娘子毕竟只是庶出，七娘子若是带着喜事要去凑三娘子丧事的热闹，只怕林氏可能会当场翻脸的。

而思及这些，六娘子又自然而然地想到了四姨娘。也不知道三娘子出了事儿，有没有人已经把消息带给了四姨娘，但不管如何，六娘子觉得她都有必要去一趟绮翠园。毕竟事情都已经发生了，与其让四姨娘一个人在空荡荡的屋子里瞎猜，不如自己去和她说个清楚明白，该哭的哭该骂的骂，以后等三娘子新坟立了起来，四姨娘也能有个念想。

可就在六娘子拿不定主意的时候，外头突然有小丫鬟来报：“夫人，侯爷来了，在前院候着六姑奶奶呢。”

第五十一章

竹风引·心气难平

六娘子跟着沈聿白一并坐马车回去的时候，累得在沈聿白的怀中睡着了。当她醒来的时候，人已经和衣躺在了暖香坞里屋的架子床上了。

外头的天已经全黑了，六娘子坐起身的时候，看到沈聿白正背手站在窗边发呆。

“侯爷……”六娘子涩涩地张了口，只感觉嗓子一片沙哑。

沈聿白闻声，瞬间转了头，然后三步并作两步地走到床榻边，坐下了身温柔地拍着她的背道：“饿不饿？你一天没有好好地吃东西了。”

六娘子摇头看着他，忽然觉得在沈聿白面前她竟压抑不住心里的惊慌和难受，只能任由灼人的泪一滴一滴地往下掉。

“侯爷……三姐她死得太惨了！”六娘子紧紧地拉着沈聿白的手，仿佛此时他是她溺水时唯一能抓住的浮木一般，眼露希望道，“侯爷能帮陆家吗？我和母亲说让母亲代替三姐和王家提和离。”

“阿遥，这是王家的家务事。”沈聿白微微地皱了皱眉，轻轻地敲击了一下六娘子心中胀得满满的希望。

六娘子慌忙点头道：“是是，侯爷说的是，可侯爷昨儿晚上也亲自审了王述，在三姐姐出事儿的时候，侯爷也已经掺和进去了，更何况如今还有王家设计父亲的那一招，这早已经不是王家的家务事了。姐姐一尸两命，若是我们报官，那王家是肯定躲不掉草菅人命的罪名的。”

“这事儿咱们不着急，眼下当务之急还是要计划一下如何安葬你三姐……”

“怎么不着急，若没有想好计谋对策，难不成还把我三姐葬在王家的祖坟里不成！”六娘子眼露恨意，脑海中不停地回闪着的是躺在血泊中苍白冰冷的三娘子。六娘子觉得，至少在这件事情圆满地解决之前，她是一定忘记不了那个令人不寒而栗的画面的。

而被她如此一吼的沈聿白则多少还保持着一份冷静的淡定，只轻轻地将六娘子拥入了怀中，安慰道：“今儿即便不是亲人，这种一尸两命的事儿，咱们听了也会感怜，更何况是你带着亲的三姐，你说，谁能眼睁睁地放任不管？”

六娘子紧紧地抓着沈聿白的衣襟，只觉得他拥着自己背的手收紧了一寸力道，他又开口说道：“可事儿要一件一件解决，而且不管怎么说，这也只是王家和陆家的事儿，咱们有心想帮，却也要注意不被人说闲话，不然岂不是添乱？”

六娘子闻言，心一软，多少也觉得是自己太过冲动了些，便擦了擦眼泪，靠在沈聿白的胸口幽幽地叹了口气道：“我没想到在王家竟会发生这样的事儿，之前三姐一直写信让我去看看她，我犯了懒，总借口侯府事儿太多，便想着，反正再过一个多月她就要生了，到时候再去还能顺道一起看看孩子，岂不是更好。可……谁知……三姐就这样……”

六娘子心里的自责是别人不能体会的，虽三娘子写信给她还是刚过完年的事儿，六娘子觉得按着时间说，三娘子应该还不知道王述的真面目。但是她总觉得，若是自己能多开导开导郁郁寡欢的三娘子，兴许她也就不会这么极端了，也可能当她遇着王述这样难堪的事儿时，多少都会沉住气了。

六娘子想着想着，下意识地就伸手搂住了沈聿白的腰。

她真的有些累了，不只是心累，整个脑子里也全是一团糨糊，混混沌沌的，都有些分不清什么是真的发生了的，而什么只是她的猜想。

恍惚间，六娘子听到沈聿白不停地在喊自己的名字，可她只能闭着眼无力地摆摆手，她私心想，借着沈聿白强有力的心跳踏实地睡上一会儿，哪怕只一会儿也是好的……

第二天，六娘子起来的时候，沈聿白已经不在了。

鱼安听见了她起身的动静，掀帘入了屋，然后将六娘子虚扶进了净房，一边伺候她沐浴更衣，一边道："天还没亮侯爷就出府了，交代我们一定要让夫人睡足了再起，所以一大早竹韵就打发了来请安的姨娘和回事的妈妈们，只说夫人身子不适，让她们这两日都不要来暖香坞了，有什么急事儿，便先告诉了竹韵或者我。"

六娘子淡淡地点了点头，眼底泛青，倦意显而易见，可终究还是强打着精神道："若是妈妈们有什么决定不下的，还是让她们来，也不能因为三姐的事儿，坏了规矩……"她说这句话的时候，心里压着的是说不出的难受。

都道嫁出去的女儿泼出去的水，她如今是沈家的媳妇，三娘子过世，她能难过能伤心，也能私下和林氏谋划如何要王家血债血偿，但回到了沈家，她却只能把一切的情绪都藏在心里。她是沈家的宗妇，是当家的人，内宅一大堆的庶务等着她去打理去过问，她不能一味地沉浸在伤痛中久不自拔。

可道理她能明白，但要真正地做到，却谈何容易！

用蒸汽腾腾的热水沐了浴，换了身干净的衣裳后，六娘子看上去到底精神了不少。出了净房到了东稍间后，见寻音正在给她摆早膳，六娘子便问道："侯爷早上用了膳没？"

"用了。"寻音从上个月就开始贴身料理六娘子的饮食了，是以沈聿白的吃食她也一并在负责的，闻言便道，"侯爷早上吃的是三鲜面，还吃了两个素馅的包子。"

寻音说着，见一旁的鱼安冲她使了个眼色，她便在将筷子递给六娘子的时候倾身在她耳边道："夫人，已经好几日了，梅姨娘日日都来求着要见见您，您看……"

六娘子抬头看了她一眼，见寻音正目光烁烁地看着自己，她再转头看了看鱼安，却见鱼安正在一旁替她整理着一会儿要穿的夹袄，刻意忙碌的痕迹特别明显。看得出，寻音的这番话，是事先和鱼安商量好的。

六娘子忽然失笑道："早不让她进来晚不让她进来的，偏生这会儿你们倒能松开门了。"她知道，这两个丫鬟是在给她找事儿做，让她能多少分些心。

寻音闻言笑道："夫人这话说的，不过是梅姨娘闹得太厉害了而已。"见六娘子拿起了筷子，她连忙把小菜往六娘子面前挪了挪。

六娘子点头道："让她进来吧，再准备一副碗筷。"

寻音一愣，却听一旁的鱼安回了一声"是"，她便笑着下去准备了。

梅姨娘进屋的时候就闻到了一阵糯米香，她下意识地缩了缩脖子，然后安安静静地站在了六娘子的对面，微垂了头，准备等六娘子用完了早膳以后她再开口。

谁知六娘子却先说道：“姨娘若是没有用早膳，就坐下一起吧。”

梅姨娘一愣，本下意识地想拒绝，却又鬼使神差地被一旁的寻音给按住了肩头坐下了身。

看着梅姨娘战战兢兢的模样，六娘子在心中微微地叹了口气道：“姨娘来，是来问我媛姐儿的事儿的吧？”

其实六娘子在梅氏的眼中是能看到那种毫不遮掩的嫉妒和怨恨的，六娘子也知道，三个姨娘中，康氏的心思全花在沈老夫人和儿子的身上，那钟氏的性子说得好听是文静内敛，说得不好听就是藏得太深，反而只有横冲直撞的梅姨娘，喜怒哀乐全写在脸上，最好应对。

“夫人……”梅姨娘闻言，抓住了机会赶紧道，“您瞧，媛姐儿从小到大都没离开过我的身边，眼下我们娘俩分开都已经好几个月了，我……我就是想求求夫人能不能看在我之前尽力伺候侯爷的分儿上，把媛姐儿还给我。”

六娘子慢条斯理地喝了一口粥，然后咽下了口中的素馅包子后说道：“媛姐儿如今算是放在我屋子里养的，只是这两日我身子有些不适，怕病气过给了孩子，是以才把媛姐儿送去了景华苑。”

“景华……”梅姨娘愣了愣，睁大了眼睛抬头看了六娘子一眼，脸上写满了吃惊。

六娘子点头道：“人在景华苑你有什么好不放心的，萧姨奶奶是侯爷的亲娘，你若实在想女儿，也可日日去景华苑转转，一来看看媛姐儿到底有没有进步，二来也能给萧姨奶奶做个伴儿。”六娘子说着，搁下了汤匙又道，“其实说实话，侯爷和我都有心想把媛姐儿写在我的名下的，但这个也只不过是个想法，最后还要看你这个做娘的愿意不愿意。可今儿我便也把话说清楚了，媛姐儿若是真的过继给了我，她便是侯府嫡出的大小姐了，以后你如果再因为姐儿的事儿这般闹，只怕侯爷气起来我也是拦不住的。”

其实若是搁在以前，六娘子自认是绝对没有这样好的耐心和梅姨娘解释这些的，但是经过三娘子的事儿以后，六娘子却突然觉得，她既都已经承认了姨娘这一身份的存在，又为何不能再大度豁达些呢？

人活这一辈子，就是有今生没来世的，她又何苦在生活的一些琐事上斤斤计较个没完呢？有的时候，让人家一步，其实就是还了自己整片的海阔天空。

第五十二章

竹风引·王家姨娘

送走了闷闷不乐的梅姨娘后，六娘子也没了再吃早膳的胃口。鱼安见她静静地坐在桌边单手托腮凝思出了神，便悄悄地和寻音撤了桌上的碗碟，然后换上了一杯已经泡开的消食茶。

六娘子闻到了酸甜的味道，回了神，然后对鱼安道："能想法子把王府的薛姨娘请来一趟吗？"

鱼安一愣，转身看了寻音一眼，寻音则乖巧地轻轻从里屋把门扉给合上了。

王家的事儿，侯府目前还没有别的人知道，鱼安明白六娘子不是个节外生枝的性子，便压着声音道："夫人，这事儿有侯爷……"

"不对。"六娘子轻轻地摇了摇头，"这事儿有些不对。"不知为何，明明前后看着很连贯的事儿，可她总感觉出了一丝异样。要真的说是有哪里不对，六娘子觉得最有问题的是沈聿白昨天晚上的态度。

从夜闯王府到今天，前后也不过三天时间，六娘子却觉得沈聿白的态度似来了个一百八十度的大转变。若说他不上心，在最开始的时候，他却连夜审王述这样的事儿都一起参与了，可若说他上心，那为何现在六娘子却觉得他在不着痕迹地拦着自己往下探究？

还有，昨天一天沈聿白去了哪里？是因为公事外出，还是因为王家的事儿外出，又或者干脆是私事？

六娘子始终觉得王家的变故来得太快也太不合常理，是不是这中间本就有什么是她遗漏了又或者是她根本没有发现的？一旦想到这些，她就寝食难安，即便是查不出什么，可她觉得自己也不能无动于衷地整日干坐着等别人来蒙混她。

想到这里，她便更坚定了内心的想法，点头道："就想法子把薛姨娘请来。"

鱼安看了她一眼，点了点头问道："若是王家不方便呢？"

"你找个生面孔的去王府，就说是薛姨娘的表亲家，找姨娘是来告诉她家里要办喜事了，只要能见到她，她若是愿意见我，自己也会想办法出来的。"

"是。"鱼安闻言，领命退了下去，出屋子的时候她还不忘暗中吩咐寻音一定要把六娘子的饮食起居给照顾好了。

不过令六娘子没有想到的是，薛姨娘来得很快，前后不过三个时辰，她便出现在了侯府的暖香坞。

薛姨娘是被寻音领进屋子的，她到的时候，六娘子正在提笔写信，见了她，六娘子有些尴尬，却很快敛了神色收起了笔墨后将她迎上了临窗的大炕。

"王家眼下正乱着，还要让姨娘跑一趟，辛苦姨娘了。"一开口，六娘子便是满满的客气，和她从前怠慢薛姨娘的姿态有着天壤之别。

薛姨娘一愣，忽而失笑道："您今儿有求于我，便是连说话都抬举了我好几分呢。"

六娘子淡淡地笑了笑道："我同姨娘心照不宣了。"见薛姨娘点了头，她继续道，"前天晚上父亲亲自审了王述，听他说，最后那产婆还是姨娘绕着圈想着法子去请来的……我代三姐姐谢过姨娘了。"

薛姨娘闻言，神色僵了僵，忽然叹气道："其实……夫人性子不坏，开心的时候也多少能体恤我们几个做姨娘的。不过夫人总是爱钻牛角尖，想不明白的时候便清高得要命，让人看了就心里来气。"她说着自嘲地笑道，"不瞒您，夫人那一根筋的脑子，我在知道她怀了身孕以后还真是松了一口气的。夫人怕的无非就是姨娘的肚子一个一个大起来了，可她自己却没动静，那一胎，还真是让王家后院安静了好久。"

"王述……真的好男风？"六娘子一直很怀疑这个事实。

薛姨娘眨了眨眼，盯着六娘子仔细地瞧了几眼，见她目光炙热如火，神情凝结黛眉紧锁，一副不问到最后誓不罢休的样子，她便心头一颤，开口道：“今日我来，能知道的我就不会瞒着您。我……也只不过想给自己和孩子积点德，夫人死的时候是狠狠地抓着我的手不停地在问她腹中的孩子在哪里的，我……我怕夫人戾气不散，能说的我都说。”

薛姨娘刚说完，六娘子就大口地喘了一下气，眼底瞬间便浮上了一层薄薄的雾气。

难过间，六娘子又闻薛姨娘道：“我从十二岁的时候就伺候在爷身边了，爷就是孩子脾气，这些年了，一直被老夫人老太爷宠着惯着。王家虽也不是大富大贵的，可毕竟是比下有余的，要说爷好男风，也不过是为了好玩，不然，我是如何怀上身孕的，夫人又是如何怀上身孕的？”见六娘子静静地听着，薛姨娘继续道，“其实爷就是那种你越管他就越爱闹腾的脾气，夫人见不得爷散漫，之前您这儿也放了话，若是爷有心想走仕途，侯爷也能帮一把。就为了这事儿，爷和夫人就吵过好几次了。”

六娘子吃了一惊，连忙道：“为何要吵架？这事儿为何我三姐姐没有和我说？”

薛姨娘嘴角一扬，讽刺道：“您和我们夫人是亲姐妹，夫人的性子您不知道？夫人素来都过得体面，又怎会把这样的事儿告诉您？”

“那为何要吵？”六娘子不明白，沈聿白要在仕途上帮王述一把，这不是好事儿吗？

“爷不想啊。”薛姨娘摇头道，“爷说的理由是冠冕堂皇的，说什么若是觍着脸靠着侯爷走了仕途，以后处处就矮人一等，还不如就这样自在地把家里的事儿接过来，想吃吃想玩玩的，轻松体面没个约束。”

六娘子挑了眉，冷冷地笑道：“真没想到你们家爷还是个扶不起的阿斗。”

薛姨娘尴尬地从六娘子的脸上挪开了视线，轻轻地说道：“爷……也不是个读书的料，如今这样在家他闲得轻松，有吃有喝的，他又怎会想要辛辛苦苦地去闯官路？”

“三姐就为了这事儿和王述吵了？”六娘子心里的气不打一处来。

“夫人也不算和爷吵，不过那些时日夫人遇着爷就没什么好脸色，冷嘲热讽的，搅得爷烦了，来我屋里躲了好几日，终归还是出去找乐子了。”

“可王述在家说他养相公不是一日两日了……”

“相公……”薛姨娘脸色有些难堪地抽搐了一下嘴角道，“其实整个大周玩相公的又何止爷一个，那个小梨园里头有多少戏子是被那些官宦家的世子爷给包养着的，爷说他不过就是图了个乐子……”

“那三姐姐到底为什么会死的？”六娘子听着听着就没了耐性，其实她对王述到底是喜欢男人还是喜欢女人兴趣不大，她只是想知道三娘子到底为什么会一尸两命死得这么惨的。

薛姨娘被六娘子突然的重语惊得颤了颤，随即道：“那天夫人和爷吵得很厉害，爷气得动了手，结果夫人没站稳，就撞到了桌子角，夫人一下子就吓坏了，我当时也是路过，听着吵闹声就进去了，只听夫人说什么你休想害了我们陆家。”

六娘子一惊，心里连忙想着会不会三娘子知道王家往父亲屋里塞小清倌的事儿了，便追问道：“然后呢？”

“然后爷就甩了衣袖看也不看夫人，只说什么刘大人保着我能发大财，我用得着去害你们陆家？”薛姨娘细细回忆道，“后来爷就气得出了屋子，是我看夫人不对了，这才赶紧差了丫鬟去唤老夫人的。谁知老夫人迟迟不来，我瞧着夫人脸色越来越白，羊水破了不说，都开始流血了，这才觉得事儿坏了……”

可薛姨娘后面的话六娘子根本就没有听进去，她的注意力全部被薛姨娘说的那句“刘大人保着我能发大财”给吸引去了。

“刘大人……王述说的刘大人是谁？”忽然，六娘子打断了喋喋不休的薛姨娘，沉下来的声音带着一丝沙哑和不安。

刘大人，刘大人！不知为何，六娘子忽然觉得整个人都冷了起来！难道，三娘子的死不单单只是因为王家力保不周，这背后还有别的更让人猜不透的原因？

“刘大人……”薛姨娘认真地想了想以后，摇头道，“我不知道是哪个刘大人，爷不太和我这个做姨娘的说这些外头的事儿，不过我知道这个刘大人和大伯老爷是同在礼部为官的。”

六娘子知道，三娘子和王述的这门亲事当时是陆文恒一手牵线的，王述的大伯王大人是在礼部为官的，同为礼部，六娘子忽然想到了刘文统！

“是……礼部的……刘文统吗？”六娘子的声音很颤抖，听上去像是被冰块捂住了唇一样，连气息都是寒意四溅的。

可薛姨娘想了想，却依然摇头道：“我只知道是礼部的刘大人，至于是不是夫人所言的什么刘文统又或者只是同姓，那我就真的不知道了。”

“所以，三姐的死，只是王家耽搁了请产婆的时间吗？”六娘子紧紧地捏着手，不算长的指甲深深地陷入了掌心中，可掌间的生疼却抵不过心疼。

薛姨娘叹了口气道："当时爷和老夫人确实拖了很久，后来又加上大雨，夫人的情况太危险了，本就是难产，后来产婆是来了的，不过却也束手无策了，孩子好不容易生下来，虽足月了，可下来就没气了，紧跟着夫人也去了……"

"那孩子呢？"六娘子突然倾了身子紧张地问道，"即便死了也该有个尸身吧！"

"老夫人说……这事儿不吉利，生下是个死胎，就让老妈子裹了血条带出了府，说是要葬在王家的后院。啊……说起来那时候您进来的时候不是撞见了一个端着铜盆的老妈子吗？那铜盆里面装的就是……夫人早产的孩子……"

第五十三章

竹风引·环环相扣

那一天晚上，沈聿白没有回府，六娘子也没有差人去打听沈聿白的去处。只是当天晚上，她却是在葳蕤轩过的夜，任凭鱼安等几个丫鬟怎么劝，六娘子都是一副无动于衷的神情，只吩咐了下去让她们不要惊动府中的几个长辈。

第二天一早，沈聿白踏露而归。他策马刚至府宅门口时，明路就从台阶上跑着迎了下去。

见沈聿白跃身下马，一把将手中的缰绳抛起，明路眼明手快地上前接了个正着，然后急忙道："爷，夫人在葳蕤轩等了您一晚上了。"

沈聿白刚刚迈出的步子一顿，转头责问道："怎么回事，不是让你告诉夫人说我进宫了吗？"

"小的说了啊！"明路诚恐道，"昨儿晚上暖香坞的几个姐姐们都急坏了，连夜敲了外院的侍房，小的一听不对了连忙就赶去了葳蕤轩，可夫人愣是把咱们几个都赶出来了。"

"昨儿有什么人来过没？"沈聿白心一沉，总觉得昨天肯定是发生了什么。

"人啊……哦，有的有的，来了一个王家的姨娘，进府的时候刚好被观言给撞了个正着，晚上观言还在和我嘀咕这……"

可不等明路把话说完，沈聿白就已经一个箭步跨上了台阶，然后跨过门槛急急地进了府，只留明路一人牵着马站在门口，不免有些丈二和尚摸不着头脑。

沈聿白快步跑到葳蕤轩的时候，却见六娘子正俯在那张硕大的花梨木长案上看书，日光如金沙一般细细地撒在她的肩头，仿佛是流淌的光华笼在她的四周，让她整个人看上去恬淡而安静，无端地就生出了一股秀而不媚的姿态来。

沈聿白的手撑着门框，刚想进屋，却见六娘子已经抬起了头，正目不转睛地看着他。

“听明路说……你昨儿在这儿过的夜？”沈聿白一边迈开了步子一边轻声道，“昨儿皇上急召，我走得匆忙，不过也是留了话的，你若有什么事，在稍间等我不是更舒坦。”

见沈聿白一脸小心翼翼的模样，六娘子淡淡地笑了笑，随即搁下了手中的书站起了身，忽然敛了神色目光犀利地道：“是刘文统吗？”

沈聿白猛地一闭眼，心湖似瞬间被人砸了一块大石头一般激起了层层的波浪，可他却依然不得不努力试着平息六娘子的心，道：“阿遥，这事儿其实不是你想的那样的。”

“侯爷以为我脑子里想的是什么样子？”有些事儿有些人有些画面，她已经想了整整一个晚上，可是那些点面却依然不能够完整地连起来。而在她脑子乱成了一锅粥的时候，沈聿白竟然告诉自己事情不是她所想的那样，那她真的很想问问，事情到底是什么样子的。

“你……”

“侯爷既没有惊讶我为什么会突然提到刘文统，就说明王述背后真的是刘文统在搞鬼！”六娘子犀利到有些咄咄逼人，可知道了这一知半解的真相以后，她确实也没有办法做到完全的冷静。

见沈聿白紧闭着薄唇，没有要开口的意思，六娘子便冷笑了一声道：“侯爷刚从鞑蛮回来的时候刘文统写了弹劾侯爷的折子，无奈侯爷那时圣眷正隆，即便是皇上看了也批阅了那折子，可侯爷依然是高高在上的煜宁侯，为帝器重，身份尊贵。那之后，侯爷也没有再提到过刘文统这个人，可正因为侯爷放过了他一次，他便越发用了心想要扳倒侯爷，见从侯府下手无门，他就盯上了王家，本只意在通过王家给父亲安个宠妾灭妻的罪名，好让言官有机可乘。因为刘文统也相信所谓裙带波及可大可小，那泰山和女婿之间一定会有些什么。尤其自侯爷回来以后，父亲的威望也在同阶官党中提升了不少，根本没人相信这里面没有侯爷的功劳。而刘文统的法子也很简单，只要抓住了父亲的把柄，那想抓到侯爷的把柄就是指日可待的事儿了。”

“阿遥，咱们且不论你说得对不对，就单说你猜想的这些事儿和你三姐有何关系？”沈聿白的口气也硬了起来。

六娘子眼帘微垂，用嘲笑的口吻说道：“是我三姐命数有劫，注定要在这场斗争中做头一个被牺牲的试水鬼，她本都是有救的，是你们一人推了她一把才把她逼上绝路的。”

“那这其中也有你。”沈聿白冷冷地看着六娘子，眼里透着显而易见的失望。

六娘子一愣，猛地抬起了头问道：“你什么意思？”

沈聿白侧了身，移开了视线道：“我本就让你不要过问这件事儿，你要相信，你三姐死于非命，你父亲差点被人设计陷害，陆家是不会放过王家的，更何况我也要对你有个交代，我也不会让王家就这么随随便便地夺了你三姐的性命。可你呢？你是不信我还是不信陆家？你究竟为什么要一探到底？”

“你们每个人都有自己的立场，你们每个人都有自己的借口，你们谁真的在乎过我三姐已经不在了，连同不在的还有她肚子里的孩子！”六娘子忽然哭了出来，可她的眼中却透着戾气，似嗜血的光，能将沈聿白整个吞没一般。

“那如果我和你说刘文统背后站的是顾家呢？你还能不能这样置身事外地只关心你三姐死得惨不惨？”

“你说……谁？”六娘子猛地一颤肩，整个人不自觉地就往后退了一步。

结果只听“嘎吱”一声，她的腿撞在了身后的椅子上，椅子一挪动，发出了刺耳的声音，搅得六娘子都有些开始头晕目眩了。

“顾家，只怕你比我还熟悉。”沈聿白背对着六娘子，没有看到六娘子此时此刻苍白如雪的秀脸。

“怎么会是……顾家……”六娘子失了声，沙哑地问道。

“你三姐撞在了这件事儿上，前后真的不过是个巧合。有些事儿你猜对了，可有些事儿你根本就没有猜到点上。官场上的事儿远比你想的要复杂，你以为皇上为何明着要给了我泼天的富贵，可却同时还要重用封家和顾家？”沈聿白一边说，一边也陷入了深深的沉思，“没错，当年的九爷和我是生死之交，可如今面对皇上，我却不能再把昔日救过他性命的事儿挂在嘴边。他是君，我是臣，他要重用我，这说明我有用武之地，可为官为臣若是太过耀眼，下场只会和……当年的父亲一样！皇上不会亲自来牵制我，但他可以让人来牵制沈家，不管是封家还是顾家，都是很好的人选。”

“我……不懂。”六娘子觉得胃中一阵翻江倒海的难受，她下意识地伸手扶住了桌沿，用仅有的一点力气支撑着似在慢慢往下坠的身子。

“封长渊和他爷爷不一样，他倒真称得上是个磊落的正人君子，但……顾家有野心，这是昭然若揭的。”沈聿白说着，握紧了拳继续道，“顾望之懂皇上，但又不懂皇上，他深知皇上想让我们三足鼎立互相牵制，所以他聪明地交好封家，却偏总是想让我一败涂地。可你外祖父那里密不透风，顾家和沈家也有交情，他想下手，却苦于无门。而陆家，你父亲的官职说实话引不起什么轩然大波，所以顾望之就看中了我疏浚运河的事儿。”

“运河……”六娘子脑海中瞬间灵光一现，失口笑道，“他让刘文统去找王述，就是承诺王述在运河的事儿里可以捞一笔？可既然这样，王家为何要往我父亲屋子里塞人？”

沈聿白闻言，转过了身道：“刘文统承诺王述的是连本带利可以赚十万两，但是事后刘文统是准备要把王述和我一锅端的。”

“十……万两。”六娘子不可置信地睁大了眼睛，“全部要栽赃给你？”

沈聿白冷冷一笑：“其实这法子很好，王家和我们不是同宗亲族，刚好是个不远不近的关系，若是从王述下手追查到我，只要中间几个重要的环节和人不出纰漏，保不齐皇上是会信的。其实他们也知道，十万两买不了我的命，但是却可以买来皇上对我的猜忌。我沈聿白能有今天，说穿了不过是因为皇上的器重，皇上心里一旦对我存了芥蒂，那沈家很快就会历史重演的。所以，王家送你父亲的那个小清倌还有你三姐的事儿，纯粹是节外生枝的巧合，但偏偏就是因为这样，我才查到了顾家。无论要安什么罪，首先要有罪才能安，至于之后到底如何布局，只怕现在他们也有些束手无策了，因为我说了，你三姐的事儿不光打乱了你的生活，也打乱了他们设好的局。”

“我们想让王述走仕途，可他偏偏只看重钱，因为这事儿，三姐和他吵了很多次……可，十万两，十万两竟就试出了王述的心……”

“十万两还能买我的半条命。”沈聿白接了六娘子的话，突然笑道，“因为顾大人说过，我沈聿白何能，可以娶阿遥为妻。”

六娘子猛地倒吸了一口凉气，忽然觉得视线所及之处是一片天旋地转。难怪之前沈聿白会说“那这其中也有你”！

她不知道，她也不想知道，她原本以为自己能掌控的生活，其实不过是别人棋盘上的一步棋。她一直想深究三娘子枉死的真正原因，但其实到头来她也脱不了干系。

可这样的账，她要如何和三娘子去算，她又怎么有脸和三娘子去算。是不是有些路，即便她看着已经考虑得很周全了，但到头来却只周全了她自己。

便是如此和皇权之争毫无关系的三娘子都会因此而牵连丧命，那这之后，可能有性命威胁的会是谁？是沈聿白，是外祖父，或者干脆是整个侯府？

六娘子忽然觉得膝盖一软，整个人就顺着椅子缓缓地倒了下去。

事到如今，她特别累，从所谓嫡女到侯门正妻，从千金闺秀到诰命夫人，六娘子觉得要说真正快乐无忧没有心思的日子，似乎也只有在怀阳的那几年时光了。

可如今，沈聿白却如此直接地告诉她，连顾望之，都带着恨意来找她索偿，可她究竟欠了他什么，以至于他要这般心心念念日日不忘……

第五十四章

竹风引·雪上加霜

“侯爷，夫人这是……小产了……”

六娘子这次晕倒后，下身出了大量的血。沈聿白吓得连忙把宫里头御医总管刘大人给请到了府中，结果刘大人的一句话，惊得沈聿白差点没有一掌劈了面前的紫檀木桌。

刘大人也吓了一跳，连忙道：“侯爷也别着急，其实……按着老朽的意思，夫人现在身子骨也未长开，若是勉强受孕也不利于……”

“她怀了多久？”沈聿白根本无心听刘大人的忠言，此时此刻他竟是满心的懊悔和愤恨。

其实上一次刘文统的事儿他是根本没有细查的，他本以为那无非是言官们看着他当时圣眷正隆，想借机参他一本而已。再加上当时皇上还把刘文统的折子给他看了，随后还笑称：“煜宁侯，你瞧，要是那些人知道你这个侯爷还是有封地食邑的，那朕座下的这把龙椅会不会也被一并给掀翻了？”

沈聿白是了解明承帝的，他若是真的把这件事儿放在了心上，就不会这么肆无忌惮地把折子给自己看，也不会开这样的玩笑了。是以当时刘文统弹劾他的折子，后来并没有掀起太大的风波，他也就没有再追查下去。

但时隔一年多，他没有想到，刘文统，或者说刘文统背后的顾家竟会是这样不依不饶的。

他还记得昨天晚上，他在南宫御书房前的钰帘桥遇到顾望之的时候，顾望之问他的那句话，他说："你何德何能可以娶到阿遥？"可笑的是他当时竟突然被问住了。

顾家和赵家当年同住怀阳的事儿他是知道的，他当时亲自去怀阳拜访赵老太爷的时候，就曾经路过顾家的宅院大门。顾望之的优秀，他去幽篁寺拜见恩师的时候也略有耳闻，可顾望之和阿遥曾经的两小无猜，他却从来没有去深究过。

但当顾望之问及的时候，他却无言以对了。是啊，他当时看中赵家，其实对六娘子本身的关注几乎可以说是没有的，但是他没有想过会娶回这样一个女子。

豆蔻的年华，机智聪慧，她很清楚自己想要的是什么，也会奋力谋权和想方设法巩固自己的地位。沈聿白知道，六娘子身体里有一颗向往自由的心，他很惊讶这样的思想竟然会出现在一个十几岁的深闺女子身上。但真好，这样的女子竟然会是他的妻，沈聿白知道，其实他很喜欢六娘子，是那种惺惺相惜的喜欢和怜惜，他希望她能在他的羽翼下好好地长大，替他生儿育女，然后两人携手同老，坐看岁月静好。

所以顾望之的问题也让沈聿白生了气，他忽然有些害怕，他不知道顾望之在六娘子心中到底是怎样的一个地位，他也怕不管自己如何努力地融入，都抵消不掉他们两人两小无猜的那几年无邪的岁月。

所以在知道这整件事情的来龙去脉以后，他一度是想要瞒着六娘子的，他怕她伤心难过，这样的事实，等于在她的伤口上又狠狠地刺了一刀。但回来的时候，当看到六娘子和自己这样咄咄逼人地争执时，他心里的无名火又无端地蹿了起来。

忽然间，他很想让六娘子知道，这背后到底是谁搞的鬼。他猜如果她知道了顾望之的所作所为后，凭六娘子对三娘子的那份姐妹深情，是不是就可以一笔勾销了她和顾望之的两小无猜？

可是现在，沈聿白后悔了……

"按着夫人的脉象来看，也不过一个多月，不过夫人兴许并没有什么反应，是以可能她自己也没有发现，再加上这两日夫人有些体虚气郁内血不顺，这些都容易导致小产。”

沈聿白懊恼地点了点头，然后强打着精神道：“大人看，可要开些温和的药调理一下？”

“要的，要的。”刘大人素来在太医院奉职，很少看到武将发脾气的样子，方才沈聿白那重重的一掌真的是吓了他一大跳。眼下看他多少恢复了一些正常的神色，老太医便连连地点头，岔开话题分了沈聿白的心道，“老朽这就给夫人开两个药方子，一个调理一个滋养，侯爷放心，夫人底子好，若是好好养个一两个月，很容易再怀子嗣的。”

刘大人说这番话的时候，沈聿白一直在看躺在床上的六娘子。他知道她醒了，因为她虽闭着眼睛，可眼帘却在微微地颤动。他不着痕迹地伸了手去牵她的柔荑，可六娘子却佯装翻身，巧妙地避开了。

沈聿白一愣，指尖触碰到的是缎被的满指微凉，可这冰凉，却抵不过他心里的难受。

那之后刘太医又交代了些什么，沈聿白根本就没有听进去，他只浑浑噩噩地点着头，然后吩咐了暖香坞里的丫鬟要仔细地记下刘太医的话，随即他才强笑着送刘太医出了暖香坞。

走了几个人后，东稍间顿时就冷清了下来。

站在床榻边的鱼安、竹韵两人面面相觑了一番，然后鱼安无声地指了指侧身躺着的六娘子，竹韵见状摇了摇头，将鱼安拉到了一旁轻声道：“我方才看到夫人已经醒了，不过……夫人既不想起，咱们就先去熬药吧。”鱼安闻言，叹了口气，便和竹韵两个并肩出了屋子。

听着她们渐行渐远的脚步声，六娘子才用力撑了手肘缓缓地坐起了身，她只感觉自己脸颊阵阵地发凉，待她伸手去擦了擦，方才看到了满掌的温润。

“孩子……”六娘子细细嘀咕了一声，然后身子一仰靠在了床头的迎枕上，失笑地用沾满了泪的手抚上了平坦的小腹。

这里竟曾经有一个孩子，可笑她分明做了母亲却丝毫没有感觉到。不知为何，这个时候，她特别想念三娘子，也特别想外祖母。

这孩子来得悄然无息，走得也悄然无息，在自己还没有整理好对三娘子无端丧命这件事的愁思时，这孩子已经融入了她的骨血，可为何要走得这么快？

六娘子忽然想到了梅姨娘，想到了梅姨娘开口求媛姐儿的事儿，原来真的也只有当了娘，她才能彻底体会到骨肉连心的痛。

忽然，门口有了响声，六娘子抬头一看，见是沈聿白进了门。

两人四目相望，却第一次对视无言，不是尴尬也不是生气，不是难受也不是责备，他们周围的冷，仿佛是彻底崩塌了信任以后的一种孤立和无助。

沈聿白看到六娘子那面无表情的宁静时，心里七上八下的不是滋味，可张了口，他却又不知道要说些什么，便只能走到一旁给她倒了一杯温水道："刘太医是老太医了，他开的药方子温和不伤身，他说……"

"侯爷。"谁知六娘子忽然抬起了头，怔怔地看着他道，"我拿十万两和你买王述的命，他既能为了十万两害得我姐姐如此惨死，那我就让他也尝尝被十万两买了性命的滋味。"

沈聿白一愣，没想到到了现在六娘子心心念念的都是三娘子的事儿，他不禁来了气，当下就把手中的杯子重重地搁在了桌沿边，溅起的温水瞬间沾湿了他的衣袖："王述王述！你三姐的事儿就真的这么重要？重要到你连肚子里的孩子没了却问都不问一句？"

可六娘子闻言，却无动于衷地继续："还有顾家，我想见见丽嫔。"

沈聿白的怒声戛然而止，他愣愣地看着六娘子，如同看着一个陌生人一般眼中满溢着惊讶。

六娘子见状，冷笑了一声道："侯爷以为我心念三姐，就不会和顾家算这笔账了？侯爷太看得起我了，侯爷或许不知道，我陆云筝睚眦必报，先对付王家，只是因为三姐姐尸骨未寒，我们活人等得起，她却等不起。"

说着她深深地吸了一口气，然后道："不管今儿三姐是安葬了还是没有安葬，和王家的和离是离定了，若是王述的事儿侯爷不愿意插手帮忙，就早些告诉我，我也好提前有个打算。至于丽嫔娘娘那儿，说起来我也已经很久没有见过英娘了，若是可以，就劳烦侯爷安排我进宫一趟，去看看英娘也是好的。"

六娘子的这几句话说得客气而疏离，沈聿白听了以后虽挑不出任何的刺，却非常不舒服，是以他下意识地皱了剑眉道："阿遥，其实……"

"如果侯爷想要问我和顾望之的事儿，那等我身子好一些以后，侯爷想知道什么，我就原原本本地告诉侯爷什么。侯爷也无须无端猜忌，我和顾望之相识于侯爷之前，那时候，若说两小无猜也是不为过的……"六娘子说着说着，便慢慢地收紧了指尖的力道，一双手也因为用力的关系而轻轻地颤抖了起来。

她真的不懂，如果沈聿白之前说的那些都是真的话，那从前那个温润如玉的顾宸玉到底去哪里了？她认识的宸玉哥哥，是温和的、洒脱的，是不拘随性视权贵如粪土的，但现在的顾宸玉，竟会为了对付沈聿白，而把整个陆家和王家都一起牵扯进去。

其实她真正想找的并不是丽嫔，而是顾宸玉本人，但偏偏，这个人让她凉彻心扉，六娘子甚至觉得，他根本不配再和自己多说一句话了……

第五十五章

繁华绮·春满四月

四月伊始，冬融春绿，视线所及皆是星星点点的生机。

这一个月间发生了很多事儿，只可惜对于小产了必须静卧补身子的六娘子来说，绝大多数的事儿她是没有亲自参与的。但是这当中，有七娘子这个很尽责的传声筒，所以即便她没有刻意地问，但所有的事儿也基本是了如指掌的。

回望整个三月，七娘子似乎成了侯府的座上常客，不光是隔三岔五地来六娘子跟前报道不说，还经常赖在暖香坞蹭吃蹭喝的，乐此不疲。不过七娘子是为了躲避林氏对自己的严苛盯梢，而六娘子则是为了从七娘子这儿知道外头她关心的那些事儿的进展，所以两人也算是心照不宣了。

“青致哥哥这次考得特别好！”这日午后，六娘子刚睡醒，七娘子就来了，开口就告诉了她一个好消息。

六娘子闻言，大大地松了一口气，然后笑道：“青致哥哥性子隐忍，我之前写信也同他说过，仕途之路难免艰辛，可他却驳我说世上无难事只怕有心人，此番，看来哥哥他是下定了决心要好好地考一番功名了。”

七娘子也点头道：“哥哥这次中了举人，成绩不俗，父亲和母亲都很高兴，你不知道，母亲已经连着有大半个月没有和父亲说过一句像样的话了，连带着给青远哥哥置办新房，前前后后都没有借过父亲的手，这一次因为青致哥哥，两人看着，多半要冰释前嫌了。”

“夫妻哪儿有隔夜仇，母亲不过是气父亲太过糊涂。”六娘子淡淡地笑了笑，思绪不禁因为七娘子的一句话而飘至半个月前王家发生的那些事儿上去了。

想她小产当天和沈聿白说了那一番话以后，沈聿白明着虽没有答应她，可转眼第三天，七娘子就跑来告诉她，王家同意和离了，当时三娘子的尸身还隔冰放在棺材里，六娘子便追问三娘子的身后事要如何处理。

七娘子告诉她，王家不仅答应和离，而且连三娘子的那些嫁妆也分文不要了。不过两家和离的现场七娘子没能偷溜进去，是以这当中具体的事宜她也不是很清楚。但六娘子觉得王家能这么干脆，这其中肯定少不了沈聿白做的文章，不过六娘子没有去证实，沈聿白自然也没有主动提及。

那之后，三娘子的棺材就被抬回了陆家，陆老爷找好了福源寺的法师，择了黄道吉日，将三娘子安葬在了陆家祖坟里，然后又让法师做了整整七天的水陆道场，三娘子的后事也算风光大办了。

可六娘子心里还放着王述的事儿，就在她快要按捺不住准备自己想法子去走关系让王述血债血偿的时候，七娘子又风风火火地跑来了侯府，一推开门就扬眉吐气地说道：“王家在宣城看来要待不下去了，如今王述包了小梨园戏子的事儿外头是尽人皆知了，这事儿好像是那戏子说漏嘴的，王述气不过去找那戏子理论，结果两人争执间王述不小心把那戏子给杀了，如今官府正在到处缉拿他呢。”

六娘子当时就觉得这事儿不出意外肯定也和沈聿白有关。但她无心去管其中的细节，她只知道，王述这次在劫难逃，即便他命大能躲过官兵的追查，只怕也只能偷偷摸摸东躲西藏一辈子了，而若是他被官府的人抓住，一命抵一命，他也只有等着被砍头的份。

而事实上，六娘子也知道沈聿白是肯定把她的话给听进去了。因为又过了几天，听七娘子说，王述在郊外被抓住了，带回衙门三天后，官府的人就将他问斩了。

那天晚上六娘子很高兴，甚至胃口大开还多喝了一大碗鸡汤，不过她心里还想着顾望之的事儿，总觉得等身子好一些了，是一定要想办法进一趟宫的。

而就在这个时候，七娘子连声的呼喊终于唤回了六娘子远飘的思绪：“想什么呢？都出神好久了。”

六娘子伸手从边上的果盘里拿了两颗荔枝放到了七娘子的手中道："一会儿多带些回去给母亲还有栩哥儿尝尝鲜，这是增州今年的新产。"

"母亲说这个火气旺，你少吃些……"见六娘子手边的白瓷果盘中摆了不少荔枝，七娘子关切地说了一句。

六娘子笑道："知道你爱吃，专程给你准备的，哪儿是我吃的，我还喝着药呢，要忌口。"说着她又皱眉问道，"对了，四姨娘这两日……还闹吗？"

三娘子骤死的事儿到底没能瞒得过绮翠园，几天后四姨娘就全部知道了，当时王家还没有点头同意和离，四姨娘恨得从厨房拿了菜刀就想往王家冲。园子里很多丫鬟都吓坏了，想上去拦都没拦住，最后还是显怀了的七姨娘拿了一把扫帚在四姨娘的背后重重打了一下，方才把她惊得掉了手中的菜刀。

那之后四姨娘总是到林氏跟前去哭闹，后来三娘子和王述和离了，王述又落罪被砍头了，四姨娘才稍微地消停了些，可还是终日以泪洗面。七娘子当时说，这半个多月来，她是眼睁睁地看着四姨娘生了华发消瘦下去的。

是以听六娘子问起，七娘子便吐了荔枝核，叹气道："不闹了，其实要是闹闹也好，四姨娘这两日……都快成石头了，七姨娘日日看着她，可七姨娘自己也是个要被看护的，又哪儿来的多余的精力。"

六娘子想了想，道："你回去和母亲说，若是母亲觉得妥当，我就差了人去把四姨娘接到庄子上住一些日子。她一直困在那个天地里，日日夜夜想的都是三姐姐的事儿，转不了弯的话只怕要魔怔的。反正三姐姐的牌位也已经摆在了小祠堂，这一辈子三姐姐算是能安息了，四姨娘的事儿，母亲若是忙不过来，往后我来管。"当年三娘子把四姨娘托付给她的时候，她没能保住四姨娘的孩子，这一次，六娘子觉得她就算拼了命，也要让四姨娘后半辈子过得舒坦顺心。

七娘子见六娘子神情严肃说一不二的样子，便帮着林氏说话道："也不是母亲故意不管的，实在是三姐姐的事儿闹得母亲和父亲一直暗中较着劲，父亲虽理亏在先，可我瞧着他也没有要让一让母亲的意思。上个月母亲心里难受得要命，可又要帮我准备嫁妆，又要帮青远哥哥操办婚事，实在也是有心无力的。"

六娘子知道她和林氏是母女连心，便笑道："我哪儿有怪罪母亲什么，你可别总是截了我的半句话当整句听，我自然知道母亲最近忙得脚不沾地的，这才想着要揽一揽四姨娘的事儿。更何况……三姐姐生前……我总是和她走得近，如今她人不在了，我帮着三姐姐侍奉四姨娘，也是人之常情。"说着她心生感怀，怕自己在小月子里掉眼泪会折腾坏了眼睛，连忙眨了眼转了话题道，"不过按着你这么说，青远哥哥和孙家小姐的婚事就这么定了？”

两姐妹一连串的对话中总算又聊到了件值得开心的事儿，七娘子便眉飞色舞地点头道：“是啊是啊，几天前敲定的日子，就在十月初六。”

“十月……”六娘子道，“会不会赶了些？”

“母亲的意思是，青远哥哥也不小了，若是翻过了年就又长了一岁，便找大师给两人算了八字，说十月初六是个不错的好日子。”

“那母亲忙完你的事儿，紧接着就要忙哥哥的婚事了。”陆青远虽是庶出，可却是庶长子，他娶媳妇是陆家的头一遭，陆家肯定是要大办的。但六娘子每每想到林氏那看着和煦实则狠绝的性子，就不禁暗暗希望那孙家小姐不是个软柿子。

“是啊。”正当七娘子来了劲想和六娘子好好八卦一下陆青远的婚事时，忽听门口有了声响，紧接着一股苦臭味就由远而近地飘了过来。她下意识地就抬手捏住了鼻尖，声音嗡嗡地说道：“陆云筝，你怎么还要喝药？”

进门的是竹韵，听见了七娘子的话，竹韵也有些心疼地说道：“七姑娘，咱们夫人这药要喝到下个月呢。”

“啊！”七娘子同情地看着六娘子，一脸难过道，“对了陆云筝，你是不是……我成亲那天来不了陆家了？”

六娘子端着汤药碗的手一顿，浓稠的药汁左右晃了晃，映出了六娘子有些犹豫的神情：“我……想去的，可要看身子吃不吃得消。”

说实话，六娘子这话真的不是敷衍七娘子的。她这次小产，虽刘太医再三和沈聿白保证不会留下什么后遗症，但她自己却是不敢马虎的。因为她怕若是一个不注意，小病小痛的那都是小事儿，若是闹得以后怀不上子嗣了，那才是大事儿。是以她准备听取秦妈妈的意见，纵使是小产，也要坐满了双月子再下床。那要是这样算的话，七娘子的婚事她是肯定出席不了了。

不过，在经历了这么多的事儿以后，七娘子也变得懂事了许多，听了六娘子委婉的推辞，她非但没有和以前那样撒娇耍脾气，反而很豪迈地安慰六娘子道：“唉，其实来不来也没什么，只可惜你瞧不见我的喜服了，那是母亲特意去天蚕阁给我定做的，比你之前的那件还要贵好几十两呢。”

六娘子闻言，心头一暖，搁下了药碗拉住了七娘子的手道：“不管你成亲那天我能不能去，都不碍我祝你幸福美满。陆云歆，嫁人以后你一定要好好的，你但凡敢活得有一点点不体面的，当心我这辈子都看不起你！”

第五十六章

繁华绮·貌合神离

那天，六娘子一个没忍住，还是在目送七娘子出暖香坞的时候偷偷地抹了几把眼泪。

一旁的竹韵见状，连忙拿了帕子压着她的眼睛道：“夫人又忘记了，刘太医和秦妈妈都让夫人月子里一定要好好调养，切莫忧思心急，更不能掉眼泪，不然以后眼睛可是坏得很快的。”

六娘子看着竹韵一脸如临大敌的紧张劲，便破涕为笑道：“行了行了，我不哭了，我不哭了！”

正说着，沈聿白回来了，六娘子的笑声便在看到他的身影时戛然而止。

“娘说要来看看你。”沈聿白见六娘子眼睛有些红，下意识地就皱了眉，可到了嘴边的关切却终究绕了个弯，换了一句话道，“我怕今儿你和小七聊太久了，就让娘明儿再来。”

即便六娘子没有交代，但最近这一个月，沈聿白还是对她的行踪了如指掌。七娘子什么时候来的，来了多久，带了什么东西，赵太夫人和林氏又是什么时候来的，带了什么聊了什么，在每一天的谈话间沈聿白或多或少地都会提到一些。

他没有刻意隐瞒私下派了观言专门盯住暖香坞的事儿，而六娘子分明知道了他的用意也没有摇头表示生气，两人算是彼此默认，可又偏偏貌合神离。

整个三月，暖香坞里头的气氛都是阴沉沉的，连着进进出出的几个丫鬟都战战兢兢的，比平日里少了许多话，生怕一个多言就惹得两个主子更闹别扭。竹韵和鱼安还特意地吩咐了下去，让几个小丫鬟务必要谨言慎行，若是有半点差池，秦妈妈和她们这一关便肯定先过不了的。

而这当中，赵太夫人来过两次，看出了其中的弯弯绕绕，便劝六娘子道："他在外头多有不易，你气性也别这么长，回头若是后悔了，自己都找不到台阶下，岂不是搬起石头砸自己的脚？"

六娘子心里难受，面儿上却笑呵呵地让赵太夫人宽心，只开心地同她说着旁的无伤大雅的事儿，却闭口不提和沈聿白之间的心结，赵太夫人看了也直摇头。

后来萧姨奶奶就来了。

六娘子小产以后第一次见到萧姨奶奶的时候就哭了。萧姨奶奶见了，连忙把六娘子搂在怀里抱了许久，半晌才道："原先我上头有个嫡亲的姐姐，当时我想嫁给子延父亲的时候，家里所有的人都反对，我父亲和母亲气得更是要将我赶出家门。只有五姐，暗中接济了我不说，还明着暗着在父亲母亲的面前说了我不少的好话。后来，五姐远嫁，我们沈家又举家迁去了凉都，书信来往就渐渐少了。直到有一年，我收到哥哥的来信，说……五姐难产死了。"

六娘子闻言，肩头微微地一颤，却听萧姨奶奶继续道："那时候我刚生了春娘，怀胎十月，一朝落地，我自己也知孩子生得不易，这样的辛苦男子是永远也不能理解的。他们也不懂，我们若是失去了孩子，只会比他们更伤心更难受，但是我们却不能将这样的情绪展露在外，因为若是小产，没有人比我们自己更自责……"

"娘！"六娘子听了心里酸涩无比，只觉不管如何，这世上终于有一个人可以代替她那早逝的生母来同她说这一番贴己的话，让她可以有个理由好好地哭一次。

"可你瞧，伤心过后日子还是要过的，且不说侯爷，便是整个内宅府邸也要你好好地打理，我有次出园子的时候刚好遇到刘太医，就问了问你的情况，他说你虽小产，却未伤及筋骨，只要好好调理，以后还是会有孩子的。"萧氏说着顿了顿，温柔地抽了帕子擦干净了六娘子脸颊的泪痕道，"那时，庄子里有人闹事儿，你挡在了我的前头，如今你心里难受，便轮到我来挡在你的前头。我虽不是你正经的婆婆，但你私下喊我一声娘，我把你当女儿看，你若心里难受，只管来告诉我。”

萧氏的话其实很平淡，没有什么煽情的辞藻也没有什么刻意的讨好，但却听得六娘子心里暖洋洋的，眼泪怎么止都止不住。而那一天，萧姨奶奶是陪着六娘子入睡的，那也是六娘子小产以后，睡得最踏实的一天。

是以听了沈聿白的话，六娘子便道：“这两日秦妈妈吩咐厨房给我熬了很多汤，明儿让娘来我这儿用膳吧，她上次说要带了媛姐儿过来玩的。”

“你的身子……也还未全好。”自从两人闹了别扭后，沈聿白那些贴心的话说得就特别小心翼翼。

六娘子淡淡地道：“左右我也不下床的，没事儿。”

其实六娘子明白，沈聿白和她自己都知道两人之间并没有什么太大的问题，因为若是沈聿白心里还气着六娘子，三娘子的事儿他就不会这么上心。而若是六娘子心里还有疙瘩，那对着喜欢的人，她说出口的话只会更尖锐。

可六娘子心里也清楚，她和沈聿白，一时半刻是回不到之前温情脉脉的时光了。

为什么？或许还真是因为他们两人之间横出了一个顾家三郎。

小产这几日，六娘子几乎日日夜夜都躺在床上，虽偶也有人来探望，可没人的时候总是更多些。每逢一个人，她就会细细地把从前她在怀阳和顾宸玉相处的那些时光回忆一番，不知为何，六娘子总觉得她似乎从来都没有看懂过顾宸玉这个人。

从前，她以为他是温润如玉的翩翩公子，心怀天地无谓名利，可若是如此，其实他本也不必去幽篁寺游学，他也不会总是在来赵府找自己的时候用一大半的时间围着外祖父。她以为他和自己青梅竹马却只是不善言辞，可若是如此，他当年又怎会如此无视她的来信和字里行间的思念。

六娘子越想就越觉得可笑，是不是原来在顾宸玉的身上，从头到尾都是她自以为是、自作多情了？

想到这里，六娘子心里就更蠢蠢欲动了起来，下意识地就想开口再和沈聿白提一下五月安排她进宫的事儿，但谁知她话还没问出口，只听沈聿白犹豫地说道：“今日在御书房，顾右都御史求娶方阁老的嫡孙女，皇上准了。”

六娘子一愣，好奇道：“顾……右都御史？他不是督察院右佥都御史吗，皇上升了他的官？”

沈聿白怔怔地看了六娘子一眼，没想到自己方才说的那句话，六娘子竟只在意了这一个细枝末节，便轻轻地点了点头。

六娘子见状，略有所思地抿了嘴："那他岂不是和封大人同官阶了？"

"皇上也封了封长渊为礼部右侍郎。"

"礼部……"六娘子一听这两个字就有点敏感，却终究甩了甩头道，"那也要恭喜封大人了。"

沈聿白见她似真的没有在意顾望之将要成亲的事儿，便问道："顾家有喜，你不好奇？"

六娘子一愣，忽然笑道："顾家三郎老大不小了，他若迟迟不娶，我才会好奇吧？"说着，六娘子便上下打量了沈聿白一番后继续道，"我之前和侯爷说过，关于我和顾家的事儿，侯爷只要问，我便知无不言言无不尽，但侯爷没有问，却偏偏为何这么在意？"

沈聿白的脸色有些不太自然了，一阵白一阵青的，看不出是因为生气还是因为憋气。

六娘子笑道："侯爷若是好奇为何我这么在意顾家的事儿，我若说我只是好奇自己为何会在过去的几年中完全地把一个人给看错了，不知侯爷信不信？"

沈聿白眯着眼道："什么意思？"

"若我说了，侯爷能允我见一见顾望之吗？"

那之后，暖香坞里便流淌了许久的沉闷，六娘子紧紧地盯着沉思的沈聿白，忽然有些不明白，为什么这么简单的一个决定他却要用这么长的时间去权衡思考，不免沉不住气地先开口道："侯爷这会儿若还以为我会对顾望之旧情难忘的话，未免也太看轻我陆云筝了。"六娘子说着说着，便冷了眉眼道，"自从我知道自己要嫁给侯爷的那一天起，顾望之与我就已经没有任何关系了。我失望的是，为何侯爷不信我，偏偏如此在意我之前那几年在怀阳的生活。若侯爷真要如此计较，那我是不是也应该和侯爷算一算先夫人和媛姐儿、景哥儿的账？"

生气归生气，但六娘子无法忍受的是这种无端的猜忌。她知道沈聿白骨子里的大男子主义，也清楚这之前不管是三娘子的事儿还是她小产的事儿，他都有资格和自己闹别扭，但是这前提却不是建立在对自己不信任的基础上的。

即便他对自己没有感情，可那起码的尊重却是必须要维持下去的。六娘子从来都不觉得感情的事情是可以用理性的标准去判断的，所以她也从来不承认她自己有喜欢过顾宸玉，因为对顾宸玉的感情，六娘子觉得她一直能剖析得很明白，两人之间的情利轻重，她一目了然。但到了沈聿白这儿，从前她对顾宸玉的那一套似乎就不起作用了。

这也是六娘子这次和沈聿白闹别扭的潜在因素。她觉得，从她喜欢沈聿白，到他知道自己喜欢他，这中间似乎还有很长的一条路要走。

第五十七章

繁华绮·暗中较劲

左右无法兼得的情况下，六娘子到底还是错过了七娘子的婚事。等她坐满了双月子能下床的时候，七娘子人已经到了永清安顿下来了。

她寄来第一封信的时候，六娘子刚好和几房姨娘在屋子里闲聊，收了信，六娘子虽还未拆看，可脸上的笑容却满了几分。

“瞧夫人高兴的，可是有什么喜事？”也不知是上次六娘子说的那番话起了作用还是梅姨娘自己想清楚了，总之最近这些日子，她整个人都平和温婉了许多，见着六娘子的时候，也多了几分诚心的尊敬，在六娘子心情好的时候，她甚至还能和六娘子多聊上两句。

六娘子闻言，将寻音递上的信搁到了一旁，然后和梅姨娘道：“过了五月，我和侯爷说好了，给媛姐儿请个正经的女先生，媛姐儿虽也算是启了蒙的，可眼下的那些学问要和别家的小姐比，是肯定不够的。”

梅姨娘闻言眼前一亮，忙点头笑道：“多谢夫人体恤。”

“也是萧姨奶奶多次夸了媛姐儿聪慧，若是不抓紧开始学些什么，不免可惜了。”六娘子说这番话的时候，视线从梅姨娘的身上掠过，扫到了康姨娘，最后落在了钟姨娘的身上。

忽然，一直被康姨娘抱在腿上的景哥儿挣扎了一下跳下了地，然后跑到了站在六娘子身旁的媛姐儿面前道："二姐姐也要开始上学了？真好，往后咱们一起去水榭院还能有个伴儿。"

小孩子最是天真无邪，听了景哥儿的话，六娘子开心地将他拉到了身边问道："媛姐儿要上课，母亲送了她一套文房四宝，你想要什么？母亲也一并送你一样。"

景哥儿闻言，小心翼翼地看了一眼康氏，见她笑着微微点了下头，便认真道："母亲，我差一个笔架。"

康姨娘一听笑了出来道："夫人别见怪，哥儿原先是有一个紫檀笔架的，不过哥儿自己不小心，上个月的时候给摔坏了，我还没来得急和石妈妈说这事儿呢。"

"一个笔架而已，不用惊动石妈妈。"六娘子摇了摇头，然后低头对景哥儿道，"这笔架母亲送你了，回头让人送到流芳阁去。"

景哥儿高兴地冲六娘子作了揖，几人聊了片刻，外头妙琴便来传，说周氏和姜氏来了。

梅姨娘等几人闻言，立刻站起了身，先一步告了辞。两拨人在暖香坞的门口撞了个正着，姜氏看着被梅姨娘好生牵着的媛姐儿通身洒金缂丝粉绸小裙衫，一头乌黑的发髻梳成了桃花小鬏儿，上头用南珠金簪固定着，神色大方笑意然然，浑然一个深闺千金小姐的姿态，心里不禁痒痒了几分，便也没有和几个姨娘多言，连忙拉着周氏进了暖香坞。

"按着说，四弟妹身子骨刚好，咱们不便多打扰，不过我们做娘的一颗心总是放在了儿女身上……"刚一落座，未等丫鬟端上新茶，姜氏就开了口，话说到一半，她只感觉袖子一重，却听一旁的周氏用尴尬的笑声打断了自己。

"我瞧着四弟妹气色不错的，太医可说是不是完全恢复了？"桌子底下，周氏紧紧地捏住了姜氏的手，似乎准备用这无声的举动来制止姜氏那说话不过脑子的行为。

姜氏其实心眼不坏，只不过人有些冲动快语，听了周氏的开场白，她背上不禁浮上了一层薄汗。是啊是啊，六娘子就是小产掉了第一个孩子的，她怎么还能说什么"做娘的一颗心总是放在了儿女身上"这样戳人心窝子的话。当下她便乖乖地微垂了头，然后干笑着在一旁给周氏当起了陪客。

六娘子笑着看了姜氏一眼，然后道："太医说已经没有大碍了。"接着为了避免姜氏的尴尬，她便主动问道，"今儿大嫂和二嫂来暖香坞，是不是有什么事儿我可以帮上忙的？”

周氏知道六娘子是个通透聪慧的性子，便爽朗地笑道：“我就说和四弟妹说话最轻松了，按着说本也不是什么大事儿，不过昨儿我去母亲那儿请安，恰巧听母亲说弟妹你要给媛姐儿请女先生的事儿，便想着，是不是也能让彤姐儿和怡姐儿也跟着媛姐儿一起上课？”

六娘子一愣，连忙笑着说道：“即便今儿大嫂和二嫂不特意来找我，等先生到了侯府，我也是要和大嫂二嫂去说这事儿的。”见周氏、姜氏两人微微一怔，六娘子忙解释道，“本女先生还没有请好，我便想着说这事儿有些早了，再则我还想和侯爷商量商量，是不是要针凿女红和描红读书分开，又或者侧重一面，因为女儿家，虽不用像哥儿他们那样深做学问奋走仕途，但有了学问也等于有了见识，以后嫁了人做了宗妇，也不至于目光浅薄让人拿短。”

周、姜二人听了以后面面相觑了一番，然后突然对着六娘子笑了出来。随即周氏道：“你瞧你瞧，这只能说是四弟妹做事儿有章法而咱们两个做嫂嫂的太心急了。”

姜氏闻言，点头附和道：“是啊是啊，弟妹你可千万别笑话咱们两个做嫂嫂的，以前在凉都，我们是有心也未必能办得成这事儿。如今四弟妹这儿开了头，我想着，怡姐儿过了十月也要满六岁了，这搁在宣城，高门大户里六岁的嫡小姐都已经能出口成文、走针如画了，偏咱们怡姐儿却是连花还绣不成一朵，真是让我这个做母亲的干着急。”姜氏说着说着，就想到了之前在凉都的苦日子，便闷闷地抽了帕子擦起了眼泪。

六娘子见状，连忙倾身拉住了姜氏微微有些颤抖的手道：“二嫂您千万别这么说，我从小孤身一人长大，八岁的时候才回到宣城，在家的时候不觉得，出嫁了以后便觉得有亲姐妹相互照料其实比什么都重要。今儿不管是媛姐儿还是怡姐儿、彤姐儿，都是侯府家的小姐，我要让她们从小就学会同进同退，往后便是媛姐儿有什么，咱们怡姐儿彤姐儿也有什么，日子总是会越来越好的。”

姜氏闻言，破涕为笑，翻掌拉住了六娘子的手，说道：“四弟妹有心了，我替两个姐儿谢谢四弟妹……”

送走了周氏、姜氏二人，六娘子便喊来了秦妈妈、鱼安和竹韵，张口就问道：“这两日，管事妈妈还来暖香坞吗？”

六娘子小产坐月子开始，因为没办法打理庶务，内宅的事儿就全权交到了清懿阁那儿。不过最开始的时候，几个管事妈妈大多有什么事儿都还是会来暖香坞知会一声秦妈妈或是鱼安、竹韵的，但后来她们来得便渐渐少了。

六娘子不去问，沈老夫人也不提这事儿，如今她出月子也已经快十天了，可除了厨房的项妈妈、库房的石妈妈、司房的余妈妈以外，别的管事妈妈这两天六娘子却是见都没有见到过。

秦妈妈闻言，上前一步道："项妈妈她们还是照例来的，不过……"

"不过母亲为什么要挑我和两位嫂嫂的事儿？"六娘子淡淡地看了秦妈妈一眼，幽幽地叹了一口气。

她现在的处境，算不算是屋漏偏逢连阴雨？

自己小产后的第三天，沈老夫人来看过自己一次，那神情，说不上难过，也说不上高兴，在六娘子看来，那是一种隐忍到了极致过后的舒心自在。

六娘子当时沉浸在悲痛中，无暇去顾及旁人的心境，而现在想来，她才发现，原来老太太竟是这么不甘心地就如此退居二线，又或者说，她是不甘心让掌控了多年的沈家就此飞出了自己的手掌心。

可若是别的事儿，六娘子或许就明着顺了她，毕竟她是长辈是母亲，当年在凉都，要是没有沈老夫人，整个沈家或许就这么完了。在那样的环境下，如果连性命都难保的话，又怎会有今天飞黄腾达的沈聿白？

但是唯独主持家务这件事儿，不管是面对谁，六娘子都不会选择让步的！

她现在和当时的三娘子不一样，当时她会劝说让三娘子放手内宅的权力，是因为六娘子知道，即便三娘子真的当好了这个家，王述在短时间内也不可能成龙成凤。而事有轻重缓急，当时三娘子一颗心全部放在子嗣上，既无心管家，不如轻松放权，那才是上策。

可到了自己这儿，情况就截然相反了。第一个孩子虽然小产了，可也完全是在计划外的。六娘子知道自己的身子，年纪太小其实并不利生产，她如今的重心全放在如何花心思把整个侯府理顺了打点好，等过个两三年再考虑子嗣的事儿对她来说也为时不晚。

是以，在这个时候，沈老夫人如此明着暗着挑战六娘子的底线，不免让六娘子觉得有些为难了。

她并非是担心斗不过沈老夫人，只是……婆媳间要是为了这样的事儿在家里闹开了，说出去终归还是侯府的不体面。所以，六娘子想的是如何大事化小小事化了，不过这要看沈老夫人愿不愿意配合了。

第五十八章

繁华绮·姨娘心思

话说这厢，六娘子正在为沈老夫人的事儿愁思着，那厢，康姨娘和钟姨娘却在流芳阁聊起了闲话。

“前天，我去清懿阁请安，听老夫人的意思，七月，韫欢妹妹要来宣城了。”趁着丫鬟们在外头忙着摆饭的空当，康姨娘犹豫了片刻，还是悄悄地拉过了钟姨娘，把憋了许久的话说了出来。

钟姨娘一愣，以为自己听错了，柳眉一凝，狐疑地问道：“你说谁？”

“谢韫欢啊。”康姨娘压低着声音又重复了一遍，“谢家妹妹。”

钟姨娘乍然转头看着康姨娘，心生异样道：“这……侯爷心疼夫人心疼得紧，侯府里但凡是有双眼睛的都瞧得见，老夫人难道还不死心？”

要说这谢韫欢是谁，那还要从沈老夫人的娘家说起。当年阜宁翟家子嗣单薄，翟家二老怕一个闺女不好养活，小的时候就从宗氏亲族里挑了一个姑娘来给幼年的沈老夫人做伴。这姑娘叫翟宓，后来便就成了翟家名义上的二小姐。说起来，当年沈老夫人和这个堂妹妹的感情胜似亲姐妹，翟宓被翟家养到十七岁，后来回了老家菏县嫁给了一个姓谢的举人，其中有一半的嫁妆还是沈老夫人的爹妈给出的。

那之后，谢家小夫妻俩的日子也是过得平淡和美的，可天不遂人愿，后来菏县闹了水灾，上万的难民流离失所，在水灾中失去了相公的翟宓就想到了要来投靠沈老夫人。无奈当时沈家刚到了凉都，本也是泥菩萨过江自身难保的，在翟宓辗转找到沈老夫人后，沈老夫人只哭着私下给了她五十两银票，又收留了她们在凉都的旧宅住了一个月用以休养、避难，不过当时沈老夫人也直言，再往后要说照顾，她也力不从心了。

一个月后，菏县水患消退，翟宓主动告辞，两老姐妹抱头痛哭了大半天，沈老夫人方才亲自跟车将谢家母女送至了回菏县的官道上。

不过，这看似短短的一个月，却唤起了沈老夫人压在心底多年的姐妹深情。但无奈当时沈家乱成一堆，后路又不明，沈老夫人当时一心还想着要起势，是以即便她再想亲上加亲，也总觉得谢家门楣还是低了些。

几年后，当沈家在凉都已经定居稳固的时候，谢家母女又来过一次。这一次，两人在沈府留宿了很久，而年幼的谢韫欢也给沈老夫人留下了很好的印象。当时，也正是沈聿白和章氏闹得最僵的时候，沈老夫人便动了心思，想过几年等谢韫欢办了及笄礼，便让沈聿白娶她过门做妾。

只是这厢两个老姐妹将事儿都合计得八九不离十了，那边沈聿白却随军去了边塞，这一去便干脆杳无音讯了大半年，谢韫欢的事儿就这么被耽搁下来了。

是以，知道这其中弯弯绕绕的钟姨娘问完了方才的话后，不等康姨娘接口，便继续道："按我说，这个谢家妹妹和侯爷那就是有缘无分的，不然，早在凉都的时候她就已经进了门了，何须等到今日？"

"可，我瞧着老夫人是很喜欢韫欢妹妹的。"

"这么喜欢，为何不说给大爷做妾，又或者说给五爷，偏偏要塞给侯爷？"钟姨娘闻言冷冷地笑了笑，捏了捏衣袖的翻角道，"还不是因为大爷和五爷都是老夫人亲生的，而即便她再喜欢韫欢，也总觉得谢家门楣不配沈家。"

和钟霈晗在一个院子里住得久了，康柔也多少了解她私下的一些脾气了。其实三个姨娘中，钟霈晗的出身算是最好的，她父亲是正经的绸商，母亲是大户人家的庶女，从小可谓是父严母慈、家宅福安的。

而她当年会进沈家做妾，主要也是因为钟老夫人和萧姨娘中间有人在牵线。再加上当时沈聿白已经开始跟着还没有封王的明承帝闯天下，多一个妾和少一个妾对沈聿白来说其实关系并不大，是以钟霈晗就这样进了门。

但在大多数的时候，流芳阁是不太听得到她钟姨娘的话音的，可只要是有什么事儿钟霈晗看不下去了，那康姨娘知道，从钟氏嘴里出来的话便很可能句句都是嘲讽。

就好比这儿，钟姨娘把话说得如此直白，康姨娘在一旁只能愣愣地赔笑，末了才道："不过不管老夫人打的是什么主意，如今这儿是侯府，当家做主的是侯爷和夫人，韫欢妹妹的事儿，除非是侯爷自己愿意，不然只怕老夫人是要竹篮打水一场空了。"

钟姨娘闻言，看了一眼康姨娘，然后眯着眼道："我当姐姐是很想让谢家妹妹进门的，毕竟，姐姐在老夫人跟前伺候的时间比咱们谁都多。"

康姨娘神情一滞，别过了脸道："若不是为了景哥儿，我也不用如此费心。"她说着，轻轻地捏了捏自己手中的帕子，指尖的那一丝微凉让康柔觉得有些刺疼。

其实她并不气钟霈晗这几句话，相反的，她还隐隐地为自己的所作所为而感到骄傲。不管以后她们做姨娘的还能不能为爷生儿育女，至少现在侯爷的庶长子是景哥儿这一点永远也不会变。也不管她是先夫人章氏的陪嫁丫鬟这一身份在旁人看来尴尬不尴尬，但只要她能讨得老夫人的欢心，能让夫人不特别留意自己，留意景哥儿，那她就能安安稳稳地在侯府带着儿子活下去。

思及这里，康姨娘忽然想到前几日景哥儿的奶娘说，暖香坞的竹韵姑娘告诉她，夫人准备要见一见孟回九家的了。

这是好事儿，这是好事儿！康姨娘在心中默默地双手合十面朝着窗口的方向虔诚地拜了拜。

若是孟回九家的真能入得了夫人的眼，那说不定夫人一个高兴，以后也会多看景哥儿两眼。她求的真的不多，只要景哥儿能平安长大，替侯爷分担一二，那她这辈子也就定心满足了。

这天夜里，沈聿白回暖香坞后，便看到六娘子正坐在窗边手卷着一册书闭着眼睛假寐。

沈聿白一边宽了衣衫一边道："若是困了就回屋去睡，开着窗子也不怕着凉。"

六娘子闻言，睁开了眼睛，起身问道："侯爷要不要吃夜宵，今儿我让厨房做了酱拌面。"

六娘子承认，最近她和沈聿白之间的对话不是争执就是剑拔弩张的，假若不吵，那剩下的就是对坐无言的沉默。

在做姑娘的时候，六娘子承认自己是个别扭的性格，好比三娘子与她的亲近，大多都是三娘子主动的，再好比七娘子和她化敌为友，也多半是七娘子即便明知要被她骂，却还是会一次一次地主动来找她的。

所以在人际关系的交往中，六娘子虽然霸道，但却大多是被动的那一个。不过在从前，她倒是凭着这别扭的性子行得还算顺畅，可到了沈聿白这儿，按着这性子走，就走成了死路一条。因为六娘子突然发现，沈聿白竟和他是同一类人。

看清了这样的事实，六娘子着实苦恼了好几天。

面前是两条路，要么两人一起别扭下去继续渐行渐远，虽最后也不至于背道而驰，不过六娘子觉得，那一定会毁了她好不容易和沈聿白建立起来的一点夫妻感情。

那若是要一方先妥协，六娘子觉得，与其她明着暗着去暗示沈聿白，还不如自己潇洒一点，直接给自己找个台阶下算了。

所以，酱拌面是个信号，因为六娘子知道，沈聿白喜欢吃酱拌面。

不过，在看到沈聿白惊讶万分的神情时，不知为何，六娘子心里竟然闪过了一丝生疼。

已过五月，即便入了夜，外头的清风从窗棂吹入，也带着属于初夏的暑气。六娘子等了许久，不见沈聿白说话，便起身吩咐寻音去厨房端面，随即还补了一句道："拿两副碗筷来。"

沈聿白这才回了神，如玉的脸颊上闪过一分不悦道："你没用晚膳？"他记得六娘子是没有吃夜宵的习惯的。

六娘子刚脱了鞋准备上贵妃榻，听了沈聿白的话，不冷不热地回道："侯爷并没有为了我茶饭不思，我又何苦为了侯爷茶饭不思？我奶娘以前说过一句话，再生气都不要饿肚子，因为肚子饿不饿只有自己知道，别人只当你在附庸风雅想做个不食人间烟火的谪仙罢了。"

沈聿白闻言，忽然眯着眼问道："没想到赵老给你请的奶娘还是个识文断字的，附庸风雅的谪仙……这比喻倒是恰当。"

六娘子愣了愣，转头冲他微微笑道："侯爷真会说笑，我奶娘的祖父当年还是外祖父的启蒙先生呢！"

不过是短短的几句对话，却让六娘子和沈聿白彼此间冷了许久的气氛渐渐地缓和了起来。正在这时，寻音笑盈盈地端着酱拌面走了进来，只见她将食盘搁在了桌上以后道："厨房的二丫知道夫人爱吃腌萝卜，她还特意切好了准备着呢。"

六娘子闻言，点头笑着起身落了座，然后她伸手将筷子递给了沈聿白道："侯爷要不要吃？一会儿我会给侯爷泡消食茶的。"

第五十九章

繁华绮·冰释前嫌

吃了面，喝了茶，沈聿白觉得还是有些饱，就出了屋子去打了一套拳。回来的时候，六娘子见沈聿白的肩头有未干的雨点，便探头将手伸出了窗外，结果迎掌就触到了淅淅沥沥的夏雨。

“这天转眼就要热了吧。”六娘子喃喃低语了一句后，转身吩咐在她身边做针线的鱼安道，“明儿和秦妈妈说一声，再过两日，府里上上下下要换夏套了，让秦妈妈看着天气好，就把那些凉席从库房里拿出来，该洗的洗，该晒的晒，都提前准备起来。”

鱼安起身点了点头，然后走到长案边挑高了红烛的棉芯，又折身走到架子床边的木桶里探了探热茶的温度，方才放心地冲沈聿白和六娘子福了身，然后安静地退了下去。

等鱼安出了稍间，沈聿白便转身进了净房。

六娘子靠在窗边，一边拿起了矮几上随手搁下的书册，一边望着沈聿白消失在门扉的身影出了神。

之前两个月她坐月子的时候，沈聿白不是睡在葳蕤轩就是睡在暖香坞的西稍间，这两日他已经让人把西稍间的被褥都撤了，不过人是睡回来了，但六娘子却明显感觉到了沈聿白的克制。

可既然……想，为何不去姨娘们那儿呢？六娘子这两日一直在探究这个问题。究竟是因为那几个姨娘已经不得他的喜欢了，还是因为沈聿白心里有她呢？六娘子觉得很有趣，瞬间就很期待接下来和沈聿白继续这样看上去风平浪静可实际上却在暗中较劲的日子。

正胡乱想着，净房的帘子被人一掀，一身便装长衫的沈聿白就从里头走了出来。

六娘子眉眼一挑，刚想找个话题打破一室的宁静，却听沈聿白道："你是想见顾望之还是想见丽嫔？"

六娘子的笑容凝结在了唇角边，她没想到沈聿白真的把这事儿放在了心上。

"顾……宸，望之！"几乎只是眨眼的工夫，六娘子就不假思索地脱口而出。见沈聿白脸上闪过一丝阴晦，六娘子耸肩笑道，"侯爷若是不放心，可以跟着。"

"陆云筝！"沈聿白有些咬牙切齿，他心里不是滋味，可偏偏面对如此坦荡荡的六娘子，他却挫败得一点脾气也发不出来。

他沈聿白，似乎从来都没有遇到过这样一个可以让他尝到手足无措滋味的人，而且还是个女人！若是换一个人，换一个场景或者换一件事儿，估计六娘子早已经挨了沈聿白的揍了，军营男儿热血好斗，嘴上说不过便使拳头。在拳脚上，沈聿白是从来没有吃过亏的，当然，他自认口才也不错，可为何这些到了六娘子这儿都不够用了呢？

要说夫妻吵架，他以前和章氏也没少吵过，可当时的模式却完全不是这个样子的。话说从三娘子丧命到出言让陆、王两家和离，再到六娘子小产和张口要插手顾家的事儿，这当中沈聿白并不觉得六娘子完全没有错。

但最主要的还是六娘子骨子里说一不二的性子，尤其是那一旦决定了以后三头牛都拉不回来的别扭性格让沈聿白觉得吃足了苦头。他骂不得，因为六娘子比他有理，他也打不得，因为，她是他的妻！

这正是让沈聿白懊恼了很久的原因，他不觉得在处理这几件事儿上自己有做错什么，妻不涉政，若不是那天实在气极了，想来他也不会告诉她顾家的事儿。这之前，他不是没有听过当中的流言蜚语，但是当六娘子亲口说出要见顾望之的时候，沈聿白承认自己是怒了，而且还必须怒得不着痕迹。

不过看着沈聿白怒目圆睁的模样，六娘子却忽然笑了出来，只见她慢慢从床头站了起来，直直地高出了沈聿白半个头，然后居高临下地看着他，满脸期待地问道："沈聿白，你是不是吃味了？"

沈聿白一愣，皱眉道："吃什么味，不过是瞧不得你得了便宜还卖乖的模样。"

"哈哈，那你担心什么？光天化日，我和他虽也是孤男寡女，但我是煜宁侯夫人，他也是有了方家的婚约在身的，你若不放心，大方跟着就是。而且你跟去也好，刚好省得我回来还要费唇舌一一告诉你我和顾家三郎都说了些什么！"六娘子眼眸中闪着一丝狡黠，清亮的笑声如风摆银铃一般，越过沈聿白的耳际，直达他的心里。

"阿遥……"沈聿白呢喃般轻轻喊了一声六娘子的乳名，然后他伸出手，小心翼翼地将翩然轻盈的六娘子抱入了怀中。

六娘子一愣，忽觉脸颊一片湿润，她下意识地伸手一探，这才发现自己不知为何竟落起了泪。

像是跑了很久很久终于看到终点的人，六娘子在被沈聿白拥入怀中的那一刹那，终于抑制不住地放声大哭了起来。

这两个月来，她只有在萧姨奶奶的面前这样放肆地哭过一次，那之后，她有她的骄傲和尊严，她也有她的底线和矜持，她不愿意让别人看到她的愤绝和伤心，也不屑别人的同情和安慰，可她太难受了，难受得只能强颜欢笑独自承受。

六娘子知道这性子不好，也知道沈聿白虽嘴上没有说，可却依然是心系着她的。但是她要给自己找个台阶下，也要给沈聿白找个台阶下，在吵架这件事儿上，她和沈聿白的性格太像，以至于两人闹到后来，虽然从未恶言相向，但各自心里都是凉透了不想再多说半句话。所以沈聿白这一温柔的拥抱，无疑是彻底瓦解了六娘子这两个月来筑在身上的那层无形的冰霜。

"对不起，子延……"在被六娘子反手圈住脖子后，沈聿白愣得出了神，半晌才听到六娘子哭哭啼啼地说道，"肚子里的……我不知道肚子里已经有孩子了，对不起，真的对不起。"

沈聿白一惊，本微沾着凉意的双眸顷刻间染上了一层氤氲："阿遥，你……"

"可我还是要见一见顾望之，无关儿女私情，我只是想当面问一问他，究竟为何要拿着沈家不放？"六娘子眼角沾着泪痕，双眸涩涩，气短胸闷，小小的啜泣惹得鼻尖红晕一片，让与她平视的沈聿白看得心中柔成了一汪湖水。

不过听了她的话，沈聿白却失笑道："官场上的事儿，岂是你这样随口去问问就能问出个所以然来的？”

“侯爷不懂。”六娘子淡淡地摇了摇头，挣扎着从沈聿白的怀抱中跳落在了地上，然后叹气道，“他若还是和我相熟的那个顾望之，那我总是可以问到我想知道的事儿的。官场上的事儿我不搅和，也自认没这个能力，我要问他的是人心，是人情，这是侯爷不会问的。”六娘子说完以后，偏头看着沈聿白道，“侯爷还没告诉我，你是不是吃味了？”

沈聿白尴尬地佯装咳嗽了一声，然后转身道：“我帮你约在醉天阁，你觉得方便吗？”

醉天阁是宣城鹤山脚下的一处酒楼，据说里面的酒菜都奇贵无比，不过胜在环境上乘优雅有韵。宣城的很多文人雅士、贵胄权臣但凡有些什么私事儿，只会选择两个地方包场子，其中一个就是醉天阁。

“什么时候？”

“时间你定。”

“明天成吗？”六娘子咬了一下唇，试探地问道。

沈聿白沉默了片刻，抿着薄唇点了点头道：“明天下午未时三刻，我送你过去。”

六娘子看了看他，然后微微地笑了笑，算是欣然同意了沈聿白的提议。

“等你这个心结了了之后，我和你一起去一趟母亲那儿，内宅的这些事儿，全都丢在母亲那儿算什么。”

沈聿白之后的这句话，引来了刚刚想转身去铺床的六娘子的错愕，她回眸看着坐在桌边的沈聿白，有些拿不准他此时说这句话的用意。

见六娘子惊讶地愣在了原地，沈聿白方才站起身道：“之前你小产坐月子，也总是要有人来帮一把的，母亲说家不可乱，要代为管理，我也只能劳烦她老人家一下了。而如今你身子也好了，太医也说没事儿了，药也停了，那该忙的事儿也总要忙起来了。”

“母亲那儿我本想过两日去的，不过最近我瞧着几个管事妈妈都往清懿阁跑，想着家事琐碎，这两个月确实也辛苦母亲了，便也不能空着手去，难免让母亲笑话。”

“母亲不计较这些，你这心思也不用多花。”沈聿白淡淡地笑了笑，神色中却有些难掩的隐忍。

忽然间，窗外传来了一阵呼啸声，紧接着滂沱大雨便从天而降。豆大的雨点很快浇没了初夏那微薄的暑气，滴滴答答顺檐而落的雨声仿佛一曲高扬的琴音，奏出了节奏齐整的旋律。

六娘子骤然被这突如其来的夏雨闹得敛了神，随即她便快步地走到了床边，一边用轻松的口吻让沈聿白早些歇息，一边动手将被褥平铺在了床上。

不过说话间，她心里却有满满的好奇。

沈聿白从来不管内宅的事儿，就她所知，当时自己坐小月子的时候，沈老夫人顺手接过的内宅庶务也没有过沈聿白的眼。但眼下这是为什么，他要特意和自己说让她尽快把侯府的庶务从清懿阁接过来呢？

六娘子一直都觉得，沈聿白和嫡母沈老夫人之间其实没有太多的真挚亲情，两人的母子关系更像是被整个府邸的利益所捆绑在一起的。而如今沈聿白这么说，是不是因为沈老夫人做了什么在不经意中侵犯了沈聿白利益的事儿呢？

六娘子心里泛起了阵阵涟漪，不免又偷偷地看了沈聿白几眼，方才努力地压下了心中那不断往上冒的好奇感。

第六十章

繁华绮·再见故人

沈聿白带六娘子去醉天阁的那天，天正飘着雨，势头时而大时而小的，下得六娘子心里也阴郁起来。

她不知道沈聿白是怎么约的顾望之，不过当这一天真的到来的时候，六娘子承认她有些兴奋了，是那种约了人要谈判一场未知的合约的兴奋，也是那种仿佛一对一单挑的兴奋。

马车徐徐而进，等到了鹤山山脚下的醉天阁后，天放晴了。沈聿白掀开了车帘对六娘子道："今儿这儿顾家三郎包了场，你进去以后自有人会带路的。"

六娘子刚想下车，听到沈聿白的话忽然回身问道："为何是他包的场？"

沈聿白皱眉道："顾少有银子有排场，为何不是他包？"

六娘子嗤之以鼻："多少钱？我包了！"说着她便冲沈聿白吐了吐舌头，然后翩然地跳下了车。

这醉天阁是依山凌空而居的，从下面往上远远地看去，那木质的三层阁楼仿佛是嵌在山坳中一般，有些像湘西的吊脚楼，但它的整个格局却远比吊脚楼要大气磅礴，一砖一瓦都服帖规整，处处显出了它宣城第一阁的精致。

山脚下，有一长阶蜿蜒而上，六娘子低头看了看，长阶是石质的，看得出人工凿刻的痕迹，因为每一级台阶表面都被刻意地打磨粗糙了，想来是为了防止宾客脚下打滑不安全而为的。

六娘子惊叹于店主的用心，便收拾了一下心思然后提了裙摆拾阶而上。刚刚下过雨，空气清新舒爽，两边郁葱挺拔的针叶树一望无际，层层叠叠的翠绿间夹杂着星星点点粉白色不知名的山花，漫山遍野的清雅让久居宅门大院的六娘子近身地感觉到了自然的气息，她不禁高兴地跃起了步子。不过这开心的代价有点大，因为等走到了醉天阁的时候，六娘子已是有些气喘吁吁的了。

醉天阁的门口站着两个伶俐的侍女，见了六娘子脸红喘气的模样，两人皆轻轻一笑，随即上前虚扶着六娘子将她带进了阁内。

一入醉天阁，六娘子就看到正厅南面的高台上有人正低头抚着琴。四周迷香缭绕，四边窗棂全开，隔棂的绢纱被风轻吹而飘，断断续续地将灵韵的琴曲隔空传来。

恍惚间，六娘子只见琴台上的人一身素衣锦衫，盘腿而坐，十指轻挑，在琴弦上流水一般顺指一抚，几缕琴音袅袅而出，萦绕梁间，令六娘子下意识地就闭上了眼睛。

这曲长相思本是她五岁生辰之日顾望之弹给她听的，取“相思”之意的琴曲曲调哀婉自然，仿佛是平淡的娓娓倾诉，又似一汪净水缠绵的幽潭，看似清缓无波，可潭底却暗波汹涌，不禁勾起闻者的相思情愫。

忽然，琴调一转，那抚琴的人指尖一快，从潺潺轻弹到乱急走弦，平稳的曲调顿时如万马奔腾一般呼啸起来，每一个音符都仿佛敲击在了六娘子的胸口，震得她耳际微微地有些发麻。

可是就在六娘子黛眉轻蹙的时候，那琴音忽然戛然而止了。

“阿遥，别来无恙。”顾宸玉那清雅如水的磁性嗓音，仿佛多年未变。

“宸玉……哥哥。”六娘子凝了神，踩了坚定的步子迎了上去。

两人并不像许久未见那般生疏，相反地，六娘子觉得顾宸玉知道自己今日要见他的用意，反而显得特别自在和坦然。她很喜欢这样，不用刻意地去维护那早已经消失殆尽的旧友之情。

“你过得好不好？”看着神色淡然的六娘子，顾宸玉忽然有一丝的晃神。记忆中的阿遥和眼前的女子相去甚远，他记忆中的阿遥是青涩灵透、芳泽无加的。那时的阿遥分明还是个孩子，拿着酸甜的果子跟在他的身后，一口一个“宸玉哥哥”，帮他执卷，帮他磨墨，和他一起淋雨，帮他采花凝露，那时在怀阳，他的心儿乎要为这小小的人儿融化了。

可眼前的阿遥，霞妆敷面，延颈秀项，皓质呈露，戴金翠之首饰，缀明珠以耀躯，只看一眼，顾宸玉就能被她那从骨子里透出的尊华和从容给折服了。他从不觉得阿遥是那种美若天仙倾国倾城的女子，可他却承认她胜在质傲清霜色，宛若幽兰怒。

“拜哥哥所赐，阿遥过得很好。”六娘子淡淡地笑了笑，然后裙摆轻落，顺着窗棂随意地坐了下来。

顾宸玉一愣，轻轻地笑了笑，然后落座在了六娘子的对面道：“其实阿遥，你三姐姐的事儿，真的只是个偶然……”

“是不是没有人和宸玉哥哥说过，两个月前，我小产了。”六娘子嘴角带着一丝阴柔的笑意，若不仔细地看，只怕不易察觉。

顾宸玉一愣，瞬间变了脸色：“你……什么？”

六娘子见状，眼眉渐冷，愠怒道：“宸玉……哥哥，自我有记忆以来，我便认认真真地唤你一声哥哥，我从小养在外祖父母跟前，虽说家在宣城，但其实和孤儿并无两般。我把你当成亲哥哥，也觉得你若能护着我照顾我一辈子，那便是我最大的幸福。但是，我却万万没想到，我第一个孩子小产了，竟是和你有莫大的关系。

“当日在去临安的船上，我说了那些决绝的话，我当时在想，是不是我对你太狠心了，其实，我们本是两小无猜，即便这辈子无缘继续儿时的情分，但做朋友总还是可以长长久久的。可现在我想来，当时只怕你心里是一个劲地在笑我自作多情的吧。”

“阿遥……”顾宸玉面如土色，上一刻的从容和淡定在这一刻被六娘子的几句话给击了个粉碎。

六娘子却根本不给他开口的机会，径自压下了顾宸玉的话头，继续道：“其实，本来你们顾家，就看不起陆家的门楣，即便我是嫡出，即便我是赵家的外孙女，但顾家要的是像方家这样高高在上的千金女子，我小小陆云筝，就只配在小的时候陪你玩耍左右，做一个两耳不闻窗外事的青梅竹马的。”六娘子说着，缓缓地站起了身，居高临下地看着神色微虑的顾宸玉道，“顾家是不是心系皇权我不管，顾家是不是攀高踩低我也不管，可顾宸玉，你怎么能开始学会利用身边的人，利用我和你从小的情分，做出这种天逆的事儿？你可知当时我花了多大的勇气才没有问你一声，你心里是不是曾经有过我？可现在，我却真庆幸，其实我们的心里从来都没有过彼此，你又有什么资格问子延，他何德何能可以娶我？”六娘子气不过自己终究还是心疼了，眼上浮起的一层氤氲便是止也止不住。

顾宸玉颤抖着肩，忽然失笑道：“你们一个个都用冠冕堂皇的理由来问我，父亲说我是顾家嫡子，我肩负顾家使命，可这使命是什么？为人臣子，能得大势还是不得志，终究也只不过是皇上的一句话，父亲当年权握一方，还不是说倒就倒了？”

“你以为皇上还会犯先帝爷的老错误？如今早已经改朝换代了，顾家就算能由你来支撑门楣，可你这些见不得光的龌龊伎俩，若是使多了，也定不会为皇上重用的！”六娘子轻蔑地看了一眼顾宸玉，道，“你以为凭着顾家就能拉侯爷下水吗？我告诉你，今儿即便侯爷落了马，能上台的也不可能是顾家！”

“阿遥，你……”

“可顾望之，我求你。”六娘子眼神忽然一滞，露出了一丝寒意道，“我求你，这辈子不要再出现在我的眼前！”

“阿遥！”顾宸玉闻言猛地抬了头，满脸的不可置信。

“不管是只言片语也好，消息或是信笺也罢，只要是和顾家有关的，我求你统统不要再让我听到，让我看到。我无法做到不恨你，在对我姐姐、对陆家、对我做了这么多过分的事以后，我若是要你一命抵一命你都不够死的。可宸玉哥哥，你让我最心寒的，却是这世俗的一切竟能把你当年那随性潇洒的性子给磨损殆尽了。可权力再大，你也抵不过一句皇命，君要臣死，臣也不得不死。从前的外祖父，从前的沈家，从前的顾家，眼前的封家，哪一个不是血淋淋的教训？你真的觉得牺牲了周围的一切而去要一个虚无缥缈的官位值得吗？”

顾宸玉一愣，忽然敛了之前放肆的神情，狠着眼神道：“若不夺，又怎知下场会如何？”

六娘子心一沉，看了看琴台上的古瑶道：“我对哥哥的记忆，只保持在我八岁以前，以后顾家三郎是福是祸，陆家小六是安是乱，大家冷暖自知。你今日对我的种种，只盼你能真的知道是对不起了儿时故友，而明日你想要得到何种抱负，我只能衷心祝你不能遂愿！宸玉哥哥，只怕这辈子这是我最后一次唤你一声哥哥了，他日你若和侯爷对阵朝廷，我定会助侯爷不遗余力地让你看清这世态炎凉，让你后悔今日对我三姐姐、对侯爷的所作所为！”

第六十一章

繁华绮·此生何求

“阿遥，外面又起风了。”

正当六娘子和顾宸玉两人眼露微寒相视无言的时候，门外突然响起了沈聿白深沉的轻唤。

仿佛是中了什么魔咒一般，六娘子的眼神立刻就变了，变得清晰如水，晃晃明媚了。

顾宸玉说不出此时此刻自己的心境是何等的复杂，他记忆飘忽，蓦然就想到小的时候，阿遥站在那株怒绽的桃树下，粉衫轻曳，笑声悦耳，他追着她跑，分明只要再迈两步就能抓住她的衣摆，可等他一转身，阿遥已经站在了沈聿白的身边。

皇上钦封的煜宁侯，他不懂，分明是罪臣一家，可为何沈聿白就有这样泼天的鸿运，从一介庶子跃然成为尊贵的侯爷，而自己明明胸怀一腔的抱负，却终究不得圣上重用，甚至连封家的人也不如。

顾宸玉不甘心地冷冷一笑，对着六娘子说道：“阿遥，或许今日这话也是我该对你说的，你和沈聿白，都会后悔今天这般看轻我。”

“究竟是看轻还是看清……”六娘子看着顾宸玉，顿时有一丝绝望的心疼，“如果你连自己坐在什么位置上都分不清楚，你又有什么资格值得我们去另眼相看。顾宸玉，你的博古通今，你那渊博的知识，到底是要用在朝廷的尔虞我诈上，还是要用在造福黎民百姓上？你以为侯爷凭什么能得到皇上的重视，又凭什么能得到诸位朝臣和大周百姓的尊重？是因为侯爷一心为国，从不为私欲。”

看着顾宸玉凝神站在原地，六娘子黛眉紧蹙，也没了再和他对峙的心思，只拉下了沈聿白的肩头问道：“侯爷带银子了吗？”

沈聿白一挑眉，似笑非笑地看着她道：“我上来的时候付了银子了。”

六娘子舒心地点了点头，然后看了一眼顾宸玉道：“你若还能想到儿时志在天下纵游四海皆为家的抱负，或者以后，我还能找回以前的宸玉哥哥……”说完，她便轻轻地拉起了沈聿白宽大的手掌，两人十指紧扣，相视而笑，随即便一起出了醉天阁。

外头确实起风了，却不是山雨欲来的急风，而是雨过天霁的煦阳暖风，沈聿白觉得自从三娘子出事儿以后，他已经很久没有在六娘子脸上看到过这种温煦自然的神态了。

他不禁微微加重了一些指节的力度，一边带着她小心地顺阶而下，一边佯装漫不经心地问道：“和他都聊完了？”

六娘子没有抬头去看沈聿白，不过却轻笑道：“侯爷不是都听到了吗？掐的点儿也掐得正好，我还在怕一会儿冷场了要怎么办呢。”

沈聿白眼神一闪烁，突然下意识地咳嗽了一声道：“我不过是……是怕一会儿又下雨了山阶不好走。”

六娘子止了步子顺势抬了头，笑着道：“本来也就是要说给侯爷听的，我和顾宸玉确实也从来都没有什么私情可言，若真要说，其实在怀阳的时候，也不过就是儿时的玩伴罢了。”

“阿遥……”见六娘子说着说着竟然红了眼眶，双眸氤氲泛润，沈聿白忽然慌了神，但六娘子却不自知，继续道：“可是侯爷，究竟为什么，我从小便不屑权势，若非权势，父亲不会在母亲死后娶了林氏过门，我也不会被送回怀阳；若非权势，外祖父满腔抱负也不至于付诸东流，成天只与棋子花鱼为伴。但普天之下莫非王土，我越是想躲，就越是躲不开，可权势到底是有多大的魔力，才让他变成如今这般我也不认识的残酷模样……”

沈聿白听着听着便轻轻地一用力，将六娘子紧紧地拥入了怀中。

“最凉不过人心，这一辈子，每个人求的东西都不一样，有些人求名，有些人求利，有些人求清廉，但也有些人求贪奢，你若想凭一己之力扭转他人的意愿，只怕顾望之是很难了，我这里，你倒是可以试一试。”

沈聿白的一番调侃终于让六娘子扑哧一声笑了出来：“那侯爷求什么？”

沈聿白情染双眸，怔怔地注视着六娘子道：“求国泰民安再无战事，求为官廉明阖家平安，也求……白头偕老儿孙满堂。”

“我在很早以前知道要嫁给侯爷的时候，内心就有过忐忑，并不是因为情系旁人，恰恰相反，我心无旁骛，可却担心侯爷见了太多世面太多人，会对我有所保留。我开始只求与侯爷相敬如宾，可现在我却不甘心只与侯爷相敬如宾，我敬佩侯爷是铮铮铁血男儿，也知你心思细腻只是温柔不显。所以我今儿才敢说，我和侯爷是一类人，一旦认定，至死不渝。”要让六娘子说出这番话，其实很难，她和沈聿白一样，都属于不太擅长表达内心想法和感情的人。

可是在经历三娘子的事儿、自己小产的事儿和顾宸玉的事儿以后，六娘子却觉得，有些话，该说的还是要说，有些情，该诉的还是要诉。因为在小的时候，六娘子记得赵老太爷就告诉过她，若要让别人知道你的想法，无端的猜测是最不实际的，只有说了，对方才能最准确地明白你想要传达的意思。

果然，六娘子话音刚落，沈聿白搂着她腰身的手就微颤了起来：“我也……并没有怀疑过你们两人之间有什么，只是看不得他早了那么多年认识你罢了。”

“早认识又如何，若是道不同，势必也是不相为谋的，我和侯爷，还有一辈子的路要……”

可六娘子的话还没有说完，就被沈聿白悉数低头吻入了唇齿间。

而这温情的一幕，刚好被从醉天阁走出来的顾宸玉看到。

青山环绕间，那一对璧人深情相拥，雾轻云薄，万翠无尽，衣摆飘飘，长发墨蕊，此情此景，让顾宸玉无端地想到了一句话——天涯地角有穷时，只有相思无尽处。偏看得他生出了满腔的嫉妒。之前和六娘子的攀谈历历在目，六娘子说的每一个字都如同钉锥一般一记一记地砸在了他的胸口。有些感情，从前在他触手可及的时候，他从未认真地思考过归处，可当彻底远离自己的时候，他才发现，这份看似浅浅不恋的情愫已经埋在了自己的骨血中，若要抽离，则有万般的不舍。

这天，沈聿白见天气放晴云卷云舒的，便起了兴致带六娘子在鹤山玩了大半圈，六娘子如那终于被放出了笼子的小兽一般，拉着沈聿白，漫山遍野地走，黄鹂般悦耳轻盈的笑声响彻沈聿白的耳畔。他忽然觉得，若是能得六娘子高兴，他以后便是再忙，也要抽空多带她到山野间走走看看的。

这一玩闹，待两人回到侯府，已过了酉时。两人携手并肩入了府，迎面就看到明路笑着迎了上来道："爷，您可回来了，祁王来了好一阵子了。"

六娘子闻言一惊，连忙松开了沈聿白的手道："侯爷没说今儿有正事要办的。"

见她忽然一本正经却神采奕奕的模样，沈聿白眉眼一柔，笑道："他来不过是叙旧喝酒，哪儿有什么正事，若真是正经事儿，就该在皇宫里头找我。"见六娘子暗自松了一口气，沈聿白又道，"祁王接了皇上的调令，下个月要掌管内务府了。"

六娘子轻轻地点了点头，神色不明道："如此一来，侯爷还是要和母亲商量商量，早些定了湘娘的事儿，拖久了也不好。"

沈聿白温柔地抚了抚她的脸颊道："这事儿你别担心，我和你说的事儿你也要放在心上。"

六娘子抬头看了沈聿白一眼，忽然明白了他指的是主持家务的事儿，便点头道："侯爷放心，我不会让侯爷为难的。"

夫妻俩说着，便在二进的半圆拱门前左右分道而行，一个右转去了葳蕤轩，一个则进门往内宅而去。

不过在垂花门，六娘子却碰到了刻意候在此处的竹韵。见了六娘子，竹韵急急地碎步迎了上来道："夫人，孟回九家的来了，这会儿正和康姨娘一并在暖香坞候着呢。"

六娘子点了点头，被竹韵虚扶着，和她继续往前迈了步子，一边走一边问道："今儿我不在，可有什么事儿？"

竹韵偏头想了想道："也没什么，不过下午的时候钟姨娘来过一趟，也不知道是来做什么的，见您不在，她就折身回去了。"

"钟姨娘？"六娘子看着近在咫尺的暖香坞，心里不免有些好奇。钟氏素来是个不太爱走动的性子，除了每月初一、十五和三日一次的晨昏定省之外，闲暇时六娘子几乎很难在园子里看到她的身影，今儿这是有什么事儿要让她特意跑一趟暖香坞呢？

正想着，主仆二人已一前一后地入了暖香坞的门，刚进屋，六娘子就看到康姨娘和一个年轻的梳着仆妇盘头的女子并肩坐在桌边。

“夫人。”康姨娘见了六娘子，便顺手拉起了身旁的女子介绍道，“这就是孟回九家的。”

六娘子一愣，说了一句：“我没想到你竟这么年轻。”

第六十二章

繁华绮·远亲表妹

六娘子这话刚说完，康姨娘就笑出了声，随即道：“哟，这话谁都能说，夫人就说不得，咱们这儿可是谁都年轻不过夫人呢。”

六娘子一愣，便随着康姨娘笑开了。因为她这一乐呵，屋子里的气氛顿时就热络了起来。

那之后六娘子便让孟回九家的给她梳了几个花式头，不得不说，孟回九家的看着年轻，可梳头的功夫还是不错的，盘出的发髻都大方不复杂，又不会绞得六娘子的头皮发疼，当下六娘子就拍板点了头。

“以后每天早上辰时以前来给我梳头，初一、十五或是遇着逢年过节的就梳得隆重些，平日里我也随性惯了，简单的发髻也能打发。月例就按着二等丫鬟的给，每个月一两银子。”

见孟回九家的一边听一边点头，六娘子猜她应该对自己开出的条件还是比较满意的，便欣慰地问道：“你现在住哪儿？是一个人还是和家人一起？”

“回夫人，是和家人一起，在松子胡同那儿落的脚。”孟回九家的福身道。

六娘子闻言点点头：“那离侯府也就一条街，住得近也方便。”

“可不是，孟回九家的和景哥儿的乳娘是两姐妹，眼下她们两家一起住在松子胡同，彼此有个照应，其实也方便。”康姨娘笑着接了六娘子的话，随后又听六娘子和孟回九家的吩咐了几句后，便带着孟回九家的退出了暖香坞。

几乎是前后脚，康姨娘她们刚走，沈聿白就回来了。

“她来做什么？”沈聿白在门口遇到了康姨娘，两人没有答话，但沈聿白进了屋子就张口问了六娘子。

六娘子正在由寻音换衣裳，闻言不免好奇道：“景哥儿乳娘的妹妹梳得一手好头，我刚好缺个梳头婆子，康姨娘就带了人过来给我瞧瞧，侯爷觉得不妥吗？”

沈聿白一愣，忙转了视线道：“这有什么不妥的，你觉得那人手艺好就成。”说罢，他便转身进了净房。

六娘子觉得沈聿白有一丝不自然的古怪，可真要说什么却又说不上来。但今儿出去了大半天又是来回马车颠簸又是爬山拾阶的，六娘子着实有些累了，便不愿再去分神想些费脑子的事儿，径直也进了净房，准备早些洗漱完后就赶紧上床睡觉。

结果等她上了架子床躺好，头一沾枕，便是一夜无梦，酣睡至天明。

第二天，六娘子起来的时候枕边已是空空如也人走被凉了。六娘子揉了揉眼睛坐起了身，犯着困问进来的鱼安道：“侯爷呢？”

“侯爷一大早就出府进了宫，侯爷说他今儿当值，夫人晚上不用等他一起了。”鱼安一边伺候六娘子下床一边道。

六娘子点点头，由鱼安服侍着拾掇了一番后，终于神情舒畅地坐在了妆镜前，然后她指了指妆台上的一支秋蝶碎金簪对一旁已经到了有一会儿的孟回九家的说道：“今儿梳得正式些，我要去老夫人那儿请安，你瞧这支簪子如何？”

孟回九家的看了一眼道：“夫人若想正式些，这支秋蝶碎金簪还是略显素雅了些。”

六娘子见她有些主见，很高兴地点了头道：“那你看着办。”

孟回九家的一边称“是”，一边拿起了梳子给六娘子梳起了头。她的手艺不错，按着六娘子的想法，轻松地就给六娘子盘了一个偏圆髻，斜插了一根镶宝鹿鹤同春金簪，衬得六娘子面若皎月双眸烁烁，似少了一分俏丽而多了一分端庄秀雅。

六娘子很满意，笑着夸了孟回九家的几句后，便换了身衣裳，然后带着鱼安出了暖香坞。

“到底是快六月了，只走两步便觉得热了。”从暖香坞去清懿阁其实不算很远，不过一袭锦衣在身，再加上一头装饰，六娘子总觉得走得不轻快，才出了园子额头就开始冒汗了。

鱼安在一旁细心地帮她打着团扇，一边摇一边道："夫人很久没有在园子里散步了，前两日湖边的那两株槐花开了，夫人若是再不去看，只怕花都要开败了。"

"又不是昙花。"六娘子抿嘴笑了笑，忽然发现眼前一个蓝色的身影由远及近姗然而来，她定睛一看，是钟姨娘。

六娘子不免又想到昨天竹韵在垂花门口等自己的时候说的那几句话，当下眼神就黯了黯，然后吩咐鱼安道："你先去清懿阁，和老夫人说我被日头晒得有些晕，回去吃两颗清风丹马上就过去。"

鱼安顺势看了一眼迎面走来的钟姨娘，然后福身点了点头，先一步往抄手游廊走去。

"夫人。"和擦肩而过的鱼安点了点头后，钟姨娘便冲六娘子行了个福礼。

"方才听鱼安说，月牙湖边的槐花开得特别好，姨娘陪我去湖边看一看再走吧。"六娘子冲钟姨娘一颔首，然后提了裙摆微微地做了一个"请"的动作。

钟姨娘莞尔一笑，顺着六娘子的手势就迈了步子。

"说起来，我好像还没有这样私下和姨娘散过步呢。姨娘平日深居简出的，咱们俩总不太凑得到一起。"六娘子放眼看去，偌大的园子里偶有两三个在旁打理的仆妇，不过见了六娘子缓缓行来，她们都纷纷低头远退了几步，一张张质朴的脸上写满了恭敬。

钟姨娘笑着道："和夫人说话一点也不累，不过夫人平日里琐事繁多，我也不敢多打扰。"

六娘子缓了步子，凝神不语，只静静地等着钟姨娘的下文。

钟姨娘读懂了六娘子眼神中的意思，微微整理了一下思绪后，开口道："府上这两日来了一位谢家妹妹，夫人知道吗？"

六娘子一愣，下意识地就摇了摇头，可紧接着，她便发现了问题的严重性。先不管这位"谢家妹妹"是什么来历，但为何家中来了客人这么大的事儿她却一无所知？到底是现在的下人们都以为内宅换了主子而不来禀报，还是因为上面有人刻意想瞒？

见六娘子神色不动却目光渐冷地盯着她，钟姨娘心一震，这才确定了昨儿康柔在暖香坞待了那么久，到底还是没有把谢韫欢的事儿告诉六娘子，便轻了嗓音继续道："谢韫欢的母亲和老夫人从小是养在一起长大的，情分自然不同别人，她早年丧父，母女俩来投靠沈家的时候，沈家刚好也正是自身难保，老夫人没有帮上忙，心里一直存着遗憾。这次她只身一人来，母亲问及老姐妹的事儿，才知道谢母已经去了。”钟姨娘寥寥几句话，就把谢韫欢的事儿交代了个大概。

六娘子挑眉道：“母亲该心疼了吧？”

钟姨娘扭头看了看六娘子，心里微微地松了一口气道：“老夫人当场就哭了。”

“哦，那谢家妹妹要在咱们侯府住下了吧？”六娘子轻轻地叹了一口气。

钟姨娘轻笑道：“夫人可把老夫人想简单了，老夫人特别喜欢谢家妹妹……”

六娘子意味深长地看了钟姨娘一眼，虽听出了她话里的意犹未尽，可一时半刻的，也猜不准她咽下未言的后半句话指的是什么。特别喜欢，所以住下了也不够吗？是要收做干女儿呢，还是要给她操办婚事呢？六娘子突然也好奇了起来。

不过好奇的同时，六娘子却突然转了视线打量起了钟姨娘，半晌才道：“也有劳姨娘从昨儿起就记挂着这件事儿了。”

钟姨娘正要伸手去摘头顶顺绿枝垂下的槐花，闻言便松了指尖道：“不过是因为不喜欢谢家妹妹这个人，所以想借着机会和夫人站在一条船上罢了。”

钟霈晗说这话的时候，头上轻落了几片如玉般的花瓣，竟有一丝“绿玉丛中紫玉条，幽花疏淡更香饶”的意味。六娘子发现，三个姨娘中，只有钟霈晗连骨子里都存着一种隔绝的姿态，虽是姨娘身，可她却似置身事外的看客，不管府上发生了多大的事儿，于她而言不过是一场起承转合的戏文罢了。可为何这样一个骨怀清风的女子，却要蹚谢家姑娘这浑水呢？

想到这里，六娘子不禁眯了杏眸道：“姨娘从不是多话的人，也不知谢家妹妹到底是怎么让姨娘心里不舒服了，竟能这般让姨娘费心伤神？”对于钟霈晗的刻意接近，六娘子在不明原因的情况下，决定还是持保留态度。不过理智上是这样想的，但实际情感上她已经偏向了钟霈晗。因为光是沈老夫人刻意隐瞒了谢韫欢入府这件事儿，六娘子就特别不喜欢。

“夫人有的时候太聪明，不过有的时候却也没想到点儿上，谢姑娘来宣城这事儿，侯爷是知道的。”钟姨娘这话说得有些突然，当时六娘子看了天色觉得不早了，刚想转身往回走，钟姨娘却猛地冒了一句。

听了这话，六娘子瞬间转了身，惹得头上钗环叮咚作响，瑟瑟有声：“姨娘这么说，我更有兴趣去会会谢家妹妹了。”她转头看着钟霈晗，只见钟霈晗精致的脸蛋上闪过一丝错愕，六娘子便又笑道，“姨娘今日的这番好意我心领了，今日同姨娘赏花，却觉这槐花更美了。其实姨娘特别适合玉色，我库房里还有一匹上好的白蜀绣锦，料子里头是镶了金丝的，回头我让人给姨娘送去。”说着，她便微微垂了垂眼帘示意别过，然后先一步转身往抄手游廊的方向走去。

还未到清懿阁，六娘子就听到了沈老夫人爽朗欢快的笑声。不过，在丫鬟通报她来了之后，那愉悦的声音便戛然而止了。

六娘子步伐优雅地进了屋，一抬头，就看到沈老夫人的身旁坐着一个身着桃花云雾烟罗衫的姑娘。这姑娘不过十七八岁的年纪，肤光胜雪的秀丽面孔上一对入鬓的远山眉显得格外引人注目。粉色的衣衫衬得她活泼狡黠，乌黑的青丝绾了个松髻，耳朵上戴了一对玉兰花坠浅紫色珍珠的耳环，精致而可爱，而她眉宇间透出的那分娇美却真不是哪家的姑娘脸上都看得到的。

六娘子不免在心中嘀咕了一声，随即笑着迎上前道：“这位就是谢家妹妹吧？”

沈老夫人嘴角含的最后一丝笑意顿时凝结而止，当下就脱口问道：“你怎么知道？”

可不等六娘子先回答，走在她后面的钟姨娘却在这时进了屋。沈老夫人碍着面子，只能先冲福身的钟姨娘点了点头，然后示意她入座。

这般一打岔，六娘子已经将坐在上头的谢韫欢又打量了一番，方才在钟姨娘落座后道：“我虽没有和谢家妹妹见过面，但是昨儿听侯爷说了好些谢家妹妹儿时的趣事儿，今儿一见，便也觉得有似曾相识的亲切。”

六娘子话音刚落，坐在高背椅上的钟姨娘就微微地垂了头，嘴角勾起了一抹似有似无不叫人察觉的笑意。

而沈老夫人的脸色则难堪了几分，紧紧抓着一旁谢韫欢的手有些不敢置信地问六娘子道：“老四……都告诉你了？”

当时在座的，有大夫人周氏和五夫人安氏，暖香坞的三房姨娘也是在的，她们之所以在，是因为今儿是六娘子坐满了月子以后第一次来清懿阁请安，是以她们也一并随着六娘子列席而已。

是以六娘子闻言，先是不着痕迹地睨了一眼身旁的钟姨娘，然后欣然地笑了笑，似没有听到沈老夫人的问题一般，忽然转了话题道：“说起这事儿，我也要和母亲赔个不是呢。”

见沈老夫人一愣，六娘子便轻盈地上了前，半蹲地坐在了沈老夫人的下座，然后小心翼翼地拉住了沈老夫人的手道：“前两天侯爷还和我闹了生分，如今想来，却是儿媳妇太不孝顺了。”

沈老夫人眉头紧锁，想抽手却又偏偏碍着面子动弹不得，只能尴尬地笑道：“你这傻孩子，说什么呢，老四也是，好好的和你闹什么生分？”

六娘子闻言，神情略忧地微微垂了眼帘，连声音都带着几分叹息道：“侯爷说我娇气，虽也是小产伤心，可前后已经坐足了双月子，这会儿还让母亲分神帮忙打理家中庶务，若是传出去，坏了他的名声是小，坏了母亲的名声是大。”

沈老夫人一愣，心中顿时冒起了火，却听六娘子接着道：“侯爷还说，正因为我这般娇气，让母亲操心费神，母亲便是连府上来了客人也不敢来暖香坞知会一声，只怕扰了我清净。母亲，小六知错了，小六……只是实在太伤心了，也是小六自己不小心，孩子没了……”六娘子说着说着，抽了帕子掩面就哭了起来，语无伦次，神色恍惚的。

钟姨娘不免惊叹在了心里。眼前的六娘子，有些诚惶诚恐，又带着一丝小女孩儿般的青涩娇柔，仿佛真的是和侯爷吵了架挨了骂，而来找沈老夫人负荆请罪一般的。她忽然发现，六娘子这一出先声夺人的戏，唱得沈老夫人措手不及，精彩极了。

而沈老夫人确实被惊愣到了，她忽然有些分不清六娘子口中的这番话是真还是假，几乎只能任由六娘子拉着她的手在那儿絮絮叨叨地哭诉，接不上一句话来。

六娘子哭得伤心，红通通的眼睛看上去楚楚可怜。半晌，她止了眼泪后，才冲沈老夫人一旁同样有些不知情况的谢韫欢道：“瞧我今儿真是顾此失彼的，让谢妹妹看笑话了。”六娘子说着，缓缓地站起了身，居高临下地睨着坐在沈老夫人身边的谢韫欢，双眼无波，神韵清婉，和方才捂着帕子哭泣的样子判若两人。

谢韫欢愣了愣，连忙站起来糯糯地说了一声：“嫂嫂好……”

六娘子看着她精致的装扮和秀丽的容貌，心里一沉，后退了一步道：“按着岁数，其实妹妹还比我大一些吧，不过我随侯爷喊一声妹妹，也还是在礼的。”

谢韫欢闻言，尴尬地点了点头道：“嫂嫂说的是。”

六娘子随即笑着转身对沈老夫人道：“母亲，眼下有韫欢妹妹来给您做伴，小六觉得真是再好不过了。母亲觉得把妹妹安排在秋棠馆如何？”六娘子口中的秋棠馆是清懿阁北面的一个独立的小楼，只有左右两间，但却是正厅、稍间、耳房一应俱全，且坐北朝南冬暖夏凉的，若是一个姑娘住，还是很富余的。

见沈老夫人默不作声，六娘子又道：“按着我说，妹妹孤身一人，便先从暖香坞拨两个丫鬟……”

不过这边六娘子话还没有说完，那边谢韫欢就连忙摆手道：“嫂嫂不用操心，姨……老夫人已经吩咐了两个丫鬟伺候我了。”

六娘子闻言，轻松笑道：“母亲对妹妹可谓是上心的，等我这儿忙过了换季的琐事，我来做东，摆个小宴给妹妹接风。”

谢韫欢微微地笑了笑，不言不语的，当是默认了六娘子的提议。

六娘子见状，环顾了一下四周道：“今儿大家听者有份的，回头大嫂、五弟妹，你们可都是要来的，咱们也好久没有热闹热闹了。”

本是存了心思看戏的周氏和安氏被六娘子这样一点名，便都笑着直点头，然后周氏道：“你都开口了，咱们怎么都是要去给你添添彩的。”

六娘子随即和周氏又闲聊了两句有的没的，然后才转头和沈老夫人道：“这天儿瞧着就要转热了，我明儿准备吩咐辛妈妈要开始换夏物了，母亲这儿有没有什么缺的要添的，回头您想好了差了丫鬟来和我说，我和辛妈妈好好归整归整。还有，这两日妈妈们都在母亲这儿回事，媳妇疏懒了这些时日实在是该敲打，打明儿起，便让妈妈们各司其职，还是来暖香坞回事吧，我若再懒下去，只怕侯爷真要恼了。”

不过几句话，云淡风轻四两拨千斤地就把府里的事儿又轻轻松松地揽了回去。钟姨娘坐在下边，看得真切，可心里却翻江倒海似的不是滋味。

说实话，这种不是滋味的情绪，其实并不带反感，更多的还是惊讶和佩服。想当年她刚过门的时候，章氏的处事风格也给钟姨娘留下了很深的印象。其实章氏办事决断，也很聪明，上上下下也是打理得井井有条的，但偏偏只一点，太固执，也太爱面子，有些事儿，她是没有台阶就宁可站在上面死都不下来的。

这样一比，钟姨娘顿时觉得六娘子身上的优势就明显多了。不可否认的是，六娘子很聪明，这种聪明是既能端得起架子，又能卸得下面子。想着方才在槐树下的六娘子和眼下在沈老夫人跟前演戏的六娘子，钟姨娘真是想拍手称个绝。自六娘子小产卧床以后，府邸上下谁不知道老夫人明着帮忙暗中掌权，已经将六娘子这个侯爷夫人的权力揽得干干净净的了。可就在大家好奇六娘子怎么才能重新坐上掌权宗妇的位置时，她却用这种半撒娇半请罪、半玩笑半认真的姿态，把权力给揽了回来。

而正当钟姨娘在心里感叹着的时候，六娘子已经笑着冲沈老夫人行了福身礼，准备告辞了。几个姨娘见了，也纷纷地站起了身，钟姨娘这才发现，看了一出声情并茂的戏后，康姨娘和梅姨娘的脸色也都不太自然。

一番告辞后，六娘子携众人鱼贯而出，行至回廊处，六娘子往左，几个姨娘往右，在廊子口分别了。

那一路回去，三个姨娘都没有说话，一直到梅姨娘独自转身入了玉枝楼的时候，康姨娘才猛地拉住了钟姨娘的手，战战兢兢地压着声音问道："侯……侯爷真……真的告诉夫人谢韫欢的事儿了？"

钟姨娘轻笑道："怎么，侯爷和夫人吃穿住都在一块儿，侯爷有什么不能和夫人说的？"

康姨娘闻言，脸色僵了僵，喃喃道："老夫人还说侯爷没有告诉夫人。"

"其实我也以为你昨儿在暖香坞坐了这么久，是会和夫人说些什么的。"钟姨娘嘴角噙着一抹轻笑，似有些同情康姨娘。

康姨娘一愣，忽然松垮了肩膀，有些无奈道："我……想说来着，可到底拿不准，更何况我平日里老夫人那儿走得又勤快，夫人一颗七窍玲珑心，我前脚才把景哥儿奶娘的妹妹送去给她做梳头婆子，后头就拿着谢家妹妹说事儿，夫人难免不会对我有什么想法。"

钟姨娘闻言，忽然柔了眼神点头道："你考虑得也没错，不过今儿你也瞧见了，若说老夫人厉害，夫人也不是个好捏的软柿子。你当下心里也要想想清楚，咱们虽然明着也能使唤人，也是半个主子，可咱们自己也要跟对主子才是。"说着，钟姨娘便是不理会黛眉快打成了结的康姨娘，先转身往流芳阁走去。

第六十三章

繁华绮·心有灵犀

第二天六娘子刚醒，就看到沈聿白正面带倦容地靠坐在临窗的炕上看信。

她一边慢条斯理地起了身，一边打着哈欠道："侯爷是睡了回来的，还是折腾了一个通宵？"

听见六娘子的声音，沈聿白从信笺上挪了视线看着她道："我在宫里睡过了，今儿你起这么早做什么？这会儿还没到辰时呢。"

六娘子笑道："可一会儿妈妈们要来回事了，我总不能一身中衣跑出去见人吧。"

沈聿白闻言一愣，随即了然道："既要管事儿了，确也应该收收筋骨了。"

六娘子心里有些气他的自以为是，不免瞪着沈聿白道："侯爷说的是，要管事儿了便是要拿出主子该有的样子，可即便我之前没有管着事儿，但这偌大的侯府住进了一个活生生的表小姐，难不成侯爷觉得能神不知鬼不觉地瞒着我一辈子？"

有的时候六娘子确实不太弄得清楚沈聿白的思维，就拿谢韫欢的事儿来说，她真不明白沈聿白明明知道又为何偏偏要瞒着她。虽然六娘子相信，在经过了顾宸玉的事儿之后，两人也算是多少更心意相通了些，可每次当她觉得和沈聿白的关系又更近了一步的时候，总是会出现这样那样的事儿让她好不容易付出的努力统统白费。

是以这一次，六娘子决定要打破砂锅问个明白。

沈聿白果然被她直白的问题给问得怔了怔，立刻有些尴尬地解释道："这么大个活人，我何苦来瞒你，不过是因为……因为那个……母……母亲……"堂堂一国大将军，一人之下万人之上威风赫赫富贵泼天的煜宁侯第一次在六娘子面前结巴了。

六娘子笑在了心底，却因为沈聿白第一次的吞吞吐吐而更加确定自己昨天晚上躺在床上翻来覆去的猜疑，当下就铁青了脸色道："是因为母亲想让侯爷纳她为妾吧？"

其实六娘子觉得这一点也不难猜，也只有这个原因，才会让沈聿白头疼得不知要如何和自己启口，也只有这个原因，才会让钟姨娘连番着来找她。

而且，只要一想起昨儿钟姨娘最后的那几句话，六娘子就觉得，如果谢韫欢的事儿和沈聿白没有一星半点的关系，那一个小小的姨娘到底为何要铤而走险兴风作浪呢。就凭她和钟姨娘私下的关系，只怕还没有熟稔到可以如此互通八卦的地步。是以，既然钟姨娘前后两次都是特意绕来找她的，那就说明谢韫欢和她陆云筝之间，肯定存在了利益的冲突的。而钟姨娘，不过是因为想和六娘子站在一条船上罢了。

果然不出六娘子所料，她话音刚落，沈聿白的脸色就变得更加不自然了。

六娘子在心里叹了一口气，然后竟忽然地下了床，连鞋都没有穿，光着脚就冲到了炕上。

在沈聿白一句"当心着凉"还压在舌尖的时候，六娘子已经扑到了他的怀中。

六娘子爱干净，至少沈聿白甚少看到过像她这样天天要沐浴隔两天就一定要洗头的女子。是以六娘子的身上总是带着一股自然的皂角香，而沈聿白知道六娘子洗头的时候是会在清水里加香露的，所以此刻他只稍稍地吸了一口气，便闻到了满鼻的茉莉香。

"阿遥……"记忆中六娘子很少主动，更别说是这样如孩子般撒娇地扑入他的怀中，沈聿白手臂一收，搂了六娘子的腰身就紧紧地不肯再松开了。

"怎么办，似乎侯爷太优秀也不是好事儿。"六娘子从沈聿白的胸口抬起了头，两颊晕红，墨发尽散垂落腰际，周身透着一股俏皮活泼的气息。

“这话怎么说？”沈聿白忽然笑了，也长长地舒了一口气。朝夕相处的这些日子，他虽不敢说每一次都能把握住六娘子的心思，但她的脾气沈聿白觉得自己还是能摸透一二的。

其实六娘子本身也不是特别喜做表面功夫的人，在面对大事儿的态度上，她若是有脾气就会发出来，若是当下没有什么异样，那就说明她也没有真的生气发火。

“那我先问问侯爷，韫欢妹妹的事儿，可是侯爷想主动纳妾的？”六娘子眉眼弯弯，看上去心情好像还不错。

“当然不是！”沈聿白斩钉截铁地沉了脸道，“若是有意，又怎会等到现在，在凉都的时候就……那时候母亲的理由和现在也没什么差别，不过是她身世清苦，如今更是父母双亡，若没有了依靠，一介弱女子，总不免飘萍浮世，令人唏嘘。但我也和母亲说了，要帮她的法子有千千万万种，何必单单要走纳妾这条路。”

“侯爷真不心动？”六娘子忽然起了玩心，认真地分析道，“我昨儿是第一次见韫欢妹妹，不要说母亲喜欢，那水灵标致的模样，连我心里都喜欢了三四分呢。想我这辈子，也只承认过两个女子是有绝色倾城之姿的，一个是……三姐姐……”六娘子说到这儿的时候，神色黯了黯，连方才欢快的声音都轻了许多。

沈聿白心一紧，刚想接口说些什么岔开话题的时候，却听六娘子恢复了神色继续道：“还有一个就是英娘！”说着，她轻轻地往沈聿白身上靠了靠，然后找了个舒服的位置坐了后又道，“不过昨日一见韫欢妹妹，我却觉得她也能算上半个呢。”

沈聿白闻言，忽而用力掐了一下六娘子的蛮腰道：“胡闹！天下女子貌美绝色的要多少有多少，我若只喜欢她们的容貌，岂不是家里的姨娘小妾都要塞个满屋了？”

“哦……原来侯爷并非肤浅到只看中女子的姿色，可我在想，那时我小产在坐月子的时候，侯爷为何也不去姨娘们那里过夜，是不是觉得姨娘们都没了新鲜感了……”

“陆云筝！”沈聿白听她越说越浑了，不免板起了脸想掩饰自己心里的尴尬。

谁知六娘子却将头埋在他的胸口，一颤一颤地耸起了肩膀。

沈聿白一惊，以为她在哭，但当他慌忙地拉开了两人的距离定睛看去的时候，却见六娘子竟是憋着笑意满脸涨得通红，只是没有放开声音。

而六娘子笑了半晌，然后终于在沈聿白的错愕中挺了腰身蜻蜓点水般在他的薄唇上落下了一吻，方才正色道："我知侯爷是说的比做的少，你不去姨娘们那儿，是因为心疼我，怜惜我，侯爷是做大事儿的人，做大事儿的人不爱解释，不拘小节，这些我都明白，我心里高兴，也很感动，可是侯爷，像谢家妹妹这样的事儿我也不希望再有第二次了。"

"母亲也就这么一个感情好的姐妹……"

六娘子见沈聿白没有听懂她的意思，摇头道："我方才说侯爷太优秀这可不是玩笑话，侯爷现在还年轻，您去看看，整个宣城，那些贵胄皇族世家的男人们，谁不是三妻四妾的？今儿没了母亲，明儿还会有别的人为了交好侯爷而送妾侍送美人的，我说的没有下次，是以后若再有这样的事儿，侯爷不能瞒我了。"

"也……没有想瞒着你。"沈聿白神色一愣，忽然有些像犯了错误的孩子一样，不知所措了起来。

六娘子假装没有看到他的局促，又道："我觉得夫妻相处，贵在坦诚，这就好比侯爷行军打仗，也喜欢忠诚不二的部下不是？侯爷向我坦诚，我也向侯爷坦诚，不瞒侯爷，谢家妹妹的事儿，是之前钟姨娘特意来告诉我的。"

"她？"沈聿白闻言确实愣住了，半天才回神道，"她为何要这么做？"

"总有原因的，虽然我还不知道，但我气的是，连姨娘们都知道谢家妹妹入府为客的事儿，我却还不知道，亏侯爷还声称让我不要犯懒，内宅该管的事儿都管起来呢！"

六娘子不想去评断沈老夫人的是非，因为她能感觉得出，沈聿白虽然和她不亲，但明着却还是很尊重她这位嫡母的。其实想想也对，当年在凉都，不管是沈聿白还是春娘或者是英娘都是庶出，即便萧姨娘能耐再大，若是没有沈老夫人的从旁庇护，他们三人都不会有如今这般似锦的前程。和沈老夫人的关系是沈聿白的底线，在沈聿白没有和她摊牌以前，六娘子是不会傻到去自掘坟墓的。

但是主持家事的事儿和谢韫欢的事儿她就能和沈聿白这样摊在台面上开诚布公地聊。

沈老夫人的心思六娘子其实多少能猜到些，无外乎是因为掌权多年忽然一朝成了空，名义上她是沈聿白的嫡母，但其实这里是煜宁侯府，是因为有了沈聿白才有了府，这一大家子人包括她陆云筝在内，都是仰仗着沈聿白的鼻息的。所以好强了一辈子的沈老夫人有些不习惯了，也有些无事可做了，因为这个家没有一处是需要她费心去打理的。

至于谢韫欢，或许是因为沈老夫人感情上真的觉得舍不得不照顾，也或许是因为她觉得侯府太寂寞需要找一个真心日夜为伴的人，才会一而再再而三地想把她嫁进侯府做妾的。

可……六娘子不免在心里又冷笑了一声，大爷沈聿齐和五爷沈聿天也都子嗣不丰，若说是沈老夫人自己想做媒，那自己的亲儿子才最适合不是？为何又偏偏一定执着在沈聿白的身上？六娘子觉得这当中，感情是其次，利益才是首位！

第六十四章

繁华绮·重持中馈

六月底之前，六娘子趁着换夏物的机会，连着换了两个管事妈妈，一个是茶房的，一个是浆洗房的。不过这两处事儿多人杂，六娘子一时半刻还真没有挑到合适的人选。

这天早上，众妈妈散了之后，石妈妈单独留下来和六娘子对库房的账。一边做事儿，六娘子一边就和石妈妈聊开了。

“如今让妈妈一边管着库房一边管着浆洗房的事儿，着实辛苦了。”六娘子觉得主仆之间，有的时候必须要出言肯定，才能让仆妇们心里感知主子们对她们辛苦的重视。

石妈妈是那种面冷心热的人，平日里即便是对着六娘子，也是公是公私是私的，谄媚奉承是断然没有的，每件事儿都办得井井有条。当下即便是听到了六娘子的体恤之言，她也不过是轻轻地行了礼道：“夫人哪儿的话，夫人还给了奴婢双份的月例呢，奴婢理所应当要帮夫人分担的。”

六娘子很喜欢石妈妈这种宠辱不惊的性子，当下便袒露心声道：“也只怕要让妈妈操心一阵子了，其实若是裘妈妈之前能好好打理浆洗房的事儿，我也就不会这般大动干戈了，但……”

“夫人的难处，咱们做下人的也不是不知道，夫人即便主持家事，也不能做到事事都亲手管着。妈妈们好或者不好，对夫人来说干系太大了。”石妈妈停下了手中的笔，然后恭敬地看着六娘子回道。

六娘子叹口气点了点头道：“所以这次人选我已经想好了，不过这两个月她却不太方便来接手，是以浆洗房这儿的事儿劳烦妈妈多操心些。茶房那儿我吩咐了徐妈妈，等忙过了这阵子来了新的管事妈妈，我放你和徐妈妈几天的大假。”赏罚分明一直是六娘子处事的风格。

石妈妈笑着点头称了是，随即麻利地和六娘子对完了夏季内宅新换上的夏物，方才捧着账册告了辞。

石妈妈刚走，萧姨奶奶就带着媛姐儿来了。

媛姐儿六月中的时候已经正式启蒙上课了，先生是沈聿白专门从邵阳县请来的女先生，姓梁，学问作为虽然比不得那些名声在外的夫子先生，不过也是才德兼备满腹经纶的。不论是《女戒》《女训》之类的还是音律、女红，先生都能深教一二，这让沈聿白和六娘子都很放心。

自从媛姐儿开始上课以后，萧姨奶奶每隔三四天就会带媛姐儿来一次暖香坞，一来是让六娘子考考媛姐儿的课业，二来也算是固定地带媛姐儿出来散散步，权当劳逸结合了。

媛姐儿和初来侯府的时候相比，长高了一些，小小的脸蛋也圆润了不少，虽见着生人还是有些畏畏缩缩的，但对着六娘子和萧姨奶奶，她却能真切地流露出孩子可爱纯真的天性，这让六娘子没有后悔当初让萧姨奶奶代养媛姐儿的决定。

而且，自从六娘子小产了之后，她对媛姐儿的感情就多了一分，权当慰藉。是以每次媛姐儿来暖香坞的时候，六娘子都特别高兴，从吃的到玩的，悉心吩咐人张罗着，半点儿也不马虎，所以比起自己的生母，媛姐儿倒显得和六娘子更亲一些。

“昨儿我给梁先生束脩的时候，先生夸你现在的字落笔有神，比刚开始的时候进步很多了。”虽然才入夏，可六娘子却已经吩咐厨房做了梨汁冰碗，特意存着就是给媛姐儿解馋的。

媛姐儿吃得正满足，听了六娘子的话，不禁放下了手中的汤匙，然后擦了嘴道：“是先生教得好，先生说我之前描红学得都没有章法，如今让我习颜体，说只要多加练习，一定会学有所成的。”

六娘子闻言笑道：“我瞧过梁先生写的字，她自己习的就是颜真卿，如今也让你习颜体，可见对你所教，先生是毫无保留的，你也一定不要辜负先生的一番用心良苦。”

“是！”嫒姐儿认真地点了点头，小小的双眸中表满了决心。

六娘子心中欢喜，想了想又道：“我记得你父亲书房里是有一本《颜勤礼碑》的，过两日你来，带几张描红过来，若是你父亲也赞了你的字，我就帮你讨了那本《颜勤礼碑》来。”

“这……这怎么行。”嫒姐儿闻言连连摆手道，“父亲那里的应该都是真迹……”

“这有什么不行的。”六娘子搂过了她笑道，“即便是真迹，若是没人用了，放在那里也是落灰，还不如让咱们嫒姐儿在上头描描画画来得有意义呢。”

一旁的萧姨奶奶听了，不禁也笑道：“你母亲说得没错，你父亲书架上的那些什么真迹古书的大多也是放着落灰的，不若咱们姐儿以后一一看了习了才好呢。”

嫒姐儿闻言，“咯咯”地笑了起来，然后又开心地吃完了冰碗，方才由鱼安和竹韵带着去院子里玩毽子去了。

待嫒姐儿出了稍间，萧姨奶奶方面露担忧道：“前几日我去请安，老夫人瞧着……似刚刚发了火一般，连谢家表姑娘在一旁陪着都是小心翼翼的，是不是出了什么事儿？”

六娘子一边随手给萧姨奶奶递了去皮的梨肉，一边道：“许是我换了茶房和浆洗房的管事妈妈，母亲用着不习惯，才恼了心情吧？”

萧姨奶奶闻言，默不作声地接过了六娘子递上的用签子叉着的梨肉，然后吃了两口道：“你若真想换人，这次就换得干脆些。浆洗处的裘妈妈之前跟着老夫人很久了，也难免老夫人恼在了脸上。”

“娘，不是我有心和母亲对着干，说穿了凡事都是一山不容二虎的，家中主持家事也一样。若今儿是母亲管家，我断然不会插手半分，可今儿却是我管着这个家，上头侯爷要问，中间还要应付母亲，如果下面的妈妈再一心二用，我还怎么管事儿？”

“老夫人这些年一手操持惯了，你让侯爷也不要太激进，免得他们母子之间生出嫌隙来。”

六娘子明白萧姨奶奶的顾虑更多的还是情分上的，可成事者，一般都是顾得了原则而顾不了情分的。她觉得，与其夹在沈聿白和沈老夫人中间难做人，还不如按照自己的行事风格来把府上的规章制度给整清楚了，毕竟这往后的日子还长着呢。

想到这里，六娘子便宽慰萧姨奶奶道："娘您放心，侯爷心中有数，我又何尝不是？不管如何，侯爷敬她如初，我也是一样的。可侯爷现在位高权重，有些事儿，却真不是母亲想怎么来就能怎么来的。多少双眼睛在侯爷背后盯着看着，就等着找侯爷的纰漏，侯爷明着不管内宅的事儿，可我的决定我的法子，又有哪一样是逃得过侯爷的眼睛的？侯爷之所以这样，不外乎是想好好地保全这个家，母亲心中又何尝不明白这个道理？不然依母亲的性子，哪里是说放手就肯放手的。"

"那倒是。"萧姨奶奶赞同地点头道，"那换掉的管事妈妈你可想好让谁来顶吗？"

"我想让以前的贴身丫鬟来顶，总是自己人比较放心。"六娘子说的贴身丫鬟，指的就是揽月。

萧姨奶奶笑道："我知侯爷就是喜欢你有主见，清懿阁的事儿，我以后再也不会多嘴半句了。"

六娘子心中动容，忙握住萧姨奶奶的手道："娘，您是关心我，这宅子里，除了侯爷，便只有您是真真切切地关心我的，我又何尝不知道您是在告诉我多一事不如少一事的道理。"

萧姨奶奶闻言，轻轻地捋了捋六娘子垂落在肩的乌丝道："她心里的想法其实谁都知道，她自己也知道，如今不比昨日，可知道和能不能迈过这个坎儿却是两码子事，你们也要给她点时间。还有谢家表姑娘，这事儿只要侯爷不点头，即便她再想，也只能是想想而已。"

六娘子眼中一片氤氲，心里的苦刹那间翻江倒海地涌了上来道："其实理家张罗也够我忙的了，我便不明白母亲为何还要这般折腾。若真是为了谢家妹妹好，就该找个身世清白的人家把谢家妹妹嫁过去做府上堂堂正正的嫡妻才是，便是我看到的姨娘们，几乎都没有几个日子能过得开心自在的。"

"你这么说起来，我倒是想问一问，亲家四姨娘……如今可好？"萧姨奶奶问的便是三娘子的生母。

六娘子一愣，柔了眼神道："事情都过去这么久了，也只有娘还惦记着这事儿。"

萧姨奶奶道："也是命苦的女人啊。"

六娘子轻叹着摇了摇头："四月的时候我让高进接了她去了庄子，最近高进但凡来我这儿，我都会问一问四姨娘的情况。可高进说，不过是日复一日地吃吃喝喝睡睡罢了，人总是恹恹的，没有精神，如魂魄都出窍了一般。"

"等过完这个月，不如我也再去庄子上住两日吧，也能和她做个伴。"萧姨奶奶思忖了片刻，犹豫地开了口。

六娘子有些惊讶地看着萧姨奶奶道："娘，其实也不用您这般费心的。"

"哪儿是我费心。"萧姨奶奶笑道，"上次住过一次庄子，便觉得庄稼人性子质朴，日出而作日落而息的，生活规律不说，也没这么多糟心的事儿。你瞧那庄子上，吃的用的都有，我不过是一个人去，也总是方便的。这要是搁在以前，我想都没想过还能走出宅门，可眼下能托你和侯爷的福，你们且也让我多出去逍遥几日。不过就是媛姐儿，要跟着梁先生上课，若是我不在了的话……"

"那有何难！"六娘子见萧姨奶奶是真心想去庄子小住的，便连忙接口道，"媛姐儿有课业，不论是住我这儿，或者是让她回去陪陪梅姨娘，都是好说的。"

"那便这么说定了。"萧姨奶奶很高兴，又拉着六娘子说了好些贴己的话儿，方才带着玩得满头大汗的媛姐儿回了景华苑。

第六十五章

繁华绮·鸳鸯乱谱

七月初，六娘子和沈聿白将萧姨奶奶送去了濮家庄，沈聿白看出了萧姨奶奶是真的喜欢庄子的生活，便私下同高进吩咐了两声，又留了五百两的银票，吓得高进只差没有哆嗦着跪下求沈聿白高抬贵手了。

六娘子当时是不知道这事儿的，后来隔了半个月高进来侯府找六娘子商量辟良田的事儿，末了才战战兢兢地拿出了银票道："夫人，姨奶奶住在咱们庄子上，吃的用的都是自给自足的，侯爷这……这……这银子……"高进有些把握不好分寸，局促地站在那儿全然没了之前述职时的沉着。

六娘子看到银票，也是一愣，好奇道："侯爷什么时候给你的？"

"就是上次您和侯爷送姨奶奶来庄子的时候侯爷私下塞的，可小的怎能收这银子！"高进有些激动了，"咱们照顾姨奶奶那是分内的事儿，侯爷这银票……岂不是折煞了咱们庄子人？"

"让你拿着你就拿着。"六娘子笑眯眯地将银票重新塞回了高进的手中道，"去给姨奶奶置办些好的东西在屋里摆着，咱们都知道姨奶奶是真喜欢庄子生活的，只怕以后隔三岔五地要去小住，旁的不说，就说那窗户，便应该全部重新糊。去买上好的高丽纸，这转眼天就要热了，蚊虫一多，窗户纸好不好立马就看得出来。”

“这……”高进还有些犹豫，觉得手中的银票有一股无形的炙热感。

六娘子见状，笑道：“侯爷这事儿确实做得欠考虑，我知你担心什么，你现在身兼要职，不外乎就是担心别人说你借着照顾东家主子发横财，可侯爷的顾忌也没有错，姨奶奶毕竟是他的生母。”见高进略有所思地低了头，六娘子又道，“你别担心，这样的事儿不会有下次了，若是以后姨奶奶真的有什么大的开销，我会让你从账面上走的。”

“让夫人操心了。”高进红了脸，心里一直悬着的石头这才稳稳地落了地。

送走了高进以后，六娘子便唤来了秦妈妈。

秦妈妈见她神色愉悦，嘴角含笑，不禁问道：“夫人遇着什么开心的事儿了？”

六娘子摇了摇头，自然地转了话题道：“方才高进来，我见了他便想到流萤，然后再一算，其实流萤、揽月和七姨娘几个人的产期都很近。”

秦妈妈想了想道：“可不是，流萤是八月，揽月和七姨娘都是九月。”

六娘子点头道：“那便辛苦妈妈回头帮我准备三份喜礼，七姨娘那里再多打一对小金镯。”毕竟七姨娘生的不管是男孩儿还是女孩儿，都要喊六娘子一声“姐姐”，这礼也确实有重一分的必要。

秦妈妈笑着称了“是”，随即道：“夫人昨儿提到在园子设宴的事儿，今儿我去瞧了瞧，其实也不用特意挑，月牙湖边的临波亭就不错。夫人若是怕热，可以等过了申时日头不毒了再开宴，若是姑娘们闹得晚，亭子周边还能掌灯，也不至于黑灯瞎火的看不清楚。”

“安全吗？”六娘子第一次在家中设内宴，也准备请一些外府的女眷，是以她不免要事无巨细些。

“亭子离湖边还有些距离，夫人若是不放心，回头让几个机灵的丫鬟看守着便成。”

六娘子闻言，有些心动，不禁点头道：“那一会儿劳烦妈妈陪我去看看，我顺道再和项妈妈去对一下菜单。”

借着给谢韫欢摆接风宴的由头，六娘子想，干脆准备一个玉簪宴，请了家中和外府的女眷大家吃吃喝喝玩乐玩乐，其实也是彼此增进熟悉度的好法子。

不过，还没等六娘子带着秦妈妈出门，沈聿白就已经下朝回府了。

六娘子看沈聿白的神色有些异样，便吩咐秦妈妈先下去候着，然后自己进屋动手替他解带换衣。

沈聿白本想事儿出了神，一低头，就看到六娘子正聚精会神地在解他官服襟上的绞花盘扣，不禁一个失笑道：“丫鬟都去偷懒了，要你亲自来服侍我？”

六娘子听他声音还算自然，不由得松了一口气道：“侯爷一进屋就板着一张脸，丫鬟们看了个个都害怕，早躲得远远的了。”

沈聿白大笑，半晌才眯着眼道：“我哪儿是板着脸，分明只是在想事儿罢了。”

“那侯爷想的什么事儿，要这么严肃？”六娘子绕着话问道。

“祁王今儿下朝的时候拦着我，要我帮他出面做个保山说个媒。”沈聿白本就无心瞒六娘子，一见她如此关心好奇，径直就开了口。

“让侯爷做保山，这人来头该有多大？”六娘子感叹了一句。

“来头……”沈聿白卖了一个关子道，“大不大我是不知道了，不过我却知道皇上也是亲口赞誉过他的文采的。”

“哦？”六娘子双眸闪烁地盯着他道，“是谁？是谁？我可认识？”

“你自然认识。”沈聿白笑道，“就是青致。”

“啊？”六娘子惊呆了，“青致哥哥？”

沈聿白见状，这才沉了双眸，认真道：“早两个月皇上亲口点评了青致兄的答文，如今他虽还未曾谋有一官半职，不过也只是个时间问题。祁王能想到他也不奇怪。”

“怎么不奇怪！”六娘子却有些不敢苟同道，“这中间不是还有湘姐儿这一茬吗？”

沈聿白闻言，却摇头道：“湘姐儿……即便母亲同意，我也不会点头的。”

“侯爷也是觉得树大招风吗？”六娘子有些不解。

“这是其一，其二，我试探过祁王的意思，听得出来，世子爷的婚事，他还在斟酌，那就说明湘姐儿的事儿是王妃一人独断的。这……若是祁王不点头，岂不是耽搁了湘姐儿？那咱们不如从一开始就不考虑呢。”

“那青致哥哥的事儿侯爷便觉得耽搁得起了！祁王和王妃说不定也是没有私下商量好的。”六娘子闻言，有些不悦。

沈聿白却笑道：“你何时才能改掉你那毛躁的性子？这凡事只听半句的脾气先气坏的岂不是自己？”

六娘子闻言，满肚子的酸话瞬间就卡在了嗓子眼儿，正当她吊着一口气上下不得的时候，沈聿白又道：“青致的事儿，祁王要说的是自己的表妹，和王妃可没有多大关系。”

“表……妹……”六娘子有些糊涂了。

沈聿白点点头道：“祁王的生母是已过世的淑太妃，太妃有一个亲妹妹，当年远嫁西淮巡抚邵平武，如今邵家二老想让嫡亲的女儿回宣城，这才辗转走了祁王的关系。”

当然，这些不过是字面上的意思，听到了六娘子的耳朵里，却无端生成了更内在的联系。“祁王为了站稳脚跟，这棋布得可真够远的。”六娘子淡淡地笑道，“既湘娘的事儿他怕太明目张胆，那青致哥哥难不成就不会让人落下把柄了？”

沈聿白闻言，轻轻叹了口气道：“就知道瞒不过你。”随即搂过了六娘子，分析给她听，“你瞧，这桩婚事，若是世子爷和湘娘，你就能保证湘娘一定会幸福美满了？祁王妃的为人你也见识过，有那么厉害的一个年轻的婆婆顶在头上，湘娘这辈子还能有出山的一天吗？可若男女对调一下，换成青致，邵家人口简单，以后又能通过祁王的关系稳步仕途，这分明就是两全其美的法子。”

“难道隔了这么个关系，旁人就看不出了？”六娘子很想说一句这分明就是脱裤子放屁，多此一举的事儿。

但沈聿白却道：“宣城总共就这么点大，能称得上皇亲贵族的总共也就这么些人，谁和谁之间是没些关系的。”

六娘子闻言，沉默了半晌才紧紧地拽着沈聿白的衣领道：“侯爷以后能保证不让咱们的孩子跳入这联姻的圈子吗？”

“什么？”沈聿白一愣。

“便只让他们挑他们自己喜欢的，不管是市井小贩也好，乡野山夫也罢，只要他们喜欢……”不过说着说着，六娘子自己就先没了声音。

对啊，她自己的这种理念说穿了就觉得天真得可以，因为单以她自己这个过来人的经历来说，六娘子就很清楚，“门当户对”四个字对大周那些贵胄高门的婚姻来说意味着什么。什么市井小贩乡野山夫的，若是以后她的孩子跑来和她说自己喜欢上一个村姑或者是一个屠夫，只怕第一个拍案而起大发雷霆的就会是她陆云筝自己。

可……

“可阿遥，你又怎么能肯定青致兄和邵家姑娘不会幸福美满，如我们这样呢？”还未等六娘子自己理清正反相驳的思绪，沈聿白就接下了她的话。

六娘子怔怔地看着沈聿白，心中顿时涌入一股无法言喻的暖流，不由得就倾身靠在了他的胸膛上道："我只是……不愿听到你们为了前程仕途，就这么随意地决定旁人的命运。女子嫁人犹如重生，男子又何尝不是？俗话都说女怕嫁错郎，男怕入错行，所谓姻缘，本就是百年修得同船渡、千年修得共枕眠的缘法，怎么到了侯爷和祁王这儿，仿佛就成了心血来潮的事儿，想点谁就点谁了？"

"怎么就是心血来潮了。"沈聿白不禁哑然失笑道，"祁王琢磨这事儿都琢磨了两个多月了，从青致兄放榜开始他就动了心思，又私下透过旁人问了青致兄的为人品性，按着我说，这事儿祁王是上心，我还真有心帮他做一做这个保山呢。"

六娘子闻言，撇嘴笑了笑，随即道："侯爷看事儿偏理，我看事儿重情，咱们俩本就说不到一块儿去，不过侯爷别以为我母亲就是个面慈心善好讨好的准婆婆。"

"哦……那他们的事儿要是真成了，婚后的小日子可不是我这个做保山的能管的咯。"沈聿白说着，宠溺地刮了一下六娘子精致的鼻尖，然后无视六娘子的横眉冷对，大笑着转身进了净房。

第六十六章

繁华绮·玉簪之聚

七月，正是玉簪齐开之际。为了办小宴，六娘子特意让花房的婆子搬了十来盆绽开的玉簪，用以装扮临波亭。而接连三日，忙前忙后帮着六娘子一并打理琐事的不是鱼安也不是竹韵，却是六娘子主动去流芳阁请来的钟霈晗。

“你若是觉得不便就同我说，我不过是想找个能帮衬的人来打个下手，顺便给我支支招。”六娘子请钟姨娘的时候并不带半丝命令之辞，反而是客气有礼，询问有度的。

钟姨娘很惊讶，却终究还是聪明地把握住了这次难得的机会，立刻点头道：“只要夫人不嫌我什么都不懂，我便也不怕在夫人面前闹笑话。”

六娘子笑她太过自谦，结果两人便一拍即合，在接下来的几天内，几乎日日都在暖香坞碰头，把玉簪宴的流程前后走了两遍。

因大周国素有传统，中元之后不设宴，所以六娘子便把玉簪宴放在了七月十二，虽有些仓促，却不违常理，也不浪费她的一番用心。

而这前一天，钟姨娘自然在午睡后又独自去了暖香坞，准备最后再给六娘子帮帮忙，可当她由鱼安带着进了稍间时，却见六娘子正拿着几双崭新的鞋垫在那儿发呆。

“夫人。”和六娘子单独长时间地相处了几天，钟姨娘知道六娘子私下比较随和不爱摆架子，说话做事也喜欢轻松自在的相处方式，就不太拘谨于身份的大小了。

“来了啊。”六娘子闻声抬起了头，扬了扬手中的鞋垫道，“你猜是谁送来的？”

钟姨娘一愣，忽然眯着眼小心翼翼地道：“是韫欢妹妹吧？”

六娘子抿了嘴道：“唉，我说姨娘是聪明人，埋没在这深宅大院也怪可惜的。”

“要是换成夫人，也是一样猜得到的。”钟姨娘顺着六娘子的手势落了座，然后拿起了六娘子放在炕桌上的鞋垫前后翻了翻道，“韫欢妹妹的针黹活儿做得还是这么精细，按这大小看，这鞋垫是做给侯爷的吧？”

六娘子点头道：“也算是心思细腻的，差了母亲屋里的丫鬟送来的。”

“她也是聪明人，有些事儿即便大家都是心知肚明的，但她也能忍得住只做到点到为止。”钟姨娘的视线有些飘忽，落在了窗外。

正值夏绿，满眼看去一片葱郁，暖香坞的南角种着几株紫薇，每日都有仆妇悉心照料着，到了花季，怒放迎风，从窗户里看去，正是一片姹紫嫣红，似痴如醉丽还佳，露压风欺分外斜。

六娘子见她走了神，便悄然地屏退了边上伺候着的丫鬟，然后亲自给钟姨娘斟了热茶，似漫不经心地说道：“你若说她聪明，我却觉得她没有你聪明。男女之事，不管是旁观者还是身临其中，其实多少都能察觉出一些细微的情愫来。侯爷若真对她有意，不管有没有母亲的推波助澜，她肯定能进沈家的门，但侯爷若是对她无意，那她就是把手指给戳穿了做出千双万双的鞋垫来，也引不起侯爷的一点正经注意。”

钟姨娘听着六娘子的话，却没有转头，只挑了挑眉眼，仿佛是自言自语地呢喃道：“我记得那年的紫薇花也开得好，虽只有一株，却显得那破旧的园子生机勃勃的。可姐儿病了好些天，咳嗽高烧，连奶也喂不进，我急得不得了，想去求了侯爷到城里去请个好一些的大夫，结果妈妈告诉我，侯爷……带着她去逛集市了。”

六娘子分明看到钟姨娘说这话的时候，拿着鞋垫的手是在一寸一寸地用着力，只眨眼的工夫，那鞋垫就被捏得没了形。

六娘子心中无端地涌上一阵苦涩，正想止了她的话题，却听钟姨娘转头看着她继续道："那天下午，姐儿就咽了气，晚上，我站在大门口抱着姐儿等着侯爷，远远地就听到她那清脆娇羞的笑声。我当时心里除了恨，竟还生出了一丝笑意。我笑她将来即便能嫁给侯爷做妾，可也只不过是个妾罢了！"

"儿逝母心空，这些年过去了，姨娘也别太执着。"对于钟姨娘的这段过往，六娘子觉得她没有资格去评价，她可以做的只能是陪着她一起追忆和悼念。也是在这一刻，六娘子才明白，当时钟姨娘两番来找她，告诉她谢韫欢来府做客一事的真正原因。

但其实，六娘子觉得钟姨娘有资格恨，也有资格给谢韫欢暗中使绊子。

这几天相处下来，六娘子其实很喜欢钟姨娘的性子，她觉得钟姨娘有些似初娘子和三娘子的结合，她有着初娘子的小心和谨慎，又有着三娘子的爽快和聪慧。不过六娘子也忽然觉得很可惜，因为如果钟姨娘的出身再好一些，她便一定不会沦落到给人做妾的地步，而如今，虽然是个贵妾，却也终究是有名无分的。

但说穿了，这不过是男尊女卑的制度使然，女子自古命运多舛，一辈子不管是依附家族之势还是依附夫君之势，想要抬头堂堂正正为自己活一次，都只是天方夜谭。

想到这里，六娘子忽然对钟姨娘心生怜惜，便轻轻地握住了她的手道："别的允诺给不了你，不过你放心，不想让她进门这件事儿，我和你却是一条船上的。"

"夫……人？"钟姨娘错愕地看着六娘子，脸上写满了不可置信的惊讶。

六娘子知道她在吃惊什么，便敛了神色随和地笑道："你瞧，我也并非圣人，即便在侯爷和母亲面前，我要努力做出端庄贤淑大家闺秀的姿态，可若要问一问我的心，那我肯定是不愿意的，而且我也敢打赌，这世上没有哪个做妻子的是愿意给夫君多纳妾的。"

钟姨娘闻言，轻轻笑出了声，随即看了看被自己捏皱的鞋垫道："我原本想，她若真心喜欢侯爷，嫁进府以后伤心一辈子，这样也好。可既夫人这儿就不愿意，那还不如让她彻底地死了这条心。"钟姨娘说这话的时候，眼中闪过一抹让人很容易就察觉的阴鸷之光。

六娘子看在心里，忽然发现了钟姨娘这一生的无奈。

六娘子猜，其实钟霈晗是恨沈聿白的，或许曾经也是爱过的、尊敬过的，但如今留在她心里的恐怕只有满满的无视和恨意。想当年她生下的孩子是沈聿白的庶长女，若是能好生长大如媛姐儿这般，凭着现在沈聿白的身份，她这个做生母的这辈子起码也是有了一个盼头和依靠。

可这盼头和依靠却在孩子出生没多久就夭折了。而亲手抱着咽了气的女儿等着沈聿白回来的她，看到的却是巧笑倩兮的谢韫欢，六娘子觉得钟霈晗很自然地就会把心中的恨意转嫁到谢韫欢的身上。

但其实这样也好，有个可以恨的人，总比这辈子都断了念想要好！

六娘子在心中微微地叹了一口气，然后从钟姨娘的手中抽走了鞋垫，扔在一旁转了话题道："明儿玉簪宴上我让王二根家的多搬一盆花，回头我差了人给姨娘送去。"

钟姨娘一愣，刚想拒绝，却听六娘子笑着道："姨娘也别推辞，你帮了我这些天，一盆花也不值钱，权当给姨娘的辛苦费了。"

"那回头康姐姐可要眼红了。"钟姨娘闻言，便受之无愧地点了点头，然后又认真地帮六娘子核对了一遍菜单和当日值守的丫鬟们的名单，方才起身告了辞。

钟姨娘一走，六娘子便唤来了竹韵道："你去厨房让项妈妈做两个梨汁红豆冰碗送去秋棠馆，就说辛苦她执针线费这些心，不过侯爷不差这些……"

可是六娘子话还没有说完，沈聿白就大大咧咧地掀帘而入，簌簌轻响的珠帘应声落下，窸窣间，六娘子只听沈聿白笑着问道："我不差什么？"

六娘子冲一旁的竹韵使了个眼色后，便趿鞋下了炕头，刚想说话，却迎面就吸了一鼻子的酒气，便眉头微蹙不解地问道："侯爷怎么大白天的喝起了酒？"

"今儿高兴！"沈聿白说着，一把横抱起了六娘子，在屋里转了两圈，吓得六娘子搂着他的脖子脸色都白了几分，直呼"放下我"。

沈聿白见状，大声笑道："你也就这点胆子。"

六娘子脸上红一阵白一阵的，瞪着沈聿白道："侯爷可劲地借着酒气撒疯，也不管屋子里有没有人瞧着看着。"

沈聿白却根本不在乎这些，径直抱着她上了炕，然后附在她的耳畔道："英娘有了。"

"有什么了要侯爷这么高……"六娘子显然还没有反应过来，刚顺着沈聿白的话头想骂他没个正形，却忽然瞪大了眼睛道，"有了？有了吗？"

沈聿白脸上布满了笑意，点头道："太医下午的时候刚把过平安脉，确定有了。"

"那真好！那真好！"六娘子喜极而泣，猛擦了擦氤氲的双眸道，"这……

这可是要让她小心再小心些，一定要多注意。”

沈聿白知六娘子是打心眼儿里关心妹妹，便顺势拍了拍她的背一边帮她平复心情一边道：“没事儿没事儿，宫里我都打点好了，英娘怀孕，皇上也上心，还有皇后娘娘照顾着，应该没事儿。”

“侯爷，小心驶得万年船。”开心之余，六娘子还不忘提醒沈聿白道，“宫里不比家中，那些看得见的看不见的招数，只有侯爷想不到的，没有人家办不到的。”

“是啊，所以这些话，回头你进宫了也要说给英娘听听，切莫让她一味地开心而疏忽了。”

“我？”六娘子指了指自己的鼻尖道，“我进宫？”

沈聿白温煦地笑道：“嗯，英娘想让你进宫去陪陪她，等过了中元节，我就来安排一下这事儿。别担心，到时我会和你一起去的。”

不过那天除了英娘的喜事，沈聿白还告诉了六娘子另外一件算得上是好消息的事儿，那就是陆青致和邵家姑娘的亲事有眉目了。

“这么快？”六娘子很惊讶沈聿白的行动力。因为最近几天她一门心思忙着玉簪宴的琐事，倒真把陆青致的事儿给忽略了，不过没想到才短短的几天工夫，沈聿白这保山就做成了。

“那是自然，我出马，哪儿有不成的？”沈聿白心情好，难得地和六娘子调侃了起来。

六娘子扑哧一声笑了出来，道：“这真是好，给侯爷捡了个大便宜，可侯爷却不能骄傲自满，回头若是人人都知侯爷出马万事皆能成，人人都找你来做保山，保不齐哪天会砸了侯爷的金字招牌。”

沈聿白闻言，掐了掐六娘子粉嫩的脸颊道：“整个宣城有几个敢找我说媒的？但凡真是要找了我，多半也是八九不离十的。你瞧着，陆家和邵家的这份媒人酒我是喝定了。”

“可……那邵家姑娘是圆是扁的咱们也都还没见过，虽身份上和青致哥哥也是般配，但……”因为是陆青致，六娘子就显出了特别吹毛求疵的性子来。

沈聿白笑道：“你要见见那邵家姑娘？”

六娘子闻言，脸一红，瞪了沈聿白一眼道：“侯爷又胡说，我是什么身份呢，母亲都还没说要见一见这未来的儿媳妇，我一个嫁人的姑奶奶有什么资格见。”

“可邵家人现在就在祁王府小住着呢。”沈聿白语出惊人。

“啊？”六娘子吃惊地看着沈聿白，半晌才一拍手道，“祁王这次分明是有备而来的！”

“要不怎么说我是捡了个大便宜呢。”沈聿白眼中含笑，深情款款地看着六娘子，只稍稍地一收力，就将她搂近了自己，继续道，“你若真的要见邵姑娘，只要讨好我一下，我就想法子让你如愿以偿。”

他话语中的暧昧如此清晰，本是流淌着丝丝凉意的稍间内忽然沉下了一股燥热的气息。六娘子一眨眼，忽然满脸通红地看着沈聿白，结结巴巴地干笑道：“侯……侯爷别……别撒酒疯……”

可她话还没来得及说完，沈聿白就倾身吻了下来。借着酒劲，他其实有些放肆，没有中规中矩也没有按部就班，只几下的工夫，六娘子就一阵嘤咛轻喘，无骨般融化在了他的身下……

其实这一次不是两人在六娘子出月子后第一次同房，但却算得上是最有兴致的一次。床榻间，沈聿白闹得欢，不管六娘子如何地讨饶，他硬是不由分说地要了她两次，结果第三次他来了感觉的时候，六娘子吓得直接装了睡，后来干脆连晚膳都没有起来吃。

第二天，恰逢沈聿白休沐，六娘子起来的时候看到他正神清气爽地从外头进来，不免有些生气，连话都懒得搭理他半句。

看着眼底泛青的六娘子，沈聿白也有些理亏地主动示好道：“要不今儿早上的晨昏定省就算了，我让……”

“沈聿白！”六娘子咬牙切齿地瞪了他一眼道，“不是你的事儿你就说得这般轻巧，我下午还设了玉簪宴呢，难不成一并也给撤了？”

“是今天？”沈聿白一副佯装不知情的模样。

六娘子气得顺手捞起了一个枕头就丢了过去，然后冷哼了一声后便跑进了净房，一番折腾后，她才华服袭身地出了暖香坞。

话说今儿六娘子办的这玉簪宴，除了侯府的女眷之外，她还请了忠毅侯夫人蒋氏和广陵侯夫人小周氏。

只是因为热夏灼人，为了避暑气，六娘子特意把小宴开局的时间定在了下午未时末，但是令她没有想到的是，蒋氏和小周氏竟然在午时末就来了。

当时六娘子正在和项妈妈说冰碗糖水的事儿，听闻丫鬟传报，她也惊了惊，便抚了衣袖匆忙地起身迎了出去。

老远的，她就听到蒋氏用灵动十足的嗓音和小周氏聊着天：“哟，这紫薇花开得可真好，我觉得陆妹妹应该把今儿这小聚改成紫薇宴才对。”

六娘子闻言，笑着出了门，一边吩咐小丫鬟去给两人打伞一边道：“两位姐姐这么早就来了，也不事先知会我一声。”

午膳过后，知道六娘子要准备迎客，沈聿白就知趣地躲去了葳蕤轩，这会儿的暖香坞里里外外只有伺候的丫鬟婆子，六娘子这客迎得便也轻松自在。

而听了六娘子的话，小周氏不免笑道：“蒋姐姐怕你忙不过来，紧赶慢赶地催着我来，但我觉得她是手痒了想凑人打叶子牌呢！”

蒋氏闻言，笑骂道：“也不知是谁，上次打牌输了两圈，心心念念地想要赢回来。”她说着便三步并作两步走到了六娘子的跟前，拉着她的手上下打量了她一番后，关切地说道，“有阵子没你的消息了，后来才听说你……身子不适，怎么样，可养好了？”蒋氏措辞谨慎，可双眸中的关切却是真心实意的。

六娘子知大周高门宅邸里头其实没有太多的秘密，是以自己小产的事儿在没有宣扬和没有刻意隐瞒的情况下，被蒋氏知道了也并不奇怪。因此她便紧了紧被蒋氏拉住的手，然后淡淡地摇头道：“劳姐姐挂念，已经没事儿了。”

蒋氏点头道：“你还年轻，有些事儿急不得，慢慢来，记得一定要调理好身子，男人……没几个懂得怜香惜玉的。”

六娘子见她说得义愤填膺的，一时半刻竟不知要如何去答她的话，好在一旁的小周氏看出了些门道，笑着上前圆场道：“姐姐不热吗？赶紧进屋吧，你不热我瞧着边上给姐姐举伞的小丫鬟都热得直冒汗了。”说着便冲六娘子俏皮地一眨眼，然后将蒋氏带进了屋。

六娘子冲她感激地一笑，先是招呼两人落了座，然后便差鱼安去唤来了周氏和长房二夫人姜氏，随即笑着同蒋氏和小周氏二人道：“姐姐要打叶子牌我可不会，我喊了两位嫂嫂来陪姐姐打。”

小周氏拉着她道：“知道你今儿做东忙，且别留在这儿输钱，蒋姐姐一摸上叶子牌可是连亲妹妹都不认了呢。”

蒋氏闻言，立刻龇了牙去挠小周氏的痒，不免失笑道：“你这张嘴都不饶人了，不过是上次赢了你几两银子，叽叽喳喳地没完了。”

小周氏见状，提了裙摆站起来就躲，暖香坞顿时笑声连连，好不热闹……

不一会儿，周氏和姜氏就来了，六娘子简单地站在中间做了一番介绍，四人就张罗着让丫鬟摆起了桌，熟稔地摸起了牌。

六娘子见状，心里顿时松了一口气，然后仔细吩咐竹韵在一旁千万要好生伺候着，便带着鱼安出了暖香坞直奔临波亭。

临波亭那儿，六娘子是交给钟姨娘在张罗的，是以见了六娘子匆匆而来，钟姨娘先是一愣，随即便迎上去道："夫人怎么来了？"

"都安排好了吗？"六娘子见钟姨娘一边摇着扇子一边擦着汗，不免歉意地摇头道，"你瞧我着急的，大热的天，姨娘辛苦了。"

钟姨娘一愣，忙摆手道："没有没有，这儿刚放上了冰山，站一会儿就凉了。"

六娘子闻言，点了点头，随即环顾了一下四周，只见临波亭里摆了两张大圆桌，周遭的石阶上错落有致地布满了玉簪花盆，远远看去，身临厅中，仿佛是置身花海一般，令人心神荡漾。

虽现在外头还有些暑气，但亭子的四个角各摆了四座刚从地窖搬出来的冰山，且冰山下面又垫了不少的薄荷叶，靠近的时候，很容易就能闻到薄荷的清香，不免让人觉得暑气顿消，神清气爽。

六娘子看了一圈，满意地点点头道："这次若是没有姨娘帮忙，只怕我也是要手忙脚乱的。"

钟姨娘笑着自谦道："夫人太客气了，这暑天无趣，在屋子里闲着也是闲着。说起来我也是头一次操办这些事儿，难得能入夫人的眼，也算是夫人给了我一个机会。"

六娘子颔首而笑，见钟姨娘福身要告辞，便抬步送了她一程，方才折身回了临波亭。

只是没走两步，六娘子便见远远地就缓步行来一个娇媚的身影，真是娉婷之姿，亭亭玉立。

"嫂嫂。"谢韫欢出现得恰是时机，不早不晚，仿佛是踩着点儿来的，"不知嫂嫂有没有什么需要帮忙的，我反正在屋子里也是无事，就不请自来了。"

六娘子定睛看去，只见今日的谢韫欢一袭鎏金烟云蝴蝶裙在身，外头衬了薄薄的素蓝轻纱，腰间系了条玫红色的锦绣宽带，梳着弯月髻，化着浅绯妆，云鬓乌丝中插着一支镶珠宝鎏金银簪，坠落的碎金流苏折射着夏日的光点，照得谢韫欢整个人精致如仙，缥缈无尘，仿佛是画上走下来的一般美不可言。

六娘子在心里无声地一笑，好个有备而来！

未时末，玉簪宴正式开摆。

虽已将近七月中，但过了午时，暑气还是散了不少，再加上临波亭的周围又被六娘子摆了冰山，是以一靠近亭子，众人就感觉到了一股凉意。

话说一场叶子牌打下来，蒋氏和小周氏俨然已经和六娘子的两个嫂嫂变成了牌友，一路过来说说笑笑的好不热闹。直到走至了临波亭，蒋氏的眼神才变了变，连带着说话的语气中都夹杂着一丝佩服。

“早些时候我还小瞧了妹妹，想说大热天的妹妹却一个劲要在外头设宴，这会儿一看，我倒是甘拜下风了呢。”蒋氏是个直性子，损的时候不带酸气，夸的时候呢，自然也是真心地赞誉。

六娘子这边刚换了一身新衣裳，此时正忙着低头整理腰间的缎带，听了蒋氏的话，她不禁迷迷糊糊地抬了头，然后“啊”了一声道：“姐姐说什么甘拜下风？”

蒋氏闻言笑得前仰后合，这才细细地打量了一番六娘子，只见她穿了一件五彩缂丝衫，里面配的是宝蓝色的缎绸里子，衬得她肤如凝脂、吹弹可破，从里到外都透着一股子娉婷秀雅。而她那一头鸦羽青丝被高高地盘起，半圆的发髻边上缀满了新鲜的玉簪花，露出六娘子光洁如玉的脖颈，好似一柄水华的玉如意，透着润莹无瑕的光。

她的腰间系着一根水色缎带，同色的袖口上绣着繁复的银丝缂绣，别致的花色透着精巧可爱，让六娘子整个人看起来少了一丝端庄而多了一份灵透，再配着她脸上的薄妆，无端地就会让人心生怜惜。

蒋氏看得喜欢，便拉过了六娘子的手道：“我今儿大战四方，让你两个嫂嫂都破费了，她们都甘拜下风了呢。”

一旁早到了的湘娘一听，惊讶地瞪着眼睛看着蒋氏道：“哇，从来都是大嫂赢我们的，今儿大嫂也算是牌逢对手了呢！”

大家闻言，都笑成了堆，而就在这个时候，小周氏眼神一闪，忽然看到站在亭子里的一抹俏丽身影，便止了笑声问六娘子道：“这又是妹妹的哪位妯娌，长得竟是这般标致？”

众人循声顺着她的视线看去，齐刷刷的目光就这样落在了谢韫欢的身上，是以全部忽略了周氏嘴角带着的那抹似有似无的笑意。

谢韫欢瞬间红了脸，却还是仪态大方地冲众人行了半福礼，说道：“谢家小女韫欢见过各位姐姐。”

蒋氏等几人见状，轻轻颔首了一下算是回礼，然后六娘子便张罗着大家入了席。

夏风徐徐，花影怡人，临湖远眺，只见波光粼粼如镜，倒映出碧空如洗漫天云卷，目光所及便是一片惬意。

蒋氏看得起了兴致，便动了心要让丫鬟上酒。小周氏在一旁劝了几句，就听六娘子道："小周姐姐别担心，一会儿我便吩咐厨房上菜了，也是备了酒的，不过是自家酿的，只有一点酒味，喝不醉的。"

小周氏这才放了心道："你不知道，下午我绕道去侯府接姐姐的时候遇着忠毅侯了，还被侯爷耳提面命了一番呢。"

"你且听他乱说！"蒋氏闻言轻拍了一下小周氏的肩道，"今儿我高兴，怎么就不能多喝两杯了？"

"蒋姐姐若是喝醉了，就睡咱们四弟妹屋里，这么多的空房间，哪儿安置不下姐姐了。回头酒醒了，姐姐也能让咱们把输的银子再赢回来！"周氏见缝插针地调侃了一句，满亭子便又缀满了此起彼伏的欢声笑语。

几番闲聊后，六娘子便吩咐项妈妈开始上菜，从梨汁冰碗到糖渍南瓜，从蒜拍黄瓜到酥姜皮蛋，这光是前头的几碟冷菜，就吃得众人食指大动胃口大开，直呼凉得过瘾。

席间，蒋氏自然也是按捺不住活泼的性子的，但也不知怎么的，话题聊着聊着就忽然转到了默默无闻的谢韫欢的身上。

"我瞧着谢妹妹好生标致，真是越看越喜欢的，也不知妹妹说了人家没有。"

蒋氏开口说这句话的时候，六娘子正好在给一旁的周氏倒酒，闻言指尖便是一顿，却忽然感觉衣摆被人轻轻地拉了一拉。她顺势看去，目光就滞留在了周氏惯戴的那只水绿祥云纹玉镯上。

"我……还没有。"谢韫欢正在吃冰碗，听了蒋氏的话便轻轻地搁了汤匙，抿唇咽下了满嘴的糯甜。

"还没有啊？"蒋氏小小地惊呼了一声道，"瞧着妹妹年岁也不小了呢，应该比咱们湘娘要大些吧，再耽搁下去可就要错过了呢。"

六娘子心中顿时一片了然，她知一旦蒋氏开了口，只怕谢韫欢今儿是躲不掉了，便冲周氏微微地蹙了蹙眉，果然周氏见状只冲她淡淡地笑了笑，然后摇头示意她坐下。

而那边，被蒋氏如此直白地一问，谢韫欢即便是性子再温吞绵柔，脸面上也终究有些挂不住了，不免绷着神色道：“韫欢但求一生有情长相厮守，不在乎年岁之俗，又怎会担心错不错过。”

蒋氏闻言，举了筷子挑了挑碗里的南瓜，然后视线旁落道：“妹妹这话说得真有意思，长相厮守是两情相悦的事儿，妹妹既然这个年纪了还未嫁人，又怎能如此斩钉截铁地肯定你的这份心意不是单相思？”

“姐姐贵为忠毅侯夫人，怎么言辞却如此轻佻不尊？”谢韫欢的脸色彻底沉了下来，精致的妆容中透着一股子肃杀的美感。

谁知蒋氏却忽然笑道：“妹妹这话说得有趣，侯爷夫人也是女子，我不过是可惜妹妹如此一个美貌佳人却牵不到好姻缘，怎么就言辞轻佻不尊了？”

“你……”谢韫欢的怒气被瞬间卡在了嗓子眼儿，只能看着蒋氏干瞪眼。

一旁的小周氏见了，不免笑着打了圆场道：“我瞧着姐姐还没开喝就醉了呢，人家谢家妹妹好好的也没招惹姐姐，姐姐无端和她较什么真？可能谢家妹妹等的就是一心一意的有情郎呢？”

六娘子知道，其实小周氏这句话也是故意的，明着解围暗着再使绊，为的就是让谢韫欢当众难堪。

可六娘子也不得不否认，这件事儿，蒋氏和小周氏，或者说在后面不知为了什么原因想让谢韫欢难堪的周氏找的症结点都找得很对。连六娘子自己都不得不承认，其实谢韫欢不能嫁进沈家做姨娘，最大的障碍还是在沈聿白，而并非她陆云筝。

因为若是搁在当年的凉都，这事儿半推半就的或许还真能成，可如今是在宣城、在侯府，俗话说打狗还要看主人呢，更何况是沈聿白娶贵妾这样的事儿，自然是草率不得的，因此沈老夫人的决定在眼下就显得有些无足轻重了。

而六娘子估计谢韫欢心里也应该是跟明镜儿一般的，她肯定知道沈聿白对她的感情仅限于类似表兄妹的礼数关怀，她呢，碍于面子也从来没有太主动地接近过沈聿白，是以六娘子觉得，沈聿白和谢韫欢的事儿拉锯到今天仿佛成了一个烫手山芋，谁也不想去接，因为似乎一旦有一方主动了，那打破平衡换来的结局就未必会是众望所归的。

所以蒋氏今天的出言试探，六娘子并没有暗中阻止，因为连她自己都很想知道谢韫欢是个什么态度，而今天看来，她发现谢韫欢似乎既想要里子，又想要面子，这让六娘子不免觉得有些好笑。

不过谢韫欢到底也是聪明的，耳朵一听就听出了小周氏话里的意思，便落落大方地起身道："妹妹身子不适，只怕要先离席了，希望不会扰了各位姐姐们的雅兴才好。"说罢便不等谁回应她，而径直出了临波亭。

待她走远后，周氏方才转了身冷笑道："昨日我去给母亲请安，恰巧遇着她也在，她就问了我很多侯爷的事儿，还当着母亲的面说了些什么妻妾有序家和兴旺的混账话，惹的母亲问了我许多大爷屋里的事儿，还说大爷子嗣单薄，让我别太计较姨娘们，该让谁伺候大爷的还是应该要伺候起来。你是没瞧见，偏生她说那番话的时候还一脸乖巧懂事的模样，我即便再敬重母亲，也不免觉得，她留了这孩子在府上还是有失妥当的。"周氏说着说着就来了气，当下就扔了手中的酒杯。

六娘子这才恍然大悟。想她素来知道大嫂周氏虽干练活泼，却万万不是那种爱嚼舌根的姑婆性子，怎的今儿会变了个人似的，和第一次见面的蒋氏、小周氏说起了谢韫欢的闲话。原来这次谢韫欢是真的一个不注意把周氏给惹恼了。

不过周氏如此当着客人的面揭自家的短处，六娘子心里不免还是有些不自在的，便立刻赔笑道："大嫂，你也别生气，今儿大家都开心，不要让蒋姐姐和小周姐姐看了笑话。"

谁知她话音刚落，小周氏就严词反驳道："妹妹这话说得不对，俗话都说物以类聚人以群分，咱们可都是把你当成妹妹看的，没什么闹不闹笑话的。今儿听你大嫂一说这谢家姑娘的事儿，我便觉得不管是谁家的宅子里，都会有那么一两个看着洁身自好实际上一肚子坏水的通房妾室的。今儿你可要听姐姐嫂嫂们一句话，有些时候当得心软为慈，有些时候却不能一味姑息，不然最后吃苦的总是你自己。"

六娘子闻言，嘴角微微一动，便在心中默默地叹了一口气。得了，原来几圈叶子牌打下来，她们几个都已经打出惺惺相惜的友情了……

第六十七章

繁华绮·迷津指路

这边临波亭里因为谢韫欢的离席而转了气氛，而那边谢韫欢还未走到秋棠馆，就遇到了出来散步的方姨娘。

方姨娘是大爷沈聿齐屋里的人，不过二十四五岁的年纪，生得玲珑俊俏，活脱脱一个大美人。

“谢妹妹这是去哪儿？”方姨娘和谢韫欢以前在凉都就是相熟的，不过因为澄瑞园和秋棠馆离得有些远，所以今日两人在侯府倒算是第一次见。

但谢韫欢正在生闷气，是以见了方姨娘不免脸色有些难看，只敷衍着随意地打了一个招呼。

方姨娘一愣，随即故作轻松地上前一步道：“妹妹这是怎么了？瞧你这眉眼沾怒的样子，是谁给妹妹气受了？”

谢韫欢闻言，不免想到以前在凉都的时候，闲暇之余和方姨娘相处得也都是融洽的，这才长叹一口气，讪笑道：“刚才听了些不太中听的话，让姐姐见笑了。”

方姨娘眼神一闪，便摇了摇手中的双绣团扇道：“我屋里留着夫人送的葡萄，妹妹若是没事儿，不如挪几步跟我一起去尝尝吧。”

谢韫欢听了，心思微动，当下就点了头和方姨娘并肩一起往澄瑞园走去。

到了澄瑞园方姨娘的住处，她先是差遣了丫鬟去洗葡萄，然后才笑着招呼谢韫欢落座，随即腼腆地微垂了眼帘道："昨儿晚上爷住在我这儿，夫人这才特意送了新鲜的葡萄过来。"

谢韫欢一愣，有些不太自然地接了话道："姐姐福气好，不管有没有名分，都有爷这般真心宠着。"

方姨娘看了一眼谢韫欢，然后抬手扶正发髻上有些松了的绿松石缀金簪子道："妹妹也不是什么不谙世事的小姑娘了，有些话我也不妨和妹妹明说，其实姨娘这条路可不是'名分'两个字就能说穿的。"

谢韫欢闻言，神色一怔，慌忙地挺直了腰身，正襟危坐道："还望姐姐指点一二。"

就在这时，小丫鬟端着洗好的葡萄走进了屋，方姨娘温声和气地笑着吩咐了她几句后，便遣了她下去了。然后她一边把装着葡萄的青釉粉彩浮花果盘往谢韫欢的面前推了推，一边道："其实要说指点，我是不敢当的，但论才情论姿色，妹妹哪一样不是出挑的？可现如今当家的那一位，便是连老夫人这样厉害的性子都压得住，妹妹的出路岂不是就断了一半？"

谢韫欢心一凉，苦笑了一下道："四嫂……确实是个油盐不进的。"谢韫欢对整个沈家人的称呼，随的都是湘娘的叫法。而在这之前，整个沈家的人因为沈老夫人的关系，也都是把她当成正经的沈家表小姐看待的。

而方姨娘闻言，便不住地点头道："先不论别人，就说咱们夫人，那么挑剔的一个性子，可但凡说起四夫人，那也是竖着大拇指的。妹妹想想，有这样一个八面玲珑的人看着你，你还能顺顺利利地进门吗？"

谢韫欢知道方姨娘说的"夫人"指的就是周氏，不由得惊讶道："连大嫂也……被她按得服服帖帖的？"

方姨娘吃了一颗葡萄道："可不是？夫人多要强的性子，那时在凉都，帮着老夫人理家做主管着家事，也都是井井有条的……"说到这里，方姨娘突然压低了声音道，"不瞒妹妹，原本我还在想，夫人会不会和四夫人暗中来一场较量，结果谁知，夫人就这样轻轻松松地甘愿吃起了闲饭。"

谢韫欢看了方姨娘一眼道："姐姐，这儿毕竟是煜宁侯府。"

方姨娘尴尬地一愣，吐了葡萄皮后笑了笑，然后恢复了之前温婉的神色道："可不是吗？咱们夫人多聪明，断然不会做什么于自己、于大爷不利的事儿来。”

可谢韫欢想听的却不是她这房里这些鸡毛蒜皮的事儿，她当下不免轻轻地咳嗽了一声道：“那按着姐姐的意思，我便只能躲着她，逆来顺受？”

“那要看妹妹想做姨娘的心思有多大了。”方姨娘双眸顾盼生辉神采奕奕，红唇上抿着一抹清淡的浅笑。

谢韫欢思忖了片刻后，道：“我也不怕姐姐笑话，我早已下定决心非四哥不嫁，不然其实母亲还在的时候，也是有人上门说媒的。”她说着说着，声音就轻了下去，双手绞着一方素月白帕，只差没有把它搓成一条布麻花了。

方姨娘闻言道：“妹妹既决心已定，那就主动些。”

“主动？”谢韫欢抬起了头，眼中写着不解。

方姨娘笑道：“虽说兔子不吃窝边草，但男人的心思妹妹也许懂，但肯定不完全懂。这世上，但凡是男人，又有几个能做到如那柳下惠一般美人当前坐怀不乱的？我瞧着侯爷虽不贪女色，但也是血气方刚的男子，若是妹妹能再主动些，生米煮成熟饭，难不成还会害怕那位不点头吗？”

当着未出阁的谢韫欢说这些话，方姨娘不可谓不露骨。但是不可否认的是，谢韫欢虽然红着脸，可却真的动了心。

其实说实话，即便今日没有方姨娘的这番话，谢韫欢也能感觉出入沈家门的重重阻碍。虽沈老夫人明着暗着都有让沈聿白纳她为妾的意思，可从凉都到宣城，从头到尾也只有沈老夫人一个人表露过这份心思，但沈聿白的想法谢韫欢却是一直不知道的。

想在凉都那会儿，沈聿白和章氏几乎是三天两头地闹，如此的节骨眼儿上，别说是她一个外人，就是沈老夫人也不太好插话，她的事儿自然就耽搁了。而如今她已是父母双亡孤苦无依了，之前因为家中生计困难，所有的银子都用来给母亲治病了，是以连她的婚事也耽搁了。

眼下辗转再入侯府，她便早已在踏入宅门的那一刻就下定了决心，不管怎样，那一贫如洗的苦日子她是不会再想要多过一天了。所以，只要有一丁点的机会，她都会使出浑身解数地想法子留下来，名正言顺地留下来。这也就是为什么对于方姨娘那一番露骨的话，谢韫欢会听得这么认真了。

不过心中意动和能不能成事儿，那是两码子事，谢韫欢细细地琢磨了一番后，红着脸轻启朱唇道：“但……四哥平时都是在暖香坞的……”

她这一说，方姨娘就知道自己的话谢韫欢是听进去了，便挑了眉笑道：“妹妹可真傻，现在是有人撵你了还是问你收租子了？没老夫人发话，就算你一时半刻和侯爷行不了礼，但住下的事儿却是谁也驳不了的。本来也是心急吃不了热豆腐，更何况那人还是侯爷，妹妹即便有心，也要找个合适的时间不是？”

谢韫欢闻言，神色顿开，伸手摘了一颗盘中的葡萄尝了尝，然后道：“这葡萄可真甜。”

她如此一说，方姨娘便心领神会地笑了笑，然后道：“葡萄甜是因为心甜了，妹妹是聪明人，记得千万不要让自己往死胡同里钻。”

谢韫欢笑着点了头，随即趁着六娘子那玉簪宴闹得正欢的时候，辞了方姨娘，匆匆地赶去了清懿阁。

话说当天夜里玉簪宴结束的时候，六娘子便让鱼安到葳蕤轩去告诉了沈聿白一声，而自己则先回了暖香坞。

应酬了大半日，六娘子着实有些累了，又是七月夏沛之节，回到东稍间的时候，六娘子只觉得头重脚轻的，恨不得马上洗个温水澡才舒坦。

不过正当竹韵在给她拆头饰的时候，鱼安却匆匆地走了进来，见六娘子正抬头看着她，她便直言道：“夫人，侯爷傍晚的时候去了清懿阁，到这会儿已经一个时辰了。”

“侯爷晚膳在哪儿用的？”六娘子淡淡地问了一句，然后转了头去看屋角摇摆的自鸣钟。这会儿刚过戌时三刻，也就是说沈聿白是酉时三刻左右去的清懿阁，那刚好是晚膳前后的点儿。

鱼安一怔，忙道：“明路没说。”

六娘子当下就沉了脸色，厉声道：“去问清楚了，侯爷用没用膳。”

鱼安不曾被六娘子如此轻叱过，便愣了半天，方才应声匆匆地退了下去。而一旁的竹韵见状，握着檀木梳的手则僵了僵，然后弯腰轻声道：“夫人累了吧，我这就让她们赶紧给夫人去放水。”

六娘子闻言，收了收指尖的力道，半晌她才叹了口气，摇了摇头道：“先让寻音泡壶凝神茶来吧。”

竹韵称“是”，然后退出了稍间，六娘子看着她脚下生风慌忙疾步的样子，心里泛起了一阵烦闷。

不知为何，只要一想到刚才那一幕，想到谢韫欢脸上那淡然不惊的神情，六娘子就猜到临波亭的事儿应该还有后续，可是她却没想到，谢韫欢竟然把沈聿白也给牵扯了进去。

其实周氏会对谢韫欢出招这件事儿她是压根不知情的，可偏偏就是这样歪打正着的事儿，这黑锅便无端地落在了六娘子的头上。宴是她设的，人是她请的，若说这绊子不是她下的，只怕没几个人会信。

但其实在还没有弄清楚周氏用意的情况下，六娘子却觉得自己愈发地不喜欢谢韫欢那看似娇滴滴实则刀枪不入的性子了！

第六十八章

繁华绮·玲珑心思

“夫人，净房里准备好了。”就在六娘子分神的时候，竹韵走了进来，轻声道。

六娘子转头看了看铜镜中眼露疲惫的自己，然后起了身道：“先帮我沐浴更衣吧。”

“是。”竹韵点头跟在了六娘子的身后进了净房。

半个时辰后，六娘子身沾水雾地从净房里走了出来，见鱼安正乖巧地低着头站在门口候着，她心一抽，深吸一口气笑道：“怎么，方才我急了你一句，你心里就不舒坦了？”

鱼安一抬头，见是六娘子，猛地摇头道：“不是不是，夫人……奴婢是在想……想方才……”鱼安难得在六娘子跟前结巴，她不善说谎，眼下一看上去就是有什么事儿瞒着未报。

六娘子一边任由竹韵替自己擦着还有些湿的长发，一边坐在了床沿，压着无名火道：“有什么事儿就直说。”

“明……明路说，侯爷晚上是在秋棠馆用的晚膳。”

“咚！咚！咚！”就在这个时候，屋角的自鸣钟摆重击了三下，六娘子转头去看，发现已经是亥时整了。

“夫人，您今儿也累了一天了，不如就早些……”竹韵听了鱼安的话，默默地冲她使了个噤声的眼色，然后扯了一抹笑上前想转移六娘子的注意力。

可谁知她话还未说完，六娘子却忽然起了身，不管不顾地就往屋外跑去。竹韵和鱼安两人见状，皆是一头雾水，等她们回了神，却见六娘子竟已经转身消失在了门口。

竹韵大惊，手忙脚乱地一边扔了手中的干帕子，一边去拿架子上的薄锦披肩，然后还不忘冲着鱼安喊道：“快！快去取个灯笼来！”

鱼安也跟着慌了起来，忙转身跑了出去，从耳房里拿起一个灯笼就跟着竹韵一起冲出了暖香坞。

七月夏风无声，六娘子顺着碎石小道一路向前跑去，月凉如水，柔光披洒在她的肩头，无端地就生出了一丝鬼魅之气。

阴柔的夜，让六娘子忍不住想发泄心中不断往上冒的无名火，她说不上究竟是为什么这么生气。沈聿白和谢韫欢之间，不过是一顿晚膳，一场陪伴，两个相熟旧识，其实再正常不过了不是吗？六娘子实在找不出有什么可以生气的理由，可她又分明感觉到自己狂躁不止的心跳。

其实这样的艳情，在沈聿白的身上也并非从未出现过。在她进门之前，沈聿白不只有原配，他有小妾，有通房，还有儿女。梅氏的率直、康氏的婉约和钟氏的敏慧，还有已故章氏的贞烈，什么样的女子沈聿白没有见过！如今那些活生生在她眼前的人和事她都能不在乎了，为何偏偏要同一个阴晴不定的谢韫欢较真？

六娘子的思绪瞬间和那倾泻的月色混在了一起，只眨眼的工夫，她脑海中就一一闪过沈聿白很多的表情，他的严肃，他的大笑，他搂着她时轻声低喃迷蒙的眼神，他的深情款款，他的怒而不发，还有他浅怀伤感的淡淡失落……

六娘子发现，其实在不经意间，她竟记住了沈聿白那么多的表情，他的一切正如同一张密织的丝网一般，从天而降，将她整个人给裹得严严实实的，挥不去，躲不开。

她忽然惊觉……自己是不是吃醋了？

脑海中有什么思绪刹那间飞逝而过，六娘子缓缓地止了步子，任由晚风吹着她散发着皂角香的长发，肩上的黑丝折射着月光，让她看起来恍若谪仙，美撼凡尘。

是啊，原来她在意的，不过只是沈聿白的现在和以后。

不管是章氏还是那几个姨娘，那都是沈聿白过去的故事，她陆云筝没有办法参与，只能被迫接受。可谢韫欢呢，却是真真实实地第一个出现在她和沈聿白之间的威胁，这就好比是原本平静的湖面被人砸了一块大石一般，打破的又何止是湖面本身的平静？

想到这里，六娘子不免觉得有些可笑，她真的不曾察觉原来自己竟是醋劲这么大的一个人。也难怪，不知为何，不管谢韫欢有多美，她却总是看她不顺眼。也原来，只要是牵扯到沈聿白，她整个人都会突然变得那么不理性起来。

“夫人……夫人！”就在这时，鱼安和竹韵的呼唤声由远及近，夹杂着纷乱的脚步声，一束摇曳忽闪的光从远处慢慢放大。

等竹韵和鱼安跑到六娘子跟前的时候，六娘子已经恢复了惯有的从容和淡然，仿佛什么事儿都没有发生过一般问道：“我方才跑出来，惊着守夜的婆子了吧？”

侯府里有规矩，亥时前内宅各院都是要落锁的，每个门前会有值夜的婆子看守，暖香坞也不例外。不过暖香坞的婆子很有眼力见儿，守的夜多了，便渐渐地以沈聿白回来的点为落锁时间了，并不死板地拘泥于亥时。是以方才暖香坞的小院门还是开着的，所以六娘子才能这么轻松地跑出来。

鱼安和竹韵一愣，面面相觑了一番，刚想开口接六娘子的话，却听对面传来了一个娇羞的声音。

“四哥今儿回去晚了，四嫂嫂不会责怪吧？”

六娘子闻声，整个人瞬间感觉血液都倒流了上来，她慌忙地环顾了一下四周，竟发现自己不知不觉地已经跑到了秋棠馆的小径前了！

说时迟那时快，还是竹韵一个激灵先回了神，赶紧将手中的披风一抖，然后迅速地披在了六娘子的身上，随即她又慌忙地帮六娘子理顺了沾在耳际和额头上的乱发，然后才屏气凝神地拉着鱼安往后微微退了一步。

几乎是同时，就在竹韵后退的一瞬间，沈聿白的声音就响了起来。

“阿遥？”

夜色掩住了六娘子闪跃未定的眼神，她暗中深吸了一口气，然后翩然地转了身，冲沈聿白微微一颔首道：“我见侯爷久久未归，便出来想迎一迎侯爷，谁知竟走了这么远。”

沈聿白的脸上露出了一丝惊讶，不过他还没有说话，身旁就闪过了一抹娇柔的身影，六娘子定睛看去，微凉的眼神和谢韫欢的柔光交织在了一起。

“四嫂嫂。”谢韫欢先是冲六娘子福了福身，然后收回了略微有些惊讶的眼神笑道，“今儿晚上我和四哥聊到了以前在凉都的日子，两人来了兴致就多喝了两杯热茶，让嫂嫂担心了。”

从来都只有六娘子先声夺人，而今天，谢韫欢却在六娘子的面前先声夺人了一次。

披肩下，六娘子的手紧紧地握成了拳，她忽然发现谢韫欢和自己很像，想要的、不要的都不会写在脸上，喜欢的、讨厌的也都深深地压在心底。

“怎么会……”六娘子淡淡地笑了笑，然后抬头对沈聿白道，“侯爷若是没事儿便早些回，我刚洗了头，吹了风有些难受，这就先走一步了，我让守门的妈妈给侯爷留了门。”说完，她便不顾沈聿白的错愕，径直转身迈了步子就开始往回走。

可还没走出几十步，六娘子只觉得手臂一沉，紧接着她整个人就被拉入了一个宽厚温暖散着浅浅茶香的胸膛中。

“我不记得侯爷爱喝西湖龙井。”六娘子的背靠着沈聿白的胸口，隔着薄薄的衣料，她用骨血感受着沈聿白的心跳，但不知为何，心里却涌上一片酸涩。

沈聿白闻言，拉着六娘子的手微微一紧，然后强制地转过了她的身道：“我还是第一次看你耍性子。”

秋棠馆的前面是一片小竹林，此时两人正站在竹林的出口处，晚风徐徐，不用侧耳便能听到竹叶随风的沙沙声，缥缈得仿佛一首古调，令人思绪浮摆。

六娘子一听，却忽然笑了起来，道：“若侯爷是不爱耍性子的人，那今晚我还是和侯爷分开走比较好，免得两看相厌，回头还要伤了和气。”

可沈聿白见状，竟难得好心情地将她搂搂紧，道：“莫非……你吃味儿了？”

六娘子忽然笑不出来了，只伸了手紧紧地拽着沈聿白的衣襟，踮起脚尖道：“沈聿白，我心里难受，我不愿看到这么大晚上的你还在别的姑娘房里和人追忆过往！”

沈聿白一愣，不仅因为六娘子生着气连名带姓地喊了他，还因为六娘子竟然这么直接地就承认自己吃了味儿。“阿遥……”沈聿白皱着眉喊了她一声，本也只是想逗逗六娘子，结果却换来了他自己的手足无措。

可六娘子却觉得这种事儿并没有什么好矜持的，只缓缓地呼了一口气道：“以后若是再有下次，我便直接让守夜的妈妈落锁了，大晚上的，你爱去哪儿睡就去哪儿睡！”

沈聿白有些哭笑不得地道："哪儿有你这般孩子气的，本来今儿你设了宴，我只当你那里也会闹得晚一些，就想去母亲那儿坐一坐，谁知竟碰到韫欢也在。我当时还好奇了，你那小宴不是还没散吗，她怎么这么早就回来了。结果韫欢说之前因为高兴多喝了两杯，却不想自己不胜酒力，就先出了临波亭，我去那会儿她刚醒了酒。后来便去她那儿用了膳，也当是我给她接风了，这一来二去的，就聊得久了些。"

听着沈聿白的话，六娘子的心却又一次冷了下来。她不得不承认谢韫欢心思灵透，竟在和沈聿白独处的时候没有把玉簪宴上受的那些冷嘲热讽说给沈聿白听。

她不免在心里轻轻地嘲笑了自己一下，然后才敛了神色对上了沈聿白幽深如潭的双眸道："侯爷聊得高兴就好，也不必和我多加解释。"

沈聿白失笑地点了点她的额头，然后双手一用力，竟轻轻松松地将六娘子横着抱了起来。

"啊……"随着六娘子的一记惊呼，沈聿白的吻就如细雨一般轻轻地落了下来。

"沈聿白！"六娘子不安分地在沈聿白的怀中扭捏了起来，咯咯笑着躲开了他缠绵的轻吻。

打闹间，只听沈聿白俯身在她耳边轻语了一句道："傻姑娘，你可不知道我其实归心似箭呢。"

短短一句话，让六娘子的心瞬间就被一种奇妙的欢愉感塞得满满的。真好。无论如何，他心中有她，这样真好！

只是，夜色中如此深情相拥的两个人都没有注意到，在不远处，有一抹被月光拉得斜长的身影正悄然远去……

第六十九章

繁华绮·兄弟殊途

中元节的前两天，六娘子亲自去濮家庄接萧姨奶奶回府。因为庄子上还住着四姨娘和惜燕，流萤的肚子也大了很多，六娘子便在庄子上留了一晚。

下午的时候，她由高进带着去了一下田埂，看到满目葱郁的禾田，六娘子很高兴地夸了高进几句。傍晚的时候，几个人围着桌子简单地用了膳，六娘子便拉着萧姨奶奶和四姨娘聊起了天。

看得出，四姨娘的精神是好了很多，可眉宇间总系着一抹挥之不去的浅浅哀伤，仿佛是种在眼眸间一般，根深蒂固的，让人看了不免唏嘘。

第二天一早，六娘子和萧姨奶奶用了早膳，便上了马车离了庄。

回去的路上，六娘子告诉了萧姨奶奶英娘怀孕的事儿，也同她说了自己过了中元节要进宫的事儿。萧姨奶奶沉默了片刻，方才神色稳稳地开口道："你进宫去看看也好，她毕竟年轻，这是头一胎，也尤为重要，不管这往后会不会受委屈，你让她千万忍着。"

六娘子见萧姨奶奶说这番话的时候虽表情无波，但指尖微颤，像是极力地在隐忍着情绪一样，不禁心一软，抿嘴道："娘，不如我去问问侯爷，看能不能带着您一起去一趟，我想英娘也一定很想见见您。"

萧姨奶奶闻言，摇头道："不妥不妥，我是什么身份，她是什么身份，我这个老婆子怎么能横冲直撞地跟着你进宫？你是煜宁侯夫人，又是她嫡亲的四嫂，你进宫去瞧瞧她，我放心的。"

六娘子心里一酸，强颜欢笑地逗着萧姨奶奶道："得了，娘既然这么相信我，我便进宫好好地去瞧瞧英娘，回头最好是连她多了少了几根头发，都和娘交代清楚了。"

听着六娘子难得的贫嘴，萧姨奶奶温婉地笑了笑，然后轻轻地拉过了六娘子的手道："不管怎么样，你一定要和她说，万事小心小心，再小心。"

六娘子重重地点了点头，承诺道："您放心，您这句话我一定带到。"

转眼便到了中元节，七月是小秋作物成熟之际，讲究孝道的大周人按例要向先祖报告，并且请老祖宗尝新，所以七月例行祭祀祖先，中元节的排场自然摆得更大些。

当天，由沈老夫人带着，沈家一门在大清早的时候就在府中的小祠堂祭了祖先。不过这之前的准备，却都是六娘子和周氏两人联手操办的。六娘子负责采买，周氏负责布置，是以众人到了祠堂的时候，看到的是一堂屋的井然有序。新鲜的散发着香气的莲叶铺满了祭祀时用的桌面，麻谷巢儿系在桌子脚上，乃告先祖秋成之意，其他的蜡烛香纸一应俱全，各个先祖的排位都擦得纤尘不染，在夏阳的照耀下闪着木质本身沉绵的光泽。

说起来，六娘子是第一次操办中元节祭祀的事儿，所以跟着周氏，她也算是偷师了几下。不过周氏大方泰然，知六娘子是新手，倒是很有耐心，整整一天认真地教着，最后还是六娘子不好意思了，在傍晚的时候，往周氏那里送了两大袋她从濮家庄带回的新米。

到了晚上，一家人在膳厅一起用了晚膳后，便各自早早地散去了，随后，六娘子吩咐各处，今日府邸戌时三刻就落锁，并从侯府的账面上支了五两银子，分给了五处看门的婆子，也算是犒劳她们中元节前后的辛苦劳作了。

第二天一早，六娘子刚和几个妈妈聊完琐事，妙琴便来报说："夫人，大夫人来了。"

六娘子闻言忙道："请她进来。"随即便辞了妈妈们去了东稍间。

周氏进来的时候见六娘子正在吩咐丫鬟泡茶，便笑着道："四弟妹别忙，我不过来送些荔枝，坐一坐就走。"说着便冲和她随行的丫鬟使了个眼色，小丫鬟连忙提着果篮上了前，恭恭敬敬地把果篮摆在了圆桌上。

周氏随即道："你大哥前两日去会了朋友，回来的时候买的。我瞧着特别新鲜，就放进了冰窖，给四弟妹尝个鲜。"

"大嫂太客气了。"六娘子笑着让寻音收了东西，然后拉着周氏落了座道，"说起来，昨儿若不是大嫂明着暗着帮衬，中元节这些琐事，我只怕肯定是要出洋相的。"

"你啊，太自谦了，虽说是第一次操办，可前后都是细心谨慎的，又怎么会出洋相？"周氏笑六娘子太过小心翼翼，不过只眨眼的工夫，她却微微地叹起气来。

"大嫂，怎么了？"六娘子看周氏隐忍不语的样子，不免就问了一句。

周氏看了她一眼，犹豫了片刻道："我觉得和弟妹投缘，也知弟妹是个性子磊落堪比男儿大气的，有一事，其实我一个人琢磨了很久，总也找不到合适的人同我参详参详，便觉得烦闷得紧。"

"什么事儿？"平时的周氏都是笑声不断的，脸上几乎看不见什么闷结不化的神情，是以她这样一说，六娘子便自然地担心了起来。

周氏眼眸一闪，叹气道："是你大哥，我……也不……不知该不该让你大哥谋个外放的官职。"

"啊？"六娘子一愣，惊讶地张了嘴。

说起来沈家大爷沈聿齐如今在国子监谋了个闲职，可谓是两袖清风只读诗情。小院的日子过得说不上好也说不上坏，平平的犹如一汪凝而不动的泉，说得好听是闲情风雅，说得不好听一些便是碌碌无为。

妻嫌夫无为，这样的事儿倒也比比皆是，可周氏来同她说，不免有些不合适了。六娘子一思忖，为难地开口道："大嫂，这事儿……只怕我也是没有能力替大嫂周全的啊。"

周氏忙摆手道："那是那是，哪儿是要让你帮我们周全啊，只是想让你和我一起想想这法子可行不。"

六娘子闻言，微微舒了一口气道："按着我说，大哥文采颇好，精于求学，若是能有外放的机会，总是会比在国子监熬日子要更快些。"

"你瞧你瞧，你也这么觉得是不是？"周氏一听，仿佛是遇到了久违的知音一般，拍了两下桌子激昂地说道，"长房、三房的事儿你也是看在眼里的，长房那儿二弟管家，三弟忙生计，长房素来自给自足的，我瞧着分家也是迟早的事儿。"

“啊？”六娘子又吃惊了，“大伯他们要分家吗？”

周氏正色道：“长房那里应该是有这个意思的，你想，这个家虽姓沈，但毕竟是煜宁侯府，大伯那么好面子的一个人，能住到今天也算不易。二弟和三弟又没有走仕途的念想，要让侯爷帮忙的地方不多，其实不瞒你说，当时在凉都的时候大伯就想和四叔一样分家了，不过那时大伯总是想着要憋一口气先回宣城再说的，是以才拖到了今天。”

六娘子闻言，点头附和道：“也难怪，从住进府到现在，快两年了吧，大伯那儿基本都不走府中银两的。”

周氏道：“你瞧，若不是想分家，又怎会一分一两都算得这么清楚？”说着，她轻啜了一口热茶，润了嗓后又继续道，“三房那里呢，几个弟弟都还小，功名也都还考着，能成气候是最好的，不能成，以后管个家做个生意什么的，和上面两个哥哥一样，日子也是不难过的。”

“可外放……终究是清苦的。”六娘子犹豫道。

“再清苦，也能谋出一片天地来，在宣城，什么时候是个头？”周氏苦苦地一笑，眉宇间有着如碎云风卷一般的愁思。

“大嫂……”六娘子的安慰溢到了嘴边，可唇齿间却怎么都无法再往外多冒一个字。

俗语道“家家有本难念的经”，但沈聿齐是继续在国子监熬日子荒废年岁，还是趁着年轻外放出去闯荡一番，这都不是她和周氏两人今天闲聊几句就能定下的事儿。

而且她隐约觉得，这个想法，也只是周氏一个人的想法，至于沈聿齐心里是怎么想的，只怕周氏也是拿不准的。不然，今儿周氏谈话的对象就该变成沈聿白，而并非自己这个内宅妇人了。

见六娘子有话不说，周氏无奈只能故作轻松地笑道：“唉，你瞧，这不是五弟过了九月就要去文选清吏司任职了吗？我难免……心中也会不平。”

所谓官大一级压死人，几个弟弟都如此出挑，周氏的焦虑，六娘子心里明白，但是她却不能做出回应，只能感同身受道：“大嫂，官场的事儿，其实我们也只是看了表象。但我觉得每个人有每个人的活法，大哥肩负妻儿之责，他一定有自己的想法，我看这事儿，大嫂你还是要和大哥开诚布公地说上一说才好做决断。”

周氏一愣，这才幽幽地一笑道：“你说的是，我今儿也是病急乱投医了，不过其实同你这样聊一聊，我心里也舒坦多了。”

六娘子看着周氏但笑不语，心里突然想起那日玉簪宴散了之后，忠毅侯夫人蒋氏拉着自己所说的那番话。她道：“你这个大嫂啊，可是个人精，方才咱们牌打了三圈，她就七七八八地把那谢家姑娘挑拨得她家宅不宁的事儿给说了一遍。我呢，也是个直肠子，瞧着这种狐媚子心里就来气，方才在席间若是有什么得罪之处，妹妹你可千万别责怪我啊。”

想到这里，六娘子看周氏的眼神不免又凝了凝。不管怎么说，周氏之前到底是一手管着整个家的人，因此六娘子还真有些拿不准她今日同自己说的这番话，是试探的成分多呢，还是真心诉苦的成分多……

第七十章

繁华绮·初次入宫

话说中元节刚过，沈聿白就开始着手安排六娘子进宫的事宜了。不过眼下英娘正怀着身孕，皇上对她这胎又尤为重视，是以连沈聿白都是见缝插针地才挑好了日子。

但那边沈聿白是火急火燎的，这边六娘子却是希望越往后越好，因为这是她人生中第一次进宫，虽不是面圣，也未必能见着母仪天下的皇后娘娘，可六娘子却觉得，小心驶得万年船。她甚至让沈聿白特意请了个宫里的老嬷嬷来教了她几天宫中的礼仪规矩，惹得沈聿白笑声一片。

可六娘子却义正词严地说道："侯爷有什么好笑的，我这是在给侯爷撑脸面。"一句话堵得沈聿白哑口无言，只能频频点头，示意自己不会再笑了。

就这样，左不安右担心的，六娘子终于等来了进宫的大日子。

这天早上天才放亮，六娘子就跟着沈聿白一起起了身。沐浴更衣后，她便是一身华服地从净房走了出来。

"这样行吗？"六娘子今儿选的是一件窄衣领古纹双蝶云形千水裙，束腰的缎带让她看起来盈盈一握，深蓝色的裙衫压住了她灵动俏皮的活泼之感，反而是从里到外都透着一股端庄文秀之气。工整的乌蛮髻高高盘起，一副赤金梅英红宝石头面衬得她鸦羽般的青丝微闪，无端地就能吸引住旁人的目光。

“挺好。”沈聿白微微地点了点头，忽然倾了身子在六娘子的脸颊边落了轻轻的一吻道，“便是不让别的男人瞧见就更好了。”

六娘子因为要进宫而悬着一颗心紧张到了现在，忽闻沈聿白的荤段子调侃，她一时半刻还没有反应过来，竟傻傻地回了一句：“我也不想被皇上撞见……”不过话一绕出口，六娘子的脸就“噌”的一下红了个透！

紧跟着，她的粉拳就袭上了沈聿白宽厚结实的胸膛：“沈聿白，你开我玩笑！”

沈聿白闷了声音道：“为夫说的也是心里话。”

见六娘子顺势就要往他脚上踩过来，沈聿白连忙跃步后退了一下，然后举了手转了话题道：“若是抓紧时间先用了早膳，一会儿进宫我还能先送你去绯岚殿。”

六娘子一愣，这才正色地拉了拉因为打闹而有些皱的衣摆道：“我先用膳，侯爷吃什么……”见六娘子几乎是用逃一样的快步走出了东稍间，沈聿白笑着摇了摇头，然后一并跟了上去。

辰时刚过，沈聿白就带着六娘子出了门，平常的时候沈聿白一般都是骑马进宫的，但是今日为了照顾六娘子，他改坐了马车。

临下车前，沈聿白轻轻地拍了拍六娘子的肩道：“成亲那天也没见你这么紧张，这是怎么了，不过是进个宫罢了。”

六娘子瞪了一眼沈聿白，道：“太松懈怎么成？踏入皇宫，迎面来的哪怕是个奴才，也都是大人物。”

沈聿白“哈哈”大笑了两声道：“那看来回头你又要好好谢谢为夫我了。”

“嗯？”六娘子不解地看着沈聿白。

沈聿白挑眉道：“我还特意嘱咐英娘，让她今儿千万别让皇后娘娘去她的绯岚殿，免得回头把你惊得不知所措了……”

不过，当半个时辰后，六娘子身临绯岚殿，恭恭敬敬地跪在玄石地砖上冲坐在正首的皇后娘娘行大礼的时候，心里几乎把沈聿白给念了个半死。什么叫特意嘱咐英娘不要让皇后来绯岚殿，这上头坐的是谁！

“民妇陆氏叩见皇后娘娘，恭祝皇后娘娘万福金安，恭祝蕙嫔娘娘万福金安。”不过心里骂归骂，六娘子脑子却清楚得很，在被衣着素雅的宫女带进绯岚殿后，她便处处谨慎，见了皇后和英娘高坐上首，便径直下跪行了叩拜大礼。

“平身。”皇后娘娘笑着抬了抬手，然后定睛看了看站在下面的六娘子，随即侧身附在英娘的耳畔轻声地说了一句什么，惹得英娘捂着帕子笑了起来。

可即便是那笑声已经传入了六娘子的耳朵里，但是她依然眼观鼻鼻观心地浅低着头，默默地在心里数着自己裙摆上花色的纹路。

笑声过后，六娘子只听皇后娘娘柔声吩咐宫女道：“给煜宁侯夫人赐座。”

一旁伺候的宫女依言默默地搬了雕花高背椅来，然后虚扶着六娘子落了座。六娘子这才借机抬头仔细地看了看皇后和英娘，但只一眼，她顷刻就被皇后娘娘那高华的气度给吸引住了。

其实美若天仙的女子六娘子不是没见过，娇艳如三娘子，明柔如英娘，水泽如谢韫欢，其实她们哪一个人的姿色都在皇后之上，可皇后胜的不是美貌而是气质。她那从骨子里透出的雍容如月辉般清朗，她的一颦一笑浅淡有韵，雅致于心，那一身的珠光华服，衬的是她的华贵无双冰肌玉骨，那举手投足间，六娘子只感觉到一股无形的压力袭来，如丝一般缠绕住了她的呼吸，让她心生畏惧却又莫名地夹着陌生的好感。

“本宫昨儿听蕙嫔说你要进宫，今儿就想着来见见你。”皇后的声音如水，娓娓叙来。

“皇后娘娘体恤。”六娘子有些诚惶诚恐，但却十分自然大方，笑着冲皇后娘娘认真地回了一句。

皇后见状，笑容更婉约轻柔了几分，又道：“说起来你当年嫁给煜宁侯的嫁妆，那第一抬还是本宫赐的，你也算半个皇亲，没事儿便也多来宫里走动走动。”

“民妇得见娘娘天颜，心生倾慕，若是能有幸常进宫陪伴皇后左右，那便是民妇的福气。”

皇后闻言，温言道：“你和蕙嫔的性子倒真是像，都是宠辱不惊的，难怪蕙嫔进宫后和本宫聊天，总是会时不时地提及你呢。”

六娘子低头做了害羞状，之后又陪皇后和英娘聊了片刻的家常，方见皇后娘娘端庄地站起了身。六娘子眼明手快，赶在英娘之前抢声道：“皇后娘娘，让民妇送您出殿吧。”

皇后转头看了一眼面露紧张的英娘后，冲六娘子颔首道：“那便有劳煜宁侯夫人了。”

送走了皇后娘娘以后，六娘子折身而回，再踏入绯岚殿的时候，六娘子显然没有了方才的紧张，整个人的感官打开后，她才闻到了缭绕在殿宇内的幽幽清香。

“四嫂！”

正当六娘子蹙眉的时候，一记呼唤打断了她的思绪，她抬头看去，只见英娘正从帷幔深处缓步而来，神态举止皆染上了一抹华贵。

“娘娘使不得！”六娘子被她这一唤吓了一跳，想福身行礼，却被英娘重重地托住了手肘。

“按我说嫂嫂才使不得呢！”英娘娇嗔地瞪了六娘子一眼，随即激动地拉住了她的手，声音微颤道，“我总算把嫂嫂盼进宫了！”

两三句寒暄过后，英娘便带着六娘子入了内殿。

偌大的绯岚殿外是成片成片的芭蕉树，时值夏浓，绿叶成荫，树遮风，静而不止，绿荫折射着丝丝如缕的碎光，如洒金一般点在殿宇内的玄石地砖上，生出了一股悠然无波的意境来。

屋内，熏香渐浓，厚重而不刺鼻，不管是红漆描金彩绘五屏风式镜台还是那黄花梨条案上摆着的掐丝珐琅九彩飞蝶灯台，抑或是那张寓意吉祥的紫檀贴皮雕瑞兽花卉架子床，六娘子只觉视线所及之处，无不透着淡淡的奢华之气，令人觉得雅致有序，贵而不靡。

“你……怀着身孕，怎么屋子里还燃着香料？”此时缭绕在六娘子鼻尖的香味和方才在外殿的香味是一样的，六娘子闻着，不免疑惑地看了英娘一眼，有些担忧地问道。

英娘浅浅笑了笑：“嫂嫂不要担心，这是果香，并没有什么不好的成分，不过是我每每早上起来反应大得很，皇上让太医院那儿的香料女官特意给我调的。”

六娘子闻言，悬着的一颗心便是放了一半，随即自嘲地笑道：“我进宫之前，娘耳提面命让我转告你，这之后的几个月你切记一定要小心、小心再小心，结果我还没见着你呢，自己倒先紧张起来了。”

“嫂嫂这是心疼我。”英娘笑着拉住了六娘子的手，然后两人一并坐在了软榻上，左右有宫女一一地上来端了点心奉了茶，然后又悄然无声地退了出去。

六娘子见她们走远了以后才道：“我方才瞧见皇后娘娘的时候着实吓了一跳，亏侯爷早上在城门口的时候还信誓旦旦地同我保证说，今儿是见不着皇上和皇后的。”

英娘笑道：“皇后娘娘要来，我也不好拦着，不过娘娘为人宽和、性子绵柔，她想见见你，也是因为好奇，毕竟我也经常同娘娘提及嫂嫂呢。”

“提我做什么……”六娘子不免有些汗颜地扯了扯嘴角，然后才看着英娘问道，“娘娘这些日子在宫里，过得可好？”

英娘微微一愣，先是轻轻地点了点头，随即又微微地摇了摇头，半晌才用贝齿咬着红唇似艰难地说道：“这……说好，皇上是待我极好的，皇后娘娘也总是处处关怀体恤着我，但森森宫墙，我身边却没有一个可亲可叹可聊的人，总觉以后那漫漫长夜……不知要如何才能熬过去！”

六娘子觉得自己是可以理解英娘那茫然无措的慌乱的。

皇宫森严不比民间，即便皇上对英娘用情再深，可一个是君，一个是妃，本来就和寻常人家的夫妻不一样。他们之间，就算有再多的情愫，都是禁锢在皇宫森严的制度下的。有些东西，英娘想要，皇上未必给得起，而皇上能给的，也未必就是英娘所日夜思盼的。

但是偏偏这样的无可奈何英娘却只能强颜欢笑悉数接受，面对皇上的雨露均沾，面对妃子间的明争暗斗，六娘子知道，置身这皇宫，日子只会越来越如履薄冰，心也只会越来越累。

想到这里，她不由得轻声安慰英娘道：“其实家家有本难念的经，不管是市井凡夫还是皇亲国戚，烦恼都是有的，不过烦心的事儿不太一样罢了。更何况你瞧，你现在肚子里已经怀了皇上的骨肉，这头一胎，不管是男是女，对皇上来说都是弥足珍贵的。皇宫如网，但只要心平，日子还是能过得顺心的。”

英娘怔怔地看着六娘子，拉着她的手指尖尽凉，六娘子只感觉她指节微微地一用力，然后便听她忽而地释然道：“嫂嫂说的我都懂，不过是眼下怀了身孕，总爱时不时地伤春悲秋一番，人也变得神神叨叨的，便是连皇后娘娘也说我这两日看着就没之前开朗爱笑了。”

“但怀了皇上的子嗣是好事儿，你若不开心了，肚子里的孩子又怎会开心？”六娘子俏皮地指了指英娘依旧平坦的小腹道，“回头你再这样，当心生出个满脸褶皱的小老头儿来，到时候有得你这个做母妃的后悔去的。”

六娘子一边说，一边还挤眉弄眼地做起了怪相，惹得英娘大笑了起来，好一会儿才用帕子擦着笑出的眼泪道：“按着我说，还是个公主好，女儿贴心，长大了也乖巧懂事。”不过说着说着，英娘随即又摇头道，“不不，不，还是生个皇子吧，女儿长大了要嫁人，回头我又该舍不得了……”

这下轮到六娘子嗤笑英娘了：“按着我说，你该生个儿女成双，一男一女便能凑个‘好’字！”

结果两人就着孩子的话头越聊越起劲，之后更是绕到了什么寓意祥瑞的乳名上，不过正当六娘子在很认真地想什么好听的乳名适合小皇子的时候，英娘却忽然沉了声音道：“嫂嫂可知姬家？”

六娘子一愣：“姬家……不是仁孝皇太后的母家吗？”

英娘随手端起了装着温水的茶碗，喝了一口后点头道：“正是那个姬家，那嫂嫂可知道，顾家三郎前些日子纳了个贵妾，正是姬家人？”

一时间，六娘子只觉英娘的声音忽远忽近的，没有一点真实感，她猛地抬头，俨然看到了英娘严肃的神情，半晌才找到了自己沉闷的声音道：“可他……不是要和方家的嫡小姐成亲了吗？”六娘子只觉嗓子似乎被这满目的金银珠光给粘住了一般，让她顿时呼吸困难。

英娘看了她一眼，然后冲门口的宫女使了个眼色，宫女见状，转身面向了外头。英娘这才道：“四哥知道这件事儿，他不想瞒着你，便让我找个机会告诉你。姬家这个做妾的女子虽只是个庶女，但听闻有着绝色的美貌，伶俐聪慧，与顾三少可谓是一见钟情。”

六娘子冷笑一声道：“呵，一见钟情？姬家！”她忽然从心底里瞧不起了顾宸玉，翩翩男儿，为何要如此作践自己，又要如此作践方家的姑娘。“皇上不管吗？”忽然，六娘子抬起了头，眼中满是淡淡的薄凉。

英娘一愣，摇头道：“各家婚配，皇上如何管？”

六娘子失笑了片刻后叹气道：“我也是糊涂了。不过姬家是什么身份，这昭然若揭的，顾家的人既然不怕皇上起了疑心，那咱们这些外人也最多就是看看热闹罢了。”

“四哥说，有些事儿，明知不可为而偏要为之，要么是真心喜欢，要么就是唯利是图。但不管怎样，皇上明着却笑笑而过，还说顾家三郎好福气。”英娘见六娘子神色恢复了之前的泰然自若，心里不由暗松了一口气。

六娘子看了英娘一眼，目光流转道：“我知道侯爷的这番用心良苦，但其实顾家的任何一个人，于我而言不过是曾经相识的旧邻，如果硬要说为何我还会如此惊讶顾大人的事儿，那也只是因为我与他相识在年少，总以为他与侯爷一样是有着铮铮傲骨的好男儿，但其实……我到底错看他了。”

“嫂嫂也是心慈念旧之人，四哥能遇着你，是他的福气。”

“此生能遇到侯爷，才是我的福气！”六娘子的心比刚才平静了许多，其实只要细想一下，她便觉得，顾宸玉不过是选择了她陆云筝所不认同的生存方式，但这并不能成为她生气的理由。

想她自己，虽不愿承认是女萝般生活的姿态，可她却不得不承认，这一辈子她都必须要依附沈聿白而活。只是这种依附，被她和沈聿白很好地转化成了相敬如宾、举案齐眉的夫妻姿态，让她在依附的同时，也多少能感觉到生活的甜蜜与幸福。

那么就顾宸玉而言，他或许也是必须要有所依附的。皇上显然不能让他如愿，方家，或许可以但是依然不够，那么现在再多一个姬家，想来就能让他活得更强势一些了吧？

思绪沉浮间，六娘子的心忽然一紧，只感觉到了微微的刺疼。她不知道顾宸玉的事儿是沈聿白在什么时候嘱咐给英娘的，她也不知道沈聿白当时是抱着怎样的心态的。但直到这一刻，六娘子才切身地感觉到，在她和顾宸玉绝交不复的背后，其实离不开沈聿白的宽容接纳。

她忽然觉得鼻子微酸，眼眶有些灼人的热意。六娘子连忙佯装深吸了一口气，然后抬了头贝齿微露笑意渐显道：“这不，让娘娘看笑话了，我今儿入宫可是来让娘娘高兴的，竟七七八八地还说这些闹心的事儿。”

两人正聊着，外头突然有宫女轻声传报：“娘娘，邵姑娘来了。”

六娘子闻言一愣，刚想开口问英娘，却见英娘冲她柔柔地一笑，然后安慰似的拍了拍她的手道：“嫂嫂今儿来同我一起见一个人。”

转语间，内殿外已经响起了珠钗灵动的声音，六娘子循声望去，只见一娉婷之姿缓缓而来，飘零浅粉色的长曳罗裙在夏光的照耀下闪着点点金辉，上面有暗线绣的繁复牡丹花枝，细细看去还能瞧见线上衬出的幽幽蓝光，那裙料的贵重，一眼便知。女子肤若初雪，螓首蛾眉，云丝乌碧亮泽，斜插了一支缀着金丝流苏的攒珠青玉簪，眼眸中流淌着似水的华光，娇媚动人，盈盈含笑的唇齿间尽显豆蔻少女的娇羞。

“民女邵怀璧参见蕙嫔娘娘，娘娘万福金安。”她走至英娘的跟前，行了个叩拜大礼，站起来的时候，视线掠过一旁的六娘子，隐约地有些惊讶。

“这是煜宁侯夫人。”英娘见状，笑着做了介绍。

邵怀璧一怔，好奇地眨了眨眼，开口对六娘子说的第一句话不是请安问福，反而是一句“您看着比我还小呢”。

轰然的笑声顿时响彻了整个绯岚殿，连门口那些一本正经的宫女都绷不住掩面无声地笑了起来。

半晌，英娘才用帕子擦了擦眼角的泪迹道：“我瞧着嫂嫂这辈子是没遇到过什么让她甘拜下风的人，今儿你算得上一个了。”

而本还算是落落大方的邵怀璧此刻可以说是局促得紧，一张涨红的脸仿佛一颗熟透了的果子，透着粉嫩的色泽，偏偏可爱又有趣。“完了，夫人您可千万别往心里去，娘娘，您也千万别告诉我母亲，回头……我又该被禁足了！”

邵怀璧不说还好，这一讨饶，倒是让英娘笑得险些岔了气，连连摆手道：“你先坐你先坐，容我笑一会儿。”

可一旁的六娘子却着实喜欢她这不矫揉造作的性子，当下就退下了手上的一只赤金石榴镯子戴到了邵怀璧的手上道：“即便是看着比你小，可你喊我一声夫人，这见面礼啊，当收！”

邵怀璧只感觉手腕一沉，眼前便闪过一丝金光，低头看的时候，那纯金的镯子已经圈在了自己的手腕上。

“夫人……”她有些慌了，没想到会得六娘子如此重礼。

“不碍事儿，我四嫂屋子里藏的宝贝可多了，回头你若有法子，都一一从她那匣子里掏出来才好呢。”英娘则是旁观者清，笑着替两人圆了场子。

邵怀璧闻言，这才冲英娘和六娘子福身道：“谢娘娘，谢夫人。”其实今儿为何暗着喊她入宫，在来的时候母亲就已经同她说过了。既是煜宁侯夫人想见见自己，她觉得不如也就大大方方地见，反正在座的三个人都是心照不宣的，若是太扭捏，倒显得她太过小家子气，回头丢的还是邵家的面子。

如此一想，邵怀璧便坦然了不少，随即就落了座同英娘和六娘子笑谈了起来。

第七十一章

繁华绮·喜事连连

这天，英娘留了六娘子和邵怀璧在绯岚殿用了午膳，方请了宫女们送她们两个各自从不同的门出了寝殿。

六娘子由宫女带着走至平康门的时候，却见沈聿白正在和一戎装少年低头说着什么。

此时未到午时，可七月日头毒辣，风不动而闷，六娘子一路从内殿走至宫门，到底还是有些吃力的，是以她见沈聿白没有看到自己，便笑着给了领路的宫女一个小小的红荷包，然后轻言道："有劳了。"

那宫女机灵地一转水灵的眸子，接过了荷包后便心领神会地冲六娘子福了身，然后转头就往回走去，而六娘子则是挪步选了个阴凉处站定，准备等沈聿白谈完正事儿再一起走。

夏日炙气，灼人发肤，站在门檐的阴凉处，六娘子方才觉得呼吸不似之前那么急促了，这才有心思好好地打量起了和沈聿白交谈的少年。

只见他身形修长挺拔，轻便的玄色戎装让六娘子很容易就猜出了他是御林军的将领人物。他双眉如剑，横卧有劲，目光炯炯，英气十足，站在沈聿白的身旁非但没有被他的尊华之气所压慑，反而还隐隐地被沈聿白衬出了凌云之姿。

六娘子不免有些好奇了，偏了头就开始胡乱地猜起了那少年的真实身份。不过也只眨眼的工夫，她就看到沈聿白微微地转了头，往她这儿睨了一眼。

六娘子顿感有些无趣，便撇了撇嘴挪开了视线。

不一会儿，沈聿白便辞了那少年，冲六娘子信步而来。夫妻俩一入宫就各忙各的，眼下见他在自己视线中越来越放大的身影，六娘子倒生出了一丝想念。

“侯爷用膳了吗？”还未等沈聿白走到跟前，六娘子便迎了上去，然后两人结伴往宫门外马车停着的地方走去。

沈聿白闻言，点点头问道：“你呢，在蕙嫔娘娘那儿用过了吧？”因为还未出宫，所以他们对英娘都还是用尊称比较妥当。

六娘子忙不迭道：“用过了，今儿我算是饱了口福了，那道鲜虾扒水饺里头的馅儿，竟是整只整只的虾呢。”

沈聿白失笑道：“你就这点出息，进了一趟宫，只记得宫里头的饺子馅儿了？”

六娘子理直气壮道：“民以食为天，侯爷切莫小看一顿午膳。”

正说着，两人已经来到了早就在平康门外候着的马车前，紧接着沈聿白伸手一个使劲，就轻轻松松地把六娘子抱上了车，然后自己也跨步入了车厢。

待两人都坐定后，六娘子才大大地松了一口气，整个人软在了椅位上道：“累死了。”

“我听说皇后去了绯岚殿。”淡淡地冲车夫吩咐了一声后沈聿白便放下了车帘，问的第一个问题就直戳六娘子的心尖儿。

“我却是还记得侯爷来的时候同我如何保证炫耀的，敢情是诳我的，我到的时候皇后娘娘手边的茶碗都空了一半了。”

沈聿白闻言，顺势搂住了六娘子的肩道：“不曾想皇后娘娘倒也想见你，这就把你吓到了？”

六娘子深吸一口气道：“怎么可能，皇后娘娘为人宽和温婉雍容华贵，我今日也算是开了眼界了。”说罢，她拿起了手边的团扇扇着风道，“侯爷问完了吧？”见沈聿白点点头，六娘子媚媚地一笑道，“那方才和侯爷说话的那人是谁？”

“那是管奕。”沈聿白知无不言。

六娘子听了却是一惊，险些尖了嗓子道：“那人就是管统领，看着好年轻啊。”可六娘子说罢，还不等沈聿白做出什么反应，便自顾自地先笑了起来。

"怎么了？"沈聿白有些丈二和尚摸不到头脑。

六娘子便把邵怀璧刚才第一次见她的时候说的话重复了一遍，末了才郑重地抬头对着星目清朗的沈聿白道："今日……多谢侯爷了。"

沈聿白一愣，忽而伸手揉了揉她小巧的耳垂道："你说过，我们之间，没有隐瞒……"

话说明承二年八月，只怕是六娘子过得最忙碌又最充实的一个夏天了。

八月头的时候，高进来了信，流萤生了个大胖小子，足足有八斤，可把高家上个月从老家来的二老给高兴坏了。

六娘子也很高兴，特意放了高进三天的假，让他好好地陪流萤几天，又找秦妈妈去置办了些细软服帖的杭绸和棉料，吩咐秦妈妈给送去了濮家庄，夹在中间的还有一个红色的小荷包，里面装了足足五两金锞子。

九月中的时候，严家那儿也传来了好消息，揽月生了一个闺女，也是健健康康白白嫩嫩的。六娘子自然也替揽月感到开心，便差了竹韵和秦妈妈一起去了一趟揽月住的庄子，带去的生辰礼和给流萤的是等分等量的。

从严家的庄子回来以后，秦妈妈就转身进了暖香坞，见六娘子正靠着迎枕坐在窗边看书，她便使了个眼色遣了屋里伺候的妙琴和寻音，然后道："夫人，竹韵姑娘按着您的吩咐在那儿要过一夜，老奴便先回来了。"

"妈妈一路辛苦了。"六娘子闻言搁下了手中的书卷，颔首笑道。

秦妈妈微微地福了身，犹豫了一会儿终究还是开口道："夫人，那金锞子……会不会太多了些？"

六娘子闻言，一怔，忽而指了指炕边的锦缎绣面的小杌子道："今儿我刚好得了空，也好久没有和妈妈聊天了呢。"

秦妈妈心领神会地虚坐下了身，便听闻六娘子又道："高进这些日子帮着管庄子忙进忙出的也辛苦，流萤呢要照顾惜燕，又要照顾四姨娘，时不时地萧姨奶奶还要去庄子小住，这五两金锞子不算什么。再说揽月，她跟了我这么久，从怀阳到宣城，也只有她和竹韵，我私心也肯定是偏向她多一些的。前段日子因为高进的事儿，我对她那儿的琐事也并没有多上心，如今既已给了流萤那些，对揽月，自也不能厚此薄彼的。"

秦妈妈一听，觉得有些道理，不免讪笑道："是老奴目光浅了，夫人可别笑话老奴。"

六娘子神色柔如斜阳道："妈妈这是在告诫我，我知道的。主仆之间，忌讳恃宠而骄，你怕我把几个丫头都宠坏了，回头恶果子还是要自己往肚子里咽，妈妈是心疼我。"

秦妈妈心里一暖，轻声道："不过夫人自小就有主见，不管是挑人还是做事儿，夫人屋子里的几个丫头也都是本本分分的，不管是已经嫁人的两个还是现在在屋子里伺候的，夫人诚心待她们，她们也知道夫人的好。"

六娘子点头道："先头是揽月和流萤，接下来鱼安也好竹韵也好还是下面几个小的，只要她们愿意，我都想给她们找个好归宿。女孩子家，没有什么比找个好归宿更能安稳一辈子的了。"

"可不是吗？"秦妈妈赞同地笑了笑，忽闻门口有脚步声响起。

她和六娘子不禁一起偏头去看，却见鱼安笑眯眯地走了进来，她身后，还跟着久不相见的小杜鹃。

小杜鹃比之前看着要圆润了些，可依旧灵气十足，嘴角噙着一抹狡黠的笑，正躲在鱼安的背后冲六娘子眨着眼睛。

六娘子一惊，忽然瞪了杏眸指着她笑骂道："你个鬼丫头，还不快给我过来！"

"六姑奶奶万安！"小杜鹃闻言轻快地上了前，然后冲六娘子盈盈地福了个身，忙不迭地道，"咱们夫人是今儿早上在府上落了脚的，这不才安顿好，就忙着赶了我过来给六姑奶奶通个信儿呢。"

六娘子频频点头道："好好，你们一路回来可好？走了多少时候？"七娘子和夫婿要一并上宣城的事儿，六娘子上个月的时候就知道了，是七娘子来信告诉她的。不过七娘子的信素来都是有内容却没有重点的，是以六娘子全都是有看没有记，唯独他们要回来的这件事儿却特意地放在了心上。

小杜鹃连连点头道："都好的都好的，一路回来前后大概五日，所幸最近入秋了，路上也都舒爽凉快，咱们夫人直说挑了个好天气呢。"

六娘子闻言，抿嘴笑了半晌道："这次准备住几天？"

"啊？"小杜鹃愣了愣道，"六姑奶奶，咱们夫人没同您说吗？这次，咱们夫人是跟着姑爷回城挑宅子的。"

六娘子一愣，气笑道："她那信，想到哪儿写到哪儿的，便是连隔壁张大人家的媳妇养的波斯猫生了小猫都和我说了，还真是没说要回宣城挑宅子的事儿！"六娘子语毕，一旁的秦妈妈和鱼安就笑出了声。

小杜鹃闻言，讪笑道：“咱们夫人可喜欢那波斯猫了，缠着姑爷闹了好几回要养一只，可惜姑爷碰不得猫，一沾那猫就一直地打喷嚏，夫人这才作罢的。”

六娘子乐不可支地点了点头道：“也该有个人来制制她这说风就是雨的性子了，那这么说，既要在这儿挑宅子，是要准备住回来了？”

小杜鹃开心地点头道：“咱们姑爷在工部谋了个闲差，说是老爷帮的忙，过了十月就要上任了，以后咱们夫人可离得六姑奶奶近了呢！”

六娘子舒心地叹了口气，刚想让鱼安去备了碎银子给小杜鹃作辛苦费，却忽见寻音从外头匆忙地跑了进来道：“夫人，陆家来了个小丫鬟，说七姨娘要生了！”

七姨娘这胎生得不算很顺利，六娘子是差了鱼安回陆府去等的消息，连着整个下午鱼安都没有回来，中间只让陆家的一个小丫鬟来报了个信儿，说七姨娘还在生，产婆和大夫都在。

六娘子便是一颗心悬在了嗓子眼儿，莫名地，她便想到了三娘子死的那天晚上，总觉得心里七上八下难受得紧，晚膳过后沐了浴洗了发，却是翻来覆去怎么都无法入睡。

竹韵将六娘子的隐忍担心看在了眼里，最后实在没了办法，便悄悄地出了暖香坞，去了一趟葳蕤轩。

今儿有客造访，沈聿白从中午用过膳以后就一直在外院没回来过。晚膳过后客人是走了，可他却一直待在葳蕤轩处理政务，是以陆府七姨娘难产的事儿他并不知道。

不过听了竹韵悄悄来传的话，他当下就丢了笔急匆匆地回了暖香坞。

掀帘而入的时候，沈聿白就看到六娘子正一个人怔怔地跪在临窗的大炕上，只披了件轻薄的中衣，看着窗外的夜色发着呆。

她垂腰的长发编了一条松松的三股辫，有不少发丝散出，被外头的凉风一吹，就荡漾在了粉莹的耳际。

“立秋夜冷，你也不怕着凉。”

忽闻沈聿白乍然而起的声音，六娘子吓得往后一靠，险些撞翻了搁在炕上的矮几。

“侯爷怎么回来了？”她想事儿想得出神，此刻确有些惊魂未定之态。

“怎么，合着你还不让我回来睡觉了？”沈聿白一边解着外套的盘扣一边有些哭笑不得。

六娘子眯着眼，环顾了一下四周，便了然道：“是竹韵去侯爷跟前嚼舌根了吧？”

不过六娘子话音刚落，竹韵却刚好提着温茶的木桶进来，闻言只撇了撇嘴有些委屈地说道：“夫人也不瞧瞧，我和寻音左右劝了您几回了，您就是不听，回头您若吹了风着了凉，侯爷还是要怪奴婢们的，这还不如奴婢们自觉些的好。”

“她们几个丫鬟比你懂事，你还好意思恶人先告状。”沈聿白瞪了六娘子一眼，随即冲竹韵淡淡地点了点头。

竹韵便是吐了吐舌头然后刺溜一下脚底抹油先跑出了里屋。

六娘子自知理亏，便讪笑道：“七姨娘从下午就开始生了，到现在还没有消息……我……我有些担心。”

“有大夫和产婆在那儿，有什么可担心的。”沈聿白没有刻意地强迫六娘子别去想七姨娘的事儿，只聪明地转了个她感兴趣的话题道，“说起来今儿来的蔡启生原先是我平鞑蛮时的副将，我当时回来的时候留了几个人在鞑蛮以东的彝舒县，他当时是其中一个。”

六娘子闻言，果然转了思绪道：“他为何要来找侯爷？莫非……鞑蛮那儿有变？”

沈聿白笑道：“若是军事之变，怎会轻装而来，既没有皇上口谕又无军令的，还同我吃了好几盅的酒。”

“也对。”六娘子摇头道，“那我便不知蔡大人找侯爷所为何事了。”

“他是来做保山的。”

“啊？”六娘子只觉眼皮子跳了跳，不禁追问道，“给谁说的媒？”

“管奕和湘娘。”

六娘子愣了好半天，只觉得自己今儿这脑子是转不过弯来了，连连摇头道：“管统领……若是成了侯爷的妹夫，这样妥当吗？”

沈聿白嘴角噙了一抹笑意，看了六娘子一眼道：“有何不妥，他是我一手带起来的人，管家人口简单，武将世家，除非嫡妻无出，否则也不兴纳妾，眼下又是国泰民安的，湘娘若是嫁过去，只要想着如何孝敬好公婆服侍好丈夫管好家即可，便是比你还轻松几分呢。”

听沈聿白一张口就说得如此头头是道条理分明的，六娘子才感觉出了一丝异样，便眯着眼试探道："这应该不是管家人的主意吧，侯爷是不是早就算计好了？"

"这有何可算计的。"沈聿白失笑道，"男大当婚，管奕也老大不小了，天天杵在我跟前，还不兴我给他找个媳妇让他早日成家立业的？"

"这事儿侯爷同母亲说了没？"六娘子有些惊讶。其实她并不是不相信沈聿白看人的眼光，只是儿女婚配本是该父母做主的，尤其湘娘又是嫡女，沈聿白这种没有和沈老夫人商量就自作主张的做法，着实欠妥当。

"本准备明日和她说的。"沈聿白闻言，眼神黯了黯，闪过了一丝几不可察的阴涩。

六娘子叹气道："湘娘好歹也是母亲所生，虽侯爷的好意母亲是肯定知道的，可侯爷您想，您这个哥哥若是什么事儿都径自办妥了，回头您让母亲的面子往哪儿搁？"

沈聿白无奈地点了点头道："原本想在今年秋天把事儿定下来的，谁知管家人倒是积极上了，一下子就请了蔡启生回来做了保山。不过刚好这个月轮到他回宫述职，也是歪打正着了。"

六娘子笑道："这说明湘娘和管统领有缘。"她说着，想了想措辞又问道，"还有，七妹夫的事儿，是侯爷暗中帮的忙吧？"

沈聿白当时正要坐下身，听了六娘子的话，他提着衣摆的手顿了顿，便喃喃地冒出了一句似自言自语的话道："这家里，也总要有个能成事儿会顺杆上的，若是谁都和王家人一样那还了得。"

见沈聿白虽没有直接点头却是默认了，六娘子便由衷说道："原本丫鬟来说的时候我还不觉得，可后来想想就有些奇怪了。父亲在工部没有熟人，为何会把七妹夫安排在工部，我想来想去，也只想到侯爷这个关系，也辛苦侯爷替七娘子他们周全……"

"夫人夫人！鱼安回来了！"可六娘子的话还没有说完，寻音就从外面快跑了进来，一并和她跑进屋的还有气喘吁吁的鱼安。

"双胞胎？"等鱼安喘了气以后，说出的第一句话却吓了六娘子一大跳。

鱼安猛地点了点头道："刚开始的时候一直生不下来，后来等产婆来了摸了肚子，才知道七姨娘这胎是双生子。"

六娘子很高兴，连忙问道："那是两个男孩儿还是两个女孩儿？"

鱼安一顿，回道："是两个男孩儿……"

赏了鱼安辛苦费，又遣了屋里其他伺候的丫鬟，六娘子亲自服侍沈聿白沐浴更衣。净房内，水声潺潺，氤氲成雾，沈聿白看着六娘子微蹙黛眉地在那儿心不在焉地给自己梳洗头发，便抽了她手中的木梳大手一揽，轻松地搂了六娘子入怀道："从刚才开始就一心二用，想什么呢？之前不是看你还挺高兴七姨娘生了双胞胎吗？"

六娘子心弦一颤，犹豫地伸出手环上了沈聿白精瘦的腰身道："你说，七姨娘这两个孩子能活到成人吗？"

沈聿白闻言，神色一黯，眯了眼道："别人家的事儿我不知道，我只知道咱们府上，若是谁有这种龌龊的念头，我第一个便不会轻饶了他。"

六娘子觉得有些乏了，倾身靠在了沈聿白的胸膛上，听着他沉稳有力的心跳，低语道："七姨娘难产的时候我想到了三姐姐，她生了双胞胎后我又想到了四姨娘。侯爷，内宅女子多有不易，不管是妻还是妾，都如那女萝草一般要依附生长，只有宿主好了，我们的长势才会好。父亲的子嗣不算多也不算少，如今又添了两个儿子，希望母亲这颗心能放平才好。"

沈聿白温柔地拍了拍六娘子柔软的香肩，然后抚着她半散落在肩头的发辫道："你是在告诫我要善待你和侍妾吗？"

六娘子忍着笑意半开玩笑半当真地说道："我是在告诫侯爷之后不到万不得已不准纳妾！"

看着沈聿白那青一阵白一阵阴晴不定的脸色，六娘子心里很是痛快，刚想挣脱沈聿白的怀抱跑出去，却不想手腕竟被沈聿白紧紧地攥在了手中。

两人拉扯间，六娘子的惊呼瞬间被沈聿白的唇缄封。

其实有的时候反而是六娘子这种欲迎还拒的姿态更会激发沈聿白的攻击情愫，他总觉得六娘子比寻常的女子要更冷静，也要更独立。她总是站在平起平坐的角度和他探讨着一切问题，他知道她心里其实是容不下那几房妾的，可不知为何，对于这样的认知，沈聿白却很高兴，虽然他从来没有在六娘子的面前表露过半分。

他知自己其实不重女色，但不知为何，他却对六娘子的柔软情有独钟。他喜欢看她在自己身下承展的姿态，像极了一朵浮沉碧水间的合欢花，摇曳轻盈，妖艳至极。

想到这里，沈聿白身子一热，手便探进了六娘子的衣襟间。

“沈……聿白……”六娘子的娇喘支离破碎，略显闷热的净房里，满满的绯靡缠绕着氤氲的水雾，瞬间将六娘子整个人给点燃了。

“你小日子是不是要来了？”缠绵间，沈聿白沙哑着声音问道。

六娘子一愣，慌乱地点了点头，心里却泛起了一阵甜蜜。她没有想到，虽然沈聿白平常什么都不说，但只要关乎她的，他就什么都记得……

第七十二章

琥珀光·出嫁之重

六娘子是在双胞兄弟洗三礼这天回的陆府，也是在这一天，她才和七娘子见上面。

七娘子变化不大，除了盘起了妇人头，穿衣打扮比从前看着成熟了一些之外，倒也没有什么特别之处。

不过那天的主角既不是六娘子也不是七娘子，而是绮翠园的两个嗷嗷待哺的小祖宗，是以在月然居给陆老爷和林氏请了安，又和七娘子匆匆地打了个招呼后，六娘子便快步去了七姨娘那儿。

七姨娘是在坐月子的，因为生了双生儿的关系，躺在床上的她看着特别弱不禁风，苍白的脸上像是留不住一丝的血气一般，恹恹的，几乎看不到什么生气，只开口说话的时候还能听出一些精神，让六娘子不免放心了些，是以她一落座，便轻快地和七姨娘聊了起来。

“方才看到父亲，我总觉得父亲已经许久没有这样高兴了呢，听说这次洗三礼，父亲吩咐母亲摆了整整十桌子呢。”

七姨娘闻言，弯了弯嘴角道：“老爷确是高兴的，两个哥儿也都健康，老爷这两日正琢磨着给哥儿们起名字呢。”

两人正说着，便有小丫鬟小心翼翼地端着托盘走了进来。六娘子一闻，一股浓得似乎化不开的厚重苦味便散在了她的鼻尖，让她下意识地就皱了眉。

“六姑奶奶若是怕苦，便出去透透气？”七姨娘见状，忙不迭地说道。

“不碍事不碍事，我不过对这药味有些敏感罢了，你快趁热喝，凉了就不好了。”六娘子摆了摆手，深吸了一口气以后便将心里那抹浅浅的忧思一扫而净。

待七姨娘喝完了药，吃了甜嘴的蜜饯后，六娘子便关切地问道：“大夫是怎么说的？”

七姨娘闻言，轻轻地摇头道：“大夫……说我这次伤了元气，若是能恢复，以后只怕也不能再生了。”

六娘子心里“咯噔”一声，连忙转头去看由奶娘哄着正在入睡的两个粉嘟嘟的小家伙，心里一柔道：“总归有了两个哥儿，姨娘以后也有了依靠，能不能生，也要看缘分，姨娘不要因为这些伤了心，养好身子才是最重要的。”

七姨娘笑道：“六姑奶奶放心，我这一次也是生怕了，不瞒六姑奶奶，大夫说我不能再生的时候，我还着实松了一口气呢。”七姨娘说着，便冲六娘子眨了眨眼，一副如释重负的神情。

想想其实也是，想七姨娘生这对双生儿的时候，足足吃了四个多时辰的苦头，从阵痛开始，到破了羊水，到产婆发现是双生儿，到生产……这其中的点点滴滴，也只有七姨娘自己最清楚。更何况有了两个儿子，七姨娘怎么看都是福泽丰厚的，说句实话，其实将来还能不能再生，于她而言真的没太大的关系。

思及这些，六娘子不免舒心道：“姨娘能这样想便是最好的，不过等姨娘身子好了，弟弟们也多的是要姨娘操心的地方，只怕姨娘那时候都没心思考虑别的事儿了呢。”

“可不是。”七姨娘咳嗽了一声喘了口气，似思忖了片刻后又道，“其实六姑奶奶，今儿能见着您，我倒是想麻烦您一件事儿。”

“你说！”六娘子点头示意。

“您能把四姨娘从庄子上接回来吗？”

绮翠园的南稍间静悄悄的，六娘子记得原本绮翠园是没有自鸣钟的，不过此刻南稍间角落里的多宝阁上却搁着一座圆顶洒金琉璃面自鸣钟，“嘀嗒嘀嗒”的钟摆声轻松地盖过了六娘子和七姨娘浅浅的呼吸声，倒令人生出了一丝压抑的情愫来。

见六娘子抿着红唇，久久不语，七姨娘放在被子下的手就用了用力，然后她刻意放轻松姿态道："六姑奶奶你瞧，我这是福气好，一生生了俩，而且都是带把儿的。可都说生孩子容易养孩子难，想我生得都这么难了，那回头养他们两个……"七姨娘说着便没了声儿。

其实这两日她躺在床上总爱胡思乱想，不是担心林氏要把孩子抱走，就是担心孩子莫名地夭折，昨儿吓得她几乎是尖叫着哭醒的。

"你的意思我明白了。"谁知正当七姨娘在想措辞的时候，六娘子却忽然开口道，"不过这事儿我要差了人去问问四姨娘的意思。你也知道的，四姨娘……这辈子太苦了，庄子虽不比家中方便舒坦，但到底自由无束，四姨娘很喜欢。"

但六娘子和七姨娘都是聪明人，两人都明白，方才那番话的中心意思其实就是七姨娘担心两个小哥儿的饮食起居旁人照顾不周，也怕林氏对自己对孩子不利，便想让四姨娘回来帮帮自己。

而六娘子左右权衡了一下，也觉得这是个不错的法子，便决定无论如何也要试着说服一下四姨娘。但当着七姨娘的面儿，她却也是要抬高了四姨娘的身价的，这才在七姨娘跟前小演了一下，让七姨娘也不会觉得四姨娘好使唤。

不过后来四姨娘到底还是从濮家庄回来了。用她当时和六娘子的话说，"毕竟我也是老爷的妾，这一直住在姑奶奶的庄子上也不是个事儿。现在七姨娘既想让我帮着她照顾两个小哥儿，我也多少能分个心，日子兴许还能过得快一些。"

六娘子听后觉得有一些心疼，又有一些欣慰，便好生地打包整齐了四姨娘在庄子上用的那些细软，然后亲自将她送回了陆府。

不过这些都是后话了。

十月的时候，七娘子的宅子定了下来，就在广源胡同口，占了半条街，说大不大说小不小，四进的宅子，闹中取静的好地段，唯一美中不足的是有些老旧，需要花些力气和时间修缮一番。

因为张耘全已经去了工部走马上任了，再加上转眼就要入冬准备年节的事儿了，是以林氏便开口让七娘子和张耘全小夫妻俩先在陆家住下，二人权衡一番便欣然同意了。因此整个秋天，七娘子几乎就成了侯府的常客，连刚入侯府干活儿没多久的小丫鬟都知道她是六娘子娘家的七姑奶奶。

这天，七娘子一早就甩门进来了，好巧不巧地正遇到沈聿白休沐，她顿时尴尬了一下，脚下的步子就顿住了。

而正在和六娘子耳鬓厮磨的沈聿白也被七娘子吓了一跳，忙趿鞋下了炕，对六娘子道："我去葳蕤轩，一会儿中午去祁王那儿转转，不用留我的饭。"说着便在七娘子的讪笑里匆匆地出了暖香坞。

七娘子自知理亏，等沈聿白走了以后还是站在门口迟迟地不敢进稍间。屋子里，六娘子正盘腿坐着，单手托腮，一脸似笑非笑地盯着门口的七娘子，心里的气不打一处来。

一旁的寻音见状，笑着搁下了手中的托盘，上前拉着七娘子道："我的好姑奶奶，您下回若是再这么鲁莽，可不怪咱们夫人也要恼了您了。前儿您这么跑进来，妙琴可着实是被夫人责备了一番呢。"

"我自己走得快，关丫鬟什么事儿？"七娘子嘀咕了一句，顺势跟着寻音进了屋。

六娘子闻言，哭笑不得地道："你和她说这些没用，早些年她是光长个子不长脑子，这些年个子不长了，脑子依然也没长过。"

七娘子撇了撇嘴，一屁股坐在了炕沿上，一股脑儿喝光了六娘子杯中半温的茶道："烦死了，若是再这样被烦下去，我就干脆出去找个宅子住，过年了再搬家。"

六娘子一愣，一边使了个眼色让寻音去换茶，一边探头问道："这是怎么了？好端端的我还没真恼呢，你倒是先发起脾气来了。"

"母亲天天催着我生孩子生孩子生孩子，那我一个人也生不出孩子啊！"

"噗"的一声，六娘子入口的茶悉数喷了出来，弄得炕床上的整张矮桌湿淋淋的，被七娘子大大地嫌弃了一把。

可六娘子却咳了半天，好容易喘顺了气，便忍着戳七娘子腮帮子的冲动道："你在家里也是这么和张耘全聊天的？人家和你成亲这些日子没被你给吓死？"

七娘子瞪了一眼六娘子道："我若不是和你熟，才懒得和你说这些家长里短呢。"

"那我可要谢谢七妹妹了。"六娘子扯了扯嘴角，然后平复了一下心境道，"母亲这是着急，也是关心你，你多半左耳进右耳出就行了，何苦和她置气。"

"哪儿是我和她置气，分明是她看不得七姨娘那满屋子欢声笑语的，日日同我置气，若不是我忍着让着，再有夫君一直在边上哄着我，只怕我早翻脸了。"七娘子说着说着便垮下了脸，眼露不耐，神色萎萎。

六娘子闻言，在心里苦苦地一笑，只能无奈地替她斟上了一碗热气腾腾的香茶，唯盼她能解忧片刻，不恼顺心。

其实如七娘子这样的新妇很多，于她们而言，嫁为人妇，是从一方天地搬到了另外一方天地。可以前在家中，她们大多依附着父母，为双亲所尊，恪宗族之礼，尤其是像七娘子这样的嫡女，从小又是被林氏亲手带大的，她出嫁以前的生活可以说几乎是围绕着林氏展开的。

但是嫁人以后这种生活状态就发生了翻天覆地的变化。和她朝夕相处的不再是双亲而是夫君，她的依附也从娘家变成了夫家，她可以心向着娘家，但是要想在夫家立足的话，她也必须明着暗着处处维护夫家。是以当林氏如此耳提面命在她面前一直碎碎念生孩子的事儿时，七娘子便第一次生出了对林氏的排斥。但在六娘子看来，这种排斥和反感，却恰恰是七娘子成长的开始。这样的成长，注定带着争执和不快，也注定会是伤筋动骨的一场拉锯战，六娘子唯有希望七娘子能分清好坏，看懂是非，不被情愫困扰……

第七十三章

琥珀光·冬节纷忙

鲁莽地撞见过沈聿白之后，七娘子来侯府的次数就少了。

隔了两天还未见到她人的沈聿白不免开口问六娘子道：“七妹瞧着也不是个薄脸皮的，怎的和我冲撞了一次，倒是连咱们这儿都不敢来了？”

六娘子当时正在对账，闻言笑得前仰后合道：“哪儿啊，再过两日便是青致哥哥成亲的好日子，母亲忙得团团转，少了她在小七耳边碎碎念，小七自然乐得清闲，又怎会天天跑我这儿来诉苦。”

沈聿白虽然不太清楚七娘子和林氏之间的事儿，可听六娘子这样一说，也多少明白了几分，便笑道：“你这个妹妹是个直性子，亏得这是嫁到了张家，耘全兄又是个体贴入微的，不然只怕是要家宅不宁了呢。”

“不许侯爷这么说小七！”六娘子瞪了沈聿白一眼，护短的劲儿就冒了出来，“小七的孩子气兴许正是张大人喜欢的呢。”

沈聿白知她的性子，忙高举了手投降道：“罢了罢了，是你亲妹妹，便怎么都是好的。”

六娘子懒得和他一般见识，便冲沈聿白吐了吐舌头后就想低头把最后一点账整理平了，忽见鱼安神色不定地走了进来。

“侯爷、夫人……”鱼安犹豫了一下，眨眼道，“谢姑娘在外头候着呢。”

自从中元节那次以后，谢韫欢好像就很少出秋棠馆了，六娘子也只有在去清懿阁给沈老夫人请安的时候才见得到她。面对她的低调行事，六娘子选择了视而不见，既没有张口慰问也没有点头赞赏，因此忽闻她来求见，六娘子也是满肚子疑惑。

“让她进来吧。”沈聿白一边说，一边走到炕边，很自然地弯了腰身凑近了六娘子。

谢韫欢进屋的时候，见到的便是六娘子正跪坐炕边，直着腰身仰着头在给沈聿白扣衣襟上的盘扣的画面。

时过深秋，午后的日头极好，暖香坞又是坐北朝南的通窗房子，是以外头的阳光透过支开的窗棂悉数洒进屋内，像一层仙气一般笼在沈聿白和六娘子的身上，让人一眼就品出了“岁月静好”的味道。

谢韫欢看得心生妒意，暗中紧紧地握住了自己的拳，细尖的指甲就重重地抵住了掌心间的柔软，让她疼得差点就要呼出了声。

“四哥。”不过开口的时候，谢韫欢却是柔声细语的，仿佛什么事儿都没发生过一般，只浅浅地冲着沈聿白碎笑，一袭淡粉色的撒花洋绉裙衬出了她娇羞如画的容貌。

沈聿白是等六娘子给他扣好了衣襟上的盘扣方才转身看了谢韫欢的，不过只一眼，他便皱了眉道：“这都立秋好久了，你还穿得这么单薄？”

谢韫欢一听，本是有些迷蒙氤氲的双眸瞬间清亮了起来。只见她微微地偏了头笑道：“四哥有心了，不过是天气骤凉，我还来不及整理柜子里的衣衫罢了。”

“怎么妹妹屋里的丫鬟不听话吗？打理换季的衣物竟然还要妹妹亲自动手？”六娘子实在听不下去谢韫欢的鬼扯，便皮笑肉不笑地打断了她的话。

谢韫欢闻言一愣，脸上瞬间浮起了一层绯红，支支吾吾地道：“我……四嫂误会了，我……我不过不习惯旁人伺候罢了。”

六娘子看了沈聿白一眼，见沈聿白并没有要和谢韫欢长聊的意思，而是已经迈开了步子准备出门，便先问他道：“回头要等侯爷用晚膳吗？”

“我今儿要路过新风斋，给你买个脆皮乳鸽加菜，晚上你吩咐厨房做个汤炒两个干净的鲜蔬，等我回来一起吃。”沈聿白说完，便是连谢韫欢站着的方向都没有睨过半分，就径直掀帘出了暖香坞。

谢韫欢站在屋子正中，只觉得生生被人从头到尾地浇了一桶凉水一般彻骨地冷，可她却只能强颜欢笑地在六娘子跟前坐下身，努力地不去看沈聿白对自己刻意的冷淡。

但忽然地，之前方姨娘的那一席话就犹如一缕青烟，缓缓地在她的心尖缭绕开了。一瞬间，谢韫欢含笑的视线中便透出了一抹犀利的光。她清楚地知道，她讨厌陆云筝，讨厌她让沈聿白远离自己，也讨厌她总是摆出一副高高在上的当家宗妇的姿态，更讨厌她能这样名正言顺地霸占沈聿白所有的时间。因此她忽然心生他意，或许事情真如方姨娘所言，若是要等沈聿白主动，只怕蹉跎的终究还是她的岁月和青春，那是不是……她真的应该要为自己以后的生活努力一下？

如此的念想一闪而过，抬眼的时候，谢韫欢已恢复了众人平常所见到的那一副知书达理的纤柔姿态了。“四嫂今儿可有口福了，记得小的时候听姨母说过新风斋的脆皮乳鸽，当时只是听一听便觉得口水都要流下来了呢。”谢韫欢口中的姨母就是沈老夫人。

六娘子聚精会神地看着她，淡然说道：“妹妹若是想尝尝，晚上我让人送一只去秋棠馆。”

谢韫欢淡笑道：“这哪儿成，虽不过是一道菜，但却是四哥的一番心意。我若是真想吃，回头会让四哥带我去新风斋的。”

六娘子闻言，在心中暗暗地冲谢韫欢竖起了大拇指，然后继续问道：“妹妹今儿来，不会就是来和我讨论晚膳的吧？”

谢韫欢摇头道：“今儿一早我收到了老家同乡的大娘寄来的青酿，虽是老家的土香酒，但我记得四哥却是很喜欢那个劲道。可那酒坛子太重了，我屋里也没个小厮什么的能做点力气活儿，便想着不如先跑一趟暖香坞说一声，回头让四哥自己去我那儿取，不过巧了正遇到四哥在忙。”

“我知道了，等侯爷回来我就告诉他。”六娘子其实不觉得刻意地拉远谢韫欢和自己还有沈聿白的距离就是个治根的法子了，她觉得主要还是看病治疗。

谢韫欢闻言，点了点头，没有再说些别的什么话，便漠然起身告了辞。

那天之后，六娘子又往秋棠馆拨了两个机灵的小丫鬟，沈老夫人知道了这事儿以后还盘问了六娘子一番，却被六娘子“只盼着妹妹可以把这儿当作自己的家，不要拘束”的义正词严的说法给悉数顶了回去。

而一转眼就到了陆青致成亲的大好日子。

这天，沈聿白作为“妹夫”，在天刚刚亮的时候就起了身。他是跟着迎亲队伍去迎亲的，也算是陆青致成亲这天的统筹，是以他要比六娘子早一个时辰出门。

原本六娘子觉得像沈聿白这样见惯了大风大浪的人，跟着新郎去迎个亲应该不算什么考验人的难事儿，谁知结果却事与愿违。

因为当她也到了陆府准备吃酒席的时候，七娘子却拉着她从头笑到了尾。

“你不知道，听说煜宁侯到了新娘的府邸，进了小院，就开始嘀咕什么不能错过了良辰吉时，本大家也没在意，该闹的还是闹，该堵的还是堵。谁知道临了侯爷又扫兴了一下，竟在新娘子还没有开门的时候就吩咐下人备马了，把咱们新嫂嫂给吓得，便是连青致哥哥的过槛话都还没有问上半个字，她就盖着红盖头走了出来。”

大周婚礼有一个习俗就是新娘子问新郎过槛话，这个其实有点类似于婚前的约法三章，虽演变到今日，这过槛话多半成了新娘家和新郎家互相较劲的一个环节，但也是新娘娘家人收红包的环节，是以六娘子清楚，被沈聿白这样一闹的结果会令人觉得有多扫兴。

所以听了七娘子的话，六娘子便捂着嘴惊呼道：“完了，也怪我之前从未同侯爷说过这当中的规矩，只特意告诉他看着些时辰，不要错过了吉时。”

七娘子闻言，笑得更大声了：“哈哈……夫君回来和我说的时候我笑得都差点喘不上气来了，夫君说青致哥哥当时的脸色青青白白的可有趣了。”

六娘子也觉得有些过意不去了，便悄悄地拉着七娘子问道：“青致哥哥没恼了侯爷吧？”

七娘子一边笑一边摇头道：“夫君说后来青致哥哥反倒觉出了侯爷的好，因为侯爷在，所以这新娘子就接得特别顺利。”

六娘子闻言，不禁有些汗颜，便一边绞着绣花衣摆一边尴尬地解释道：“原本……侯爷也是成过两次亲的，我却不知他一点也不熟悉里面的这些环节。今日这事儿，回头我得好好和哥哥嫂嫂致个歉呢。”

谁知七娘子闻言却瞪了六娘子一眼道：“便是顶烦你这认真的性子，人非圣贤孰能无过，好端端的你非要折腾出些客套来。这大喜的日子，青致哥哥也没觉得有什么不妥的，你却要跳在前头装正经，真是无趣！”

六娘子闻言一愣，刚想解释什么，却见外头一下子涌进了好些人，只听有人喊道：“新郎新娘拜天地咯……”紧接着，一对璧人就缓缓地往厅堂走来。

第七十四章

琥珀光·腊八布粥

腊八前，揽月终于从庄子上回了侯府，六娘子特别高兴，留她在屋子里说了大半天的话。

揽月丰腴了些，也晒黑了些，可人看着却神采奕奕的，不难瞧出小日子过得很是滋润。六娘子满意地点头道："原你住的地方离我也远些，更何况那是外祖母的庄子，庄子上的人也都是规规矩矩的，不像濮家庄那样会闹出这么多的事儿，是以我心思也总是放在濮家庄多一些……"

"夫人快别说这些了！"揽月闻言，忙按下了六娘子的话头道，"每次竹韵来我这儿，都会说些夫人的事儿。我听了濮家庄的事儿，便觉得夫人理应要好好地管管那些不知天高地厚的人。想太老夫人的庄子上，可没这么多乌七八糟的闹心事儿。"

六娘子点头道："这不，你回来了就好，不过孩子才刚出生三个月，你放心让她住在庄子上吗？"

"久祜说我若是要回来给夫人帮忙，那他就辞了庄子上的活儿，一家人一起在边上的胡同租个屋子，这样便能家里府上两不误了。"揽月笑道。

六娘子闻言却大吃一惊，蹙了眉道："这哪儿成，让他迁就你？"

“哪儿是他迁就我，不瞒夫人，他也早有出庄子的意思。有个同村的老辛，在城里开了个酒肆，酿的是自家的米酒，生意确实不错。他喊了久祐好几次，久祐也是心动的，不过那时我还怀着孕，是以他也动弹不得。所以如今他是巴不得我能早些进府帮忙，他也好快些出庄子和人合伙。只是……也不知道夫人这儿还需要不需要我。”揽月说着，有些不好意思地低下了头。

“怎么不需要！”六娘子笑道，“不说别的，就单说我这儿的针线房、浆洗房还有茶房什么的，都是石妈妈她们几人兼带的，这平日里也就罢了，碰到逢年过节的可就忙不过来了。但其实原本这几处也都是留给你的，还有小丫鬟的调教，我也准备一并让你带了。”

揽月闻言，松了一口气，连忙站了起来福身道：“夫人您放心，我听您的安排。”

“哟，那以后可要改口喊姐姐一声秋妈妈了呢。”六娘子和揽月正聊着，竹韵端着刚炖好的燕窝羹走了进来，听到了揽月和六娘子表的决心，便笑着打趣了一句。

揽月闻言，一张脸涨得通红，伸手就去拧竹韵的胳膊道：“你个促狭鬼，倒是消遣起我来了。”

“我瞧着竹韵说得没错。”没想到一旁的鱼安也附和道，“姐姐姓秋，这次回来又做了夫人身边的管事妈妈，咱们以后喊姐姐一声秋妈妈那可是再对不过了。”

一屋子的人都笑了起来，揽月臊得猛跺脚。

忽然，外头看值的妙琴匆匆跑了进来，见着屋子里的一团和气，她先是愣了愣，然后才凑到六娘子耳畔道：“夫人，老夫人那儿的霜降来了。”

六娘子一愣，连忙整理了一下微乱的钗环衣摆，然后又让鱼安先把揽月等几个人带下去，这才吩咐竹韵请了霜降进屋。

霜降是清懿阁的大丫鬟，一般来说，若是普通的通传小事儿，沈老夫人是动用不到她的，是以她这次来，确让六娘子紧绷了一下神经。

不过听了霜降的来意，六娘子却冷笑在了心里。

“腊八节的时候母亲想在广源寺布粥？”看着恭恭敬敬的霜降，六娘子又重复了一遍她的话。

霜降点头笑道：“回夫人，其实老夫人这也不是临时起的意，已经有半个多月了吧，老夫人每天都睡得不踏实，迷迷糊糊地总是会在半夜梦到自己命苦早走的几个老姐妹，搅得她老人家这两日心神不宁的，胃口也不好，奴婢瞧着人都瘦了大半圈呢。”

“布粥是好事儿，等我回头和侯爷商量一下，就给母亲去个准信，你让她老人家放宽心，这种善举，侯爷不会不同意的。”六娘子轻轻地拨了拨小香鼎里的香灰，然后熄灭了只燃了一半的香条。

霜降连连点头道：“奴婢就说老夫人多虑了，夫人心慈怀恩，腊八布粥这样的事儿夫人一定会点头的。”

六娘子浅笑着应了一声，然后霜降便识趣地福身退出了暖香坞。

等霜降一走，一旁奉茶的寻音便冷笑了一声道：“奴婢昨儿去园子里摘花的时候还瞧见出来散步的老夫人呢，奴婢瞧着她精神抖擞、面色红润的，哪儿有清减消瘦的模样。”

六娘子睨眼看了一下寻音，却惹得寻音更替她打抱不平道：“夫人，奴婢才没有说错呢。什么半夜梦到苦命早走的两个老姐妹，那分明就是给谢家姑娘铺的路……”

“那我是小辈她是长辈，腊八布粥又是善举，难道我还能回绝了不成？”

寻音一口气堵在了嗓子眼儿，瞪着水灵灵的大眼睛道：“那夫人不就要背个不孝的名声了？”

“可不是？”六娘子笑着耸耸肩道，“隔墙有耳，这样的话你以后要说的时候，先过过脑子。你这急躁的脾气，和从前的竹韵倒是如出一辙的。”

“竹韵姐姐就是见不得这些龌龊的事儿，看着就让人心烦。”寻音气得涨红了脸，看着六娘子的眼神透着隐忍和微愤。

“所谓兵来将挡水来土掩，既要布粥，就布得漂亮，这广布善心的名声，在家里可以让旁人占了，可于外，却只能让侯爷占！”六娘子缓缓地站起了身，然后笑着同寻音道，“你也是皇帝不急急太监，我还没开始想法子呢，你就认定我要吃亏了？”

寻音的脸上这才露出了丝丝的笑意道：“夫人妙人自有妙计，我这点雕虫小技哪儿能和夫人比啊。鱼安姐姐总说，让我好好地学学夫人的为人处世，这样以后去到婆家才不会吃亏呢。”

六娘子扑哧一声笑了出来道：“这上头鱼安和竹韵的婚事还没着落呢，你这儿就着急上了。”

寻音却不害臊地直接道：“我只盼着夫人给我找个好夫家呢，我爹娘早说了，跟着夫人是我这辈子最大的福气！”

晚上沈聿白回来的时候六娘子刚让丫鬟摆好了饭，挂炉山鸡、草菇青菜、麻香豆腐加了个火腿上汤，光闻味道就令沈聿白食指大动，连着吃了两碗饭才搁了筷子。

六娘子见状，一边亲手撇了油给沈聿白盛了一碗汤，一边笑着道："今儿母亲差了人来我这儿传了话，说是腊八的时候想在广源寺布粥。"

"广源寺？"沈聿白喝了半碗汤以后漫不经心地问道，"为何要去广源寺，腊八布粥，一直都是慈安寺的人比较多。"

"侯爷和慈安寺的住持大师比较相熟吗？"六娘子问道。

"也说不上相熟，不过上次凉都迁来的祖宗牌位，我不是去慈安寺请的住持方丈来新祠堂做了一整天的法事定魂安灵吗？那时我就觉得和方丈大师颇有尘缘罢了。"

"既侯爷和母亲的意见相左，那明儿我去母亲跟前请安的时候便同母亲商量商量。其实布粥就是善举，在哪儿都无妨，只要心诚即可。"六娘子见沈聿白的汤碗见了底，又见他已经擦干净了嘴，便使了个眼色让丫鬟开始撤桌。

沈聿白见状站起了身，眉梢略见淡愁道："这两天皇后娘娘的身子不太好，太医一直在凤鸾殿候着，母亲既也有想法要在腊八布粥，那咱们便把阵势弄得大一些。不过这事儿你辛苦些亲自盯一盯，往年城里的那些权贵之家布粥，总会好事变坏事。不是米发了霉就是豆子长了芽，吃了善粥拉肚子是小事儿，可之前也有闹出过人命的，若是这样，还不如不布。"

六娘子闻言，眼皮子一跳，先是重重地点了头向沈聿白许诺一定会好好地打理布粥的事宜，然后才又问道："娘娘凤体欠安，可要紧？"

沈聿白摇头道："入冬的时候娘娘染了风寒，本以为没什么大碍，可那时候淑妃待产，娘娘忙里忙外地就把自己的身子给耽搁了。结果直到晕倒了以后太医诊脉，才发现娘娘的病已经拖得有些严重了。"

"啊……"六娘子下意识地就用手捂住了心口。

沈聿白说这番话的时候，六娘子脑海中便浮现出皇后娘娘那张并不算绝色却清雅如山巅云岚一般的容颜来。六娘子一直认为，有些人的高贵姿态是与生俱来的，如同皇后这样，六娘子觉得她吸引皇上注意的绝非容貌，而是旁人那无法复刻和模仿的姿态和性情。

想到这里，六娘子便轻轻呢喃道："我第一次进宫的时候，见着皇后娘娘虽有敬畏之心，可更多的还是仰慕与惊叹。娘娘为人宽和善慈，我瞧着英娘和皇后娘娘也特别投缘，也希望娘娘凤体能早日康健。"

"你有这份心，娘娘若是知道了，一定很高兴。"沈聿白闻言，柔了神色，然后弯腰在六娘子的耳畔留下了浅浅的一吻。

"慈安寺？"第二天，六娘子把沈聿白的意见和沈老夫人一说，沈老夫人果然就有了一些不悦。

六娘子却对沈老夫人的不满视而不见，只道："对啊，母亲可能有所不知，这往年，贵胄公卿之家在腊八布粥，选的大多是慈安寺。一来是因为广源寺太偏，二来也是因为侯爷觉得和慈安寺的住持大师颇有善缘，想在慈安寺给母亲点一盏光明灯。"

"给我点灯？"沈老夫人有些吃惊，又有些怀疑。

六娘子笑着点头道："是啊，给您点一盏光明灯啊，明年就是母亲的本命年了，本命点灯最是吉祥，连着布粥一起，侯爷想着要给慈安寺多捐些香油钱呢。"

"难为老四还记得。"沈老夫人说着，微微地偏头看了一眼坐在靠椅上的谢韫欢，眼中露出了一丝犹豫。

布粥不过是个由头，选广源寺更是有不小的讲究。沈老夫人本来就准备在布粥的时候让人缠住六娘子，然后给谢韫欢和沈聿白找个单独相处的机会。

想老太太本也在宣城住过好些年，又怎会不知道广源寺地处偏僻，香客往来没有慈安寺多呢？

不过她还真没想到，她都开了口，沈聿白和六娘子却还能生出了和她相左的意见。但听着六娘子那冠冕堂皇的理由，老太太又觉得一时半刻的，她还真找不出可以反驳的话，是以沉默了片刻后，她才开口道："你们有这份心就好了。"

"那母亲可是同意了？"六娘子见沈老夫人避而不谈布粥的地点，干脆自己趁热打铁。

沈老夫人心里窝火地点头道："你们都是掌家的人了，主意大了，我也不过是一说，既你们觉得慈安寺好，那就在慈安寺布粥吧。"

六娘子微笑着点了点头，然后冲一旁默不作声低着头的谢韫欢道："韫欢妹妹回头也来帮忙吧，你来宣城以后还没出过宅子，趁着腊八刚好去慈安寺逛逛，除了护国寺，慈安寺的斋饭也是不错的。"

谢韫欢一愣，猛地抬头，六娘子的笑却仿佛是一道刺眼的光一般，惹得她双眸微眯，半晌才附和道："好，回头我一定去帮四嫂的忙。"

"那这儿先谢过妹妹了。"六娘子冲她一颔首，然后又和沈老夫人聊了一会儿天，方才起身告辞回了暖香坞。

待六娘子出了门，沈老夫人的笑意才从脸颊上退了下来。谢韫欢见状，上前扯着笑意道：“姨母，您瞧，四哥心里可装着您呢，本命点灯，本就是再好不过了。”

沈老夫人闻言，拍了拍她的肩道：“你别着急，本在哪儿布粥也都无所谓，广源寺也好慈安寺也罢，只要老四去了，那么多人，你总能寻着时间同他私下聊上几句的。”

“我……”谢韫欢重重地咬了一下嘴唇，然后微微地叹了口气道，“上一次我留了四哥在屋里吃了饭，四嫂知道了以后便出来寻。其实……姨母，我同四哥清清白白的，我仰慕四哥的傲骨才情，便觉得只要能同他说两句话也是开心的，可四嫂……四嫂却防我防得和什么一样。姨母，我也是清清白白的姑娘家，四嫂不能这样看我的！”谢韫欢说着说着，抽了帕子就嘤嘤地哭了起来。

老太太见了，猛地一拍桌子道：“她不过仗着身份想管住你，不过欢儿你别怕，姨母敢和你保证，你四哥心里头是有你的，如今对你不冷不热的，不过是碍着她的面子罢了。你若寻着机会，便好好地和你四哥聊一聊，他是张冷面孔，若是姨母能问出什么姨母早就帮你问了，不过有些事儿，只有你自己眼见为实了，心里才踏实。”沈老夫人看着如花一般的谢韫欢，总感觉姑娘年岁大了，是不能再耽搁了。

因为腊八节要在慈安寺布粥，十一月底的时候六娘子就忙碌了起来。善粥采办的事儿，她交给了项妈妈和秋妈妈，秋妈妈也就是揽月，棚子的搭建，则是沈聿白亲自在安排。

这之前，六娘子还特意去了一趟慈安寺，拜会了住持方丈大师，添了香油钱不说，还亲自给沈老夫人、萧姨奶奶还有赵家二老点了光明灯。住持方丈留她用了斋饭，又给六娘子说了两个时辰的佛法，六娘子觉得很是受用。

十二月初的时候，六娘子分别给七娘子和邵怀璧写了信，问她们是否有意要在腊八的时候来一趟慈安寺，两人回信都表示很乐意来帮着六娘子一同布粥。

不过七娘子的信里还说了另外的一件事儿，那就是陆青远的婚事。本陆青远和孙家庶女孙若雪的婚事已经是板上钉钉的了，但几个月前孙家小姐突然生了一场病，怕不吉利，是以两家就把下定的事儿给推迟了，这才有了陆青致在哥哥之前成亲的状况。

而如今孙家小姐病也好了，陆青致也成了亲，陆青远的婚事自然也就被林氏提上了议程。但谁知，陆青远最近常在外头跑生意，竟迷上了河坊街的一个小清倌，还扬言说要替小清倌赎身，把她娶回家里做正经的夫人。陆老爷知道了以后气得要命，直接就把陆青远关进了柴房。

结果多年来一直中规中矩的陆青远也不知是哪里来的勇气，竟然在三姨娘的暗中帮助下逃了出来，带着细软银两和小清倌私奔了。

当天晚上，陆老爷气得差点儿晕了过去，把三姨娘打了一顿，又命人去追陆青远，只是却不知道他们两人往什么方向跑了。

六娘子看七娘子这封信的时候，惊讶地张大着嘴，足足能塞下一颗小鸡蛋。

沈聿白见状，好奇地凑了过来瞟了一眼，然后才幽幽地道："这事儿在公子圈里早闹开了。"

"侯爷也知道？"六娘子猛地回头问道。

沈聿白尴尬地看了她一眼道："知道啊，你哥都已经跑了三天了。"

六娘子"噌"的一下站起了身，不可置信地看着沈聿白道："三天？人往哪儿跑了？"

沈聿白失笑道："我哪儿知道，不过那小清倌，很多人倒是见过的，确实长得美若天仙的，就是不知……"

"我打小就觉得陆青远是个看着中规中矩其实心思活泛的，只希望他这一次要么是真的遇到个愿意诚心待他的姑娘，要么就能吃一堑长一智，学一学怎么看人心。"六娘子冷笑一声打断了沈聿白的话，顺势将信扔在了炕桌上。

沈聿白挑眉问道："学看人心这话从何说起？"

"既是清倌，又会有几个是省油的灯？侯爷不会天真地以为那河坊街里会有那么多的善男信女吧？红拂女的故事也只有在话本上看看，若是搬到现实中，为五斗米折腰的事儿却是比比皆是的。"

沈聿白觉得六娘子的话很新鲜，便继续问道："你为何不希望你哥哥能从此隐姓埋名地和那女子好好地生活下去，相夫教子举案齐眉的？"

"可这举案齐眉也是要有生活保障的，不管是青远哥哥还是那小清倌，从前哪一个的生活不是锦衣玉食的？这一私奔，没了生活来源，再多的银子也都是会用完的，没了银子还怎么风花雪月？"

沈聿白哈哈笑了起来，半晌才顺着气道："你若想帮娘家的忙，我倒是可以让人去探一探陆青远的行踪。"

六娘子闻言，有些犹豫地捏了捏手中剥下的橘子皮，然后毅然地摇头道：“既这事儿父亲和母亲都没有开口相求，我就当不知道。也兴许我的想法悲观了些，可能……那小清倌就是愿意和青远哥哥野菜窝头糟糠一辈子的。再说了，如果是被那小清倌骗了，只要不是哥哥他自己看清楚了人家的真面目，总会觉得我们这些人是硬生生拆散他俩的罪魁祸首，到头来我们不但落不下好儿，还可能一辈子被人怨恨背个骂名，我才不要做这种吃力不讨好的事儿呢。”

“你这算盘打得这么精，回头你哥哥要是知道了该多伤心。”沈聿白柔柔地捏了捏六娘子鼓起的腮帮子，满眼的宠溺。

六娘子伸手往他嘴里塞了两瓣橘子，却见沈聿白龇牙咧嘴地嚼了两口以后就囫囵咽了下去。

六娘子一愣，忘记了他调侃自己的话，关切地问道：“很酸吗？”

沈聿白“嘫”了一声道：“祁王也不怕被骂，这么酸的橘子往我这儿送。”

六娘子听了后不太相信地往自己嘴里放了一瓣，结果也酸得吐了出来道：“估计这橘子摘早了吧。”

沈聿白冷哼了一声，径直将炕桌上的一碟橘子挪到了圆桌上后挑眉道：“明儿我带进宫让祁王自己尝尝。”

六娘子被沈聿白的孩子气给逗乐了，单手托腮笑得香肩一耸一耸的，道：“侯爷这样也不怕祁王笑话。”说着她忽然拍手道，“哦，对了，过两日腊八侯爷要一起去慈安寺吗？”

“我去转转，不过待不久，皇上这两日都在凤鸾殿，有些事儿都丢给下头的人去办了，也不能没人盯着，我总是要去瞧一眼的。”沈聿白说着沉了神色，一转方才的愉悦。

“皇后娘娘还是不见好吗？”六娘子闻言，黛眉深锁，忧思沉沉。

沈聿白无奈地叹了口气，点头道：“嗯，太医说不太好，但因为娘娘自己不肯用太猛烈的药石，怕以后不好怀子嗣，所以太医也都还在想法子。”

六娘子沉默着上前牵住了沈聿白的手，无声地收紧了自己的指尖，然后露出了一个淡淡的笑意道：“我觉得娘娘吉人自有天相，肯定会没事儿的。”

有妻如此，足矣！

十二月初八那天天气格外好，六娘子一早起来就招呼大家动身前往慈安寺了。此番从沈府出门去帮六娘子布粥的有周氏、安氏、长房的二夫人姜氏，还有钟姨娘和梅姨娘。本康姨娘也是要一起去的，但是偏前两天她染了风寒，六娘子便留她在家好好休息了。

不过前一天晚上，六娘子私下和沈聿白商量，难得腊八节，瞧着又是个好天气，她便想着带几个孩子也出去转转。

本六娘子以为沈聿白不会同意的，谁知他却点头道："长房、三房的就算了，景哥儿和媛姐儿你带上，这么多人看两个孩子还是看得住的。"是以腊八早上出发的时候，六娘子坐的马车里，还有两个随行的灵活身影。

"母亲，为何要布粥？"车行至一半，媛姐儿忽然抬头问道。

六娘子刚想说话，却被一旁的景哥儿抢了先："母亲，我知道我知道。"在六娘子含笑的注视下，景哥儿两只小手紧紧地握在了一起，然后扯着洪亮的嗓子道，"先生和我说，这是行善施德，虽然大多的时候，布粥是为了祈福消灾，不过如今国泰民安，且腊八本就有喝腊八粥的习俗，故选在这一天在寺庙布粥，便更有积德劝善之意。"

景哥儿说得头头是道，六娘子在一旁听得直拍手，还不忘夸他两句道："咱们哥儿真棒，先生教你的东西，你都记住了呢。"

景哥儿闻言，有些骄傲地挺直了腰身道："先生还说，今日来的也未必都是乞儿流民，更多的人还是为了沾一沾咱们侯府的绵延福泽的。"

六娘子伸手揉了揉景哥儿光洁的额头道："佛之众者，不分你我。今日得你父亲之力，咱们可以做此善举，便更要谢谢佛祖让我们能衣食无忧，行善积德。"

"母亲，一会儿我也能亲自帮你布粥。"媛姐儿也有教书先生，可女先生大多不会和她一个姑娘家的说这些佛礼善德，是以她的认知便比景哥儿要浅了一层，所以再开口的时候，总隐约带着一股不服输的味道。

六娘子笑着拉过她道："好啊，看我们媛姐儿都这么高了呢，一会儿肯定可以做母亲的小帮手了。"六娘子一边说，一边还比画了一下媛姐儿的身高。

这下一旁的景哥儿又不依了，蹿到六娘子的跟前，踮着脚尖道："母亲，我也行的，我也行的！"

六娘子笑得合不拢嘴，一手一个将他们左右搂在怀中道："好，你们都帮着母亲布粥，回头中午的时候，母亲带你们去吃慈安寺的斋饭，上次母亲吃的时候，觉得那一道素菇豆腐汤味道可好了。"

两个小家伙一起重重地点了头，车厢里气氛暖暖，让六娘子觉得心情也格外舒畅。

那之后约莫半盏茶的工夫，摇晃了许久的马车终于停了。

因为昨天沈聿白已经让人来布置好了粥棚和场地，又和方丈大师交代好了，是以六娘子一下车，就看到小沙弥跑了上来引路。

“施主，方丈师父说前山这会儿已有不少的香客上来了，让小僧引了您和大家往后道走。”小僧见了六娘子先是恭敬地合十行礼，然后止了步子还不忘和六娘子解释了一句。

六娘子站定回礼，随即道：“那日我来，大师同我说过此事，这便有劳小师父了。”

“哪里哪里。”

两人客套地寒暄了几句，随即小沙弥便带着众人拾阶而上，往慈安寺的正门走去。

这一路上去估摸着有百来级的石阶，本六娘子是一手牵着媛姐儿一手牵着景哥儿的。不过小孩子走得慢，六娘子却要先上去和沈聿白会合开始准备熬粥的事儿，是以走了没多久，两个孩子就转到了梅姨娘和钟姨娘的身边。

等六娘子回神的时候，她身边随行的早已经变成了谢韫欢。

“怎的今日没有瞧见四哥，布粥这样大的事儿，四哥难道不亲自来看看吗？”上了几级台阶，谢韫欢就佯装聊天地向六娘子问开了。

六娘子看了她一眼，淡笑道：“侯爷早上要来看棚子，这会儿已经在上面等我们了。”

谢韫欢一愣，随即硬生生地转了话题道：“今儿我瞧着天公也是作美的，嫂嫂看，这山林间冬景醉人，我原本以为宣城山景大多秀丽，却不曾想原来和凉都的粗犷之姿也略有相似呢。”

六娘子顺着谢韫欢的视线看去，只见针叶高林间云雾缭绕，积雪压顶，绿白相交，美得好似一幅水彩的画卷，隐约生出了仙境缥缈的感觉，便是径直驳了她道：“我瞧着却还是秀丽的，兴许是我眼拙吧，看不出妹妹所谓的粗犷之姿呢。”

六娘子说罢，便不理会谢韫欢满脸通红的尴尬神情，然后越过了她快步地向不远处的朱漆寺门走去。

话说六娘子到的时候，沈聿白已经把里里外外打点得差不多了。

待六娘子从庙堂里拜会了方丈大师出来之后，沈聿白便迎了上去道："都准备得差不多了，粥也已经熬下了，你回头找妈妈盯着就行。也就中午这一阵子，忙过了中午，下午的时候你就带着孩子们在寺庙里转转，难得今儿天气好。"

沈聿白今天穿着件玄纹云袖束腰长褂，外头套了件灰鼠毛绣锦大氅，暗金的绣线在日光的折射下时隐时亮的，衬得沈聿白姿态优雅玉树临风，那与生俱来的傲气，似从骨子里透出一般，不怒而威。而他的视线，薄凉清冷，可当他的目光留驻在六娘子身上的时候，却瞬间能生出浓浓的柔情蜜意来，毫无遮掩得让人一目了然。

六娘子闻言，轻巧地点了点头，抬起的视线刚好落在了站在沈聿白身后的谢韫欢的脸上。对于谢韫欢今日时不时地把话题转到沈聿白身上这件事儿六娘子不是没有感觉，可今儿布粥是大事，六娘子甚至觉得她可以允了谢韫欢想见一见沈聿白的小私心。不过……

想到这里，六娘子忽然抬头道："侯爷昨儿不是说今天晌午以前要进宫吗？"

六娘子说话的声音不轻，正好能让不远处的谢韫欢听个正着，果不其然，谢韫欢闻言，脸色瞬间就变了。六娘子见状，冲谢韫欢投去了一抹歉意的目光，然后又对着沈聿白道："既皇上传召，那侯爷一会儿也别耽搁，我让人早一些摆斋饭，侯爷一会儿先吃？"

沈聿白摇头道："一堆的人你就别忙了，我一会儿随便应付一点，省得还要人分神伺候……"

两人正说着，后头便传来了一声轻喊，六娘子回头一看，却见是七娘子正拉着邵怀璧的手快步而来。

六娘子冲七娘子笑了笑，然后回身看了看沈聿白，又看了看扯着一抹干笑的谢韫欢，便转身迎上了七娘子她们。

这是陆青致婚后六娘子第一次看到邵怀璧，两人相视而笑，都显得有些小小的紧张。

七娘子左右看了看，扑哧一声笑出来道："你们这姑嫂做得，见了面怎么都没话说，亏得我在来的时候还和嫂嫂说，咱们陆家六娘子是个面冷心善的呢。"七娘子不知道六娘子第一次进宫是见过邵怀璧的，所以只以为她们两个都是怕生的。

而六娘子本就是个大方洒脱的性子，听了七娘子的调侃，便冲邵怀璧行了福身礼道："嫂嫂今日能来帮忙真是再好不过了。"

邵怀璧闻言，背上隐隐地就渗出了一层薄汗，伸了手就去虚扶她。

想那会儿在宫里初见，自己是小，六娘子是大，她向六娘子行礼的时候，不免折服于这女子淡然雅致的气质和秀而不媚的姿态。只那么一瞬间，她心里忽然也对陆青致生出了一丝的好奇，能让六娘子如此上心的兄长，想必也是温雅翩翩才情不浅的吧？

而这次再见，自己是大，六娘子是小，六娘子向自己行礼的时候，她除了惊讶，更多的还是出神的恍惚。小姑如七娘子，便知生活愉悦开心无度，而小姑如六娘子，则能让她体会涵养有节情操有度，这不禁让她深觉母亲给自己择的陆家的这门婚事真是用心良苦。

不过邵怀璧在扶六娘子的时候倾身用力过猛了些，六娘子只觉她眼前碎金一闪，就看到从邵怀璧花纹暗浮的宽袖中滑到手腕末处的那只赤金石榴镯子。

六娘子一愣，抬头去看邵怀璧，却见邵怀璧极为自然地笑道："这镯子，我很喜欢。"

六娘子心一暖，上前拉住了邵怀璧，两人之前见面的尴尬便瞬间消失于无形了。

而一旁的七娘子却看不懂六娘子和邵怀璧之间的哑谜，便上前一步抓着六娘子的手道："粥是不是在熬了？咱们一会儿什么时候开始？"

七娘子搬了新宅以后就很少出门，新府琐事一大堆，她成天不是折腾这个就是打理那个，理家、管账都要从头开始学不说，连挑个丫鬟小厮的也都是学问，闹得她一个头两个大。今儿沾了六娘子的光好不容易出来透个气，她自然是神清气爽的，连精神都好了。

六娘子见她如此，自然不愿扫了她的兴，便笑着招呼了两人往早已布置好的粥棚走去。

第七十五章

琥珀光·算计落空

贵胄高门之家施善布粥，主人家其实也就是过个场子装装样子，剩下真的在干活儿的还是那些仆妇丫鬟们。是以当几大盆的粥端上台子以后，六娘子、七娘子、周氏、安氏她们只象征性地给前来祈福的香客们布了几碗，便换了人，退了场。

后殿槐树下，沈聿白早已经布好了场子，清了人，备了茶点，就是专门给六娘子她们这些女眷落脚休息闲聊用的。

回到此处的六娘子本能地就去找沈聿白，想问一下早上点光明灯的事儿，但她转了一圈却没有看到沈聿白的人，便伸手拉住了明路问道："侯爷呢？"

明路眼珠子一转，笑着将六娘子拉到了一旁轻声道："侯爷去……散步了。"

六娘子一挑眉，失笑问道："和谢姑娘吧？"

明路一拍大腿，讨好地迎合道："就说什么事儿都瞒不过夫人，小的原本还想卖个关子的呢，不过爷让小的不要在夫人面前卖弄聪明，说小的肯定一眼就被夫人看穿了。"

"就你嘴贫！"六娘子瞪了他一眼，心里有一丝隐隐的不悦，却又有说不上来的一些释然。

有些事儿，其实该来的肯定会来。就如同这次布粥，她断然不会相信沈老夫人那什么总是梦见生前老姐妹的鬼话，她不知道这是谢韫欢的主意还是沈老夫人的主意，但是六娘子却深知疏堵有度的道理。这样的念头，如果是在谢韫欢脑海中生了根的，那与其让她一直不能和沈聿白好好畅谈一番解一下心中的郁结，还不如放手让他们去谈一谈。

六娘子觉得解铃还须系铃人，这事儿，她只能选择相信一次沈聿白，但事实上，她也愿意相信他……

正想着，六娘子忽闻边上有脚步声传来，她看了一眼明路，示意他先退下，随即转了身，便看到了盈盈而笑的邵怀璧。

“妹妹有时间吗？我知道前面有两座古碑，若是妹妹也有兴趣，不如陪我去看一看。”小半天相处下来，邵怀璧对着六娘子已经没有了那种客套，反而从里到外都透着一股子亲切。

六娘子自然是高兴的，点了头便挽上了邵怀璧纤细的手臂，两人结伴往南边走去。

冬临气爽，暖阳斜照，慈安寺又是在半山腰的，周边绿林环绕，空气自然是极好的。邵怀璧走了两步离开了人群以后，就不免叹道：“我以前也来过慈安寺，却从未在这个季节上过山，如今倒觉得以前进香似乎都选错了时节呢。”

“那今儿倒是歪打正着了。”六娘子闻言，抿嘴笑了笑，然后和邵怀璧一起顺小路而下，往林子深处走去。

渐渐地，周遭的热闹就被林叶的沙沙声还有山鸟的低鸣声所代替了，邵怀璧见走得差不多远了，这才缓了步子轻问道：“七妹妹是不是把大哥的事儿告诉你了？”

六娘子一愣，没想到邵怀璧单独找自己竟然是要说陆青远的事儿，便毫无隐瞒道：“就前两日，小七写信给我的时候说的。”

邵怀璧笑道：“今儿我不过帮青致带一句话给妹妹，他……让妹妹不要插手大哥的事。”

六娘子怔了怔，似有些豁然又似有些疑惑道：“青致哥哥不想让青远哥哥回来吗？”

邵怀璧见六娘子生出了误会，便连忙摆手，正色道：“不是这样的，青致并非落井下石之人，心思也不是小气的。只是……大哥的事儿毕竟是家丑，父亲母亲都是要面子的，当时大哥出了事儿，父亲就把三姨娘关了起来，逼着她说出大哥的下落，可三姨娘仿佛是铁了心一样，任凭怎么打怎么骂都没有再开口说过一个字。”

“那三姨娘人现在……”六娘子听着揪起了心，生怕陆家再闹出人命来。

“人倒是没事儿，不过父亲已经准备过两日把三姨娘送回老家庄子上去了。”邵怀璧说着，看了六娘子一眼，见她正认真地望着自己，便继续道，“青致觉得，以三姨娘这样的性子和态度来看，想必大哥这事儿便是早有计划的，那若是动了强势的法子把大哥给追回来，只怕这辈子他就要和家里人杠上了……”

邵怀璧说到这里，六娘子终于忍不住舒了一口气，然后轻松地笑道：“真巧，我和青致哥哥的想法一样。”

“啊？”邵怀璧的话被六娘子打断了，思绪也被六娘子的声音给吸引了过去。

“那时候侯爷也问过我要不要帮忙打听青远哥哥的下落。我却觉得，如果我们这样把他带回来，他看不清事情的真假，总觉得我们是夺了他幸福的刽子手，只怕这辈子都要恨我们了。”

邵怀璧眨了眨眼，忽然笑道：“难怪青致总说虽和妹妹的接触不多，但却是实实在在的兄妹情呢，想来也只有妹妹能理解他的一番良苦用心了。”

六娘子闻言，轻拉住了邵怀璧的手道：“青致哥哥能娶到嫂嫂，真是他的福气。哥哥虽是庶子，但侯爷也说，权位不分嫡庶，学问不在贵贱，只要哥哥能本着自己的初衷为官为政，相信出人头地也是迟早的事儿。”

邵怀璧微微地颔首笑了笑，眼露柔和道：“其实出人头地是小，但求他一腔抱负能得偿所愿，这对我来说才是最大的欣慰。”

六娘子只觉邵怀璧是个妙人，心思通透不说，看人看事又不拘泥于当下，反而眼界宽阔，令人不免心生佩服。

不过，正当两人交心闲聊的时候，前面忽然传来了窸窣声，六娘子顿时有些警觉，拉着邵怀璧就噤了声，结果没想到穿林踏叶而来的竟然会是一脸不高兴的谢韫欢。

三人相见，邵怀璧便心照不宣地转身就想回避，忽听六娘子当着她的面就笑问道：“谢妹妹和侯爷聊完了，那侯爷人呢？”

谢韫欢明显整个人一震，慌乱地抬了眼帘瞪大了眼睛道：“你……怎么知道我和四哥……”

六娘子佯装不解道："妹妹不知道侯爷让明路给我留了口信儿吗？侯爷说你是第一次来慈安寺，趁着入宫以前便带你去转一转，妹妹看了一圈，是不是也觉得慈安寺的风景不亚于……"

可六娘子话还没有说完，谢韫欢的眼眶就生生地被清泪逼得发了红："四嫂好计谋，我只当今日能和四哥聊两句心里话，谁知竟还是被四嫂看得死死的！"

六娘子失笑，叹了一口气，第一次觉得谢韫欢或许已经有些魔怔了，失望道："我想妹妹是不是误会什么了？"

"既嫂嫂一定要把我想得如此轻贱，那我也不必活得如此傲骨有节，免得让嫂嫂见了还觉得我成天拿腔作调的，让你心烦！"说罢，她便冷哼了一声，然后甩手就快步越过了六娘子和邵怀璧往前走去。

剩下的两人皆有些丈二和尚摸不到头脑，好半天邵怀璧才回神道："我瞧谢妹妹是不是有什么误会？"

六娘子淡淡地笑道："若是这误会能断了她的念头，那也是好事。"不过六娘子话虽这么说，心里却也是好奇她和沈聿白到底聊了什么，以至于她看到自己能生出这么大的怨愤来。

那之后，邵怀璧和六娘子也携伴绕道走了回去。中午的时候，一桌的女眷围坐在一起，开心热闹地吃了一顿丰盛的斋饭。下午，六娘子又特意让诵经的师父抽了一个时辰给大家讲了佛法，直至申时三刻，众人才出了慈安寺下了山。

待马车回到侯府，已经沉了大半天脸的谢韫欢便第一个掀帘而下，然后头也不回地就进了门。六娘子坐在车上看着她渐行渐远的背影，心里蓦然感觉到了一阵无力。

突然，观言急匆匆地从门口跑了出来，见着六娘子正踩着脚凳准备下车，他忙上前扶了一把，随即顺着六娘子缓落的步伐道："夫人，侯爷方才差人从宫里带了口信，让夫人看着宅子里的人，等过了戌时就锁大门。"

六娘子步子一滞，凝眉问道："怎么回事儿？"

"小的不知啊，来的是侯爷手下的兵，不过给夫人留了一封信。"观言一边说，一边从怀中仔细地抽出了一封信笺。

信用火漆封住，隐约还能闻到未消散的墨香，可不知为何，六娘子却突然觉得手中薄如几片蝉翼的信笺竟有千斤重。她看了观言一眼，将信笺微微揉皱，紧紧地攥在了手心中，然后云淡风轻地笑着转了身，仿佛什么都没发生过一般，招呼正在依次下车的周氏、安氏她们进了府。

随后，六娘子又留了人在外院收拾马车上的物件，自己则带着随行的鱼安和寻音回了暖香坞。

暖香坞里是竹韵在打点，见了六娘子回来，她一边命人拨大了银丝炭火一边递上了热帕子给六娘子擦手驱寒。

可六娘子的心思全部放在了捏着的信笺上，便冲竹韵微微地摇了摇头，然后进了东稍间，落了座就开始拆信。

白纸黑字，简简单单的一句话，却看得六娘子倒吸了一口凉气，一颗心瞬间悬在了嗓子眼儿……

沈聿白说，皇后娘娘病危，东宫有变！

忽然，“砰”的一声，只见炕边没有被支架撑稳的窗棂被外头的风吹开，吱嘎吱嘎地拍打起了窗框。

屋里的人都被这突如其来的声音给吓了一跳，可忽然地，六娘子却猛地站了起来，神色不安地压着颤抖的声音对竹韵道：“吩咐下去，今晚过了戌时就落锁，谁也不准出去！”

第七十六章

琥珀光·东宫之变

那天晚上，六娘子就听到了似远似近的哀鸣声。

当时六娘子正坐在炕桌边对着账册发呆，听到声音的时候，她的手一颤，一不小心就打翻了桌角的烛台。在丫鬟的惊呼声中，烛火倒是灭了，可六娘子的手背却滴上了滚烫的烛油，顷刻红肿了一大片。

当时伺候在一旁的是寻音和鱼安，两人见状，一个急得鞋都来不及穿就下了炕冲出去打凉水了，一个还算冷静，赶紧去翻柜子找烫伤的药膏。

“叮叮当当”一阵忙碌后，六娘子的手上好了药，也简单地妥帖包扎了。不过一旁的鱼安一边收拾，一边却不忘嘀咕道：“夫人这样可不行，明儿说什么也要请个大夫回来瞧瞧。”

但六娘子的一颗心却完全拴在了那渐渐迷离缥缈的哀鸣号角上了，便忽略了鱼安的话径自道：“若是没什么事儿，你们都早些睡，回头不管多晚，只要侯爷回来了就叫醒我。”

鱼安和寻音还不太清楚到底发生了什么，却在看到六娘子神色紧张，眼底透着淡淡的焦虑后，都郑重地点了头。然后鱼安伺候六娘子入寝，寻音则简单地整理了一下炕桌上的笔墨账册，然后和伺候六娘子躺下的鱼安一起退出了屋子。

可等到通明的烛火被鱼安吹灭，屋里只能看到摆在长架上散着柔光的夜明珠时，六娘子却是睡意全无，辗转反侧地无法平复翻江倒海的思绪。

说实话，六娘子是真的没有想过皇后会病逝的，在那次她入宫时看来，皇后面色红润中气十足，看着就不是体虚不济的身子，可为何一场小小的风寒就轻松地要了她的命？再者，即便皇后娘娘福薄仙逝，那也只能说是东宫有哀，可哪里会生出一个“变”字来？

如此一想，六娘子脑子就更乱了，嗡嗡的，只感觉有一只蜜蜂在她的脑海中转来转去，搅得她夜不能寐，苦不堪言。

偏生这个时候她的手又有些不争气，哪怕是动一下手指都会牵扯到她手背上的伤，那十指连心疼的感觉让六娘子吃足了苦头。

也不知到底折腾了多久，六娘子依稀只记得她在屋角自鸣钟钟摆的声音中迷迷糊糊地睡了过去。

结果第二天，六娘子睁开眼坐起身的时候，牵扯了手背上的烫伤不说，还发现自己身边的被褥是和昨晚一样叠得整整齐齐的，丝毫没有人睡过的痕迹。

她心里一凉，恹恹地起了身，看到闻声进屋的竹韵，不免打着哈欠道：“你昨儿白天忙了一天，晚上还值夜？”

竹韵见六娘子眼底一片浅浅的青色，心疼不已，一边用热水浸了帕子绞干递给了六娘子，一边故作轻松地笑道：“我昨儿一天都待在屋子里，绣绣花喝喝茶的，哪儿有鱼安她们陪着夫人去布粥辛苦。”

六娘子淡淡地点了点头，擦了一把脸以后问道：“昨儿那哀号，是什么时候……”

“老夫人，您慢些，咱们夫人还没起呢！”

六娘子的话还没有说完，外头就响起了妙琴急切的阻拦声，紧接着，几个人便乱步走了进来，六娘子抬头一看，打头的是沉着一张脸的沈老夫人。

“母亲！”六娘子心中微微苦笑了一下，然后顺手扯过了一旁的蜀锦披肩披在了身上，随即优雅地站了起来。

沈老夫人面无表情地冷哼了一声，径直在桌边坐下，然后抬头冲一旁的谢韫欢点了点头，示意她也坐，随即才硬着口气问道：“昨天到底怎么了？老四是不是一宿没回来？”

六娘子一边不紧不慢地吩咐竹韵泡茶，一边笑着冲沈老太太福身道：“母亲您别太担心，侯爷现在还没回来，我这儿也不太清楚外头到底发生了什么。”

“那昨天夜里宫里头的长鸣哀号是什么？”沈老夫人当然没这么好糊弄，见六娘子避了她的话题，她便继续追问，她才不信六娘子“不知道发生了什么”的这种鬼话。

六娘子摇头道：“媳妇昨儿一天都在慈安寺布粥，谢妹妹也是看到的，说起来昨天谢妹妹和侯爷闲聊的时间比媳妇都多呢。”六娘子说着，用余光轻扫了一下谢韫欢，见谢韫欢脸颊微红，似不自在地低下了头。

可下一刻，沈老夫人却冷笑了一声道：“我听着你这话的意思，是不同意韫欢和老四话话家常咯？”

六娘子黛眉一挑，眨了眨眼道：“母亲这话说得，侯爷也不是我牵着线的布偶娃娃，即便我心里有不愿意，侯爷也不会按着我的意思走。”

“嫂嫂言重了，侯爷敬重嫂嫂，整个府上的人谁不知道。”谢韫欢温柔地笑了笑，眼底却透着满目的薄凉。

六娘子佯装惊讶道：“那所以母亲今日来，是想问我侯爷和韫欢妹妹话家常这件事儿，还是想问宫里头出了什么事儿？”

沈老夫人一愣，半晌才有些不自然地咳嗽了一声道：“若是老四回来了，你让他马上来一趟清懿阁。”

六娘子笑着点了点头，又说了些让老太太宽心的话，方才和竹韵几个一起恭恭敬敬地送沈老夫人和谢韫欢出了暖香坞。

折身回去的时候，竹韵就忍不住啐了一口道：“老夫人也就算了，她一个外姓的姑娘家，还能这样趾高气扬地闯了进来，见着夫人也不行礼，真是让人生恨。”

六娘子看了竹韵一眼，然后事不关己地笑道：“她乐意一大早跑一趟，反正我就在屋子里，累的是她又不是我，你气个什么劲？”

竹韵偏头道：“老夫人也奇怪，分明夫人也不知道宫里头发生了什么，老夫人为何要这般兴师动众地跑来对夫人兴师问罪的？”

六娘子但笑不语，心里却和明镜儿一般敞亮。

要说沈老夫人的心态其实她能懂，正所谓一朝被蛇咬十年怕井绳，想沈家好不容易从凉都荣耀回宣，六娘子敢打包票，不管今儿发生了什么，不管在别的事儿上沈老夫人有多别扭和沈聿白不是亲生母子这一茬，但是一旦整个侯府的利益受威胁的时候，沈老夫人还是会义无反顾地站在沈聿白的边上的。

这也就是一荣俱荣一损俱损的道理。而对于一个内宅妇人来说，没有什么比最先掌握一手情报更重要了。所以，她会这么一大早地来问自己，六娘子并不觉得奇怪。但对于六娘子来说，她眼里容不下的从来都只有谢韫欢而已。

这样一闹腾，六娘子也彻底不乏了，洗漱过后用了早膳，她便开始打理庶务，只是不知为何，她觉得今儿白天的时间过得仿佛特别漫长。

好不容易熬到了中午，六娘子便唤了寻音去找观言。

不过片刻工夫，观言和寻音就一起回了暖香坞。六娘子当时正站在窗口，看着他们两人低头窃窃私语的模样，她心里忽然闪过一个恍惚的念头，正琢磨着，就听到了碎碎的脚步声从外堂传来。

“侯爷有再来什么消息吗？”见了观言，六娘子径直问道。

观言摇了摇头道：“陈伯已经派了小厮去宫门前候着了，不过还是没有消息。”

六娘子皱了皱眉，一边想着不知道现在宫里头情况如何了，一边她自己也是寝食难安的。沈聿白留的“东宫有变”四个字太宽泛了，绝对能让人浮想联翩、深至无底的。

这样一想，六娘子的心顿时又变得七上八下的，见了一旁正准备吩咐人摆饭的寻音，她连忙道：“别折腾了，随便给我下碗面对付几口就行了。”

“那怎么行，早上的时候您就……”

“夫人！侯爷回来了！”正当寻音要劝六娘子的时候，外头突然传来了陈伯的高呼声。六娘子一惊，感觉心中的那根弦紧紧地往两端一扯，在思绪还没有反应过来的时候，她的步子已经迈了出去。

堂屋里，一袭灰色鼠毛绒袍在身的沈聿白肩落寒气，满脸倦容，冒着星点胡茬的下巴微收，薄唇紧闭，从骨子便是透出了一丝少见的戾气。

六娘子快步迎上他的时候，先是小小地一愣，随即才看清楚沈聿白那虽疲倦不堪却依旧锐利的幽深眼神，这才在心中默默地呼了一口气问道：“侯爷吃了吗？”

沈聿白摇了摇头，却又连忙道：“别张罗了，随便弄点什么吃的都行，你跟我来一趟稍间。”

六娘子闻言，扭头便朝身后扫了一眼，几个丫鬟心领神会地鱼贯而出，寻音也带着观言悄悄地一并出了屋子。

待外头的人都走完了，六娘子也已经转身合上了东稍间的桃木雕花门。

屋子里燃着银丝炭，火势微旺，将不大的稍间烘得温暖如春，连带着窗台上的那只青玉缠枝莲纹瓶里头插着的红梅都怒放似妖，迎冬而绽。

六娘子看了一眼已经落座的沈聿白，蹙眉道："侯爷，皇后娘娘她……"

在六娘子拉长的微颤尾音中，沈聿白淡然地点了点头，随即道："虽风寒侵骨，药石无灵，可娘娘……却是死于中毒。"

六娘子只觉得瞬间天旋地转地难受。

中毒……中毒！那金碧辉煌的森严皇宫，多的是些龌龊腌臜的事儿，那些如花似玉玲珑娇艳的女子，都被那权贵之气熏染成了蛇蝎心肠，如今竟连万人之上的皇后也惨遭毒手。

六娘子脑海中忽然浮现出了一张端庄柔贵的脸庞来，那一颦一笑，音容犹在，可她却不知那唯一的一面，转身竟已天人相隔。

顿时，六娘子只觉得胃中一阵翻搅，一瞬间，一股酸气顶在了她的嗓子眼儿，她只干呕了几下，便扶着沈聿白吐了起来。

第七十七章

琥珀光·喜从悲来

六娘子醒来的时候外头的天已经全黑了。屋子里有暖暖的夜明珠光辉，配着淡雅清新的幽幽果香，让她觉得难得的舒适怡然。

恍惚间，她总觉得好像这两天什么事儿都没有发生过一样，不论是慈安寺布粥、和谢韫欢暗中较劲抑或是皇后娘娘的薨逝，都只是冗长的一个梦，似真似假，犹存眼际……

忽然，有人轻轻地走了进来，六娘子转头去看，却见是秋妈妈。

“揽月。”这些日子，府上的人都已经习惯了喊揽月一声秋妈妈，唯独六娘子，还是念旧地喊她的名字。

“夫人，您醒了！”揽月闻声有些激动，三步并作两步地走到了床榻边，然后虚跪下了身，一边拿了软软的迎枕垫在了六娘子的腰后，一边小心地扶着她坐起了身。

“怎么这么安静？”六娘子下意识地就伸手去探自己的额头，她觉得人有些不舒服，也不知道是不是伤风受了凉。

“侯爷吩咐谁也不能进稍间，务必让夫人休息够了再说。”秋妈妈笑盈盈的脸上透着一丝愉悦，仿佛是遇到了什么好事儿一般。

六娘子有些纳闷了，忽然想起之前和沈聿白没有聊完的关于皇后娘娘中毒的事儿，便掀了被子就想下床，却被刚站起了身的秋妈妈急急地拦住了。

“夫人，您且当心肚子里的孩子！”

六娘子一怔，在床沿上停下了动作。

“你说什么？”她眯着眼，一字一句地问秋妈妈道，“你说我肚子里……的孩子？”

但不等秋妈妈回答，六娘子却已经惊恐了起来。她先是猛地拉开了被子去看，然后又小心地护住了自己平坦的小腹，神色紧张地问道：“不会的不会的，他还好好地在我肚子里是不是？”

上次小产的痛苦瞬间灌入了六娘子的脑海中，她只感觉到眼眶氤氲一片，蓄满的清泪就这样开始止也止不住地往下掉。

秋妈妈惊了惊，顿时慌了神，上前一边安抚地拍着六娘子颤抖的柔肩一边轻轻地说道：“夫人，这胎好着呢，之前您晕倒了，侯爷着急了立刻去请了同德堂擅妇孕之症的吴老大夫，大夫给您诊了脉，说您就是有些疲劳，这两日最好卧床静养，也给您开了安胎的方子，现在竹韵她们正在厨房熬药呢。”

六娘子只觉得耳畔嗡嗡的，她想努力地听清楚秋妈妈说的话，却怎么都集中不了精神。小产的事儿看着已经过去很久了，但那份苦楚却依旧深埋在六娘子的脑海中，随着这次怀孕，就这么轻而易举地被连根拔了出来。

这是第一次，六娘子切身地感觉到了生命不可承受之重。

“这是怎么了？”忽然，一声询问打破了满室的哀调。

秋妈妈扭头去看，还没来得急和沈聿白说上话，六娘子就喊了一声“子延”。

在沈聿白快步迎向六娘子的时候，秋妈妈就识趣地起身笑着退出了稍间。外头，她和正端着药仔细迈着步子的寻音撞了个正着。寻音见她出来了，不免好奇道：“夫人还没醒？”

秋妈妈笑着道：“侯爷在里头，夫人像是有些吓到了，这药汤你不如先拿回去在炉子上用小火煨着，等过一会儿再给夫人送去。”

寻音心领神会地点了点头道：“那也好，夫人中午也没吃什么，一会儿也该先给夫人吃点东西，空腹喝药伤身子。”说罢便和秋妈妈两人一起出了暖香坞。

稍间里，六娘子紧紧地搂着沈聿白的脖颈，仿佛溺水的人抓着唯一的浮木一般，力气之大，竟让六娘子的指尖都隐隐地泛了白。

“阿遥……”沈聿白被六娘子的举动吓了一跳，只能伸开了手臂，推开她也不是，抱着她也不是，真正地手足无措了起来。

可六娘子却将脸埋进了沈聿白的肩头，一边贪婪地吸着他身上淡淡的檀香气息，一边闭着眼睛听着他沉沉的心跳声。仿佛不管外面是怎样的风雨，只要有沈聿白在她的身边，她就能感觉到不慌不忙的安心。

这是一种情绪的宣泄，六娘子觉得她背负着内宅宗妇的教条太久了，不管是面对处处与她为难的沈老夫人和谢榅欢，还是应酬那些她不愿意应酬的人和事，她活得越来越像煜宁侯夫人，却也越来越不像她自己了。只在这一刻，她又有了为人母的喜悦，也有了能依靠沈聿白的安心，这让六娘子觉得幸福，所以她喜极而泣。

可惜沈聿白再细腻，也不能理解六娘子这种情绪的波动。在感觉到自己肩膀温湿了以后，他慌乱地将六娘子拉离了自己，却发现六娘子竟含着泪在轻笑。

“你……”沈聿白被闹得有些哭笑不得，一个劲地摇头道，“你个疯丫头，这到底是伤心呢，还是开心呢？”

六娘子闻言，抽了枕边的绢帕擦了擦眼泪，然后吸了吸鼻子，终于恢复了镇定道：“大夫是怎么说的？”

“你还好意思说。”沈聿白闻言就瞪了一眼六娘子道，“你自己小日子来没来，你自己都不知道吗？”

六娘子自知理亏，干干地笑了笑以后撒娇道：“我之前都有记着的，不过这两日事儿忙给忘记了。”说到这里，六娘子忽然转了话锋急切地问道，“皇后娘娘的事儿，侯爷还没和我说完呢。”

沈聿白看了她一眼，不禁想到下午吴老大夫临走的时候说过：“夫人这胎的脉象极好，稳健有力，此番晕倒不过是因为太累了精神紧张引起的。我开的安胎药温和滋补，若是夫人反应不大，每五日服用一次即可，侯爷也不必特别在意夫人的饮食起居，夫人平常是怎样的这以后还怎样，太大的生活变化只怕也会引来夫人的不适。”

是以，他犹豫了一会儿，便扶着六娘子坐了坐正，然后道：“告诉你是不想让你多操心，你知道便好，切莫再纠结那些外头的事儿劳心劳力了。”

六娘子调皮地应了一声：“是，将军。”惹得沈聿白翻了几下白眼。

一两句笑闹过后，沈聿白才清了清嗓子道：“太医查出来，娘娘中的是一断红。”

“一断红，那不是灭蛇鼠的药吗？”六娘子一愣，心里又涌上了莫名的伤怀。

沈聿白点头道："正因为是最常见的鼠药，虽内务府里头也都是按着一定的份额分发的，但这范围太大了，谁都有可能给皇后娘娘下毒。不过那之后，倒是生出了一件有趣的事儿来。"沈聿白说着便是一阵冷笑。

六娘子隐约觉得有什么不好的事儿发生了，便听沈聿白继续道："皇后娘娘薨逝第二天一早，内阁马槐上书，称国不可一日无后，要求册封……蕙嫔为后。"

一室的沉寂凝香，只能听到自鸣钟的轻摆声和两人的呼吸声。半晌，六娘子才云淡风轻地笑道："真是……好计谋。"但即便面上无波，她放在锦被上的手却紧握成了拳，眼中的愤怒浓得似要夺眶而出了。

"计谋是好，昭然若揭了些。"沈聿白站起了身，替六娘子倒了一杯温水，递给了她以后又道，"我早上出宫的时候被皇上叫进了东暖阁，皇上精神不太好，倒还是笑着问我准备怎么办。"

"侯爷，英娘下个月就要生了！"六娘子一个激动，紧紧地抓住了沈聿白的手，结果却不小心洒了大半杯的温水。

沈聿白见状，愠怒道："你若以后遇着半点大的事儿就这么激动，我断然不会再和你说那些宫里头的破事儿了。"

六娘子一怔，垂了眼帘道："我……不过是感同身受罢了。"

沈聿白失笑道："别在我跟前装可怜，现在你和孩子最大。"

"好好！"六娘子举起了手，敷衍地发誓道，"我发誓我发誓，那侯爷到底是怎么回的皇上？"

沈聿白睨了她一眼道："我让皇上静观其变，也帮英娘和皇上发了个誓，英娘只重和皇上的这份情谊，对后位并无半点贪念之心。"

"那万一……英娘这一胎真的生了个儿子呢？岂不是会被人死死地拿捏住？"六娘子心里的担心并没有因为沈聿白的几句话而消除。

"你觉得为人臣子，是应该学会把握机会呢，还是学会俯首称臣？"沈聿白忽然沉了声色，略带疑惑地看了一眼六娘子。

六娘子一怔，抿了抿嘴道："那要看英娘生的是公主还是皇子了。"

沈聿白有些意味深长地笑了笑以后，轻轻地抚摸了一下六娘子透润的脸颊道："我的话，你听懂了。"

六娘子伸手拉住了沈聿白的衣襟道："其实我不怕侯爷会有什么想法和念

头，但是侯爷……您身后有一家子的人呢，侯爷不能不管不顾的，我……还想长命百岁呢。”

沈聿白被六娘子那认真严肃的表情给逗笑了，半晌才吸气摇头道：“你当我还是十几岁的愣头青啊，说话做事儿都不做考虑的，我自然知道自己肩上的责任。不过说到这里我倒是忘记告诉你一件事儿，前两天大伯来找我，说他们想分家了。”

第七十八章

琥珀光·人闲心忙

到了第二天，阖家都知道六娘子怀孕的事儿了。知她精神不错后，便陆陆续续有些人来暖香坞看她。

第一个来的就是萧姨奶奶。

话说萧姨奶奶来的时候六娘子正在吃橘子，一屋子的果酸香几乎都顶到了房梁上，萧姨奶奶便笑道：“都说酸儿辣女，也不知道灵验不灵验。”

六娘子抿嘴笑道：“娘，我觉得生男生女都是好的。”

“那是那是。”萧姨奶奶点了点头，接着热络地和六娘子随意聊了起来，话题自然而然地就引到了长房要分家的事儿上。

六娘子对萧姨奶奶是从无隐瞒的，说着说着便把之前周氏和自己说的那些关于长房的话讲给了萧姨奶奶听。

萧姨奶奶闻言，思忖了片刻后道：“她讲得也没有错，这原本都不是什么秘密。你没瞧见吗，大老爷是个主意极强的，当年老爷还在的时候，两家虽住在一个屋檐下，但所有的东西都是分开的。没分开单过，不过是因为大老爷和老爷这些年的兄弟情分一直系着，两家人觉得住在一起有个照顾，也方便。后来……咱们二房出了这样的事儿，大老爷就更不提分家的事了，他是个重情重义的，只会雪中送炭，断然不会落井下石的。”

“那……为何现在又要分了？”六娘子觉得这分家不分家其实是有讲究的。有些人家是因为几房闹得不合、利益不均，为了家宅安宁，所以早分早了。很显然，她不希望长房提出分家是因为这些身外之物的原因。

萧姨奶奶笑道：“我前两日逛园子遇到梁姨娘，她说长房现在做了漕运生意，虽开头一些关系也是托的侯爷，可后来能做起来，却也是二爷和三爷的本事。如今儿子出了山，大老爷也总想着能安享晚年，独成一府的，以后还能给子孙后代留一份完整的家产。更何况一笔写不出两个沈字，梁姨娘说大老爷找的宅子其实就隔了咱们府两条街。生意上的事儿咱们内宅妇人也不清楚，不过我和梁姨娘都觉得，官商同道也有别，既长房做了个官家生意，还是分开的好。”

这一点六娘子倒是很赞同，其实很多的生意都是从官商共谋开始的，这路子说白了就是在朝为官的那些人集权垫官路的一个捷径。正所谓君子爱财取之有道，只要长房那里的漕运生意不是不合法的，那分家以后只会好不会差。

如此一想，六娘子也多少松了一口气，然后娇羞地拉着萧姨奶奶道：“这不还好有娘和我梳理梳理，我早些时候也看到过一些大宅府邸闹分家的，多半都是几个兄弟吵得面红耳赤恨不得把家都给拆了。侯爷最近因着我怀了身孕，左也不和我说右也不和我说的，即便有些什么消息，也都是报喜不报忧，我总怕到时候大伯一家和我们生出嫌隙来。更何况还有母亲那里，这些年母亲操持这个家也辛苦，可那么苦的日子大家都是住在一个屋檐下的，偏到了我这儿大伯他们就要分家了，我总怕母亲也会有微词。”

萧姨奶奶点头道：“我知道，掌家不容易，侯爷一个大男人，内宅的事儿几乎不沾，有的时候他做一个决定看着万事无差池，却不知外院和内宅其实有着千丝万缕的联系，是以顾此失彼也是有的。”

听着萧姨奶奶这番暖心的话，六娘子就如同喝下了一大口热茶一般舒心顺气，随即笑道：“有娘这几句话，小六就知足了。”

那之后的几天，七娘子和邵怀璧也来探望过她，赵太夫人也来过一次，四姨娘并了七姨娘也来过一封信，还有忠毅侯夫人蒋氏、广陵侯夫人小周氏也特意带着红礼来过一次……闹到最后，沈聿白干脆下了通牒，禁止六娘子在二月以前再开门见客了。

六娘子听了以后有些哭笑不得，和沈聿白置气道：“侯爷只管着自己清净，也不问问我这个大肚婆高兴不高兴。”

沈聿白却难得地铁着脸道："吴老大夫说是让你好好休养，不是由着你高兴的。你倒好，每日妈妈们回事的庶务一件不少不说，天天不是见这个就是见那个，不是回信就是看信的，哪一天安生过？"

六娘子忙不迭笑道："我只是怀孕，又不是生病，为何要安生？且吴老大夫隔三岔五地就会来给我把脉，他都说我脉象平稳……"

"那你就不能乖些？"不等六娘子说完，沈聿白便打断了她的话，无奈道，"脉象平稳是好事，可也不能大意疏忽不是？大夫也说，头三个月顶重要，你若再这样不听不顾的，当心我叫人看着你，让你这整整三个月都躺在床上过日子。"

六娘子心一惊，看着神情严肃眼露坚定的沈聿白，知有些事儿一旦在他心里冒了念头，若是她再违着他的意愿，只怕他一定会言出必行的，是以连忙讨好地猛点头道："好好，我知道侯爷是为了我好，我保证，明儿开始我就乖乖的，谁也不见了！"

话虽如此，六娘子心里却还是觉得憋屈的，是谁说怀了身孕就能天不怕地不怕了？偏六娘子觉得在接下来的九个多月中，只怕还会有更多的"这不准""那不准"在不远处候着她呢。

不过被沈聿白这样一念叨之后，六娘子果然就少了不少的应酬。也不知是沈聿白在外头和人打了招呼，还是想来和她道喜的也就这么些人，总之暖香坞是彻底地安静了下来，鲜少能听到丫头传报有谁谁登门造访了。

但外客没了，内宅的庶务却还是要按部就班地打理的，是以，六娘子便唤来了钟姨娘。

钟霈晗本是准备了一肚子恭喜的话要说给六娘子听的，可她那些打好的腹稿还没来得及溜过嘴，她就先被六娘子的话给惊住了。

"夫人您要我……管家？"钟姨娘脸上的笑容挂得有些勉强，似怀疑六娘子的初衷，又觉得有些不可思议。

六娘子笑道："不过是帮我打个下手，只要姨娘不嫌麻烦。"

"不会不会！"钟姨娘忙摆了摆手，过后又觉得有些唐突，不免紧张地捏了捏自己的手尴尬道，"我……主要怕做不来夫人的事儿。"

六娘子轻松道："能有多大的事儿，下头各处都有妈妈们看着，不过是想让姨娘帮着我盯盯梢，主要是怕有些仆妇老油条了，看到主子不便就懒散了。而且，大夫让我静养，我就算要忙，也是要装装样子在床上多躺些日子的。”六娘子说着便冲钟姨娘俏皮地眨了眨眼睛，羽扇一般的眼睫配着有神的双眸，惹得钟姨娘用帕子捂着嘴一阵轻笑。

“但大夫这么说也没错，夫人头一胎毕竟没了，这怀了身孕是大事儿，小心些不会错的。”不过笑过以后，钟姨娘却不忘加了一句贴心的话。

六娘子柔柔地笑了，随即道：“所以这不就想到姨娘了吗？能者多劳，姨娘且也辛苦这几个月，等管上了手，以后我坐月子的时候也好接着指派你。”

钟姨娘听六娘子的语气大方自然，且没有一点试探矫情之姿，便笑着允诺道：“成了，我也就帮夫人盯一个梢，回头遇着什么大小事儿其实还是要夫人来做主的，夫人若是信得过我，我也敢代夫人坐这个位置。”

“便知道姨娘是个爽快人。”六娘子满意地点了头，然后又和钟姨娘细说了一下各处管事妈妈手上的庶务以及每个妈妈的脾气偏好，末了又道，“其实帮了几天以后等你看出了门道，也不用事无巨细地都来说给我听，那些小事儿你径直和秋妈妈商量就成。”

正所谓疑人不用用人不疑，六娘子觉得，自己既然已经定了让钟姨娘帮忙，就不要左右都盯着，以免让人心里不舒服。反正她只是让钟姨娘帮着管事儿，并不是真正地放权，所以并没有什么特别要看紧钟姨娘的理由。

而钟姨娘也明白这其中的道理，便笑着称了“是”。两个聪明人花了约莫一盏茶的工夫，就把钟姨娘代为打理庶务这件大事儿给定了下来。

让鱼安送走了钟姨娘后，六娘子便抱着迎枕又吃起了橘子，其实她孕吐的反应不大，只是近两天出奇地好酸味。前两天早上用膳的时候六娘子嫌没胃口，便开了秋妈妈从庄子上带来的自家腌制的金橘梅子酱。本来这种酱是在泡消食茶的时候用来调味的，结果那天六娘子挖了一大勺就夹在了白馒头里，还吃得津津有味的，而一旁的鱼安和寻音光是闻那个味道就酸倒了牙根，弄得六娘子都有些不好意思了。

不过她现在身子特殊，只要是她想吃的，不管多奇怪的口味，旁人只当没有看到，沈聿白更是成篮成篮地往暖香坞搬橘子，只怕六娘子吃不够。而剥下来的橘子皮六娘子也不准人扔了，便是全部都摆在了掐丝珐琅炭炉的炉盖上，结果闹得那些经常进出暖香坞的人身上全都飘着一股子自然的橘子清香，也不知是让人喜欢还是嫌弃……

是以，从外头端着鸡汤进来的寻音，看到六娘子又在剥橘子吃的时候一点也不觉得奇怪，反而问道："夫人是先喝鸡汤再吃橘子，还是再吃个橘子以后喝汤？"

六娘子闻言，用温帕子擦了擦手，然后道："先喝汤吧。"

汤是沈聿白每天督促厨房用野山鸡炖的，只要六娘子不肯喝而漏掉一顿，那么下一顿就会在饭桌上出现两碗汤，六娘子被折腾过一次，喝汤就特别积极。

而今天巧了，也不用寻音她们特意去和沈聿白说自己有没有按时喝完鸡汤这件事儿，因为正当她喝了一半的时候，沈聿白回来了。

第七十九章

琥珀光·明争暗斗

“外头下雪了？”看着沈聿白的灰鼠毛雪青暗云花纹大氅上散落的点点雪花，六娘子下意识地就搁下了汤碗，倾了身伸手去推窗，却被一阵猛地倒灌进来的风给冷得手一抖，窗子就“啪嗒”一声重重地磕在了窗棂上，险些打到了六娘子的额头。

“当心！”沈聿白吓得连忙扑过去抱她，结果两个人就撞在了一起。

“哈哈……”六娘子的笑声盈盈不断，看着沈聿白狼狈的样子，她颇有些幸灾乐祸地道，“侯爷莫不是不相信我日日按时喝汤，今儿提早下朝来抓我现行的吧？”

沈聿白没好气地白了她一眼，然后屏退了边上的丫鬟后说道：“你孩子还没生呢，这性子倒是越活越回去了。”

六娘子撇了撇嘴，安静地将剩下的一点汤喝个了精光，然后叹气道：“大冬天的，你们又非得让我静养，我这儿也不能去那儿也不能去的，都快发霉了。”

“英娘早产了。”

“咣当”一声，沈聿白突如其来的一句话，惊得六娘子摔碎了手中的白底青花瓷汤碗。

"人……人要不要紧？孩……孩子呢？"六娘子吓得发起了抖，整个人哆哆嗦嗦地说不出一句完整的话来。

沈聿白叹了气，挪了身子上前一步，将她紧紧地抱在了怀里，安慰道："人没事儿，人没事儿，你放心，孩子也没事，母子平安，是个男孩儿。"

六娘子紧紧地拉着沈聿白的衣袖，大口地喘了几下气以后，方才拍了拍胸口道："母子平安就好！"不过说完这话，六娘子却猛地抬了头，然后盯着沈聿白那神色紧绷的脸庞道，"侯爷……是不是宫里出了什么事儿？英娘怎么会小产的？"

沈聿白默默地将六娘子抱回了架子床上，然后把被子拉了过来盖在了她的小腹上，一边站起身去关窗户，一边慢条斯理地说道："三天前，顾望之迎娶了方家小姐，结果第二天，马槐又上书，恳请皇上宁定后宫。"

"马大人收了顾家多少银子，愿意这样拼命地去帮顾家垫路？也不怕站错了队伍保不住那颗脑袋。"六娘子冷笑了一声，紧紧地抓着手边的棉被泄着恨。

"马槐的父亲和顾老爷是世交，有些事儿和银子还真没太大的干系。"沈聿白轻轻地拉过了她的手，执在自己宽大的掌心中一边把玩一边又道，"英娘知道以后，大着肚子去找皇上，结果就在东暖阁小产了。"沈聿白说着，忽然收紧了指尖，却在几乎要捏疼六娘子的一瞬间松了气。

"侯爷……"六娘子担心地看着沈聿白，却怎么都笑不出来，只能挪了挪身子拉过他的手环在了自己的腰上说道，"英娘是侯爷的妹妹，也是皇上的妃子，想她虽有皇上的眷顾，但若是想要在后宫活下去，光有皇上的爱却是远远不够的。可上次我进宫，见到的却是一个张弛有度、华贵荣艳的蕙嫔娘娘，英娘她远没有侯爷想的那般脆弱。"

沈聿白闻言，细看了六娘子一眼，忽然动情地低头在她的粉唇上落了一吻，然后失笑道："两日前我见过英娘，她说了一番和你一样的话。"

六娘子了然于心地笑了笑，将心里的波澜起伏压在了浅浅的呼吸下。

究竟怎样的帝王之爱才能造就一段亘古佳话？

雍容华贵如先皇后，皇上的结发之妻，六娘子信皇上是敬她爱她的，他予她这世间至高无上的荣耀，却让她必须接受帝王雨露均沾的残酷。而她不能拦、不能堵，她的肩上除了背负着夫妻情，更有皇家命，她只能笑看一切胭脂风云，来成就一句"帝后同心，国运昌盛"。

而荣艳灵慧如英娘，所谓皇上的挚爱，也不过是后宫佳丽中的一瓢清水，不管是被动还是主动，能得皇上倾心，是福也是祸。六娘子信她也有过天真幻念，也曾设想着依靠皇上的爱在后宫度过余生。但最难还是人心，在欣慰于英娘长大的同时，六娘子也心疼她不得不开始步步为营。也不知是什么让英娘转了心境，让她在面对深爱的男子时，竟连自己腹中的孩子都能算计上一分？但六娘子知道，要想在后宫立足，所谓情爱，都是靠不住的。

思及这些，她便刻意笑着和沈聿白道："既英娘也这么说，那侯爷只管放宽心。"

沈聿白微微地点了点头，站起了身道："我中午去葳蕤轩和几个大人谈事儿，你自己用了午膳就睡一会儿。"随即他转了身，走出了两步后忽然停下了步子，似自言自语地道，"我只埋怨她太过鲁莽，这样大的事儿，竟也事先不同我商量一下，这万一要有个什么好歹，我们岂不是要措手不及？"

六娘子凝于嘴角的笑瞬间隐没在了沈聿白宽厚的背影中，而她蓄在眼角的氤氲终究还是化成了几声长叹，随着屋中的暖气，顿时消散无迹了……

只是这事儿远没有这么简单就能结束的。

二皇子是小产，先天不足，据说生下来的时候产婆连着打了好几下屁股他才勉强咳出了嗓子里噎着的一口羊水，只是那哭叫声还是弱弱的，和猫儿一般，少了一丝洪亮。

而英娘产后太虚弱，躺在床上一天一夜方才醒过来。皇上心急如焚，太医一个跟着一个地进了绯岚殿，可拿出的方子却没有一个能立竿见影的，且英娘还在和皇上置着气，二皇子又是羸弱不堪的，连着好几天，整个绯岚殿里头都弥漫着一股挥之不去的浓厚阴霾。

不过沈聿白却两耳不闻后宫事，反而还趁着年关跑了一趟宿北之地。结果等他回来的时候，皇上就收到了弹劾马槐的折子。

六娘子是从沈聿白口中听说这件事儿的，当时她正开始有了一些孕吐的反应，但凡闻到一点烟草味就会呕吐。沈聿白刚风尘仆仆地回来，六娘子见了他，鼻子一痒，打了个喷嚏就开始吐。直到沈聿白连忙冲进了净房，里里外外梳洗了一番出来以后，六娘子的脸色才好看了一些。

"侯爷这次去……宿北……北顺利吗？"六娘子急切地想转移注意力，张口就问了沈聿白正事儿。

沈聿白正在贴心地给她剥橘子，闻言点头道："马槐的折子我已经递上去了，原本不准备查他的，不过最近他在内阁有些猖狂，此人虽也善于计谋权策，但心比天高，也不知道顾家老爷子看中他什么，一查一个准。”

六娘子闻到橘子的清香就顺了气，恶心的感觉也消退了，便终于镇定地问道：“我没想到内阁还会出这样一根直肠子到底的人。”六娘子语气中有着浓浓的嘲讽。

沈聿白笑道：“结党营私的，你当里头都是脑子清醒的？也总是要有一两个没脑子的能冲锋陷阵的。顾家很聪明，马家以前受恩于顾家，马槐又是世家子弟，当年也是文采颇盛的，把他安在内阁，也算是一步中规中矩的棋。”

“可再中规中矩也总是有私心的，顾家人没想到马槐会在自己老家作威作福这么多年吧？都快赶上土皇帝了。”六娘子接过了沈聿白递上的橘子，津津有味地吃了起来。

“他是宿北人，这些年虽在宫里混得一般，宿北那里倒是风生水起的，顶着官位，卖私盐占民宅，漕运酒肆见缝插针，银子是大笔大笔地往家里搬，这次我去，从他家的地窖搜出了整整八十万两雪花银！”沈聿白说着扔了橘子皮，眼底戾气尽显。

“可一个马槐能撼动顾家吗？”六娘子以小见大，问得犀利。

沈聿白摇头道：“我要的不是撼动顾家。”见六娘子狐疑地看着自己，他便温柔地揉了揉她额际的碎发道：“你忘了皇上心里忌惮的是什么？英娘又为什么要冒着生命危险布这一步棋？”

六娘子整个人仿佛从头到尾被浇了一盆凉水，瞬间凉了个透，不禁幽幽地说道：“忌惮一家独大。”

“君臣有别，不管是沈家还是顾家或者是封家，这三家都是皇上心里的一根刺。他要物尽其用，也要有所提防。封长渊主动提出下个月去述化赈灾，他这一走，没有三五个月只怕回不来。等他回来的时候，时局已定，他便又是两袖清风一心为官的好榜样了。”话虽如此，从沈聿白调侃的语气里却不难听出对封长渊的赞誉。

六娘子却有些不明地问道：“述化怎么了？”

“今年述化那里下雪下得早，又下得猛，雪灾特别严重，已经冻死了好几百人了。”沈聿白叹气道：“虽外族安定，但大周各处小灾不断，也不知朝堂上那些人到底哪里来的力气精神，还一个劲地在那儿明争暗斗的。”

“那怎么一样，那些人为名利，侯爷却是心系苍生，侯爷的立足点可比他们高多了。”

六娘子说着，迎着沈聿白无奈的白眼，便“咯咯”地笑倒在了他的怀中。不过嬉闹间，沈聿白却忽然沉了声音动情地说道：“等你身子好些了，进宫去看看英娘，她心里有苦，为了家，为了自己，也为了皇上，受了不小的委屈。”

六娘子闻言，紧紧地环住了沈聿白的腰身，然后默默地在他怀中点了点头。

第八十章

琥珀光·冬去春来

大周明承二年的除夕，整个沈家显得特别冷清。

不管宫里头的英娘是不是沈老夫人的亲生子，但她是沈家人，她不好，整个沈家就好不起来，再加上六娘子有孕在身不宜操劳，沈聿白便下令，除夕年节，沈家一切从简。

因为谢韫欢的事儿，沈老夫人心里也有些不太痛快，听了沈聿白的话，便干脆两手一甩，从简到底，吃穿住用什么都不管了，结果却是忙坏了代为管家的钟姨娘。

一过了除夕，长房那儿便把分家的事儿摆到了台面上，沈老夫人知道了以后，给沈聿白摆过两天的脸色，最后还是大老太爷亲自出面和沈老夫人长谈了一番，这家才算是顺顺利利地分开了。

那之后，三老太爷也来找过沈聿白，说开了年准备送两个幼子去幽篁寺游学。一句话就表明了三老太爷想让三房走仕途的决心，沈聿白自然是欣慰的，便点头答应了下来。

话说自从六娘子怀了身孕闲下来之后，沈聿白就把一些无关紧要的政务带回了暖香坞处理。是以若是遇着沈聿白休沐，夫妻俩总能凑在一块儿聊大半天的话。一来二去的，沈聿白便也会和她说些前院的事儿，就好比三房的这件事儿，沈聿白觉得六娘子也是有必要知道的。

而六娘子闻言，很自然而然地就想到年前周氏来找自己谈的那一席话，便踌躇了一下以后开口道：“大哥……最近有找过你吗？”

六娘子问话的时候沈聿白正在埋头理信，当下就好奇地抬头道：“没有啊，怎么，大哥那儿有事儿？”

六娘子一愣，忽然有些后悔开这个口了，可看着沈聿白一脸认真的模样，她便是头皮一阵发麻，无奈只能赶鸭子上架道：“这也是两个多月以前的事儿了，还是大嫂来找的我……”说着便把那日周氏来找自己时说的想让沈聿齐外放的事儿和沈聿白讲了一遍。

末了又道：“当时我是婉拒大嫂了，我觉得这毕竟是外院的事儿，即便我能帮大嫂揽这个瓷器活儿，但也没这个金刚钻，而且我想，这或许也只是大嫂的一厢情愿，有可能……大哥觉得皇城挺好，不想外放。”

沈聿白若有所思地点了点头道：“那之后大嫂还有因为这件事儿来找过你吗？”

“没了。”六娘子摇了摇头，忽然有些谨慎地抓着沈聿白的手道，“侯爷切莫乱来，兴许那真只是大嫂的一念之意，可能她转身就想明白了，如果侯爷这时候去问大哥，岂不是等于甩了大嫂一个耳刮子？”

侯府的这几个妯娌中其实没有特别矫情难相处的人，六娘子觉得内宅里大多也都是面热心善的人，尤其是周氏，为人爽快八面玲珑的，六娘子不想因为这或许是无中生有的事儿和她生了什么嫌隙出来。

可沈聿白却大笑着屈指刮了一下六娘子小巧的鼻子道：“我是这么鲁莽的人吗？还用得着你这般担惊受怕的。”

六娘子不服气地拍掉了沈聿白的手道：“我不过是怕侯爷办正经事儿伤了我和大嫂之间的和气，您还不虚心受教，倒显得我特别小家子气。”

“好好！”沈聿白失笑地将六娘子的手拉了过来，然后轻轻地揉着她的指尖道，“不过不只是我有正事儿，你也有件正经事儿要办。”沈聿白说着，脸上的神情就由柔转冷，慢慢地严肃了起来，“明天你进一趟宫吧，去看看英娘，下个月，皇上要立后了。”

六娘子只觉得自己的心漏跳了一拍，不免小心翼翼地问道：“侯爷知道新皇后是谁吗？”

沈聿白凝神看着六娘子，一字一句地说道：“是丽嫔。”丽嫔，就是顾宁卿。

惊悚间，六娘子险些打翻了炕桌上的砚台，她好不容易稳了神色以后，却感觉到背上正在一层一层地冒着冷汗。六娘子觉得她真的看不懂明承帝的用心。

“为何？”六娘子并非为英娘喊冤，事实上在这种风口浪尖的时候，若是把英娘送上后位才是置她于死地。但六娘子不懂，明承帝的后宫虽称不上佳丽三千，却也是充沛的，从贵妃到贵人，少说也有十几号人，且出身比顾宁卿好的也比比皆是，可为何皇上会点了她任新后？

沈聿白知她心里慌得紧，便丝毫不卖关子地直言道：“先皇后与皇上是结发夫妻情分不浅，可她死因成谜，到现在大理寺那里都没有得到确凿的证据。现在立后，不过是为了堵住悠悠众口，而新后上位，做得好便能流芳百世，做得不好就只能是个箭靶子，可是，这一切要去做了才知道，等知道以后便都晚了。你觉得顾家女有这个本事吗？”

六娘子心惊地眨了眨眼，脑海中瞬间浮现出顾宁卿那张略带倔强的清丽面容来，便唇瓣微颤道：“皇上……是有多厌恶顾家，才要让宁卿顶上去？”

沈聿白叹气地摇了摇头，无奈地笑道：“你当是厌恶，可顾家觉得那是泼了天的恩惠。但他们到底有没有本事踩稳这块垫脚石，还要看看我们沈家和另一边的封家答应不答应了。”

有的时候，福祸只是在转瞬之间，谁又知道，那触手可及的荣华富贵下面藏着的是不是索人性命的黑白无常……

第二天一早，六娘子就入了宫。

因为她也怀着身孕，所以沈聿白就特别嘱咐内务府的人抬了宫辇来迎，是以六娘子看到了以后不禁心颤地回头看了看沈聿白，小声道：“侯爷，这……不合规矩。”

可不等沈聿白说话，站在宫辇边上的小太监就尖着嗓子笑道：“煜宁侯夫人现在是双身子的人，这是咱们蕙主子特意吩咐下来的，这不再加上皇上又一旁问了一次，您啊，就安安心心地上辇吧。”

“皇……”六娘子声音一卡，便冲那小太监笑道，“如此便有劳公公了。”她话音刚落，一旁的鱼安便轻巧地上了前，往那小太监的手中暗暗地塞了一个荷包。

那小太监眼睛一转，然后恭敬地作揖道："那夫人且上辇。"随即又冲六娘子身后的沈聿白道，"侯爷请放心，保管少不了夫人的一根头发。"

沈聿白笑骂了他一句："你个活脱的，找你们主子领赏去。"说罢便冲六娘子微微地一点头，然后牵了马调转了方向，往校场走去。

到了绯岚殿门口，才下宫辇，六娘子便听到里头传出来一阵轻盈悦耳的笑声，她心一柔，连忙跟着迎出殿门的宫女进了内殿。

屋子里温暖如春，绫罗帷幔的尽头，英娘一身粉衣素装斜躺在贵妃榻上，她的身侧，躺着穿着一身红锦棉袄的二皇子。

"娘娘！"六娘子快步地走了上去。

英娘闻言，用手肘支撑起了身子偏头看去，然后指了一旁伺候的宫女道："快快！快扶着她！"

两个宫女闻言，赶紧上前虚扶住了六娘子，然后笑着将她带到了英娘的跟前，又搬了放着软垫的椅子，让六娘子妥妥地坐下后，方才安安静静地退到了一旁。

这时英娘已经把二皇子交给了乳娘，自己也坐起了身，看到六娘子落了座，她才松了一口气道："嫂嫂如今是双身子的人，可不能这么鲁莽，万一有个什么事儿，我便是把脑袋赔给四哥都没用。"

六娘子笑着"呸"了两声，然后关切地问道："娘娘脸色看着好多了，现在还吃着药吗？"

英娘摇了摇头道："已经断了药汤了，是药三分毒，我一直吃药，连二皇子也没有奶过半口，总也觉得对不起这孩子。"

六娘子笑道："有奶娘呢，可不用娘娘操心。"说着她目光柔和地看了一眼一旁抱哄着二皇子的奶娘又道，"我听侯爷说，二皇子过了年胃口就开了很多，身上也渐渐长了肉，连哭的声音都大了很多，太医也说比刚出生那会儿精神多了。"

"是啊，菩萨保佑！"英娘说着，双手合十朝着空中拜了拜。

六娘子一直悬在心中的石头顿时落了一大半。有些时候耳听为虚眼见为实，不管沈聿白如何同她说英娘已经精神多了，二皇子也慢慢地长得结实了，但都没有她自己进宫来看这一眼有说服力。

只是……想到今天进宫的真正目的，六娘子又顿时难以启齿了起来。

而英娘见状，只伸手拢了拢滑落香肩的披锦，然后屏退了边上的奶娘、宫女，方才开口道：“四哥是不是和嫂嫂说了皇上要立丽嫔为后的事儿？”

六娘子笑道：“什么事儿都瞒不过娘娘。”

英娘一边把玩着随手拿起的芙蓉玉如意手柄，一边视线旁落道：“从前，我真以为情比金坚，可如今，我也知道帝王薄凉的道理。”

“娘娘……皇上也是身不由己，即便是为了您自己，也不要再和皇上置气了。”

“我哪里是气他……”英娘闻言，忽而一笑，眨眼的瞬间，眼角滑落的清泪便滴落在她掌心的玉如意上，“我不过是气我自己，竟傻到用麟儿去换他的真心。”她说着，手骤然一用力，几乎似要把全身的力气灌注在那柄玉如意上一般，眼中充满了决绝和愤恨，“如今，我用后位去换麟儿的储君之位，嫂嫂你说……值得吗？”

暖意融融的内寝里飘着一股似有若无的奶香味，本该是幸福满满的时刻，却还是让六娘子嗅出了深至骨髓的伤感来。

“英娘。”过了许久，六娘子才平和地开口道，“俗话都说，人在江湖身不由己，但其实朝堂，远比江湖来得复杂得多。皇上有他的无奈，身为妃子的你们也有你们的无奈。我虽与顾家三郎决裂，但……只要想到宁卿会戴冠为后，背上便不由得会冒出一阵冷汗。”

英娘恍惚地看着六娘子，似有些想点头，却冷着眼神承认不下来。

六娘子心疼她如此倔强到委屈自己，便继续宽慰道：“不管皇上今儿立谁为后，你也知道，那都是在保护你，你气皇上看了马槐的折子，可其实皇上也只是看了折子而已……”

“嫂嫂！”但未等六娘子说完，英娘便哭着拉住了她的手道，“我其实只是气我自己……不知为何，竟也开始变得不择手段起来。皇后娘娘这么仁慈心善的一个人，竟说被人下毒就被人下毒了。这整个后宫，有多少双眼睛看着你，又有多少把刀架在你的脖子上？我若不自保，就会有人来害我，来害我肚子里的孩子，我不能冒这个险，若是我没办法保护麟儿，那我宁愿不生他！”

“胡说。”六娘子重声斥了英娘一句，随即叹气道，“无非也是势力不均，互相牵扯的后果，你也知道，顾家视我们为眼中钉，皇后娘娘死得又不明不白的，你一举得男，又是皇上的宠妃，不把矛头指向你还指向谁？”

“可他为何什么都不和我说，只这样一个人耗着？虽说后宫不得干政，可他但凡说一个字，我便一定会帮他到底，哪怕就是给世人做个样子而引出毒害皇后娘娘的凶手，我也是甘愿的。但为何什么都不说，却还整日来看我，谈笑风生地和我聊着以前的事儿？其实他心里却早把所有的利弊都权衡过了。说是护我，其实也不过是把我当成绯岚殿的一个金贵摆设罢了。”

六娘子静静地听着英娘肆意地发泄着心中的不满，等她哭声渐止的时候，方才无奈道：“从前我也埋怨过你四哥，我总说夫妻举案，贵在心诚。并非要他事事都说，可只要是牵扯到内宅的或是家眷的事儿，早些和我打个招呼，也不至于让我临了措手不及。”

“四哥那样独断的性子，嫂嫂你……”

“你瞧，别人的事儿你都看得透，皇上的事儿你却糊涂了。”

英娘猛地一怔，半晌才微微地松开了手中一直握着的玉如意，低头呢喃道：“只怕就是当局者迷了。”说罢她轻笑了一声，忽而又凝眉正色地问道，“那谢家姑娘还住在府上吗？”

六娘子愣了愣，诧异于英娘的话题转换之快，不禁下意识地点头道：“是啊，你怎么知道？”

“前两日长姐给我写了一封信。”英娘眼梢挂着一丝不屑道，“嫂嫂若是觉得她不好办，便由我出面给她说门婚事。这般年纪，不嫁人待在四哥的府邸算个什么事儿。一不是正经的沈家小姐，二也不是在家的居士，老太太也不怕闹出什么不雅的笑话来。”英娘自进了宫以后，就没有再喊过沈老夫人一声“母亲”了。

六娘子闻言，也说不出英娘这个主意是妥还是不妥，便笑着将话题转到了长房分家和三房的两个弟弟要准备去幽篁寺游学的事儿。聊了约莫有两盏茶的工夫，六娘子方才起身告了辞。

翌日，诏书有宣，皇帝钦立顾氏为后，母仪天下，与民更始，册封蕙嫔为蕙贵妃，与后同协东宫，册封二皇子为太子，以承宗庙。布告天下，咸使闻知。

三月过半，结香枝柔蜡梅吐艳，桃花见粉玉兰幽幽，冬去春来冰雪消融，随处可见的都是盎然之意。

很快便是六娘子的生辰了，沈聿白存了心思想替她风风光光地办个生辰宴，只是他这儿动作才刚做起来，那边六娘子就嗅到味道寻了过来。

“侯爷为何让项妈妈置办这么多的食材？”这天趁着沈聿白下朝早，六娘子便将他堵在了东稍间的门口。

沈聿白闻言，有些懊恼地摇头道：“早知道我这样一指派人你就会起了疑心，那还不如我直接去新风斋订菜来得方便呢。”

“侯爷要宴请吗？”六娘子有些纳闷，成亲这些年，她从来没有看到沈聿白主动要在家中开流水宴的，是以心里塞了满满的好奇。

而沈聿白看着六娘子那忽闪忽闪亮如星辰一般的眸子，就知道事儿瞒不下去了，便佯装随意地轻咳了一声道：“二十八日那天想给你办个生辰宴。”

“二十……八……”六娘子差点儿都忘记了自己的生辰，好半天才红了脸回神道，“侯爷有心就好，不用这么麻烦破费。”

“不过就是请些要好的亲眷朋友什么的，谈不上什么麻烦破费。”沈聿白一边无奈地摇着头一边道，“第一年我是不知道，第二年也是因为和年节相近而马虎了，今年无论如何要像模像样地办一个。”

六娘子见他目光坚定，便欣然笑纳道：“既侯爷想趁着我的生辰大家一起热闹热闹，那我便恭敬不如从命了。”其实说穿了，六娘子肯点这个头，也是被怀孕“这也不准、那也不行”的沈氏教条给折腾怕了。

不过不管怎么说，两人就生辰宴这事儿算是一拍即合了，是以第二天六娘子去清懿阁请安的时候，便把这事儿告诉了沈老夫人。

“去年除夕的时候，因着宫里头也不太平，我又是刚怀上，侯爷便一切从简了，这次生辰宴，也权当是补母亲一个热闹了。”六娘子说这话的时候，只感觉身侧有一道目光正盯着她，她下意识地转过了头，果不其然就对上了谢韫欢那有些慌张的神情。

“到时候也少不了谢妹妹呢。”六娘子看着谢韫欢，脑海中突然一转，便又道，“说起来，上一次我入宫的时候，娘娘特别关心妹妹，听娘娘的意思，似想给妹妹做个媒呢。”

谢韫欢“啊”了一声，急忙去看沈老夫人，沈老夫人显然也是第一次听说这事，便“嘭”的一声重重地搁下了手中的茶碗道：“贵妃娘娘琐事繁多，这种事儿又怎好打扰了她。”

六娘子闻言，笑在了心里，却依然不动声色地回道：“媳妇也是这么和娘娘说的，不过娘娘的心思媳妇也不好猜，但媳妇觉得，若是娘娘能出面替妹妹说一门体面的婚事，那便是妹妹的福气呢。”

其实六娘子也一直很纳闷，这些日子以来，谢韫欢到底是凭着什么样的信念在侯府待下去的？

按说除了她刚来那会儿沈聿白还会顺着沈老夫人的意思和谢韫欢叙叙旧，但在自己闹了两次情绪以后，沈聿白已经忌讳很多了，不管是当着面还是私下，都不会和她有来往了。可这女子却依然能四平八稳地在内宅住得好似自己就姓沈一般，如此性格让六娘子也不免心生佩服。

但不管怎么样，六娘子却始终承认谢韫欢就如同她心里的一根软刺，不碰的时候没关系，可一旦碰到了，却让人疼得难受。

而听了她这番话的谢韫欢照旧强颜欢笑地附和道："嫂嫂笑话我了，韫欢发过誓，这辈子除非遇着自己喜欢的人，否则宁可终身不嫁，陪在姨母身边尽一辈子的孝道。"

"你这丫头，这傻里傻气的性子倒像极了你母亲。"谢韫欢话音刚落，一旁的沈老夫人也不忘动情地加上了一句。

可这些日子来，六娘子早已经看惯了这种煽情的戏码，便眼不见为净地笑称暖香坞还有些事儿未做完，借机就退了出来。

待六娘子一出清懿阁的堂屋，沈老夫人的脸就沉了下来，随即哼着鼻子冷笑道："英娘在宫里自身都难保了，还有心思管你的事儿，陆氏当她什么都不说我就什么都不知道了，还想糊弄咱们。"

谢韫欢闻言，怔怔地看了看六娘子方才坐过的位置，不免有些无力地道："姨母……若是蕙贵妃真的……"

"所以不是姨母说你，都道英雄难过美人关，你生得这样好，却要被个姿色平平的陆氏压着，我就不信老四瞧不见你这花儿一般娇滴滴的样子。你生辰在七月，若是过了今年七月老四还是不肯松口的话，我便向陆氏去开这个口！"沈老夫人说着说着便是气不打一处来，她也不过是想让自己心疼的姑娘在侯府可以名正言顺地立个足，怎么就变得这么难了。

可谢韫欢听了沈老夫人的怒言，却不禁生出了别样的心思来。

其实就这么几次软的硬的钉子碰下来，说她心里不厌恶六娘子是不可能的，但就算过了七月，一切如老太太所愿，她被抬进了沈家门，可从头到尾，六娘子还是占了上风，想她一个当家主母要压住自己这个做妾的，对六娘子来说简直是易如反掌。

但……若是沈聿白能心甘情愿的话，那她将来在沈家的身份和地位可就完全不一样了。想到这里，谢韫欢忽然有些迫不及待地想去找一找方姨娘了。

第八十一章

琥珀光·家宴琐事

三月二十八这天一早，金麟班的台柱子肖久贤和花姑子就来了。

话说这金麟班的人也不是第一次来侯府了，戏唱得好不说，六娘子也很喜欢他们的艺德，不卑不亢凭曲做人，是以六娘子今儿还特意抽了些许的时间私下见了他们一次。

六娘子今日穿着一件洒金云霏妆花缎织彩百花飞蝶锦衣，暗绣的金色粉彩的缎子，将她光泽如玉的肌肤衬得如春花一般娇艳欲滴，显得格外神采奕奕。

话说她到了垂花门边戏班的落脚处时，花姑子正在和人对戏，肖久贤正在上妆。两人见了六娘子，都有些意外，却也并不见慌张。

“两位先生都是艺德高馨的，今日便也是要辛苦两位了。”看见戏班的人见了她都有些惶恐地局促了起来，六娘子便笑着示意他们随意些。

“您太客气了。”肖久贤迎上前笑道，“咱们金麟班能得夫人偏爱，那也是咱们的荣幸。”

“是你们的戏唱得好。”六娘子笑着点点头，“说起来还要提前恭喜肖先生，听说您下个月就要接班主的位置了。”

“哪里哪里。”肖久贤连忙恭敬作揖道，“不过是各位师弟师妹看得起久贤，才让我接了老班主的担子。”

“夫人今日可还要听《贵妃醉酒》？”两人正聊着，一旁的花姑子突然蹿了出来。他和肖久贤是同辈，不过肖久贤性子沉稳谨慎、颇识大体，但花姑子却是个人来疯，高兴不高兴全写在脸上，率真而坦荡，却也更容易结交朋友。

“既然你来了，自然是要点这曲子的。”《贵妃醉酒》是花姑子的成名曲，他上了妆登了台，那便是活脱脱一个雍容华贵的美艳妃子，哪里还能看出半点男儿身的样子。

“那我可要提前和夫人说呢，今儿咱们小师弟第一次和我对台，若是回头夫人听出了那小宫女声音飘了抖了，可要多包涵呢。”花姑子爽快地拍了一下身旁一个略显腼腆且已经上了粉妆的青涩小生一下，然后冲六娘子一抱拳。

“三师哥！”花姑子话刚说完，一旁的小生便微嗔地跺了一下脚。

满屋子的人都抿嘴笑了起来，随即六娘子便以不打扰他们准备为由，先一步出了屋子。

回去的路上，六娘子闲庭信步，走得很慢，随步而望，她看见整个侯府仿佛已经被春色点亮了一般，到处都是抽芽的翠绿，叫人看了以后无端地就生出了好心情。

只一会儿的工夫，后头的鱼安就追了上来。

六娘子细听着脚步声，待那声音渐渐近了后，她便缓停了步子问道：“肖先生他们赏银收了吗？”

鱼安道：“收了，夫人放心。”

“是花先生拿下的吧？”六娘子没有回头，只眯着眼看着不远处匆忙而来的那一抹嫩黄色的身影。

鱼安一愣，失口笑道：“便是什么都瞒不过夫人。我给银子的时候肖先生是说什么都不肯收的，僵持了一会儿后还是一旁的花先生接了银子的，随即还说便是收下了，回头煜宁侯夫人才能安心地点戏。”

六娘子闻言，嘴角微微一扬，道：“金麟班的人都重情义、轻名利，这两年才会被小梨园给打压下去的。宣城戏班之多，私底下有多少龌龊的事儿其实旁人只要稍留意一下就能发现。那些好男风的养相公的，有一大半豢养的都是戏班里头的戏子，本就是不上台面的事儿，不过是那些权贵子弟家的爷儿们图个乐子，可好好的班子，也就容易这样给毁了。”

鱼安叹气道：“谁说不是呢，想那时青远少爷带着小梨园的戏子跑了，小梨园为了避风头关了半余月，结果却还惹得其他一些爷不高兴了呢。”

“说起来青远哥哥有下落了吗？”六娘子偏头问道。

“就初六那天我帮夫人回陆府去给七姨娘送东西的时候我还问起的，七姨娘说老爷似乎有些眉目了，但更多的消息她一个姨娘也不好多问。”鱼安忙回道。

六娘子眼神黯了黯，然后冲鱼安使了个眼色，随即便是深吸了一口气转身迎向了匆忙而至的谢韫欢。

“嫂……嫂。”两人站着的小径是回秋棠馆唯一的一条路，是以老远就看到六娘子的谢韫欢也不得不硬着头皮迎上来。

“妹妹走得这么匆忙？钗环都乱了。”和六娘子的惬意淡然比起来，此时一袭鹅黄色俏云纱对襟薄棉衣衫的谢韫欢就显得稍微有些急躁了。

“我……早上的时候看到天色好就去园子里散了散步，结果忘记了去向姨母请安了。”谢韫欢深吸了一口气，然后稳住了有些虚晃的视线，恭敬地和六娘子说道。

“不慌忙，母亲这会儿许也是才用了早膳的，妹妹过去应该刚好。”六娘子微微一点头，视线从谢韫欢的身上掠过，径直落在了她身侧小丫鬟的脸上，随即道，“宴席在中午，不过巳时就可以去看戏了，妹妹若是喜欢，一会儿早些来点曲。”

“好。”谢韫欢笑着冲六娘子微行了福身礼，然后带着小丫鬟快步地越过了她先走了一步。

待她走远以后，六娘子才对鱼安说道：“一会儿回了暖香坞，你去唤了钟姨娘过来。”

鱼安轻声称了“是”，随即便搀着六娘子不急不缓地往内宅深处走去。

钟姨娘匆忙赶到暖香坞的时候，六娘子刚好喝完了燕窝粥，见了她一身轻便的裤衫，发髻高盘干练有素的模样，六娘子愣了愣，眨眼道：“姨娘这身打扮是……”

钟姨娘被问得一怔，下意识就低头看了看自己的打扮，忽而失笑道：“哎哟，头一回帮侯爷夫人操办家宴，我这里里外外跑来跑去的，总觉得水仙裙衫什么的太麻烦怕误了事儿，便拣了条收腰直身的骑马装随便穿穿了。”

六娘子抿嘴笑道：“我还是头一次看姨娘这么不讲究呢，连珠钗也未戴一支。”

“叮叮当当的太麻烦啦。”钟姨娘笑着摆了摆手。

自从六娘子让钟姨娘帮着自己打理内宅庶务开始，钟姨娘的日子便渐渐地充实了起来，连人也变得随和爱笑更好相处了。六娘子觉得这是好事儿，能用有些事而改变有些人生活的姿态，尤其是由坏变好时，她也是打心眼里高兴的。是以这次家宴，她也干脆放手让钟姨娘去管一管一些旁的小事儿了。

两人就这般心照不宣地对视而笑之后，六娘子方问道：“今儿前院和内宅设宴的花厅里，在旁伺候的是不是都是各屋调的有经验的丫鬟？”

“是啊。”钟姨娘正色道，“人手不够，余妈妈就来找我和秋妈妈商量，也是鱼安姑娘说的，以往也都是从各院各屋抽了丫鬟临时调的，怎么了夫人，有什么问题吗？”

“这是惯用的老法子，也没错。”六娘子摇头道，“不过前天府上进来的那一批新的小丫鬟，你今儿是怎么安排的？”

“已经都按照夫人说的分配到各屋了，今儿我同余妈妈打了招呼，让她们就待在屋里不要出来，免得冲撞了宾客。”钟姨娘一五一十地回道。

“你做记号分辨了吗？”六娘子的口气平软，没有责备的意味，反而有一种商量的调调。

钟姨娘下意识地就摇头道：“没有啊。”

六娘子笑道：“那如何分辨？光看脸记人吗？别说是你，便是我也未必能分清各屋的老人新人，又何况是来府的宾客？可不是人人都有余妈妈那样好的眼力呢。”

“这……”钟姨娘闻言，顿时红了脸，支支吾吾的，有些说不出话来。

六娘子见状，更是柔了声音道：“姨娘这两日确是辛苦了，忙中出错也难免，其实本也只是小事儿，不过方才我回来的时候遇着谢姑娘，她身边的那个丫鬟看着面生，我便生了这个念头，按说以往府上也没这样的规矩，不过是因为新进了十几个小丫鬟，是以要稍加注意些罢了。”

“夫人说的是！”钟姨娘忙点头道，“秋棠馆原先服侍谢姑娘的两个丫鬟被余妈妈调去了戏台子那里奉茶，今儿在谢姑娘身边的应该是新来的小丫鬟，所以夫人才会看着面生。”

“你看，这还是要做个区分不是？”六娘子说着，伸手指了指桌上的蓝色锦缎道，“这缎带回头你去找秋妈妈领，我让人都准备好了，开席前你便对每个在内宅和外院伺候的丫鬟和小厮交代下去，让他们拿了缎带都系在手臂上，且同他们说，不能私自解下交换，若是回头有什么差池，我绝不姑息迁就。”

“是。”钟姨娘谨慎地将六娘子递上的缎带接了过来，然后认真地点了点头，看着六娘子的视线中充满了钦佩。

其实，旁人都以为六娘子现在怀了身孕什么事儿都不管了，但钟姨娘几乎每天都和六娘子打交道，也只有她和几个管事的妈妈才知道，六娘子看似待在暖香坞一门心思地养着胎，可其实整个内宅里人和事的动向她却是门儿清的，也正因为如此，钟姨娘才会对六娘子的差遣指派心服口服。

第八十二章

琥珀光·聪明反误

巳时刚过，好戏开锣。花姑子一亮嗓，惊艳台下，掌声雷动。

六娘子陪着沈老夫人坐在正中间，长案前鲜果麻糕瓜子热茶一应俱全，清一色蓝衫月牙色长裙的丫鬟穿梭其中，所有人右边的手臂上都系着一条两指宽的锦绣缎带。

今儿在座的几乎都是亲眷，除了沈家的人，还有陆家的七娘子和邵怀璧以及赵太夫人，外客里头，六娘子只请了平日里和自己走得最近的蒋氏和小周氏。

因为过年的时候六娘子反应特别大，所以她几乎都是待在宅子里，没有出过半步的门，虽落了个舒坦自在，但不免觉得有些冷清。是以今儿见了这样的场面，六娘子虽面上看着平静无波，但心里头还是喜滋滋的。

戏刚过半，六娘子便开始坐不住了。她转头看了看一旁的沈老夫人，只见坐在边上的谢韫欢正低头笑着在同她说着什么悄悄话。六娘子便从容地起了身，后退了几步，然后凑到了坐在不远处的赵太夫人的身旁。

“外祖母！”

六娘子撒娇地圈住了赵太夫人的手臂，笑着道：“今儿我帮您点了您爱听的《长亭别》，您再嫌闹腾，可也要听完了再走。”

赵太夫人年纪大了，这些日子越发地不爱出门了，整天在院子里摆花弄草的，日子倒也清闲。今儿若非是六娘子的生辰宴，只怕侯府的帖子也未必请得动她。

见六娘子如只餍足的猫儿似的黏着自己，赵太夫人笑骂道："自己都是要做娘的人了，还这般孩子样儿。"

六娘子闻言，俏皮地吐了吐舌头问道："上回我让鱼安给您送去的高丽参您可吃了？您冬天怕冷，手脚寒凉，吃些参补着好。"

赵太夫人眼神柔了柔，抚平了六娘子有些不服帖的衣襟道："吃了，每三日一盅，炖着吃的，你外祖父那儿也没落下。你有心就好，有些东西你自己也要留意给自己补补，我和你外祖父这儿什么都不差。"

六娘子笑道："外祖父现在呼风唤雨的，可是什么都不差呢！我孝敬您的，也是让您在外祖父跟前炫耀炫耀的。"

"你这孩子。"赵太夫人知六娘子说的是打诨的话，便轻轻地拍了她脸颊几下，然后搂了搂她道，"回头你去屋子里看看那个用木匣子装的九宫格妆盒，那可是我当年的陪嫁，今儿便宜你个小东西了。"

六娘子乖巧地点了点头，随即又亲自帮赵太夫人添了一杯热茶，方才起身去了七娘子那儿。

话说六娘子落座在七娘子身旁的时候，七娘子正和邵怀璧聊得起劲，冷不丁被六娘子伸手一戳腰际，七娘子吓得几乎要从位子上弹起身了。

"呀！"七娘子猛地回头，瞪着六娘子骂道，"没见过做主人的还这般没正形。"

六娘子不理会她的怒意，抿嘴笑道："你们俩不好好听戏，在这儿嚼什么舌根呢？"

七娘子闻言，拉过了她轻声道："嫂嫂方才同我说，昨儿皇后娘娘被皇上责罚，在云锦宫抄了一晚上的佛经呢。"

"为何？"六娘子一愣，忙不迭地问邵怀璧。

邵怀璧见状，不急不缓地道："说是皇后娘娘私看了皇上的折子，被管事的太监总管发现了。"

"啊。"六娘子很诧异，这样不合宫规的事儿，听着不像是顾宁卿会做的。

邵怀璧点头道："我昨儿去了一趟祁王府，给王妃带了些母亲给我捎来的西淮特产，这事儿是王妃同我说的。"

六娘子一愣，心思豁然打开了，不免暗暗惊觉祁王妃的心思缜密，又感叹于邵怀璧的一点就通。因为这样说来，这事儿应该是真的，而祁王妃之所以选择告诉邵怀璧，无非是希望通过邵怀璧的嘴来告诉她而已。

想到这里，六娘子不免冲邵怀璧微微点了点头道："若真是这样，那皇后娘娘确也不该，大周礼法，后宫不得干政，这般私自翻看皇上的折子，本就是礼法不容的。"

邵怀璧左右看了看，见四周并无人注意到她们三人闲聊，便继续道："王妃说，皇上几乎很少落足凤鸾殿，一个月若是按次数来算，有大半是在绯岚殿就寝的，其余剩下的不是在东暖阁就是在御书房，偶尔会去翎妃或者庄妃那儿转一转。"

她话音刚落，七娘子便冷笑道："谁又不知这皇后娘娘的位置是皇上随手丢给她坐的，能有如此尊贵已是万幸，难不成还期望皇上能如同对蕙……哎哟！"可她话还没说完，手臂就被人重重地掐了一下，惹得七娘子喊出了声。

"陆小六，你下次若再掐我，可别怪我不客气了。"七娘子一边揉着手臂，一边愤愤地指着六娘子说道。

"是啊，陆小七，你以后若是再这般没遮没拦地瞎嚷嚷，回头我这儿但凡有个什么大宴小宴的，也都不敢请你来当座上宾了。"六娘子也毫不留情面地冷笑着顶了回去。

七娘子一愣，这才恍然觉得方才那话说得有些不合时宜，不免偃旗息鼓道："那你不能好好说吗？掐得我多疼！"

六娘子见状则瞪了她一眼，然后转头对邵怀璧道："你一会儿看紧她别让她喝酒，这丫头沾了酒就发酒疯，口无遮拦的，挡都挡不住，我还想今儿舒舒坦坦地好好过个生辰呢。"

"好嘞。"邵怀璧过年的时候也见识过七娘子的酒劲，听了六娘子的话自然是连连地点头，惹得七娘子多翻了好几下的白眼。

待三人聊得差不多了以后，台上的戏文也快唱到了尾声，而膳厅那边也已经准备万足，就等着六娘子等人移步了。

听了寻音来报，六娘子便率先起了身，然后并了沈老夫人等一起往膳厅走去。

路上，赵太夫人就先一步过来和六娘子辞别，六娘子知外祖母不喜欢这样的排场，便也没有多加强留，只在半道上止了步子和她老人家多说了几句贴己的话，方才特别吩咐鱼安送赵太夫人出府，自己则由寻音虚扶着缓步往膳厅走去。

到了膳厅，众人已落了座，六娘子便站在东首笑着说了两句场面话，这才示意丫鬟上菜。

今儿的菜式是项妈妈亲自定的，虽算不上满汉全席，可也是珍野佳肴一应俱全的。六娘子吃菜讲究菜序，项妈妈应她喜好，桌上也是冷热荤素、汤菜甜食搭配好的。

其中的酥炸鲫鱼、麻辣肚丝和金银鸽肉都很合六娘子的口味，她忍不住动了好几筷子。

虽是女眷膳厅，可六娘子也是吩咐丫鬟开了两坛广郴桂花清酿，她自己是不能喝酒的，但不想因此扫了旁人的兴。

是以热菜上到一半，待众人都下过几筷子垫了肚子，六娘子便吩咐人上了酒。随即站起身笑道："今儿就是图个高兴，我虽只能以茶代酒，可也不会苛待了大家肚子里的酒虫，今儿便是你们能喝多少就喝多少，若是醉了，我也已经备好了厢房，待睡醒了以后咱们晚上接着喝。"

她一番调侃的话惹得在座的众人都轻笑了起来，随即蒋氏便落落大方地附和道："你是好这一口今儿却没办法喝，得嘞，妹妹这一份啊，咱们自然会尽心地帮你分了的，妹妹就乖乖地喝茶汤吧。"

蒋氏说完，小周氏就跟着搭腔道："你们瞧着，她今儿可要心痒痒坏了，无奈是儿子比酒虫要金贵得多啊。"

"哈哈哈……"小周氏话音刚落，屋子里的笑声就更大了些。

六娘子就是喜欢小周氏这种没有遮掩的性子，便亲自上前替她斟了酒，又绕了膳厅一圈，同所有人都热络地打了招呼，方才回了自己的位置上。而她这一走动，原本显得有些安静的膳厅也因为腾起的酒香而渐渐热闹了起来。

不过坐下后，六娘子嘴角的笑意便隐没在了唇齿间。随即她冲身后的寻音使了个眼色，寻音见状立刻上前一步道："夫人怎么了？"

"可见着谢姑娘了？"

寻音顺口道："谢姑娘不是坐在老夫人……"她说着便扭头看去，只是话音却随着那空空如也的位置而渐渐地轻了下来，"咦，人呢，方才还瞧着她在和老夫人说话呢。"

"去问问别的丫鬟有没有看到她，可是有什么不舒服的先回去了？"六娘子黛眉轻皱，不知为何脑海中总是无端地闪过谢韫欢今天那张过于沉寂的脸来。

以往谢韫欢也不是没有参加过侯府的宴请，可她总是显得有些格格不入，不是因为不明朗的身份而被旁人指点，就是她刻意地和六娘子聊着文不对题的话。但今儿的谢韫欢却安静得如同伺候在一旁的奉茶丫鬟一般，竟很能让人忽略她的存在。

这是一种六娘子说不上来的感觉，像是好的，也像是不好的，让她心神不宁的。

而寻音闻言，却一边笑着点头一边道："夫人您也别多虑，我这就去找找看，兴许谢姑娘只是乏了先回了屋，不想扫了您的兴才没有告诉您呢。毕竟今儿是您的生辰宴，她即便有什么不痛快的，也不会在这样的场合泼您冷水的。"

听寻音这么一说，六娘子下意识地就松了一口气道："你瞧，我许是真的太有偏见了，罢了罢了，别去寻了，她心思也不见得这么多，或许也只是去净房了，或许……"

"母亲，祝您福如东海、寿比南山。"

"什么呀，母亲还这么年轻，母亲，我祝您岁岁年年有今朝。"

不过未等六娘子和寻音说完，坐在另一桌的媛姐儿和景哥儿就欢腾地跑了过来。那第一句"寿比南山"是景哥儿说的，第二句抢白的话是媛姐儿说的。

两个孩子刚说完，周围听到他们话的人都不约而同地笑出了声音。

"好好。"六娘子也笑着搂过了他们道，"不管是寿比南山还是年年有今朝，都没错，来来，这个给你们拿去玩儿。"她说着从寻音的手中接过了两个小荷包，然后分给了景哥儿和媛姐儿。

"景哥儿，别这样抱着你母亲，当心伤着她。"一旁，见着在六娘子怀里摇头晃脑笑得开心的景哥儿，康姨娘吓得连连倒吸了几口凉气，生怕景哥儿没个轻重不小心碰到了六娘子的肚子，便赶紧将景哥儿从六娘子怀中拉了出来。

然后康姨娘又道："夫人，您太破费了，本就是您的生辰，还让您倒过来给孩子们东西。"

康姨娘说完后假装随意地看了一眼旁边正在喝汤的梅姨娘，梅姨娘感觉到了她的目光后，手一顿，连忙搁下汤匙附和地干笑道："是啊，夫人您太客气了。"

饶有兴趣地看着两人逢场作戏的钟姨娘笑在了心里，却听六娘子道："不是什么金贵的东西，不过是十几颗金豆罢了，让哥儿姐儿拿回去赏丫鬟也成。”

那之后又上了两道热菜一道甜羹，项妈妈便亲自端上来一个巨大的香米打糕做成的寿桃，六娘子用刀切了一块给自己，然后项妈妈和丫鬟们才均分着将寿桃切开，依次分给了在座的人。

宴席近尾，蒋氏她们已经有些微醺了，虽不至于到醉的程度，却也是脸颊微红步子滞缓了。

六娘子并了钟姨娘一边张罗项妈妈和丫鬟们撤桌，一边让秋妈妈和鱼安几人安排想午休的人去厢房。

一时间，膳厅里进进出出的人多了起来，钟姨娘怕六娘子累着，便搬了把椅子过来，看她坐下后说道：“夫人今儿起起坐坐的，怕也是没吃什么吧，一会儿我让厨房给夫人下碗面去？”

六娘子接过了一旁小丫鬟递上的温水，喝了半杯后道：“也不觉得饿，方才吃了两口寿桃，倒是撑着了。”

钟姨娘笑道：“糯米最难消，要不我给夫人去泡了消食茶来，也好解解夫人的腻味？”

六娘子犹豫了一下，点头道：“那就劳烦姨娘了。”

“唉，夫人太见外了。”钟姨娘笑着微福了身，刚想转身去膳厅的后罩间泡消食茶，忽见一个绿衫的小丫鬟脸色极为难看地跑了进来，险些和正带着媛姐儿准备回去的梅姨娘撞在了一起。

“哎哟。”梅姨娘被那小丫鬟一脚踩着了脚尖，疼得连连后退了几步，尖着嗓子叫道，“哪儿来的小蹄子，这般没轻重规矩，横冲直撞的。”

那小丫鬟被梅姨娘这一吼，惊得似快要哭出来了，赶紧福身行礼道：“对不起对不起，这位夫人……奴婢不小心冲撞了您，实在对不起！”

坐在不远处的六娘子听到了嚷嚷声，便探身看向了梅姨娘这儿，见一个脸生的丫鬟正瑟瑟发抖地在向梅姨娘不停地道歉，便蹙眉凝神地眨了眨眼，然后对同样也被吸引住了目光的钟姨娘道：“先去瞧瞧那儿怎么了，若是没什么大事儿，便让她们散了私下说，堵在门口没个样子。”

“是。”钟姨娘应声就走了过去，不一会儿便带着那小丫鬟走回了六娘子的跟前。

六娘子定睛看去，这才发现这小丫鬟有些面熟，可一时半刻的她却也想不起来到底在府中什么地方见过了，便狐疑地看了钟姨娘一眼道：“怎么了，这是哪屋的丫鬟？”

可不等钟姨娘开口，那小丫鬟便“咚”的一声跪了下来，然后用膝盖移上前了两步，伸手抓住了六娘子的衣摆道：“夫人，夫人！求您去看看吧，侯爷……侯爷他……他喝醉了进了咱们姑娘的屋子，便是……便是……”小丫鬟说着说着，整个人哆哆嗦嗦地发起了抖，说不出一句完整的话来。

而六娘子只觉这话如同晴天霹雳一般，她记起来了，早上她在小径上看到谢韫欢，她身边带着的就是这个小丫鬟。

一时间，六娘子周围的空气像是顷刻被冰冻住了一般，连她的呼吸都轻了起来。那小丫鬟的声音不算小，也不知到底是害怕得不能控制还是故意的，她话音刚落，连已经跨出门槛的梅姨娘的步子都顿住了。

半屋子的人都愣在了原地，只有那个小丫鬟还跪在六娘子的跟前哭哭啼啼个没完没了。

站在六娘子身旁的钟姨娘只觉得自己攥紧的手心黏糊糊的全是汗，她僵着脖子，想开口搭个腔缓一下气氛顺带让那小丫鬟赶紧闭嘴，可要说话了她才发现嗓子一阵沙哑，竟是紧张得连个字都蹦不出来了。

“你说侯爷在谁屋里？”过了好久，一记轻声忽然打断了小丫鬟的哭声，那平稳无波的语调似是天外之音一般，和当下紧张尴尬的气氛特别格格不入。

“在……我们姑娘……”

“你们姑娘是谁？”六娘子忽然勾起了嘴角笑了笑，眼角闪着的却是难得一见的阴鸷碎光。

“我们……是……是谢姑娘……”小丫鬟被六娘子镇定的姿态给震住了，姑娘不是说只要她传了话，夫人马上就会冲去秋棠馆的吗？怎么却坐在这儿盘问起她来了？

“夫人！”一旁的钟姨娘瞪大了眼睛猛地看向了六娘子，她感觉自己此时此刻一颗心几乎要跳出了嗓子眼儿，连眼皮都不自觉地颤了起来，“您切莫动气……要当心肚子里的孩子！”

六娘子闻言，拢着肚子缓缓地站了起来，然后温柔地冲钟姨娘说道：“姨娘，吩咐人下去，先把院子各处的门落锁，今儿既有人要扬家丑，我便不怕她冲着我来。没我的吩咐，谁都不准出侯府内宅半步。”

“是。”钟姨娘领了命令。

六娘子抬手轻轻地捏了捏钟姨娘僵硬的肩膀道：“姨娘放轻松些，我都还没紧张呢，你紧张什么。”说罢她又转头冲一旁神色阴晴不定的寻音道，“赶紧去前院让观言带个口信去宫门口，就和侯爷说家里出事儿了，让他方便的话早些回来。”

屋子里顿时鸦雀无声可闻针落，半晌，才依稀传来了此起彼伏的吸气声。

六娘子只感觉自己被人拉紧的衣摆一松，她不禁低头看去，却见脚前跪着的小丫鬟已经软软地瘫在了地上，面容扭曲，犹如见到鬼魅一般惶恐。

她嘴角的笑意凝固在了粉嫩的肌肤上，随即抬头看着站在离门不远处的沈老夫人道：“啊，忘了告诉母亲，半个时辰以前侯爷给我传了口信，说皇上急召他入宫，媳妇想，这次母亲怕是看不到什么好戏了吧。”

这是第一次，六娘子在外人面前如此不给老太太留情面，老太太本是铁青的脸瞬间被气得涨红了，随手就抄起了桌沿边一个空的茶碗用力往六娘子身上砸了过去，然后吼道：“混账东西，你这说的是什么混账话！”

“呯”的一声，茶碗在六娘子脚边碎成了好几瓣，细薄的瓷片飞溅起来，打在了六娘子绣工精致的裙摆上，然后叮叮当当地落在了地上。

而六娘子却在这粉碎的声音中径直转了身，然后对着钟姨娘道：“这儿就麻烦姨娘了，我去秋棠馆看看。”说罢，也不等钟姨娘点头，就抬了步子匆忙地出了厅门。

一路而去正是春景无限，六娘子一直觉得自己生在了好时节，万物复苏俏绿有新。阳春三月，虽还是乍暖还寒的，但已经彻底地没了冬重之感了。

可此时此刻，她却觉得不论是步子还是呼吸抑或是心跳，都重得要命，连带着眼眶都要承受不住细泪的重量了。

六娘子一直觉得，有些人和事儿，姑息是一个不错的法子。时间是很好的疗伤药，与其强求，不如放任。

就好比陆青远，要是当初父亲能好好和他谈一谈，或许他也不会生出私奔的念头了。这下倒好，出了家丑不说，这个庶长子还生不见人死不见尸的，六娘子不觉得陆家人是无动于衷的，可这事儿要说陆青远有错，那陆文恒也是脱不了干系的。

但这种念想明显到了谢韫欢这儿就失灵了。六娘子不知是自己高估了她还是小瞧了她，总之她能肯定的是自己真的没有把谢韫欢的心思看清楚，她不知这个谢家妹妹为了能成为沈聿白的妾，竟会如此无所不用其极，连这种自毁清白的事儿也能做得出来。

那好，她既不要脸，自己也不用再给她脸。

六娘子承认，她此时的心情就如同一锅被旺柴烧沸腾了的水，她甚至开始有些隐隐地期待，一会儿在谢韫欢的床上会看到哪一张面带惊恐的脸了。

话说六娘子到秋棠馆的时候，整个秋棠馆静悄悄的，门窗紧闭遮帘全落，柔光斜照暖日沾窗，从外头向里探，非但瞧不出有什么异样，反而还生出了一些阳春白日风在香的韵味来。

六娘子微微一皱眉，脚底的步子就缓了下来。

万一……会不会真的是沈聿白在里头呢？她方才那坚定无比的心此时此刻竟然如跳跃的鼓点一般躁动了起来。

不会的，她明明收到了沈聿白的口信，而且当时观言来告诉她的时候，分明说到沈聿白是已经出了府的，连片刻都没有停留过。

可是，既沈聿白人都已经不在府上了，那为何谢韫欢还能一个人演这场戏，这不是一下就会落得穿帮的下场吗？

聪慧如六娘子，此时此刻也茫然了。

“夫人，不如让我先进去看看，免得咱们着了秋棠馆的道，倒让人给占了上风。”正当六娘子发愣的时候，寻音那轻盈的声音突然打散了她重重的迷茫。

此时六娘子的身后站着一路跟她来此的秋妈妈、鱼安和寻音三人，其中秋妈妈还一直反手押着那个来闹事的小丫鬟，而且她还是暗暗使了狠劲才勉强让那稍显不安分的小丫鬟乖了不少的。

所以听了寻音的话，六娘子忽然深吸了一口气，沉着地说道：“秋妈妈，放了她，让她去敲门。”六娘子一边说，一边往那小丫鬟的脸上看了看。

被秋妈妈押着的小丫鬟一愣，忽然缩了缩脖子道：“夫人……我……”

“我什么我！”寻音肚子里憋着气，抬脚就往那小丫鬟的身上踢了过去，然后眼露凶光道，“方才你不是挺横的吗？冲到夫人跟前说得有鼻子有眼的，这会儿你倒是去开门啊！”

那小丫鬟被寻音踢得一个踉跄就跪坐在了地上，随即便顺势爬到了六娘子的脚边，扯着六娘子的裙摆干哭道：“夫人饶命，夫人饶命，奴婢什么都不知道的，奴婢只是帮着谢姑娘去引了引侯爷，然后侯爷来了秋棠馆，奴婢就按着……按着……”

“秋妈妈，你去敲门。”六娘子已经没有耐心再听那小丫鬟哭哭啼啼地说那些有的没的事儿了，便伸手就冲寻音指了指脚边的小丫鬟，然后又冲秋妈妈使了个眼色。

秋妈妈和寻音二人心领神会地上了前，一个直接走上了屋门前的石阶，一个则用力将那小丫鬟拉了起来，推到了一边，而鱼安自始至终一直都静静地扶着六娘子，生怕她因为这突如其来的状况而动了胎气。

可外面，秋妈妈的手还没有碰到门框，里面就忽然传出了一声惊天的尖叫，紧接着一阵“叮叮当当”的翻砸声顺势响起，随之而来的，还有越来越清楚的脚步声，慌张而纷乱……

秋妈妈下意识地就往后退了两步，果不其然，只眨眼的工夫，秋棠馆紧闭的大门就这样被人重重地拉开了。

随着门打开的风声“呼”的一声扫过，六娘子只感觉自己的心似乎要跳出了嗓子眼儿。就在她屏住呼吸的一瞬间，炙热明辉的阳光下，她的双眸中，清晰地倒映出了沈聿齐那张惊慌不堪的俊容来。

那一刻，六娘子觉得，兴许在很长的一段时间里，自己都不会忘记当时沈聿齐那一副衣冠不整的狼狈模样了。

其实在那之前，六娘子已经做过最坏的打算，那就是沈聿白和她都着了谢韫欢的道。但是她千算万算，却不曾想过结果竟是这般出人意料、诡异难解。

生辰宴自然是停下了，好在不管是外院还是内宅，几乎都是自家人。六娘子便让二爷沈聿平出面，由他带着陈伯、秦妈妈还有观言、寻音等几个能干的，帮着找了个冠冕堂皇的借口就正式散了宴。沈家人便各回各屋，外府宾客也由沈聿平和秦妈妈安排了马车仔细地送回了各府。

可是家宴散了，却不代表谢韫欢的事儿也结束了。不过这样龌龊的事儿，六娘子却存了私心不想放在暖香坞去断，是以，在偌大的侯府送走了宾客安静下来之后，六娘子便领人将一直躲在秋棠馆没有出来过半步的谢韫欢带去了清懿阁。

不过六娘子前脚刚踏入清懿阁的稍间，后面周氏就一阵风一般径直冲了上来。

“大嫂……”

周氏的动作很快，快到六娘子还来不及伸手去拦，周氏已经扬了手，重重地往谢韫欢的脸上狠甩了一个巴掌。

“啪”的一声惊响，让整个清懿阁四处站着的丫鬟们个个噤若寒蝉，屋子里鸦雀无声。

谢韫欢被打得偏了头，可她那双含着撕裂般恨意的双眸却死死地盯着周氏身边仔细地护着肚子的六娘子。那目光似一道道银针的碎光一般，仿佛能扎人似的。只眨眼的工夫，她的嘴角就渗出了丝丝的鲜血，可见周氏下手之重。

可是看到谢韫欢这副模样，六娘子脑海中却只闪过“咎由自取”四个大字。看着谢韫欢那满是不服气的愤怒目光，六娘子心里那种不愿息事宁人的性子瞬间便被激了出来，只见她先是拉着周氏落了座，然后淡淡地朝站在门口的邱妈妈道：“劳烦妈妈守着院子，这事儿闹得太大，府上前前后后知道的人也不少了，只怕总是有人想借机来探探风头的，不过到底也是家丑，没得让旁人乱嚼了舌根去。”

六娘子一字一句说得特别清楚，听得坐在东首的沈老夫人脸上一阵青一阵红的，愣愣地张了嘴，却不知是要先打断六娘子的话好呢，还是先让人把被周氏打得跌坐在地上的谢韫欢扶起来好。

可未等老太太先开口，周氏就冷笑了起来：“哟，弟妹这菩萨心肠的，还管着她要不要脸皮，我瞧着那花街柳巷里的窑姐儿都比咱们谢家妹妹要皮要脸的，至少人家窑姐儿和倌人可是钱货两讫的，有谁见过窑姐儿那般赶鸭子上架地让人到处说自己是怎么拐男人的？”

“老大媳妇，你少说两句！”周氏越说越激动，惹得沈老夫人终于忍不住顶了她一句。

周氏一愣，猛地回了头，眼里瞬间涌上了一层委屈的清泪，哭嚷道：“母亲，常言都道日防夜防家贼难防，今儿出了这样的事儿，母亲难道就能甩甩手在一旁看咱们几个小辈闹腾吗？大爷是您亲儿子，他是个什么性子您难道不知道？大爷素来自重，前些日子还同媳妇说想谋个外放的官职出去闯闯，也好过整日窝在家里吃弟弟的闲饭。母亲您只顾着自己痛快，因为这贱蹄子，您不管是面上还是里子都和四弟妹闹得不愉快，可您是长辈，咱们做小辈的纵使觉得您有什么不对的，却也只能看着不能说，可母亲您看看，您把这贱蹄子……”

“姨母！姨母！”谢韫欢听着听着，忽然跪爬到了沈老夫人的跟前，颤颤巍巍地拉住了她的手哭着打断了周氏的话，“姨母，我是……是大爷喝醉了，不小心到了秋棠馆，我当时正在沐浴……”

“青天白日的，谢妹妹可真是会睁着眼说瞎话呢。”六娘子轻嘲地笑了一声，然后云淡风轻地看着谢韫欢道，“大哥素来不太沾酒，今儿不过是我的生辰宴，也非大嫂的，大哥何来如此雅兴以至于要到喝醉的地步？好，即便是大哥喝醉了，那澄瑞园离秋棠馆可远着呢，一个在南边，一个在东边，大哥莫非是糊涂了魔怔了，竟会一路摸到妹妹的屋子里？”

“呸！听你瞎说！”周氏愤愤地往谢韫欢的身旁啐了一口，然后眯着眼道，“大夫已经来瞧过大爷了，说大爷是被人下了迷魂香，以致神志不清。”说着周氏不禁气得整个人都发起了抖来，“我活了小半辈子，还真是没见过再比你更不要脸皮的女人了，这种下三烂的手段竟然也往家里搬！我真是……我真是……算开了眼了！”周氏说着就抄起了手边的瓷杯，想往谢韫欢的身上砸过去，却被一旁的丫鬟眼明手快地按了下来。

“她一个黄花大闺女，如何会有这种乱七八糟的东西，定是叫人给陷害了！”沈老夫人也跟着激动了起来，“邱妈妈，邱妈妈！去……去给我查个彻底，别让大哥的媳妇儿在这儿乱给清清白白的姑娘安罪名。”

“母亲到了今日还要这般不辨是非吗？”六娘子狠狠地回瞪了一眼闻声跑进来的邱妈妈，然后转头对着面色紧绷的沈老夫人道，“今儿这事儿，本我还想给谢家妹妹留几分薄面的，但瞧着母亲的意思是一定想摊开说个明白，那咱们就一五一十地和谢妹妹对个清楚！”六娘子的声音不大，却底气十足，她面色无波，可乌蛮髻上那微颤的金钗流苏却悄悄地泄露了她内心的气愤。

而六娘子说着便冲一旁的秋妈妈使了个眼色，秋妈妈立刻无声地退了下去，不一会儿便押着一个挣扎不休的小丫鬟走了进来。

那小丫鬟不停地扭动着双肩，直到感觉到了屋子里那剑拔弩张的气氛后，她才渐渐地安静了下来，随即视线在跪着的谢韫欢和坐着的六娘子之间来回地翻转了片刻后，那小丫鬟终于敛了神色低下了头。

第八十三章

琥珀光·难掩家丑

沈聿白回来的时候已经是霞光晚照之时了。

六娘子亲自去门口迎的他，在听到马蹄声的时候，六娘子便下了台阶，远远地就看到策马而归的沈聿白，头戴红宝石花翎，身着一袭威风凛凛的暗绣麒麟官服，宛若天神降世，气宇轩昂，灵气逼现。

六娘子心中一动，脚下的步子就顿了顿，想到此时此刻已经乱成一团的内宅，她忽然第一次生出了些许的无力感。俗话都道男主外女主内，念及自己的丈夫辛辛苦苦从朝堂周旋了大半天下来，回了府还要听这些乌七八糟的事儿，六娘子觉得有些左右为难了起来。

“怎么了，站在这儿接我？”一番思忖间，沈聿白已经跃身下了马，一旁早有机灵的小厮上前接过了沈聿白抛过来的缰绳，然后无声地将马牵去了马厩。

六娘子笑得有些无力，先是顾左右而言他地问道：“宫里一切可好？”

“来了两个梵国使者，皇上宴请，怕场子冷了，把我叫去陪人喝酒的。”沈聿白一边说一边牵着六娘子就进了府，不过他步子走得慢，看得出是在刻意配合六娘子的步调。

六娘子心一暖，牵着沈聿白的手紧了紧，然后笑着问道：“侯爷还会说梵文？”

“我可没那本事。”沈聿白开心地笑了出来，“宫里自有人是会说的，我也只负责陪酒而已。”

“皇上国宴，娘娘可到了？”不知为何，六娘子心中还是有些在意顾宁卿的事儿。

沈聿白闻言一顿，忽然恍然道：“你也知道皇后娘娘的事儿了？”

六娘子点点头：“这么大的事儿，世上也没有不透风的墙。”

“皇上宴请来使，娘娘自然是到的，所谓责罚，也不过是一时之气，不管怎么说，她毕竟是一国之后。”

六娘子仔细地捏了捏被风吹起的裙摆，不知为何隐隐地就松了一口气：“按说我心里自然是向着英娘的，可是……不论怎样，她都是这场争夺中的牺牲品，有的时候，位高权重未必是好事儿，其实英娘那个性子……皇后之权也不是这么好掌控的。”

“我懂你的意思。”沈聿白认同地点了点头道，“虽说那人是英娘，可说到底毕竟是皇上的家事，国安家平，天下即稳，皇上的定夺关系整个朝廷，自然比儿女私情要更高一层。”

“侯爷说得皇上好像是天外神人一般……”六娘子掩嘴轻笑了起来，结果却不小心岔了气，猛地一阵咳嗽，止也止不住。

“你怎么回事！”沈聿白一边忙手忙脚地轻拍着六娘子的背，一边瞪着她道，“说话也能呛到。”

六娘子摇了摇头，然后深吸了一口气，正色道：“侯爷，宫里太平就好，不过家里出事儿了。”

那之后，六娘子连着将中午秋棠馆发生的事儿告诉了沈聿白，一言一句，丝毫没有隐瞒和夸大，末了她才道：“母亲一直在护着谢妹妹，可那小丫鬟交代得很清楚，从谢妹妹指使她去下药到让她来找我，前后也不见有什么不对劲的地方，我看大嫂气得都快打人了，便自作主张地先让谢妹妹回了秋棠馆，命人看着她哪儿也不准去，谁也不准见。”

沈聿白眯着眼，抿嘴想了片刻后道：“当时在席间，几个人推杯换盏，大哥的衣裳确实被他自己不小心弄了一袖子的酒渍。你也知道大哥平日最重仪表，我看他坐下以后觉得不舒服，便想着我也要回去换朝服，就让他先跟着我去暖香坞换身衣裳。”

“为何不让大哥直接回澄瑞园？”六娘子问道。

沈聿白低头看了看她，剑眉微蹙：“因为近啊，和我也刚好顺路，我一走，自然也要大哥去撑一下场面，有些人也是我今日特意引见给他的，他也不好离开太久。再说大哥和我身形又相仿，澄瑞园一来一回的，还要让丫鬟准备，自然没有暖香坞这里方便。”

六娘子点头道：“侯爷后来是从小院后门出去的吧？”

“我让观言帮我去牵马了，后门离马厩更近，我也好顺带给观言留话，不然回头你找不到我不是该着急了。”

“所以说无巧不成书。”六娘子冷冷地笑了一声，“那个受了谢妹妹指使专门去迎侯爷的小丫鬟是前天才入府的，我敢保证，这些主子里，她除了我和谢妹妹，根本分不清谁是谁，所以把侯爷和大哥认错也不奇怪。”

“那她又是怎么知道我离席回了暖香坞？”前后因果沈聿白还有些连不上。

六娘子道：“问过了，前院膳厅里头有个小厮，被谢妹妹买通了，只是我之前也已经和仆役们交代过，今儿宴请一人都不得离开，若是有什么差池被我查到，我一定重责。是以他也不敢跑多远，只给那小丫鬟远远地引了个路，指了个大概就回去了。”

“呵……”沈聿白嗤鼻一笑，“那你方才说下的药，又是什么？”

“不过是外头药铺随处可见的‘红纱俏’罢了，侯爷是男人，肯定对这个也不陌生，那是花街柳巷惯用的老手段了，只要吸食一点药粉，立刻会产生幻觉，它本身也有春药的特性，谢姑娘想要的，自然也能水到渠成。”

“你倒是弄得清楚。”沈聿白伸手掐了掐六娘子的脸颊，可一直飘忽的眼神却黯然了下来。

“大嫂着急了早就喊了大夫，又何须让我去费神弄清楚那药性。”六娘子随着他的视线也凉了半截心，沉默了片刻后，不免有些无奈道，“侯爷，出了这样的事儿，是怎么都不能就这样翻篇儿过去的。大嫂的性子你知道，大哥素来也都是自重的，如果今日不是谢妹妹如此荒唐地设了圈套，大哥又怎会做出这般糊涂的事儿来？”

“母亲怎么说？”感觉到起了风，沈聿白顺势就解了披风披在了六娘子的身上。

“我瞧着母亲是又气又急的，一边心疼着谢妹妹，一边又要安抚大嫂。但是侯爷，谢妹妹今日这事儿做得离经叛道了，今儿就算是母亲力保，这事儿我也不会顺着母亲的意思去办的，不然以后我还如何在府中服众？”六娘子拢了拢微重的披肩，受了沈聿白好意的同时也借机摆明了自己的立场。

在沈聿白的面前，六娘子很少说沈老夫人的是非，只这一次，她看着是在平静地处事，可没人知道她心里堆起来的火。

六娘子一直觉得谢韫欢或许只是任性了些，较真了些，也或许她是真的喜欢沈聿白多年，非君不嫁。但这些在六娘子看来都是内敛的感情，六娘子不愿意接受，却愿意承认。可是今日谢韫欢做出这样的事儿，却是不为六娘子所容的。

就在沈聿白没有回来的时候，其实清懿阁那里都已经吵翻了。六娘子是第一次看到周氏动怒，说实话，周氏那吵起来指桑骂槐的狠劲六娘子看着就觉得很过瘾，她也是第一次看到沈老夫人被堵得哑口无言，毕竟今儿谢韫欢下的套是被沈聿齐给撞上了，而偏偏沈聿齐又是老太太亲生的，老太太这一次算是哑巴吃黄连了。

“那你想怎么办？”但是相比六娘子暗波汹涌的激动，沈聿白的平静却是发自内心的。

六娘子听着他云淡风轻的一问，不禁愣住了，脱口而出道：“侯爷难道不恼吗？毕竟……家丑难掩，这事儿府上知道的人还不少。”

沈聿白见状，伸出了手，轻轻地抚平了六娘子紧蹙的黛眉，然后搂过了她纤细瘦小的身子，一边带着她迈开了步子，一边说道：“何来家丑之说？”

六娘子刚刚迈出的步子瞬间就停住了，随即她便听沈聿白不急不缓地又道：“她今儿若是姓沈，那才是家丑，她姓谢，和咱们又非亲非故的，硬要说，也只能怪母亲遇人不淑，看人不准，本以为她是个好姑娘，谁知却是一肚子的坏水。”

“侯爷……”这不太像是沈聿白会说出的话，六娘子不免有些糊涂了，“谢家毕竟是母亲的远亲。”

“远亲吗？”沈聿白呼气，轻笑了一下，声音渐冷道，“若真是远亲，就该知道寄人篱下的规矩，这一年多，我虽忙着在皇城站稳脚跟，却也不是不知道母亲暗中有给你使绊子的事儿。我不说，不过是因你识大体，你不说，不过是因为敬她是长辈。但阿遥，凡事要有度，没有规矩不成方圆，若是母亲本就没有做长辈的样子，难道还能容她在侯府翻了天不成？”

“但也不能让侯爷背上个不孝的骂名。”六娘子有些不悦，这“不孝”二字也是她处处忍让沈老夫人的原因。

“引祸家宅，不孝之名也能盖过。你觉得如果今日因为这事儿，我与兄长闹得不和，母亲要担的责任是大还是小？”

简单的一席话，让六娘子的心豁然开朗了起来：“这么说，侯爷不会管我要如何处理谢妹妹了？”整整大半天，她的脸上直到现在才露出了一丝欣慰的笑意。

“看你这模样，心里有主意了是不是？”沈聿白说着，视线就落在了不远处的清懿阁。红墙灰瓦，飞檐高扬，花式窗棂上雕工细致的图案即便是从远处看，也依然栩栩如生。

六娘子顺着他的眼神看过去，然后微微地点了点头道：“想好了，晚一些的时候我要去找一找大嫂，事儿能不能成，大嫂这里才是关键。”

沈聿白收回了视线，带着暖意的手按在了六娘子稍稍隆起的小腹上，嘴角含笑道：“不管是怎么样的主意，你要做主我不管，唯独一点，肚子里这个不能有半点闪失，不然这事儿就我来办！”

第八十四章

琥珀光·作茧自缚

用了晚膳，六娘子稍作了一番休息，便带着鱼安去了澄瑞园。

自从沈家上下从凉都回宣在侯府安顿下来之后，六娘子去澄瑞园的次数其实屈指可数。因为大多时候，她和周氏都是在清懿阁碰的面，或者是周氏来暖香坞找她，是以进了澄瑞园，六娘子还有些摸不着北，加上天黑路滑，鱼安便让六娘子在院门前稍事等候，她自己则快步进了屋。

很快地，周氏便亲自提着灯笼走了出来，看到六娘子以后，她先是无力地笑了笑，然后将灯笼交给了一旁的丫鬟，径直挽上了六娘子的手臂道："你这怀着身孕的，有什么事儿便让人传个话，我去你那里就好，何苦要跑这一趟。"

"大嫂这儿安静，有些话好说。"六娘子直言不讳，一边说一边和周氏一起进了屋。

澄瑞园的内屋里安安静静的，偌大的稍间只在侧门站着一个垂头而立的丫鬟，倒显得有些空空荡荡的。

六娘子见状一愣，疑惑地看了一眼周氏道："大哥和彤姐儿呢？"

周氏闻言，重重地叹了一口气，然后带着六娘子坐上了炕，诉苦道："说了不怕弟妹笑话，就在吃饭的时候，我还和大爷吵了一架，大爷气不过，扭头就出去了。彤姐儿也是乖巧，看着我和她爹吵架，便由着妈妈带回屋早早就歇下了。”

六娘子听着便顺势握住了周氏的手，宽慰道：“大嫂，这事儿也不怪大哥，若是你们俩再置气，岂不是更让人有机可乘？”

周氏一听，捂着嘴就哭了出来：“我也知不是你大哥的错，这都被人下了药，我若是再怪他未免也有些矫情，可偏生听他说要收了那小贱人的时候，我心里的这口气就是咽不下去！”

“大嫂……”

“你说她谢韫欢用的都是些什么下三烂的手段！大爷说他刚出了暖香坞，就看到一个小丫鬟鬼鬼祟祟地捂着鼻子往他跟前冲，他还没弄明白是怎么回事儿，就呛了满嘴的细粉。大爷当时还特别不高兴，因为他身上的那套衣裳是侯爷的，可很快他就觉得不太对劲了，头晕目眩的，身上还一阵一阵燥热得不行。”周氏打断了六娘子的安抚，继续道，“想来当时那小丫鬟撒的应该就是那什么叫‘红纱俏’的媚药了。”

六娘子点了点头：“大哥和那小丫鬟说的都一样。”

“既这种手段都使出来了，为何咱们还要容她还要留她？”周氏冷笑一声，气得双手紧紧地握成了拳，“纳妾收小我不在乎，大爷素也行为端检，不过是一房妾，也翻不出多大的浪来，可若是她，我便不会点这个头。大爷若是想要，外头清白干净的好姑娘多的是，他要几个都成。”

“那我便只能让谢妹妹在家做个居士了。”六娘子道，“毕竟是未出阁的姑娘，送去寺庙也不太像样，无亲无故的，就算我们点头了，母亲也不会退让这一步的。”

“说到底，这都是母亲娇纵出来的好远亲！”周氏优雅的脸上带着一抹嘲讽的笑意，“母亲心里的主意谁不知道，虽然我今天不掌这个家，她那些心思我也看得明白。现在倒好，碰了狐狸精还惹了一身臊，之前在清懿阁，我瞧着母亲是被猪油蒙了心，还一门心思地想护着她。”

“但今儿若是侯爷，我也认了。”

“可今儿这惹上臊味的不是侯爷，弟妹当然能说风凉话。”周氏说完，嘴角一颤，眼底就闪过了一抹尴尬之色，便是微微地转了头，再没有接口往下说了。

六娘子知她的气有一小半也是冲着自己发的，毕竟谢韫欢唯一想设套的人从头到尾就只有沈聿白一个，沈聿齐不过是刚好这么不凑巧撞了上去罢了。是以六娘子并没有将周氏的气话放在心上，反而还耐着性子道：“大嫂这么说是没错，所以我方才才会说，若是今儿这事儿真的摊到了侯爷的头上，我是肯定没辙的，一来她心心念念的事儿成了真，侯爷是娶也得娶，不娶也得娶。即便她过了门之后侯爷不会再碰她，可她就如同一根刺一般扎在我的心里，只要看见，就会难受。而母亲呢，无非是想用她压制住我，不管将来她会不会得侯爷的宠，只要人在其位，总是有机会的。”

“可不是，即便只是侯府的妾，那也要比原先高贵得多。”周氏嗤鼻耸肩地摇了摇头。

六娘子闻言，却忽然转了话锋道：“可今儿就是这么不巧，她的事儿让大哥摊上了，但在我看来，虽大嫂是气愤难耐的，可只要稍加圆滑处理，这事儿说不定还能了却大嫂的一桩心事。”

“什么意思？”周氏闻言，警觉地抬了眼皮子看向了六娘子。

可六娘子却丝毫不在意被周氏如此直接地盯着，只泰然自若地眨了眨眼道：“关于大哥外放的事儿，想必更上心的应该是大嫂吧？”

周氏张了张嘴，刚想否认，却又微微地点了点头，心虚地问道：“你为何如此笃定？”

六娘子也不卖关子，抿嘴道：“因为外放一说，侯爷到现在还未曾听大哥提起过，若是大哥有意，只怕早就和侯爷通了气，可前后也只有大嫂来找我谈过一次，我便斗胆猜了猜。”

六娘子说到这个，周氏便泄了气，只差没捶胸顿足，懊恼道：“你大哥性子绵，畏手畏脚地想外放不外放的，一天一个主意。”

“大哥肩上扛着一家子人的生计呢，无非是怕外放了，大嫂和彤姐儿会吃苦受委屈，大哥这是在替大嫂你着想呢。”

周氏闻言，目光微柔，苦笑道：“我也不过是希望他能有一番作为，凉都那种日子都挨过来了，还有什么苦我是吃不得的？倒是彤姐儿，都说女娃贵养，千金十载，若是她真的要跟着我们外放，以后肯定是没有媛姐儿这样体面的了。”

“若我说把彤姐儿交给我，大嫂放心吗？”六娘子突然发话，怔得周氏差点捏不住手中的帕子。

“你……”

“我素来觉得，人与人贵在交心，谢妹妹的事儿，要想解决，我便决计不会瞒大嫂一丁半点心里的想法。”见周氏目不转睛地看着自己，六娘子不自觉地微清了嗓子，继续道，“我视谢韫欢为眼中钉，我知大嫂也一样。侯爷能替大哥谋个外放的好职位，大嫂能帮我带走谢韫欢。至于彤姐儿，以后只要有媛姐儿的，自然就少不了彤姐儿，她们年纪本就相仿，堂姐妹相处，有百益而无一害，大嫂若有什么不放心的，留个能干精明的妈妈下来，或是让五弟妹代为看着，都是一样的。”这，是一举三得之策。

六娘子一席话，入了周氏的耳，惊得她半天没有回神。说实话，这些年周氏见的人和事儿也不少，但却鲜少有像六娘子这样直接的。偏她的直接还如此坦荡荡，让人生不出半点的不悦，反而还能顺着她的思绪好好地考虑事情可行不可行。

周氏承认，那一刻，她其实很心动。

见周氏沉默不语，六娘子抿嘴笑道：“我知大嫂在想什么，或许大嫂会觉得我陆云筝为人处世也不过如此，手段拙劣，为了能赶走自己的眼中钉，连亲大嫂都要设计。可若说是设计，我便不会如此坦诚布公地和大嫂说。谢妹妹如今的下场就只有两条路，一是在家当了居士，从此青灯古佛不问俗事，二是被大爷收进门纳成妾，那么面儿上大家便都皆大欢喜了。”

周氏不自觉地就点了点头，讪笑道：“我也知没办法要她的性命。”

“她的命也不值钱。”六娘子闻言，眼神一挑，答得甚是轻巧不屑。

“但弟妹虽这么说，这也不过只是弟妹的一厢情愿，这事儿还要侯爷点头。”周氏思忖道，“侯爷若是不帮……”

“侯爷怎会不帮？”六娘子打断了周氏的话，“先不说侯爷已经放话说不插手谢妹妹的事儿，就单说大哥外放这一桩，大哥毕竟是侯爷的亲哥哥，侯爷如今也颇得皇上赏识，若说要抬举外人，那还不如先抬举自己的亲兄弟呢。”

“你……只让我带走谢韫欢吗？”

“只让大嫂带走谢韫欢，那之后的事儿，咱们谁也管不着。谢妹妹不会点头在家做居士的，那种苦她受不来，既然如此，咱们便遂了她的愿，只是那之后，就要委屈大嫂调教谢妹妹了。”六娘子的话点到为止，她相信聪慧如周氏，肯定不会不懂她话中的意思。

其实即便过门，谢韫欢也不过只是一房妾，好的坏的都是要被周氏这个嫡妻压制的。更何况六娘子也敢断言，沈聿齐对谢韫欢根本无半点怜惜之意，之前想让她进门不过是因为出了这样的事儿，他身为长子，在这种尴尬的时候也总是要站出来说点什么做点什么来圆场的。

果不其然，周氏闻言便勾起嘴角笑了笑，心领神会地说道："弟妹这一招秋后算账也够狠的。"

"不及她这般挖空心思地设计咱们狠。"六娘子眼中闪露一丝阴鸷，看向周氏的眼神就多了一丝意味深长的意思。

其实只要周氏点了这个头，那谢韫欢的下场便是可想而知的。

随着沈聿齐一家远赴外地，天高皇帝远，没了沈老夫人的庇护，在周氏的手下讨生活只怕是有她苦头吃的。更何况她能进沈家门，还是因为这种难以启齿的原因，周氏以后只会想着法子挫她的骨，"好日子"这三个字，只怕跟谢韫欢下半辈子是没有关系了。

这天晚上，六娘子从澄瑞园离开的时候并没有直接回暖香坞，而是绕道先去了清懿阁。这是六娘子和沈聿白之前约好的，晚膳后六娘子要准备去澄瑞园的时候，沈聿白也一并起了身，说是去一趟清懿阁。

谢韫欢的事儿毕竟可大可小，沈聿白虽也说过不会亲自过问六娘子想怎么处理，但沈老夫人那里，他总是要去一下的。不管他与老太太的意见是和还是不和，沈聿白这个一家之主的姿态还是要摆的。

是以六娘子就和沈聿白约好，两人在清懿阁院门口的石榴树下碰头一起回去，谁若是早到了，就稍作停留等一下另一人。

可六娘子自认在澄瑞园待的时间并不算短，但是到了清懿阁的门口，她却没有看到沈聿白的身影。

三月的天，入了夜还是有一丝冬末的薄寒的，驻足等了片刻后，六娘子开始有些拿捏不准沈聿白的去向了，便转头向身旁的鱼安道："进去瞧瞧吧，免得侯爷有事儿已经先回去了，咱们还在这儿干耗着。"

鱼安感觉有些起风了，怕六娘子着了凉，点了点头，然后便和六娘子一起入了清懿阁。

清懿阁里头灯火通明的，外头两个守门的小丫鬟见了六娘子，先是一愣，随即便飞快地跑下台阶迎向了六娘子，其中一个梳着双螺髻的黄衫小丫鬟先开口道："夫人，不如您先去西稍间坐坐？侯爷还在里头和老夫人说……"

小丫鬟话还没说完，不远处那没有关紧的窗子里就传出了沈聿白略带愤怒的声音。

"母亲既口口声声说是为了这个家，又何须在儿子的内宅家室上做这些荒唐的文章？”

“什么荒唐的文章，欢儿也算得上是你表妹，如今她父母双亡，你这个做哥哥的难道不能出面照顾照顾吗？”

“母亲说得倒是大义，那眼下她做出这样糊涂的事儿来，母亲难道不怕和大哥大嫂生出无谓的嫌隙来吗？”

“你……”

“成家容易守家难，若是今儿儿子连一个家都理不好，明儿儿子还有何能耐去替皇上分忧，母亲难道还想让沈家重蹈一次覆辙吗？”

“老四，你翅膀硬了！”

“我瞧着是母亲一心不想放权，糊涂了。”

……

接下来两人的对话六娘子并没有再细听，她只是让清懿阁的丫鬟回头告诉一下沈聿白，说她不等他先回暖香坞了。

春寒料峭，更深露重，一路往暖香坞走去，六娘子的步子平而缓，对于方才那不小心听到的几声争执，六娘子其实还是很诧异的。

她诧异的并非是沈聿白的微怒，她只是没有想到沈聿白会当着老太太的面发作。

“夫人，您……若是心里头不痛快，哪怕是骂出来也成，千万别在心里头憋着。”沉默过后，整个晚上一直陪着六娘子的鱼安终于忍不住开口说了话。

六娘子笑着转头，借着小石子路两旁的碎光看了鱼安一眼，随即笑道：“我面相就这么严肃，瞧着满脸的不痛快？”

鱼安吃不准六娘子此时此刻的心境，只能犹豫地点了点头。

六娘子深深地吸了一口气，然后放松道：“你说，若是侯爷同老夫人闹翻了，对我而言是好还是不好？”

“自然是好的。”鱼安几乎是不假思索地脱口而出，“侯爷站在夫人这边，在奴婢看来是比什么都重要的。”

其实她们这些做人丫鬟的一旦在宅子里待久了，那些明争暗斗见得自然也不会少。说白了，今儿没了一个谢韫欢，明儿还可能冒出来一个张韫欢、李韫欢的，有来头大的，也可能有来头小的，但不管今后有多少个姑娘想挤进侯府的大门，只要侯爷不点头，那就不会难办。是以方才跟着六娘子在清懿阁听到了沈聿白和沈老夫人争执的那几句话，鱼安心里头其实是很解恨的。

而一旁的六娘子闻言，则无声地淡笑了一下，随即才道："明儿用了早膳，等妈妈们都来回完了事儿，你和我再去一趟秋棠馆吧。"说罢她便转回了头，专心地往暖香坞走去。

其实在六娘子看来，鱼安的一番话也只是说对了一半。沈聿白此番和老太太如此开诚布公地谈，于她而言自然是好事儿，这不单是沈聿白彻底清楚地表明了自己的立场，而且还给她留了一条很好的后路。

六娘子一直坚信人心都是肉长的。她觉得老太太只是不喜欢她，却远远谈不上心存恨意水火不容。而六娘子觉得沈老夫人的这种不喜欢，第一是因为她嫁的是沈聿白，对于庶子的媳妇而言，老太太本就谈不上什么爱屋及乌。那第二，则是自己运气不佳，偏巧出现在了一个特别容易招老太太嫌的时间，因为她的出现，等同于老太太再也不可能成为整个沈家的掌控人了。

她陆云筝代替了她翟氏，因此老太太对自己心存芥蒂这件事儿六娘子能够理解，但是理解之余她却也是想要去化解的。

而谢韫欢的事儿和沈聿白的这一次发怒，正好是一个机会，让她可以向老太太示好的机会。因为不管怎么说，即便沈老夫人再怎么存了私心，再怎么和自己不对盘，但她是沈聿白嫡母的这一身份，却是永远都没有办法改变的。

第二天，六娘子简单地和几个来回事的管事妈妈交代了一些日常的庶务后，便回屋换了轻便的裙鞋准备带鱼安和秋妈妈去一趟秋棠馆。

今儿是沈聿白休沐的日子，六娘子回屋的时候见他已经吃好了早膳，便开口问道："侯爷要和我一起去看看吗？"

沈聿白闻言，搁下了手中的茶，摇头道："她也未必想看到我，你去了兴许还能和她说上话。"

六娘子点点头，转身便带着人出了暖香坞。

春之将绿，可站在门口放眼看去，整个秋棠馆却让人觉得荒凉萧瑟，犹如秋风卷扫过境一般，让六娘子感觉特别凄凉。

忽然，一个提着餐盒的小丫鬟面色难看地从虚掩着的门里走了出来，在看到六娘子三人后，她先是眨眼一愣，随即便慌张地放下了食盒，小跑着到了六娘子的跟前，结结巴巴地说道："夫……夫人……人，您怎么来了？"

"谢姑娘在里头吗？"六娘子问道。

"在的，在的。"小丫鬟点头如捣蒜，一边回答一边侧身引了六娘子进屋。

越过门槛的时候，六娘子余光一扫，看到未盖的食盒里放着的是满满当当的几碟子早膳，像是一口都未被人动过一般，便停了步子问道："为何不把早膳给谢姑娘送进去？"

小丫鬟闻言，立刻跪了下来哆嗦道："夫人，表姑娘已经连着整整一天一夜滴水未进食米不沾了，您……您心里头有气奴婢知道，但回头您好歹看在老夫人的面上，让一让表姑……"

"混账东西，夫人问什么你就答什么，哪里来的这么多碎嘴的废话！"可是那小丫鬟话还没有说完，就被一旁的秋妈妈冷笑着打断了。

六娘子抬眼看了秋妈妈一眼，然后深吸一口气，提了裙摆便跨进了屋。

秋棠馆的稍间浅光盈盈，春日落屋，生出的暖意像是一层金色的柔纱，细碎地铺满了整个屋子。谢韫欢就如同一尊精致的瓷面娃娃一般端端正正地坐在床沿上，她的身上，穿着的还是昨儿的那件衣裳，却是皱得如腌菜一般，让人看着就仿佛能闻到一股子酸腐味儿。

六娘子进了屋，示意鱼安和秋妈妈在外头候着后，便静静地坐在了谢韫欢的对面。

感觉被人遮住了视线的谢韫欢眼睑一眨，微微地抬了头，看了一眼六娘子那张清秀无波的脸后开口道："你来了？"她嘴角挂着一抹淡淡的笑，没有一丝的牵强。

六娘子点点头："总是要来和你说个结果，若是这样一直耗下去，我也会觉得很难办的。"

谢韫欢突然笑了起来，半晌才深吸一口气道："我爹死的时候家里欠了很多债，药债、赌债，一屁股的债，我那时候做梦都能梦到银子。我在想，只要谁能给我一笔银子，让我和我娘把债还清了，就算让我为奴做小，我也是心甘情愿的。后来我娘说，她有个姐妹，从小一块儿长大，若是去求，应该会有些希望。我娘想了很多法子，托了好多人，终于打听到了姨母的下落，可那会儿，沈家也才刚到凉都，也十分艰难。我虽年纪还小，但看着姨母那欲言又止的模样，就知道有些事儿，其实是不用开口的，不然都是自取其辱。"

六娘子眯着眼，答了她的话道："但我听说当时你和你娘走的时候母亲是给了你们一笔银子的。"

谢韫欢点了点头，将视线从六娘子的身上拉了回来道："是，给了，不多也不少，能还掉一些债，不过来回颠簸中，娘又染了病，回到家里，一直要用药引子吊着命，一天一服药，说多不多，说少不少，家里能卖的东西都卖了，我没了办法，去了隔壁街张员外家，签了张卖身契。”

“你……”谢韫欢的这段经历，六娘子是闻所未闻的。

“当时我只答应给张家做一年的司房丫鬟，端茶递水这些事儿，我都会，也不怕人刁难，但……他们，却要逼着我嫁给疯癫痴傻的大儿子做老婆。”谢韫欢说着猛地抬起了头，眼中闪着的竟是六娘子从未见过的无助的目光。

“可你们后来又去过一次凉都的。”六娘子很平静，高门大户住得久了，每个丫鬟身上都带着故事。事实上，若是清清白白家境优渥的人家，又怎会愿意把好好的闺女卖给人做丫鬟？

谢韫欢动了动微微有些僵硬的手指，然后将垂到了耳际的发丝勾到了耳后继续道：“对，那是因为那个傻儿子死了……”

“死了？”六娘子突然皱起了眉头，总觉得谢韫欢说这句话的时候语气怪怪的。

“是啊，死了。”谢韫欢忽然目光迷离却开心地笑了起来，“他每隔五日要吃药，每一次我都往里头多加小半味的枯荣草，药渣再仔细地处理掉，谁又能看出来？”

“你……你说……”镇定如六娘子，也被谢韫欢的这一番话惊得猛然挺直了腰身。

谢韫欢见状，眼神忽然一黯，阴着嗓子冷笑道：“难道就这样让我嫁给那个傻子不成？”谢韫欢光是回想，整个人就已经发起抖来，“自从张家人有了这个念头开始，我便被安排到了那傻子的屋里伺候。每天我都要喂他喝药帮他净身，他……他仗着自己神志不清，时不时地就会动手动脚的。我知道每个男人都一样，不管是傻的还是不傻的……可他摸我，我只能忍着，他却还要脱我的衣裳……他……”

谢韫欢有些语无伦次起来，一双眼中布满了浅浅的血丝，在愤怒的映衬下，竟仿佛眸子里能喷出火来一般骇人。

六娘子下意识地就抓紧了手边的迎枕，小心翼翼地问道：“那你也不能下药毒死他。”

“他该死！”谢韫欢将视线紧锁着六娘子的脸颊道，“他本就该死，我不过是成全他而已！”

“杀人偿命，你别妄想还能瞒天过海。”忽然，六娘子觉得无论如何她也不能让谢韫欢进了沈家的门，不管是给谁做妾，她都不能点这个头。更何况，周氏对她这个弟妹是很周到的，她更加不能在这种时候落井下石。

“呵……谁知道是我下的药，除了娘，谁都不知道！”谢韫欢忽然放松了双肩，整个人又软软地靠着床沿道，“说起来这还是要谢谢我娘，都道久病成医，若是没有她那么糟糕的身子，我又如何知道那枯荣草的药性能置人于死地。”

“既然如此，少了张家这个障碍，你便该和你娘好好生活才是，为何非要与侯爷做小？”当务之急，六娘子觉得并不是追究谢韫欢的罪行，眼下，问清楚事情的来龙去脉才是首要的。

“你当我不想？”谢韫欢眯了眼，忽然冷冷地勾了勾嘴角道，“但我已经是破了身子的人，早已经没有姑娘的娇贵了。”

六娘子被惊得不行，只能惊讶地睁大了眼睛，紧紧地盯着谢韫欢猛瞧。

谢韫欢看着她那副样子，忽然很开心地笑了起来：“哈哈，陆云筝，你也不过如此，你这表情，和姨母当初知道我已非完璧之身的时候是一模一样的。”

“母亲也……”六娘子忽然有些明白了，“你就是拿这件事儿在博母亲的同情？”

“什么叫博？”谢韫欢突然敛了神色，收起了癫狂的姿容，淡淡地说道，“后来那一次我和娘去凉都找姨母的时候，本只是很简单地想做个投靠。菏县是待不下去了，若是可以，我们母女在凉都落个脚也是好的。是姨母，是姨母问我愿不愿意给四哥做妾的！”

“母亲那不过只是半句客套话而已。”六娘子不禁觉得额际发涨，她不免有些佩服沈老夫人和谢韫欢两个人，一个当着小辈能问得如此直接，一个则能把半句玩笑话当真，这还真是无巧不成书的。

“可四哥那时候是很喜欢和我闲聊的！”谢韫欢头摇得和拨浪鼓一般，“娘也说，若是我能嫁进沈家，虽日子可能清苦，但好歹这辈子也算能安身立命不再四处奔波了，那多好。”

“不想过颠沛的生活有很多种法子，非得嫁人吗？”六娘子嗤鼻一笑，总觉和谢韫欢是话不投机半句多。

谢韫欢看了她一眼，忽然道：“你知我不喜欢你，只因为我是羡慕你吗？”见六娘子有些吃惊，她不禁自嘲道，“怎么，难道因为我出身不好，就合该被个傻子欺负了也要忍气吞声的，就合该连给人做妾的资格都没有了，就合该眼睁睁看着我娘病死在回家的路上，就合该寄人篱下看人眼色过日子？”

“第二次从凉都回菏县的时候你娘……”六娘子有些拿不准谢韫欢话里的前后逻辑。

“没错！”谢韫欢忽然站了起来，踩着轻飘飘的步子走到了六娘子的跟前道，“我娘在路上就死了，我不仅要送葬，还要报丧，虽然家里早已经没有别人了，我也不知要去何处报丧。我本想这样和姨母他们分开了也好，从此我和沈家再也不会有什么牵连了。但是……日子太苦了，而且我夜夜做梦都会梦到张家的那个傻子来向我索命。我……”

“所以你又找回了沈家？”

“不是！”谢韫欢一怔，“我没有找沈家，是姨母找的我，说他们很快就要举家回宣了，让我和娘以后要是想见她，只管来宣城，不要再去凉都扑空了。”

六娘子心里闪过一片无奈：“妹妹可真会把母亲的客气当成福气呢。”

“为何不可？”谢韫欢忽然正色问道，“我无父无母，生活所迫，有姨母收留，为何不能坦然接受姨母的好意？若非我本没有亲眷，那自生自灭也就算了，偏我有姨母，和四哥也是从小就认识的，为何你就是容不下我？”

六娘子只觉谢韫欢话题转得太快，便张口就道：“我为何要容你？先不说本我过门以后就没有打算要给侯爷抬一房妾室一个通房，就算要抬，那也得我自己挑了人才好，何须妹妹操心？”

“陆云筝，宗妇善妒没有一个会有好下场的。”谢韫欢嘴上是这么说，她的心里却忽然无端地想起了去年沈聿白在慈安寺布粥的时候和她说的那一席话。

他说，即便没有她陆云筝，他也不会把她娶进门为妾，若是喜欢，早在凉都她就可以进门了，既拖到今日，不如大家也都爽快些，他帮她挑一门好亲事，她则可以风风光光地嫁人。

可她还能怎么风风光光地嫁人？这辈子，除了能依靠对她多有愧疚的姨母之外，她还能靠谁？

也是在那一刻，她心里便骤然生出了对六娘子的怨愤和嫉妒来。若非六娘子不是这般精明，若非她不是这般性子直爽，或许四哥还是能看到她的好的。

“若说善妒没有好下场，那像妹妹这般草菅人命、扰乱内宅的，只怕更要寝食难安了吧。”六娘子不怕谢韫欢的狠话，在她看来，这些不过都是雕虫小技罢了。

但说到谢韫欢曾经杀过人，而且也并非完璧之身了这两件事儿，确是让六娘子觉得颇为诧异的。

“我自认说不过你，反正好的坏的都让你给占了。你们都觉得我蛇蝎心肠，可陆云筝你去看看你自己，容不下妾，你还如何当一个贤妻良母！”谢韫欢手指着六娘子大笑了起来，那神色随意而洒脱，和之前总是显得有些畏畏缩缩的她特别不一样。

“谁说贤妻良母一定要能容下妾？”六娘子从容地站起了身，与谢韫欢齐高，可气势却比她更显华贵，“你可知聪明反被聪明误的道理？这一连串的事儿，全是你咎由自取，偏你却可笑地要把一切的错怪罪在别人的头上。你怪自己出身不好，怪在最为难的时候母亲没有向你们母女伸出援手，也怪侯爷铁石心肠就是不肯点头纳你为妾，你心生歹念，却终究误了别人也误了自己，你或许一直在怪那个引错了大爷的小丫鬟，也或许从头到尾都在怪我，但谢韫欢，你可怪过自己？”

“我有何错！”谢韫欢激动地尖叫了起来，“若非你容不下我……”

“我又为何要容下你？”六娘子打断了她的歇斯底里，“从最开始你进府，我就试着在给你谋一条路，但你可知人需自重，也要自爱？后宅女子不易，且不说我容不容得下你，就说侯爷心里头根本没有你，你偏硬是凑进侯府，后半辈子怎会快乐如愿？”

“呵，我早已非完璧，生活如愿这样的事儿我早也不指望了。”

“你既从头到尾都没有把自己放在心上，又何须一定要吊在侯爷这棵树上，岂不是嫁谁都可以？”

“陆云筝你……”

“说到底你还是贪图荣华，我知道你穷怕了，也苦怕了！”

谢韫欢的脸一下子涨得通红，整个人抑制不住地抖如筛糠：“你不懂，你怎会懂，那种为了一两银子的月例被个傻子轻薄的低贱，那种为了几十两的药债，要躲在厕所中避人的低贱，你懂什么？你懂什么！”谢韫欢忽然放声哭了出来，“我为何要赖着四哥？我没有脸让别的男人知道我的过去，我害怕，我害怕你们都会笑我，你们都会看不起我，只有姨母会心疼我，只有她知道我只想安安静静地守着一方天地好好地过完下半辈子……”

“那青灯古佛长伴一生如何？”

六娘子无动于衷的一句话似当头一棒，直接敲得谢韫欢清泪骤止，惊慌失措地站在了原地。

第八十五章

念今生·雨过天晴

从秋棠馆回到暖香坞，沈聿白正在吩咐观言什么事儿，朗朗日光之下，他的一言一行都透着与生俱来的贵气，不似那贵胄的阴柔，也不似皇亲的霸者之风，沈聿白的气质中，比旁人多了一丝历经风霜的泰然和坚毅，只看一眼，便能让人安心无忧。

这是一种说不上来的魔力，六娘子也不知到底是沈聿白的气韵本就如此，还是因为自己偏信他而生出了幻觉，总之六娘子觉得，自己能波澜不惊地将宅子里的事儿处理整齐，有一大半的原因是有沈聿白在她的身后坐镇。

而和观言谈到尾声的沈聿白早已发现了立在门口的六娘子，便草草地嘱咐了观言几句就打发他下去了，随即他提摆跨槛而出，见六娘子神色凝重，不免担忧地问道："怎么，去秋棠馆谈得不好？"

"子延！"六娘子忽然没来由地伸了手，绕过了沈聿白的腰身将他紧紧地抱住。

她的头依在他的胸口，沉稳有力的心跳声隔着薄薄的衣料一下一下地传入她的耳际，她能听到他由浅变重的呼吸声，也能感觉他分明紧绷起来的健硕胸膛。

六娘子突如其来的主动柔情，将沈聿白的思绪瞬间打散在了日光下，正在他茫然到不知所措的时候，耳边忽然又传来了六娘子的声音。

"沈聿白，我喜欢你。"

只这一刻，沈聿白觉得心里被欢愉塞得满满的。他知道，六娘子和自己一样，都是做大过于说的性子。或许生气的时候六娘子会和他讲道理，或许开心的时候六娘子会和他品生活，但成亲这几年来，他却很少听到她说如此动情至深的话。

沈聿白相信，这绝非是因为六娘子不喜欢自己，只是对于他们两个而言，有些情愫，更适合放在心中，而不会挂在嘴边。

但不可否认的是，当他亲耳听到这样深情的话时，那种感觉很奇妙，好到他甚至觉得即便是六娘子天天说，他也不会觉得腻味。

是以，他不免也高兴起来，先是落了温柔的一吻在她碎发微遮的额际，随即才用柔得似乎能滴出蜜的目光看着她道："夫人若是能每天都说，我觉得甚好。"

六娘子被沈聿白半开玩笑半当真的语气一闹，瞬间就笑了出来，软了腰身任由沈聿白搂着道："妾身却觉得惜字如金才能得夫君真心。"

"鬼扯。"沈聿白伸手刮了一下六娘子的鼻尖，然后拥着她入了里屋。

前后一盏茶的工夫，六娘子就把谢韫欢的事儿一五一十地告诉了沈聿白。

她不觉得对他应该隐瞒什么，不管是她揣测谢韫欢的心境，还是谢韫欢自己说的话，六娘子几乎是事无巨细的，唯恐有什么交代不清楚的地方。

末了，她才换了个寻常的口吻道："侯爷要不要派人去菏县查一查？"

"查什么？"沈聿白把玩着右手拇指上的扳指道，"她说得有板有眼的，若真无此事，难道还会把下药毒死人这种事儿往身上揽吗？"

"可……"六娘子虽也觉得沈聿白说得没错，但在她的观念中，杀人就要偿命，如今家里出了一个杀人未偿命的，这种险六娘子不想去冒，尤其事儿还是出在谢韫欢的头上。

"既你不放心，我便让人去查一查，不过按着她的说法，这事儿估摸着过去也有好几年了，既这么长时间了张家人都没发现什么异样的，只怕也早已默认了人是正常病死的吧。"

"但不管怎样，谢韫欢是不可能进沈家门的，我不会把她放在大嫂身边的。"六娘子斩钉截铁地说道。

"那是自然。"沈聿白附和道，"大哥外放的事儿已经有眉目了，等过阵子梵国的使者走了以后，我就去和皇上提一提。”

“是哪里？”

“不是扬宿宝应就是苏原吴县。”

“南方啊……”六娘子有些拿不准。

沈聿白点头道：“你别小瞧这两个地方，南方有南方的好处。离皇宫远，有些事儿反而放得开手去做，每年也就回来述职两次，春一次冬一次，其余时间只要有心就能成一半的事儿。而且那两个地方都有我的兵，位置不高不低，但也能帮上忙。”简单几句话，让六娘子瞬间定了心。

忽然地，她便轻笑着摇了摇头道：“我是被谢韫欢闹腾得都糊涂了，那是侯爷的亲大哥，侯爷也早有了心思想帮一下他，又怎会把他往龙潭虎穴推。”见沈聿白皱着眉担忧地看着她，六娘子心一暖，语气又柔了半分，继续道，“不过谢韫欢的事儿上，我总觉得亏欠了大嫂了，怕……若是侯爷这里再公事公办，大嫂之后假如过得不好，多少总是会埋怨我的。”

沈聿白点了点头，无声地站了起来，将六娘子小心翼翼地横着抱起，然后圈在了自己怀中，随即他又找了个舒服的位置在炕上坐下，然后哄小孩儿一般慢慢地拍着六娘子的背道：“阿遥，以后你心里有什么就直接和我说，不管是人还是事儿，就如同之前顾望之的事那样，喜欢的，不喜欢的，只要你说，我都会记在心上。”

六娘子紧紧地搂住了沈聿白的脖颈，忽然有些动容得想哭：“我不想做恶人，可每次看到她我就浑身不自在。侯爷，她设计想用迷药迷你这事儿实在荒唐，大哥着了道，我心有余悸，却也觉得从此欠了大嫂一个人情。我本想让大嫂出面，用大哥外放的事儿打发她一辈子的，可现在她身上还有命债未偿，我……不能再把她放在大哥和大嫂屋子里了。”

“那就送去寺庙吧……”

六娘子心一松，点了点头。

有些时候，她觉得动之以情比自己直接开口说要有效果得多。谢韫欢是个认死理的，若非如此，今儿侯府也生不出这么多的祸乱来。所以，沈聿白亲口下令的事，比什么人说的都管用。

但之后，六娘子不免又想到了沈老夫人，若说老太太不糊涂，但在谢韫欢这件事儿上，六娘子却觉得有很大一部分是因为老太太过于袒护这个算不上外甥女的外甥女了，但若说老太太糊涂，可是当初英娘说了要给谢韫欢做媒的时候，老太太却一口紧咬住不放了。现在想来，估计老太太也是怕成亲以后，人家一旦知道了谢韫欢已非完璧之身，事情会变得越发不可收拾吧……

第二天一早，用了早膳送走了沈聿白，六娘子便找人去请了周氏过来。

可六娘子明白，谢韫欢的那些过往，她对着沈聿白能直说，但是对着周氏却不能。是以周氏来了以后，六娘子简单地和她寒暄了两句后，就委婉地告诉她，谢韫欢想清楚了，准备去庵子里做居士。

"什么？"这个结果自然不在周氏的预料中，她本还和沈聿齐闹着情绪，心里又不是特别乐意让谢韫欢进门，昨儿一整个晚上，周氏睡得左冷右热地不是滋味。

这好不容易挨到了早上，她也勉强说服了自己，结果却在六娘子这里听到这么个结果，这不免让周氏糊涂了。

"昨儿我和她聊了好久，她……不愿意。"六娘子尽量用平静自然的语调说道，"嫂嫂，有的时候，人若是遇着想不明白的事情，难免会魔怔，我觉得谢妹妹做出那些惊世骇俗的事儿，多半也是因为魔怔了。我昨儿去见她的时候她就好多了，哭着哭着也想明白了不少。咱们本意也并非要折磨她，如今她愿意出家，其实是再好不过了。"

周氏细细地盯着六娘子，发现她在说这番话的时候举止神态都是再自然不过的了，便由衷地舒心笑道："这事儿真是一波三折，不瞒弟妹，你若真让我带着她外放，我也是别扭的，如今她既能想明白，这肯定是皆大欢喜的呢。"

看六娘子认真地点了点头，周氏欲言又止地努了努嘴，终于还是又开口道："不过这外放的事儿……"

"侯爷在办！"六娘子大方地给了周氏一颗定心丸，"再多的话侯爷也没有和我说了，大嫂你知道的，咱们毕竟也只是内宅妇人，爷的事儿都不太好多过问。但侯爷和我说了，这事儿他亲自在办，想来回头若是有眉目了，他一定会和大哥详谈的。"

"那是那是。"周氏点点头，"不过若是真能外放，彤姐儿……"

"若是大嫂放心，咱们之前怎么说的，之后便怎么办。"六娘子的话说得很明白，不管有没有谢韫欢这一茬，她这个做婶婶的一定会代为好好照顾彤姐儿的。

听她如此郑重其事地承诺，周氏便心满意足地走了。

不过六娘子这边前脚才送走了周氏，后脚秋妈妈就神色匆忙地跑了进来压着声音道："夫人，谢姑娘在秋棠馆上吊了，幸好有小丫鬟发现得及时，才没有闹出人命来。"

第二天，清懿阁稍间。

六娘子已经在沈老夫人跟前坐了有半盏茶的工夫了，可是沈老夫人除了对着跟前的紫晶香炉发呆，从头到尾就没有说过一句话。

六娘子并非没有耐性，但最不喜这种沉默，又忍了一会儿，见老太太还是没有要说话的意思，她便欲擒故纵地站了起来道："既母亲这儿没什么事儿，那媳妇就先走了，谢妹妹那里还等着……"

"找人看着她了没有？"

果不其然，六娘子一提到谢韫欢，沈老夫人就瞬间如魂魄回窍了一般张了嘴。

六娘子微微地叹了一口气，随即又缓缓地落了座，一边将椅背上的软枕往腰上堆了堆，一边道："谢妹妹的事儿，母亲想怎么办？"

沈老夫人忽然抬起了头，一双略显浑浊的眸子从上到下细细地扫了一眼六娘子后说道："我在你这个年纪的时候，还远没有你这般有魄力，老四真是好福气。"

六娘子愣住了，这似乎是沈老夫人第一次这般正面地夸自己……当然，六娘子觉得这是夸，就不知沈老夫人的意思了。

见六娘子神情微愣，老太太勾了嘴角笑道："呵，你定是讨厌我这个婆婆的吧，不过咱们互看不顺眼，也是扯平了。"

沈老夫人这语调，似把六娘子当成了平辈。

六娘子不禁有些诧异，脱口而出道："母亲偶有苛责，于媳妇来说，那些都是需要媳妇注意的地方。"

"你瞧，你就是这样会说话，要是她有你一半聪明，或许今日你也能容得下她。"

六娘子根本不想点这个头，所以索性闭口不语。

沈老夫人见状，少见地露出了一个还算和煦的笑容道："我当时回宣城的时候，就在想，若是媳妇不能干，老四委婉地来求我掌这个家，我是受呢还是不受。不过……你有本事，也够厉害，小小的年纪，能把侯府上下打理得井井有条的。老四的脾气，当时和章氏在一起的时候，几乎是隔三岔五地吵，到了你这里，却成了绕指柔，也可见你得他的心。”

“母亲谬赞。”六娘子眼观鼻鼻观心，做足了小媳妇的姿态。

不过忽然，沈老夫人话锋一转，厉声发难道：“可不过是个妾，你为何就容不下？”

六娘子心如止水，只缓缓地抬了头，仿佛事不关己地笑道：“媳妇也觉得奇怪，为何母亲和谢妹妹就一口咬定了我一定要容下别的女子为侯爷的妾？”

见沈老夫人眼光微闪，六娘子便继续道：“很多话我已经说给谢妹妹听过了，母亲，对于她的事儿你只会知晓得比我多，都道杀人偿命，这比并非完璧之身更不能为人所容。如今她一错再错害了大哥，母亲难道不心疼吗？”

沈老夫人似被人戳中了软肋一般，难堪地转了视线，那神色仿佛生咽了一只绿蝇一般别扭。

六娘子知道这种感觉，老太太现在是自作孽，骑虎难下。

想当初力保谢韫欢的，从头到尾也只有老太太一人，而如今谢韫欢做出这样的事儿来，且害的还是老太太嫡亲的儿子，如果在这个时候老太太出面来处理，那不管是帮谁都是搬起石头砸了自己的脚。老太太只怕聪明半世，也不会想到自己的一世英名有一天会栽在自己偏爱的所谓的表外甥女的身上。

所以老太太只能迎头而上，不能退后。

这也就是为何，在安抚好了自残未遂的谢韫欢以后，六娘子会应了沈老夫人来这一趟清懿阁。除了告诉老太太谢韫欢未能如愿赴死以外，六娘子还想让老太太知道，宅风不改，她依然是侯府唯一的女主人，之前是，现在是，以后还会是。

“不过这一次无论母亲同意不同意，空安寺谢妹妹是去定了。”

见沈老夫人闻言微微地蹙了一下浓眉，六娘子便趁热打铁继续道：“这事儿侯爷也是点头的，一边是大哥大嫂，一边是谢妹妹，既母亲左右无法周全，那媳妇便帮母亲点这头。”

老太太闻言，猛地抬起了头，半晌才笑道：“唉……谁让我临了还是瞎了眼，硬要去扶一个扶不起的阿斗，如今又害了我儿，我自然也没有什么颜面再去替欢丫头求情了。”

六娘子闻言，颇有些不留情面地道：“母亲若是求情，只怕会惹来大嫂更多的不悦，既大哥已经准备外放，母亲还是留着一些精力，回头也好替大嫂多多照顾一下彤姐儿才是。”

“你说……什么？”沈老夫人惊得差点从椅子上站了起来。

六娘子深吸了一口气，心想老太太果然不知道沈聿齐要外放的事儿，便随口将沈聿白搬了出来，推说他也并没有和自己说太多关于沈聿齐外放一事，随即便匆匆地出了清懿阁。

其实，六娘子从来不觉得沈老夫人能耐甚大，或许在凉都的时候，她能坐镇全府，靠的是强硬的手腕和坚信沈家能复起的信念，但六娘子却深信，这其中少不了萧姨娘对沈聿白、英娘还有春娘的循循善诱和谆谆教诲。

有些事儿，光是靠一个人的力量是根本不可能办成的，更何况是一个家族的复起。如果老太太真的能如此独当一面，那相信今儿能得皇上赏识的应该就是沈聿齐而非沈聿白了。可惜如今的沈聿齐，能耐不及沈聿白的一半，这之间的差距，或许就是被沈老夫人硬生生地拉大的也说不定。

四月的时候，六娘子在送谢韫欢去空安寺之前先进了一趟宫。

在殿内见到英娘，六娘子甚是欣慰，行了大礼之后，她便舒心地笑道：“娘娘的气色看着好多了，太子呢，怎么没见着？”

英娘温婉地让人给六娘子赐了座，然后道：“你来得不巧，他刚好被皇上抱走了。”

六娘子心中了然，看着英娘的眼神就暖了暖：“皇上心中有太子比什么都重要。”

英娘点点头，随即视线落在了六娘子的小腹上道：“这以后只怕嫂嫂也不便总是跑来跑去的，毕竟还是要注意些，今儿嫂嫂进宫，哥哥就嘱咐了我好久呢。”

六娘子窘然道：“侯爷太多虑了，大夫都说我这胎怀得稳，没什么大碍的。”

“小心驶得万年船。”

“娘娘说的是。”六娘子微低着头轻轻地拂了拂衣摆，然后将谢韫欢的事儿一五一十地告诉了英娘，最后又道，“也是她作茧自缚没有福气，得不到娘娘的庇护。”

这些年在宫里头，英娘见的听的远不比六娘子少，闻言只是淡淡地说道：“不过是个远亲，翻出这么大的浪来，也无非是仗着母亲宠爱她。有些人得福不惜福，便是外人怎么帮衬都没有用的。”

“侯爷的意思是明儿就把人送去空安寺。”

英娘点点头：“早去早了，这样即便以后再寻死觅活的，你们也是眼不见为净了。”说着她便轻巧地转了话锋，和六娘子聊起了上次梵国使者入宫的趣闻。这一聊，便是一个多时辰，六娘子见差不多要到了午膳的点，便起了身。

从英娘的绯岚殿到西宫门会经过一个长长的夹道，两边宫墙耸立，放眼看去，那红瓦飞檐的一座座宫殿几乎是被一眼看不到边的森严金砖所遮掩的。

六娘子每次从这条夹道进出，不知怎的都会感觉到一种莫名的压力，似有一双无形的手紧紧地掐着她的脖子，硬是让她喘不过气来。

六娘子不喜欢这种感觉，是以每次走这条夹道，她都是脚步匆匆的，恨不得一口气就能跃到了西宫门口。

不过今儿在走到一半的时候，不远处突然传来了清脆的唱铃声，声音由远及近，仿佛一曲悠扬的琴乐，营造了一种隆重的氛围，让她下意识地就停下了碎碎的步子。

六娘子抬头的时候，方才看清楚夹道的尽头，竟缓缓行来一抬华丽的步辇。四周宫女簇拥，铺天锦缎团扇高举，凤傲九天，辇上人的身份不言而喻。

六娘子眼帘微颤，紧着手捏住了衣摆就低下了头，跟着领路的姑姑跪在了宫墙檐子底下，恭恭敬敬地等着步辇经过。

步辇顶棚的四个角都系着碗口一般大的金铃，辇随人动，难怪会晃得韵韵有声。

六娘子紧张得很，却偏偏不能抬头看上一眼，这不免让她觉得有些遗憾。倒也不是说她有多想瞻仰凤颜，只是自从顾宁卿入了宫，她就再也没有看到过她一面。

只是突然地，金铃声戛然而止，紧接着一个领头宫女一般模样的女子碎步而来，走到跪着的六娘子跟前，柔声道：“皇后娘娘请煜宁侯夫人近一步说话。”

六娘子缓缓地抬起了头，只见忽然跃入眼帘的步辇上，端坐着身着明黄色九凤朝服的顾宁卿。只那么几乎一眨眼的瞬间，六娘子在她的脸上见到了一丝久违的和善笑意，不过等她再定睛细看，顾宁卿却已恢复了母仪天下的盛容姿态，贵而不骄，华而不奢。

第八十六章

念今生·情付此生

眼前是一片琼台楼阁，暖午的日光斜照，打在排列整齐的宫瓦上，仿佛铺了一层淡淡的金辉织锦，美轮美奂。

六娘子跟着顾宁卿上了登凌台，居高远眺，竟能将威武奢靡的大半个皇宫纳入眼底，不免也觉得有种磅礴的气势扑面而来。

“好看吗？”一路上，顾宁卿都没有说话，她屏退了周围的太监、宫女，用沉稳有力的步伐缓缓地引着六娘子一路而上。

六娘子正目不转睛地看着宫景，闻言不免深福一礼道：“回皇后娘娘，景似龙腾凤舞，雄壮威武。”

顾宁卿一愣，忽然弯了眉眼道：“倒是比从前会说话了。”

六娘子不敢抬头，只能盯着自己隐隐显露在裙摆外头的鞋尖猛瞧。

顾宁卿见状，转过了头看着不远处前后交错的宫殿楼阁道：“阿遥，你恨我们顾家人吗？”

六娘子心一紧，顺势就跪了下来：“民妇不敢，还望皇后娘娘明鉴。”

顾宁卿没有转身，只微微地抬了抬手道：“本宫……今儿就是想和你说说话，你先起来吧。”

六娘子紧紧地咬着牙，脑子飞快地转了一下后，便小心翼翼地起了身。

听着六娘子衣摆簌簌出声，顾宁卿又道：“那个时候，我以为你总有一天会成为我嫂嫂的，你和哥哥在桃树下玩耍的时候，我一直心生羡慕，可是母亲却说，女子有节，端庄生韵，我即便心静不下来，可总是要装着无视你们的欢闹的。”

六娘子垂首静立倾听，神色无波，但心里却似翻江倒海一般不是滋味。原来……从那时候开始，顾老夫人就已经不喜欢自己了。

见六娘子不语，顾宁卿继续道：“早些年母亲给哥哥张罗婚事的时候，哥哥一直很反对，那时候你快要来宣城了，我亲耳听见哥哥说要娶你为妻，母亲……”顾宁卿说着，眼神有些黯淡，似在回忆又似有些犹豫，“哥哥和我那时都觉得母亲为人冷酷，太过势利，竟用孩儿的幸福来换家族荣耀。可阿遥，直到今时今日，我才能悟透一点谋势的道理，原来，当你的身上背负着宗族兴旺之责的时候，其实……那些所谓的儿女情长真的会变得微不足道的。”

“皇后娘娘……所言甚是。”六娘子不知要作何回答，她和顾宁卿的立场不同，就像沈聿白和顾望之，是两个永远不可能重叠的人一样。

“呵，我知你心里一定不赞同我。”顾宁卿淡淡地笑了笑，忽然似和六娘子聊着家常一般问道，“我听说你有了身孕，几个月了？”

“回皇后娘娘，已经四个多月了。”六娘子道。

顾宁卿此时回头看了一眼六娘子，然后继续道：“你瞧，你做了娘，整个人连神态都不一样了，就像蕙贵妃，从前多冷傲高洁的一个性子，如今和太子在一起的时候，也是温柔可亲的。”

“娘娘观察细微。”六娘子无法接顾宁卿的话，只能冠冕堂皇地打着马虎眼。

顾宁卿闻言顿了顿呼吸，眼角的笑意瞬间隐没在和煦的日照下：“所以你说，到底是后位来得尊贵，还是储君之位来得尊贵？”

六娘子看了一眼顾宁卿，故作惊慌道：“民妇不知。”

顾宁卿眉眼凝冷道：“世人都道顾家女一朝成凤，万人之上，可宫里谁不知道，将来不管我生几个儿子，都不会有一个成为当今的太子。”

“娘娘……”

“我知皇上心里所想，从头到尾，皇上的心都是护着沈慧英的，可为什么，她只不过是比我早认识了皇上而已，皇上就连这一点点的机会也不给我吗？”顾宁卿笑得有些无力，六娘子不懂她究竟是心疼名利还是心疼付之东流的感情。

“皇上心怀社稷，娘娘母仪天下，其实……现在来谈储君之位，言之尚早。”

顾宁卿愣住了，半晌才笑道：“难怪哥哥总说，世间只得一个阿遥，你……竟和哥哥说了一样的话。”

六娘子眼中闪过一抹尴尬，随即无谓地轻笑道：“娘娘太抬举民妇了。”

可谁知，顾宁卿忽然一改方才的微动，沉沉地吸了一口气道：“其实阿遥，你若要恨，也别恨哥哥，自他与你决绝，即便是成亲那一日，我也未见他笑过。有些事儿，不管我还是哥哥，都是躲不过去的，谁让我们这辈子姓了顾。”

六娘子垂着头，只听不应，似突然成了局外人。

“你也知，只要有皇上在的一日，顾家就走不远，我虽是皇后，看着风仪尊贵，其实也不过是捏在皇上指尖的一枚棋子，若说因此而得到了些什么也是有的，可我却觉得，我失去的更多……”顾宁卿说罢，伸了手微微地捏了捏六娘子的柔肩，那力道不大，却似有千斤重一般，压得六娘子喘不过气来。

随即顾宁卿才恢复了之前的秀丽端庄，然后一边迈开了步子一边道：“本宫先走一步，今儿能在宫中见着煜宁侯夫人，也说明本宫和你有缘，以后若是有机会，你大可多来宫中走动。”说罢，也不等六娘子回答行礼，顾宁卿便径直下了石阶。

六娘子出了西宫门，就看到了随手牵着马的沈聿白，一身赫赫官服，神色皆敛，那深邃的眼底透着的是刻意压制的隐忍，薄唇紧闭，让人远远地就感觉到了一丝微寒的怒意。

“侯爷等久了吧？”六娘子知他为何而恼，碎步上了前，伸手就抚开了沈聿白紧蹙的眉心。

“怎知你竟会遇到皇后。”他的口吻中带着一丝无奈，没有人知道他在等六娘子的时候内心的起伏，生怕她会出一丁点儿的不测。可偏那人是皇后，他即便心里有火，却也不能在人前发作。

“娘娘不过找我聊了两句家常话，这也能让侯爷心里头不高兴了？”

“呵。”沈聿白冷笑了一声，终究耐着性子转了话题道，“今儿路走多了吧，累吗？”

六娘子摇了摇头，看着不远处停着的平头马车道：“侯爷若是不赶时间，咱们走一走吧，到了长宁街我再上马车。”

沈聿白一愣，低头便看到六娘子眼底藏着的情韵，这才点了点头，一边将手中的缰绳抛给了跑上前的观言，一边好生地牵起了她的手，迈开小小的步子道："若是累了便说。"

六娘子无声地点了点头，双眸似水的余光轻巧地掠过了两人紧握着的双手，不禁感叹道："执子之手……"

"与子偕老。"不等六娘子说完，沈聿白便跟上了她的话音。

六娘子紧了紧手中的力道："都说宫中女子不易，皇后娘娘小的时候只是文静娴雅，但如今看来，那性子却是忍到了骨子里了。"

"皇后同你说了些什么？"沈聿白问道。

"不过是女子间的家常话罢了。"六娘子淡淡地笑了笑，由衷感叹道，"今日才觉自己幸福，相爱相守一生何其难，这中间还要夹杂着亲情荣华和宗族的利益责任，人都是想为自己活一次的，可惜往往站得越高，就越是不能如愿。"

沈聿白不禁轻笑道："只不过和皇后聊了两句，你倒生出这样的人生感悟了？"

"能遇到侯爷，是陆云筝之福。"六娘子却不被沈聿白的轻侃所动，依然随着自己的心意道，"这一辈子，阿遥已得一心人，白首不相离。"

沈聿白唯听不语，只默默地用微微粗糙的拇指轻轻地抚过了六娘子的手心，走了好久才用沉得几近沙哑的声音道："不如你把下辈子、下下辈子都许我可好？"

六娘子眼睛一涩，几乎要哭出来，可她心中总觉这话题有些悲凉，不禁一边悄悄地擦了擦眼角一边笑道："凡人只道世俗，侯爷若定要把自己比作仙人，不如来猜一猜我肚子里这一胎是儿子还是女儿？"

沈聿白一愣，回神伸手轻轻地点了一下六娘子光洁的额际道："这有何好猜的，是男是女都好，且又不只有这一胎，没得好稀奇。"

他说得如此平常大方，却羞红了六娘子的脸颊："侯爷您声音小些。"

"都是做娘的人了，脸皮子还这般薄。"沈聿白见了她小女人娇羞的模样，心里喜欢得不得了，继而伸手搂住了六娘子的香肩道，"话说前两日我拟了两个字，想着若是孩子出生了，做名字挺好。"

"哦？"六娘子的注意力果然一下子就被吸引了过去。

"一个是传承的承，一个是熙和的熙。"

"承……熙……"六娘子碎碎念出，因为是自己第一个孩子的名字，私心总是想取一个最有意义的字。

沈聿白点头道："若是男孩儿，那就叫沈和承，若是女孩儿，就叫沈孝熙。"

一抹愉悦的笑如同三月梨树上摇曳绽放的花朵一般在六娘子的脸颊上荡漾开来："侯爷想得甚是周全，这两个名字我都喜欢。"

"都会用上的。"沈聿白心中动容，俯身低头就封住了六娘子光泽明艳的唇……

沈聿白铭心记得，早些年和还是王爷的皇上塞外策马，他和自己说过一句话，人生一世，会遇到两个女子，一个能惊艳时光，一个则能温柔岁月。

当时年少，他自认只略有感触，却不曾深悟。如今他已为人夫、为人父，再想起这句话，只觉得上苍有恩，对他多有垂怜眷顾，因为世间只得一个陆云筝，既惊艳了他的时光，又温柔了他的岁月。只这一份至深之爱，便足以让他情付此生，续盼来世了……

番外

细品凡尘韶光染

明承九年，腊月二十八，沈宅。

卯时梆子刚敲过第一下，吟香就端着热水走了进来，见我已经起了身，她麻利地一边绞了帕子递到我手中，一边道："姨娘，昨儿您吩咐下去的那些事儿，仆妇们都已经开始张罗了，秋妈妈那边的意思是这窗花最好今儿能贴完。"

自从我开始帮夫人打理内宅庶务后，吟香也跟着我学起了如何理家，我看中她安分诚实，做事又够细心，便让她在夫人跟前露过几次脸。这大半年下来，她已经能单独处理一些本就按着规矩走的琐事儿了。

是以这会儿听了她的话，我擦了把脸就点头道："这事儿你帮我盯着，回头若是夫人问起，我就找你。"

"哎，哎。"吟香连应了两声，方才专心地伺候了我洗漱，然后又仔细地帮我打扮了一番后，便和我一路穿堂越厅，去了暖香坞。

我到的时候，正巧遇着侯爷要出门，我慌张地冲他福身请了安，然后恭敬地侧身站在了一旁，直到他出了暖香坞的外厅后方才转身进了东稍间。

稍间里暖烘烘的，屋正中的银鎏炭炉里银丝炭烧得正旺，只见夫人一脸素妆，正盘腿坐在热炕上，一边逗着咿咿呀呀咬着竹制拨浪鼓的承哥儿，一边同正在吃早膳的熙姐儿闲聊。

见了我进屋，夫人抬头淡淡一笑，然后朝她对面的空位抬了抬尖尖的下巴道："没用早膳呢吧，在这儿陪我吃点。"她说着，便转身把还在扯着拨浪鼓的承哥儿交给了奶娘，然后又语气平缓地吩咐了奶娘一声道，"仔细哥儿别把拨浪鼓上的两颗小珠子咬下来吞了。"

奶娘诚惶诚恐地应了声，随即便抱着哥儿去了小里间。

夫人自生了承哥儿之后，就接下了外院生意上的一些琐事，所以我依然帮着夫人打理着内宅。虽说大周宗妇鲜少有主外的，可自从我由夫人带着帮她管家后，也总是暗中佩服她年纪虽轻，却心思缜密不输男儿。

早些时候，府上一些资历老的丫鬟妈妈们还会在背地里嚼我的舌根，说我钟霈晗也不知给夫人灌了什么迷药汤，以至于夫人竟这般将小半的内宅庶务交由我来打理。

我当时只觉骑虎难下，一边是夫人的重托，一边则是大半个侯府的流言蜚语。连素日里几乎两耳不闻窗外事的康姨娘看我的眼神都有些异样了，就更不要说那咋咋呼呼总是怕事儿闹得不够大的梅姨娘，她私下便问过我好几次，到底我偷偷给了夫人什么让她心动的好处。

日子一长，这些话自然也就传到了夫人的耳中。

我还记得，那日她喊我去，足足和我聊了有一个多时辰，可偏在我快要走的时候，夫人都没有和我说过半句关于那些流言的事儿，末了还是我自己有些按捺不住地问出了口。

谁知夫人听了，却云淡风轻地笑问道："莫非姨娘觉得做这些事儿是被我逼的？"

我闻言，直接摇了头，夫人又问道："那姨娘是觉得自己没这个能力可以把我交代的事儿办好？"

这次我犹豫了一下，又一次摇了头。

夫人的脸上顿时神色愉悦："既如此，姨娘又有什么好怕的。"那语气，斩钉截铁。

我至今还记得那时夫人低眉浅笑的模样，端的是质傲清霜，仙姿佚貌。其实夫人的美并不在容貌而在气韵，我自认在后院鲜少能见可胜过夫人气韵的宅妇，夫人的宽和与从容也是与生俱来的，便是旁人怎么学都学不到骨子里的。

"姨娘在想什么，举着筷子发呆？"

就在我思绪翩飞之时，一旁有个清脆如铃的声音轻笑了起来，我回了神，扭头去看，却见一旁的熙姐儿正用手轻掩着嘴，睁着一双清澈如幽泉的眸子冲我无声地笑。

我连忙尴尬地放下了手，然后故作镇定道："让熙姐儿笑话了，我这儿在想，回头打糕的时候，让妈妈们在上面点什么花样子好看。"

"今儿就要打糕了吗？"熙姐儿眼睛一亮，清然的笑容似瞬间能将整个屋子融化一般，令人心里觉得舒服。

说起来熙姐儿生在明承三年十月，今年虽才满七岁，却已是生得亭亭玉立，活脱脱一个小美人坯子。夫人对姐儿讲究贵养，姐儿长得似侯爷，气韵却完全遗传了夫人的优雅清然，小小的年纪，举止言谈间皆是一派大家闺秀之姿，让人瞧了就不禁从心里头喜欢。

"对呀。"我一边想着一边点了几下头道，"姐儿爱吃红枣，回头我吩咐妈妈们在糯米里和些枣泥进去，专门蒸给姐儿吃。"

"好。"熙姐儿眉眼弯弯地应了一声，随即便冲夫人行了小礼，然后先出了稍间。

目送着姐儿那娇小明媚的身姿消失在厚重的锦缎门帘后，我方才收回了目光，然后压着声音道："夫人……昨儿傍晚的时候空安寺来了消息，说……谢家妹子怕是不行了。"

夫人闻言，抬头看了我一眼问道："她不过是染了点风寒，就拖成这样？"

我知这样的事儿肯定瞒不过夫人，便径直回道："她自己不愿意好好按着大夫开的方子吃药，随尘师太也没什么办法。"

夫人闻言，微微地蹙了蹙眉道："自她到了空安寺，前后也都是你在打点，回头她若是去了，你记得多添一份香油钱给随尘师太，这些年也辛苦她了。"

"是……"

我连连点头，却听夫人又道："过两天就是三十了，这事儿你先压一压，她这几年人虽然在寺里头，可依然是心不甘情不愿的，私下也不知道给老太太塞了多少封信，可是老太太也被她伤透了心，很长时间也不过问她的情况了。不过虽这样，可若是她真的只剩半条命了，老太太难免是会动恻隐之心的。"

"夫人放心，我知道。"知夫人不太愿意多谈谢韫欢的事儿，我答应了一声后便自然地转了话题道，"说起来夫人上个月说要让熙姐儿开始学内宅庶务的事儿，我想着年关虽事儿多，却也不失为一个好时机，您觉得呢？”

夫人眼露赞许地看了我一下道：“其实也不止熙姐儿一个，毕竟几个姐妹中她年纪最小，倒是媛姐儿和彤姐儿才到了应该好好开始学一学管家的年纪。若是姨娘不嫌姐儿们碍手，我也觉得年关这个时候不错。”

“几个姐儿都是乖巧懂事的，来了说不定还能帮我打个下手，又怎来我嫌弃的说法。”我笑着回道。

夫人听了好像很开心，点了点头又道：“最近外院的事儿实在多，侯爷又刚请立了承哥儿为世子，前前后后他乏于应酬，左右都成了我的事儿，这内宅里头，你就多担待些。回头等几个姐儿出了山，你也能轻松几日了。”

“夫人言重了，这些都是您给我的体面，我又怎会觉得烦琐赘重。”这番话我说得心有感激，也是真情真意的。

说实话，我与侯爷之间，其实并没有多么深的感情牵绊，一来，我不似梅姨娘和康姨娘那般，左右还有个骨肉相连的孩子做伴，二来，我也做不来梅姨娘那样一心一意牵挂的全是侯爷，甚至有的时候连媛姐儿都能撇在一旁不闻不问。只可惜她的情侯爷不领，大多也都白白消耗了。

那会儿还在凉都，我就时常看到她耳提面命当时对世事还懵懵懂懂的媛姐儿，告诉她侯爷的喜好。我猜那是梅姨娘试着用媛姐儿来笼络住侯爷的心，只可惜这一招等回了宣城后，就被夫人巧妙地破了。

有的时候我觉得梅姨娘爱得可怜，是因为她远没有康姨娘聪明，同样是有个孩子傍身，康姨娘就能做到一心为儿，可梅姨娘到了今时今日，还会时不时地动一下小心思，说她是自取其辱，也真是不为过的。

好在夫人对她本也宽容，只要她不做什么太出格的事儿，夫人大多睁一眼闭一眼，可也正因为这样，这些年媛姐儿和她这个生母倒是生疏了不少。这样的得失，在我看来不免令人扼腕，但如今媛姐儿已经十二岁了，有些事儿，也很难再转圜过来了。

而夫人听了我的话，很欣慰地点了点头道：“都说能者多劳，也劳烦姨娘这往后多操心些。今年四月大哥要回宣述职，这一次大嫂也会跟着回来。彤姐儿年纪和媛姐儿相仿，上个月大嫂在信里提到，想开始给彤姐儿物色人家了。我想着物色人家的事儿可以慢慢来，可姐儿们总有一天要独当一面打理内宅的，与其到时慌慌张张的，还不如现在慢慢地学起来。”

“夫人考虑得周全，正是这个理儿。”

夫人笑了笑，这才开始和我聊起了家常，神色从容淡然，宛如谪仙。

其实生活于我，不过是一壶暖香温脾的茶。若说整个沈宅就似那上好的紫砂茶壶，那夫人便是那浸没于壶身的香茗。

茶香清醇不浊，只要自己能想明白世俗道理，便能品出个中百态滋味。而如今的我，甚觉日子静好，韶光染尘，唯求真心无悔……

番外

豆蔻相思还君笑

这是我第一次看到母亲生气，她眉宇间的那抹疏离感让我觉得惶恐不安。

我欲言又止地上了前，却听母亲说道：“太子殿下胡闹，你也跟着胡闹，擅自带着他出宫玩儿，若是有个什么闪失，你拿什么去赔你姑姑！”

“母亲……”我自知理亏，软了膝盖跪在了地上道，“左右还有四哥哥在一旁护着，哪儿能……”

“孝熙！”

正说着，外头突然传来了父亲的声音。我扭头去看，只见父亲正跨步而入，连带着皎月的光芒，让他整个人看上去舒然清朗，宛若画卷上的玉面郎君，正气凛然。

“父亲。”我隐约觉得有些委屈，抿了抿嘴强硬着转了头，只怔怔地看着母亲，希望她能不要如此生气下去。

可母亲的目光只微微地在我的脸上逗留了片刻就转开了，而那复杂的神色，却是我怎么都看不明白的。

父亲见状，抬起手做了一个噤声的动作，然后冲我微微地点了点头。

我有些心不甘情不愿地站起了身，却听父亲道：“今儿晚了，你先回去，不过打明儿开始，你可要禁足了。”

“什么……”我愤愤地皱紧了眉头，正想反驳，却见父亲无声地指了指一旁的母亲。

我不禁暗暗地跺了跺脚，可也只能无奈地顺着父亲的意思先行了礼出了稍间。

外头，眼露焦急的宝笙一见着我就快步地迎了上来，一边虚扶着我的手腕一边压着声音道：“我的好姑娘，我娘和我说最近夫人心气儿不大顺，您偏还在这个节骨眼儿上往上撞，可不是找着挨骂吗？”

宝笙是秋妈妈的大女儿，她五岁开始就在我屋子里伺候了，我们说是主仆，实际上更像亲姐妹。

我闻言不禁有些懊恼，一边任由她拉着我往外走，一边嘀咕道：“我哪儿知道，明明就是太子哥哥拉着我和四哥哥一定要出宫的，说什么微服私游，谁知道偏不巧就被皇后娘娘给发现了……”

走出暖香坞的时候，我满脑子都是母亲那蹙眉凝愁的神情，顿时觉得心里七上八下的不是滋味。想着方才母亲临炕的窗子似乎是支开的，我便顿了步子，转了方向，贴着墙根猫着身子就往开着的窗子底下移。

“姑娘！”宝笙大概看出了我想要偷听，在后面一边猛拽我的衣摆一边压着声音喊了出来。

我转头冲她“嘘”了好几声，然后小声道：“我就听两句，你再喊我可就要生气啦！”

宝笙见我板起了脸，估计吓到了，便为难地用手捂住了嘴，连大气都不敢再多喘一下。

我微松了一口气，然后小心翼翼地挪到了窗子底下探了探，窗子果然没有关紧，我趴在墙根处，很容易就能听到父亲和母亲的谈话。

“我恼的也不是她和太子出宫玩儿，她从小几乎有一半的时间是在宫里头的，便是连端妃生的敏淑公主都不及她一个侯爷之女来得体面。更何况她一个姑娘家，平时大门不出二门不迈的，又怎么会知道玫瑰油鸡是醉仙楼的招牌菜。”在我听来母亲即便是生气，也依然保持着惯有的优雅如水的气韵姿态。

“你也知是因为四皇子在一旁……”

“侯爷。”母亲突然打断了父亲沉如弦歌的声音，语调中透着一丝慌张道，“你说，为何偏偏是顾家！”

“阿遥。”

父亲鲜少唤母亲的闺名，可每次只要父亲如此一唤母亲，通常都是他特别无奈的时候。是以听到父亲的这一声呼唤，我的心就莫名地揪了起来。

“侯爷，别说你不知道皇后娘娘心里在打什么主意。储君之位早已钦定，皇后娘娘纵使有心，也无法去挽回什么。四皇子空有个尊贵的母后，却终究不能亲手指点江山，皇后心里的着急谁不知道？”

“那也不代表她会看中孝熙。”父亲淡淡地应着母亲的话，波澜不惊的语调让人听了就莫名地安心。

“不然呢？”可母亲反问道，“她知我断然不会让熙姐儿进宫的，她在熙姐儿出生的时候就有了这样的念头。侯爷贵为公卿，姐儿一出生就比寻常的千金小姐要更金贵，可我却宁可她是个普通人，也不愿她这辈子再和顾家有什么牵扯。”

“阿遥，有些事儿过去十几年了，挪一挪心思对你来说也不是那么困难的。”

“可偏熙姐儿不行！”母亲斩钉截铁地反驳了父亲的话。

“我知你有意把孝熙许配给怀哥儿，可你们姐妹定下的事儿，也要看看孩子们愿意不愿意的。”

听到这里，我下意识地就捂住了张大的嘴。

父亲口中的怀哥儿，应该说的是七姨家的六表哥张锦怀吧，母亲到底是在什么时候动的这样的念头，难道母亲不知道六表哥喜欢的人是二姐吗？

我顿时没了再往下听的心思，只觉得整个脑子乱哄哄的晕眩得不得了，我很难想象以后要和六表哥拜堂成亲是个什么样子，又很难想象二姐若是知道了会伤心成什么样子。

突然，我猛地站了起来，撒开腿就往园子外头跑，也不管宝笙在我后头如何声嘶力竭地喊我，我就是想跑一跑甩掉脑子里那些乱糟糟的声音。

那天之后我便病了，迷迷糊糊地在床上躺了好几日也不见好。

父亲和母亲来看过我几次，还有二姐也带着她最爱吃的山楂糕偷偷地来过一次。

二姐来的时候，我其实刚醒，一看到她那张满是关切的脸，我便想到那日父亲说的话，心中一难过，眼泪就跟着掉了下来。

二姐吓坏了，忙丢了手中的糕点跑到了床边搂着我道：“你怎么了？是不是哪里不舒服？我这就让人去找大夫！”

我闻言，猛地拉住了二姐的手问道：“二姐，你是不是……很喜欢六表哥？”

二姐一愣，白皙的脸颊瞬间绯红一片，支支吾吾地皱眉道：“你这丫头，生病了以后怎么……怎么竟说胡话，我瞧着肯定是还没有好透……你不知母亲多担心你，我这两日去给她请安的时候，发现母亲都瘦了。”

我心一疼，一边暗暗下决心绝对不能让谁拆散了二姐和六表哥，一边道：“好姐姐，你帮我带封信去顾家吧，让顾家妹妹转给四皇子。”

二姐眨了眨眼，有些不解地问道：“你病成这样，找四皇子做什么？”

“我……上次不是惹母亲不开心了吗？想让四哥哥帮我作作证，上次偷偷带着太子哥哥出宫真不是我的主意。”

二姐闻言，若有所思地想了想，然后才道：“有四皇子来帮你说一说也好，我看母亲这次气大得很，便是今儿还恼了两个没规矩的小丫鬟呢。”

二姐不知个中原委，以为我真是要让四皇子来帮着圆错，便点头答应了下来。

我见状，立刻宽心了不少，因为我知道二姐是个言出必行的性子，只要她答应，那准能成事儿。

果不其然，第二天，四皇子就悄悄地来了侯府。

他进屋的时候我正在喝药，见了他的俊容，我险些把整碗药都翻洒了。

“你……你怎么……进来的？”我心里害怕得要命，只担心还没和他对上头，就先被父亲母亲发现了。

“你放心，我是从马厩的后门偷偷溜进来的。”四皇子哥哥生得像皇后娘娘，浓眉大眼，比起面如冠玉的太子哥哥，他要更健硕英挺一些，身形也比太子哥哥要修长一点。

我不禁担心道：“信里我都和你说了，母亲正恼你，你却还敢这样堂而皇之地跑来侯府，也不怕母亲看到你会把你赶出去。”

“煜宁侯夫人素来讲理，又怎会赶我？”四皇子说得有些没有底气，便岔开了话题道，“倒是你，这好好的怎么就病了，太子殿下也着急呢，偏生咱们在宫里头也不好探消息，昨儿刚收到你的信，殿下就催了我要我赶紧来一趟。莫不是……前几天的事儿，你母亲责罚你了？”

我心里乱得很，一时之间总觉得有好多的话要和四哥哥说，可到了嘴边，却又说不出口，只能一个劲地猛摇着头。

四皇子看得着急，干脆一跺脚伸手就定住了我的头道："你别摇了，摇得我都晕眼了。"

那一瞬间，我的耳际能感觉到他手心传来的温度，隐约地，有浅浅的呼吸声和沉沉有力的心跳声一点一点地在我的周围蔓延开。

我也不知道到底怎么鬼使神差了，竟突然不能自已地伸手扯住了他腰带上系着的血麒麟玉佩问道："四哥哥，若是……将来……你……愿意娶我吗？"

我其实一直都知道，打小，我、太子哥哥、四皇子哥哥三人就爱玩在一块儿。整个皇宫，不管是皇上的东暖阁还是姑姑的绯岚殿，抑或是皇后娘娘的寝宫，我们都是无所顾忌地闯。

母亲为此念了我不知多少次，连皇上都会打趣地问我以后太子哥哥选秀的时候，要不要把我的名字放在首列。

可只有我自己心里知道，我喜欢的不是太子哥哥，而是四皇子哥哥。

父辈们的事儿我们不明白，我不知道为何四哥哥是皇后娘娘的嫡子，却不是太子，我只知道，四皇子哥哥胸怀天下，心有苍生社稷，亦有凌云之志。虽然太子哥哥也很优秀，可在我心目中，没有人能比得过浅笑温润的四皇子哥哥。

所以不管这次是谁反对，哪怕是母亲，都不能让我死了对四哥哥的心。

而果不其然，四哥哥被我的话给吓到了，可瞬间地，他便回了神，轻点着头道："这一生……我李奕，这一生只娶沈孝熙一人为妻，如有反悔，定遭天打雷劈，不得好……"

我伸了手去按四哥哥的唇："好了好了，我信你的，这样毒的咒别发了。"

不知为何，明明我也是知道他的心意的，却偏爱听他这样直白地说出来我才安心。

其实昨儿在听到父亲母亲的谈话时，我心里怕的不过是母亲的决定会伤了二姐的心，但奇怪的是，于四皇子哥哥，我竟是一点担心和怀疑都没有过的。

我坚信，即便母亲不同意，四哥哥也是有办法会让母亲点头的，他聪慧睿智，为人真诚，我实在是挑不出他有什么不好的习性能让母亲不喜欢的。

或许有些事儿是我们小辈想简单了，又或许其实有些事儿是他们长辈想复杂了。

于我而言，我觉得这一生最美好的事情莫过于我和四皇子哥哥两情相悦，我依稀记得母亲是在十六岁的时候嫁给父亲的，而如今我已十四岁了，我期待有一天能为四哥哥穿上凤冠霞帔。

心里这样想着，我拉着他的手就微微地紧了几分，只盼在一辈子即将走完的时候，我依然能如此拉着四哥哥的手，叹一句：此生不负相思情，美景素年还君笑……

图书在版编目（CIP）数据

宅门嫡女 : 全2册 / 白苏月著. — 北京 : 北京联合出版公司, 2015.8
ISBN 978-7-5502-5592-0

Ⅰ. ①宅… Ⅱ. ①白… Ⅲ. ①长篇小说－中国－当代 Ⅳ. ①I247.5

中国版本图书馆CIP数据核字（2015）第133103号

宅门嫡女：全2册

作　　者：白苏月
选题策划：北京磨铁图书有限公司
责任编辑：管　文
封面设计：仙　境
版式设计：刘珍珍

北京联合出版公司出版
（北京市西城区德外大街83号楼9层　100088）
三河市文通印刷包装有限公司印刷　新华书店经销
字数590千字　700毫米×980毫米　1/16　印张36
2015年8月第1版　2015年8月第1次印刷

ISBN 978-7-5502-5592-0
定价：49.80元